· 领导关怀 ·

作者与第十届全国政协副主席，中国企业联合会、中国企业家协会会长王忠禹合影

作者与第十二届全国政协常委、外事委员会主任、中国工程院院士、中国工程院原常务副院长潘云鹤共同出席首届智慧企业创新发展峰会

作者与国家工信部原党组成员、总工程师，中国企业联合会常务副会长兼理事长朱宏任合影

作者与第十二届全国政协常委、全国政协经济委员会副主任、工信部原部长、中国工业经济联合会会长李毅中合影

作者与全国人大财经委副主任，国务院国资委原副主任、党委副书记、中国企业管理现代化创新成果审定委员会主任邵宁合影

作者与国家发改委原副主任、中国中小企业协会会长李子彬合影

·企业调研·

作者陪同中央政策研究室副主任施芝鸿、中国企业联合会驻会副会长黄海嵩在凉山州精准扶贫企业调研

作者陪同中国企业联合会驻会副会长尹援平到通威集团调研品牌建设情况

作者陪同四川企联会长、原四川省副省长、四川大学锦城学院院长邹广严教授到学院双选会现场调研

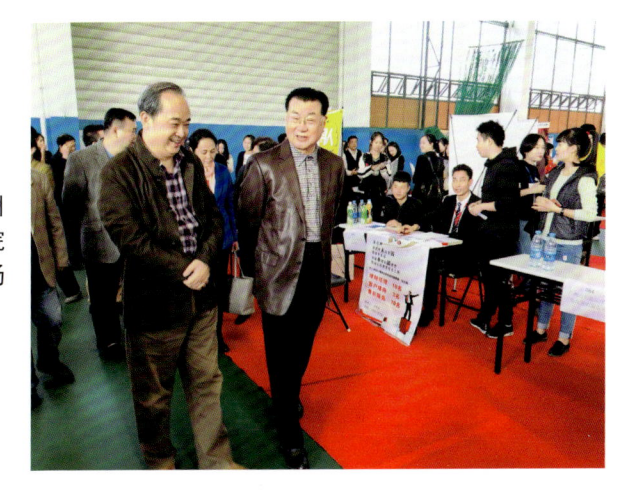

作者与美国西复资本总裁Hubertus Van Der Vaart及四川省民营旅行社协会会长张哲一行到天府新区考察调研

作者到九洲集团调研

作者到中石油川中油气矿调研

·企联活动·

作者与改革开放40周年杰出贡献人物、海尔集团董事长张瑞敏共同出席中国500强发布及发展峰会

作者与改革开放40周年杰出贡献人物，四川长虹集团原党委书记、董事局主席，四川企联原副会长倪润峰共同出席四川企联第八届四次理事会

作者带队参加2018年全国企业家活动日，与四川企联推荐并荣获"全国优秀企业家"称号的四川能投集团董事长郭勇、成都兴城集团董事长任志能合影

作者在2018年双创大赛成都区域赛区为获奖代表颁奖

作者与美国新产品开发协会主席Alan Anderson共同出席两化融合及产品创新与管理研讨会

作者与纳米比亚、坦桑尼亚、塞内加尔驻华使馆官员共同出席"一带一路"非洲论坛

作者与挪威工商总会负责人及专家共同出席全国企联雇主工作培训会

作者与美国亚洲协会政策研究院院长陆克文共同出席2018中国品牌节

·个人演讲、讲课·

作者在2018年首届四川品牌大会上接受人民日报等媒体采访

作者在2018人类命运共同体论坛上演讲

作者在四川省第九届企业文化年会上做主旨演讲

作者主持2018中国智慧企业论坛能源行业分论坛并发表演讲

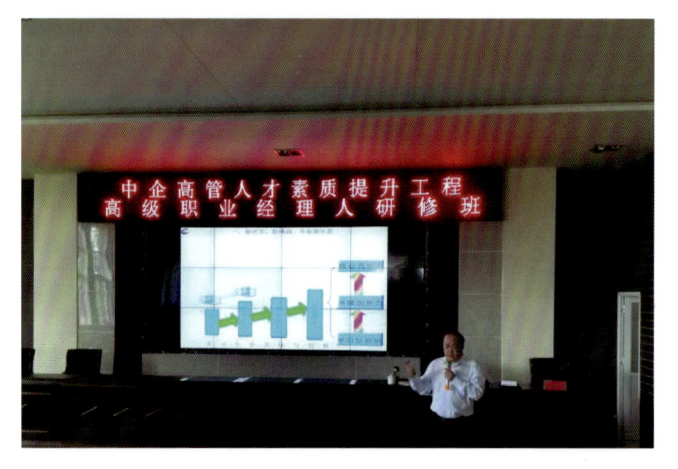

作者为中企联高级职业经理人研修班授课

作者在国家行政学院专题研讨班上讲课

融创论

自主创新驱动
企业转型升级

梁勤 著

企业管理出版社
ENTERPRISE MANAGEMENT PUBLISHING HOUSE

图书在版编目（CIP）数据

融创论：自主创新驱动企业转型升级 / 梁勤著. —北京：企业管理出版社，2019.4

ISBN 978-7-5164-1913-7

Ⅰ.①融… Ⅱ.①梁… Ⅲ.①企业创新—研究—中国 Ⅳ.①F279.23

中国版本图书馆CIP数据核字（2019）第041234号

书　　名：	融创论：自主创新驱动企业转型升级
作　　者：	梁　勤
责任编辑：	陈　静
书　　号：	ISBN 978-7-5164-1913-7
出版发行：	企业管理出版社
地　　址：	北京市海淀区紫竹院南路17号　邮编：100048
网　　址：	http://www.emph.cn
电　　话：	编辑部（010）68701661　发行部（010）68701816
电子信箱：	78982468@qq.com
印　　刷：	河北宝昌佳彩印刷有限公司
经　　销：	新华书店
规　　格：	170毫米×230毫米　16开本　33.25印张　彩插0.5印张　580千字
版　　次：	2019年4月第1版　2019年7月第2次印刷
定　　价：	99.00元

版权所有　翻印必究　·　印装有误　负责调换

序

  大千世界，芸芸众生，相遇相识的机会不是很多，能够共同携手工作当属难得；如果能通过文章论著进行思想交流，抑或浏猎撷英引起思考，就可以说是一种缘分了。这也是我答应为梁勤同志《融创论》作序的初衷。

  和梁勤认识是在2017年我到中国企业联合会、中国企业家协会工作之后。一次企联系统座谈会上，一位操着四川口音发言的同志颇引人注目，他浓眉大眼，声音洪亮，语速急促，随着观点的展开，声音越来越大，说到重要地方还频频挥动双手。别的同志告诉我，这就是四川省企业联合会、企业家协会的副会长、秘书长梁勤。得知梁勤原来有过在国有大型企业、股份制企业、中外合资企业集团担任中高层管理职务并长期任多家公司管理顾问的经历，做过管理杂志的主编，而且颇多论著，屡获荣誉，我对他予以了更多关注。而后在工作接触中，我对梁勤有了更深刻的印象。梁勤对认定的目标非常执着，工作起来热情似火，而且在工作思路上力求创新，在工作模式上多方探索，总希望能把事情一下就做到至臻完善，即便遇到困难障碍，抑或条件仍不具备，也总是气宇轩昂，信心不减。工作之余，每每笔耕不辍，认真总结工作中的成败得失，并力求在管理理论上加以探讨，努力创新。

  这次《融创论》的出版，正是梁勤近年来研究思考创新理论的结晶。"融创"就字面上理解，有融合与创新叠加之意。经济学家熊彼特在其名著《经济发展理论》中首次系统提出创新理论时就指出，"创新"就是把生产要素和生产条件的新组合引入生产体系，即"建立一种新的生产函数"，其目的是获取潜在的利润。熊彼特认为，这种"创新"或生产要素的新组合，具有五种情况：一是产品创新；二是工艺创新或生产技术创新；三是市场创新；四是材料创新；五是管理创新。

  随着科技的进步，特别是数字经济时代的到来，创新理论得到了丰富和发展，理论与实践的探索表明，提高技术创新效果的关键在于妥善处理好各种创新要素的匹配关系，发挥协同作用。如何将各种创新要素通过创造性的融合，使各创新要素之间互补匹配，从而使创新系统的整体功能发生质的飞跃，形成独特的不可复制、不可超越的创新能力和核心竞争力，不仅有着重要的理论意义，也为现实所急需。

梁勤结合近年深入企业一线开展调研咨询的心得体会与对企业家精神、创新范式的深入探索，形成了博采众长又自成一体的融创理论。他聚焦"融智创新"，试图通过对新一轮科技革命所带来的梦想与颠覆、机遇与挑战，尤其是当下"互联网+"、云计算、大数据、人工智能、区块链、智慧企业建设等趋势加以阐释，进而围绕创新这个关键要素，梳理企业生态演变与进化的特征与规律。作者力求向读者传递融智创新驱动企业转型升级的必然性、紧迫性、重要性和方法论；通过对融智创新策略的全方位跨界思考，提出了融创力的新主张，即以"文化创新为先导，科技创新为核心，管理创新为支撑，商业模式创新为源泉，制度创新为根本，企业家创新为关键"，形成了作者自己构建的全体系、全生命周期企业创新生态建设的系统化理论。

在对梁勤所做理论研究和探索加以评定时，有必要对所处时代的大背景有所把握。"十三五"以来，数字经济作为国家战略正在高速增长。随着网络强国战略、国家信息化发展战略、国家大数据战略、"互联网+"行动计划、电子商务系列政策措施等一系列重大战略和行动的实施，数字经济发展进入快车道。

可以说，数字经济在构建智慧经济乃至智慧社会中的作用，如何强调也不过分。数字经济是伴随着新一代信息技术创新发展应运而生的，本质上是一种"创新经济"。世界经济增长需要新动力。这个动力首先来自创新。研究表明，全球95%的工商业同互联网密切相关，世界经济正在向数字化转型。

数字经济是世界经济的未来，正在踏上高速增长、快速创新、迅速变革的快车道。正如习近平总书记所指出："世界经济加速向以网络信息技术产业为重要内容的经济活动转变。""要加大投入，加强信息基础设施建设，推动互联网和实体经济深度融合，加快传统产业数字化、智能化，做大做强数字经济，拓展经济发展新空间。"

新经济企业无不是数字经济中的佼佼者。2017年年末有关单位发布的独角兽企业榜单，可粗略分为三类：第一类是基于互联网的生活性服务企业，第二类是互联网、人工智能等因素与制造业的融合企业，第三类是在人工智能、大数据、生物科技等核心技术领域具备竞争优势的企业，尽管涉及众多不同领域，但其共同特征就是对信息技术的充分把握与成功应用。近10来年云计算、物联网、大数据、人工智能技术一浪接一浪，信息技术不断展现出旺盛的活力，继续引领世界经济的发展。可以判断，未来10～15年信息技术仍然会作为助力经济转型、引领产业升级的主要驱动器。

传统经济的转型升级需要注入信息化的新动能。当前，加快经济的新旧动能转换已经成为实现高质量发展最为迫切的任务。把新动能理解为发展战略性新兴产业，认为只有发展战略性新兴产业才算增加新动能，这是一种误解。新经济、新动能具有更广泛的内涵，包括用信息技术提升、改造传统产业。2018年上半年，战略性新兴产业增加值同比增长8.7%，增速高于规模以上工业2.0个百分点，占比为18.3%，显然，数字技术提升传统产业的前景十分光明。

中国企业急需加快数字经济转型，适应高质量发展阶段的要求。经过国际金融危机后十年的调整，特别是互联网技术的空前发展，人们有理由对世界经济的好转抱有憧憬，对一度低迷的经济转变有所期待。但事情发展往往不以人们意志为转移，在当前世界经济出现了一些转暖趋向的同时，全球经济形势依然复杂多变，逆全球化思潮泛起，美国从一己私利出发，祭起关税大棒，使传统增长引擎对经济拉动作用减弱，存在很大不确定性。中国将坚定不移地走全球化的道路，将美国倒行逆施的影响降到最低。国际贸易摩擦确实有可能诱发一些问题，但是这并没有什么可怕。对企业来说，最重要的是要坚定信心，稳定预期，充分发挥改革开放的根本动力作用，把补短板作为深化供给侧结构性改革的重点任务，以数字经济的转型加大补短板的力度，增强创新力、发展新动能，降低企业成本，增强抗击抵御风险冲击的能力。

把握数字经济的时代特征，根据中国企业践行习近平新时代中国特色社会主义经济思想的实践，对创新理论进行认真研究与深入探讨，是从事理论研究的科研院所、大专院校、各类智库、社会组织义不容辞的光荣责任。这也是对梁勤积极探索加以肯定的考虑所在。

《融创论》搜集、列举了美国、德国、日本等国家层面的支持创新举措和硅谷、苹果、谷歌、特斯拉、西门子、丰田等企业创新生态构建与创新做法；提出了中国企业自主创新应抓好企业创新文化与创新生态的培育塑造，企业技术创新应抓好的关键；探讨了"企业家精神"的弘扬和"工匠精神"培养与传承等几个重点与难点问题；描绘了华为、阿里巴巴、海尔等我国优秀企业创新所形成的品牌价值链与"中国创造"生态圈打造的壮举；讲述了杰出企业家任正非、张瑞敏、马云、宋志平等自主创新引领企业转型升级的故事。

当然，关于作者提出的"长盛力""灵商""幸福模型""梁氏理论"，包括"融创力"本身，应是仁者见仁、智者见智，读者不需也没有必要——认同。但应当指出，这些资料的汇集、问题探索和理论研究，是大量艰苦工作的结果，是容纳作者多年积累与心血的结晶。《融创论》不仅可以为从事涉及企业创新理论研究的科研人员参考，而且可以为企业第一线工作同志在推动企业转型升级中所借鉴，可以作为大专院校相应教学领域参考书使用，关心企业创新发展的社会各个方面也可加以涉猎，并参与其理论的丰富与探讨。

中国企业联合会、中国企业家协会常务副会长兼理事长
（工信部原党组成员、总工程师） 朱宏任
2018年10月

名家点评

对中国企业自主创新的系统性思考

"天府英才"、四川省企业联合会、四川省企业家协会、四川省企业管理协会副会长兼秘书长梁勤新著《融创论——自主创新驱动企业转型升级》(以下简称《融创论》),以其理论的前瞻性、探索性、体系性、预见性为企业自主创新驱动转型升级提供了一份及时的"学习指南";以其启发性、实践性、普适性、针对性、操作性为企业成就卓越绘制了一张精准的"云地图"。

《融创论》是新时代中国企业管理理论的拓新之作;是改革开放四十年来中国企业家群体弘扬优秀企业家精神的集中展示;是企业可持续发展基因的裁剪、重组、排序和优化的流程编码;是全球化智慧时代伟大企业产业链与供应链、价值链与创新链的生态协同进化的风云录;是人类命运共同体建设中企业家精神迸发、积聚出的永续动力系统的集成。

万般虽有品,唯有创新高。该书由"企业生态篇""自主创新篇""转型升级篇"共二十四章所构建的体系本身就是一种结构性的挑战。如开篇就从"文化传承""企业战略""企业家""创客"谈起,不仅揭示了"企业生态与融创力"的关系,而且,通过大数据、云计算、人工智能、区块链等"企业生态系统的进化",阐明了自主创新的环境巨变,令人警醒和深思。

面对新技术革命带来的不确定性和颠覆性,如何以融智创新开启企业全球化生态平台的新竞争模式?本书从"国际自主创新纵览""中国自主创新的历史必然性""融智创新是企业转型升级的根本动力"三个方面,对标美国、日本、德国等创新强国并结合中国国情与企业现状,创造性地提出了"文化创新为先导,科技创新为核心,管理创新为支撑,商业模式创新为源泉,制度创新为根本,企业家创新为关键"的系统性自主创新的新理论。尤其对企业家精神推进融智创新与开发企业家灵商资本进行了深入探讨。作者结合自身担当"创客中国"四川专家组组长和"双创"导师的角色，对"双创"及创客也提出了一系列具有实操价值的方法和建议。

针对技术创新的关键问题，作者结合曾经的技术管理经历，针对"企业技术创新应抓好的关键""专利战略与知识产权的保护和管理""'工匠精神'的培养与传承"等提出了自己的见解。

"纸上得来终觉浅，绝知此事要躬行。"十余年前曾荣获"四川省十大杰出青年企业家"和"四川省优秀创业企业家"的作者，现在仍兼任着四川省企业咨询公司总经理，根据其多年理论与实践的积累、研究与咨询服务，特别是通过对"转型升级是企业成长的普遍规律""企业转型升级的紧迫性""转型升级中企业创新生态的重构"等现实迫切需要回答的难题进行认真客观的研究，针对性地提出了"企业战略的转型升级""传统产业、制造业、服务业的转型升级""企业商业模式的转型升级""企业盈利模式的转型升级""企业领导力的转型升级"等富有现实价值的路径和方法。

尤其是对当下中国企业和企业家普遍关注的企业转型升级如何与"中国制造2025"战略、"一带一路"建设、共享经济、品牌建设、供给侧结构性改革、全面风险管理、诚信体系建设、和谐劳动关系等"热点""难点"问题的结合提出了自己的观点。

该书与众不同的"洗眼"与"吸粉"之处，是把"创新成果分享"在各章节针对性地单列出来，通过对世界一流制造型企业如西门子、IBM、康宁、丰田、华为、海尔等自主创新促进企业长青发展的剖析，以及苹果、谷歌、阿里巴巴、京东、小米等数字经济时代引领风骚的互联网企业风采的展示，并对柯达、诺基亚等知名企业成为"先驱""烈士"的比较分析，突出了对自主创新驱动转型升级趋势与节律的把控，为如何做长盛不衰的时代企业提供了学习思考的范本。

与此同时，本书通过对乔布斯、马斯克、任正非、张瑞敏、马云等杰出企业家的分析，彰显了企业家精神对自主创新与人类进步使命的伟大而不可替代的贡献。它凝聚了世界一流企业家的灵商创造，聚合了这个时代一大批优秀管理先锋的创新智慧、团队赋能与社会价值，书写了知识经济时代"敢为天下先，爱拼才会赢"、真正推动历史进步的英雄人物的传奇故事。

"莫愁前路无知己，天下谁人不识君。"愿此书能给广大读者带来管理学的美感，分享创新的成就与乐趣，欣赏企业家义薄云天、精彩而壮美的"命运交响曲"，体验激活自身休眠的灵商智慧的快感。期盼能通过"量子感应"般的神奇产生"联想效应""溢出效应",甚至"蝴蝶效应",带给读者更多的阅读享受、思考的快乐以及实践中自我实现不断突破的满足,派生出意外的惊喜与梦想、灵感与幸福的正能量。

中国企业联合会、中国企业家协会副理事长,
《企业管理》杂志编委会副主任　刘　鹏

名家点评

自主创新驱动企业转型升级之道

最近,梁勤的新著《融创论——自主创新驱动企业转型升级》一书由企业管理出版社出版。这是继《长盛力——缔造富有灵商的管理文化》畅销十年有余之后的又一部全面、系统、跨界性地研究自主创新的力作。作者多年从事企业管理的历练积累、理论与实践的研究和探索,结合中外企业的著名案例以及作者在企业咨询、"双创"指导中的成功做法与思考,推出的"十年磨一剑"的创新成果。

察势者智,驭势者赢。党的十八大明确提出,"科技创新是提高社会生产力和综合国力的战略支撑,必须摆在国家发展全局的核心位置",强调要坚持走中国特色自主创新道路、实施创新驱动发展战略。习近平总书记在党的十九大报告中,充分肯定了十八大以来的创新成果,并提出了"加快建设创新型国家"的要求,强调"创新是引领发展的第一动力,是建设现代化经济体系的战略支撑",我国要在科技、经济、工业、交通、文化及社会治理等各个领域倡导创新、加强创新。创新是顺应、顺势之路,更是实现中华民族伟大复兴的可持续发展之路。

《融创论——自主创新推动企业转型升级》涉及文化、科技、体制、商业模式、企业家等方方面面,跨度大、交叉密、关联紧。梁勤之所以能独立完成集大成之作,得益于他29年从事企业生产、技术、经营等管理的丰富经历和坚韧勤奋的学习钻研精神,其在央企国企基层到高层岗位任职时,努力推进技术革新和管理创新,取得良好的社会经济效益和丰富的理论研究成果。早在20世纪80年代,便以《浅论我国企业中裙带关系的危害及其对策》《国家、企业、个人三者利益的冲突及对策》等获奖论文而"初出茅庐",90年代后又以"Dorst压机模具架试制""新型硬质合金喷嘴"等五项专利及技术攻关、创新成果奠定了坚实的技术创新功底。进入21世纪,梁勤同志又以《国企技术创新刍议》《论加入WTO与提升国有企业核心竞争力》《走市场创新之路，振兴中华钨业》等一系列公开发表的论文而进入广大企业界、管理界、学术界的视野。尤其是以荣获"四川省十大杰出青年企业家""四川省优秀创业企业家"和"四川省优秀管理专著一等奖"的《长盛力——缔造富有灵商的管理文化》的出版畅销为标志，梁勤"技术+管理"复合型的高级经济师、高级工程师的企业家功底得到了广泛的认同与尊重。

　　进入四川企联工作至今，梁勤初心不改，率领四川企联团队取得优异业绩的同时，潜心企业管理研究，提出了"融智创新"的价值观和"平台化发展，品牌化运营，价值链共赢"的服务理念，对自主创新驱动企业转型升级进行了众多的案例剖析，深入企业和企业家进行了大量的实证调研分析，用灵商、执着与坚韧克服了诸多困难，完成了这一跨界之作。

　　全书三篇二十四个章节。书中每个章节都有新的观点并引用了案例与最新创新成果分享，客观地将一个个新鲜、精彩、翔实的国内外企业案例用独特的视角呈现给广大读者，如中国企业创新文化的培育塑造、核心技能的打造、创新生态环境的改善、《中国制造2025》"一带一路"倡议下的融智创新、企业的机遇与挑战、用企业家精神加速推进融智创新等，为我国企业的管理者、决策者以及企业生态的关联者和创客们提供了一套切实可行的企业发展的定位思考、解决问题方案与自主创新驱动转型升级、可持续发展的赋能路径。

　　随着书中展现出的激荡创新画面的徐徐展开，以及作者对数字经济、人工智能、量子信息、生物技术等新一轮科技革命的理解和分享经济、共享经济等新的商业模式融入各章节，将增强广大企业和企业家对创造新业态、新产业、新模式、新品牌的创新信心与路径。与此同时，作者书中所揭示的与美国、日本、德国等创新的对比研究和中国式管理的崛起也将为广大企业和企业家带来前所未有的机遇。如何抓住这个重大机遇，以创新引领未来，相信本书会给大家带来一些新的认识和启发。

国务院国资委研究中心党委书记、主任　李明星　博士

前言

《融创论——自主创新驱动企业转型升级》是对融智创新系统能力全方位的揭示，是融智创新的方法论。融创力是人类想象力、探索力、创新力、协同力、和谐力、幸福力等集成的推动持续发展的和合贯通动力，也是系统创新、价值创新、生态创新、人本创新等灵商智慧迸发而形成的有机融合。因此，《融创论——自主创新驱动企业转型升级》研究的核心就是融创力。

自主创新驱动企业转型升级是当今中国乃至全球追赶型发展国家的重大理论与实践难题。企业与企业家所具有的融创力，是人类持续开发自身灵商智慧并运用"蓝海战略"走向"蓝天战略"，构建人类命运共同体、实现"天人合一"过程中创新驱动的不竭原动力，它主宰着人类在宇宙世界中的终极生存力、决胜力和长盛力。

本专著是继《长盛力——缔造富有灵商的管理文化》三次印刷畅销十年之后所竭力补上的企业生态与可持续发展的"纵坐标"。它与"长盛力"作为"横坐标"，共同构成了人类，特别是企业永续发展的"云地图"；也是继《长盛力——缔造富有灵商的管理文化》揭示人类创新本源"灵商""幸福模型"及"梁氏理论"之后，管理学系统研究企业融智创新生态平台构建及自主创新驱动企业转型升级的一本拓新之作。

先哲说："苟日新，日日新，又日新。"世界上没有一种竞争优势能永恒，也没有一种商业模式能永久，更没有一种资产能永固。颠覆无处不在。因此，一只脚已跨入量子时代门槛的企业家们必须明确，企业拥有抗颠覆力才是硬道理。而抗颠覆力的后盾与"暗战"支撑就是融创力。本书试图通过对新一轮科技革命所带来的梦想与颠覆、机遇与挑战，尤其是当下"互联网+"、云计算、大数据、人工智能、区块链、智慧企业建设等趋势的系统思考与阐发，启示在新一轮科技革命即将"云开日出"情境下，企业生态的演变与进化；通过对中国自主创新历史必然性、现状及其对企业转型升级的影响与战略意义的表达，向读者传递融智创新驱动企业转型升级的必然性、紧迫性、重要性和方法论；通过对融智创新是企业转型升级的根本动力的表述，尤其是融智创新方略的全方位跨界思考，提出了融创力在企业自主创新中的核心作用与本质引领的新主张，即以"文化创新为先导，科技创新为核心，管理创新为支撑，商业模式创新为源泉，制度创新为根本，企业家创新为关键"的全体系、全生命周期企业创新生态建设的系统化理论。

笔者纵览国际自主创新战略，明确强调用习近平主席所倡导的"敢为天下先，爱拼才会赢"的企业家精神牵引自主创新方略的创新观。结合美国、德国、日本等可借鉴之举措和硅谷、苹果、谷歌、特斯拉、西门子、丰田等企业创新生态构建与创新做法，提出了中国企业自主创新应抓好企业创新文化与创新生态的培育塑造，企业技术创新应抓好的关键，"工匠精神"的培养与传承等几个重点与难点；阐明了融智创新与企业转型升级的辩证关系；结合华为、阿里巴巴、海尔等我国优秀企业融智创新所形成的品牌价值链与"中国创造"生态圈的打造及杰出企业家任正非、张瑞敏、马云、宋志平等自主创新引领企业转型升级的故事，描绘出一张我国优秀企业家用企业家精神驱动中国梦并努力实现"同一个世界，同一个梦想"的群英图。

笔者作为"企业和企业家之家"的省级企联负责人，始终怀着敬畏与真情，长期对企业和企业家保持了一种信仰、一份激情与一片挚诚。根据多年企业管理实操、咨询服务和学习与思考，秉承"为企业和企业家服务"的企联宗旨，努力践行"融智创新、敬业奉献、维权服务、自强自律"的四川企联价值观和"平台化发展、品牌化运营、价值链共赢"的服务理念，以"不忘初心，继续前进"的执着，始终以"暮色苍茫看劲松，乱云飞渡仍从容"的心定力，深入企业和企业家中，研究琢磨，苦中作乐，提出了企业转型升级的路径、步骤，并对传统产业、制造业、服务业等如何转型升级提供了大量鲜活的创新案例；对商业模式、盈利模式、企业领导力等的转型升级也进行了研究分享。与此同时，特别强调了中国企业转型升级中企业家要注意解决好生态圈中"亲"与"清"的艺术、构建和谐劳动与社会关系、全面风险管理等相关管理"热点"与"痛点"，对"僵尸企业"和倒在通往成功路上的创业者与企业家们提供了反省的智慧与正能量，尤其对"双创进行时"的创客与利益关联者如何降低"死亡率"，如何在数字与分享和共享经济下培育并努力成为"小巨人""隐形冠军""独角兽"并积累、聚合与持续拥有融创力提出了自己的见解。

莎士比亚说:"凡属过去,皆为序幕。"当今人类已开始走向太空开发的移民路上,大数据赋能推动着伟大企业从"运力时代"跨入了"算力时代",未来"野蛮人"敲门可能成为创新市场的潜伏力与融创力唤醒、共振而形成的"跨界打击力"与"颠覆力"。当今"创时代"与"眼球经济"预示着批量产生"黑天鹅""灰犀牛"时代即将到来。但未来由于创新边界的扩展和人类探索未知世界的隐形力与好奇心,尤其是科学家、发明家、企业家的灵商与创新精神的不可穷尽,"黑天鹅""灰犀牛"将不再稀奇。新生事物将随着人类融创力的提升使其更迭、变异与创新频次加快而变得五彩纷呈,层出不穷,甚至可能成为"新常态"并演绎成"新物种""新业态""新生态"。这是人类未来在浩瀚宇宙世界中延续人类文明并与外星文明取得共感,同享未来太空世界发展权、自由权、幸福权所必备的技能条件与手段。

"无边落木萧萧下,不尽长江滚滚来。"当今万物互联的时代催生着不尽的创意与梦想,用中国五千年文明所沉淀凝聚成磅礴的"万物并育"之道与改革开放四十年来企业家所创造、积累以及前赴后继、"无数英雄竞折腰"所留下的经验教训与成就,"道法自然"地创造出的"和合"管理模式,不仅能在《中国制造2025》"一带一路""共享经济""构建人类命运共同体"等实践的历史成果中得到验证,推动中国重新回归到世界中心的位置,也可能成为当今与未来智慧世界和谐与幸福企业管理的妙方。

歌德讲:"已经创造出来的东西比起有待创造的东西来说是微不足道的。"因此,创新只有起点,没有终点。融智创新永远在路上。企业每一次转型升级的成功只是创新长青之树上的一季果实。

"创新成果分享"是本书有别于其他著作的一大亮点。它凝聚了一流企业与企业家的灵商创造,彰显了这个时代一大批优秀管理先锋的创新智慧、团队贡献与社会价值,谱写了知识经济时代真正推动历史进步的英雄人物并让历史铭记的创新故事。

愿此书与您的分享,虽不能出现"量子纠缠"般的"显灵"现象,但期望能通过"意识传感"产生"引力波",获取"暗物质"力量,成为携手融智创新路上的共鸣、共谋、共创、共产、共享、共幸者!

梁 勤
2018年10月

目 录

企业生态篇 001

    第一章 企业生态与融创力 002
        一、文化传承 003
        二、企业战略 008
        三、企业家 012
        四、创客 016

    第二章 企业生态系统的进化 021
        一、价值生态系统：云经济时代的价值创造机制 021
        二、大数据发展为企业生态演进赋能 033
        三、大数据环境下企业生态系统的协同演化 038
        四、从"人机大战"看企业如何下好"人工智能"这盘棋 041
        五、人工智能下企业生态战略 044
        六、区块链将重构企业生态 046

    创新成果分享：海尔基于用户全流程最佳体验的互联网工厂生态建设 051

自主创新篇 059

    第三章 国际自主创新纵览 060
        一、美国——创新文化吸引顶级人才 060
        二、日本——渐进式创新值得借鉴 066
        三、德国——工业4.0背景下的企业创新之道 071

  四、以色列——创新的"超级大国" 075

  创新成果分享：百年传奇——西门子的创新秘诀 079

第四章　中国自主创新的历史必然性 084
  一、中国自主创新的必要性与可行性 084
  二、自主创新是引领发展的第一动力 090
  三、自主创新成为国家战略 092
  四、由"中国制造"走向"中国创造"只能靠自力更生 094
  五、"大众创业、万众创新"催生中国发展新动能 095

  创新成果分享：迈向世界高端的纺织机械核心产品自主创新管理 098

第五章　融智创新是企业转型升级的根本动力 104
  一、融智创新是中国跨越"中等收入陷阱"的必然选择 104
  二、融智创新领航新时代 109
  三、融智创新成就行业旗帜——福耀：原创成就行业领头雁 113

  创新成果分享：康宁——创新牵引持续转型升级的长青经典 119

第六章　文化创新为先导 124
  一、苹果公司的"为什么" 124
  二、华为文化创新，成就数一数二 126
  三、阿里巴巴的跨文化创新 128
  四、打造以创新为导向企业文化的方法 130
  五、企业文化创新的步骤 132

  创新成果分享：文化创新成就"中国商飞" 134

第七章　科技创新为核心 139
  一、中国之芯显"神威"，科技创新赢美名 139
  二、"复兴号"高铁：由"中国制造"成长为"中国创造" 141
  三、"互联网＋"背景下科技创新的新机遇 142

四、重大科技创新项目实施新模式 144

五、企业技术创新核心能力建设的要素 150

六、企业技术创新应抓好的几项重点工作 153

创新成果分享：核燃料元件制造企业实现产品、工艺自主化的技术创新管理 160

第八章　管理创新为支撑 165

一、"互联网+"时代企业管理的新特征 165

二、企业管理创新与互联网思维的融合 171

三、当前中国企业管理创新的大趋势 174

四、中国式管理正全面崛起 180

创新成果分享：智慧企业建设引领水电企业创新发展 182

第九章　商业模式创新为源泉 188

一、诺基亚与苹果比，在商业模式上输在哪里 188

二、商业模式创新的本质 189

三、商业模式的微创新 204

四、IP营销：触发灵商的力量 206

创新成果分享：企业生态孕育小米竹林模式 209

第十章　制度创新为根本 213

一、政府简政放权，为企业营造良好外部制度生态 213

二、创新政策落地生根才能使自主创新繁花似锦 217

三、制度创新是本土企业创新发展的关键 220

四、混合所有制成就中国建材 224

创新成果分享：阿里巴巴的"合伙人制度" 226

第十一章　企业家创新为关键 231

一、企业家及企业家精神 231

二、企业家精神是融智创新的核心动力 232

三、融智创新战略对企业家领导方式的新要求 239

　　四、企业家创新的首选：成为平台型领导 241

　　五、保护企业家合法权益势在必行 244

　　六、"中国企业家活动日"的创新价值与时代意义 246

　　创新成果分享：任正非非凡领导力的灵商定势
　　——独上高楼望天路，乱云飞渡"任"从容 247

第十二章　中国企业融智创新中创新文化的培育塑造 251

　　一、"互联网+"时代企业创新文化的培育 251

　　二、推进"一带一路"背景下企业文化的融合 254

　　创新成果分享："铁娘子"董明珠的创新文化构建 258

第十三章　中国企业融智创新中核心技能的打造 263

　　一、企业技术创新应抓好的关键 263

　　二、专利战略与知识产权的保护和管理 272

　　三、"工匠精神"的培养与传承 280

　　创新成果分享：重塑"工匠精神"，推进中国创造 297

第十四章　中国企业融智创新生态环境的改善 301

　　一、大力开展"双创"，建设创新型国家生态 301

　　二、积极培育和鼓励创客成长 322

　　三、"一带一路"倡议下的融智创新 337

　　创新成果分享：走出去弥补创新"短板"——吉利成功并购沃尔沃汽车....346

转型升级篇 353

第十五章　转型升级是企业成长的普遍规律 354

　　一、"世界级"创新型企业的成长之道 354

　　二、企业转型升级不等于转行发展 359

创新成果分享：大象也能跳舞——IBM 的转型升级 362

第十六章　企业转型升级的紧迫性 365
一、从企业盛极而衰看转型升级的必然性 365
二、"互联网+"的巨大影响 371
三、中国产业结构优化要求企业必须转型升级 376
四、从中国企业寿命看转型升级的迫切性 378
五、从对中国产能过剩的反思看企业转型升级的时代需要 381

第十七章　转型升级中企业创新生态的重构 385
一、企业创新生态系统的营造 385
二、打造更具竞争力的生态型企业 388
三、企业转型升级战略要与创新生态相融合 389

创新成果分享：丰田汽车生态系统建设的启迪 392

第十八章　转型升级应优化的企业生态环境 396
一、积极推进供给侧结构性改革 396
二、构建和谐劳动关系 403
三、积极履行企业社会责任 408
四、加强企业诚信体系建设 414
五、搞好企业全面风险管理 418

创新成果分享：民营企业以幸福文化为引领的和谐劳动关系管理 423

第十九章　实现企业转型升级的战略解读 428
一、战略思维主导下的企业转型升级 428
二、企业转型升级设计的步骤 432

第二十章　企业战略的转型升级 437
一、企业战略转型升级概要 437
二、企业战略转型升级的方向 439
三、企业战略转型升级的关键要素 442

四、企业战略转型升级的决定性力量——领导者 443

　　创新成果分享：提升企业核心竞争力的战略转型升级 445

第二十一章　传统产业、制造业、服务业的转型升级 451

　　一、酷特的学习与赶超 451

　　二、《中国制造2025》企业的机遇与挑战 452

　　三、中国制造业转型升级呼唤智能制造 455

　　四、代工企业的转型升级 456

　　五、企业生态变化尤其消费升级带动中国服务业转型升级 459

　　创新成果分享："海底捞"以差异化服务实现转型升级 459

第二十二章　企业商业模式的转型升级 464

　　一、商业模式转型升级的要素 464

　　二、要么成为平台，要么加入平台 466

　　创新成果分享：京东"数据＋机器人＋算法"掀起物流业商业模式的转型升级 469

第二十三章　企业盈利模式的转型升级 473

　　一、战略定位转型升级：确定新方向 473

　　二、客户目标转型升级：挖掘新目标 476

　　三、业务系统转型升级：划定经营圈 478

　　四、锁定价值链：为谁提供价值？如何提供价值 480

第二十四章　企业领导力的转型升级 483

　　一、中国企业家领导力现状 483

　　二、顺应"互联网＋"领导模式的转型升级 485

　　三、"互联网＋"时代企业领导力的转型升级 488

　　四、中国企业家转型升级时期的变革领导力 499

后记 503

参考文献 507

企业生态篇

任何一个企业都不是"孤独的牧羊人"。尤其在互联网大数据时代,企业仅靠快速竞争、追求自身利益最大化等为核心的发展逻辑日渐难以适应外部环境的巨变与颠覆。事实上,企业总是维持在一种具有张力与弹性的开放系统中,才能不断与外界进行信息、数据、能量等资源的交互与分享,进而实现可持续发展。而这种自发性、开放性、互利性、持续性,就在于企业要构建并维持某种良好的、共生共享共赢的生态系统。

第一章

企业生态与融创力

　　企业生态是指企业生存与发展的内外环境关系的总和，是企业与企业所处环境形成的相互作用、相互影响的体系。它是将企业视作自然界中的有机体（某个个体），以此来探讨不同个体之间生存、发展以及竞合等关系。在一定区域内，和自然界生物一样，没有一个企业个体或单个组织能够长期单独生存。企业直接或间接地依赖别的企业或组织而存在，并形成一种有规律的组合，即价值共同体，并最终直至命运共同体。在这个共同体的演进中，相对于每一个企业个体来说，生活在它周围的其他企业个体或组织连同自然、社会、经济等大环境构成了其生存的外部环境，企业个体与其外部环境通过物质、能量和信息等价值的交换，构成一个相互作用、相互依赖、相生相和、共同发展的整体。而且，它不同于自然界简单的"弱肉强食"法则，客户、投资者、供应商及其他伙伴等都是与企业本身对等的有机体；也不同于"物竞天择，适者生存"原则的简单运用，而是强调企业所在的生态各"物种"要共同进化，共创和谐共生的生态系统。

　　根据笔者所著《长盛力——缔造富有灵商的管理文化》揭示，企业作为一个生命体，它的成长进化是一个由低级向高级不断上升、协同演进的过程，其遵循的一般规律所表现出来的发展阶段与经营核心是"产品经营——资本经营——人本经营"，从而逐步积累、变革、进化形成了企业的"长盛力"。其可持续发展能力是企业融创力与长盛力的生态表现函数，可以用企业生态坐标（详见图1-1）来简要表达。

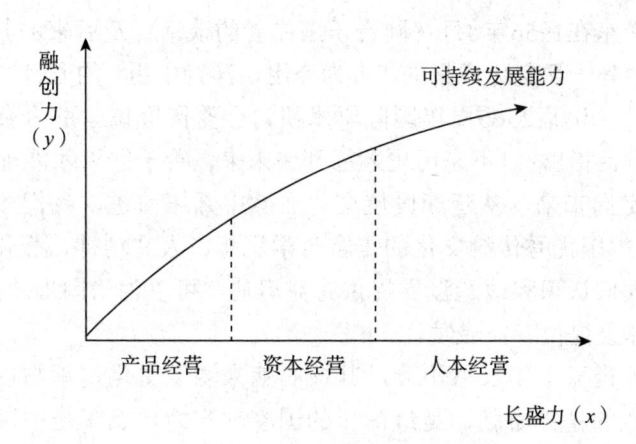

图1-1　企业生态坐标示意图

$$P = F(x + y)$$

其中，P为企业可持续发展能力；F为函数关系；x为长盛力；y为融创力。

此函数关系表明企业的可持续发展能力与融创力、长盛力呈强正相关关系。从哲学观点讲，企业可持续发展能力的本质与核心内容是企业融创力，表现的现象与形式是长盛力。

把融创力的探讨放在企业生态中研究与人类对地球的研究放在宇宙中探索是一脉相承，有异曲同工之处的。

一、文化传承

文化在中国历史上最早是"以文教化"和"以文化成"的总称。从字面意思上解释，文化是一个动词，无论是"教化"还是"化成"，都体现了一个行为过程。"文"是指道德、哲学思想、艺术等，引申到企业文化中就是企业所倡导的企业价值观与企业家精神等的集成；"化"是指教化，在长期的经营活动中形成共同理想、信念、行为准则和道德规范的总和。因此，文化不是一种关于个人的征象，而是一种关于若干个人的共同性的征象。而传统的观念认为，文化是人类在社会历史发展过程中所创造的物质财富和精神财富的总称，文化传承就是这两种财富在一代又一代人之间的传递、继承、延续与发展、创新的过程。如何正确对待文化传承？这是一个民族自信、自强的关键问题，更是民族领袖们需要把握的重大命运问题。伟人毛泽东在1956年8月《同音乐工作者的谈话》及后来的其他谈话中，阐明了对待古今中外一切文化成果的"古为今用、洋为中用"的方针。2014年9月24日，习近平在纪念孔子诞辰2565周年国际学术研讨会暨国际儒学联合会第五届会员大会开幕会上的讲话指出："不忘历史才能开辟未来，善于继承才能善于创新。""只有坚持从历史走向未来，从延续民族文化血脉中开拓前进，我们才能做好今天的事业。"他认为中国优秀传统文化的丰富哲学思想、人文精神、教化思想、道德理念等，可以为人们认识和改造世界提供有益启迪，可以为治国理政提供有益启示，也可以为道德建设提供有益启发。

中华文明绵延五千年长盛不衰，其核心就来源于文化传承与创新。优秀传统文化是中华民族的精神命脉，是最深厚的国家软实力，尤其是中国传统管理思想文化，具有极其丰富的内容和显著的东方文化特色，并曾产生出光辉灿烂的古代物质文明和精神文明。在长达数千年的历史长河中，由于社会历史条件的限制，中国管理思想在近代没有能够与产业革命及资本主义企业经营相结合，以至于今天一般人都认为科学管理的观念和方法都来自西方。当我们厘清中国文化传承的脉络后，会惊讶地发现中国式管理在内容、思想及方法上有其独到的基因传承和系统支撑。结合笔者对企业生态三段论的研究，同样也可以说明先哲们的智慧所凝聚的"阳光雨露"虽历经沧桑巨变，今天依然"灿烂滋润"。

（一）墨子·韩非子，孔子·孟子，老子·庄子

1.墨子·韩非子

墨子是我国战国时期著名的思想家、教育家、科学家、军事家，墨家学派的创始人，以"兼爱"为核心，以"节用、尚贤"为支点，有《墨子》一书传世。墨子在先秦时期创立了以几何学、物理学、光学为突出成就的一整套科学理论。墨学在当时影响很大，与儒家并称"显学"。其对光的阐述，堪称"量子力学"的始祖，由此，由著名科学家潘建伟所主研的全球第一颗量子卫星命名为"墨子号"乃实至名归。从管理学角度看，墨子思想体现了企业生态中"产品经营"阶段"一切凭数据说话"的原始机理。

韩非子是战国末期著名思想家，法家思想的集大成者。《韩非子》一书，呈现重视唯物主义与效益主义思想，倡导君主专制主义理论，主张君主集权，提出重赏罚等。从管理学角度看，韩非子思想是企业生态"产品经营"阶段"直线制""直线·职能制"管理体制与绩效导向的先祖。

2.孔子·孟子

孔子是中国著名的大思想家、大教育家，儒家学派的创始人，被后世统治者尊为圣人。《论语》是儒家学派的经典著作，儒家思想对中国和世界都有深远的影响，孔子被列为"世界十大文化名人"之首。其"主张改良，制度因时而变"等思想是当今企业生态建设"资本经营"阶段中"创新驱动""权变理论""动态能力建设"的鼻祖。

孟子是中国古代著名思想家、教育家，战国时期儒家代表人物，与孔子合称为"孔孟"。孟子及其门人著有《孟子》一书，其"民贵君轻""性善论"等是我们当今企业生态建设"资本经营"阶段的"领导力与团队建设"、人性化管理等管理思想、理论值得挖掘的渊源。

3.老子·庄子

老子是春秋时期伟大的哲学家、思想家，道家学派创始人。道家学派代表作《道德经》以"道"解释宇宙万物的演变，"道"为客观自然规律，同时又具有"独立不改，周行而不殆"的永恒意义。"天下万物生于有，有生于无"，主张无为而治、不言之教。老子的思想被庄子所传承，并与儒家和后来的佛家思想一起构成了中国传统思想文化的核心。从企业生态建设角度讲，老子思想中的"无为而治""大道无为"等思想精髓体现了现代企业管理"人本经营"阶段可持续发展的最高境界。

庄子是战国时代著名思想家、哲学家、文学家，是道家学派的代表人物，著作有《庄子》。他认为一切事物都在变化，又认为一切事物都是相对的，追求一种"天地与我并生，万物与我为一"的主观精神境界，追求安时处顺，逍遥自得。庄子思想为当今企业生态建设中的"自我实现"、推动"和谐企业"建设、实现"幸福企业"的崇高目标提供了强大的原始基因。

"诸子"及其学说共同构成了中华民族文化精神的源头，不仅对此后两千多年的中国政治与社会影响至深，也对推动世界文化的发展产生了巨大的影响，是当今建设"中国式管理"的文化宝库和思想源泉。

（二）君子之道，中庸之道，天下大道

1.君子之道

《论语·述而》讲"君子坦荡荡"，强调君子之道以修身为要，要有宽广的胸怀和高洁的品行。君子怀德、君子有礼、君子不器皆为君子之道，不仅是一种美

德,而且是一种胸怀,更是一种责任。结合到企业的君子之道,就是以"服务国家战略、服务地方发展、服务社会大众"为己任,弘扬践行"利人、利他、利天下"的担当精神。君子的力量始自人格和内心,孔子说君子道者三,叫作"仁者不忧,智者不惑,勇者不惧"。综观中华文明的历史长河,君子有很多优秀品格,已经沉淀为中华民族的集体人格。正如习近平强调的"三严三实"(严以修身、严以用权、严以律己,谋事要实、创业要实、做人要实),履行好企业公民的责任和义务,就是企业家的君子之道。君子之道,是企业生态创建时价值观的正确定位,是初创企业首先应搞明白"为什么"的方向性问题,是企业生态建设过程中"产品经营"阶段必遵之道。

2. 中庸之道

中庸,是儒家的核心思想之一,是孔门的高明"心法"。孔子认为"过犹不及",太过和不及都不是理想的状态;处理事情应不偏不倚,执其两端取其中正,平和各方观点与原则,使之相互补充和制约。这绝非我们以为的平庸或没有锋芒,没了开拓立新的创造力。当今中国提出"包容性增长"解决世界发展难题;"亲诚惠容"的周边外交理念;互信、互利、平等、协商、尊重多样文明、谋求共同发展的上合组织所倡导的"上海精神";和平合作、开放包容、互学互鉴、互利共赢的"丝路精神";共同、综合、合作、可持续的亚洲安全观;等等。其最主要的方法论就是"中庸",诚如习近平2012年在北京出席"世界和平论坛"开幕式时所说,"一个国家要谋求自身发展,必须也让别人发展;要谋求自身安全,必须也让别人安全;要谋求自己过得好,必须也让别人过得好。"中庸之道在企业管理中的运用,特别事关企业生死存亡的决策,我们选择的方案并不是"最佳方案",而是"最适合方案"。在当今数字经济时代,企业与企业家的中庸之道就是在"分享""共享"经济中寻找到企业生态各方最大的"利益公约数"。

3. 天下大道

《礼记·礼运》中言:"大道之行也,天下为公,选贤与能,讲信修睦。"意为大道即治国的理想境界,在大道施行的时候,天下是人们共有的天下。"天下大道"所彰显的哲学思想与道德境界是中国所倡导的建设人类命运共同体,把"一带一路"建成"和平、繁荣、开放、创新、文明"之路的精神脉络的源头,是当今企业生态建设中"人本管理"阶段,尤其是企业国际化进程中企业家全球化思维、国际化战略中的道德境界、担当与格局的体现。"革命先行者"孙中山先生在《三民主义》中提出:"真正的民生主义,就是孔子所希望之大同世界。"孔子向往的"大同"世界,即《礼记·礼运》中所描述的"大道之行也,天下为公"的理想社会。李克强在2013年3月17日答记者问时,引用"行大道、民为本、利天下"九个字来概括政府使命,传递了治国理政管理国家的文化传承与天下大道的精髓。

(三)功利,道德,天地

1. 功利

功利的字义即功名利禄或功业所带来的利益。哲学上的"功利主义"或"功利论"指判断某行为能否为多数人带来"最大幸福",是一个积极的概念。中国古代伦理史上的义利之辩历时长久,在为人熟知的"重义轻利"的儒家和"重利轻义"的法家之外,还有主张"义利相合"的墨家,以及主张"绝利弃义"崇尚自然无为的道家。从中可以看出传统文化的义利观对我们今天的企业管理思想、理论与创新有积极的一面。从企业生态发展的三个阶段来讲,这是企业创建的初衷,即以盈利为主要目标的"产品经营"阶段的定位,是企业完成资本的原始积累以期进入"资本经营"的必经台阶,也是企业家成长的初级阶段即"生意人"阶段所要采取的管理文化导向。

2. 道德

在企业管理中,实现决策目标过程中的行为控制不外乎两种方式:一是靠管理制度来实行控制,即通过制度和职权关系来确定企业成员的行为规范,这种控制方式带有强制性,往往也会引起职工的心理失衡,进而产生逆反心理和消极情绪;另一种是通过共同的价值观,由道德意识的暗示,强化自我意识来达到员工的自我控制和自我约束,从而形成企业团队强大的"自律场"。后一种方式是一种以对员工个人价值的尊重和充分信任其自觉性为前提的无形控制,与强调以人为中心的人本管理(即人性化管理或柔性管理)相吻合。这与企业生态建设中可持续发展的"资本经营"阶段相匹配,因为"资本经营"的前提是法制和诚信,强调企业的社会责任与企业公民的社会道德。儒家思想为"德治"及"道德管理"提供了宝贵财富,表现在仁爱的人道原则、民为邦本的人本思想、自强不息的进取精神、诚信为本的企业信念、和义取利的价值观。

3. 天地

经营企业的最高境界就是经营人心,经营人心就是洞悉人性,洞悉人性就是洞察人心、陶冶情操、提升灵商。这是企业生态建设中由"资本经营"上升至"人本经营"的哲学体现。因此,"灵商资本"就是吸"天""地"之灵气与"暗物质"的力量,所塑造的顶"天"立"地"之"魂",是人性中最深层次、最神秘、最本质的力量。

正因如此,企业管理一方面通过"功利"建立个体与组织的利益最大化关系,形成"利益共同体";另一方面透过"道德"建立人、企业与社会和谐相生的价值共同体;再一方面是以"灵商资本"为核心通"天地"之管理,借此"天人合一",建立全员与企业生态的"命运共同体"。最终使企业不仅成为优秀的"地球公民",也要成为合格的"宇宙公民"。如果说"功利"所导向的物本管理是重在对人的控制,则"道德"所引导的人本管理是重在对人的尊重,那么"天地"指引的"灵商资本"的管理则是人本管理的进一步升华,是对人灵魂的敬仰。三阶段层次的不断提升具有递进性、融合性、循环性,在企业生态与可持续发展中缺一不可,环环相扣。

二、企业战略

企业战略是企业为谋求生存与发展的全局方案。企业战略是对企业整体性、系统性、基本性问题的计谋,随着企业生态坐标动态改变的各个阶段,其目标、支撑、动力等要素,也将顺势而变。

(一)战略目标:产业链、价值链、创新链

在"产业链"阶段,公司战略的重点在于明晰在产业中的定位、地位及其与上下游的关联度,其核心优势在差异化品牌、市场等的积累与关联企业的协同。

现代科技与市场发展至今,任何一种原创性的单打独斗发展模式,要在市场竞争中取得长期优势都变得极其困难,如果企业选择在产业链上动态合作,其做优、做强、做大或许变得更加容易。在如今国际经济一体化的大背景下,任何一个产业链的发展,已从单个企业自身的能力和资源竞争,逐渐演绎成各个企业及其各个环节上下游的系统竞争,即产业链竞争。

而在"价值链"阶段,企业战略的重点已升级为超越自身的价值重塑与价值增值,战略趋向应突出轻资产及软实力提升与延伸。当企业在产业链中巩固其技术或差异化优势后,将自然地融入价值链的塑造中,使其"硬实力"在"价值链"上与"软实力"得以共生强化。

在"创新链"阶段,企业的战略重点应聚焦全球化资源,特别是知识的整合

与平台建设，尤其是在如何提升创新型领军人才的聚合力及其对生态圈的影响力上精准发力。

"三链"的逐步接力优化提升，企业可感知实际运营中应加强的关键环节和关键因素，找到管理改善、预防掉链和创新提升的切入点，为企业决策者的战略选择与战略升级提供依据与环环相扣的动态能力支撑，推动企业持续创新与转型升级。

（二）实施动力：要素驱动、效率驱动、创新驱动

从"要素驱动"到"创新驱动"并不能一蹴而就，要经历一个从粗放到集约、循序渐进的过渡阶段。在生产函数基本不变的情况下，在要素投入产出比例大幅度提升的阶段，其显著特征就是"效率驱动"，它将为"创新驱动"提供坚实的结构性基础和物质准备，是创新驱动不可逾越的前导阶段，也意味着具有重要的"承前启后"作用。

当今的中国经济已基本完成了从要素驱动到效率驱动的经济增长方式的转变，那种靠拼自然资源、拼投资、拼成本、拼优惠政策、拼环境的机会主义战略，已逐步被科学发展、绿色发展战略所取代。未来的中国经济还有二十年左右的中高速增长，因为中国企业管理的效率和西方发达国家相比还有一定差距，加之内部市场的巨大潜力与"一带一路"新的外拓需求空间和市场蓝海，我们还有较大的改善机会和前景。

"大众创业，万众创新"的战略落地，实际上就是中国从效率驱动转变为创新驱动的开端。创新驱动发展主要依靠的是科技进步、劳动者素质提高和管理创新等高级要素，要抓住中国在某些战略新兴领域已具备一定技术储备和产业基础，把握国内外巨大的市场需求与产业转移空间的发展机遇，贯彻五大发展理念，践行好自主创新驱动企业转型升级的战略，使之成为可持续发展的强劲新动能。

（三）创新路径：引进消化、学习跟跑、领跑为先

20世纪80年代中国已全面建立了相关产业及其初步的技术基础，用"市场换技术"的方式引进了国外的先进设备和生产技术，也培育了海尔、宝钢、长虹、沈阳机床等一批具有成长性竞争力与市场带动力的领军企业。在这个过程中，中国发挥举国体制优势，以重大科技项目或工程为载体，引进国外先进技术和管理经验，产生了一定的技术溢出效应，通过消化吸收再创新，促进了我国产业的升级与企业竞争力大幅提升，步步逼近国际领先产业技术水平。目前，微创新是中

国大多数企业的一种学习跟跑的创新方式。中国企业的创新总体上处于渐进式的追赶中，跟跑为主，并跑为辅，领跑甚少。

由于安全稳定局面所带来的日新月异的发展速度、质量与企业家勤奋学习和创新精神，中国越来越逼近第一方阵的企业竞争力。国外优势企业为了保持其在产业链与价值链的优势地位，是不可能售卖甚至"走漏"其核心技术的。中国企业核心能力建设，只能自力更生，集聚优势，融智创新，发奋猛追。应该坚信，中国在自主创新驱动战略引领下，再经过30～50年的不懈努力，将进入世界自主创新的领头方队，在现代信息技术、新能源与再生能源、新材料、航空航天、人工智能等诸多方面将成为"领跑者"。为了早日实现"领跑"的宏愿，中国的领军企业必须要具有独立研发和市场开拓能力，利用自己的领先标准、专利或技术诀窍获取核心竞争优势与市场先发优势，实现垄断利润或超额利润，通过一系列的从接受标准、执行标准到制定标准，打造出具有国际核心竞争力与广泛影响力的"世界名牌"。

（四）产业升级：标准制造、领先制造、尖端制造

目前，中国制造业占全球的比重已近1/4。在联合国产业分类中，中国有39个工业大类，191个中类和525个小类。中国是唯一的拥有所有门类的国家，从而形成了一个独一无二、行业齐全的工业体系。在500余种主要工业产品中，中国有220多种产品的产量位居第一。自2010年以后，中国一直保持着制造业第一大国地位，但大国不等于强国。

中国目前制造的主要模式是一种典型的"标准制造"，是规模数量与速度的展示，总体上在全球价值链与创新链上处于第三梯队。即按照通用标准的设备、工艺等大批量生产的"标准产品"，其制造母体（如流水线、关键设备及软件等）核心技术是以引进为主，凡是具备"生产力三要素"的业主都能轻松地建立企业并迅速复制。现在，随着《中国制造2025》与供给侧结构性改革，尤其是发达国家新的"技术断奶"的倒逼，解决"三去一降一补"及可持续绿色发展的问题必须使"标准制造"升级为"领先制造"，即在产品设计、精益制造、消费档次与消费者匹配、智能制造等方面全面提档升级，从而为"中国制造"成长为"中国创造"奠定基础。最终，以"尖端制造"的"世界名牌"为代表的一大批行业领袖企业、标杆企业顶天立地之际，便是中国企业家扬眉吐气、企业自主创新领跑世界之时。

（五）品牌建设：颜值、气质、品质、增值

品牌是企业的命牌，没有品牌的企业就像没有护照的远行。国务院从2017年起把每年的5月10日定为"中国品牌日"是加强和提升我国品牌建设的重要举措，在中国企业管理史上具有里程碑的意义。

品牌建设在企业产业链打造、价值链与生态圈建设的不同阶段其承载方式和重点是不同的。从趋势看，品牌建设是企业核心战略的重点，它始终贯穿于企业生命周期的全过程。品牌建设的过程就是企业健康成长的过程，它不仅是企业如何做优、做强、做大、做久的必修课，更是企业核心竞争力打造与积累的终身修炼之功。

从趋势与一般规律性看，品牌建设由表及里、由低到高，逐步渗透积淀、协同演进，有以下三步。

1. 从"颜值"到"气质"

"颜值"是人性化对企业与产品、服务的感官评价。企业的"颜值"就是企业形象在消费者、合作伙伴与社会的口碑价值。而产品与服务的"颜值"则是产品与服务外在质量的综合体现。有效提高"颜值"，企业必须在产品与服务定位、人性化与生态化设计、包装、广告、用户体验等全流程与工序细节上下深功夫。在当今知识经济与"互联网+"大环境下的"眼球"消费时代，"颜值"是诱导消费者产生"一见钟情"并提高企业及产品、服务知名度的重要指标。"气质"是企业通过产品与服务所体现的内在质量与"颜值"匹配在消费群体及生态圈中所形成的"人气场"，是企业尤其是产品与服务差异化的突出体现，是吸引"回头客"的"利器"。

2. 从"气质"到"品质"

"品质"是企业及产品与服务内外兼修的集中体现，是企业产业链与全要素生产力建设的核心支撑，是提升企业及产品和服务美誉度与品牌"含金量"的基石。努力提升"气质"，企业要在企业文化、团队建设、自主创新、差异化产品与服务等方面出实招。而"品质"的修炼是企业与企业家真正的"内功"，是用市场换不来、金钱买不回的"秘宝"。中国制造之所以仅仅是产品大国的标志，而离品牌大国还有较大差距，离名牌更相差甚远，是因为"品质"中不仅包含了价值观、技术、人才、创新等企业重要的价值要素，更彰显了企业家创新精神与团队工匠精益求精精神的融合，是优秀民族文化传承、人文品德递延、企业长青基因遗传、企业社会责任贡献的有机链接与融合。

3. 从"品质"到"增值"

企业从产业链生存平台上升融入价值链与创新链的生态圈中，一个核心的竞争优势就是其产品与服务的增值能力。尤其是在当今平台型网络化经济发展模式下，企业不仅要考虑自身在行业中的竞争与生存状态，计算与管控好产品与服务自身的成本、质量与效价，更要用互联网思维、用户思维考虑其"品质"给消费者所能带来的价值增值、功能再造、品牌提升与用户深度体验，想方设法满足并创造消费者消费迭代升级的个性化、人性化需求，使消费者的消费能沿着生存消费→理性消费→感性消费→自我实现的情感消费不断循环上升，使消费者获得不一样的存在感、美感、快感和幸福感，从而提高消费者、合作伙伴与市场对企业及产品与服务品牌的忠诚度。这样才能使"品牌"成为"名牌"，从根本上消除供给侧与需求侧之间的结构性矛盾，确保供需之间动态的平衡，达到智能制造与增值消费的均衡，实现消费迭代与创新需求的动态和谐，最终赢得"人心"，赢得未来。

中国改革开放总设计师邓小平在1992年就曾经指出："我们应该有自己的拳头产品，创造出自己的世界品牌，否则就要受人欺负。"伟人的告诫，值得我们今日供给侧结构性改革攻坚中的企业和企业家们的反思与发奋图强，也是我们当前和今后一个时期自主创新驱动转型升级中最应优先补上的最大短板。

三、企业家

管理大师德鲁克说"企业家就是创新"。从中国文化来诠释"企业家"应该包含三层意思：首先，识文解字"企"是"人""止"的地方，也就是"企业"是人们安身休养、生产生活的地方，企业无小事，事关千家万户。因此，"企业家"首先代表着责任与担当；其次，企业家是管理企业的专家；最后，企业家是以企业为家。根据笔者《长盛力——缔造富有灵商的管理文化》中对企业生态文化的发展一般规律的揭示，企业家在企业生态圈中具有不可替代的核心功能与价值，借此进一步探寻企业家持续成长的原动力。

（一）思维定式：跳棋、象棋、围棋

思维定式是企业家实现目标的意识与大势判定力。从产生创业冲动开始到成就一个可持续发展的企业，在企业生态发展的三个阶段呈现出三种既有深刻的内在联系，又截然不同的思维定式。

"跳棋"："产品经营"阶段正是企业创始初期，目标及管理相对简单单一，但"跳"之速度与经营路径明显并容易把握。

"象棋"：无论是"中国象棋"，还是"国际象棋"，其下法比跳棋更复杂，恰好与"资本经营"相对应。作为企业家所谋划的棋局，既考虑"攻"也要注意"守"，既谋划"先手"又要留有"后手"，既"跨界"打击更要考虑攻防"协同"。

"围棋"：是网络化的竞争，是大智慧的较量，真可谓"动一子已应全局之变，走一步着眼未来风雨"，也体现了中国文化"大道无形"之理。此阶段企业家的格局、境界与"算法"尤为重要。

（二）利益初心：暴利、红利、互利

"暴利"："产品经营"的起步动力源于需求的"井喷式增长"。尤其在中国改革开放初期，生产什么就能卖出什么，供不应求。为尽快结束"排队凭票供应"的历史，大多数企业家追求的是利益最大化并使一部分人取得了"暴利"，他们成了"先富起来"的一批，很快完成了资本的原始积累。

"红利"：当供需平衡在"资本经营"这一更高级阶段被打破后，产能过剩及供给侧结构性矛盾又突显出来了，如何按市场经济原则依法依规获取资本"红利"，便成了此时企业家的利益追逐目标。

"互利"："人类命运共同体"主张下的"同一个世界，同一个梦想"正在被世人所接受并改变着世界的格局，加之"互联网+"与"梦工厂"所提供的技术性生态平台与共性价值观的支撑，尤其是大数据驱动的全球化资源配置，以及云平台的共享，让"地球村"互联互通并形成"共产""互利"有了可能，"海内存知己，天涯若比邻"成了现实。由此，也为企业成为全球公民，企业家成为事业家的价值主张找到了实现的路径。

（三）能力驱动：洞察力、韧力、反省力

"世事洞明皆学问"。在企业家成长的道路上，能力驱动与支撑在不同阶段各有侧重。创业的第一步所具有的"洞察力"最为关键，其中对企业生态环境与机会的判断是核心。其主宰着企业的目标、定位与资源的整合。能否通过现象看到本质？能否通过数据看透核心竞争优势？……这些便成了企业家的新学问。

当走稳第一步后，企业跨入第二阶段，这时企业家最需要的是"韧力"，包含对"初心"的坚守，对"耐心资本"的投入，对实现未来可持续发展目标的执着、

定力与永不怠慢的创业激情。

"反省力"是企业家引领企业走向"人本经营"阶段创造辉煌后"回头看"的深度批判力、自制力、自控力与学习力，是企业产生长期"鲶鱼效应"、保持创新活力，形成自我学习、自我否定、自我革新、自我驱动的长效内生力。

（四）自控意识：自我、超我、共我

企业家从普通到优秀再到卓越，从人本与梦想视角看，这是一个由"自我"到"超我"再到"共我"的境界修炼过程。

"自我"，即以实现自身价值为主，在经营企业成功的同时，实现个人与家庭的梦想。此阶段企业家"利己"动机占据主导，"饥饿感"最为突出。

"超我"，即企业家已超脱于"自利"，突破了内心的"自我"，成了他人与团队价值实现的贡献者。此阶段企业家"利他"动机占据主导，"危机感"最为明显。

"共我"，即企业家通过成就更有价值、更有意义的事业，成了社会及生态圈中不可缺失的共享价值创造者、奉献者与被追随者和被崇拜者。此阶段企业家以"利天下"为主导，"使命感"最为迫切。

（五）心力场态：静、净、敬

企业家最大的付出是"心力"资本。因此，企业家成长的心力轨迹是伴随着企业生态效应提升而呈梯度递进的。"产品经营"阶段一定要"心静"，切忌"这山望着那山高"而过分冲动，尤其要警惕、防止轻易地掉进"多元化"陷阱；更不应该像"猴子掰苞谷"那样"散打"，造成机会与资源浪费。专心、专业、专注，是这一阶段必须坚守的修炼底线。"静"就是要安得下心，经得起诱惑，抗得住浮躁，抵得住膨胀。要有"两耳不闻窗外事，一心只读圣贤书"的定力，不能仅仅陷入实用主义、工具主义、机会主义，更不能只着眼于业绩和功利。这从根本上决定了企业的战略思想、格局、目标。如华为赚到第一桶金的时候，有人建议将这8000万元在深圳买一块地开发房产，但是任正非以超凡脱俗的眼光与魄力，坚定地把它们全部用在了产品的研发上。这个关键的战略决策，决定了华为文化与发展道路的方向与原则，使得华为从一个通信设备的小代理商，逐渐发展成为全球通信行业的领头羊，成了让国人骄傲且世人尊敬的品牌。

"资本经营"阶段要注意保持"净"状态。因为市场经济就是法制与诚信相结合的经济。企业家所掌控的资本之原始"野性"必然会在与不同生产关系、社会

文化与国家制度的融合中产生摩擦甚至"离心力",此时若不"净",除了将污染整个经营环境与企业发展生态外,也使自身处于道德的下风,甚至触碰底线,后患无穷。"净"主要指道德,造物育人。真正的企业家是社会精英中的精英。精英者在于思想之英,品质之精。企业家若不"净",是真正的社会危机。眼下最紧迫的是构建好新型的政商关系与商业道德。其中影响中国五千年发展的"政商关系"如何在"互联网+"与依法治国的时代背景下,处理好"亲"与"清"两者辩证的关系,是每个企业家的必修课,是企业家精神产生"归巢效应"与"龛壁效应"的关键。阿里巴巴董事长马云践行的"企业最大的靠山是市场,是客户""只和政府谈恋爱但不结婚"的做法,值得研究与学习。

"敬"指敬畏、知短与克己,也是中华民族先贤们"己所不欲,勿施于人"的现代版。"人本经营"阶段懂"敬畏"、尊"敬畏"、受"敬畏"是优秀企业家的价值体现。即敬畏法制、敬畏人性、敬畏天地与自然。

企业家心力倍增所对应的自身行为管控维度是"俭"→"简"→"减"。即节俭为先,牢固树立成本、投入产出、质量等意识;"简"乃化繁为简,即科学践行"效率优先"原则,做好流程再造等工作,把管理中复杂问题简单化,简单问题制度化,制度问题高效化;"减"意味着重新理清产业、战略、资源配置、发展脉络等,轻装上位,每天从零开始,力达"删繁就简三秋树,立意标新二月花"的境界,聚集核心竞争力打造,在创新上加足砝码,清理负能量对创新生态的破坏。

与此同时,企业家自身学习悟道应努力在"知""情""意"的对应上下功夫。

(六)成就感:做事情、干事业、有故事

企业家是社会独特而稀缺的人力资本,也是具有独特人生成就感的高品质人群,其价值观导向也对应着企业生态的变化与其人本价值的实现而逐步升华,最终实现人生的梦想。

第一个阶段是"做事情",表现在管理上就是具体的管理职能的履行;在企业管理中亲力亲为,事无巨细,实现个人的创业梦想。

第二个阶段是"干事业",即靠愿景、管理决策、机制等引领团队众志成城,不断实现新目标,创造新业绩,开辟新生活,行稳至远,帮助团队共同实现梦想。

第三个阶段是"有故事",即有让员工、客户、合作者、社会、历史能够传承、传播、传颂、学习的美好元素、时代记忆与可供追述的文字、音像等遗产与史篇,这是企业家毕生以价值观为核心塑造的企业文化与品牌及其为企业生态和社会贡

献的永不消失的丰碑，甚至在人类的进步史上留下光辉的足迹和史诗般的故事，从而激励大众实现更伟大的宇宙梦想。

与"成就感"提升相呼应，企业家的"大道至简"也可以有另一种描述，即从"商道"到"人道"再到"佛道"。日本的稻盛和夫成功领导、经营了两家世界500强企业——京都陶瓷和日本第二电讯电话公司，赢得了"经营之神"的称号。晚年的稻盛和夫毅然捐出自己在企业的全部股份，皈依佛门，演绎出了人生的至臻境界与美好故事。他一直贯彻着"以心为本"的经营哲学，这一价值观融会贯通了中国古代儒家、佛家、理学和中国其他国学的精髓。"以心为本"的经营哲学，可以概括为：其一，工作是磨炼灵魂的道场；其二，人生方程式，即"人生与工作的结果=思维方式×热情×能力"；其三，以善恶来做决断，不以得失来做判断；其四，敬天爱人，自利利他；其五，作为人，何为正确？人类思维中存在着"欲望""愤怒""愚痴"最难驾驭的"三毒"，它使得我们个人、企业和社会偏离正确的道路，导致古往今来持续不断的种种人生悲剧、企业危机和社会动乱。去掉思维中的"三毒"，就找到了自己永恒不变的真心，回归了真正的自我。

（七）终极"人"道：儒、佛、仙

人要成为顶天立地大写之人，必须要上"位"。而只有有"为"才有"位"。这个"为"人之道，对伟大企业家来讲有三个境界。

"儒"即成为众"人"所"需"要的人。这显示了这类企业家从诞生之日起便成了人世间必需的"公共产品"。一个人只有被众人所需要，才能体现出自身伟大的价值并不断递增边际价值。

"佛"即让人们敬仰之人。企业家从"生意人"跨越"商人"而成为造福大众之人，风光的表面可能是"时事造英雄"，但实至名归是其长期修炼、善达大众、诚服社会的福报。

成"仙"是人本最高之境界，是"登山至极我为峰"的幸福之巅，是童话里的美好故事。企业家成长为事业家的理想境界乃是成为人们（追随者）永远崇拜的一座灵魂靠山。

四、创客

"新故相推，日生不滞"。十年前，谁也不曾料到，一群风尘仆仆的快递小哥，在日后竟成了我们生活中最离不开的人群之一。这个变化告诉我们，只要有适当的企业生态，创客将无处不在。中国创客作为"双创"时代的一个群体力量与时代名片将对中国自主创新战略影响深远。他们正朝着成长为企业家的目标，"撸起袖子加油干"。

（一）"创商"源力：IQ、EQ、SQ

"创商"是指创客创业创新能力的"商数"。它是学习力、思考力、敏捷力、执行力、机运把握力、抗压力、抗扭力、修正力等的综合体现。在初创企业生态构建中运用《长盛力——缔造富有灵商的管理文化》中"梁氏理论"三段论来揭示其奥妙，对创客将提供一定的有益帮助。

它意味着创客在参与"双创"、推动自主创新中，第一阶段是以IQ（智商）为主，表现为专利或专有技术、产品或服务；第二阶段则是以EQ（情商）为主，善于调控、借势借力与跨界融合，即整合"专利""标准""天使""创投""基金"等资本与社会资源为要义；第三个阶段是以SQ（灵商）为核心，善于激活心灵的休眠基因与隐形力，激发各类创新性资源和找到创新的"爆点"，特别是聚活创新型人才，形成拥有持续创新能力、人本文化主导的长青品牌。

（二）交易定位：换利益、换时间、换情感

创客要创业成功并率领自己的团队早日成长为"小巨人""隐形冠军"或"独角兽"，除了找准创新创业的基本方向、必要资源支撑外，还必须找准市场与创意的结合点，尤其是交易定位。

"换利益"是起步。要按市场经济的法则建立起较为科学的相关创意、投资、人本、渠道等现代创业原始资本的股权利益机制，并带给消费者切切实实的利益。

"换时间"是关键。在这样一个眼球经济的互联网体验消费时代，人类进步都在与时间赛跑，眨眼工夫便可实现"可上九天揽月，可下五洋捉鳖"。与用户零距离、个性化服务就是用时间换空间的结果。

"换情感"是趋势与终极消费。人们的物质需求是有限的，只有精神消费才是不可能穷尽的。需求升级迭代，除了科技创新创造新需求外，如何解决宇宙世界中人的"肉体""慧体""灵体"的有机统一，是未来科技发展与哲学所面临的难题。其中，人类灵魂归宿便是一个永恒的课题，也是一个最大的市场。无论是当下最热的"人工智能"，还是未来的"脑机互联"等，要满足人的情感需求与爱的切换

是否存在"天然屏障"？如何深度实现人们美好价值中的"换情感"？如何实现人欲的最高消费层次？都将面临极大的挑战与机遇。

（三）升级路径：创客、黑客、极客

人类区别于动物的特征是具有第二信号系统，具有不断扩大的认识能力，从而能更深刻地认识自然，认识世界，发现并掌握它们的规律。人类文明史是一条创新之路，无论是物质文化还是精神文化都随着科技进步不断提升。以新一代信息、生命科学、新能源、人工智能等为标志的新技术革命不断颠覆我们的认知，改变着我们的生态边界，人们从创客、黑客到极客无不闪现着创新思想的光芒。

1. 创客

"创客"是指具有强烈创新意识，甚至把创新作为信仰，勇于创新并将创意转变为现实的个人或群体。创客是用行动干出来的，而不是用语言吹出来的。创客的共同特质是创新、实践与分享，追求自身创意的实现。随着信息技术的发展、知识的爆炸，传统的以技术发展为导向、科研人员为主体、实验室为载体的创新1.0模式正在向以用户为中心、以社会实践为舞台、以共同创新及开放创新为特点的用户参与的创新2.0模式转变。面向知识社会、数字经济的创新2.0模式，消融了创新的边界，用户都成了创新的动力、创新的主体。从发展趋势看，创客空间必将成为技术创新活动开展和交流的场所，也是技术积累的场所，必将成为创意产生、实现以及交易的场所，从而成为创业集散地。

从创意到实现创意是一个质的飞跃，从创意产品到形成商业模式，再做成稳固的盈利模式，又是一个飞跃，每一个飞跃都不容易，都意味着有失败的危险。当创意及其实现有成为新商业模式可能的时候，创业就是一件顺理成章的事情。一旦有创业的想法，就要去思考商业模式、盈利模式，搭建创业团队。借助互联网和新工具，创客们实现了产品自设计、自制造，成为创新2.0时代的造物者。同时，在用户创新、开放创新精神的指引下，人类工业文明、商业文明，当然还有人自身的文明，正在发生巨变。

从古至今，中国不乏创客。孔子开创了中国的平民教育模式，张衡发明了浑天仪、地动仪；现代中国还有"天眼"，科大讯飞语音处理技术水平已经达到世界领先，"墨子号"量子通信卫星发射成功开创人类先河等，中国创客对自主创新战略的贡献巨大。2015年3月5日，李克强总理在《政府工作报告》中指出，把"大众创业、万众创新"打造成推动中国经济前行的"双引擎"之一，赋予了"创客"

更多能量与勇气和信心,将激发更多创客创造出更美好的明天。

那么,什么样的人更适合做创客呢?以"彪悍的人生"闻名的锤子科技创始人罗永浩认为,创客应该具备以下8个方面的思维意识:超强的目标感,积极促成目标达成;自我驱动,自定义目标和任务;持续地提升自己的认知;擅长高效地解决具体的问题;只关注具体的问题和具体方法;总是让自己处在不舒适区;总是在不断地找寻并找到机会;有很强的协作能力和资源拼凑能力。

2. 黑客

"黑客"原指"利用自己在计算机方面的技术,设法在未经授权的情况下访问计算机文件或网络的人。"到了今天,"黑客"已经发展成"互联网+"时代激发与推动技术创新领域创客的一个独特而更高级的群体。因此,广义的黑客是指能探索发现技术、标准、运营等漏洞、缺陷或瑕疵,勇于打破现有规则,突破现有技术壁垒,创新发现与捕捉新机会,提出新问题,找到新途径的"弱强变"专家。他们有着与常人差异化的价值观和追求,有着自己独特的行为模式和独有的技能,网络上出现了很多由一些志同道合的人组织起来的黑客组织。其实,除了极少数的职业黑客以外,大多数人都是业余的黑客。未来的职业聚焦方向是软件设计师、网络专家、信息安全专家、网络战指挥官等,甚至成为"极客",创造出新的业态、新的创新平台。

为了成为一名受人尊敬的"黑客",用"人类命运共同体"所体现的新时代普世价值观驱动其自我约束的行为模式非常重要,我以为下述几点可以与之"对话":

让自己爽,让别人和生态不爽,你就是危险品;

让自己不爽,让别人和生态不爽,你就是废残品;

让自己爽,让别人和生态也爽,你就是正品;

让自己不爽,让别人和生态爽,你就是贡品;

让自己爽,让别人和生态特爽,你就是优品;

让自己特爽,让别人和生态最爽,你就是极品。你也就顺理成章成了人见人爱的"极客"。

3. 极客

"极客"是美国俚语"Geek"的音译。随着互联网文化的兴起,这个词含有智力超群、灵商盖世和极端努力的语意,又被用于形容对计算机和网络技术有狂热兴趣并投入大量时间钻研的人。现代"极客"更多有一种在互联网时代创造全新的尖端与颠覆性技术、超爆的商业模式和超高人气的时尚潮流的寓意。

"极客"对这个世界的影响，不仅体现在显形力量上。崇尚科技、自由和创造力的极客精神正越来越成为这个时代新的意识形态和无与伦比的隐形力。随着极客概念的大众化，市场出现了更多迅速响应极客文化、推广极客概念、追随极客精神的个人和组织，如各种软件、电影、极客社区、品牌等。他们在各种BBS里发表代表个人观点的帖子，有些高级Geek则以编写共享软件为乐事。

如果说黑客是地下的点对点的进攻或者点对面的防卫，极客就是公开的智慧分享。极客将带来人类社会更大的进步和更多的喜悦。他们代表人类突破自身禁欲与地心引力并创造更先进生产力，力求早日自由翱翔太空的"自主创新"和"快乐共享"的精神与追求更高、更快、更美未来的崇高境界。

第二章
企业生态系统的进化

　　企业组织处于由企业组织之间及企业组织与外界环境相互作用的企业生态系统中。企业组织在生态系统中要保持竞争与协同的统一，一方面，企业组织在竞争中得到进步，寻找生存空间；另一方面，企业组织之间、企业组织与环境之间存在相互依赖的关系。企业组织面临的一个重要问题就是处理好协同竞争的关系，注重企业组织之间的协调、合作关系，与环境协同进化。

一、价值生态系统：云经济时代的价值创造机制

　　21世纪以来社会发展进入云经济时代，经济环境出现的新特点促使产业组织不断变革，价值创造活动的核心环节正在由制造过程向顾客的使用过程转变。传统产业组织正在被中枢企业构建的价值生态系统所取代，价值生态系统是云经济环境下形成的具有生态系统特征的新型产业组织，没有明确的产业边界和企业边界，进驻并栖息于企业价值生态系统的顾客，可以直接参与或主导价值创造流程。云经济时代的企业价值创造机制可以用一个由交易、流程、服务三个维度构成的价值空间模型来解释，任何一个维度的创新都可以有效拓展价值空间。价值生态系统通过数据挖掘和资源整合实现交易创新，通过聚集顾客资源并创造顾客嵌入价值创造流程的条件，实现流程创新和服务创新。进入云经济时代，传统竞争战略逐渐失去应用基础，从三个维度进行创新是企业拓展价值空间的新战略选择。

企业价值生态系统的中枢企业与顾客之间是共生关系,各参与方在合作博弈下共同分享价值空间,分享的比例取决于各参与方合作博弈的结果。

(一)价值生态系统的概念及主要特征

理论界对产业组织价值创造机制的研究是沿着"价值链""价值星系""价值网"的脉络层次推进的,波特教授提出的"价值链分析"开启了研究价值创造机制的新思维模式,循着价值链分析的思路,发现随着价值创造流程的复杂化,价值链演化为由"恒星企业"吸引星系成员企业共同组成的"价值星系",发现由信息构成的虚拟价值链逐渐成为价值创造机制的重要组成部分,在融合虚拟价值链的基础上,价值链被进一步延伸为价值网。

信息技术迅速发展使互联网深入人们工作和生活的每一个角落,也对社会生产方式产生深远影响。特别是随着以用户信息交互传播为特点的Web 2.0渗入日常工作和生活,社会性网络服务和基于位置的服务逐渐在企业和消费者中普及,互联网成为社会生活的必要组成部分,信息传播呈现碎片化趋势。云计算技术通过大数据的互联与管理,将信息在价值创造过程中的作用提升到前所未有的高度,推动社会发展进入云经济时代。云经济时代的价值创造活动以顾客(企业或自然人)信息为起点,顾客的使用过程在价值创造机制中的地位逐渐上升,最终取代制造过程成为价值创造活动的新核心环节。上述现象对产业组织产生重要影响,同时也对价值创造理论提出严峻挑战——必须寻找新的理论视角来阐释价值创造机制。

生态系统是由自然界一定空间内的生物与其环境构成的统一整体,具有开放性、多样性、自我调控和可持续发展等特点。生态系统的生物之间、生物与环境之间相互影响、相互制约,在一定时期内,形成相对稳定的动态平衡状态。人类社会的经济活动在发展过程中也呈现出一定的生态系统特征,20世纪60年代以来出现的组织生态学、商业生态系统等理论,研究了以企业为生态个体的产业组织发展演化的规律。云经济时代,更微观层面的价值创造活动也具有与生态系统相似的特征。

1. 云经济时代价值创造活动的特点

(1)价值概念进一步拓展

传统价值创造理论以能够用货币计量的交易价值作为研究对象,人们的精神文化体验蕴含的价值很少纳入研究视野。云经济为人们提供了体验精神文化的技术条件，如即时通信、博客与微博、网络影视、社交网络及"中国好声音"等创新型文化娱乐节目，这些提供免费服务的平台为人们带来的精神文化价值难以计量，但对社会生活产生的深远影响不应被忽略。价值创造理论必须正视精神文化价值，才能合理解释云经济时代的价值创造机制。

（2）信息在价值创造活动中发挥至关重要的作用

在传统价值创造过程中，虽然信息的作用逐渐被重视，但受技术限制只有部分信息能够被及时有效挖掘，因而信息要素一直处于从属地位。以Web 2.0为基础的互联网为个性化信息的碎片化传播创造了条件，大数据技术为海量源信息的及时搜寻和管理提供了支持，经过数据挖掘的有效信息可以独立参与价值创造活动，与其他生产要素并行发挥作用，这是传统价值创造过程不可能实现的目标。

（3）使用过程超越制造过程成为价值创造活动的核心环节

从价值链到价值星系或价值网的理论演化，展示了传统产业组织力图将顾客的使用过程有效融合到制造过程的努力，但以研发、生产和营销为主要内容的制造过程始终是传统产业组织赖以生存和发展的核心。进入云经济时代，不仅服务业实现了以顾客使用过程为导向的平台化发展，制造业也进入"云行列"。云制造以云计算、物联网、3D打印、智能化和虚拟化等技术为支撑，按照一定规则，将软硬件、人、知识等各类资源封装成制造云，顾客通过云制造平台实现个性化需求。云制造颠覆了面向设备资源和订单为驱动的传统局面，真正实现了由顾客主导制造过程。云经济时代的制造过程依然存在，但退居幕后成为使用过程的辅助环节，云制造标志着制造过程正式从价值创造活动的核心环节中退出。

2. 价值生态系统的概念

（1）交易平台的生态系统化

价值生态系统最初起源于为顾客设计的交易平台。信息不对称导致产品（有形商品或服务产品）从制造过程到顾客使用过程存在大量交易成本，因而借助某种平台进行交易（自给自足的小农经济除外）成为普遍形式。传统交易平台以向双边或某一边顾客收取费用为主要盈利模式。以电子商务为代表的网络交易平台（如B2B、B2C、C2C等）为产品的供需方提供了在线信息交流的环境，节约了交易成本，信息交流提高了交易效率，吸引了大量企业和消费者利用平台进行交易。进入云经济时代，交易平台开发了许多新功能，为顾客免费提供如社交、点评、自我管理等服务，进驻平台的顾客数量呈现爆发式增长。平台企业以整理挖掘的顾客信息为基础开发增值业务获取收益，如向其他企业提供精准营销。平台的功能越强大,吸引的顾客越多,企业越能够通过顾客信息资源创造更多增值服务获取收益,反过来进一步强化平台的功能,因此交易平台与顾客之间形成一种互惠互利的共生关系。云经济中的交易平台具有一定的生态系统特征。顾客进驻并栖息于交易平台从而实现交易、社交等需求。栖息于平台的顾客表现出一定的特征或偏好,具有同一特征或偏好的顾客聚集而成价值种群,价值种群经过扩张形成具有类别特征的价值群落。交易平台与顾客形成的价值群落共同构成具有生态系统特点的新组织形态。这就是最简单的价值生态系统。

（2）价值生态系统的构建

进入云经济时代,顾客的使用过程上升为价值创造活动的核心环节,因此顾客信息本身成为有价值的资源。具有战略思维的企业发现无论企业自身与顾客之间是否存在交易,关于顾客的行为习惯、消费偏好等信息都蕴含着巨大价值,通过一定方式聚集顾客成为价值创造过程的重要组成部分。这些企业一方面构建功能丰富的平台,通过为顾客提供免费的交易、即时通信、信息获取、精神文化以及云存储等服务,不断吸引顾客进驻并栖息于平台,形成多种类型的价值群落；另一方面整合自身的和其他组织的服务资源或制造资源,形成持续为顾客提供增值服务的能力,并将增值服务作为收益来源。由平台企业、平台产生的价值群落和平台整合的社会资源及其环境共同形成的新的组织形态称为价值生态系统,构建价值生态系统的平台企业称为中枢企业。中枢企业的核心作用并不是投巨资于硬件建设,而是像神经中枢一样,通过组织、协调和数据挖掘等方式充分利用顾客信息和社会资源,设计运行规则；维护系统运转,促进价值生态系统成长,寻找并拓展价值空间。最初构建价值生态系统的中枢企业可以是规模大、实力强的实体企业,也可以是主要拥有创意的新创企业。

（3）价值生态系统的价值空间

价值生态系统是价值创造活动的组织载体,其价值空间既包括能够以货币计量的财富,也包括以幸福感为评判的为顾客创造的精神文化财富,从而在广度上超越了传统产业组织的价值空间。在价值生态系统的组织下,精神文化产品借助于云技术大量涌现,为人们提供了丰富的精神生活体验,栖息于网络朋友圈、社交网站等行为甚至成为占据第一位的精神文化活动。由于信息成为独立生产要素,价值生态系统比任何传统产业组织都能更有效地配置资源,因而也在深度上拓展了价值空间。中枢企业与顾客之间的共生关系是价值空间存在的基础,通过分享价值空间,顾客满足了服务、物质与精神文化需求,中枢企业获得了收益并实现了发展。

3. 价值生态系统的主要特征

（1）价值生态系统是云经济时代的新型产业组织形态

价值生态系统模糊了产业边界，几乎所有产业都可以在价值生态系统的黏合下有机融合在一起并创造价值。产业链、价值链、创新链（战略联盟）等产业组织也进行跨界整合，但都是不同产业在某一个组织内的线性组合，而融入价值生态系统中的产业则失去了明确边界。

价值生态系统没有企业边界。产业链、价值链、创新链（战略联盟）等产业组织是具有明确边界的企业组合，而价值生态系统是开放的系统，在理论上可以容纳任意数量的栖息者。与核心企业或盟主企业不同，中枢企业与进驻系统的栖息者之间不需要权威或严格协议来维系关系，顾客可以自由选择栖息或离开价值生态系统。另外，与市场相比，价值生态系统是一种以长期关系维系存在的组织，栖息于价值生态系统的顾客不是为了一次交易或短期交易，各方共同认可的规则是价值生态系统运行的基础。

价值生态系统模糊了传统意义上企业与顾客的界限。传统组织的核心企业或盟主企业都是组织一批"志同道合"的伙伴企业一起，站在"柜台"一侧为另一侧的顾客提供服务。而中枢企业则把"柜台"撤销了，企业与消费者都以平等的顾客身份进驻并栖息于同样的价值生态系统共同创造价值，在一定情况下两者互为顾客。

价值生态系统的价值创造活动具有动态性。以制造过程为核心的传统组织中，特定成员负责价值创造过程的特定环节，并且核心企业对价值创造过程具有重大影响。价值生态系统则通过平台服务将产品生命周期的各环节如研发、生产、营销、使用等予以融合，这些环节交给价值生态系统的特定或不特定的价值个体去完成，栖息者具有相对平等的地位。价值创造过程的动态性使得价值生态系统能够更广范围、更高效率地配置社会资源。

（2）价值生态系统具有生态系统特征

价值生态系统具有层级特征。价值生态系统的栖息者相互作用、相互影响、相互制约，形成不同特点的价值种群、价值群落，每个生态位上都存在数量不等的生态个体并形成多种层次。不同层级顾客的栖息特点存在差异，其对价值生态系统的贡献不同，中枢企业一般对价值群落进行分层次管理。同时，价值生态系统中各层级的种群或个体可以相互转化，这种转化既可以自发实现，也可以在中枢企业的引导下出现。层级数量及高层级所占的比重，是衡量价值生态系统稳定性的重要指标之一。

价值生态系统是一个相对稳定的开放系统。价值生态系统与外部环境之间不断进行熵的交换，即通过信息、资金、物质等交换产生价值流动。开放性是价值生态系统的基本属性，封闭和孤立系统是不可能创造价值的。价值生态系统的价值个体、价值种群和价值群落形成复杂的相互关系，在一定时间范围和产业领域内有序运转，系统内外的信息流动、能量流动与物质流动处于相对稳定状态。

价值生态系统具有自我反馈与自我调节功能。当面对来自外界的变化或系统内波动时，中枢企业启动反馈机制可以进行缓冲，通过自我调节提高系统的稳定性。由于制造过程"云化"为隐性流程，传统产业组织中维持结构稳定的软件和硬件被淡化。创新主导价值生态系统的运行。

（3）价值生态系统的生命周期各阶段不存在明确界限

价值生态系统的演化过程也经历幼儿期、成长期、成熟期和衰退期阶段，但由于对资本、技术等传统要素的依赖程度退居次要位置，其发展往往呈现阶段性爆发式增长，周期各阶段的界限不明显。

价值生态系统可以持续发展并不断衍生子系统或变异为更大生态系统中新的子系统，因此，衰退期并不是必然阶段。中枢企业引导价值生态系统不断扩张，形成类别更加丰富的价值种群和价值群落。价值种群和价值群落内栖息的价值个体数量不断增加，有些价值群落逐渐进化演变成为具有独立生存能力的价值生态子系统，原来的价值生态系统退化为壳系统或母系统。

中枢企业与栖息的顾客之间也不可能用刚性双边契约予以约束，当价值生态系统面临危机时，原来栖息于此的顾客可以瞬间迁徙至其他价值生态系统，从而导致价值生态系统迅速崩溃。曾经盛行并吸引大量读者的电子书阅览器，在平板电脑和智能手机的冲击下，迅速被读者抛弃。由于反馈系统未能有效建立新的顾客吸引机制，中枢企业无力挽救价值生态系统的命运。传统产业组织的运行以契约为基础，其扩张和崩溃都具有一定黏性。

（二）云经济时代三个维度的创新

1. 交易创新

产业组织演化可以节约交易成本的现象受到理论界长期重视，纵向一体化理论、组织生态学理论、商业生态系统理论等的研究都发现企业之间以某种形式进行合作可以节约交易成本。上述理论以产品的制造过程为出发点进行研究，交易成本的节约主要发生在"柜台"的企业这一侧，企业与"柜台"另一侧的顾客之间由于信息不对称造成的交易成本远没有得到有效降低。价值生态系统的运行可以大幅降低微观层面的交易成本，传统模式下由于交易成本过高而无法实现的交易被开发出来。价值生态系统不仅拆除了"柜台"，而且借助云技术可以为任意数量的顾客提供信息传递和信息共享的平台，在很大程度上消除了"经济摩擦"。交易中的搜寻成本——顾客搜寻供给者的成本和供给者搜寻顾客的成本都得到有效降低，很多价值创造活动因交易成本大幅降低而出现。

云经济时代的制造过程在价值创造活动中的地位不断下降，导致了企业的生产组织和管理、产权界定和产权交易等过程的重要性减弱，微观层面的管理型交易成本变得不再重要了，在社会交易成本中所占比重不断降低。

云制造实现了制造资源跨企业、跨区域的集成和分配，作为价值生态系统的云制造服务平台通过云技术手段组织制造过程，部分替代了原有的企业内部管理，实现了以最低的成本、最快的速度和可靠的质量为顾客提供所需的个性化产品。

产品创新是交易创新的另一种形式。传统理论在发展中逐渐认识到人本身具有的多元性，从最初的"经济（理性）人""社会人"理论，不断深化衍生出"自我实现人""复杂人"等新理论。尽管人的个性被逐渐认识，但受技术条件限制，"私人定制"式的个性化需求无法普遍得到满足，产品总是为一批人设计和生产，并且产品如何满足具有相似特征的"一批人"存在一定盲目性。企业之间也存在大量的难以实现或实现成本过高的交易，一方面，中小企业很难有能力生产自用的非标准化设备或产品零件；另一方面，知识、信息、设备等制造资源广泛分散在诸多大企业中，这些资源的使用和配置在客观上存在闲置。因此，由个人或企业需求构成的社会总需求，受技术条件限制难以完全实现，不仅存在大量交易成本，而且交易总是不充分。

进入云经济时代，信息传播碎片化成为彰显社会多元性和需求个性化的重要现象，价值生态系统依托大数据处理技术，不仅可以轻易获取碎片化信息中包含的顾客信息数据，而且可以迅速对这些含有意义的数据进行专业化处理，使产品的供给者不再盲目面对需求者；而需求者也可以创造新需求，并不断将信息传递给供给者，为供给者提供创新产品的思路。腾讯公司是受益于大数据管理的代表，通过QQ、微信、微博等产品构建的价值生态系统拥有数亿常驻顾客，公司将顾客的海量信息汇聚在一起并挖掘出具有价值的关于兴趣爱好、归属地、社会关系等信息。这些信息不仅因具有"精准营销"价值而吸引广告投放，而且通过"微博账号""朋友圈"等工具为顾客之间的交易创新提供高效平台。在制造业领域，云制造不仅极大地促进了社会资源配置效率的提高,而且可以低成本完成原来不存在或难以完成的产品生产,如生产中小企业的非标准化设备以及消费者自行设计的充分展现个性化的产品。

2. 流程创新

进入云经济时代,传统产业组织的"研发——生产——营销"式的线性价值创造流程将逐渐淡出历史,流程非线性化成为价值创造活动的主要特征。

线性流程的特点是价值创造活动按照既定的逻辑顺序展开。无论价值星系的恒星企业还是价值网的核心企业,都掌握着价值创造流程的关键环节,决定着产品从研发到生产再到营销这个流程的钥匙,其他企业则各司其职,分担着价值创造流程的特定环节。价值星系或价值网都宣称以顾客为核心,尽管顾客需求能被及时捕捉甚至顾客被纳入价值创造流程的部分环节中,但顾客仍然是"柜台"之外的"局外人",是需求信息的提供者。

随着信息技术的发展和应用,传统流程逐渐出现了非线性化趋势,特别是某些环节内部出现了明显的非线性化特征,如研发环节从传统的直线式研发演化为并行研发。价值网理论也发现了价值创造流程的非线性化趋势,因此提出虚拟价值链与物质价值链共同完成价值创造过程。但云经济时代到来之前,线性化是价值创造流程的主要特征,非线性化处于"量变"的状态。价值生态系统为价值创造流程非线性化进行"质变"提供了技术条件和组织基础。"柜台"消失后,价值生态系统的栖息者互为顾客,具有同等地位,价值创造流程的各个环节逐渐分解,顾客大量嵌入与使用过程相关的环节。既定的逻辑顺序不复存在。以营销为例,传统价值创造活动中作为产品提供者的企业负责营销环节的主体工作,不仅成本高,而且精准性低。进入云经济时代,栖息于价值生态系统的顾客自发形成具有类特征的价值群落,从而为精准营销奠定了基础,大量为顾客提供免费服务的平台以提供精准营销为获利方式,因此价值生态系统天然是一个优良的营销载体。营销环节从传统的价值创造流程中分离出来,嵌入到价值生态系统的运作中,促进了价值创造流程的非线性化。

在制造业领域,云制造过程从顾客需求出发,研发和生产都是在云制造服务平台的组织下完成,价值生态系统担任着组织者的角色,既不拥有制造资源,也不直接参与制造过程。

流程的非线性化使得顾客的使用成为价值创造的原动力,顾客可以"以我为主"参与价值创造流程,不再是价值创造活动的旁观者。从价值链到价值星系、价值网，再到价值生态系统的演化过程，也是价值创造活动由线性流程向非线性流程进化的过程。

3. 服务创新

云经济时代的价值创造活动，既存在着使用过程取代制造过程成为价值创造核心环节的趋势，也存在着服务创新取代技术创新成为价值创造主要驱动力的趋势。

服务创新被认为是创造和开发人类自身价值的重要活动，每一个产业领域都存在着服务创新的需求。服务创新一般嵌入顾客的使用过程中，具有无形性特点，因此尽管服务创新的内涵和重要性早已被认识，但以制造过程为核心的传统产业组织难以实现系统性的服务创新。传统的服务创新以企业为主体，顾客信息难以及时有效融合到服务创新的过程中，因此创新低效是其难以克服的缺点。服务创新的基础是顾客信息推动力，它是人的智慧和创意，对资本和技术的依赖较低，这正是价值生态系统进行服务创新的优势所在。

在价值生态系统的组织下，顾客可以参与甚至主导服务创新过程，服务创新成为所有人都可参与的活动。价值生态系统可以通过对顾客和周边环境信息的管理，不断发现和创造顾客的新需求，并以最快的速度寻求解决方案，从而实现服务创新。《福布斯》公布的2017年最具创新力公司排行榜中，居于首位的Salesforce，上榜的百度以及亚马逊、腾讯等均是构建价值生态系统并以服务创新闻名的企业。Salesforce是全球按需提供CRM解决方案的领导者，百度和腾讯以最初的搜索引擎系统和即时通信系统为起点创建了庞大的价值生态系统"帝国"，吸引了数以亿计的长期栖息者。

在云经济环境下通过产品制造过程提高竞争力的空间已经非常狭小，而服务创新受时空和成本限制较少，因此通过构建和完善价值生态系统实现服务创新能够更大地拓展价值空间。携程网一度长期占据中国在线旅游订购服务的首位，为数千万常驻栖息者提供服务。不过在线旅游相关服务易于模仿，当其他相似价值生态系统纷纷出现时，携程网的业务受到严重冲击。在已经拥有的大量顾客基础上，携程网增加了签证、点评、信息管理等服务，通过服务创新拓展了价值空间，重新取得了领先。服务创新为传统企业构建自己的价值生态系统创造了条件，加快了价值创造活动的进程。价值生态系统通过服务创新可以满足栖息者的多元化需求，因而服务创新也可以直接创造物质财富和精神财富，并且价值生态系统的规模越大，其创造的价值越大。在文化产业领域，"中国好声音""中国达人秀"等新型电视节目聚集了大量观众，以节目为平台构建了价值生态系统，不断吸引具有文化需求的粉丝以及对粉丝们进行精准营销的厂商进驻并栖息，形成了场内场外、线上线下多样化的价值群落，其创造价值的能力和速度均远远超越了传统媒体节目。传统企业必须充分重视服务创新对云经济的推动作用，通过构建价值生态系统为服务创新创造条件，实现持续发展。

4. 三个维度的相互作用

流程创新——交易创新的分析。流程创新是从企业内部开始，科学管理创始人泰勒发现了管理活动与生产活动的差异，将价值链划分为基本活动与辅助活动。美国MIT的Hammer教授在1990年首先提出的流程重组被称为美国企业获得竞争力的法宝，价值星系或价值网将流程创新延伸到企业之间，成员企业分别专注于自己擅长的环节。进入云经济时代，流程创新出现了更深层次的特征——制造者负责制造过程，价值生态系统走到前台组织交易并提供管理服务，这是对价值创造流程的整体性重组。每一次流程创新都促进了专业化分工的发展，优化了资源的配置方式，不仅创造了新产品，而且提高了交易的速度和效率，推动了交易创新。交易创新也同时促进了流程创新，新产品、新技术的开发与交易为产业组织进行流程改进提供了条件。云制造是流程创新与交易创新相互作用的典型：制造资源的组织与实际的交易过程分离，为快速高效地生产个性化产品提供了可能；反之，人们对个性化产品的无限追求促使云制造不断改进流程，优化资源配置。

服务创新——交易创新的分析。价值创造活动中的交易存在长期化趋势，一次性交易越来越少，服务创新通过深化交易和延伸交易在交易长期化进程中扮演着重要角色。随着顾客对服务的需求上升，制造业领域的企业不再局限于产品交易，纷纷创新服务甚至转型升级为服务提供商。企业最初只向顾客提供产品，后来还向顾客提供附加服务，具有战略思维的企业则转而向顾客提供"产品——服务包"并在市场竞争中胜出。进入云经济时代，服务创新成为价值创造的引导力量，价值生态系统通过提供免费服务平台聚集的顾客达到了空前规模，这将对价值创造机制的未来演变产生深刻影响。社会交易不充分的一个重要原因是金融支付、物流运输、信息资源等服务无法满足交易需要，而云技术支撑下的在线支付、在线地图等服务和第四方物流等管理创新方法的出现，激活了大量原来只能处于设想中的交易。交易创新也深刻影响着服务创新，社会分工的深化使得每个人都专注于一个细分的领域，产品越来越复杂，很多产品在整个生命周期内都需要为用户提供服务，因此服务必须不断创新，才能充分实现交易价值。

流程创新——服务创新的分析。价值创造流程的非线性化使顾客更广泛地嵌入到生产、研发、营销等环节中，顾客体验甚至决定了产品的成败，因此顾客参与或主导的流程创新成为提高市场竞争力的重要手段。服务创新也加速了流程创新的实现，两者相互融合、相互促进。如第四方物流通过提供专业规划和信息管理服务，为优化价值创造活动中与物流相关的流程提供了支持。价值生态系统通过服务创新整合社会资源，资源整合过程与流程创新相互融合，特别是云制造对制造资源的整合过程也是制造流程的重组过程。

（三）云经济时代价值空间的拓展战略

1. 战略演化

长期以来，以价值链分析为基础的三大战略——成本领先战略、差异化战略与专一化战略，在竞争分析中占据主流地位。价值星系和价值网理论深化了三大战略的内容，但没有产生新的战略思想。三大战略围绕产品（有形商品或无形产品）培养企业的市场竞争力，战略执行主要体现在"柜台"的企业一侧，即通过技术创新、生产控制、营销策划等过程达到成本最优或市场地位等目标，本质上是从交易维度拓展价值空间，流程和服务作为辅助因素出现在战略体系中。进入云经济时代，价值生态系统逐渐代替传统产业组织，交易创新、流程创新和服务创新成为拓展价值空间新的三大战略。传统的三大战略尽管仍然在价值创造活动中发挥作用，但其形式和内容都在发生变化，最终衍变为新战略的一部分或者被新战略取代。

20世纪90年代以来，绝大多数产品的成本结构发生重大变化，间接成本的比重已远远超过直接成本，成本在定价模式中的作用逐渐弱化。产品定价必须考虑顾客感知价值，总成本最低已不适合作为战略选择。进入云经济时代，为了聚集顾客资源，中枢企业以"烧钱"的方式构建价值生态系统，使得企业收入与成本的关联度进一步降低，因此成本领先战略的作用在逐渐消失。差异化战略也被赋予新的内涵，产品的差异化不再仅仅由企业决定，顾客越过"柜台"参与到差异化的过程中。如在云制造中，产品的个性化特征是由顾客决定的，产品的制造过程也由价值生态系统进行组织。在文化娱乐产业，差异化最强、最具吸引力的节目都是由"顾客"直接参与的。原来企业通过品牌、设计、渠道等方式建立的差异化战略，在云经济下融合为新三大战略的组成部分。随着社会发展，实施专一化战略的传统环境不复存在，企业在特定的顾客群、产品或细分市场上面对的竞争已不仅是来自行业内企业，而是来自其他物种的价值生态系统，如"小米"也开始卖"泡面"，顾客的忠诚度必须用不断创新来维持，否则竞争优势将会丧失。20世纪90年代互联网刚刚步入人们视野，全球80%以上的网页浏览器被网景垄断，其市场份额居于首位长达10年。然而网景公司面对众多的顾客资源未能进一步拓展价值空间，只以销售浏览器软件作为利润来源。当微软大力推广免费的浏览器时，网景公司"专一的产品"立刻贬值，2003年网景公司与其浏览器彻底消失。微软公司则构建了价值生态系统，以免费浏览器迅速吸引电脑使用者，为价值链延伸与增值服务获取利润打下基础。

2. 战略选择

在价值空间的三个维度中，任何维度的创新都会增加价值，因此在某一个或几个维度上进行突破是产业组织拓展价值空间的主要战略。进入云经济时代，企业面临的外部环境已发生巨大变化，五力模型、SWOT模型等传统战略分析与战略选择方法正逐渐失去应用基础。在竞争性的产业领域，顾客的使用过程成为价值创造的核心，因此产品（有形商品或无形产品）的性质成为战略选择的起点。在日用品、普通食品等大批量生产的传统产业领域，直接成本仍然在产品的成本结构中占据最高的比重，产品个性化特征不明显、功能单一、技术含量较低、工艺过程相对简单，外部竞争非常激烈，因此这些领域的企业适合选择交易维度的创新战略。在传统的成本领先战略基础上，以价格、质量、营销等为竞争手段，充分利用云经济环境提供的条件降低交易成本取得竞争优势。

云经济时代的服务业面临新的战略环境。服务最重要的内容是顾客体验，顾客体验的最优方式是直接参与价值创造流程。云经济环境为实现顾客参与创造了优良条件，因此一般情况下流程创新是服务业的关键战略。流程创新战略就是将产品生命周期内原有的各环节予以分解并重新组合，顾客参与与使用过程密切相关的流程。如出版业，作家创作——出版社评审——出版——销售是早已成熟的线性流程，但云经济将这一流程彻底颠覆了。起点中文网建立了一个读者参与创作、评审的价值生态系统，任何读者可以发表作品、评价作品并提出意见，同时获取一定报酬，最终读者认可的优秀作品得以正式出版，这种流程创新的模式很快取得了市场优势。在服装业，传统的设计师设计——摄影师和模特展示——生产——销售流程的颠覆者是芝加哥无线T恤公司，在新的流程中，设计工作交给了任何愿意尝试设计的人，通过网络征集并评选出若干设计奖获得者，认可度高的那些方案付诸生产。无线T恤公司的价值生态系统栖息着数百万顾客，这些顾客主导了关键流程，所有生产的T恤都销售一空。如果没有无线T恤公司创建价值生态系统，关于T恤的创意和产品需求可能一直处在"休眠"状态，或者仅仅通过个人关系网络零星实现。交易创新和服务创新也渗透在服务业的流程创新战略中，对流程创新战略的执行起着推动作用。

交易创新曾经是制造业的主要竞争战略，技术创新带领的产品创新是其核心。20世纪90年代以来，制造业的服务化趋势日趋明显，服务创新超越交易创新成为制造业的长期战略。进入云经济时代，制造业从传统模式向云制造模式转型升级的进程中，流程创新是首要的战略选择。许多敏锐的大企业已经在着手建设自己的"企业云"，重组了管理流程、研发流程以及生产流程，为云制造创造条件。但流程维度一旦完成重大创新，就进入了持续改善的时期，服务创新则重新成为关键战略。绝大多数顾客关注的是产品的使用过程，而非复杂的产品工艺和制造过程，因此制造业企业的首要任务是发现并维护客户关系，构建价值生态系统是聚集顾客资源的主要方式，也是服务创新的主要载体。在云制造中，云服务平台是连接顾客和制造资源的媒介，也是制造业从线性流程转变到非线性流程的标志。重大的流程创新具有阶段性，而服务创新则必须持续进行，才能保持并增加顾客忠诚度，从而赢得市场长期竞争优势。早期定位为硬件制造商的IBM通过服务创新成长为全球最大的信息技术和业务解决方案公司，度过了"专一化战略"造成的困境。面对云经济时代的到来，2011年IBM建立了致力于服务开发的"服务创新实验室"，服务创新成为IBM持续发展的核心战略。

二、大数据发展为企业生态演进赋能

随着云计算、物联网、移动互联网等新一代信息技术的迅猛发展，数据的数量、规模不断扩大，数据已日益成为土地、资本、技术之后的又一种重要的生产要素，并将必然是全球各个国家和地区争夺的战略资源。谁掌握数据的主动权和主导权，谁就能赢得未来。奥巴马政府将数据定义为"未来的新石油"，认为一个国家拥有数据的规模、活性及解释运用的能力将成为综合国力的重要组成部分，对数据的占有和控制将成为继陆权、海权、空权之外的另一个国家核心权力。在此情况下，一个全新的概念——大数据开始风靡全球。可以预见，新一轮的国际竞争尤其是大国竞争，在很大程度上是通过大数据增强对世界局势的掌控力和主导权。目前，美国、欧盟、日本等发达国家和地区已相继出台了相关的战略规划和配套法规以促进大数据应用与发展,致力于通过发展大数据,来提升政府治理能力、经济发展质量乃至国家综合实力。

(一) 大数据概念与发达国家发展启示

1. 概念

大数据概念早已有之,1980年著名未来学家阿尔文·托夫勒便在《第三次浪潮》一书中将大数据赞颂为"第三次浪潮的华彩乐章"。但是直到近几年,大数据才与云计算、物联网一道,成为互联网信息技术行业的流行词汇。此后,诸多专家、机构从不同角度提出了对大数据的理解。当然,由于大数据本身具有较强的抽象性,目前国际上尚没有一个统一公认的定义。

综合不同的定义,大数据至少应包括以下三个方面含义:一是数量巨大;二是无法使用传统工具处理;三是大数据最重要的是如何运用。它强调的不仅是数据的规模,更强调从海量数据中快速获得有价值信息和知识的能力。

2. 特征

一般认为,大数据主要具有以下四个方面的典型特征:规模性(volume)、多样性(variety)、高速性(velocity)和价值(value),即所谓的"4V"。

首先,注重顶层设计。为充分抓住大数据带来的新发展机遇,美、日等发达国家无不从国家层面来制定大数据战略规划,提出国家实施大数据战略的明确目标,并用于引领带动本国大数据的快速发展。另一方面,美、日等国政府除了做好大数据项目的统筹规划以外,还会提供充足的资金以支撑提升国家数据能力的基础设施建设以及促进面向大数据创新应用技术的开发,并保证政府部门数据存储需求和数据安全需求。

其次,注重数据开放。为保证大数据能够充分发挥作用,美、欧、日等发达国家和地区都实行了开放数据的政策。例如,美国的《我的大数据》分别从退伍军人健康记录、纳税信息、电子能源使用和学生助学信息四个方面进行信息公开,使得美国人可以更安全地获取他们的个人数据,用来更好地处理他们私人领域的申请活动和服务。《欧盟开放数据战略》旨在使欧洲企业与市民能自由获取欧盟公共管理部门的所有信息,建立一个汇集不同成员国以及机构数据的"泛欧门户"。日本IT战略本部于2014年6月发布电子政务开放数据战略草案,并于2013年7月由日本三菱综合研究所牵头成立了"开放数据流通推进联盟",旨在由产官学联合,促进日本公共数据的开放应用。

再次，注重隐私保护。随着大数据飞速增长，隐私问题也日益呈现在世人的面前。美、欧、日等发达国家和地区在强力推动大数据的同时，也充分考虑了隐私的保护。随着远程控制技术与云端储存技术在个人电脑与文件管理领域普及，美国政府正在通过发展大数据战略来完善隐私法以保证法律跟上技术发展的脚步。现今美国最高法院正从第三方数据的访问权限、数据和元数据的安全、商业数据服务的政府使用、内部威胁和持续性评估这几个方面着手来完善隐私法。欧盟通过"迎接大数据时代"的推广，呼吁成员国积极推动大数据业务，并就"数据所有权"和数据提供责任做出新规定、制定数据标准等。于2018年5月25日正式生效的欧盟《通用数据保护条例》，被广泛认为是欧盟有史以来最为严格的网络数据管理法规。这一条例全面加强了欧盟所有网络用户的数据隐私权利，明确提升了企业的数据保护责任，显著完善了有关监管机制。

最后，注重社会参与。由国家出资推进政府与各科研单位、高校、企业的合作，组合社会各界多方力量共同参与大数据战略是发达国家和地区的重要经验。例如，美国《大数据研究和发展计划》就是以美国各级政府为主导，依托高校和科研机构，鼓励联邦政府机构和各州政府以及高校、非政府组织和企业等各种力量广泛参与，并通过多种形式进行充分的合作。

（二）大数据发展的趋势

虽然大数据目前仍处在发展的起步阶段，尚存在着诸多的困难与挑战，但我们相信，随着时间的推移，大数据未来的发展前景非常可观。

1. 数据将呈现指数级增长

近几年来，随着社交网络、移动互联、电子商务、互联网、云计算、人工智能和区块链的兴起，音频、视频、图像、日志等各类数据正在以指数级增长。美国互联网数据中心指出，互联网上的数据每年将增长50%，每两年便将翻一番，目前世界上90%以上的数据是最近几年才发生的。

2. 数据将成为最有价值的资源

在大数据时代，数据构成企业未来发展的核心竞争力。IBM执行总裁罗睿兰认为，"数据将成为一切行业当中决定胜负的根本因素，最终数据将成为人类至关重要的自然资源"。随着大数据应用的不断发展，我们有理由相信大数据将成为机构和企业的重要资产和争夺的焦点，谷歌、苹果、亚马逊、阿里巴巴、腾讯等互联网巨头正在运用大数据力量获得商业上更大的成功，并且将会继续通过大数据来提升自己的竞争力。

3. 大数据和传统行业智能融合

通过对大数据收集、整理、分析、挖掘，我们不仅可以发现城市治理难题，掌握经济运行趋势，还能够驱动精确设计和精确生产模式，引领制造业与服务业的精确化和增值化，创造互动的创意产业新形态。麦当劳、肯德基以及苹果公司旗舰专卖店的位置都是建立在数据分析基础之上的精准选址。百度、阿里、腾讯等通过对海量数据的掌握和分析，为用户提供更加专业化和个性化的服务。在智慧城市建设不断深入的情况下，大数据必将在智慧城市中发挥越来越重要的作用。由城市数字化到智慧城市，关键是要实现对数字信息的智慧处理，其核心是引入了大数据处理技术，大数据将成为智慧城市的核心智慧引擎，智慧金融、智慧安防、智慧医疗、智慧教育、智慧交通、智慧城管、智慧企业等，无不是大数据和传统产业融合的重要领域。

4. 数据将越来越开放

大数据是人类的共同资源、共同财富，数据开放共享是不可逆转的历史潮流。随着各国政府和企业对开放数据的社会效益和商业价值认识的不断提升，全球必将很快掀起一股数据开放的热潮。事实上，大数据的发展需要全世界、全人类的共同协举，变私有大数据为公共数据，最终实现私有、企业自有、行业自有的全球性大数据整合，才不至于形成一个个价值低廉甚至价值失效的"数据孤岛"。大数据越关联越有价值，越开放越有价值，越使用越有价值。

5. 大数据安全将日益受到重视

大数据在经济社会中应用日益广泛的同时，大数据的安全也必将受到更多的重视。大数据时代，在我们用数据挖掘和数据分析等大数据技术获取价值的同时，"黑客"也可以利用这些大数据技术最大限度地收集更多有用信息，对其感兴趣的目标发起更加"精、准、狠"攻击。近几年，个人隐私、企业商业信息甚至国家机密泄露事件时有发生。2018年3月Facebook卷入了一宗丑闻，媒体揭露称一家服务特朗普竞选团队的数据分析公司Cambridge Analytica获得了Facebook五千万用户的数据，并违规滥用。Facebook违背了用户协议，对用户隐私造成了侵犯，遭到了舆论的强烈批评。对此，美、欧等发达国家和地区纷纷制定和完善了保护信息安全、防止隐私泄露等相关法律法规。可以预见，在不久的将来，其他国家也会迅速跟进，以更好地保障本国政府、企业乃至居民的数据安全。量子通信及区块链技术的开发应用，完全有可能使大数据在广泛运用的同时，安全性也将进一步得到保证。

6. 大数据人才将备受欢迎

随着大数据的不断发展及其应用的日益广泛，包括大数据分析师、数据管理专家、大数据算法工程师、数据产品经理等在内的具有丰富经验的数据分析人员将成为全社会稀缺的资源和各机构争夺的人才。

（三）数字经济为企业生态供氧

新一轮数字化正揭开序幕。全球新一轮科技革命和产业变革正蓬勃兴起，一系列新的生产方式、组织方式和商业模式不断涌现，推动企业生态的重大变革。科技赋能、量子纠缠，让人目不暇接，让专家们也无法说清，更让企业家们难以把握，如何构建面向未来的企业生态，目前可以看见的数字化的"数据""平台""生态"成为三大关键支柱，它们将合成创建出企业新的生态。

关键词一：数据——数字化经营

数字经济时代，数据已然成为企业的关键性生产资料，将重构未来企业的生产方式。数据的流动、转化与共享，推动着企业经营拓宽边界，并编织全新的生态网络与价值网络。

随着众多企业将数字化置于经营和战略的核心地位，这将促使价值链的重大重构，以及交易效率不断提高、生产效率大幅提升。

关键词二：平台——智能化配置

随着数字经济的迅速崛起，各种垂直的、细分的、专业的平台纷纷崛起，许多在传统制造行业、产业链领先的龙头企业都在借助生态系统向平台模式转型升级，重新构建企业组织架构、产业链以及价值链，乃至重构原有的产业生态。

关键词三：生态——网络化协同

数字经济下，互联网、物联网等技术广泛应用，尤其是这两年来，网络协同的便利性、高效性、低成本等优势突显，推动了交易的高速运转，交易效率与生产效率的提升成为推动商业发展的双螺旋。

平台企业在满足自身经营（如财务管理、金融需求）的同时，也把视线外延到整条产业链甚至整个产业生态。通过网络化协同，平台企业成为整个产业生态系统的构建者、组织者和运营者。

作为产业链和生态系统的关键节点，平台企业逐渐拥有了赋能金融和财资的能力，利用大数据技术整合信息流、商务流、资金流和物流等，形成了包含交易行为和交易数据在内的交易大数据，促进基于交易活动的财务转型升级和金融服务创新，最终推动企业间财资效能提升。

三、大数据环境下企业生态系统的协同演化

（一）大数据环境下企业生态系统协同演化框架

大数据背景下，企业生态系统内模糊的企业与行业边界几乎融合，系统的开放性更加明显，通过互联网网络平台的企业合作伙伴选择范围更广，因此企业生态系统的成员结构具有动态性，生态系统成员间的关系更多体现为非线性的网络化企业运作的竞合关系。大数据使得企业生态系统各伙伴成员更加便利地来获取资源、技术和客户信息，并提供相应的保密和制约等措施以避免自身数据外泄，从而在竞争中寻求优势生态位，在企业间协商谈判中占据有利地位；基于大数据技术的企业生态系统内各合作伙伴之间，可通过监测、分析、预测、共享多方数据的实时互动，提供更精确更丰富的决策参考信息，实现联合共享和敏捷制造，从而促进企业生态系统内部实现进一步协同合作，提升整个生态系统的竞争力。

大数据环境下企业间的竞争不再是企业的个体间竞争，也不是价值链的链条间竞争，而是众多伙伴联结成的企业生态系统间的竞争。企业必须超越个体或集体竞争理论的局限性，从"协同进化"或"整体共赢"角度制订协同发展战略和治理机制，在企业生态系统动态平衡协调中寻求协同发展，立足企业生态系统理论和大数据时代特征，对大数据环境下企业生态系统的复杂性和协同演化机理、策略、协同效应量化、治理机制等问题探索理论与实践相结合。

（二）大数据环境下企业生态系统协同演化方略

立足传统企业生态系统理论和大数据与数字经济时代背景特征，对新经济时代背景所赋予企业生态系统新的内涵和复杂性进行结构性和过程性分析，根据企业生态系统的非线性、自组织、反馈调节、协同共生、循环再生等机制，通过对大数据时代的数据和行为的"以网带量，以量促利"的正反馈以及基于系统优势生态位的互动分析，揭示大数据背景下企业生态系统整体、构成要素及要素之间的相互关系和协同要素转移过程。

通过典型的数据驱动型的海尔与阿里巴巴等企业案例的示范，并对信任机制、

信息共享、资源整合、创新联盟、商业模式、平台战略等协同要素分析，提炼出大数据背景下企业生态系统协同演化策略。

1. 构建信任机制，搭建信息共享平台，实现共创

企业生态系统内伙伴间的合作是建立在相互信任的基础上，大数据背景下信任机制的构建通过信息共享平台实现数据无缝对接和界限管理，基于大数据的分享和获取，使得伙伴间的竞合关系更加紧密、翔实，搭建了企业生态系统赖以生存的结构型信息支撑平台，积累亿万级的海量数据。

2. 整合资源网络，开放式协同创新，实现共生

基于大数据的多专业融合商业技术应用平台，协助企业生态系统内的伙伴企业进行大规模的资源网络构建与智能合作互动，真正采集核心客户需求，寻找新的市场和商业机会，营造以需求大数据分析为核心的用户全流程参与创新模式，完全不同于传统的产品创新以及企业技术创新与管理模式，从传统以生产为中心、大规模制造的B2C模式转变为以客户为中心的定制化、柔性化和精准化协同服务的C2B模式，实现企业生态系统成员的共同成长壮大，并持续获利。海尔"人人是创客"的共生模式就是生动的实践。

3. 利益均衡和谐发展，跨界融合异业经营，实现共赢

将大数据作为企业生态系统内企业竞争和沟通平台，面对如此错综复杂的企业生态环境，系统内横跨多个行业的利益相关者在协同竞争与合作的互动关系中，寻求多边利益均衡的协同发展。阿里巴巴的"集大成"式的"无所不能"的成功便证明了这一点。随着企业生态系统的持续拓展与优化，为了更好地响应和满足客户的需求及其变化，企业通过合作与竞争开发新产品或者提供新服务，进行新一轮的商业模式创新，在打破和颠覆中实现产业融合和异业经营，并非简单的"旧市场+新市场"式吞并，从而展现出跨界型商业模式创新的生命力，实现异业联盟的资源整合和转型升级之路，共同维持企业生态系统的利益均衡、包容协调、和谐发展，实现企业生态平衡。

4. 重塑企业生态，打造平台战略，实现共享

大数据资产驱动的企业生态系统产业链合作、社会化协作和网络化生产，定位于服务多边群体机制，提升各群体之间的同边与跨边网络效应，通过产业链结构重构，实现进一步产业垂直整合，重新塑造企业生态系统结构、终端、平台和应用，实现企业生态系统合作伙伴间利益共享机制所体现商业模式的特性，与共享数据的技术架构所体现应用程序的特性相融合，从企业生态系统的整体战略需

求与调整的角度,制订平台战略,从而有效引导和协调企业生态系统多方群体之间的互动和协同,并共同分享系统整体协同效应所带来的价值增值与持续盈利。"小米竹林"式的平台生态模式,使"米家军"共享价值使人羡慕。

(三)大数据环境下企业生态系统协同效应与协同治理机制

大数据环境下企业生态系统是以大数据网络化平台为支撑,由企业组织和个人及商业世界中的有机体的协同进化而构成的价值共同体。伙伴企业间以互利共生的方式共同进化,不是企业间简单的结合与利益交换,而是更加突出企业生态系统内的企业间互动方式和结果的高度整合与一致性。协同演化的外在表现是协同效应的放大,协同效应所反映的是企业生态系统内整合的紧密程度和有序程度,也可称为协同度。在企业生态系统内部的自组织和来自外部环境的调节管理活动作用下,系统内各类合作企业之间或企业与生态系统之间在发展演化过程中发挥彼此协调一致以实现系统的整体和协同效应。

通过成功的企业实践案例分析,可以发现以传统制造商海尔、电子商务巨头阿里巴巴和新物种"小米"为核心各自组成的企业生态系统很具有典型性,从企业战略布局、运营管理、组织结构、数据资产等方面进行系统详细的剖析,凝练出构建企业并联平台生态圈的策略。因此,按照企业文化层、战略层、组织层、管理层、业务层不同层的划分,从信息治理、创新治理、关系治理、客户治理、利益治理等方面建立企业生态系统的协同治理机制和规则,从而建立系统内企业之间的信任关系,调整并完善系统规则和共同体内部结构,逐渐形成合理的利益分配模式,尽可能地模糊组织间的边界,实现企业生态系统各成员企业间的信息共享、有效合作和协同演化。

大数据环境下新时代企业的管理理念和决策模式随着企业实践的不断深入而层出不穷。从企业管理角度剖析大数据时代企业生态系统的重大影响和变革,结合多边群体产生的企业大数据,进行大数据环境下企业生态系统的共生竞争协同演化的理论研究和实践指导,建立可持续发展的企业生态系统,对现代企业未来的战略管理与决策具有重要意义。与此同时,也为企业生态系统各成员协作、协同创新提供理论指导和借鉴参考,引导企业生态系统中枢企业或节点企业持续关注协同价值理念和协同驱动要素,并构建起企业生态系统自然进化、演进的适应性体系和治理机制,同时也为政府制定相关引导政策及法律法规,为产业结构优化、经济增长模式转型升级和经济社会可持续发展等提供决策参考。

四、从"人机大战"看企业如何下好"人工智能"这盘棋

(一)"人工智能"为什么如此强大

2016年,AlphaGo机器人与世界顶尖围棋大师李世石决战,四胜一负击败人类高手。这场世纪大战之后,"人工智能"再次被推上了风口浪尖,成为全球关注的话题。

1956年,几个计算机科学家相聚在达特茅斯会议,提出了"人工智能"的概念,梦想着用当时刚刚出现的计算机来构造复杂的、拥有与人类智慧同样本质特性的机器。其后,人工智能就一直萦绕于人们的脑海之中,并在科研实验室中慢慢孵化。之后的几十年,人工智能一直在两极反转,或被称作人类文明耀眼未来的预言,或被当成技术疯子的狂想扔到垃圾堆里。2012年以后,得益于数据量的上涨、运算力的提升和机器学习新算法(深度学习)的出现,人工智能开始大爆发。领英发布的《全球AI领域人才报告》显示,截至2017年一季度,基于领英平台的全球AI(人工智能)领域技术人才数量超过190万,仅我国国内人工智能人才缺口达到500多万。人工智能的研究领域也在不断扩大,包括专家系统、机器学习、进化计算、模糊逻辑、计算机视觉、自然语言处理、推荐系统等。

不只是围棋,自从人工智能不断趋向成熟,越来越多的传统领域受到了挑战。例如2011年在综艺节目上狂虐人类选手的超级电脑"沃森"。在面对主持人提出的各类新奇古怪的问题时,沃森不仅能在第一时间给出正确答案,还能主动忽略自己不擅长的问题。沃森储存了数百万的文档资料,包括字典、百科全书、新闻、文学等,其硬件配置可以使它每秒处理500GB的数据,相当于每秒阅读100万本书。如今沃森被运用于医疗服务、咨询等领域,能够给患者提供最合适的治疗方案。不论从效率还是诊断准确率来讲,人工智能都远胜过人工咨询,足以媲美专业医师。对于人工智能来说,达到专业医师的程度还不够,采用深度学习技术的360天眼系统,已经和世界最顶尖的黑客开始了博弈。Siri、小冰等语音助手开始充当男女朋友的角色。科大讯飞的翻译机已经上市销售,成为国人走出国门而不用带翻译的利器。比亚迪"云轨"正式通车,还有Google的无人驾驶汽车与智能助理、深圳的无人驾驶公交。美联社一周能写百万篇新闻Wordsmith、Facebook的虚拟助手M……各行各业的人工智能科技不胜枚举。我们正处于人工智能爆发的节点,接下来,将会有更多智能系数更高的系统、程序被研发出来。

为什么人工智能会这么强大?就是因为今天人类所做的大部分工作是重复性

的，是基于一个有限领域的，是基于可以客观思考的。在上述领域里，人工智能不是模仿人类，也不仅仅是取代人类。所谓的人工智能就是基于海量数据，然后推算出逻辑进行判断和推测，做出比人更准确的判断。AlphaGo就是研究了几百万的棋谱和用无数小时的时间来学习并最终打败人类专家的。当然，也并不是所有的领域都可以超越，而是在一些可以穷举的、可以客观分析、有正确答案、有大数据的领域。

"深度学习"技术的迅猛发展给人工智能带来了巨大的变革，使得似乎所有的机器辅助功能都变为可能，这也是AlphaGo战李世石的时候，下出了人类顶尖棋手都没有办法看懂的步骤的原因。深度学习摧枯拉朽般地完成各种任务，无人驾驶汽车、预防性医疗保健，甚至是更好的电影推荐等，都近在眼前，或者即将实现。机器能自我学习是一个抽象的概念，而且这个抽象概念包含的数据集之大超越了人类的想象。因此，当某个技术超越人类自身能力的时候，所带来的机会和价值是巨大的。

与此同时，人工智能的无限发展，带给人类的挑战和危险也是巨大的。对此，人类要有预见性和把控力，因此把道德代码嵌入机器人，是人工智能发展的必然趋势。人工智能界在探讨能不能运用智能算法，将人类的价值观和道德规范体系嵌入到智能未来愿景？这是当前面临的最大挑战。因此，人工智能要成为人类驾驭的伟大工具，其伦理法律等涉及科技界、企业界、哲学、法学等多个领域，需要政、商及社会各界融智创新，达成共识，形成企业界共同遵循的规范。

（二）最有可能被人工智能取代的职业

在人机大战被AlphaGo拿下后，许多恐慌的声音发出疑问：人类最终会不会被机器所取代呢？事实上，随着人工智能的发展，机器确实可以通过深度学习来代替人类做越来越多的工作。2013年，牛津大学一位研究者发布的论文显示，未来有700多种职业都有被机器替代的可能性。职业中可自动化、计算机化的任务越多，就越有可能被交给机器人来完成。那么，人工智能的异军突起到底会危及人类的哪些职业呢？

（1）建筑工人

建筑工人每天所做的都是繁重却重复的工作，这样的工作完全可以交由人工智能机器人来完成。现在的吊车、勾机、铲车等建筑工具都是人工智能的前身，加之建筑构件的工厂化、构架积木化的推广，如果能将智能科技与这些机器相结合，那就完全可以代替建筑工人作业，不仅安全而且效率高、质量好。

（2）司机

无人驾驶汽车的出现可谓是将科幻片中的梦想照进了现实，随着人类四十几年的研究探索，无人驾驶汽车已经出现在我们的现实生活中。截至目前，世界上最先进的无人驾驶汽车已经测试行驶近50万千米，深圳无人驾驶的公交车已经安全上路运营，上海的无人高铁也完成了试运行。

（3）快递员

快递这个行业不仅辛苦，而且快递员每天穿梭在各种车流中也很危险，难以找寻方位的地址更是让快递员感到头疼，人工智能的发展将使这些问题在未来得到完美解决。

（4）保姆

各种仿真机器人出世，大量的清扫、烹饪、照料工作将变得简单高效。目前面世的保姆型机器人，可以进行一些简单的人类动作，还可以与人类进行交谈。全能型家务好帮手将在未来充当重要的家庭角色。

（5）银行业务员

银行智慧柜员机就是一个先例，它已分担了银行业务员的大部分工作，目前，用人工智能武装起来的时代车轮旨在碾压以业务员为主的传统"铁饭碗"。2018年4月，国内首家"无人银行"在上海九江路开业。这个全程无须银行职员参与办理业务的高度"智能化"网关，充分运用生物识别、语音识别、数据挖掘等最新金融人工智能成果，整合机器人、智慧柜员机、人脸识别等前沿科技，为客户呈现了一个以智慧、共享、体验、创新为特点的全自助人工智能服务平台。

（6）翻译

虽然目前机器翻译对语义理解的准确度还有待商榷，但相信未来随着人工智能的深入研究还会有更多的突破。

（7）电话客服

电话客服总是很努力地为你答疑解惑，而你往往只能从他们的口音和不熟悉的业务知识中一知半解。人工智能将以最快的速度给你提供最准确的答案，何乐而不为？

（8）仓库管理员

通过智能机器全自动地进货、出货、理货，不仅会井然有序，效率和速度也会得到提升。不仅如此，精确地记录还会避免人工粗心带来的损失。京东的物流仓库已基本实现了智慧管理。

（9）收银员

自动贩卖机的出现已经解放了一部分收银员，无人超市也是人工智能收银的一种试验，当你买完商品想要结算的时候，如果能像进出地铁一样方便的刷卡，就会避免排队、找零等一系列问题的出现，零失误、高速度的服务体验会让人工智能收银员迅速地占领各大卖场。

（10）清洁工

随着技术的不断进步，清扫机器人的不断完善，这项繁重而危险（马路清洁工、蜘蛛人等）的工作将被人工智能所替代。

五、人工智能下企业生态战略

"萧瑟秋风今又是，换了人间。"今天人类已进入智能时代。企业想在智能时代立足和获得战略要地与势能制高点，建立新的生态战略尤其重要。

（一）企业生态战略的主要阶段

过去的工业时代企业生态的构建沿着"产品经营——资本经营——人本经营"的规律循序渐进，属于产业与产业链模式下生态。而如今科技的飞速进步与国际化进程势如破竹，企业的内外环境发生了天翻地覆的变化，新一代信息技术、大数据、云计算、人工智能、区块链等风起云涌。因此，人工智能大环境下的企业的生态已上升为价值链与创新链模式下的生态。前后"生态"不可同日而语，这既是企业创新带来的改变，更是企业生态符合宇宙规律自然演进升级的必然。

1. 掠夺性生态战略

生态型企业在构建初期以掠夺性竞争为主，在人工智能的早期阶段也是如此。这个时期行业领导者还未形成，大而全的人工智能解决方案还在孕育"初心"。在该阶段，企业应该着眼于核心竞争力的构建，寻求外部资本的帮助非常重要，在初始阶段树立先发优势非常必要。

2. 竞争性生态战略

谷歌、百度这种强大并大小通吃的通用型学习中心并不多见。在该阶段，企业需要明确自身的差异化竞争优势，并进一步巩固扩大领地。开发出极致的产品后，寻找资本、客户并进行结合，积累行业经验与聚集客户资源是该阶段企业的核心工作。如果不具备自主开发人工智能的能力，就不要再浪费精力、财力进行研发，而应尝试与人工智能企业合作或并购，探索如何将行业成功所累积的优势嫁接部署到人工智能平台并探索相应的商业模式。

3. 共生性生态战略

人工智能生态企业步入成熟期后，分布式智能中心和学习将形成良好的共生关系，企业边界被打破，学习中心与企业能力结合，建成基于"云"的智能资源，依靠云计算，形成"能力池"，实现智能资源的按需调用。生态型企业使企业之间的边界被打破，产业链的海量用户支持生态企业形成"共享池"，为企业提供长期兑现的利益。

（二）生态战略的三个要点：用户、社群和连接

1. 用户在生态战略中意味着入口

在掠夺性生态系统阶段，企业的战略重点是入口的争夺。人机智能入口不局限于App、智能汽车、VR/AR设备、机器人等形成新的人机交互方式取代以超级App为代表的入口应用。

2. 生态企业离不开社群的支持

人工智能的商业模式下，社群的概念将更加广泛。社群的构建需要依次实现三个中心节点。一是"马斯洛点"，需要以极致的产品满足客户不同层次的需求，实现欲望。第二个点是"马克思点"，要为社群赋予"乌托邦"式的情感和审美的认同，超越产品功能的层次，实现理想。第三个点叫"爱因斯坦点"。$E=MC^2$是质能转换的方程式，同样在社群中，社群的能量E来自节点M乘以传播方式C的平方，实现赋能。

3. 关键战略要素是连接

过去企业的成功取决于连接了多少资源，以及连接的效率和成本。PC互联网成就了门户网站和搜索引擎，这是因为他们高效、低成本地连接了供需双方。移动互联网成就了共享经济和OTO的繁荣，因为它们高效、低成本地连接了实体产品和标准化服务的供需双方。人工智能战略设计的关键，是如何高效、低成本地连接智力资源。目前表现为两种类型：一是跨界的智能资源链接，如智能交通是连接初级的驾驶技术与人工智能。二是连接初级智力资源与高级智力资源，如IBM开发的律师行业应用，可以取代初级律师的案例分析工作，连接了初级律师与高级律师。如何创造高级智力资源之间的连接，以及WAR技术框架中的机器人、AR/VR、智能交通与人工智能的连接，将是人机智能商业最大的想象空间。用户、

社群和连接,是对简单生态构建的重要思维抽象。生态是以用户为中心的,社群是用户价值的载体,连接是生态的核心要素。

六、区块链将重构企业生态

2017年9月5日,中国国务院发文支持区块链技术;2018年4月4日,国务院再提区块链,助力供应链创新与应用。区块链技术的运用方兴未艾,值得自主创新驱动转型升级路途上的广大企业去探索,去开发新用途,触发其市场爆点,推出震撼行业的"氢弹"与"基因武器",迎接产业突破或颠覆式创新与新业态的诞生。

(一)区块链与区块链技术

近几年,各行各业对区块链的关注,随着这项技术传说中的吸金指数,呈火箭速度上升。

区块链技术发端于数字货币,自2009年以来,以比特币为代表的数字货币在全球范围内兴起,区块链技术逐步走进人们的视野。目前,世界各国政府、产业界和学术界都高度关注区块链的应用发展,相关的技术创新和模式创新不断涌现。

区块链是分布式数据存储、点对点传输、共识机制、加密算法等计算机技术的新型应用模式。所谓共识机制是区块链系统中实现不同节点之间建立信任、获取权益的数学算法,是一种由多方共同维护,以块链结构存储数据,使用密码学保证传输和访问安全,能够实现数据一致存储、无法篡改、无法抵赖的技术体系,实现用户之间直接的信息、价值交换。2015年10月《经济学人》刊发的题为 *The Trust Machine* 的封面文章定义:区块链能让原本没有信任基础的多方,在不用通过权威第三方介入的情况下,能够互相合作。简单来说,区块链就是一个产生信用的"机器"。区块链提供了一种抽象基础架构,架构中每个业务方(即链上的节点)之间不需要交互,它们都和区块链分布式账本"打交道"。业务方每完成一个业务操作就会把这个业务事件附加到链上,而区块链技术则确保链上参与方的写入一致性且不可修改性。流程被透明化了,也解决了信息交流去中心化、交易透明化,各方信任也客观上得到保证。

目前,在全球区块链掀起了投资热潮。市场研究公司CB Insights 2017年10月发布的一份投资报告显示,2017年企业投资区块链项目已经创下了历史新高。

IBM、微软等科技巨头均已推出区块链服务和解决方案，两家已经占领了总规模超过7亿美元的区块链产品和服务市场的最大份额。

在国内，2018年4月9日，杭州区块链产业园启动仪式上，由余杭区政府、未来科技城管委会与杭州暾澜投资管理有限公司共同出资（募集）设立的"雄岸全球区块链百亿创新基金"正式发布，该基金总规模达人民币100亿元。以BAT为代表的企业早在2015年就开始了对区块链的研究和开发，如腾讯在区块链方面的动作主要集中在供应链金融领域，推出了TBaaS（Tencent Blockchain as a service，腾讯云区块链服务）。2016年，微众银行就已经在深圳参与发起了"金联盟"，并开发出了面向金融业的联盟云服务BaaS。IPR daily联合incoPat创新指数研究中心发布的"2017全球区块链企业专利排行榜"显示，阿里的区块链专利总量为49，全球排名第一；天猫国际和菜鸟联盟已经宣布，利用区块链技术跟踪、上传、查证跨境进口商品的物流全链路信息，严防造假。百度则主要在金融业务等领域进行布局，华为、小米等科技公司也进入了区块链领域。2008—2017年，我国区块链技术领域专利申请数量全球第一，共递交550份专利申请，超过第二位的美国（专利申请284份）。

和任何新技术一样，在真实世界中应用区块链会涉及很多挑战，即使是BAT等巨无霸公司也不例外。区块链的核心价值观在于"去中心化"，这是对管理学诞生以来企业组织模式的一次彻底颠覆。因此，中心化很强的大公司很难全心全意地拥抱去中心化。同时，区块链的开放共识、公开透明等特点，几乎与当下传统科技企业的技术和商业模式形成了强烈的反差。如果传统科技企业中心化思想和商业模式根深蒂固，企业所谓的拥抱，其实只是形似神不是，最终区块链技术很可能被中心化同化，即中心化以区块链的名义出现，区块链技术有名无实，形成真正的泡沫。

中国拥有世界上最大的互联网应用市场，区块链产业具备走在世界前列的众多有利条件。应用场景的多元化才能推动区块链技术的迅速发展。但同时，速度问题严重制约了区块链走向多场景应用。我国企业需要吸纳全球顶尖科技人才，建立起中国区块链生态联盟，加快核心应用技术攻关步伐，使区块链产业领跑世界。

（二）区块链的优势

从发展阶段看，区块链已经从区块链1.0（比特币）时代进化到区块链2.0（以太坊、超级账本等）时代，其中比特币和以太坊均为公有链，而IBM主导的超级账本则为联盟链，带来的是计算能力的大幅提高、等待时间的不断压缩等（以太坊中加入智能合约功能），未来区块链将继续向3.0版本演化。

相比于现有的解决方案而言，区块链的优势主要集中在以下三点。

优势一：防止数据篡改、具备追溯功能。比如在追溯过程中我们需要了解事情的始末通常需要层层查找大量历史文件，很多时候环节中的文件保管不善可能丢失或者被篡改，真实性受到质疑，运用区块链技术，链上的每一次转移都会被技术记录，并永久储存，方便查证。由于数据是平台共享的，单独在某一节点上对数据库修改是无效的，因此区块链可以保证数据的稳定性和可靠性，降低了数据被篡改的风险。

优势二：去中心化增强各方诚信。区块链以无中心化的方式集体维护，共享平台，每个节点的人都可根据自己的需求在权限范围内直接获取信息，而不需要中间平台传递信息，真正实现了民主参与、平等自决。与此同时，避免了中心化模式下第三方平台卷款逃跑、"撤漂"等不诚信事件发生。

优势三：智能合约结算，降低违约风险。智能合约功能可以部分降低现实活动中的违约现象，尤其是可数据化领域的违约事件。

（三）区块链的应用场景

1. 区块链+游戏

游戏是与区块链最契合的领域，目前区块链技术还在高速发展中，游戏产业所拥有的庞大用户基数可以让区块链快速导流。而区块链的核心场景智能合约、身份验证在游戏业务中有极强的应用前景。"区块链+游戏"模式为游戏行业带来新鲜血液，但该模式仍处于前期摸索阶段，是否具有持续推动力还需市场的验证。

2. 区块链+营销

在营销领域，区块链技术可以有效进行传播效果统计，解决营销效果不透明等问题，将极大提升数字营销效率。依靠区块链的数字账本系统和透明且加密的特性，厂商将完成广告精准投放，迅速锁定目标用户，消除一切中间环节，直接完成厂商与顾客之间的联系，更加关注用户体验；并且有助于商品质量透明化，在厂商与顾客之间建立诚信，营销将成为区块链技术最先影响的领域之一。

3. 区块链+保险

2016年3月，布比与阳光保险、比邻供应开发出基于布比区块链的数字化资产平台，当年8月，阳光保险在该平台上推出保险卡单这个数字资产，并在区块链上流通。消费者可以直接在微信链接中购买保险，也可以通过微信将保险单赠送给朋友。借助区块链技术的可追溯性和不可篡改性，用户可以追溯卡单从源头到客户流转的全过程，参与方不仅能查验到卡单的真伪，确保卡单的真实性和唯一性，还能方便后续流程，比如理赔等。

借助区块链降低协作成本，提高效率。例如传统航空保单乘客由航空公司或渠道商出单，将请求转给保险公司，保险公司进一步确认乘客行程，再处理保险，而后返回给中间商，最后由中间商返回给个人。但是通过区块链，保单可以用数字资产化和智能合约模式体现，所有的行程和保单都放在区块链这个公开的账目本中，所有人都可以看到具体行程和投保情况，个人将保单的状态设定为 Apply（申请中），到中间商就变成 Pre-approved（待审核），到保险公司就变成 Approved（已批准）。在这一模式中，各家机构根据自身职责，进入区块链的节点，完成自己的权限即可，单点业务复杂度大大降低，协作成本也会降低。

4. 区块链 + 供应链

近年来，全球食品安全危机频繁发生，从疯牛病、口蹄疫到毒奶粉、"瘦肉精"、地沟油、毒大米等不一而足。食品安全问题难以解决的原因在于食品供应链十分复杂，从原材料采购最终到消费者手中会经过加工、仓储、运输等多个环节。而且传统的食品记录有被篡改的可能，发生食品安全问题时需要通过层层记录查找通常花费很长时间。但是区块链技术可以做到实时记录防止篡改，不仅包括食品产地，生产时间、工厂的温度、是否具备食品安全认证等生产加工信息均会被记载。节点授权用户可以更新数据，更新后的数据也可以在数分钟左右向区块链所有用户显示。除了防止篡改之外，传统食品供应链某一环节发现问题通常要查找之前的每一份单据、确定问题影响的范围，耗时较长，而通过区块链技术查找数据的时间将缩短，不到一分钟可定位到食品源头，数分钟即可调出单品从农场到流通环节的信息。

5. 区块链 + 公益

慈善组织关乎社会福祉，然而近年来的一些事件使慈善组织的公信形象受到一定负面影响，因此如何提高慈善组织在社会上的公信力是目前亟待解决的问题。传统的慈善组织运作方式是捐赠人捐赠，具体资金的使用方式由基金会根据项目安排，但是具体用到了什么项目，基金会以外的人了解起来比较困难，捐赠人与受益人缺少沟通，捐款流向不透明，执行项目缺乏效率是其主要不足点。区块链技术的加入将解决这些问题，现有的慈善项目在专款专用和善款追溯问题上仍有待提高透明度。2017年，光大银行开始将区块链技术运用于"母亲水窖"，实现"母亲水窖"捐款信息的公开、捐款费用的可追溯、账务信息的不可篡改以及捐款者隐私的保护。

6. 区块链+医疗

医疗领域，区块链能利用自己的匿名性、去中心化等特征保护病人隐私。电子健康病例（EHR）、DNA钱包、药品防伪等都是区块链技术可能的应用领域。IBM在报告中预测，全球56%的医疗机构将在2020年前投资区块链技术。

目前，国外如飞利浦医疗、Gem等医疗巨头和Google、IBM等科技巨头都在积极探索区块链技术的医疗应用，也有Factom、BitHealth、BlockVerify、DNA.Bits、Bitfury等区块链技术公司参与其中。国内，阿里健康与常州市合作了医联体+区块链试点项目，众享比特、边界智能等区块链技术创业公司也在布局相关项目。

7. 区块链+能源

分布式能源的发展带来的一个问题是微电网的管理以及与现有的中央电网之间如何平衡。区块链具有分布式账本和智能化的合约体系功能，能够将能源流、资金流和信息流有效地衔接，成为能源互联网落地的技术保障。

如欧洲能源巨头TenneT、Sonnen、Vandebron与IBM合作运用区块链技术，将分布式弹性能源整合至电网，以确保供电平衡。纽约初创LO3Energy和ConsenSys合作，在纽约布鲁克林区实现了一个点对点交易、自动化执行、无第三方中介的能源交易平台，实现了若干住户之间的能源交易和共享。

8. 区块链+版权

知识经济的兴起使得知识产权成为市场竞争的核心要素。但当下的互联网生态里知识产权侵权现象严重，数字资产的版权保护成了行业痛点。利用区块链技术，能将文化娱乐价值链的各个环节进行有效整合、加速流通，缩短价值创造周期。同时，可实现数字内容价值转移，并保证转移过程可信、可审计和透明，有效预防盗版等行为。

目前，区块链行业致力于解决版权问题的项目已为数不少，国外如Blockai帮助艺术工作者在区块链上注册作品版权；Mediachain针对图像作品进行认证和追溯；Ascribe进行知识产权登记；Decent发布了一个去中心化的数字版权管理解决方案等。

9. 区块链+教育

在公共服务、教育、慈善公益等领域，档案管理、身份（资质）认证、公众信任等问题都是客观存在的，传统方式是依靠具备公信力的第三方作信用背书，但造假、缺失等问题依然存在。区块链技术能够保证所有数据的完整性、永久性和不可更改性，因而可以有效解决这些行业在存证、追踪、关联、回溯等方面的难点和痛点。

应用层面，如普华永道与区块链技术公司Blockstream、Eris合作提供基于区块链技术的公共审计服务；BitFury与格鲁吉亚政府合作落地区块链技术土地确权；蚂蚁金服区块链公益项目；索尼基于区块链的教育信息登记平台和数字软件针对教育行业的区块链项目等。

10. 区块链 + 支付

目前支付领域的短板在于到账周期长、费用高、交易透明度低。区块链去中介化、交易公开透明和不可篡改的特点，没有第三方支付机构加入，缩短了支付周期、降低费用、增加了交易透明度。

在这一领域，Ripple支付体系已经开始了实验性应用，主要为加入联盟内的成员商业银行和其他金融机构提供基于区块链协议的外汇转账方案。国内金融机构中，招商银行落地了国内首个区块链跨境支付应用，民生银行、中国银联等也在积极推进。

11. 区块链 + 票据

该领域问题在于三个风险。操作风险——由于系统中心化，一旦中心服务器出问题，整个市场瘫痪。市场风险——根据数据统计，2016年涉及金额达到数亿以上的风险事件就有七件，涉及多家银行。道德风险——市场上存在"一票多卖"、虚假商业汇票等事件。区块链去中介化、系统稳定性、共识机制、不可篡改的特点，减少传统中心化系统中的操作风险、市场风险和道德风险。

在国内，浙商银行上线了第一个基于区块链技术的移动数字汇票应用，央行和恒生电子等也在测试区块链数字票据平台。

12. 区块链 + 资产

这一领域业务痛点在于底层资产真假无法保证；参与主体多、操作环节多、交易透明度低、出现信息不对称等问题，造成风险难以把控。数据痛点在于各参与方之间流转效率不高，各方交易系统间资金清算和对账往往需要大量人力、物力；资产回款方式有线上线下多种渠道，无法监控资产的真实情况；还存在资产包形成后，交易链条里各方机构对底层资产数据真实性和准确性的信任问题。区块链去中介化、共识机制、不可篡改的特点，增加数据流转效率，减少成本，实时监控资产的真实情况，保证交易链条各方机构对底层资产的信任问题。

创新成果分享：海尔基于用户全流程最佳体验的互联网工厂生态建设

海尔集团公司（以下简称海尔）创业于1984年，是全球大型家电第一品牌，目前已从传统制造家电产品的企业转型升级为面向全社会孵化创客的平台。海尔集团2017年实现全球营业额2419亿元，同比增长20%，利税总额突破300亿元，其中经营利润同比增长41%。2017年，海尔收购的美国通用电气家电（GEA）达到了过去10年最好业绩，预计全年收入增幅6.6%，利润增幅22.4%。

2017年海尔平台上互联网交互产生的交易额首次超过1万亿元，同比增长273%。这意味着，在向物联网时代挺进的进程中，海尔通过用户社群生态圈搭建的触点网络已经开始产生效应，以此为基础产生的企业生态收入也已开始大幅增长。

1. 基于用户全流程最佳体验的互联工厂生态圈建设背景

1）顺应互联网时代用户需求个性化、多样化和高品质发展的需要。

2）顺应全球家电行业发展趋势，应对激烈市场竞争的需要。

3）企业持续推进互联网化转型升级的需要。

2. 基于用户全流程最佳体验的互联工厂生态圈建设的内涵和主要做法

海尔为满足互联网时代用户个性化、多样化、高品质的最佳体验，对内改造建立互联工厂，将产品改造成为网器，从传统的大规模制造转变成大规模定制，实现人机互联，用户全流程参与，形成用户圈；对外通过海尔生态圈平台，吸引攸关各方共同创造用户价值，由提供单一硬件产品到提供整套智慧生活场景解决方案，实现从卖产品到智能服务的转型升级，与利益相关方共创共赢，最终形成一个以用户最佳体验为核心的生态圈，主要做法如下。

（1）明确互联工厂建设的思路、目标和路径

1）明确思路。

海尔的智慧互联共创共赢生态圈建设是以全流程用户最佳体验为导向，以开放吸引全球资源的海尔文化为指导，以互联工厂建设为载体，以模块化、自动化、信息化为支撑，以标准化、精益、质量保证期为基础，努力打造两个圈：一是用户全程参与的个性化产品实现圈。通过互联网平台，吸引用户参与到从产品设计、制造、配送和服务的全过程，形成工厂和用户的零距离，用户和工厂直连。二是并联资源生态圈。将企业的墙打开，吸引全球一流的设计、研发、营销、物流、制造等资源到海尔平台上，形成并联的资源生态圈，能够快速满足用户的个性化需求，共同去打造用户的最佳体验，这是一个全方位、全体系的变革，支持整个产业链，上下游企业都在这个生态圈上协同创新，共创共赢。

2）确立目标。

智慧互联共创共赢生态圈建设的目标是实现从产销分离到产销合一，满足用

户无缝化、透明化、可视化的最佳体验。

一是用户层面：形成大规模定制的解决方案，真正地实现用户和企业的零距离：全球用户能够随时、随地，通过移动终端定制产品，互联工厂可以随时满足用户的需求。

二是企业层面：打造以互联工厂为载体的智慧互联生态圈，成为标杆企业，输出行业标准，颠覆现有家电行业的制造体系，实现行业引领，通过互联工厂实现企业互联网转型升级，应对互联网技术对传统业务的冲击，提升企业的竞争力和创新能力。

三是行业层面：提升行业创新能力，推动产业链升级。通过全球资源无障碍进平台，吸引全球一流资源，引入更多具有竞争力的技术、人才等资源，持续创新、迭代，满足用户个性化、碎片化的需求，从而形成共创共赢的家电生态圈，为行业提供借鉴经验，推动中国家电行业转型升级和竞争力提升，领舞世界家电业的发展。

3）制订路径。

海尔从高精度和高效率两个维度推进以互联工厂建设，以构建用户个性化需求驱动的共创共赢生态圈，如图2-1所示。

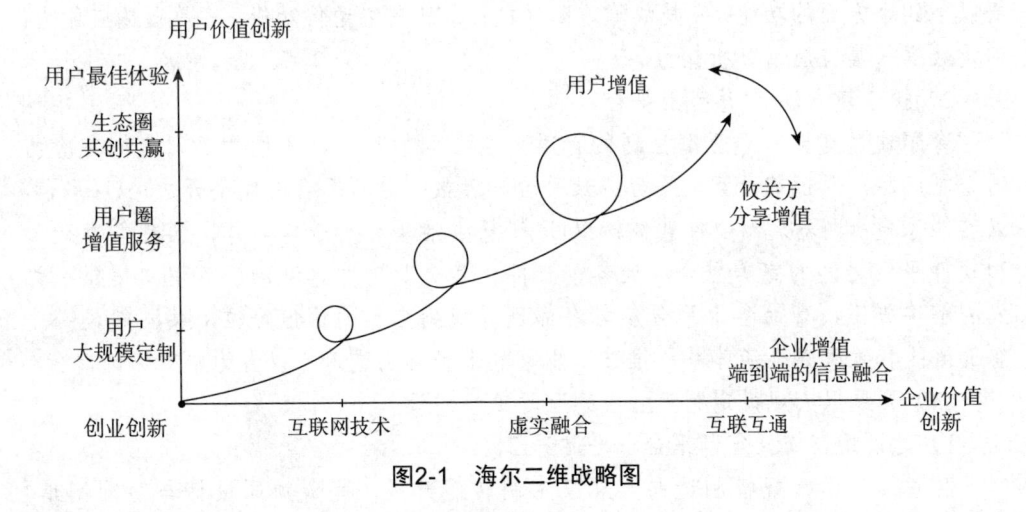

图2-1 海尔二维战略图

纵轴是互联网工厂用户最佳体验，体现的是高精度。主要搭建两大平台：一是建立行业首个用户社群交互定制体验平台——众创汇平台；二是搭建U+智慧生活平台。把传统的家电变成智能终端的网器,通过网器接入U+智慧生活平台,通过这个平台吸引全球一流资源,包括硬件资源、软件资源、投资方、人才资源等,从而形成能够提供用户最佳体验的若干生活场景生态圈。

横轴即互联工厂的企业价值创新,体现的是高效率。通过工业技术与数字化技术、物联网技术融合,建立持续引领的智能制造技术创新体系,支撑智慧互联共创共赢生态圈搭建,核心分为四个层次:一是模块化,是个性化定制的基础,产品通过模块化的设计,将零件变为模块,通过模块化的自由配置组合,满足用户多样化的需求;二是自动化,海尔理解的是互联自动化,不是简单的机器换人,而是与用户互联的智能自动化,实现用户驱动下的设备联动、柔性定制体验;三是数字化,通过以iMES为核心的五大系统集成,实现物联网、互联网和务联网三网融合,以及人机互联、机物互联、机机互联、人人互联,最终让整个工厂变成一个类似人脑一样的智能系统,自动响应用户个性化订单;四是智能化,主要是产品智能化和工厂智能化。

(2)搭建以智能产品为主线的U+智慧生活互联平台

1)加快推进传统产品向网器(智能家电)转变。

海尔通过物联网技术、网络通信技术、远程控制技术等高新技术的应用推广,加快改造传统家电产品为智能家电,由电器向网器(智能家电)转变,海尔网器具有以下四个方面的功能:一是故障诊断功能;二是网络通信功能;三是自适应能力;四是数据采集与应用分析能力。

2)探索建立U+智慧生活平台。

海尔通过建立一个互联互通的标准,在不同的行业、不同的公司之间完全打通智能产品,通过基于互联平台、云平台和大数据分析平台的完全开放的U+平台,以智能家电(网器)为硬件载体,以U+智慧生活平台为软件载体,实现智慧硬件和软件平台之间的完美融合,让各个产品、各个品牌共享互动,为用户提供一站式的解决方案,帮助各个平台参与者都可以找到自己的价值定位,共同建设一个有价值的智慧家庭生活体系,推进智能家电市场真正进入"以人为中心"的时代。

(3)开展以大规模定制为主线的互联工厂建设

1)建设用户交互定制平台——众创汇。

互联工厂由大规模制造向大规模定制转型升级,完成协同设计与协同制造,需要打通全流程各节点系统进行横向集成,实现用户全流程参与;在技术上需要搭建以用户为中心的研发、制造和销售资源创新协同与集成平台,构建工业智能领域资源云端生态模式。2015年3月众创汇诞生,2016年9月"定义明天制同道合"

海尔定制平台生态战略发布会在北京举行，房天下、曲美家居、红星美凯龙等7家品牌合作资源共同启动海尔定制生态战略。

2）建立用户多层次交互平台。

用户交互平台旨在由原来的先有产品再找用户到现在的先有用户再有产品，让企业和利益攸关方与用户零距离交互，了解用户的真实需求，海尔为用户搭建三个层次的交流互动平台：第一，海尔与渠道商共同建立的线上销售平台；第二，与模块商携手打造的资源与定制平台；第三，海尔汇聚全球灵感的创意互动平台，从最初的创意，到创意的产品化乃至最后的商品化，每一个环节，努力做到倾听用户的心声。

3）建立多种产品研发模式。

一是开放创新平台。2014年1月开放创新平台（HOPE）正式版上线；2015年5月资源圈建设启动，旨在打造创新生态系统和全流程创新交互社区，通过整合全球资源、智慧及优秀创意，与全球研发机构和个人合作，为平台用户提供前沿科技资讯以及创新解决方案，最终实现多方需求的一站式解决和各相关方的利益最大化，并使平台上所有资源提供方及技术需求方互利共享。

二是HID迭代研发平台。2015年9月从原来瀑布式研发颠覆为迭代式研发，产品全生命周期管理由瀑布式变为HID迭代式，降低项目风险，在项目研发的全过程与用户直接交互获取用户最新的反馈，持续测试与功能集成满足用户；通过开放创新、同期工程、流程优化以及虚拟仿真等新工具的应用，产品开发周期效率得到明显提升，使其成为个性化的组织级项目协同管理平台，覆盖了组织的战略层、运营层和协作层三个层面。一方面，通过自上而下的业务战略规划，使项目目标与组织的业务目标保持一致；另一方面，通过自下而上的自动化数据收集，管理者能够基于实时客观的数据进行分析和决策。

三是协同开发平台。协同开发平台是基于用户需求与全球一流设计资源、一流模块商资源协同设计的信息化平台，该平台提供开放、高效的在线协同研发功能，输出行业引领的设计方案。该平台有内嵌式、同步式及异步式三种协同设计方式，适用于模块系统、整机等多个协同设计场景，实现基于价值链的协同设计研发生态圈模式，逐步形成了全球化的创新生态链。

4）建立数字营销模式。

数字营销模式基于CRM会员管理以及用户社群资源，通过大数据研究，将已有用户数据和第三方归集的用户数据进行梳理研究。同时，应用聚类分析，形成用户画像和标签管理的千人千面的精准营销。

数字化营销离不开数据，包括用户数据、交互、机器、渠道、地域、企业、攸关方和市场数据，基于这8类数据应用方式有4方面：精确识别和洞察、创新开发和改进、高效推广和交付、实时管理和提升。

5）搭建模块采购平台。

基于"互联网+"的模块商协同系统，针对模块商资源与用户零距离交互的需求，海尔从2014年开始搭建全球家电行业供应商资源服务平台和聚合平台——海达源，由原来企业与供应商只是采购关系转变为生态圈。供应商进入平台创造用户资源，创造订单，随后，供应商就可以设计，模块化供货，否则就没有订单。采购的改变主要包括：一是由零件商转变为模块商，由按图纸提供零件转变为交互用户，提供模块化方案；二是采购组织由隔热墙转变为开放平台，由封闭的零件采购转型升级为开放的模块商并联交互体验的平台，由内部评价转变为用户评价；三是双方的关系由博弈转变为共赢，由单纯的买卖关系转变为共同面对用户共创共赢的生态圈。

6）建立智慧供应链。

海尔从2016年开始构建面向未来的系统平台，各个模块可进行扩展及动态优化，总体包括分布订单中心、库存共享平台仓网络等，各模块之间与企业其他模块互联互通，并可以交互，同时构建大数据可视平台实现下单前台对用户的可视体验，供应链系统平台包含3个主要部分：一是基于DDVN网络进行总体设计、需求管理、数据模型及系统构建等，并运用多级可视工具进行规划；二是运用项目管理软件对各模块项目进行协同合作，包括细项的任务表、流程变革的进度表、项目预算表等；三是协同平台进行模拟测试，动态优化。

7）建立智慧物流平台。

智慧物流平台以客户及用户需求为中心，融合营销网、物流网、服务网、信息网等建设智慧物流信息协同管理平台，打通与供应链上下游资源生态和货源生态资源连接关系，构建智能多级云仓方案、干线集配方案、区域可视化配送方案和最后一千米送装方案等用户解决方案，实现物流从订单下达到订单闭环的全程可视化，以用户评价驱动全流程自优化，提升产品"直发"给用户的能力。通过将传统的"送安分离和集中评价"模式颠覆为"用户可全程直接评价的送装同步"，推动资源生态和货源生态共赢。

8）建立智慧服务平台。

智慧服务平台创建了新的家电服务业态，解决用户对家电及时维修的需求，通过社会化外包、信息化取代等实现订单信息化、仓储智能化，为用户提供维修服务解决方案。以电子保修卡为载体颠覆传统的服务模式，搭建智能互联服务模式，电子保修卡于2014年5月上线，用户购买产品后通过该平台键录入家电信息，建立专属家电档案并上传，完全替代传统纸质保修卡，信息永不丢失。

9）研发具有自主知识产权的互联网架构软件平台COSMO。

为了支持海尔互联工厂模式持续深入探索，固化互联工厂模式，在技术、模式和创新方面实现全方位的突破，海尔集团于2016年成立了中国家电行业第一家工业智能研究院。智研院汇集全球一流人才资源，在攻克智能制造关键共性技术的基础上，向外输出智能制造的核心标准和模式，智研院基于互联工厂探索实践，2016年3月发布了核心产品：具备自主知识产权、支持大规模定制的首创互联网架构软件平台COSMO。COSMO平台解决用户和互联工厂资源零距离交互，参与定制全流程的问题，平台对服务提供者、开发者实现价值回馈，从而构建共创共赢的生态架构。

(4) 搭建创业孵化平台，有效推动共创共赢生态圈建设

1）深入推进组织与流程变革。

在组织与流程层面，打造人单合一2.0版，将企业从原来的封闭型组织转变成开放的生态圈，研发制造、销售等流程由"串联"变为"并联"，将自主经营体升级为平台主、小微主、创客等三类小微组织，鼓励员工组建小微公司进行创业。小微公司独立运营，自负盈亏，享有决策权、用人权、分配权，充分发挥自主性，打造"制造创客价值平台"。

2）探索建立创业加速平台。

为了让创业者更好创业并提高创业的成功概率，2014年海尔探索开启创业加速平台。这个平台包括：创客学院、创客工厂、创客服务、创客金融、创客基地五个子平台。五个子平台一体化运营，为小微创新企业成长和个人创业提供低成本、便利化、全要素的开放式综合创业服务。

3）鼓励多种创业方式。

海尔创业加速平台为海尔员工、个人、小微企业以及用户等提供了6种创业方式：一是企业员工在海尔平台创业，海尔员工自己提出创业项目，海尔提供天使

基金；二是消费者在海尔平台创业，消费者可以自己定制海尔产品；三是内部员工脱离企业在海尔平台创业，如果员工觉得海尔企业太大了，创业不够灵活，想脱离海尔，海尔会支持；四是合作伙伴在海尔平台创业，上下游企业在海尔平台上创业共享价值；五是社会资源在海尔平台创业，通过定制化产品组合打通它的上游下游，匹配服务型平台做整条产业链不同点、不同方式，撬动整个行业升级，抓增量需求；六是全球资源在海尔平台创业，通过建立现代共享经济时代的意愿，搭建共享平台，激发社会资源的活力。

自主创新篇

2013年10月21日，习近平在欧美同学会成立100周年庆祝大会上指出："创新是一个民族进步的灵魂，是一个国家兴旺发达的不竭动力，也是中华民族最深沉的民族禀赋。"他在2015年11月15日二十国集团领导人峰会上也指出："世界经济长远发展的动力源自创新。总结历史经验，我们会发现，体制机制变革释放出的活力和创造力，科技进步造就的新产业和新产品，是历次重大危机后世界经济走出困境、实现复苏的根本。"因此，自主创新不仅是中国的迫切需要，是中国企业和企业家必须解决的历史与现实的重大课题并由此形成新时代的习惯性思维与可持续战略，也是世界进步的根本动力。

第三章
国际自主创新纵览

一、美国——创新文化吸引顶级人才

创新文化深根于社会，美国一直吸引着大量海外人才来这里求学与工作，因而聚集了其他地方难以媲美的人才资源。其中，被誉为全球创新风向标的硅谷拥有大量天赋异禀的各学科优秀人才，同时也具备能够为构建未来优秀企业而存在的非常成熟的创新生态环境。

（一）成熟的创新生态系统

所谓创新生态系统，是指由那些能够将新的理念或技术与产品、服务和生产过程相结合的资源、人才、机构和基础设施等所组成的体系。

美国被认为是全球极具创新活力的国家，这不仅得益于其发展较为完善的国家创新体系，更来源于其自上而下构建创新生态系统的不懈努力。

2015年10月，美国总统奥巴马在其任内第三次发布关于支持创新的国家级战略性文件《美国国家创新战略》，特别提出了支持美国创新生态系统的新政策。这次的新版创新战略分为六大部分，包括投资创新生态环境基础要素、推动私营部门创新、打造创新者国家等三大创新要素，以及创造高质量就业岗位和持续经济增长、推动国家优先领域突破、建设创新型政府等三大战略举措。

奥巴马政府希望通过三大战略进一步激活三大要素，由此创造一个良好的创新生态系统。

目前，美国创新生态系统在各个关键环节上都具有明显优势。比如，这里有处于世界领先水平的研究型大学，美国是知识密集型产业和技术密集型产业比例最高的国家。另外，美国也是全球风险投资的主要目的地，为创新者不断涌现的新理念、新创意提供融资支持。

（二）科技创新使美国引领全球第一方队

1. 硅谷奇迹

19世纪末，利兰·斯坦福夫妇来到遍布着果园和农田的硅谷，在这里建立了斯坦福大学。随后而来的科学家和企业家们，在一个多世纪的时间里，把这块阳光明媚、气候宜人的谷地，变成了改变整个地球历史的创新与创造之地。硅谷在不断的创新中变化，20世纪60年代硅谷的主导产业是半导体，70年代是微处理器，80年代是软件，90年代则是互联网。在硅谷诞生了苹果、英特尔、谷歌、雅虎、脸谱、甲骨文、惠普、思科、朗讯、英达伟、爱立信等一大批"世界冠军"与行业领军企业。硅谷是一个奇迹，是因为它超出了人们的意料。对硅谷的学术研究已落伍于现实表现，目前还没有理论和经验数据解释它成功的奥秘。

2015年的全球生态系统排名显示，硅谷是世界领先的创新区域。2016年，美国布鲁金斯学会发布了一项针对全球123个创新区域国际竞争力综合排名，硅谷的圣何塞名列第一。硅谷的科学、技术、工程、数学（STEM）方面的员工密集度是全美国平均水平的3倍，人才优势与创新力远高于世界其他地区。自2010年来，硅谷的创业公司的产值增长两倍。

2. 透过硅谷重新认识创业创新生态

人们之所以对硅谷充满好奇，不仅仅因为它已经成功，还因为不论经济如何起伏，它始终保持创新活力并不断续写传奇。

有感之一：硅谷地区的大学是一种怎样的存在？

如果仅仅以大学的数量和质量来论，波士顿、东京、北京等国际大都市并不缺乏高层次大学，但这些地方目前并没有衍生出硅谷般的成功。在硅谷，多元化大学群、支持校友创新创业的专业平台、规范教授与产业界联系的制度安排、鼓励学生创业的校园文化是支撑硅谷地区大学融入创新创业又保持客观独立的四个重要基础，它们维系着大学在整个创新创业生态系统中的平衡。

多元化的大学群落产生竞争与合作关系共有的生态，为不同社区、企业和人才提供了多样化的栖息地。伯克利电气工程与计算机科学系的Allen Yang博士认为，"伯克利更加专注于科学技术本身，在学生创新创业方面我们有意识地与斯坦福保持差异"。加州大学旧金山分校、西北理工大学等高校也发挥自身在信息技术、生物医药等领域的特殊优势，为硅谷的两大高新技术产业提供必不可少的智力支持。

硅谷地区的大学拥有各种支持创新创业的专业平台，面向本校学生校友、依托本校资源网络、形成创新创业社区是共同特征。这些平台成为本校学生和校友创新创业的试验场，也构成了连通学生与学生、学生与投资者、学校与产业界的重要桥梁。

制度上的安排，既为密切教授与产业界的联系提供了可能，又可以有效避免学校过度卷入商业活动，从而使大学在整个创新创业生态中保持动态平衡，兼顾其知识创造与知识应用的双重职能。伯克利分校允许教授兼职不超过两个企业，同时也允许教授全职创业两年，但如果两年后要继续全职创业则必须放弃教职。斯坦福大学则明文规定不允许教授担任公司高级管理层，但可以担任顾问或利用无薪假期创业。除了兼职上的规定，技术转移制度的设计也处处体现着大学的良苦用心。为了激励教授进行发明创造，学校一直实行"技术转移收益扣除专利申请费后，由学校、院系和教授三者各占1/3"的制度。

硅谷地区大学对学生创业持有非常开放与包容的态度，大学生对创业并非一时兴起或全无所知，"唯创不败"已经成为硅谷地区大学校园的风气。斯坦福大学商学院的一项统计表明，2015年有16%的毕业生创办了自己的企业。尽管这一数字仍低于在金融行业（31%）和高技术行业（28%）就业的比例，但仍大大高于全美其他高校的学生创业占比。事实上，由于硅谷地区的大学十分重视学生创业在市场上的可能性及其产品技术的实用性，加上大多数学生已经在各种创业平台中经受了来自校友的早期筛选，其潜在风险已经大大降低。

有感之二：孵化加速机构的内部和外部都自成生态。

专注于为创业者提供各类服务、使创业企业快速成长的孵化器和加速器是整个硅谷创业创新链中不可或缺的部分。美国的营利性孵化加速机构占比很高，这些机构长期专注于个别领域从而具有极强的专业性，在为创业者提供极有价值服务的同时也凸显着自身难以替代的行业地位。更为重要的是，硅谷地区孵化加速机构极具特色，从而可以使创业者在穿梭于不同孵化加速机构的过程中获益，进而构成了良好的"外部生态"。

Galvanize和Draper University of Heroes（又名英雄学院）分别由一个教育科技创业公司和投资人家族创办，是典型的营利性专业性孵化加速机构。它的内部生态非常完善，为初创企业提供办公空间、配套服务和路演机会。这里的租金并不比同地段的便宜，管理者也不会强迫初创企业在一定周期后搬离。配套服务除了会计、法律等，还有网页开发、数据科学、数据工程等专业培训，以及奖学金、工作坊、就业服务等内容，内部形成了一个成熟的小型生态系统。

英雄学院是一家由具有三代风险投资历史的Draper家族所建立，专注于创业培训。英雄学院以其课程著称，不足10%的录取率显示了它在世界范围内从不缺乏拥戴。为期7周的课程涵盖视野、创意、利用新技术、法律、财经、耐力和融资。来这里的许多学员其实并非首次进入孵化加速机构，英雄学院凭借其特殊定位，在丰富硅谷孵化加速机构的生态中凸显了自身价值，使得其成为硅谷孵化加速的高手。

有感之三：沙丘路上不仅仅有资本，更有智慧和眼光。

沙丘路是斯坦福大学旁的风险资本集聚地，这条容纳了美国三分之一风险资本、约两千米长的街道被誉为"西海岸的华尔街"。硅谷的风险资本投资人很多都有连续创业或者长期从事特定领域工作的经历，在这里"劳动可以雇佣资本"，更为重要的是投资人的背景、理念、智慧和眼光。这些特质使投资人坚持自己的投资方向，高度专注于企业创始人或团队的性格、学习的能力以及其创业的可持续性。

许多硅谷的风险投资者都具有"专业背景+投资理念"的基本特质，他们绝不是一群只有资本、唯资本论的投机者。相反，他们是立足专业领域助推行业发展的参与者、贡献者。丰元创投是2012年成立的美国第一家汇集硅谷IT巨头企业华人高管的创投基金。合伙人团队在专业背景上高度契合互补。李强曾是清华大学计算机科学的研究生，他认为"数据是下一个金矿，'数据+算法+反馈'构成的闭环将推动行业发展"。其余合伙人都是该领域的资深人士。

投资者普遍认为，创始人或团队的性格、学习能力以及其创业的可持续性三项至关重要。除此之外，技术不重要，想法不重要，怎么实现才是最重要的。在硅谷，编算法的并不难找，异想天开的人也不少，但怎么落实下去才是最难的。

硅谷投资者的一个普遍共识是，在美国融资比在中国更难。他们认为，中国并不缺少资本，缺少的是良好的环境和十分优秀的项目。部分投资者认为过于庞大的政府引导基金和过度的风险补偿不利于风险投资的健康发展。有人直言，"当前在中国筛选出好项目不容易，筛选出来的优秀项目又容易受到过度追捧，导致估值过高"。

有感之四：创新型创业需要新企业，更要新产业。

硅谷的创新创业活力在全球首屈一指，那么它的创新创业活力究竟体现在哪？硅谷的成功不仅仅是诞生新的企业，更体现在孕育伟大的企业。这些企业能催生和引领一个全新产业，代表着未来的方向。更值得我们深思的是，新企业可能是靠创业者的一个想法、一项技术或者一次运气，但新产业的健康发展则离不开良好的制度环境。

在硅谷很容易找到一些伟大的企业，它们不仅仅是创业成功的典范，更催生和引领了一个全新行业的繁荣。以全球第一家生物技术公司基因泰克为例，40年后的今天，大量生物技术企业在基因泰克周围落地生根，而且其中或多或少都有基因泰克员工的身影，就连基因泰克总部所在的路也被命名为"DNA路"。

企业的成功更多来自其一直推崇的科学驱动型商业模式，而行业的成功则离不开美国拥有的一套制度体系。仍以基因泰克为例，它的科学驱动型商业模式包含研究、开发、制造与商业化四个要素。其中，研究处于核心地位。基因泰克要求研发人员必须在顶级的学术期刊发表论文并作为核心考核指标，这种导向为新药研发提供了最为客观的科学支持。美国食品药品监督管理局拥有庞大的科学家队伍，并且善于深入企业跟踪最新的医药研发技术，为高效率地科学批准新药提供了可能。绿灯政策、《处方药使用者费用法案》等制度安排，为缩短审批时间提供了途径。

3. 创新中形成的"栖息地"生态文化

许多人有一种看法，认为硅谷就是一所大学、一个科技园区和很多的资金加总而成。这是一种机械的"三合一论"，与硅谷的发展事实不符。1994年，加州大学伯克利分校的安娜·李·萨克森尼安（Anna Lee Saxenian）写了一本书《地区优势：硅谷和128号公路地区的文化与竞争》。该书比较了波士顿附近128号公路周围的高科技公司与硅谷高科技公司的发展历程。值得注意的是，波士顿附近有两所著名大学——哈佛大学和麻省理工学院，又有充足的资金——波士顿靠近纽约这一金融和商业中心。在20世纪80年代前，128号公路周围的高科技产业遥遥领先于硅谷。但是80年代以后，硅谷超越了前者。对此，连该书作者本人都感到意外。她很坦率地说，她在80年代写硕士论文的时候，原来的主题是想论述硅谷为什么将走下坡路，因为那里的生产成本变得越来越高。但后来的事实表明，硅谷的收益增长得更快。这引起她深思，她试图去解开这个迷，于是写了这本书。

显然，著名学府和充足资金并不是造就硅谷的充分条件。那么，硅谷奇迹究竟是什么造成的呢？近年来硅谷人喜欢形容硅谷是创业公司的"栖息地"。用一个生物学的术语来形容硅谷文化，的确耐人寻味。栖息地原指动植物栖身之地。动植物之所以在此栖息是因为生态环境适宜，而生态环境则包括了复杂的因素，比如气温、湿度、植被、生物链等，还有许多我们尚未了解的因素。把硅谷说成是高科技创业公司的栖息地，说明其中层次复杂，难以用机械或电子工程的术语来恰当地形容它，最好用生物的术语作类比。这一栖息地即创业创新生态至少包括了以下七个方面的因素。

第一，硅谷公司的生产结构是开放型的。萨克森尼安的书讲道，128号公路周围的公司（如王安公司、Digital、Prime Computer等）大而全，自成体系，配件相互不通用。这是一种封闭式的生产方式。而在硅谷，公司不是大而全，而是专业化，不同公司生产的部件相容。这种开放型的生产方式有利于快速的革新。

第二，硅谷人才流动频繁，跳槽的情况常有发生。听说某人原来在3Com工作，后来跳槽到另一家公司。两年后又想回来，但觉得有点不好意思。3Com公司的人说，没有关系，我们非常欢迎你回来。这在其他地方恐怕就比较难了。在硅谷，有时候换公司你都不用换停车场，因为停车场的这边是你原来工作的公司，而对面可能就是你将要去的公司。伴随着人才流动的是信息的流动和知识的传播、嫁接。

第三，加州法律环境较为宽松，使跳槽变得容易。美国是联邦制国家，各州法律并不相同。一位法学专家特别指出，美国各州都有商业秘密保护法律。雇员受雇时，要签一个保证书，防止将来跳槽时商业秘密被泄露。在其他州这一法律的执行过于严格，使得跳槽的人很容易成为原公司的被告。但在加州不是这样，这就有利于跳槽。

第四，硅谷人容许失败。在硅谷失败了不丢脸，一家公司没做成，再去做另一家。在硅谷常听到这样一句话：It's OK to fail，即"失败是可以的"。硅谷对失败的宽容气氛，使得人人都跃跃欲试，开创新企业。这也对不想试的人造成压力。若在其他许多地方，创业者失败了则会遭人白眼。

第五，硅谷人的生活和工作观是"活着为了工作"（Live to work），而在其他地方，则是"工作为了活着"（Work to live）。硅谷人是工作狂。工作本身是乐趣，创业本身是目标。百万、千万、亿万富翁们穿的是牛仔裤，吃的是比萨，喝的是可乐。他们的物质消费与他们的财富相比，小得可怜。

第六，在硅谷工作的外国移民特别多。美国已是移民国家，但硅谷尤其吸引新移民。就任何地区人的才能来说，如果其自然分布是相似的话，那么能更多吸引新移民的地方将不成比例地获得更多的脑袋里的智慧。在硅谷有两个国家的新移民数量最多，一是印度人，二是中国人。"IC"本来是集成电路的英文缩写，在硅谷，它成了印度人（Indian）和中国人（Chinese）的英文缩写。第一代新移民尤其工作努力，因为他们没有本土资源可依靠，只能背水一战、顽强拼搏。因此，硅谷的"智力杂交"优势非常明显。

第七，美国的纳斯达克股票市场为硅谷公司上市创造了有利条件。绝大多数硅谷公司上市时还不盈利，因此没有资格在纽约证券交易所上市。于是纳斯达克股票市场为这些公司上市开了方便之门。众所周知，公司上市是通过资本市场筹措资金的方式。与此同时，上市又是激励创业者的主要动力。

二、日本——渐进式创新值得借鉴

由于互联网的发展和物联网的兴起，电子商务、智能制造给传统服务业和传统制造业带来了新的技术革命，全社会将创新焦点转向这些突变式创新，往往容易忽视渐进式创新的重要性。在实践中，越来越多的人开始认识到，渐进式创新是基础，必须予以高度重视。日本的科技创新实力从一个侧面给我们提供了值得借鉴的经验。

（一）渐进式创新与突变式创新

渐进式创新是指利用现有资源、不断改进技术、主要服务现有用户群的创新方式。如手机制造商在新型号手机上添加新的硬件或软件，增加手机的服务功能。突变式创新是指采用新的技术导致企业原有生产资源沉没或者主要用户发生改变，如数字技术导致胶片相机的生产资源沉没，电子商务吸引了大量商场、门店消费者等。

渐进式创新与突变式创新带来不同的效果。渐进式创新重视内部资源，依靠全员创新，对企业发展和产业格局破坏小，投资风险小，有利于现有企业的长期稳定发展，但企业发展相对缓慢，产业结构调整能力相对弱。渐进式创新在传统产业，尤其是制造业的非模块化技术领域是主要创新方式。突变式创新重视外部资源，依靠少数精英创新，具有颠覆产业结构的能力，企业容易出现爆炸式增长，但投入风险大，不确定性强，容易破坏现有产业体系，造成大量企业退出，员工失业。突变式创新容易出现在技术进步快的新兴产业，特别是模块化技术广泛应用的领域。从世界各国的实践看，美国始终处于突变式创新的前列。

渐进式创新与突变式创新是相互补充、相互促进的关系。一方面，渐进式创新为突变式创新打下坚实基础。渐进式创新积累了先进技术和各类生产要素，培养了用户群，为突变式创新创造条件，渐进式创新与突变式创新在一定程度上是"量变"到"质变"的关系，因此突变式创新很少出现在经济落后国家，一般出现在渐进式创新基础较好的国家。另一方面，突变式创新提高了渐进式创新的起点。突变式创新发生后，创新进入新的周期，推动创新不断改进完善。总体上，渐进式创新是常态，突变式创新是偶然现象。

（二）日本是世界创新强国

第二次世界大战后，日本经济从一片废墟上发展起来。在追赶欧美国家的阶段，日本企业推出的许多创新产品改变了人们的生活方式，日清方便面、索尼随身听、任天堂游戏机等，丰富了一代又一代人的物质与精神生活。

第二次世界大战后的日本先后以"加工贸易立国""技术立国"战略实现了经济的高速增长，创造了"日本奇迹"，成功跻身发达国家。在泡沫经济崩溃后，为了让日本经济走出低谷，1995年日本政府通过了《科学技术基本法》，从追赶模式切换到原始创新模式，迈出"科技创新立国"的第一步。

过去20年间，由于数字技术的迅猛发展和互联网的快速普及，曾经辉煌一时的日本大型消费电子制造企业被突变式创新颠覆，索尼、松下、东芝等世界知名企业先后陷入发展困境，许多人由此形成了"日本衰落"的印象。实际上，消费电子产业只是日本经济的一部分，虽然它们的失利为日本经济发展带来了负面影响，但日本经济的总体创新能力和隐藏实力仍然非常强大，尤其在全球"产业链"的话语权不可低估，世界上几乎所有高科技公司，包括苹果、高通、特斯拉、三星等，如果没有日本的高精度设备、配件及解决方案，至少倒退10年。比如苹果1000多项核心部件有一半以上来自日本。因此，可以说"日本制造"处于全球领先地位。

专利可以反映日本创新的发展水平。日本在美国专利申请的占比非常高，2007年日本在美国专利授予率就达到42.9%，远远超过德国（11.64%）、英国

（4.23%）和法国（4.03%）。另外，日本在20世纪80年代中期实现了从模仿创新向自主创新的转型升级。从三项授权专利国内的人均授权量看，日本在1984年发明专利数超过了实用新型专利数。而且，专利质量越来越高，日本的发明专利占比从1984年前的不足30%，上升到20世纪90年代的80%以上。

据世界经济论坛《全球竞争力报告（2015—2016）》指出，2014年日本的科技创新排第4位，其中企业研发投入和专利申请数排名均为第2位，科学家、技术人员的数量排在第3位。自诺贝尔奖1901年首次颁发以来，日本共有25人被授予诺贝尔奖，其中22个为自然科学奖。在汤森·路透评选出的《2015全球创新企业百强》榜单中，日本以40家高居榜首，力压美国的35家。在麦肯锡2013年发布的研究报告中罗列了全球12大新兴颠覆技术中，日本90%都做到了世界前三位，如大数据、云计算、新材料、资源再利用等科研已经做到了世界第一。事实上，日本已经成为自主创新的强国。

所谓日本经济增长"失去的20年"也是日本产业结构大幅调整、企业转型升级的20年，其内功的修炼与隐藏的实力不可低估。日本的自主创新驱动的企业转型升级引领着产业结构向新的方向调整。

1. 环保、生命科学等新兴产业成为支柱产业

日本拥有重金属处理、水处理、垃圾处理等世界最先进的环保技术以及资源综合利用技术。很多企业实现了绿色生产，部分企业"绿色创新"投入占到全部研发投入的一半以上。仅以生命科学中医疗为例，医疗硬件的最高峰之一，全球仅有的6台投入使用的重粒子癌放疗设备有5套在日本，1套在德国，目前选择不开刀而接受重粒子线放疗的患者中有80%是在日本治疗的。医疗科技硬件两大最高峰的另一个——质子束放疗加速器，由日立与北海道大学发明，全球装机量不超15台。

2. 电子产业等实现了高水平的转型升级

日立将信息技术与电子产业有机融合，实现了向智能城市、医疗等社会基础产业的转型升级，松下集中发展电子核心部件、燃料电池、汽车电子系统，成为中间产品的供应商。仅以新一代信息技术最核心基础——半导体材料及加工设备看，生产半导体芯片需要19种必需的材料，缺一不可，且大多数材料具备极高的技术壁垒，日本企业在硅晶圆、陶瓷板、封装材料等14种重要材料方面均占有50%及以上的份额，日本半导体材料行业在全球范围内长期保持着绝对优势。从半导体材料及加工设备看，全球前十大半导体设备生产商中，日本企业5家，美国

企业4家，荷兰1家。目前蚀刻设备精度最高的是日立，刻画精度达到10000g/mm，英特尔等世界一流公司都离不开它。

3. 尖端基础材料工业处于领先地位

日本一直致力于新材料的生产和研发，为下游新产品开发提供保障。日本的碳素纤维占全球市场份额近60%，最大的生产企业东丽是由一家传统纺织企业发展而来的，其碳素纤维材料、稀土、复合材料等技术已领先世界约半个世纪。仅以工业之母中重要支撑的新材料之一碳纤维为例，碳纤维在新世纪和未来发挥着越来越重要的作用，高端军事、工业、生活、汽车、飞机等都离不开它。碳纤维技术基本被日本东丽、东邦、三菱丽阳垄断。目前中国T800还不能完美量产，东丽目前已经在生产T1100G了，成了波音、空客等大公司的常客。继碳纤维之后，源自日本的新材料SIC纤维将又一次推动世界技术革新。新一代飞机的发动机核心零部件将采用日本开发的新材料。

4. 超高精度机床、顶级仪器及机器人产业

日本的工业机器人生产数量世界第一。仅以机器人制造的母体——超高精度机床为例，全球工业机器人的核心技术基本掌握在日本手中。世界最高精度机床主轴来自日本精工。美国F22猛禽战机等高精尖武器加工就用日本机床，如SNK（新日本工机）的5轴龙镗铣。全球超精密加工领域中精度最高的母机，来自日本捷太科特Jtket的AHN15-3D自由曲面金刚石加工机。日本松浦机械几乎霸占了欧洲高端发动机加工，世界几乎所有高端品牌的钢材的加工都靠日本的设备完成。

全球70%的精密机床都搭载着由日本Metrol研制的世界最高精度的微米级全自动对刀仪，全球顶尖精密仪器制造商日本占6家。全球唯一一台突破纳米级加工精度的慢走丝电火花加工机——来自日本沙迪克，沙迪克将电火花式加工与水刀式加工结合成功开发出世界首台混合动力线切割放电加工机。

双主轴双刀塔车床的代表者——大隈株式会社最令人称赞的是这家公司是全球机床界中唯一的"全能型制造商"，几十年来一直坚持从核心部件（驱动器、编码器、马达、主轴等）到数控操作系统再到终端，全部由自主设计开发完成，真正实现了软硬兼备，世界一流。

瑞典皇家科学院评出的世界最佳公司，英国本地最佳工厂兼出口成就奖，美国制造工程师学会惠特尼生产力奖获得者，美军US.ARMY岩岛兵工厂联合制造技术中心的机床供应商及机械师培训方，波音集团的最佳机床设备供应商，等等，这些荣誉均属于日本山崎马扎克。

（三）渐进式创新推动日本产业转型升级

1. 日本渐进式创新的背景

日本的国家创新系统虽然不像美国那样具有活力，但也具有鲜明的特点，如重视跟踪学习世界先进技术，善于利用"逆向工程"；鼓励注册专利，但专利保护期相对较短；企业之间相互持股，形成主银行制度和固定交易关系；官产学间有着密切的合作关系。这些特点虽然不利于突变式创新，但为渐进式创新创造了条件。

日本企业制度也倾向于支持渐进式创新。日本企业过去的巨大成功离不开三大"神器"：终身雇佣制、年功序列制、企业工会制。终身雇佣制让应届毕业生终生服务于一家企业，年功序列制依据从业人员的工作年限来增加工资和提升职务，企业工会制保障在职职工的权益。三大制度将员工与企业捆绑在一起，企业为员工提供保障和安全感，员工也愿意与企业同舟共济。这些制度激发了企业员工工作和创新的积极性，也有利于企业人力资本的长期积累。

2. 企业依靠渐进式创新走专业化道路

日本企业格外重视独有技术的开发，走专业化发展道路。大企业是在核心产业和核心技术的基础上，利用综合实力发展相关多元产业。如旭硝子利用核心技术差异化战略，从一家传统平板玻璃企业，发展成为集生产玻璃、电子、化学、工业陶瓷为一体的大型综合材料服务提供商。

日本中小企业也如此。有一类中小企业是在大企业的支持和培养下发展起来的，它们成为大企业的配套企业，与大企业共同进步。还有一类中小企业拥有独有技术，有的成为行业隐形冠军，其中不少是百年老店，它们在细分领域利用长期积累的知识和经验不断创新。

3. 创造了先进的持续创新模式

丰田公司对日本渐进式创新起了榜样和推动作用。丰田最早提出"改善"的管理思想，发明了丰田生产方式，核心思想之一就是通过全员参与改善来不断提高生产管理效率和技术水平，减少各种看得见和看不见的浪费，降低生产成本。该生产方式在20世纪70年代末成为日本企业和世界企业的学习榜样，其核心理念和方法在日本制造业以外的行业也被广泛应用。随着智能化时代的来临，丰田生产方式本身也在"持续改善"。日本企业普遍重视全员参与创新。佳能公司原总裁御手洗对全员创新的认识在日本具有代表性。他认为人并非是成本要素，而是知识主体。因此，为了发挥人的创造性，佳能取消了生产线，采用了单元生产方式，让每个人成为"万能工匠"，实现生产的持续改善和自我革新。实践证明，通过全员持续改善提高的生产效率不低于引进新设备提高的生产效率。日本汽车工厂不断地对老生产线进行技术改进，不仅使生产效率大大提高，还实现了多品种定制化生产。甚至闻名于世、风光无限的"特斯拉"生产线也是从日本购买的"二手货"。全员创新让日本企业获得了全球独到领先的软实力。

4. 形成了独特的企业创新生态

企业充分调动内部创新资源，不仅包括企业自身的创新资源，还包括大企业集团合作关联企业的资源。如旭硝子属于三菱系，它的新产品开发就可以利用三菱系统的资源。日本通过主银行制度、相互持股、技术和人才交流等方式，形成企业战略联盟，即所谓的三菱系、丰田系等大企业生态。创新内在化是日本企业创新体系的重要特征。企业重视上下游合作创新，在新产品、新技术开发上，上下游企业往往紧密合作，这形成于20世纪60年代。上下游合作创新，可以降低研发成本，缩短研发时间。上下游企业建立长期的合作关系，有利于加快产业转型升级。

与此同时，日本独特的创新生态中，其良好的软环境也受到了世人的尊敬与称道。法治水平、廉洁指数、社会秩序、国民素质、"均贫富"等堪称世界一流，仅以联合国公布的全球国民素质道德水平调查排名，日本连续30多年排名世界第一，在《联合国人类发展报告》的世界最佳生活品质排名中，日本长期居首位。

5. 日本渐进式创新也在顺应时代发展不断变革

随着全球化和新经济的发展，日本创新也面临诸多挑战。开放性不够让日本失去很多发展机会，未来技术越来越复杂，依靠内部资源已不能解决问题。同时，老龄化、少子化降低了日本创新活力。教育改革雪上加霜，自2004年国立大学实现独立行政法人化改革以来，政府财政预算骤减，由于大学经费供给严重不足，学术和教育质量受到影响。

加大开放式创新是日本企业发展的新趋势。日本很多大企业认识到，未来产业的发展越来越需要跨界合作，需要开放式创新。一些企业紧跟新技术潮流，直接与颠覆式创新企业开展合作，如丰田、松下和旭硝子与美国特斯拉进行了生产合作，丰田提供了汽车生产制造技术，松下提供关键部件燃料电池，等等。

三、德国——工业4.0背景下的企业创新之道

创新是转变经济发展方式的必需，它消除了稀缺资源瓶颈和生产要素报酬递减问题，是保持经济持续增长的动力和源泉。

继2014年10月，中德发表《中德合作行动纲要》，宣布两国将开展工业4.0合作之后，德国企业进入了更多中国人的视野，推动德国企业走向成功的创新之道成为大家都很想了解的一个话题。

2013年的汉诺威工业博览会上，德国政府正式提出"工业4.0"战略，并推出《德国工业4.0战略计划实施建议》，从而迅速在全球掀起了"工业4.0"概念的热潮，势头有盖过美国的趋势。

"创新"是德国企业继"严谨"之后的又一个标签。德国人始终相信一句话：真正决定企业前途命运的是研究与开发，而不是别的不能把握的客观因素。因此，德国企业对研发投入毫不吝啬，研发经费约占国民生产总值3%，位居世界前列。

（一）德国企业的创新之道

德国企业愿意在研发投入上下那么多血本，他们在创新上又是怎么做的呢？

为了在2018年超越丰田，成为世界头号制造商，大众汽车十分重视在专利和创新上的投入。

欧盟公布的《2017年全球研发投入100强企业排行榜》中大众汽车研发投入高达137亿欧元，全球居首，超过丰田、本田两家的总和。大众汽车前首席执行官马丁·文德恩曾表示，高层次的创新是提高驾驶性能和可持续发展的关键。目前大众汽车拥有46000名研发人员和超过1万名IT专家。长期以来，大众汽车始终紧密关注新能源汽车，以及产品、生产、销售数字化、社会变革等与汽车产业未来发展息息相关的话题。这些要素正在改变，或从某种程度上重塑汽车的角色与功能定位。得益于传感技术与移动互联，大众汽车集团打造了全球规模最大的互联网车型。此外，大众汽车集团还拥有全球规模最大的低碳排放车型阵容。

值得一提的是，在众多德国企业的研发中，西门子的研发模式别具特色。在研发上，西门子十分注重与初创企业的合作，推出了三种模式，即与初创企业合作，成立初创企业，投资初创企业。

在与初创企业合作上，西门子中央研究院旗下的西门子创新投资（SIV）通过其位于伯克利、上海、慕尼黑以及将来的特拉维夫（以色列第二大城市）分支机构，与世界各地的初创企业合作。为了找到最佳创意，西门子每年要联系1000多家新成立的公司，召开会议，参加交流会和创业活动，开展促进计划。

在成立初创企业上，西门子创新投资在公司目前并不活跃但与公司未来息息相关的业务领域创立初创企业。西门子通过这种方式可以快速、灵活地测试新业务模式。

在投资初创企业上,西门子创业投资部门从新成立的公司中进行甄选,对选中的初创公司进行投资。目前,在180多家初创企业中,西门子创新投资已投资8亿多欧元。这些投资主要面向工业软件和网络安全、能源管理、交通管理、分子诊断和护理点诊断等领域。

在创新方面,西门子中央研究院还于2015年成立了创客空间。该创客空间对每一位西门子员工开放,其成立初衷在于把那些来自不同背景,且非常有创意的西门子员工组织到一起,为其提供场地和研发设备,在适当的时候给予资金支持,从而使得他们的创意能够非常快速地成型。这些来自不同背景的西门子员工包括工程专家、内部的基础研发人员以及中高层管理者等,这一做法旨在创造西门子内部的协同效应。

(二)德国"工匠精神"创造世界品质

"工匠精神"保证了德国产品的高质量、高性能,打响了"德国制造"的国际品牌。德国的汽车、精密仪器、高端装备、医疗器械等高科技含量的产品享誉世界,德国产品成为质优价高的代名词,使得德国长期保持国际贸易中的优势地位。德国产品为德国赢得了赞誉和尊重。

1. 德国"工匠精神"源自民族性

德国人的"工匠精神"有其历史与文化渊源,至少有三方面因素不可忽视。一是德国人的哲学思维。德国人思辨能力强,喜欢探究世界底蕴、寻求终极真理,出了许多伟大的哲学家,如康德、黑格尔、马克思等。这种爱刨根究底的思维方式必然影响其行为方式。二是德国科技发达。它曾是全世界的科学研究中心,爱因斯坦等科学巨匠的创造发明影响了世界进程。三是德国自中世纪以来手工业就很发达,直到1983年手工业还占到GDP的11%。德国人动手能力强,很多人喜欢动手制作手工产品、自己盖房子。正是这种勤于思考、善于学习、崇尚科学、乐于动手的社会氛围和民族特性,成为"工匠精神"的肥沃土壤。

2. 一丝不苟,超越老师

中国的瓷器制造技术原来领先世界,后来为什么落后呢?德国人为了学习中国的瓷器制造技术,在中国长期驻扎学习,把中国瓷器的制造技艺以及不足都了解得非常透彻。

人们常说，心中有数，这个数，是否可以用各种指标来量化？其实，过去没有数量指标控制的产品今天都可以用数据来控制。例如烧饼、面包、米饭等，通过温度、时间、热量、密封度等数量化指标的控制，产品制造就可以走向机械化、自动化、规模化和智能化，而且可以保障每批产品的质量稳定性与一致性。在智能时代，这些数据就可能转化为大数据驱动下的精密智能控制。这就是德国"工匠精神"贯穿始终的精益严谨作风和技术上的一丝不苟。与此同时，工匠的职责分工非常细致，每个工种都达到很高水平，实现了质量和数量同时提高，使德国的瓷器制造水平从落后于中国转变为领先于中国。

3. 客户是永恒的上帝

兰州黄河铁桥被称为"万里黄河第一桥"，由德国泰来商行在1907年4月至1909年8月建造，该企业承诺，桥梁完工之日起，保固80年，其间有损，泰来商行负责赔修。80年甚至100年的事情都为客户想到了，这样待客户是永恒上帝的"工匠精神"令人感叹、敬佩与值得学习。

4. 严谨的职业教育体制

"工匠精神"不是喊出来的，而是在市场竞争中打拼出来的；不是靠思想教育教出来的，而是内生激励机制重构激发出来的。最重要的措施在于改革教育制度，尤其是职业技术教育体制，为现代工匠培养模式提供摇篮。德国的职业教育世界闻名，舍得投入，就业前途广阔，教师与技工身份、待遇公平优厚，值得我国借鉴。

（三）德国制造业的发展离不开大批具有发展活力的"隐形冠军"

曾经在20世纪初，"德国制造"被法、英等欧洲国家一段时期被贬为"低质品"的代名词。第一次世界大战后，德国励精图治，洗去了往日的耻辱。如今，"德国制造"是基于工业机械、化工、电器、汽车等世界级品牌而闻名于世。支撑其后的不仅有德国巨型跨国企业，而且有360多万家德国的中小企业。许多还是全球产业链制造环节上市场占有率第一的"隐形冠军"。

能够把一件产品做到极致，是"工匠精神"和"工程师精神"的典范。德国制造业始终坚持精细化、高品质路线，拥有数量最多的高精技术但谈不上规模、知名度较低的中小企业，即"隐形冠军"。这些企业一般都是极具历史的家族企业，传承德国追求完美、严谨的精神，在制造业中的细分领域深度耕耘，工艺和技术精湛，较难被其他国家模仿，长期在细分市场保持全球领导地位。例如德国豪耐公司生产的高速香烟机器占全球市场90%左右份额；超过150个国家使用海曼公司的设备检查毒品、武器、爆炸物。

以工业4.0为标志的新时代"德国制造"不仅凭借实力成为欧洲的"一花傲放"，其为细节付出、为弱者付出、为未来付出的价值观也值得借鉴。

四、以色列——创新的"超级大国"

以色列虽国小地旱、资源匮乏、连续战乱，却创造了第二次世界大战后的经济奇迹，成为全球经济最发达的12大经济体之一，曾长期年均经济增长10%以上，在通信、计算机、高端装备、半导体等高附加值领域世界领先。该国企业在纳斯达克上市的企业总数仅次于美国，超过全欧洲在那里上市的新兴企业总和。以色列创造奇迹的秘诀是什么？其发展工业过程中应用了哪些方法？选择了哪些路径？

（一）以色列强在哪里

一是工业体系非常发达。建国之后，以色列在恶劣的环境中迅速崛起，由一个落后的农业国变为发达的工业国。一方面，无数次战争冲突刺激了军事工业发展；另一方面，民用工业技术尖端且成熟，新兴产业发展快速。信息产业现已成为以色列国民经济的重要支柱产业，软件产业成为国际软件业的主要力量。此外，在卫星图像、纳米技术、太阳能发电、生物技术等领域以色列均取得领先的成果。

二是农业科技实力雄厚。以色列虽然过半国土沙漠化，天干地旱，却是货真价实的农业强国。一方面，农业科技含量高。建成符合国情的节水灌溉和工厂化现代管理体系。90%以上的农田、100%的果园、绿化区和蔬菜种植采用了滴灌技术，所有奶牛场都实行计算机联网。在污水处理、海水淡化以及水土研究方面均保持世界领先。另一方面，农业产出效率高。以色列农业已形成高投入、高效益、高产出的良性模式。2%的农业人口养活了全部国民，且农产品大量出口。蔬菜、水果的单产水平居世界前列。单头奶牛年均产奶量世界第一。

三是外向型经济蓬勃发展。自然地理和人文因素方面的特点，决定了以色列必须重视对外经贸，出口贸易在国民经济中起着举足轻重的作用。一方面，高科技产品出口世界领先。几大出口支柱包括电子、光学、飞机制造、医疗设备等高技术产业，且武器、工业产品出口以及国防战争需要推动尖端产品不断问世，使以色列保持了技术优势。另一方面,部分服务贸易出口具有领先优势。目前,以色列已成为仅次于欧盟、印度、美国的全球第四大电脑服务出口国。此外,以色列版权和许可出口收入成为全球出口前十甲。

(二)成为创新"超级大国"的核心原因分析

1. 企业生态优良是以色列强大的核心

以色列有着全球创新文化突出、管理最良善、对财产权利保护最佳的适宜企业创新的体制;拥有"世界上最先进"的孵化器,震动全球的创业公司和层出不穷的创新产品。

第一,政府引导风险投资。政府对创业企业早期的"死亡谷"给予坚定扶持,承担最大风险却不分享收益,且更关注创业前端只有新想法的阶段,更青睐处于种子时期的公司。

第二,鼓励孵化器私有化。初创期资金问题解决后,孵化器转为由富有经验的专业投资者掌握,决策不受国家干预,推动创业企业持续发展。

第三,时刻瞄准国际市场。由于国内市场有限,以色列国内企业自创业初期便将目光瞄准海外市场。

2. 全民创新创业,生机盎然

虽然地域狭小,资源贫乏,但是以色列科研水平领先全球,人均创新企业数、科技研发支出比重世界第一,科技的贡献率达到90%以上。以色列创新具有鲜明特点。

第一,政府创造条件推动创新。国家科技管理体制非常完善,且实行严格的知识产权保护制度。

第二,中小企业为创新主体。企业对创新成果拥有完全的产权。在市场导向下,企业从很小的点切入,注重解决具体问题。

第三,重视开展国际合作。与欧美发达国家的紧密联系,是推动其不断创新和高速发展的外部力量。目前,以色列已同欧盟、美国、日本、OECD国家等全球重要的创新国家和国际组织达成合作协议。

第四,创业氛围深厚。2008年统计,以色列的人均创业投资是美国的2.5倍,欧洲的30倍,中国的80倍。平均每1800个以色列人中就有一个人创业。

第五,包容"建设性失败"。以色列政府认为,即使创新失败,也会为后来者及后续相关创新提供宝贵经验,"我们发现,每当一个创新公司失败了,就会有两三个甚至二十个新的公司在它的失败基础上冒出来，新公司很好地利用了失败公司的知识产权和人员。这对政府来说是很好的投资，因为那个失败的公司或项目创造了很大的剩余价值。"万一项目投资失败，以色列政府会给予85%的补贴；如果项目成功，所有盈利都属于投资者。这种将失败项目视作一种"建设性失败"的眼光与远见，为企业创新解除了后顾之忧。

3. 人才队伍出色让世界瞩目

实现科技立国，离不开高质量的人力资源后盾。以色列人口700多万，但拥有162位诺贝尔奖获得者。公民受教育率达95%以上，在全球名列前茅。

第一，苦难锻造了民族凝聚力和自强不息精神。犹太民族喜欢冒险、勇于创新、敢于挑战权威、永不满足的精神，是国家创新不竭的原动力。

第二，尊重知识、崇尚智慧的传统决定了教育为本的理念。以色列注重启发式教育和课外教育，对教育的投入比重始终在全球名列前茅。

第三，强制兵役制度培育大量精英。学生在高中毕业后要服兵役两到三年。年轻人进入军事部门能接触最顶尖的军事技术并有接受精英培训、刻苦磨炼的机会，这是最为直接和高效的人才培养、输送渠道。

（三）与以色列的合作之道

以色列的创新生态系统极富活力，吸引了数以百计的跨国公司、中等规模公司以及一些小型初创公司，这些公司或已和以色列的企业建立了伙伴关系，或已在该国建立了组织机构。世界一流大公司，以收购以色列公司作为创新的手段，2015年，以色列上市或被收购的高科技企业市值高达90.2亿美元，比2014年提高16%。仅在2016年第一季度就产生了数个大笔交易：索尼以2.12亿美元的价格买下芯片研发公司Altair，甲骨文公司以5亿美元的价格买下以色列一家专门从事云计算的公司Ravello，思科系统公司则以3.2亿美元买下另一家新兴芯片设计公司Leaba。但是，流入以色列新兴产业的资金只是这个"创业之国"传奇故事的冰山一角。全球诸多公司已经把以色列作为寻求创新策略多样化与全球化的焦点国家。除了并购和融资，各公司还拓展了包括孵化器和加速器在内的创新工具体系，以色列各个科技行业百花齐放。以色列已成为一座充满活力的高科技实验室，全球公司都在此对新型创新模式进行测试，包括编程马拉松、创新实验室以及其他形式的关系网与合作等。中国企业可以通过以下方式把握机遇。

1. 在以色列开展研发活动

目前，超过250家外国公司在以色列设立了研发中心。例如，英特尔在该国设立了四个研发中心和一家芯片工厂，总产值几乎占以色列技术出口额的10%；围绕英特尔在以色列的创新基地，一个由1000多家初创企业和供应商组成的半导体产业集群蓬勃发展起来。尽管运行研发中心需要投入大量时间与资源，但开展研发活动仍是跨国公司利用以色列创新能力、有效应用科技人才的主要方式。

2. 通过企业并购和战略投资获得技术和人才

以色列已经成为世界上最大的初创企业收购市场。对于吸纳人才、填补技术缺陷、引进创新文化而言，收购初创企业是一条行之有效的捷径。许多跨国公司将其收购的以色列企业转型升级为研发中心和创新实验室，或将收购的初创企业整合到其在该国的现有研发活动中。企业风投也正大量涌入以色列。

3. 构建创新实验室、加速器或其他模式的创新平台

以色列的孵化器与加速器数量持续大幅飙升。孵化器和创新实验室等早期平台以自下而上的方式培育新的创意，便于母公司挑选并进行开发和拓展。大多数的加速器项目都是非盈利的，但也有一些项目要求创业者以公司股权换取跨国公司的技术指导、产品和消费者资源。对跨国公司而言，这种与初创企业的合作方式高度灵活、成本低廉，有助于将新兴公司的新鲜血液注入跨国公司的企业文化中，并巧妙规避一些往往会阻碍企业快速发展的繁重流程。

4. 将以色列作为管理创新活动的基地

以色列拥有强大的全球联网创新产业，企业可在此建设创新生态系统互联互补基地，通过在该国的经营活动更加方便快捷地接触关键参与者、决策者及其公司，并与之建立非正式联系。在全球范围内，像以色列特拉维夫一样汇集关键科技和商业相关企业的城市为数不多。

5. 推动以色列高科技移民

以色列科技公司正在迅速全球化，在国外建立子公司甚至直接向国外迁址。这种企业移民（国外的以色列公司及其子公司，或在国外创办公司的以色列企业家们）通常会在以色列保留研发团队，或成为两国创新生态系统的一部分，创造了一种促进以色列的团队和技术参与创新的新方式。

创新成果分享：百年传奇——西门子的创新秘诀

西门子（SIEMENS）股份有限公司是德国乃至欧洲最大的电气电子公司，也是世界上最大的电气工程和电子公司之一。在跨越两个世纪的漫漫历程中，公司秉承创始人维尔纳·冯·西门子"一年两万项发明革新"的成功秘诀，建立了创新技术管理、创新组织管理、创新人才管理等一系列完善的管理机制，不断提升企业核心竞争力。

西门子长达一个半世纪的发展历程，揭示了构建企业核心竞争力的关键，创新能力是这个强大跨国公司真正的力量源泉，自主创新使西门子公司拥有了世界一流技术水平和管理水平。

1. 知识管理成就长青基因

西门子在对知识管理的认识以及具体实施方面，走在其他企业的前面。西门子公司试图通过有效的知识管理来提升企业在各个业务领域的价值，并以此作为创新管理的基础；通过加速知识流动和知识整合缩短产品上市时间；通过有效获取遍布全球的知识和信息，并对之实现有效共享和管理，以便及早获得战略机遇；通过建立面向客户的虚拟社区来改善客户忠诚度；通过组织知识座谈、知识咖啡馆等方式加速各种创新实践在组织中的传播；成功的知识管理系统绝不仅仅是一个技术相关问题，而是同企业战略、价值观、组织、人才、技术等各个方面都有紧密联系。

知识管理首先是对人才的管理。西门子公司一贯高度重视人才，维尔纳·冯·西门子不仅在技术领域取得巨大成就，在人才管理方面，也同样留下了一个伟大先驱者的足迹。他认为员工的积极性是公司成功的基础，引进了许多超前的社会福利制度，包括1872年实施的公司养老抚恤基金方案，成为实施"养老金制度"的鼻祖，他在1866年开始实行利润分享方案，即所谓股权分红，开创了众多有利于员工发展的制度来实践他的用人理念，并亲自建立了一系列发展人才的制度，这些制度甚至深远地影响着德国的社会制度，并在今天仍然散发着光芒。

西门子公司把员工看作是最宝贵的财富，觅得贤才后决不会让人才贬值或荒废，而是主动根据每名员工的实际情况，为其精心设计综合发展计划，扬长避短，精心培育，赋予重任，帮助每一位员工实现自身的价值。

通过"综合员工发展计划"等一系列措施，西门子公司帮助每一名员工实现职业理想，将全球员工锻造成为一个团结而高效的团队。西门子公司一直致力于在世界范围内寻找自强不息、志向高远的人士来加入这一先进的专业团队。

西门子公司正是依靠来自世界各地的优秀人才，才得以成为人类历史上电气工程时代、电子工程时代以及即将来临的光电技术时代的领袖。"西门子人"做事严谨，表达直率，拒绝浮华，重视结果，将德国人的文化与风格深深印在西门子公司的企业文化之中。

西门子公司认为关心员工的事业发展是关心员工的最好方式，因而努力为员工提供良好的工作环境，让员工能够心情舒畅地工作。西门子公司十分注重激励机制的作用，为了确保每位员工都拥有公平的发展机会，每年对全体员工进行一次员工发展评估，人力资源部门致力于根据员工兴趣与特长为员工设计工作岗位与职业生涯，给每一名员工良好的职业发展前景。

西门子公司的人事部门地位高、有权威，各层人事主管都是管理层的重要成员，这对于把人力资源管理与开发纳入企业经营总战略和总决策之中是非常有利的。公司内部设有管理人员培训部，负责对工作人员进行观察，并且定期同他们及其上司谈话，最后提出对工作人员是否继续使用的建议。

西门子公司重视工作的稳定性，尊重与信任自己的员工，对员工进行长期投资，长期培养，长期任用。公司每年用于培训的费用占其利润比例高达20%左右，可见西门子公司对员工培训的重视程度。西门子公司的人才培训计划从新员工培训、大学精英培训到员工再培训，涵盖业务技能、交流能力和管理能力的综合培训。多级培训制使西门子公司长年保持员工的高素质，成为具备强大竞争力的重要来源。

2. 过硬的技术创新

创新为西门子公司持续不断地注入生命活力。在长达一个半多世纪的漫漫历程中，西门子公司不断创新，不断开发，不断推出创新产品，确保企业保持长盛不衰。近年来，随着世界经济一体化进程的加快，西门子公司产品更新换代的速度也在提高。

创新管理的主要任务是对创新过程的管理。创新过程是指从创新构思产生到创新实现，直至创新产品投放市场后改进创新的一系列活动及其逻辑关系。创新过程是最复杂的商业过程和组织过程，涉及营销、设计、研发、制造、管理、金融、商业战略等活动。技术和产品的创新是整个创新工作的核心，观念及文化的创新是技术和产品创新的基础，体制和机制的创新是技术和产品创新的保证。

西门子公司认识到："在高技术不断发展的年代，一切都将很快成为过去，只有把握未来，才有希望。"为确保在新技术产业中牢牢占据主动地位，西门子公司把人工智能、核聚变、空间技术、超高速列车、太阳能利用、光通信技术等课题作为科研攻关重点，力争尽快取得新的突破。

为进一步加快创新步伐，公司的研发投入将从2017财年的约52亿欧元增至2018年的56亿欧元。西门子在研发方面的投入相较于2014财年增长约40%。2018财年，约5亿欧元将专门用于"公司核心科技"领域的研发，包括增材制造、自主机器人、数据分析/人工智能、数字化双胞胎，以及电力电子和分布式能源系统等。

目前，西门子公司在全球共有4.8万名专业人员从事研究开发，在17个国家建立了20个数字化客户应用中心。在柏林、爱尔兰根和慕尼黑设有大规模的研究开发中心。每年的科研经费开支占公司经营总额的10%以上，约占德国电气工业全部科研经费的1/3左右，从而保证了在新科技领域的领先地位。

西门子公司技术创新的显著的优势是，所有列入公司的研究项目都强调要有高技术含量，有市场竞争力，从而开发试制了一批又一批适合市场需要，走在世界科技尖端领域的新技术、新产品。

技术创新坚持"面向客户，客户至上"是西门子公司的一贯原则。西门子公司重视文化差异带来的消费行为差异，1999年10月在中国北京和美国普林斯顿建立了两个用户界面设计中心，以推动西门子产品的本地化。

3. 杰出的管理创新

西门子的管理创新包括组织创新以及对创新活动的组织。管理创新是技术创新和产品创新的保证。管理创新是指通过对人力、物力与财力的有效配置，形成新的共同目的认同，并使原组织共同体对其成员责、权、利关系的重构，其目的在于取得对创新目标的进一步共识。管理创新不是以物质载体为主而偏重于"人"。

西门子公司把观念及文化的创新作为管理创新的基础。观念是实践的先导，有全新的观念，才会有全新的实践、全新的发展。企业要有创新实践必须首先有创新观念与文化。纵观西门子公司的发展历程，其最显著的特点，就是观念创新带来的理念与意识的超前。维尔纳·冯·西门子提出"有益于人类社会"的创新文化理念，他说："我所选择的研究总是以大众的利益为前提"。

人类社会在不断地发展，企业要"有益于人类社会"，就必须在观念上紧紧追随发展的社会。在世界进入新经济时代，西门子公司在企业经营理念上强调"以市场为导向，以满足人类需要，保护、改善环境和开发全球一流技术为追求目标"，形成了适应时代发展要求的创新理念。以满足用户需求的市场观念进行技术创新，因而实现了创造良好的可持续发展目标。

西门子公司的经营理念是:"我从事发明创造,首先是考虑这些产品是否有益于社会,我选择的创新技术总是以用户利益为前提,但最后总是有益于我自己。"西门子公司采用有利于技术创新的组织结构,在总体的组织机构上采用塔式中央集权结构,子公司内部采用混合矩阵结构。

具体的做法是:一线部门以产品牵头组成产、销、购的一条龙服务销售部;在二线上设有财务、后勤、人事、产品等部门支持一线的各营销部。营销部本身是一个小而健全的"麻雀",拥有各种专业人员。为了加快信息的传递,实行人员相对集中。这是参照小公司的经验加以修改而创新的组织结构。

小公司的经营多半是产品单一,所以人员集中使用;而在公司建设上大量利用社会资源,如质量的控制、财务、产品的设计等都借助社会上的专业公司处理,公司本身则把精力集中放在项目发展上。

西门子公司的营销部实际上也是一个小公司,这种结构的应用是近年市场激烈变化的结果。西门子公司在资金的控制上遵循市场机制,努力压缩成本。西门子公司采用"市场价格决定成本"的机制,而摈弃由成本决定价格的传统做法。

当市场价格基本确定后,只有最大限度地压缩成本才会获得利润。压缩成本有时会成为技术创新能否转化为创新产品而进入市场的关键。西门子公司压缩成本的主要措施,首先是专门设有战略采购委员会,旨在严格把守原材料的进价关。原材料往往是产品成本的主要组成部分。

战略采购委员会的主要工作之一,是不断地寻求新的供应商或者培养新的供应商。第二是产品标准化,零部件在设计上尽量采用标准件,以减少重复劳动,降低成本。第三是在全公司的范围内成立若干个"动力小组",其实质是集思广益压缩成本的合理化建议组织。"动力小组"由工人、职员、经理、各界咨询者组成。这种做法旨在节约开支,如生产技术的引进,改用替代材料,采用新的管理和生产措施,改进仓库的管理,提高办公效率,减少公文旅行等。

西门子公司在1998年推出的"TOP+"战略,是创新组织管理具有代表性的杰作,有力地推动了技术创新和产品质量的提高。"TOP+"是"整体最优化过程"的缩写。西门子公司的成功与其实施"TOP+"战略有直接的关系。实施"TOP+"战略改变了企业文化,减少了不良运作部门的数量,提升了公司的价值增值,改善了公司在市场上的地位,同时通过奖罚分明的措施使公司成为一个能够更有效地适应不断变化的外部生态环境的企业。他们的口号是:达到世界级标准,取得经济增加值。

为了激发员工的最大创造力，发掘潜在的创新能力，"TOP+"设立商务奖、团队奖、业务价值奖。商务奖的竞赛内容是看谁有最佳的"TOP+"整体方案。团队奖下设降低成本、提高销售额、资产管理、质量和合理化建议五个竞赛项目。业务价值奖的评奖内容是看谁取得的业务价值最高。

在年末召开的颁奖大会上，由公司最高董事会主席和负责"TOP+"活动的公司最高董事会成员为获奖者颁奖，给予获奖者最大的鼓励和荣誉。迄今为止，"TOP+"战略在西门子公司的三分之二的部门得到应用，相关员工大约有40万人，其中40%在德国。

目前，"TOP+"的重点是质量和创新。在"TOP+"战略实施的3年来，西门子公司取得了辉煌的成绩。以2001年为例，销售额上涨了19亿欧元，成本降低了6.7亿欧元，并取得了6亿欧元的经济附加值。

"公司的成功及其长远发展在于我们的创新能力。我们拥有专精于各自领域的员工，他们的积极性和创造力在将创新转化为企业成功的过程中扮演了关键角色。"西门子股份公司总裁兼首席执行官凯飒曾表示。

第四章
中国自主创新的历史必然性

当前,中国恰逢经济增长速度换挡期、结构调整阵痛期以及前期政策消化期"三期叠加",结构性矛盾纵横交织,经济下行压力加大,中国经济发展进入了"新常态",其主要特点之一是发展动力从传统要素驱动转向创新驱动。与此同时,中国改革开放进入新阶段、面临新趋势,对自主创新的要求前所未有,企业家肩负的责任前所未有。正如习近平在2018年5月28日中国两院院士大会上讲话中指出:"形势逼人,挑战逼人,使命逼人。""自主创新是我们攀登世界科技高峰的必由之路。"

一、中国自主创新的必要性与可行性

经过数十年努力攻关,中国科技创新能力持续提升,构建起全方位、系统化的科研布局和产业体系,在主要科技领域和产业体系、在主要科技领域和方向上实现了邓小平提出的"占有一席之地"的战略目标,已成为具有重要影响力的科技大国,深刻改变着世界创新版图。我们可以从C919飞机、臂架泵车、钻井平台、光子、中微子领略中国创新的广度;从"中国天眼"、空间站、天舟发现中国创新的高度;从深海勇士号载人潜水器、海燕号水下滑翔机感受中国创新的深度;从光量子计算机、真空管道高温超导磁悬浮列车体会中国创新的速度;从0.15毫米高温超薄玻璃、摩擦纳米发电机惊叹中国创新的精度。我们比以往任何时候都清醒认识到，创新是世界经济中心几度迁移背后的核心力量，是发展制高点和国家竞争力的支撑，是国家由大到强的关键。创新无处不在、无时无刻不在影响着人们的生产生活，引领新兴产业变革，颠覆传统产业格局。

（一）中国企业自主创新风貌

创新是提高社会生产力和综合国力的战略支撑，也是推动企业持续健康发展的重要因素。中国多数企业已经有了较强的创新意识和较清晰的创新战略，企业创新发展的基本指标总体趋好。

1. 自主创新实力显著增强

2017年中国的研发支出额为1.76亿元，比2016年增长14%，占国内GDP的2.12%，超过欧盟15国的平均水平，总额位列全球第二。而企业海外研发机构和国际专利的拥有量说明样本企业的创新国际化程度达到了一定水平。2017年，中国专利申报申请量为138.2万件，同比增长14.2%，比2012年增长70%，连续七年增速居世界首位，根据世界知识产权组织发布的年度报告显示，从申请国际专利的数量上来看，2017年中国首次超越日本，成为通过世界知识产权组织提交国际专利申请的第二大国。从2003年开始，中国的专利申请量增长率连年保持在10%以上，2017年更是达到48882件，同比增长13%。其中最具"热门"的区块链相关的专利申请中，中国递交了225项，占据全球406项的一半以上。国家创新指数排名从2012年的第20位升至2017年的第17位，说明中国追赶式自主创新取得了显著成效。

2. 自主创新成为推动产业转型升级的"开路先锋"

中国科技进步对经济增长贡献率从2012年的52.2%增至2017年的57.5%。高技术产业增速明显高于规模以上工业的平均增速。科技重大专项实施10年，累计新增产值1.9万亿元，有力提升了中国科技和产业的核心竞争能力。移动通信、高速铁路、半导体照明、太阳能光伏、风电、特高压输变电、某些高端装备制造等重点产业规模和技术水平世界领先，新能源汽车占全球市场产销量和保有量50%以上。移动支付、共享单车等"新四大发明"所代表的新兴领域引领世界潮流。攻克干旱半干旱和盐碱地粮食增产的世界难题，良种在粮食增产中的贡献率达到43%以上。一批创新药物打破国外产品垄断，有力支撑健康中国发展。

与此同时，以新技术改造旧动能、培育新动能初见成效。例如，共享单车集成应用了智能芯片、射频识别、位置服务、移动支付、电子围栏等多个领域的先进技术,得益于我国在卫星导航、超级计算、移动通信、智能终端和互联网等重点领域科技创新的超前部署,推动了创新创业,带动了自行车产业转型升级。

3. 自主创新生态力量日益凸显

科技体制改革向纵深推进,重点领域和关键环节取得实质性突破,以增加知识价值为导向的分配政策全面实施,科技成果"三权"改革的效果充分释放,高校、科研院所成果转化"量""质"齐增。国家科技成果转化引导基金累计设立14支创业投资子基金,引导社会投资达247亿元。创新创业孵化链条日趋完善,4298家各类众创空间、3255家孵化器和400余家加速器,服务创业团队和初创企业近50万家,带动就业超过280万人。全国高新技术企业达到13.6万家,营业总收入超过30万亿元。北京、上海科技创新中心建设取得重要进展,全面创新改革试验区、创新型省份和城市建设形成一批可复制可推广的经验,京津冀、长江经济带协同创新发展等深入推进,东中西部跨区域创新合作迈出新步伐。19个国家自主创新示范区和168个国家高新区成为区域创新发展的核心载体和重要引擎。2017年,高新技术产业园区产品销售额占全国销售额的31.5%,对科技和研发的投入占全国的44.3%。其中,北京中关村、武汉东湖、上海张江、广东深圳等国家自主创新示范区对所在地区国内生产总值增长贡献超过20%,成为创新发展的"领头雁"。

4. 自主创新后继有人

"人才是创新发展的第一资源。"从钱学森、邓稼先、罗健夫、蒋筑英,到黄大年、钟扬……从无到有、从弱到强,中华民族走向伟大复兴时空中,闪耀着一代代科学家奋力前行的夺目光芒。每一件大国重器、每一项重大的创新突破背后,都离不开科技工作者的默默奉献。

中国拥有8100万科技工作者,1.7亿多受过高等教育或拥有专业技能的人才。"十二五"期间,科技人才迅速壮大,研发人员总量535万,回国人才超过110万,是前30年回国人数的3倍。

作为自主创新的主体,企业高学历员工比重持续上升。人才是企业提高创新能力的重要因素。调查结果显示,企业大学以上学历员工所占比重从2008年的14.9%上升到2017年的49%,这表明近十年来企业员工的学历水平有了较大幅度提升。西部地区企业一直略高于东部和中部地区企业,大型企业高于中小企业,国有及国有控股公司明显高于外资企业和民营企业。

（二）中国企业自主创新面临的差距与劣势

近年来中国企业在创新方面的进步世界瞩目，但与世界自主创新强国相比，中国企业还存在以下差距。

1）基础研究和原始创新能力依旧存在明显差距，制约着科技创新的整体和长远发展。中国基础研究经费投入比例仍然较低，有重大影响力的标志性重大原创理论成果与GDP的体量和增速相比显得十分微弱。

2）科技创新的有效供给能力特别是中高端供给能力不足，难以满足依靠科技创新实现产业的转型升级和主导引领型发展的需求。创新活动转化为实实在在的技术和经济价值不足，离制造强国还有较长的路要走。主要表现为以下四方面。

一是原创能力薄弱。大多数装备研发设计水平较低，试验检测手段不足，关键共性技术缺失。企业技术创新仍处于跟随模仿阶段，底层技术的"黑匣子"尚未突破，一些关键产品也很难通过逆向工程实现自主设计、研发和创新。

二是基础配套能力不足。关键材料、核心零部件严重依赖进口，先进工艺、产业技术基础等基础能力依然薄弱，严重制约了整机和系统的集成能力。例如我国拥有自主知识产权的"华龙一号"核电机组，虽然大部分设备实现了国产化，但是15%的关键零部件还依靠进口。

三是部分领域产品质量可靠性有待提升。基础能力跟不上，制约了产品的质量和可靠性，突出体现在产品质量安全性、质量稳定性和质量一致性等方面。部分产品和技术标准不完善、实用性差、跟不上新产品研发速度。另外，品牌建设滞后，缺少一批能与国外知名品牌相抗衡、具有一定国际影响力的自主品牌。

四是产业结构不合理。低端产能过剩、高端产能不足，产业同质化竞争问题仍很突出。而真正体现综合国力和国际竞争力的高精尖产品和重大技术装备生产不足，远不能满足国民经济发展的需要。

3）创新人才队伍大而不强，人才发展体制机制仍需健全和完善。企业家创新动力不足，战略科学家、科技领军人才缺乏，高层次科技人才短缺，人力资源国际化程度有待提升，人才结构还不能满足科技创新发展的要求。

4）创新治理体系仍需完善，创新文化尚需厚植。"碎片化"问题依然存在，造成科技创新活动重复分散、无序竞争。科学精神还未深入人心，一些制约科学发展的传统文化因素仍未得到根本突破，崇尚理性、鼓励创新的科学精神尚需强化。创新企业资金来源仍以自有资金为主，通过资本市场获得创新资金的渠道仍不畅通；创新风险与收益不对称、知识产权保护不力等是阻碍创新的主要因素；

我国参与国际科技计划等还主要出于跟随和配合阶段，国际组织话语权不足，国际科学合作深度和广度有待提高，主动发起和牵头实施的国际重大科技合作项目有待加强。

中国制造最大劣势是随时存在被人"掐脖子"的危险。2017年，工信部对全国30多家大型企业130多种关键基础材料调研结果显示，32%的关键材料在中国仍为空白，52%依赖进口，绝大多数计算机和服务器通用处理器95%的高端专用芯片，70%以上智能终端处理器以及绝大多数存储芯片依赖进口。在装备制造领域，高档数控机床、高档装备仪器、运载火箭、大飞机、航空发动机、汽车等关键件精加工生产线上逾95%制造及检测设备依赖进口。

（三）实施创新驱动发展战略是历史和现实的必然选择

当前，中国经济总量已居世界第二，但"大而不强、大而不优"的问题仍然存在。近代史上，中华民族落后挨打的一个重要原因就是创新的落后。没有"一招鲜""几招鲜"，没有参与或主导新赛场建设的能力，就会缺少机会。如果我们不识变、不应变、不求变，就可能陷入战略被动，错失发展机遇，甚至错过整整一个时代。

中共十八大做出了实施创新驱动发展战略的重大部署，强调科技创新是提高社会生产力和综合国力的战略支撑，必须摆在国家发展全局的核心位置。十八届五中全会又确立了"创新、协调、绿色、开放、共享"的发展理念，发挥科技创新在全面创新中的引领作用。这是中国在吸取历史教训，综合分析国内外大势、立足国家发展全局做出的重大战略抉择，决定着中华民族的伟大复兴。

当今世界，谁牵住了科技创新这个"牛鼻子"，谁走好了科技创新这步先手棋，谁就能占领先机、赢得优势。自古以来，科学技术就以一种不可逆转、不可抗拒的力量推动着人类社会向前发展。进入21世纪以来，新一轮科技革命和产业变革蓄势待发，全球科技创新呈现出新的发展态势和特征。创新要素在全球加速流动，向少数创新中心集聚的趋势更加明显，世界主要国家都在寻找科技创新突破口、抢占未来经济科技发展的先机。这势必对国际竞争格局产生深远影响。

一方面，中国发展面临着严峻的挑战。新科技革命和产业变革将重塑全球经济结构，重构全球创新版图。历史上，中国曾长期位居世界经济与创新大国之首，但由于近代故步自封，科技创新停滞不前，导致了技术落后和工业化水平低，屡屡被经济总量远不如自己的国家打败。中国近代史上落后挨打的根子就是文化落后、科技落后、制度落后，归根到底是创新的落后。当前，中国创新能力依然不强，科技发展水平总体不高，科技对经济社会发展的支撑能力不足，这是中国这个经济大个头的"阿喀琉斯之踵"。实施创新驱动发展战略，正是对历史经验教训、现实情况深刻研判后做出的重大部署。

当前，世界主要经济体都在加紧谋划部署科技创新发展，抢占科技发展先机。对此，中国必须高度重视、密切跟踪、迎头赶上。而中国的现代化与西方发达国家有很大不同。西方发达国家经历了一个串联式的发展过程，工业化、城镇化、农业现代化、信息化顺序发展。例如德国已经实现了工业1.0、2.0、3.0，正在向工业4.0迈进。作为制造大国的中国，客观、准确地评价工业体系与能力，只能讲实现了工业1.0（机械化）。因此，如果不抓住这次机会，边补课边跟进边超越，实现跨越式发展，就算实现了信息化，还是可能进一步拉大与发达国家的差距。

另一方面，中国发展面临难得的历史机遇。新一轮科技革命和产业变革与中国加快转变经济发展方式形成历史性交汇，为实施创新驱动发展战略提供了难得的重大机遇。中国进入了新型工业化、信息化、城镇化、农业现代化同步发展、并联发展、叠加发展的关键时期，和发达国家在把握新一轮工业革命核心技术上的机会几乎是均等的，这为充分发挥后发优势，实现"弯道超车"、跨越发展或"换道领跑"提供了可能。只要抓住机遇，通过掌握新工业革命的核心技术，成为新的竞赛规则的重要制订者、新的竞赛场地的重要规划者，大力推进工业2.0、3.0、4.0并行发展、并联发展、叠加发展，就有可能在比较短的时间内追赶发达国家的先进水平，大大加快工业现代化的进程。实施创新驱动发展战略，正是顺应世界科技发展潮流的客观要求。

像中国这样的"大块头"国家，如果只是跟在别人后面追赶，不能搞出别人没有的"一招鲜"，最终还是要受制于人。国际竞争历来就是时间和速度的赛跑，谁见事早、动作快，谁就能掌控高点和主动权。机会稍纵即逝，新赛场、新规则是中国实现"弯道超车"或"换道领跑"的重要机遇，一旦错失又会重新陷入产业价值链"低端锁定"的被动局面。因此，处于大转折时代的中国必须增强忧患意识、危机意识、自强意识、创新意识，敏锐把握世界科技创新发展趋势，紧紧抓住和用好新一轮科技革命和产业变革的机遇，不能等待、观望，更不能懈怠。

二、自主创新是引领发展的第一动力

（一）坚定不移走中国特色的自主创新道路

"创新是引领发展的第一动力。"党的十八大以来，习近平围绕实施创新驱动发展战略、加快推进以科技创新为核心的全面创新，提出了一系列新思想、新论断、新要求。

回望历史，在绵延五千年的中华文明进程中，中国曾长期居于世界领先地位。世界上唯一的两千年以上历史，至今还造福人类的大工程是李冰父子的都江堰治水工程。只是明代以后的中国屡屡错失发展良机，慢慢滑下"世界之巅"。自中华人民共和国成立以来，中国独立自主地建立起了现代科学技术体系，从一穷二白成长为科技大国，走出了一条中国特色的科技发展道路，中国的崛起正在深刻改变世界科技格局和治理格局。从"向科学进军"到"科学技术是第一生产力"，从"科教兴国""人才强国"到"建设创新型国家"，无不寄托着现代中国人对于改变落后面貌的强烈渴望，无不彰显国家对于科学技术的高度重视。经过多年不懈努力，中国科技整体水平大幅提升，一些重要领域跻身世界先进行列，某些领域正由"跟跑者"向"并行者""领跑者"转变。特别是近年来，中国制度优势与红利强有力的持续凸显和释放，科学充分地运用"社会主义制度能够集中力量办大事"这一法宝，加强统筹协调，大力开展协同创新、集成创新，形成推进自主创新的强大合力。载人航天、探月工程、高速铁路、北斗导航、超级计算机、量子卫星、载人深潜、特高压输电、先进核电、国产大飞机等工程科技领域取得了举世瞩目的成就，出现了一批具有国际竞争力的龙头品牌。这些伟大自主创新成就的取得，凝结着无数科技工作者和优秀企业家的心智与奋斗。与此同时，我们必须清醒地认识到，中国科技创新基础还不牢，自主创新特别是原创力还不强，关键领域核心技术受制于人的格局没有从根本上改变。例如在网络安全和信息化建设中，中国操作系统、核心芯片等关键技术瓶颈仍未根本突破。具有自主知识产权的产品少，核心技术对外依存度较高，产业发展需要的高端设备、关键零部件和元器件、关键材料等大多依赖进口。我国在国际分工中尚处于技术含量和附加值较低的"制造——加工——组装"环节，在附加值较高的研发、设计等环节缺乏竞争力。

科技领域是一个无形的竞技场，在关系国民经济命脉和国家安全的关键领域，真正的核心技术、关键技术是买不来的，也是市场换不来的。如果这些技术不掌握在我们自己手中,我们就会受制于人,丧失发展的主动权。走中国特色自主创新道路,最关键的是要把核心技术和关键技术牢牢掌握在自己手中,科学研判世界科技发展的趋势,超前规划布局,切实加大投入,抢占先机,努力在前瞻性、战略性领域占有一席之地。

(二)工程化、产业化是自主创新的必由之路

科技成果只有同国家发展战略需要、人民对美好生活的要求、市场迭代升级的需求相结合,完成从科学研究、实验开发、推广应用的三级跳,才能真正实现创新价值、创新驱动发展。而工程化、产业化是创新驱动发展的关键和重点所在。

工程科技承担着把科学知识转化为现实生产力的重大任务,是科学技术改变世界的直接工具,也是人类文明进步的动力源泉。科技创新成果只有完成工程化并面向市场实现产业化,才能真正转化为强大的现实生产力,如果错失,就会丧失发展的主动权。例如,曾经居于传统胶片行业全球垄断地位的柯达公司,早在1975年就研发出世界上第一台数码相机,但由于战略性决策失误,没能将这一技术创新成果及时工程化、产业化,错失产业转型升级的良机,随着传统胶片产业被数字化技术所颠覆,柯达公司也被自身所颠覆而破产。

推动科技和经济紧密结合,推进科技创新成果工程化产业化,是促进产业结构调整、全面提升产业核心竞争力的决定性因素。要始终抓住科技创新成果工程化产业化这个关键,特别是实现重点产业关键核心技术的工程化产业化,把创新成果尽快转化为现实生产力,成为经济发展的内生驱动力。要积极培育发展战略性新兴产业,依靠创新培育发展高端产业,积极构建具有国际竞争力的现代产业技术体系,以技术的群体性突破带动新兴产业集群发展。要加快传统产业的转型升级,推动实施"互联网+""中国制造2025"等,为供给侧结构性改革注入新动力,加快实现新旧动能转换。

(三)必须努力造就一支规模宏大的创新型工程科技人才队伍

人才资源是第一资源,也是创新活动中最为活跃、最为积极的因素。创新驱动实质上是人才驱动,谁拥有一流的创新人才,谁就拥有了科技创新的优势和主导权。目前,中国人才资源总量、科技人才队伍规模世界第一,但创新型科技人才结构性不足的矛盾突出,世界级科技大师缺乏,领军人才、尖子人才不足,工

程技术人才培养同生产和创新实践脱节的情况比较普遍。

要在自主创新方面走在世界前列，必须把人才资源开发放在科技创新最优先的位置。改革人才培养、评价和激励机制，加大创新型人才培养力度；更加注重培养、用好、吸引各类人才，促进人才合理流动、优化配置，创新人才培养模式；更加注重强化激励机制，给予科技人员更多的利益回报和精神鼓励；更加注重发挥企业家和技术、技能工匠人才队伍作用，充分激发全社会的创新活力。在全社会营造出崇高创新、尊重创造的"新追星文化"——让科学家、企业家、大国工匠成为新时代的偶像、英雄和品牌。

三、自主创新成为国家战略

时代既赋予中国发展兴盛的历史机遇，也比以往任何时候都更加接近民族的伟大复兴，更加需要强大的自主创新力量。

（一）国内企业创新的瓶颈

观念及文化创新、技术创新、管理创新是主要难题。中国企业家调查系统调查发现，虽然"管理创新"没有被企业家认为是创新工作中最困难的一类，但被认为是最应该加强的，这说明管理创新在企业创新中的重要性。此外，企业家认为"技术创新"是最应该加强的创新工作。

创新人才缺乏是制约企业创新的最主要因素。随着国家科学和技术发展规划的实施，国家创新体系逐步得以建立、发展与成熟，妨碍创新工作的部分因素得到了明显改善，但也有一些因素有待进一步改善。

企业创新外部资金渠道比较单一。关于企业创新资金的来源，对比2000年和2014年的调查结果，企业家的排序基本相同；排在第一位的是"自有资金投入"，其次是"银行贷款""政府专项资金"，而"股市筹资""发行企业债券""国内风险投资"和"国外风险投资"的比重明显偏低。调查表明，中国企业创新资金来源仍然比较单一，主要以自有资金为主，辅助以银行贷款和政府资金支持，而通过资本市场获得创新资金来源的渠道仍然很不畅通。

（二）自主创新是建设创新型国家、实现国家发展战略的核心

企业自主创新是企业依靠自身的努力通过各种学习途径逐步积累关键技术、

持续提升核心能力、培育创新人才、攻克市场难关一系列的创新过程。企业的自主创新能力是国家自主创新能力的核心基础。一国的自主创新能力是国家竞争力的核心。当今世界科技迅猛发展，国家竞争力越来越体现在自主创新的核心能力上。科技实力、经济竞争力、军事威慑力、文化影响力最终取决于自主创新能力。企业自主创新能力已成为一国综合国力竞争的决定性因素，是一国持久核心竞争力的根基。从企业发展生态的演变所对应的国家战略看，中国正处于从经济崛起向军事崛起的升级期，并为下一步的文化崛起孕育力量。因此，现阶段自主创新可以促进技术专利的形成与增加，在关系国家战略利益的行业和领域，核心技术能力对于确保国家安全和战略利益的实现至关重要。因为未来的战争形态完全可能是没有硝烟的、无形的、隐藏的。但其破坏力、杀伤力、辐射力不亚于导弹、核弹。它有可能是网络战、太空战、基因战、货币战、文化战等。中国这样一个泱泱大国更应强化自主创新，只有这样，才可以避免被霸权国家封锁和边缘化，甚至成为"附庸"或"仆人"。只有具备自主创新的企业才有可能在制定国际标准、修改国际规则、取得平等待遇等方面具有更大自主权、话语权和控制权，从而从根本上保障国家独立、平等、自由和安全。

中国把自主创新、建设创新型国家作为中国特色社会主义国家发展战略的核心，是深刻认识世界工业化发展阶段情况，基于中国国情及中国经济社会发展水平、特点、发展面临的新形势新任务，充分把握经济、社会发展规律而做出的事关国家现代化建设前途与民族命运的重大战略决策，是对中国乃至世界发展的历史性贡献。

1970年以来，世界各国的工业化水平不断提高，在科技革命的推动下，单位GDP的能源消耗逐步减少。而中国改革开放以来，由于工业现代化基本上走的是靠要素投入驱动的传统工业化道路，是建立在对自然环境长期高强度透支、对自然资源和能源的过度开发基础之上的传统工业化。实践证明，这种经济发展模式，已经使中国的资源和环境不堪重负。因此，中共十八大以来，提出了生态文明建设及"五大发展理念"，十九大又提出建设"美丽中国"等一系列方略，其目的是从根本上解决这种"靠老祖宗遗产和透支子孙万代资源"的"蛮干发展模式"。

一般来说，创新性国家的科技进步贡献率应该在70%以上，对引进技术的依存度应该在30%以下，显然，中国还存在较大的差距。目前中国科技进步的贡献率是57.5%，对国外引进技术的依存度大约也是50%左右。"创新是一个民族进步的灵魂"。对一个国家来说，持续的进步和竞争力的提升来源于创新能力和是否掌握战略产业的核心技术。核心技术就是关键技术，它在国家经济社会发展中占有重要地位，能够体现国家的战略意图，对国家安全和经济社会发展具有重大影响力，如信息、生物、纳米、芯片、人工智能、集成电路、数控机床、汽车、航天工业、中药等产业。在国际竞争日趋激烈和风险不断加大的今天，必须发展战略技术、突出国家意志和国家战略。从世界各国发展的经验来看，核心技术能为经济社会可持续发展提供产业和技术基础，对经济结构和产业结构升级具有很强的拉动作用，有利于防止国家安全和经济发展受制于人，防止"落后就要挨打"的历史悲剧重演。

四、由"中国制造"走向"中国创造"只能靠自力更生

目前，发达市场经济国家对中国实行"技术遏制"政策日益隐形化。一方面，国外大型跨国公司的大规模并购活动和战略联盟使其技术垄断地位不断加强，外国跨国公司向中国转移的产业也多是成熟产业而不是可能占领未来竞争"制高点"的关键产业。在发达国家对关键技术和高技术的保密和封锁条件下，中国迅速赶超发达国家，实现经济跨越发展，仅仅靠技术和外资引进是不够的，必须在某些关键产业和技术领域依靠自己的力量，依靠自主技术的创新，发展关键产业和高新技术产业，从而创造出自己独特的能力和竞争优势。通过自主创新，着重发展某些涉及国家安全和经济命脉的战略性产业是非常重要的，可以使自身在规模经济和不完全竞争市场条件下逐步形成具有竞争力的战略性产业，增强企业的国际竞争地位，扩大市场份额，增加人民的获得感、幸福感。当然，对战略性、重点产业的支持并不一定意味着产业发展的全过程都要实施保护、倾斜的产业政策。另一方面，中国有实力的企业走出去并购也遇到越来越多的麻烦，如三一重工集团就风力发电项目在美受阻起诉奥巴马政府，虽然最终达成全面和解，但是有很多中国企业赴美收购终因"国家安全"之难折戟沉沙，悻悻而归。后来，美国又先发制人阻止新加坡芯片制造商博通对美国富通的收购，同时禁止美国运营商销售华为的手机。加之对《中国制造2025》的遏制及对中国崛起的担忧，美国特朗普政府以国家安全为由，限制有中资背景的企业在美国的收购，并以知识产权等相关名义展开了对中国高科技公司的301调查贸易战。2018年4月16日，美国商务部对中兴开出禁售令，时间长达7年，期间将禁止美国公司向中兴销售零部件、商品、软件和技术。某些欧洲发达国家出于自身竞争地位的考虑，也收缩了对中国企业参与并购的包容

度,甚至以种种借口限制中资企业的收购,使我们想通过并购尽快缩短技术差距的难度加大。因此,唯有自力更生、奋发图强才能真正实现自主创新。

五、"大众创业、万众创新"催生中国发展新动能

(一)大力倡导推进"双创"是自主创新的时代需要

大力倡导和推进"双创"是中国经济社会发展进入新时期必然的产物。在2017年,中国每分钟就有11家初创公司诞生。

1. "双创"是"新常态"下中国经济发展的内在要求

当前中国经济进入"新常态",一是经济从高速增长转为中高速增长,二是经济结构不断优化升级,三是发展动力从要素驱动、投资驱动转向创新驱动。在这样一个大背景下,为更好培育我国经济社会发展新动力,促进我国经济长期稳定健康发展,就必须把"双创"上升为国家战略,必须通过倡导"双创"更好拉动我国经济社会新发展。

2. "双创"是传统人口红利趋于消失背景下培育和催生中国经济发展新动力的客观要求

中国既是一个人口大国,劳动力资源丰富,又是一个市场需求大国,需求结构多样。尽管到目前为止中国传统人口红利趋于消失,但由于中国人口众多,劳动力资源仍然具有结构多层、总量巨大的特点,每年都有数以千万计受到良好教育的大中专毕业生走出校门、进入劳动大军行列。加之,中国改革开放40年所积累的经验与国人天性所具备的勤奋学习能力的积累,新人口红利即创新型人口红利才刚刚形成,他们与新劳动大军混流涌现。这个新劳动大军的涌现,是中国继续深度参与国际分工、形成更大比较优势的坚实基础。

3. "双创"是中国城镇化进程进入加速期的迫切要求

随着中国人均收入水平的提高和工业化过程进入中后期,城镇化进程便开始了它的加速期。更多、更大规模农村人口的城镇化,本质上是传统农业社会转向工业社会和传统农业人口转向城镇化的过程。在实践上,这个过程主要表现为更多更大规模的人口就业的城镇化和生活方式的城镇化。在这种条件下,"大众创业"不仅会随之而来,"万众创新"也会伴之而生。

4. "双创"是传统产业结构调整、转型升级的必然要求

传统产业结构调整的过程,同时也是劳动力市场结构调整的过程。不仅如此,

产业结构转型升级的过程，必然是劳动力供给结构升级换代的过程。在这个过程中，仅仅掌握传统生产和服务技能的劳动就业必然遇到就业市场竞争的挑战，从而给大众就业带来新的压力。这就在客观上要求更多民众寻求新的就业门路、开辟新的就业场所，向新业态、新产业转型升级。

5."双创"是互联网技术迅速发展的产物

互联网技术的发生和发展，为"双创"提供了过去不曾具有的重要技术支撑和条件。"网店"丛生，"创客"云集，"众筹"多现，其主要载体就是互联网。"互联网+"，加的是智慧，加的是行动，这就是人们看到的芸芸众生的"网店""创客""众筹"等。通过互联网实现的信息交流、沟通与互动，带来的一个重要结果便是技术信息的"外溢效应"和技术进步的"示范效应"。

6."双创"是自然资源稀缺强度不断加大和生产要素低成本优势迅速丧失条件下实现更好替代的客观要求

用更大智慧代替更多劳动，借更好技术替代更多投入，是人类面临自然资源稀缺强度不断加大、生产要素低成本优势迅速丧失、用拥有人工智能的机器人代替人的现象成为"新常态"条件下的最明智选择。"大众创业"不仅是大众找到新就业机会和场所的过程，而且是大众智慧的大幅度拓展与进步发掘的过程。

总之，倡导"双创"是中国经济社会发展到现阶段的内在要求和必然选择。推进"双创"，对于中国顺利跨越"中等收入陷阱"、迈过"修昔底德陷阱"、全面建成小康社会、实现民族伟大复兴的中国梦均具有重要的战略意义。

（二）优化"双创"政策环境，催生中小微企业创新发展

大众创业、万众创新的主要载体是中小微企业。因此，研究"双创"，促进"双创"，优化"双创"政策环境，说到底，就是研究、促进和优化中小微企业顺利设立、健康生存、更好发展的人文气氛，形成催生中小微企业持续健康发展新动能。

1. 要以中小微企业设立为入口，优化"双创"政策环境

创立中小微企业，是大众创业的首要起点。广大人民群众创业活动的直接结果是产生分散在各个领域的大批充满活力的中小微企业。其初始形态可能采取的是个体工商户形式，但个体工商户的进一步发展便是设立个人或合伙企业与公司。因此，优化"双创"政策环境，首先是优化中小企业设立的政策环境。当前，优化中小微企业设立的政策环境，重点是进一步放宽市场准入、降低注册登记

门槛等。

2. 要以改善中小微企业生存环境为抓手，优化"双创"政策环境

中小微企业健康生存，是"大众创业、万众创新"的必要前提。现存中小微企业对后生中小微企业具有示范意义。这是因为，"大众创业"，最终都会通过设立企业的方式成为市场经济活动的主体；"万众创新"，虽不能排除自然人个体进行独立创造、独立发明以及由此实现特定技术创新的可能性与现实性，但从更广泛、更普遍、更现实的角度看，万众创新大多是通过企业这样一个载体得以实现的。从这个意义上说，中小微企业的健康生存一定是更好推进和实现"双创"的必要前提。因此，必须着力于优化中小微企业健康生存的政策环境，包括优化信贷和融资政策环境，优化生产加工和物流配送及其市场营销政策环境，优化税收即社会成本环境，优化技术更新贷款财政贴息和企业创新风险补偿政策环境，优化引导企业兼并重组、股份合作、混改并由此做强、做大的产业支持政策环境，等等。

3. 要以推动中小微企业更好更大发展为标准，优化"双创"政策环境

中小微企业更好更大发展，既是"大众创业、万众创新"的客观要求，更是"大众创业、万众创新"的必然结果。根据有关资料，中国私营企业（多为中小企业）平均寿命为2.9年，每年约有100万家私营企业破产倒闭，60%的企业在5年内破产，85%的企业10年内消亡，大型企业集团的平均寿命也只有7.8年。而在美国，中小企业的平均寿命为7年，大企业平均寿命为40年。中国中小企业的平均寿命不及美国的1/2，大型企业也仅为美国的1/5；美国每年倒闭的企业大约是10万家，中国则是美国的10倍。通过比较不难发现，中国中小企业的生存环境不仅迫切需要改善，中国中小企业的发展环境同样迫切需要改善。要进一步全面深化体制机制改革和完善各项政策，包括切实"保证各种所有制经济依法平等使用生产要素、公开公平公正参与市场竞争、同等受到法律保护"，真正做到各种所有制经济平等享受财政政策和货币政策给予企业的各种优惠（如科技创新财政贴息和短、中、长期借贷便利等）等。推动和促进中小微企业更好更快发展，是"双创"得以持续、中国经济能够实现中高速增长、迈向中高端发展的必要前提和基础。在制度、体制和机制上保证中小微企业更好更快发展，是深化和实现"双创"的客观要求；鼓励、推动和深化"双创"，是中小微企业更好更快发展的必然结果。

总之，优化中小微企业设立、生存和发展的政策环境，全面深化体制机制改革，催化中小微企业持续健康发展新动能，是推动中国经济持续健康中高速增长、

迈向中高端发展的必经之路,是有效形成大企业大集团"顶天立地",中小微企业"铺天盖地"的良好经济生态格局的需要。

创新成果分享:迈向世界高端的纺织机械核心产品自主创新管理

常州市同和纺织机械制造有限公司(以下简称同和公司)成立于1999年,是一家民营股份制企业,是中国高新技术企业,江苏省工程技术中心和管理创新示范企业。

1. 迈向世界高端的纺织机械核心产品自主创新管理背景

(1) 打破中国纺织机械核心产品长期以来被国外垄断的需要

中国是世界上最大的纺织机械生产国,也是需求大国,纺机品种全、产量大、产值高。中国生产粗纱机、细纱机的纺织机械企业厂家达160余家。但长期以来中国纺织机械技术处于跟随状况,研发能力与世界先进水平存在较大差距,特别是效率、质量、自动化水平不能满足中国纺织提质增效和产业升级的需要。对于很多纺织企业来说,一些关键的设备、关键的部件国内根本就不能生产。纺织机械关键部件长期被国外厂商垄断,且价格昂贵,交货周期长达2年以上,致使国内众多纺织企业苦不堪言。

(2) 加入WTO为中国纺织机械行业发展带来机遇和挑战

加入WTO对中国的纺织品出口无疑会产生巨大的促进作用。但是由于中国的纺织机械生产与国际先进水平还存在很大的距离,主要表现在:中国纺织机械领域中,低档产品生产能力过剩,高档产品生产能力不足,部分产品存在空缺。与这种落后的生产技术水平相适应,中国的纺织机械产品在国际贸易中同样处于竞争力较弱的地位。罗拉是影响纺纱质量的核心部件。国内虽有不少生产罗拉产品的纺织机械企业,价格仅30元/节,但是罗拉产品的质量瓶颈始终未有突破。为了保证纱线质量不得不引进西方昂贵的、每节300元的罗拉。

(3) 实现公司打造世界优秀纺织机械制造供应商战略的需要

面对全球纺织产业的转型升级,国际纺织服装市场低迷,纺机制造业经历洗牌,实现格局调整,国内外的需求发生变化。同和公司从成立之日起就确立"以振兴民族工业为己任"的使命,树立"科技同和、世界同和、百年同和"的愿景,要实现同和愿景必须要有百年不衰的产品。

2. 迈向世界高端的纺织机械核心产品自主创新管理内涵和主要做法

同和公司瞄准纺织机械核心部件——罗拉、摇架、集聚纺装置等纺纱主机关键部件的创新研发，对标国际先进的技术水平和品质要求，研发生产高品质、高标准的核心产品，打破了长期被国外垄断的局面，质量、品种、销售均居世界前列。主要做法如下。

（1）确立渐进式的自主创新策略

一是选择渐进式的自主创新策略。首先从纺织机械核心专件罗拉起步，致力于高品质、高标准的罗拉产品研发生产，通过原材料、加工工艺、动力等技术创新，以优越性价比、领先的质量攻克技术瓶颈，使同和罗拉在生产、质量、品种方面均居世界前列，结束高端罗拉依赖进口的历史；进而拓展到摇架、集聚纺装置等纺纱装备核心部件的研发，复制罗拉"精品"理念和技术领先战略。最后，同和公司进入纺纱主机领域，把传统产品做出高科技、高附加值，占据全球市场巅峰，为中国纺织机械在打造高端、智能、数字化、集成成套纺纱设备方面实现重大突破。二是坚持不求做大，只求做精、做久，量力而行，循序渐进。同和每开发一个产品都要树立一个世界级标杆。三是坚持不借款、不贷款、不担保，有效管控经营风险。

（2）全方位突破核心专件产品技术和工艺难题

同和公司对过对罗拉、摇架、集聚纺装置等核心专件产品的原材料、热处理、表面处理、加工工艺进行全过程研究、改进，进行技术、工艺突破。

1）自主开发核心专件产品。

从核心专件的原理、结构、功能方面着手，在充分消化吸收国际先进技术的基础上，成功开发独特的摇架、集聚纺装置，包括设计宽握持区域的上罗拉握持座，设计制造独特的锁紧机构，利用流体力学原理优化设计负压风道结构、形状，形成独特的异形管表面处理工艺等，使产品能够完全替代进口产品。

2）与钢铁企业合作解决核心产品原材料质量性能问题。

针对原材料化学成分经热处理后的硬度均匀性以及变形情况，严格监控、检测罗拉的化学元素，并在此基础上进行分析、大量试验，最终确定最适合罗拉的国产材料，并与国内某大型国有钢铁企业达成合作协议，全部定制，确保核心专件加工质量的稳定性、一致性。

3）不断改进生产加工工艺，提升产品质量性能。

为提升产品质量的一致性、稳定性、可靠性，同和公司提出"五少三提高"，即用工少、设备少、工序少、用电少、占地少、提高精度、提高效益、提高效率。在改进工艺的同时，对热处理和表面处理也进行大胆研制、试验，有效保证表面处理后，镀层厚度、镀层硬度、外圆尺寸和圆度的一致性，产品寿命提升30%。

（3）开发模块化、自动化、智能化的主机产品，抢占高端主机市场

同和公司以敏锐和开放的姿态吸收新技术革命成果和互联网等创新通用技术，结合两化融合，推进技术与管理的创新，打造同和公司自主的纺纱主机产品。

1）开展整机产品的模块化设计。

一是开发敏捷组合的整机框架模块。采用细纱机模块化设计后，同样6个人10天的工作量仅需3～4天即可完成，装机效率提高了50%；同时，机器之间的连接由定位销来保证装配精度，大大节省安装时间，提高工作效率，降低安装成本。二是开发自动落纱装置。传统细纱机均为人工拔纱，每次络纱需要大量的人工集中拔纱管、接线头，费时、费工。同和公司采用公司独创且拥有自主知识产权的钢带加托盘复合式自动落纱系统，极大地提升了自动化水平与安全生产效率。

2）推进整机产品的自动化、数字化、智能化创新。

一是研制高效节能柔性的数字化牵伸动力及机构。采用现代化数字控制与电子技术来实现对细纱机的运动控制，新型机型为电子牵伸、电子升降、一键操作。通过多功能彩色触摸屏实现人机对话，设定纺纱程序，电脑快速变更品种和工艺参数，变换工艺品种时只需设置少量参数，纺织工艺设计与调整成为"一分钟"程序。实现纺纱信息的智能集成，可配有与云平台、大数据、互联网等信息技术相结合的数据接口，实现机器的集中控制与联网管理，监控运转状况、设置运行参数、控制制造过程，进一步提高生产效率；通过对大数据的采集与分析，有助于生产工艺的优化与机械质量的改进；并为纺织智能化制造打下了基础。

二是开发高速、高精度的运行系统。高精度主轴、高精度滚盘、锭带独立驱动锭子技术等，为高速高精度运行提供了条件。完成细纱机数字化监控系统的优化设计，并结合集成控制和物联网技术，实现与企业信息化系统的无缝集成。

三是开发平稳、精准、积极式电子升降机构。保证钢领板及导纱板升降平稳；减少传动升降导致的钢领板走动现象；减少纺纱断头和人工停车调整整修的时间；减少用工成本，提高生产效率。

3）建立粗细联合的自动化生产线。

在纺纱中，相邻工序间的半成品的运输、储存、领用是一项繁杂的工作。如果生产调度或操作不当，轻则造成成品质量不稳定、总体质量下降，重则会导致错支的严重后果。传统机型需纺纱女工在车间不断巡回，每天步行10千米；现代机型为全电脑操作，在显示室观察，无须大量挡车工车间巡回。可从以前最多100人减少至15人，减轻劳动强度，提高员工收益，降低企业成本，解决招工难、就

业难双重困境。

4）开发具有自主知识产权的高端整机产品。

针对棉纺企业的各项需求，同和公司研发、生产适合于国内高档客户需求的纺机装备，研发、生产出TH598J新型集聚纺细纱机、THC2015型外置式全自动粗纱机、粗细联合智能纺纱生产线。TH598J新型集聚纺细纱机从原理、结构、功能等十几个方面实现了重大变革和创新，产品具有高速整体设计、集聚纺整体设计、智能电子牵伸、积极式电子升降、新型复合式集落装置、单元模块机组、牵伸八锭罗拉、整体式罗拉座等特点；同和公司粗砂机、细砂机形成粗细联，这在全球也仅有2家。

一直以来，同和公司就以贴身管家式的全程技术服务理念著称业界。若用户在使用中发现问题，将在最短的时间之内，得到"快速、果断、准确、彻底、满意"的解决，实行"终身跟踪、终身服务、终身升级、终身负责"，使用户无后顾之忧。

（4）开展以员工行为习惯培养为重点的精细化管理

同和公司核心产品和技术领先世界，超越世界同业巨头靠的不仅是先进技术，更是精细化的管理，对质量精益求精、对产品精雕细刻的工匠精神贯穿始终，在每个环节、每道工序、每个细节，做到专注、精准、极致、卓越。

1）员工每日列队点名、讲评，养成令行禁止的工作作风。军事化管理是同和公司企业管理的一大特色。

2）员工每日设备操作"四项检查"，确保同类工件多人多机加工的一致性。设备精度检查保证各操作系统动作正常；工装夹具装置等符合工艺要求；计量器具检查确保合格；加工零件首件检查确保各项尺寸符合加工工艺要求。同和公司质管部、技术部等部门每日必须在车间巡视30分钟以上，配合、指导车间员工进行"四项检查"，及时处理、解决在"四项检查"中发现的各种问题。

3）员工每道工序、每件工件100%自检自分档，实现质量自主管理。

4）执行日"十二定""十二清"，实现装备制造的一致性、可靠性、稳定性。

同和公司视产品品质为天道，在生产质量管理中注重细节，做到每日"十二定、十二清"。十二定：一定时间、二定人员、三定工序、四定设备、五定量具、六定定额、七定单价、八定班次、九定专检、十定领导、十一定卫生区域、十二定定置管理。十二清：一清设备要擦清、二清量具要擦清、三清卫生区域要扫清、四清图纸要收清、五清工票要记清、六清合格品要流清、七清返修品要返清、八清废品要交清、九清料区要标清、十清交班要交清、十一清设备故障要排清、十二清产品要分清。

(5) 坚持高投入，加强创新条件建设

1) 加工资金投入。为不断地提升产品质量，满足用户的需求，同和公司年均投入销售收入的5.79%，用于产品的研发、技术改造和展会推广。

2) 设备设施和实验室建设。同和公司自成立起，不断引进世界顶级的成套全流程加工设备，包括引进全流程热处理设备、精密检测仪器等各类设备1000余台/（套）。

3) 建设技术研究中心。

4) 建设世界一流的研发生产新基地。为顺应发展态势，期待新一轮增长，同和公司投资10亿元，打造世界一流纺织机械生产基地。

(6) 培育工匠精神，建设高技能人才队伍

1) 打造同和特色企业文化。同和企业文化理念就是"一个好的理念、一个好的思维、一个好的氛围、一个好的做法、一个好的习惯、一个好的养成"，人人、时时、事事、件件做好。同和公司总结成立以来的企业经营经验，制订百万字的同和宪法，同和公司宪法包括《同和宪法总则》《同和部门职责》《同和岗位职责》等。

2) 培育员工工匠精神。同和公司积极打造员工队伍，培养工匠精神。近20年来，同和公司员工从9人发展到700多人，80%的员工在同和公司工作了10年以上。有的员工做了十几年的车工、磨工，不轻易调整岗位，把自己的工作做专、做精、做细。员工队伍的高度稳定，确保了技工"脑袋里的智慧"，如加工绝巧、独特经验等的有效积累和传承，促进了公司产品及加工工艺等改进、完善、优化不断创新。

3) 加强员工学习培训。同和公司把员工培训工作纳入重要日程，着力实施内强素质。利用3～5年的时间提高员工素质计划；构建竞赛技能机制，每年开展技能大赛，让优秀员工脱颖而出；构建表彰奖励机制，推行首席员工评选制度，构建培训考核机制，通过量化考核，形成你追我赶、互学互帮的氛围。

4) 建立包含内部股权、期权在内的多种激励机制。一是同和公司拿出30%股权对核心管理团队进行激励。二是全体营销人员按营销业绩进行提成激励。三是全体技术人员实行即时激励和长效激励，即时激励即根据项目进度实行阶段式奖励。长效激励是指产品开发成功，推向市场，形成销售后，技术人员3年内可按既定比例享受新产品销售利润分红。四是全体基层员工，实施年度利润分红激励。多种激励机制的建立，全面激活全体员工的工作积极性和热情，实现员工与公司

的"八个共同体",即"愿景共同体、精神共同体、宪法共同体、事业共同体、成长共同体、利益共同体、命运共同体、荣誉共同体"。

3. 迈向世界高端的纺织机械核心产品自主创新管理效果

(1) 占领了世界中高端纺织机械核心产品市场,成为纺织机械行业的隐形冠军

同和公司以世界技术领先的纺织机械核心专件和主机,现已拥有各类专利283项,其中发明专利56项,实用新型专利215项、软件著作权12项。其中罗拉、摇架、集聚纺装置的质量、品种、销售居世界第一。目前,同和公司产品已拥有全球20多个国家的6000余家用户。全球现有2.3亿纱锭,年产4000万吨纱,其中有3000万吨纱是经过同和公司罗拉纺出的。

(2) 取得了显著经济效益,促进了企业的持续稳定发展

1999年同和公司在96万元资金、9台旧设备的基础上,以做罗拉起家,短短18年间,公司成功开发各系列罗拉、摇架、集聚纺、主机产品。产品外销比例从10%增加到30%。

(3) 实现了纺织机械核心产品的进口替代,助推中国纺织行业转型升级

中国现有1.3亿纱锭,90%是传统、落后、人工操作的设备,靠进口细纱机设备实现转型升级是实现不了纺织强国梦的。同和公司通过自主创新,掌握了罗拉、摇架、集聚纺装置等纺织机械核心产品技术工艺,取得了较高的世界市场份额,实现了纺织机械核心产品的从"中国制造"向"中国创造"的转型升级,打破了国外厂商的垄断,极大地推动了国内纺织行业的转型升级,确保了中国人生活中"衣、食、住、行"对美好生活首选的品质提升,提高了国内棉纺行业的国际竞争力,为实现中国由纺织大国转型升级为纺织强国做出了贡献。

第五章
融智创新是企业转型升级的根本动力

打铁必须自身硬。企业转型升级不仅是企业可持续发展的必然选择和"凤凰涅槃",更是企业适应生态变化、以变应变、适者生存的举措。而要实现转型升级根本上来源于企业的内驱力,融智创新便是它的发动机。

一、融智创新是中国跨越"中等收入陷阱"的必然选择

"中等收入陷阱"是指不少中等收入国家经济长期停留在中等收入阶段,原有的增长机制和发展模式中的矛盾爆发出来,原有的发展优势渐渐消失,它们迟迟不能进入高收入国家行列。亚洲的菲律宾、马来西亚、印度尼西亚就是这样的例子,拉丁美洲的墨西哥、阿根廷也一样,它们都长期陷入了"中等收入陷阱"。世界银行2007年报告中所提出的"中等收入陷阱"概念,正是总结了20世纪后半期以来一些已落入"中等收入陷阱"的发展中国家的教训。

"中等收入陷阱"实际上包括了"三座大山",它们分别是:第一,"发展的制度陷阱";第二,"社会危机陷阱";第三,"技术陷阱"。

(一)深化改革,通过制度创新跨越"制度陷阱"

已经或正在落入"中等收入陷阱"的发展中国家主要是从传统社会走向工业化社会的国家。在它们从低收入国家行列进入中等收入国家行列时,不一定经历

了传统制度的激烈变革阶段，而可能还保留着较多传统社会的特征，传统势力和传统的社会组织形式还起着很大的作用。这些特征和势力往往在农村，尤其是经济落后的山区、边缘地区表现得相当顽固，它们成为这些国家发展的制度障碍，也就是"发展的制度陷阱"。

除了土地问题以外，发展的制度障碍或"发展的制度陷阱"还表现在以下这些方面。

第一，传统组织和氏族、家族势力根深蒂固，阻碍了市场化的持续推行，地方政权大多数受到这些势力的操纵，成为大地产主或种植园主的工具，地方政府官员成为大地产主或种植园主的代理人。公平竞争的市场秩序在广大地区尤其是偏远地区难以建立。

第二，这些国家中，传统社会的限制和土地制度的不合理，使农业劳动生产率低下，农村的收入增长率大大低于城市的收入增长率。农村购买力普遍低下，造成内需不足，限制了工业化的继续推行，市场化步伐受到严重限制。

第三，发展中国家要进一步发展经济，必须有财政的支持。然而在这些国家，由于市场经济发展受阻，财政通常十分困难，形成了财政赤字与经济增长率低下交替的恶性循环。

第四，在这些国家，肩负着支持经济发展重任的金融业，其发展通常是畸形的：一方面是资本找不到合适的投资机会，没有出路；另一方面是资本严重不足，高利贷盛行。造成这种畸形金融状况的制度障碍主要是金融机构或者被外资控制，或者被官僚和权贵们控制，民间金融不得不转入地下活动。

第五，在这些国家，发展的制度障碍还在于社会垂直流动渠道被严重阻塞了。社会垂直流动渠道的严重阻塞，主要是制度性的问题，可能和垄断的存在、利益集团势力强大，以及社会上种族歧视、身份歧视、宗教与文化歧视、性别歧视等有密切关系。

如何克服发展的制度障碍？如何避免落入"发展的制度陷阱"？对发展中国家而言，唯有通过对传统体制的改革才有出路。这里包括对不合理的土地制度的改革、完善市场经济体制的改革和从制度上消除各种歧视。

然而，深化改革对这些发展中国家而言，绝不是一件容易的事情。阻力越来越大，主要原因是：改革拖得越久，利益集团的力量越来越强，改革付出的代价也越来越大。

（二）妥善处理"社会危机陷阱"

陷入"中等收入陷阱"的这些发展中国家经常遇到失业和通货膨胀难题，这就是所谓的"社会危机陷阱"。

对发展中国家而言，就业压力始终是存在的。经济发展到一定程度后，农村中的青壮年，包括农村妇女在内，走出农村寻找工作的人越来越多，因为更早离开农村在城镇中找到工作的人产生了示范效应，会吸引更多的农村青年向往城镇，不断走出来，求职人数超过城镇的就业岗位数，所以就业成为城镇不得不面临的巨大压力。

同样的道理，在经济发展到一定程度后的发展中国家，由于投资需求增大，财政支出增大，便有了需求拉动型的通货膨胀。由于土地、原材料、燃料等供给紧张，房地产价格上涨，生产成本上升，又有了成本推进型的通货膨胀；加之，在发展中国家经济发展过程中同国际市场的关系日益密切，它们越来越卷入全球化的浪潮，所以无论从商品流通渠道看，还是从资本流通渠道看，它们都有可能发生国际输入型的通货膨胀。通货膨胀使发展中国家国内民怨增长，使公众增加了对贫富差距扩大的不满，对政府的不满，对执政党的不满。

如果发生的是成本推进型的通货膨胀或国际输入型的通货膨胀，那就会同失业交织在一起，形成失业与通货膨胀并发，也就是通常所说的"滞胀"。"滞胀"必将使这些国家的中产阶级受到打击，更重要的是使失业者和低收入家庭愤怒、绝望，"社会危机陷阱"不可避免地形成了。

（三）融智创新突围"技术陷阱"

一些落入"中等收入陷阱"的发展中国家之所以长期经济停滞，摆脱不了困境，也同技术上难以有重大突破有关。他们认识到，如果技术上没有重大突破，缺少融智创新，缺少产业升级，缺乏技术先进的优势产业，那就难以使人均国内生产总值越过中等收入阶段与高收入阶段之间的门槛。但在这方面，他们往往无能为力。为什么？这主要是因为：技术创新必须同资本市场创新结合。如果缺少这种结合，这些发展中国家，即使已有一定的制造业基础，要想在尖端技术方面有重大突破，也是可望而不可即。这种情况就是"技术陷阱"。

要知道，在不少发展中国家，尖端人才不足是一个重大短板。为什么会发生这种情况？一是由于社会垂直流动渠道的严重阻塞，利益集团势力强大，通常缺乏鼓励人才脱颖而出的机制，所以科技领域的高端人才被埋没了，受压制了。二是由于工资待遇、福利待遇、社会保障和工作环境等的影响,不少在国外学有所成的人才不愿回国工作,而愿意受聘于国外,留在国外长期不回。三是本国培养的人才受到同样的诱惑,流向国外。

一些发展中国家之所以在尖端技术领域和产业升级方面有巨大困难,是由于本国的资本市场发育不全。简单地说,那里的资本市场是先天不足,后天失调,再加上金融专业人才不足,金融监督松弛,腐败丛生,投资者望而生畏,把创业投资视为畏途。

这些国家的富人尽管拥有较多的财富,但从来都把持有不动产看作是首要目标。即使从事实业投资,也一直把采矿业、建筑业和劳动密集型制造业作为重点,很少涉及风险较大和自身又不存在优势的先进技术设备制造和新兴产业,因为他们在这方面并无把握。

在发达的西方市场经济国家,从来都要依靠较完善、较完整的资本市场体系来为技术创新的开展与推广发挥融资作用。然而在这些发展中国家,如上所述,既由于资本市场不完善,又由于富人作为投资主体不愿涉及风险较大的行业,所以不仅资本市场发展不起来,而且高端技术、自主创新、新兴产业也难以取得重大进展。富人作为投资主体,太急功近利了,只想迅速获得暴利。如果股市看涨,他们常常带着投机的想法,大量涌入,增加资产泡沫;一旦股市看跌,他们又匆匆撤离资本市场,造成资本市场无声无息,不起作用。这在一定程度上归因于发展中国家一直缺乏有战略眼光、有志于振兴民族经济的企业家,即缺乏企业家精神;另一方面,这也在一定程度上归因于一些发展中国家的政府不关心改善资本市场的现状与投资环境建设,使得资本市场既先天不足,又在后天上缺乏政府的关注扶植和必要的法制与政策干预,这样资本市场也不能在技术创新和新兴产业崛起中发挥应有的作用。

(四)中国通过融智创新完全可以跨越"中等收入陷阱"

中国至今仍然是一个发展中国家,而且由低收入国家行列进入中等收入国家行列的时间并不久。在中等收入阶段继续前进时,中国会不会遇到"中等收入陷阱"并深陷其中,这已经成为人们关注的热点问题之一。中国将会落入这一"陷阱",这是唱衰中国经济的一些人的意见,甚至是他们的愿望。中国不会落入这一"陷阱",这是看好中国经济众多人士的一种愿望,也是一种假定,因为这里还有若干假设条件,需要探讨。

假设之一：在中国经济发展的现阶段，如果遇到发展的制度障碍，该怎么对待？是继续推进改革，清除这些制度障碍（如城乡二元制度、市场的不公平竞争环境等），还是犹豫不决？不敢或不打算采取有效措施？或者认为这些方面的障碍在现阶段的格局下不可能阻碍中国经济的继续前进？如果采取第一种对策，即下定决心，大力推进全面市场化、社会保险、税收等相关的改革，那就可以绕开或越过发展的制度障碍而不至于因此落入"中等收入陷阱"。

假设之二：要对中国现阶段和经济继续发展过程中社会冲突的状况和趋势做出实事求是的估计，正确对待已经露头的社会不和谐迹象，既不能视而不见或听之任之，也不要惊慌失措。正确认识，正确评估，正确对待，是最重要的。如果认为贫富差距、城乡收入差距、地区收入差距等问题确实已经到了必须正视而不能忽略的程度，那就应当采取有效的措施来一一缓解，以增加社会的和谐程度，这样就可以防患于未然。否则，不是没有可能导致社会不安定和社会矛盾激化，落入"中等收入陷阱"。

假设之三：在中国今后经济发展过程中，如果绕不过"技术陷阱"，不能在融智创新、企业转型升级、新兴产业壮大和尖端技术方面等有重大突破，如果资本市场依旧是不完善、不完整的体系，技术创新得不到资本市场有力支撑，也就是说，中国的产品不能以"中国智造"代替"中国制造"，那么就会停留在中等收入阶段，而不能迈入高收入阶段。

假设之四：在中国，必须摆脱过去长时期内支撑经济增长的模式——主要依靠政府投资的旧模式，转而实现投资与消费并重的模式，进而实现消费需求带动为主、投资需求拉动为辅的拉动增长模式。这才会形成经济的良性循环增长模式，才能避免经济的大起大落，避免失业与通货膨胀的交替出现，也才能避免失业与通货膨胀并发状况的发生。

假设之五：中国民间蕴藏着巨大的积极性，中国之所以在改革开放之后能够在发展中取得这样显著的成绩，全依靠改革开放以及由此调动的民间积极性，一个重要的原因是民营经济作为国民经济的重要组成部分迅速成长壮大了。如果今后循着这样一条道路继续稳步地走下去，协调、公平地发展民营经济及混合所有制经济，培养一批又一批有战略眼光、有志于为伟大中国梦而不忘初心、牢记使命、继续前进的优秀企业家队伍，中国一定能继续跨越"中等收入陷阱"并顺利进入高收入国家行列。反之，如果认为民营企业的发展到此为止了，那么民营经济将受到抑制，民间积极性将受到挫伤，这不仅阻碍了中国经济的继续成长，而且还会引发一系列社会问题，最突出的是失业问题、贫困地区未能全部脱贫奔小康的问题，以及新型城镇化推进中存在的问题等，这样，中国也难免落入"中等收入陷阱"。

在中国改革开放进入"深水区"与外部环境不利的当下，如何去金融杠杆与房地产泡沫？如何管控和化解地方政府债务？如何应对中美贸易摩擦所带来的连锁反应及从商品战上升为货币战？我们要做好充分的准备。这可能是中国所面临的前所未有的"大考"。

发展无止境。今天中国只要通过此次"大考"，我们完全有理由坚信，中国可以绕开或跨越"中等收入陷阱"。与此同时，新的问题也会出现。难道以后就不会遇到"高收入陷阱"吗？当我们绕开或越过"中等收入陷阱"之际，应当站得更高些，看得更远些，为以后绕开或跨越"高收入陷阱"以及"修昔底德陷阱"早做准备。

二、融智创新领航新时代

（一）融智创新推动新经济发展

2017年天猫"双11狂欢夜"单日总成交1682亿元！再创世界最大购物日成交纪录，2015年、2016年这一金额分别为912.17亿元、1207亿元。2017年中国零售平台全年商品交易额（GMV）达3.767万亿元人民币，较2016财年破3万亿里程碑继续大增22%。阿里巴巴2017年交易总额超瑞典全年GDP，阿里成了全球最大"网上经济体"，也成了无数追梦者最大的实践平台。

全球传统零售业巨头沃尔玛2015年的零售成交总额正好达到3万亿元，背后是沃尔玛全球220万员工奋斗了54年。但自2003年淘宝网诞生，阿里利用电子商务的新经济模式，只用了13年便实现了这一关键节点。3万亿只是一个"新起点"，阿里的目标是在2020财年突破6万亿元，成为商业史上第一个平台成交额过6万亿的公司。

阿里生态创造了1500万直接就业，带动了3000万间接就业。你或许想问了，现在去淘宝开店还来不来得及？"3.767万亿"占到2017年中国社会商品零售总额（36.626万亿元）的10%左右，相当于还有90%的商品交易在过去一年与互联网无关，而正是天猫的机会所在。阿里未来将通过搭建物流、金融、云计算等商业基础设施,通过淘宝无线化、天猫改造实体商业,同时伴随农村淘宝和国际化这两翼的发展去实现。

曾几何时,阿里巴巴集团的部分创始人在长城上留下合影,马云与他们宣誓要创建一家中国人为之骄傲的公司。时至今日,这个梦想似乎已经变成了现实。阿里巴巴传奇式的崛起,让全世界看到了中国梦与新经济的力量,也看到了中国卓越企业家引领"双创"的速度。

马云对新经济的最大创新性贡献就是"梦想"。凭着对梦想的不懈追求,阿里巴巴成了全球最大的互联网企业。"我们不缺钱,我们缺精神、希望、梦想和价值观。每个人都有机会成为英雄。我们有机会看到一个新的世界成长和到来。"

当初,马云说要在5年内使阿里巴巴打入世界互联网前十强,许多人只当是梦话。今天,马云借力"互联网+"科技与商业模式创新梦想成真了。不仅他一个人的创业梦成功了,更造就了一大批创业者成了千万、亿万级富豪和数不清怀揣梦想的奋斗者。这是否将引发人类互联网创业的新一轮浪潮?

对阿里巴巴来说,新的梦想也在召唤,那就是实现"品牌梦"和"企业梦"。拿美国消费者来说,他们在网上购物,不是基于选择电商平台,而是基于选择品牌。对美国电商而言,长期的信任和品牌依赖铺就了成功之路。对阿里巴巴来说,能否在更广阔的市场上成就新的成功模式、打造出具有国际影响力的世界名牌,这需要时间的验证。

对中国电商来说,阿里巴巴的成功,将激活传统商业企业的转型升级。面对阿里巴巴的伟大梦想,以腾讯、百度等为代表的众多竞争者纷纷摩拳擦掌,决心在生活服务电商和O2O领域实现突破;许多大中型传统企业也在不断建设自己的B2C平台,培养微信商城、App商城等。这是中国商业发展历史上的重要时刻:既是竞争赛马的图腾,更是合作共赢的开端。

科技革命会深刻改变企业商业模式和国之版图,也将深刻改变人们的生活方式甚至思维方式。以谷歌、Facebook为代表的国外互联网巨头们,不仅在商业领域,更在生命科学、新能源技术、人工智能技术等影响全球生态格局和人类未来命运的前沿领域做出了自己的贡献。作为中国信息科技重要代表的BAT三巨头之一,阿里巴巴又该如何肩负起重大的社会责任呢?它将在中国经济转型升级的过程中扮演何种角色?

阿里巴巴的名字已经让全球看见了,一飞冲天的马云事实上已成了全球化中国优秀企业家的国际大使,赢得了天下众多的"云粉"。"达摩院"的开张运行使众人预感到了"自成一家"、自主掌握发展主动权、创新先导权的企业家使命和崇高的精神。综观中国企业发展史,至今还从来没有一家中国企业在这样短的时间、在世界范围拥有这样高的知名度与美誉度。作为全球最大的B2B电子商务公司,它能否成为世界性的电子商务名牌?在深刻改变了中国商业生态之后,它能否通过持续的融智创新,与其他立志成为伟大企业的中国血统公司携手,改变世界商业版图并创造由新时代中国人领导的世界新商业文明?让中国重新回到曾经长期位居中的世界文明巅峰?我们将拭目以待。

(二)融智创新使传统企业焕发青春——通威"双轮驱动"成就"渔光一体"

随着第三次工业革命的到来,欧美等国都在加快发展高端装备制造业,以抢占新一轮产业竞争的制高点。要实现"中国制造2025"战略目标与成功迈向"两个一百年"奋斗目标,中国传统产业尤其国之重器、国之脊梁的装备制造业必须率先实现技术突围和转型升级。重构关键共性技术研发体系,是"中国制造"转型升级为"中国智造"的必闯之关。面对瞬息万变的市场和低迷不振的世界经济形势,尤其"美国优先"的"蝴蝶效应"所产生的国际不利环境,中国装备制造企业无法改变大环境,只有加快融智创新才能适应生态环境和改变自己,谋求生存砝码并实现自我救赎。

30多年前,通威创始人刘汉元用500元启动资金走上创业之路,书写了中国"最具影响力水产人物"的传奇故事,并被大家所熟知。30年后的今天,刘汉元毅然深度切入光伏产业,推动中国能源消费方式的变革,并在养鱼的水面上搞起了光伏发电,创造了"渔光一体"新的价值链模式。2017年,刘汉元被四川省企业联合会/企业家协会授予"四川省杰出企业家"并推荐荣获了2018年"全国优秀企业家"的荣誉称号。

2008年2月,已经成为全球最大水产饲料生产企业的通威开始了第二次创业。通威集团旗下上市公司通威股份成功收购四川永祥股份有限公司50%股份,成为该公司的第一大股东。这是一个信号——刘汉元开始切入新能源领域。此时,正值全球光伏产业步入"寒冬"。2008年下半年以来的8年多时间里,多晶硅价格从每吨300多万元,一路狂跌,最终跌至每吨十几万元。

然而,不断"深寒"的行业态势,没有阻挡刘汉元二次创业和干一番新事业的决心。此时的创业,刘汉元和他的通威集团已是实力雄厚,有足够的机会去辗转腾挪。在行业一片哀鸿声中,他大手笔逆势而上,以独到的眼光和境界,布局上下游产业链——8.7亿元收购合肥赛维，成立通威太阳能（合肥）有限公司。 2013年11月18日，当初刘汉元巨资收购的通威太阳能（合肥）有限公司投产，经过3年的发展，产能达到2.4GW；2015年11月18日，通威集团电池项目投产2周年庆暨双流5GW高效晶硅电池项目仪式在成都双流举行，全球规模最大的太阳能晶硅电池项目启动建设。经过7个月的快速建设，项目已于2016年6月成功投产，创造了新的"世界速度"，也是全球自动化程度最高、单车间产能规模最大的高效晶硅电池线项目。2017年1月22日，二、三期共4GW高效晶硅电池项目也正式签约，二期于2017年9月建成投产。未来3～5年，通威太阳能电池环节将实现产值超过200亿元。

　　在产业链条上下游潜心布局、大展拳脚的同时，他强力主导了旗下各子公司的技术创新。经过多轮技术改造，永祥股份"永祥多晶硅生产法"申请了近百项专利，不仅一举突破欧美国家的技术封锁，还跃居世界水平的最前沿。目前，公司多晶硅生产成本降到每吨几万元，扭转了成本与售价倒挂局面，在外部市场低迷的格局下，公司从亏损到盈利数亿元，实现了逆势飞扬。通威太阳能电池片最高平均转换效率超过20%，品质达到行业最优，成本实现行业最低，各项技术指标达到世界先进水平，电池片品质与客户评价中国第一。这些成就的取得，最根本的原因就是不断的创新。

　　时至今日，通威早已成为全球顶尖的航母级农业领域现代化企业，依靠集团强大的研发和创新能力，通威农业板块保持35年稳健发展，尤其近10多年来稳步增长态势明显，年增速保持在20%左右。

　　通威"渔光一体"模式的出现，创新性地将通威两大主业进行了有机融合，实现了鱼塘水下养鱼、水上发展光伏发电，不仅节约了宝贵的耕地资源，还实现了空间的复合利用，大幅提升了养殖户的收入。

　　在江苏射阳、如东等地的通威集团"渔光一体"项目基地，鱼塘上布满了光伏发电板，不仅支持自动化、智能化鱼塘管理系统，还发电并网。与此同时，架设光伏发电板对水产养殖的夏季降温大有益处，改善了鱼类的生长环境，可谓一举多得。下面池塘养殖，上面空间发电，创造性地实现了国土资源一地多收、一地多用，在推动产业转型升级的同时，解决了光伏发电土地占用的问题，为发展循环经济，实现"智慧农业"与可持续发展树立了企业公民的榜样。

　　2018年4月11日，笔者带队到通威进行调研，为肯定和推广通威通过融智创新驱动转型升级的做法，特以"渔光一体通威首创"现场赋藏头诗一首："渔业引领富民生，光能伏照与日争；一流产业汉元塑，体系优势受人尊；通达四海品质真，威名九洲性价升；首尾循环生态链，创造名牌再攀登。"

三、融智创新成就行业旗帜——福耀：原创成就行业领头雁

2016年，福耀玻璃工业集团股份有限公司（简称福耀公司）创始人曹德旺在美国办厂打官司不经意便成了新闻焦点与"网红"。中国优秀企业家所走的融智创新之路也变得渐渐"常态"了。

原始创新是最重要和最基础的创新，特别是企业的原始创新对经济发展动力转换有着决定性作用。目前我国企业与西方企业的差距就是鲜有真正意义上的产品创新，实质就是原始创新的不足。企业原始创新是指依靠自身的努力和探索，实现核心技术或核心产品的突破，并在此基础上依靠企业自身技术能力完成创新后续环节，在行业中首先实现创新的商品化转化和市场开拓，向市场推出全新产品的创新行为。

1. 福耀公司发展历程

1983年，曹德旺承包了福清市高山镇专门生产水表玻璃的乡办企业高山异形玻璃厂。1984年曹德旺了解到汽车玻璃全球80%的市场被日本ASAHI、法国圣戈班等四大巨头垄断，且价格昂贵、利润丰厚。基于敏锐的市场嗅觉以及"为中国人做一片属于自己的玻璃"的决心，福耀公司于1985年转产汽车玻璃并实现盈利。1987年公司与上海耀华玻璃厂签订技术合作协议，引进当时最先进的生产设备，研制出了汽车专用玻璃。1996年福耀与法国圣戈班签约合资成立了万达汽车玻璃有限公司，向国外巨头不断学习助推了福耀的快速成长。

2000—2005年是福耀发展的第二个阶段，企业利用平台数据交换整车企业的图纸、数字模型和3D数字化数据进行产品开发、来样加工。2004年底组建了设备研发中心和产品设计中心，高薪聘请技术专业人员，进行全面创新，并在中国、美国和德国设立产品设计中心。2005年公司与奥迪签约，标志着福耀品牌进入世界知名品牌行列。

2006年福耀成立了玻璃工程研究院，有专职研究人员200多人，引进了基础材料研究和汽车玻璃功能化研究领军人才。2007年公司提出"以客户为导向，以市场为导向，以质量求生存，以创新求发展"的管理理念，开展精细化管理和反浪费行动，实施一系列全员创新措施，大力促进产品向智能化转变，开发出防晒节

能玻璃、调光玻璃、天线玻璃等高附加值产品。2008年福耀成功完成了丰田的一款新车的玻璃天线设计任务，这是福耀融智创新取得市场肯定的里程碑事件。随后，福耀攻克了"汽车前挡Low-E镀膜玻璃"技术，开发出福耀SUNLESS节能防晒汽车玻璃。2013年福耀共生产1亿多片玻璃，产能位居行业第一。

2. 福耀公司的原始创新

分析研究福耀公司成功发展的历程有两点深刻启示，第一，福耀在汽车玻璃行业由小到大、由弱到强的成功本质就是持续的原始创新。福耀公司始终在技术、市场二个发展方向推进原始创新。第二，福耀构建了以市场、技术两个方向的原始创新链，其创新源点是来自外部的市场力量和来自内部的企业家精神，创新基点是企业发展过程中积累的技术和市场知识，创新触点是聚焦企业发展问题，创新支点是培养和引进核心人才与研发人才，创新爆点乃是头脑风暴与开放协作。因此企业原始创新模式如图5-1所示。

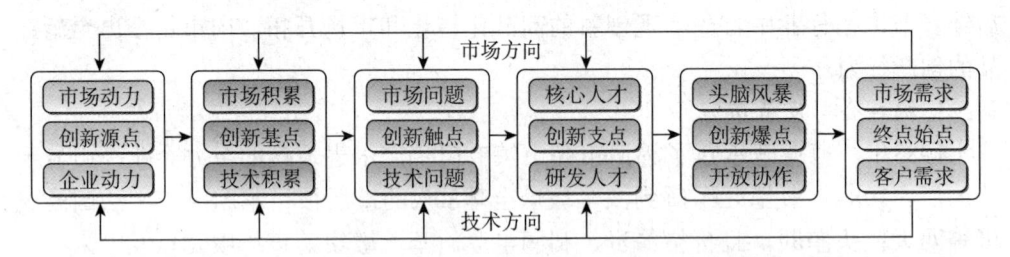

图5-1 福耀公司原始创新模式

（1）创新源点：内外合力

原始创新源点就是内外合力的创新动力机制。企业原始创新活动是企业为实现价值最大化而创新资源配置方式的活动，能实现创新利益就有创新动力，包括外部动力和内部动力。企业原始创新的外部动力是市场动力，包括市场需求拉动、经济社会发展等因素。企业原始创新的内部动力是企业家精神。企业家是原始创新以及企业发展的生命力所在，推动了企业的不断进步和发展，企业家精神的核心本质就是创新精神。可以这样讲，没有曹德旺就没有福耀。

1984年曹德旺赴武夷山旅游时给母亲买了一支拐杖，当带着它坐上出租车时，司机提醒他别撞坏了汽车玻璃，一块原装玻璃几千元。本身做玻璃生意的曹德旺认为这块玻璃成本也就50元钱。回来后他便做了市场调查，惊讶地发现一块原装玻璃确实需要几千元，这让曹德旺即难受又兴奋，难受是因为他清楚地知道一块玻璃的成本是多少，但是外国人卖给我们如此高的价格，这分明是在欺负中国人做不出高档的汽车玻璃；而兴奋则源于他与生俱来的对市场的敏锐嗅觉，执着、敢想、敢干的创业精神和冒险精神在这时显露无遗。随后曹德旺开始筹划从水表玻璃到汽车玻璃的转型升级决策。

（2）创新基点：变量积累

原始创新基点就是企业发展变量积累的创新质变机制。企业进步的两个变量是技术与市场。任正非说："没有大量的技术积累，是不可能产生爆发性创新的"。福耀公司经过20余年从模仿到OEM再到原始创新的发展，积累了强大的生产能力和设备自供能力，以及一批行业内的关键性技术人才和研发创新能力，这为企业的原始创新打下了坚实的基础，提升了原始创新的起点高度。

福耀与法国圣戈班3年的合作让福耀受益匪浅，尤其是员工直接到法国圣戈班的生产一线接受再培训，这不但从外在的生产流程、设计思路、工艺路线上让福耀的员工见识了先进的蓝本并得到实践，还通过与圣戈班技术人员在日常工作中的接触，潜移默化中从内在提升了福耀技术人员自身的专业素质，为公司的原始创新打下了坚实的基础。

（3）创新触点：问题导向

原始创新触点就是问题导向的创新发现机制。企业的发展就是企业在不断解决问题中波浪式前进、螺旋式进步的过程，企业在发展中始终面临市场和技术两大难题。

市场难题，就是指企业发展与市场发展相脱节的问题。企业的发展落后于市场的发展，具体来说就是企业不能适应市场，或是企业不能引领市场。因为有了市场才有企业，企业存在的理由就是满足市场需求。由于当今社会的快速变化，市场日新月异，企业唯有跟随市场的变化或引领市场的变化，才能在行业中保持竞争优势。唯一的方法就是不断创新，解决企业与市场相脱节的问题，不断推陈出新驱动企业前进，否则就会被时代淘汰。

福耀始终把握汽车玻璃的发展趋势，认为汽车玻璃的发展方向不单是在安全和透亮方面，而是要把附加功能加进汽车玻璃，即在保障产品质量基础上实现产品功能的创新。因此公司近年自主开发生产了一系列可以隔开紫外线的汽车玻璃，这种玻璃可以隔绝紫外线对人体、仪表板、真皮座椅造成的伤害，保护、延长室内装潢的使用寿命，延缓褪色过程，减少人体患皮肤癌和皮肤病的概率。再如在玻璃上附加无线信号的接收和处理功能，在玻璃上做显影等功能，这些功能化的产品创新不但为企业带来丰厚的利润，也扩大了产品的市场应用范围，创造了新的市场蓝海。

技术难题，就是指产品性能与客户需求相脱离。企业的产品不能满足或完全满足客户需求，或满足客户个性化的需求，企业就会被客户丢弃、市场抛弃。因此任何成功的企业原始创新都建立在对潜在市场价值挖掘、未来市场价值探索的基础上，否则原始创新可能因为不符合消费者需求而失败。

福耀构建了问题导向式的创新发现机制：①定期与客户和下游企业的高端技术人员、设计人员沟通交流，及时了解汽车厂在人体工学、地域气候和路况方面的研究现状和最新问题。②与上游材料行业保持及时交流，不断就材料应用问题论证。③工程研究院的研究人员在自身的研究领域寻找理论与实际的不一致。④一线工人与产品生产的关系最为密切，对产品及生产问题更为敏锐及直观，合理化建议活动是全员创新的基础。⑤专利人员会定期跟踪行业内的产品专利申请和授权情况，制作每日专利剪报，为产品的开发创新提供参考和实用价值。

（4）创新支点：团队核心

原始创新支点就是引进与培养人才的人才创新机制。原始创新的实质是知识创新，创新人才是企业原始创新的领航者。人才的创新精神具体来说就是永无止境的好奇心和永不满足的求知欲，以及坚韧不拔的意志和锲而不舍的精神。

同时，原始创新是建立一种全新的生产函数，是一项知识的创造性活动。它是一个不断开发灵商与灵商产出的过程。科技创新团队能否做出一流的业绩，一定需要一两个核心人才或行业统帅。企业家应创造条件，使核心人才成为创新的"原子核"。核心人才必定是行业杰出人物，善于正确把握行业的发展阶段和发展方向，从而做出正确的重大决策，引导研发人员进入学科的最前沿并迅速、有效地积累学术优势。

福耀2004年底组建设备研发中心和产品设计中心，高薪聘请专业技术人员。2006年玻璃工程研究院引进了基础材料研究和汽车玻璃功能化研究核心人才。作为领军人才的院长曾在日本车艺研究中心工作多年，回国后任厦门大学教授；副院长专攻自动化控制，在日本三菱供职多年，他们都具备一流的知识积累和丰富的行业经验，这些为公司的原始创新提供了创新支点。

（5）创新爆点：头脑风暴

原始创新爆点就是创新研发机制。原始创新作为一种突变式创新首先需要创新思维。积累是创新的基点，问题是创新的起点，头脑风暴是创新的爆点，解决问题则是创新的终点。企业发展累积到一定高度后面临的问题，都是前所未有的问题，因而老方法已经不能解决新问题，必须要突破常规和传统的方法，需要有灵商迸发的颠覆性创新。

一方面，由于个人经验、经历、能力有限，需要团队共同努力、集思广益，找到解决问题的良策。如何让一个团队围绕同一个问题共同发挥灵商智慧，凝心聚力，需要有好的组织方式，头脑风暴法就是一种大胆假设小心求证的创新思维组织形式。围绕问题让每个人无限制地自由联想和讨论，提出尽可能多解决方案的群体参与讨论法，其目的在于激发团队灵商迸发或新观念形成并促使创新设想的达成。

另一方面，与产业链上下游企业合作创新研发，这不仅能开阔公司自身创新的视角，也能弥补单个企业在产品创新人才方面的局限性，不仅分散了独自创新的风险，也形成了产业创新生态圈，有利于形成跨界创新的互补与修合效应。

福耀通过与上游供应商和下游整车制造商的定期沟通和合作，展示了开放式创新的协作方式。公司与一家黏合剂生产加工商采用开放式的合作方式，新研制出的汽车胶保障了福耀汽车玻璃的质量，既不影响玻璃的功能，又符合汽车的寿命试验，二十年不变质，同时降低了生产成本。

3.企业原始创新突破对策

（1）万众创新深入化

由于原始创新的偶然性，再加上企业创新文化培育的需要，企业不能拘泥于传统的研发体制和机制，而是需要彻底打破部门壁垒、岗位壁垒，推行全员创新活动。通过制度不断激励，通过活动深入促进，真正实现万众创新。

创新从来不只是少数科研技术人员的工作，需要团队全员的共同努力，尤其是来自一线的职工。福耀公司从思想鼓励、职业激励两个方面营造和推动万众创新。一方面是思想鼓励，充分发挥员工对创新的激情。上至董事长、总工程师，下到部门经理，公司在各种场合不断表彰和鼓励创新，鼓励员工发现并提出生产管理中存在的问题，使管理水平和管理效益不断步上新的台阶。另一方面是职业激励，公司设立了两条评级晋升线路，一是行政级别，二是技术级别，通过职业晋升机会和评级来激励员工创新。

（2）资金投入持续化

原始创新需要大量资金投入，一是保证研发创新活动的开展；二是保障创新人才队伍的稳定，使之能够自由探索实验；三是保障研发创新活动所需的实验设备及条件。另外，由于原始创新周期较长，必须保证研发投入的持续性，否则，就会功亏一篑。

福耀研发创新资金投入有一套规范流程。第一，只要创新项目通过研发流程，会一次性按计划批准资金。第二，不设拨款上限。领导层一直重视原始创新，绝不给研究资金设上限，只要合理并通过研发流程控制就会支持。第三，按需供给资金。通过各个部门分工合作，合理利用企业资金。

（3）技术积累规范化

企业一定要有技术积累意识和知识技术的建档制度，使无形的知识技术有形化、档案化，特别是数字化、信息化，便于总结、学习、传承。当然这里的技术是广义的，包括研发技术、产品技术、制造技术、工艺技术、维修技术等。

（4）研发管理科学化

企业的原始创新不仅是技术问题，也是管理问题。原始创新尽管有偶然性，但偶然性中有必然性，需要遵循科学规律。

1）规范创新项目的管理。第一，制订原始创新工作计划，包括原始创新项目的确立、创新团队的建设、研发经费的使用等。第二，评估原始创新活动，包括对创新项目、创新进度实时评估。

福耀有自己的一套研发流程。首先，提出创新课题，多渠道的相关人员每年都会根据销售、市场、汽车厂的信息及其他研究人员掌握的信息提出一些课题。其次，认领创新课题。课题提出之后，经过专家委员会的筛选后公布课题。研究人员可以根据自己的能力和兴趣点认领，并提出认领项目需要的管理人员和研究人员，然后由公司协调分配资源。最后，实时跟踪与评估研发项目，根据评估结果中止或继续推进项目。

2）创新研发管理模式。

（5）激励制度远景化

由于原始创新投入具有风险性，原始创新成果具有偶然性，原始创新效益具有滞后性，原始创新实践需要"千年等一回"的耐心、决心，因此企业对于创新人才的激励需要远景化。第一，建立与创新活动相一致的收入分配制度。要给创新者应有的待遇，支持他们做眼下做不出但从长远看是非常重要的事情，给创新者营造坚持下去的环境。第二，建立原创成果分享制度。实现企业、团队、个人三级成果分享以及利益分享，包括知识产权的分享制度。第三，建立人才合理流动制度。

创新成果分享：康宁——创新牵引持续转型升级的长青经典

被誉为"美国国宝级科技研发巨擘"的康宁公司，由玻璃制品起家，创新的基因深植于企业文化之中。清晰合理的研发战略加上超前的市场布局让它得以顺势而为，成为全球顶尖的光纤和其他高科技部件的制造商。而在所有技术型公司中，康宁更是少见的能将彻底改造自身作为常态的公司之一。

更不为人所知的是，康宁的用户不仅是普罗大众，还包括了最尖端的科研机构。除了向美国宇航局NASA提供所有载人飞船及空间站的玻璃之外，还为大名鼎鼎的哈勃望远镜及其他太空高端研究设备提供镜片和光学系统。2014年6月，康宁公司宣布向NASA的OSIRIS-Rex飞船提供特殊光学部件，用于其在2018年登陆流星班努（Bennu）的探索计划。

1. 国宝级科技创新巨擘

位于纽约州小镇康宁的康宁公司是生产特殊玻璃和陶瓷材料的全球领袖企业。它由爱默瑞·霍廷在1851年创立，到2018年已167年，是企业界货真价实的常青树。

更重要的是，在一百多年的历史里，虽然也遭受过诸如2002年互联网泡沫所带来的重创，但康宁一直在电子产品、汽车排放控制、电讯和生命科学等诸多领域独领风骚，创造出众多深刻改变人类生活的产品：如让爱迪生的发明成为现实的玻璃灯泡外罩（1879年），使电视进入千家万户的显像管（1947年），使光纤通信得以广泛应用的世界第一根光缆（1970年）等。这一切都使得《财富》杂志对其做出"美国国宝级科技研发巨擘"的评价。不仅如此，康宁还长期保持全球最具创新能力企业前茅。

今天的康宁涉足显示技术、光纤电缆、环境技术和生命科学四大领域，全球员工3万人。

2. 创新战略清晰独到

康宁持续百年的成功是全球企业界的一个传奇。原因其实很简单，就是持续不断地进行研发投入，不懈地创新。从创立伊始，康宁就已把创新精神深植于企业基因中。

百年前，当他人都在凭经验制造玻璃时，康宁创始人霍廷和他的儿子就把玻璃制造作为一门严谨的科学来对待，通过系统严密的实验达到最佳的产品质量。早在1908年，康宁就建立了美国历史上最早的企业研发实验室之一，并雇用了全职的研发人员，这在当时极为罕见。霍廷家族的这种创新精神多年来薪火相传，从未中断。

在康宁，创新不仅仅是企业战略，而是宗教般的存在。它靠信念而实施，不论丰俭之年，就算在近期内看不到回报，都持续进行。霍廷家族从一开始就对创新的意义有着清晰的认识，即创新不但是为将来的收益做准备，而且是在核心业务突然消失时用于保护员工和企业自身的必需手段。

在这种理念的指导下，研发和创新在康宁160多年的历史中一直是企业战略的主体，而且从未改变。小爱默瑞·霍廷曾骄傲地说，研发是康宁增长速度最快的企业活动。康宁每年持续投入10%用于创新，就算是在像大萧条那样最艰苦的阶段，研究投入不但没有收缩反而加大了。

因此，康宁一百多年来持续不断地推出性能优异的创新产品，如铁路和航海用的信号灯、耐高温玻璃餐具、电视显像管、汽车净化陶瓷、光纤、LCD屏幕及所有手机上都不可或缺的大猩猩玻璃。今天的康宁每年测试超过1万种不同的玻璃，并有12万余种独特的配方。全公司25%的销售来自"年龄"小于5岁的产品。

当然，康宁的成功不仅来自一味地投入研发，而是制订了清晰合理的研发战略。尤其是在互联网泡沫危机后，康宁痛定思痛，通过对自身优劣势的分析，明确提出了"核心部件研发战略"，并称其为康宁的创新公式。

这个创新战略的核心是做一个促成者或赋能者，为其他公司的产品系统创造核心部件，使它们的产品能够充分发挥效能，并通过自己独有的专利技术获得高利润。这些核心部件由独特的材料、卓越的工艺过程和优良的加工制造能力共同打造，并能在这些方面形成知识产权的保护和技术壁垒。

其结果是，这些关键部件不仅是其他企业无法模仿的，更重要的是，它们成了更大产品系统的赋能者，具有广阔的增长空间。这个研发战略能够充分发挥康宁在材料、工艺过程及加工制造三大领域的整合优势，令其竞争对手难以比肩。

因为是立足于B2B市场所需的基础材料的突破，这种研发模式的最大特点是投入巨大但回报周期漫长。而且因为不是卖给终端消费者，康宁对结果没有很大的控制权。在这种商业模式下，康宁其实更像一个制药公司，必须随时愿意下一盘很大的赌局，投入巨资，然后甘愿等待十几年才获得回报。对于一般企业而言，这种创新模式是无法实施的。但康宁从诞生之日就善于从事这种立意长远、坚韧不拔的创新。这种精神深植于康宁的企业基因和员工的性格之中，成为康宁长盛不衰的法宝。

3. "耐心资本"韧力超前

康宁为高价值产品系统提供核心部件的创新战略往往需要在材料和工艺过程上同时实现激进式创新。因此，研发投资，尤其是固定成本投入很大。而且，进行这种核心部件技术的开发时间漫长，平均需要至少10年的投入才可能有所建树，如康宁开发显示技术用了14年，而开发光纤技术和LCD都进行了15年才最终盈利。

康宁在研发投入上显示出了无比的耐心，并提出了独特的"耐心资本"(patient money)理念，即公司对具有前景的研发项目坚定地给予长期持续而耐心的资金支持。康宁的四大业务均有很好的表现，就是因为耐心资本多年来强有力的支持。

对创新具有如此长远的眼光需要一种独特的企业文化，即冷静刚毅，坚定执着，对认定的目标毫不动摇，无论遭遇何种困难，都矢志不渝地前进；以"咬定青山不放松"的韧劲和毅力，绝不急功近利、浮躁易变。只有具备这种心理素质和心态并长期磨砺所创立的企业文化，才能成功地贯彻实施康宁独特的创新模式。

但这种极其长远的管理理念和风格在全球企业界绝对是一个异类。这和霍廷家族多年掌控康宁有直接的关系。虽然康宁在1945年上市，但绝大多数股权仍为霍廷家族持有。只是2000年后，家族持股才慢慢淡化，但霍廷家族仍对康宁有着深远的影响。家族企业的最大优点就是立足长远。现任总裁魏文德对此深有体会。他曾说，康宁从不会空降一位只做4年的总裁。康宁人从来都是把康宁作为终生的事业。

康宁不但对研发项目长期耐心地投资，而且极具眼光、魄力和胆识，经常超前投资，在市场需求形成之前，就靠自身对行业前景的判断完成战略布局。

20世纪60年代初，康宁启动光纤的研发。10年后，康宁在此领域获得全部12项基本专利。到了70年代中期经济萧条，康宁不得不解雇大批员工，而且光纤市场远未形成。康宁在美国唯一的潜在用户AT&T预测30年后才会有此类需求。但当时的总裁小爱默瑞高瞻远瞩，果断投资。到1981年，康宁在光纤行业的布局已经完成。此时共投资超过1亿美元，却无任何收入。但因为超前的战略布局，此后待光纤市场飞速发展，康宁很快就击败了众多强大的对手，从而独占鳌头。

在LCD显示器领域，康宁亦是如此。20世纪80年代初开始研发，初时就创造出一种新工艺，能够形成超薄、超平整的玻璃界面，远优于竞争对手。到了90年代中期，康宁预期市场需求的爆发，率先投资10多亿美元在亚洲设厂，又一次在市场腾飞时，做好了充分的准备，一举击败日企，成就霸业。在超过15年耐心投资后，LCD业务终于在1999年开始为康宁带来丰厚的利润。

康宁在车用环保陶瓷材料的成功也源于这种大胆前瞻的超前投资。它在20世纪70年代初没有任何订单的情况下就率先建厂。其后康宁的产品很快取得巨大成功,成为汽车行业的行业标准。康宁的这种果敢和魄力也是它持续成功的核心原因。

4. 转型升级坚定果断

康宁的持久昌盛还源于对自身持续而显著的变革。它在过去曾多次重新塑造自己,进行深度战略转型升级。高科技行业无论是技术、竞争环境还是用户需求都变化飞速。一个企业只有随时有决心、魄力,同时有能力进行变革才能维持长久优异的市场表现。

康宁最初是以生产专业玻璃起家,为铁路和航海提供信号灯玻璃。其后,它推出一系列极其成功的耐高温玻璃餐具,从而走入美国的千家万户。进入20世纪50年代,康宁成功地在电视显像管领域建立了全球市场的领袖地位。除了在材料领域不断突破之外,康宁还在80年代建立了利润丰厚的医疗测试部门。

但是,这些业务的曾经辉煌都未成为康宁对其留恋的原因。一旦企业生态环境变化,康宁就毫不迟疑地对自身进行深度变革,退出这些不再有发展空间或与康宁核心能力不再有战略相关性的部门。例如,在看到了日本彩电企业的兴起后,康宁于1988年将曾经贡献75%利润的彩电显像管部门悉数售出。1996年,康宁意识到医疗测试部门虽然贡献了27%的利润,却无法和其核心能力形成增益效应,便将其果断割离。而康宁在美国最广为人知的玻璃餐具部门,也在1998年被卖掉。

通过这些大规模的资产剥离,康宁成功将自身从大而杂的企业转型升级为一个小而精的高科技企业,顺利成为全球顶尖的光纤和其他高科技部件的制造商。通过这种深度战略转型升级,康宁的战略定位更清晰,创新能力也更加强大。其实,所有成功的高科技企业如IBM、亚马逊、华为、谷歌和甲骨文等,其共性都是如此。企业长青的秘密就是不断进行自我突破,甚至是壮士断腕般的自我毁灭和破坏。高科技产业的生存法则,不变革就等于灭亡。

5. 产业标杆持续辉煌

康宁辉煌百年,成为全球企业界的传奇,自然也少不了命运之神的青睐。当年的爱迪生要求康宁生产电灯的灯泡外壳,从而使得康宁在这个行业称霸40年。其后,乔布斯找到康宁,要求用6个月就生产出坚固耐磨又透明性良好的超薄玻璃,从而促成了应用于iPhone及其他移动设备上的"大猩猩玻璃"横空出世。就是它引以为傲的光纤业务也是因为20世纪60年代初，应英国邮政的需求才启动了这个项目。

这样看来，康宁的很多成功都是因为其他伟大企业的督促，才实现了诸多改变人类历史的创新。但康宁成功打造百年辉煌的真正原因，还在于根植于其企业基因中永不泯灭的创新文化和精神。和其他创新型企业相比，康宁的这种创新精神非常独特。如果把康宁作为一个人，那他的内心修为已臻化境。

美国另一家和康宁背景非常相似的高科技企业霸主摩托罗拉也曾辉煌多年，今日却是衰败倒闭。它缺乏的就是康宁所具备的这种持久恒定、百折不挠且具有宗教般挚诚的创新精神。所以，康宁能否在活力四射的青春之路上迎接即将到来的200岁生日并在下个百年持续辉煌，回答应该是乐观的。康宁是一个伟大的企业，也是一个可怕的对手，非常值得中国企业学习。

第六章
文化创新为先导

创新是企业永恒的主题,从企业生态与可持续发展上讲,文化创新是所有优秀企业自主创新的灵魂与引领,是企业适应外部环境,保持创新激情,提升融创力,营造良好企业生态,实现可持续发展的先导条件。这也是大多数巨型企业倒下、众多中小企业"牺牲"得到的经验教训。即设计建立一个伟大企业,必须首先要回答与解决好"为什么",其次"是什么",再次"做什么",再其次"怎么做",最后"谁来做"的文化选择题。正可谓境界决定眼界,眼界决定世界。

一、苹果公司的"为什么"

苹果跟其他公司不一样,其首先是从"为什么",而不是"我是做什么的"来定义自己的。它不是一家电脑公司,而是一家不断挑战现状、为个人提供更简单解决方案的公司。

苹果甚至在2007年改了公司的名字,从"苹果电脑"改成了"苹果",以此反映这个事实:它不仅仅是家电脑公司。从实际操作角度来说,公司的名字叫什么其实无所谓。对苹果来说,公司名字里有"电脑"两个字并不会局限他们可以做的产品,但这会限制他们对自我的定位。这个改变不是实际操作层面的,而是哲学层面的。

在20世纪70年代末公司创立时,苹果的"为什么"就成型了。时至今日,这个理念始终没有改变过。无论他们推出什么产品,涉足什么行业,公司的"为什么"依然保留了原样。而且,苹果挑战既定思维的意图可谓是预言式的。

作为电脑公司,他们为个人电脑行业重新制订了方向;作为小型电子设备公司,他们挑战了传统的巨头,如索尼和飞利浦;作为手机厂商,他们迫使大佬们——摩托罗拉、爱立信、诺基亚重新检视自己的业务……苹果进入甚至是统领了这么多不同的领域,这种能力甚至挑战了自己"电脑公司"的名号。

对立志成为一个伟大公司来讲,首先明白"为什么"是至关重要的。

对苹果的竞争对手来说,这些公司都曾经在某段时间清楚地知道他们的"为什么"。他们每个都能成为价值数十亿美元,甚至千亿级的企业,这正是主要原因之一。可渐渐地,苹果的所有竞争对手都忘记了初心及这一价值观的命题。

如今,所有这些公司都用"我是做什么的"来定义自己:我们是做电脑的。他们从"有理念的公司"变成了"卖产品的公司"。这个变化一旦发生,价格、质量、服务、产品特性等因素就变成了推动人们做出购买决定的主要动力。

从这一刻起,公司和产品明显变成了无差别的商品。一旦公司被迫在价格、质量、服务、产品特性等方面展开竞争,那它就很难实现差异化,也无法单凭这些因素赢得顾客的忠诚。况且,这些举措很花钱,每天醒来后忙着在这些层面上跟人竞争,也会带来巨大的压力。知道"为什么"是至关重要的,它会让你获得长久的成功,让你不会面目模糊地混同在芸芸众生之中。

任何面临差异化难题的公司大多只拥有无差别的商品,无论他们做的是什么,又是怎么做的。例如,问问啤酒厂家,他们会告诉你各个啤酒品牌之间的确存在差异,可问题是,要理解这些不同,你得是个内行才行。

在外行人看来,所有的啤酒都差不多,所以我们分不清谁是谁,因此把它们叫作无差别的商品。作为回应,企业也是这么做的。无论是B2C还是B2B,当今市场上几乎所有的产品和服务都按照这种模式运作。他们首先没定位"为什么",而是把注意力聚焦在"做什么""怎么做""谁来做";我们看不出产品之间的区别,因此把它们称为无差别的商品。

我们越是认为他们没有差别,他们就越是看重做什么和怎么做,这就变成了恶性循环。可是,只有这些无差别的公司,才会每天一醒来就要面对如何差异化的难题。那些透彻知道"为什么"的公司从来不为这些事操心。他们认为自己跟别人都不一样,用不着去"说服"别人认同自己的价值观与价值。他们用不着施展复杂的胡萝卜加大棒的手段。他们的确与众不同,大家也都心知肚明。他们的一言一行,都是从"为什么"这一"初心"出发的。

先有生活方式,再有购买选择;先有文化,再有产品;先有与其他公司有区别的核心价值观所代表的创新文化,再有核心技术开发所引领的消费时尚,这就是苹果的"与众不同"。

二、华为文化创新,成就数一数二

2018年华为迎来"三十而立"。2017年的全球销售收入6036亿元人民币,同比增长15.7%,净利润475亿,同比增长28.1%,海外消费者对华为品牌的考虑度同比翻番。华为,迎着炮火前进,不断改写"中国创造"的业绩。华为的成功,归根到底是文化引领的成功。

(一)华为的文化创新最核心的是其价值观:创新——以客户为中心,以奋斗为本,长期坚持艰苦奋斗,坚持自我批判

华为从创立之日到今天,关注的核心点是华为价值观的形成、实施、长期不懈的传播。"以客户为中心"讲的是价值创造的目的。华为的一位顾问写过一篇文章《为客户服务是华为存在的理由》,任正非在题目上加了两个字,变成《为客户服务是华为存在的唯一理由》。就是说,除了客户以外,没有任何人、任何体系可以给公司持续地带来价值。30年来,华为持续进行变革创新,但变革创新只有一个聚焦点,始终围绕着"以客户为中心"这个方向持之以恒。

"长期坚持艰苦奋斗",这是中华民族的优良传统精神,也是作为军人出身的华为领袖任正非的信念之一。而华为在最艰苦地区奋斗的大多是80后、90后员工。那么华为依靠什么机制来驱动华为人长期艰苦奋斗?相当重要的一点是华为强调"华为的冬天"意识,人人拥有危机意识才能从内心选择"以奋斗者为本"的价值评价和价值分配的准则。过去一百多年来,西方经济学的主流思想在价值分配上更多地倾斜于资本方的利益。华为所选择的"以奋斗者为本"的价值评价和分配的理念,某种程度上,是重大的经济与管理思想的创新。英国学者较为认同华为"向劳动者优先分配",或者说"价值分配更多地向劳动者倾斜"的理念。美国就有著名学者质疑,说这种理念虽然牵引了华为近30年的快速发展,但这种理念

是社会主义的,这种社会主义理念在全球范围内都很少有成功的先例,所以华为"向劳动者优先分配"的价值分配理念还有待时日去证明。

华为之所以能发展到今天,"劳动者普遍持股制"的确产生了核能效应,不过这仅是华为成功的要素之一。华为成功的核心要素还是"以奋斗者为本"的价值理念。

除了财富分配过程中的"劳动者分配优先",还有精神激励,这里最核心的是权力的激励。华为始终坚守以责任结果为导向的考核机制,按照实际贡献选拔干部。拥有军魂基因的任正非有很多形象化、军事化的语言,比如"上甘岭上选拔干部"。在干部晋升方面,是基于多种标准来选拔干部,还是基于简单的一元标准来选拔干部?华为坚守的是简单的一元标准:干部是干出来的,将军是从"上甘岭"上打出来的。

简单地说,华为的财富、权力分享机制,都是基于一个核心——面向客户的显性和隐性需求为组织创造价值且勇于奉献的人,才可以获得更多的奖金、提薪和配股,以及晋升的机会。

我们知道,一个好的理念随着企业生态条件的变化,也会发生扭曲和变形,乃至于变质。华为能够始终坚持价值观不走样地落地和实施?很重要的一点是"长期坚持自我批判""干好本职工作就是学雷锋"等。华为不倡导互相批判,更多强调自我批判,而且是不能夸大,不能为了过关给自己扣帽子,要实事求是并具有建设性。

华为的价值观,包括华为的自我批判、自我纠偏机制,更多的是向中国共产党学习的结果。中国共产党所创造人类奇迹般的"勇往直前"的"长征精神";"自力更生,艰苦奋斗"的"延安精神"等思想理论体系深刻且卓有成效地影响、改变着中国与中国的企业家,慢慢地也会随着"人类命运共同体"建设被世界所用,特别是今天的企业及创新生态中的不同系统组织能够从这个巨大的智慧宝库中汲取很多长盛的管理文化精髓。

华为的核心价值观,或者说创新文化的力量,是构成华为成为全球知名大公司以及可持续高速发展的最核心基础。

(二)华为文化创新的第二个方面是:不在非战略机会点上消耗力量

一直以来,华为没有做过资本化的运营,既不是上市公司,也没有做过任何规模性的并购。围绕公司核心目标和方向,华为只做了针对核心技术的小规模并购，涉及十几家公司，其中只有一家公司人数超过100人。华为也没有做过多元化运营，更没有涉及"赚快钱、炒热钱、玩灰钱"的行当。

从创立至今，华为只在攻击大数据传送管道这个"城墙口"投入全部战略资源。在任正非这样的战略家眼中，随着大数据越来越扩张，管道会像太平洋一样粗。华为今天真正进入了蓝海市场，在管道领域已经全面领先，但华为还要持续密集地在管道战略上加大投入。

战略资源的长期、密集、高度的聚焦，"饱和轰炸一个城墙口"，今后还会持续地聚焦同一个目标，这也是任正非讲的"针尖战略"。但很清晰的一点是，"精神制胜"、观念制胜是基础。

（三）华为文化创新的第三个方面是：把能力中心建立在战略资源聚集的地方，开放式创新

华为在全球有16个研究所，主要分布在欧洲、日本、美国等国家和地区。为什么要做这样的研发布局？就是要充分运用不同区域的资源要素的优势，这也是华为今天能够在技术上领先的根本原因。这里需要特别强调两点，华为创新是开放式的创新，而不是关起门来的创新，是站在巨人肩膀上的创新。华为手机终端业务为什么能在最近五年快速发展并挺进全球三甲？这和华为欧洲研究所，特别是法国研究所的贡献有很大关系。同时，华为的日本研究所在材料研究方面也给终端的发展提供了很重要的支撑。

华为从过去的追随者，发展成了今天的领导者。做追随者是相对容易的，做领导者就要肩负起人类的责任，对未来做出判断和假定。爱立信总裁曾在某个场合很不客气地说，假如爱立信这盏灯塔熄灭了，华为将找不到未来的方向。任正非的回答是：我们一定不能让爱立信、诺基亚的灯塔熄灭；同时，我们也要在未知的彼岸竖起华为的灯塔。这句话背后的理念是：与竞争对手开展开放式的创新、联合进行创新，与竞争对手共同对未来的不确定性进行探索、假定和融智创新，是互利共赢的，是人类命运共同体理念在产业发展上的融创共享之道。

三、阿里巴巴的跨文化创新

2014年9月19日，阿里巴巴在美国成功上市，共计融资218亿美元，成为美国IPO融资历史上金额最高的企业。

阿里巴巴在国际化进程中根据不同国家或地区建立不同语言的网站，从而形成具有本地特色的网站，这为其在以后的国际化扩张中提供了很好的模式——本地化模式。这种本地化模式的核心就是跨文化的创新。

1. 企业文化体系

阿里人最为津津乐道的就是其企业文化体系，这在阿里巴巴国际化进程中发挥了巨大的作用。在收购中国雅虎时，马云就曾经指出"有一样东西是不能讨价还价的，那就是企业文化、使命感和价值观"。这也体现出阿里巴巴在国际化进程中对文化差异的看法，即以企业文化为主导，对文化差异进行包容性的建设，企业文化和价值观成为阿里巴巴不可复制的核心武器，在其国际化并购过程中发挥了巨大的凝聚作用。此外，相对于严格的流程控制来说，企业文化的软性管理更加符合跨文化管理的准则。

2. 政委体系在国际化管理中的作用

政委体系是阿里巴巴从中国共产党"弱强变"打天下、治国理政定天下、"四个自信"赢天下的成功经验中学习的宝典，是其在全体员工中保证价值观传承的利器。阿里巴巴企业的层级跨越较多、区域发展快，如何保证一线员工能够准确地传承执行企业的价值观成为一个难题，政委成为考核制度中的关键人物，他担负着对一线员工的监督与指导工作，也确保了阿里巴巴独特的文化和价值观传承下去。政委体系在国际化进程中也发挥着巨大的作用，由于地理位置和文化差异的影响，阿里巴巴价值观和企业文化的传承与执行成为真正的难题，政委在指导海外事业部进行文化建设的同时也能够充分调动海外公司员工的士气，推动国际化的展开。

3. 阿里巴巴的人本文化

（1）识才选人标准

在阿里巴巴，人才的招聘和选拔遵循两点：一是基本技能与素质；二是价值观也就是对企业文化的认同。其中后者是最为重要的考察方面，要求应聘者能够融入阿里巴巴的企业文化并身体力行地践行"六脉神剑"等价值观，愿意与阿里巴巴同甘共苦，共同成长。在国际化招聘和人才选拔中，这成为筛选国际化人才的重要标准之一，这在一定程度上解决了因民族文化差异带来的文化冲突的问题。

（2）育才体系

在阿里巴巴，培训是全公司的大事，公司强调全员皆培训，特别是新员工的入职培训更是被看作是"百年大计"。培训的主要内容是价值观，其次才是销售技巧和其他技能，多样化的培训形式提升了培训效率和效果，经过培训大部分员工会从内心认同并遵循阿里巴巴的价值观。此外，阿里巴巴还会针对高管进行专门的培训，"组织部"就担任着对高管的培训任务，在培训中跨文化管理成为在国际化阶段的特色内容，这为阿里巴巴提供了大量的合格的外派高管人才。

（3）绩效考核

2001年阿里巴巴建立了规范的现代企业管理体系并构建了有效的绩效考核制度，其中价值观成为绩效考核的重要维度。此后，阿里巴巴绩效考核体系进行了很多变革，其中"2-7-1"法则较为著名，即在考核中部门主管按照2-7-1原则对员工的工作表现进行评估：20%超出期望，70%符合期望，10%低于期望。

（4）股权激励及合伙人制度

与其他上市公司不同，马云只持有阿里巴巴B2B子公司5%的股份，这体现着阿里巴巴分享财富的激励文化。在阿里巴巴，除了合理的基础收入，所有阿里人都可以通过奖励期权政策公平分享公司成长带来的财富，同时享受各子公司的股权激励计划。这在国际化管理过程中发挥了很大作用，不论是以平台为主要产品的贸易进入国际化模式还是以资本投入为主的资金进入国际化模式，都较大程度上激励员工以主人翁精神对阿里巴巴负责。

4. 文化融合

阿里巴巴在国际化进程中关注不同文化的融合，在对海外公司的文化管理上往往坚持文化嫁接与文化渗透的方式，在阿里巴巴公司总部文化框架下对子公司文化进行有效整合，从而形成既存在一定控制性又有一定自主性的融合型管理文化。

通过以文化和价值观为主的跨文化管理，阿里巴巴不断培养了一批批具有较高工作积极性和主人翁精神，高度认同阿里巴巴企业文化和价值观，极具创新和工作能力的高素质的全球化人才，为阿里巴巴加快国际化进程提供了丰富的智力支持和人力资本。

四、打造以创新为导向企业文化的方法

持续创新，关键是能够构建一套以规则和机制为支撑的文化体系。即使是同一个行业内的企业，创新的机制也会差别很大，而以核心价值观为引领的企业文化则是这种机制的决定因素。

（一）强化危机意识，营造创新氛围

当年华为总裁任正非去日本松下公司参观时，发现无论是在会议室还是走廊，都张贴着一幅画，画的内容是一艘即将撞上冰山的巨轮，画的下面还写着一排字："能拯救这艘船的，唯有你！"危机意识是日本企业文化的重要因素，也是支撑日本企业走向全球的精神支柱，这种意识也被融入华为公司中，是华为文化的重要组成部分。

危机意识是打造创新文化的第一步，尤其是目前的中国企业，面对逆全球化的外部市场挤压，面临供给侧结构性改革与转型升级的挑战，必须以更强的竞争力来应对各种危机。危机意识是创新的源头，作为企业的高层管理者要经常在各种场合激发大家的忧患意识，并鼓舞大家应对挑战。

当然，创新是需要氛围的，很重要的就是要创造坦诚沟通的氛围。3M公司医药部办公室的阳台扶手上，有很多镂空雕刻的装饰。因为公司发现，很多不同部门的员工在阳台倒水的时候会碰到并简单交流，这时端着水杯就会比较辛苦，所以公司为了鼓励各部门的沟通与交流，特意镂空了阳台的扶手。IBM公司专门打造了面向全体员工的"Think place"虚拟空间，鼓励大家交流自己的创意和想法。

企业也可以从办公室环境设计、办公布局、雕塑、画廊等很多地方，营造创新的氛围。这也是企业家的一项重要工作。

（二）建设创新机制，全员参与创新

创新需要一套完善的机制，包括创新的方法、奖励的标准，并能够做到及时、合理兑现。合理化建议制度可以说是创新机制的重要组成部分，很多企业也都有，但实施的效果并不好，原因就在于忽略了文化的因素。

制订一套机制并不难，难的是让员工充分参与进来，并且充满了激情和专注。与此同时，企业要鼓励全员参与创新，要有及时的奖励，要能够树立先进的人物和事迹。格兰仕公司流传着一个故事，有一次一个研发小组花了很长时间研发的一个产品失败了，根据公司规定是没有奖励的，后来总裁亲自请这个研发小组吃了一顿饭，鼓励大家不要灰心，从头再来。这个故事充分弘扬了公司"鼓励创新，宽容失败"的创新文化。

（三）领导以身作则，完善激励机制

在创新文化打造中，领导的作用是决定性的，再完善的制度如果没有好的领导带领执行，实施效果将会大打折扣。

首先，领导要能够给予下属一定的权限和空间，要抓大放小，不要管得过多过严，这样会压抑下属的创新热情。很多领导由于害怕员工出错，所以喜欢事无巨细地管理，时间长了，员工也会形成一种依赖的心态，凡事请示汇报，结果领导忙得焦头烂额，一个劲抱怨下属能力差，其实是他没有给下属锻炼的机会。虽然下属在独立工作时，可能会出一些差错，但如果领导不能宽容，这样的团队是无法具有创造力的。

其次，创新的缘由是企业在生产经营中出现的问题，不管是市场的需求、客户的抱怨，还是员工的牢骚，这些问题的解决本身就是一种创新。所以企业要有良好的沟通渠道。希尔顿有自己的顾客满意度追踪调查，每个月征求6万名顾客的意见，管理人员可以在线上看到整理后的意见，这样他们可以确切了解顾客对一系列涉及客服问题的看法，并制订相应的改善计划。希尔顿为此项调查的花费每年超过了150万美元。同样的，很多企业由于缺乏有效的公司内部员工之间、与外部客户之间的沟通渠道，所以总感觉创新无处着力。

因此，自主创新最重要的是文化创新与思维格局的突破。但如果身体已跨入21世纪，大脑尤其是观念、理念、思维等文化的要素集成还停留在20世纪，那这种企业离"僵尸企业"也就不远了。

五、企业文化创新的步骤

中国正处在政治经济体制深化改革的关键时期，优化政府职能、转变经济发展方式、调整产业结构、自主创新、军民融合、新型城镇化等都成为重大时代主题。在新时代背景下，如何抓住"互联网+""一带一路"的发展机遇、提升自主创新能力、打造名优品牌、加快开拓国际市场、提升核心竞争能力等成为企业发展的新命题，而如何将价值思维、互联网思维、创新思维、客户导向、竞争合作、开发包容、人类命运共同体等价值观有机融入企业文化建设之中成了企业文化创新与变革的重要任务。

为了更高效进行文化创新，企业可以按照六个步骤开展相关工作，以切实推进企业文化优化调整，实现企业文化成为融创的灵魂与核心，促进文化创新引领企业自主创新。

1. 第一步：生态环境分析，创造理想中的企业文化愿景

企业文化是建立在企业生态环境条件基础上的，企业文化的创新和变革需要

对现有企业生态环境进行审视，并在环境分析和评估的基础上，创造出理想中的文化愿景，为企业文化创新变革提供方向指引。

分析企业生态环境时，企业不仅要分析宏观经济环境、行业发展周期、价值链环节盈利能力、商业模式和竞争焦点等，同时还要分析企业自身和竞争对手的市场表现、消费者或客户需求和购买行为的变化等，以发现市场机遇，挖掘市场价值，明确企业未来发展方向和竞争方式，为明确文化愿景奠定基础。

在生态环境分析的基础上，企业需要提炼文化愿景，这包括明确企业核心价值、核心使命和远期发展目标。核心价值和核心使命是对企业存在原因和基本价值观点的规定，企业愿景是企业需要长期不断努力才可以达到的目标。文化愿景既要切实又要具有激励性，以有效激励企业变革和进步，引领企业创新发展的方向。

2. 第二步：基于能力，审视当前企业文化的基本状况

愿景的实现需要企业具备相应的能力，企业要分析自身目前的能力条件，审视企业文化状况，明确文化创新和变革的方向，促进企业发展能力的提升。

随着市场竞争的加剧，已经逐渐抛弃价格竞争模式，基于价值的创新成为主流的竞争模式，创新能力是企业发展的核心力量来源，创新文化成为重点审视对象。在对创新文化进行审视时，企业要以创新能力提升为出发点，认真分析企业文化与企业创新能力的关系，如企业是否重视创新？是否具有先进的创新理念？是否有创新的氛围？是否有创新的组织管理体系、创新平台、创新工作机制？是否有创新人才引进、培养、激励机制等。

3. 第三步：抓住关键，找出企业文化需要改进的首要弱点

在进行企业文化分析时，既要全面审视，又要重点盘查。要抓住企业发展的主要矛盾，重点分析影响企业成败的关键能力，明确能力强弱及变化的原因，并从企业文化角度分析造成此种现象的深层次文化原因，从而为企业文化的创新和变革提供重点突破口。

在分析企业能力过程中，企业可能发现技术创新、质量管理、内部整合、供应链协同、资源配置、品牌管理、风险管理、责权利匹配等方面都存在一定的不足，这也意味着企业需要多个方面的企业创新和变革。此时，企业需要明确重点，抓住关键。如当企业创新能力较弱且成为企业发展的最大短板时，企业则有必要以创新文化为突破口，重点打造创新文化，提升企业创新能力，与此同时，以创新文化为动力，逐步解决企业内部各种问题，最终建设卓越企业文化，提升企业核心竞争力。

4. 第四步：达成共识，激发企业内部文化创新和变革热情

企业文化的创新和变革涉及企业所有成员，这需要企业管理者和员工要达成文化共识，明确文化创新方向和变革重点，对企业文化创新和变革做出承诺，并积极努力参与，促进变革的成功。

文化创新和变革会遇到一定阻力，企业需要化解变革阻力，同时激发出更强烈的对未来的向往和热情。

5. 第五步：找准杠杆，强力推进企业文化的创新和变革

为了提高企业文化创新和变革的效率，降低文化变革的失败风险，企业需要找准强有力的文化杠杆，以高效地进行文化创新和变革。

企业家是企业文化的缔造者，也因其在企业内具有的强大统领力与影响力而成为文化变革的核心动力。企业文化的创新和变革要充分发挥企业家的引领作用。企业家不仅要高瞻远瞩地率领企业找到文化愿景，精准把握未来与定位，坚定地引领企业走上正确的道路，还要以自身影响力与持续动力促进文化的创新和变革，激发企业管理者与员工的文化自觉性和能动性，促进创新的企业文化落地生根，率领团队一起创造卓越的企业文化。

6. 第六步：制订行动计划，高效进行企业文化创新和变革

企业文化创新和变革工作具有全面性、系统性和复杂性，为了高效进行文化的创新变革，企业需要制订详细的行动计划以统筹协调各项创新变革工作。

企业文化创新和变革的工作计划要有明确工作任务、工作时间、工作方式和责任部门，同时还要明确工作评价的标准和方式，强化计划承诺，提高团队执行力。工作计划执行过程中，在注重发挥企业家的核心作用、强化企业文化职能管理部门的组织协调作用的同时，还要发挥企业各单位部门的主体作用，以更好地促进企业文化创新变革工作计划落实，实现企业文化建设与经营管理的有机融合，动态发展。

创新成果分享：文化创新成就"中国商飞"

C919的成功，成为"中国制造"集成化创新的代表，圆了中国几代航天人的"大飞机梦"，也使"中国商飞"品牌一飞名扬天下。

中国商飞公司作为中国民机产业的核心企业和骨干央企，肩负着自主发展中国民用航空产业、参与世界市场竞争和整体拉动中国制造业水平提升的重要使命，

确立了"把大型客机项目建设成为新时期改革开放的标志性工程和创新型国家的标志性工程,把中国商飞公司建设成为国际一流航空企业"的战略目标,在探索与实践中形成了具有时代特征的创新文化体系。

1. 构建具有民机特色的创新文化体系

航空工业不仅是现代社会最具有影响力的创新标志,更是将创新成果转化为市场竞争力的典范。民用航空领域一直是创新活动最为活跃的行业之一,多年来体制机制的创新、技术的创新和管理的创新在推动民机产业升级和技术进步、提高社会生产力的同时,也为企业创造了大量财富。对民机主制造商而言,创新文化植根于民机研发制造的全价值链活动,又流溢于公司的一切活动之上,尽快建立健全创新文化体系已刻不容缓。中国商飞公司在发展实践中,继承"两弹一星""载人航天""航空报国"精神的同时,融入时代特征和民机特色,建设形成激励公司勇于开拓创新、履行神圣使命、实现科学发展的文化体系。

中国商飞公司的创新文化建设,紧紧围绕创建国际一流航空企业的目标而开展,以公司中长期发展战略为统领,深入贯彻落实企业文化战略,围绕公司核心理念体系和管理理念体系建设,不断推进完善,形成保障创新的行为准则与环境。在路径选择上,通过创新文化引领及体制机制创新、科技创新和管理创新,不断完善民机产业体系、科技创新体系和管理制度体系,最终形成具有市场竞争力的产品与服务,为中国商飞公司创建国际一流航空企业提供文化动力保障。

2. 树立旗帜鲜明地创新文化及行为准则

(1) 倡导善于学习、勇于探索、精于集成、敢于超越的创新观

善于学习,就是要转变思维观念、拓展国际视野,主动向竞争对手和供应商学习,向国内外成功企业学习,向优秀的传统学习,学思结合,学识结合,学用结合,注重在引进的基础上消化和吸收。勇于探索,就是要凭借巨大的胆识,勇于打破固有的结论,勇于突破墨守成规的态度和习惯,勇于尝试前任没有走过的道路。精于集成,就是要在注重原始创新的基础上,善于集成国内外先进技术、成熟产品和优势资源,打造公司的设计集成、总装集成等创新能力。敢于超越,就是要充分利用后发优势,研制出更加安全、经济、舒适、环保的民用飞机,为客户创造更大的价值,为股东创造更丰富的回报,为员工创造更广阔的发展平台,为商业伙伴创造更多的拓展机会。

(2) 科学客观地树立创新活动的评判标准

不同的工作性质对应不同的创新要求,创新本身也不一定"以大为美",从公

司管理到各层级业务的创新标准也各不相同。中国商飞在经营管理方面，提倡依法治企、遵循规律，在管理的理论、制度、方法等方面勇于探索实践，确保不断提高效率、降低成本。在预先研究方面，倡导大胆尝试、宽容失败，鼓励提出新的科学命题、思想和理论，倡导创新为荣、模仿为庸、剽窃为耻，充分体现科学研究的原创性、求异性和崭新性。在型号研制方面，提倡用与转化、精于集成，紧密跟踪最新与民机产品的契合点，以市场来评判技术创新的结果。在生产制造方面，提倡精益管理、不断优化，生产效率、成本控制和产品质量是评判创新效果的指标。在服务支援方面，提倡事无巨细、全心全意，以客户为中心创造价值，服务对象满意度是评判创新实效的依据。

（3）遵循科学求实、理性质疑、勇于挑战、螺旋渐进的创新行为准则

创新不仅限于科技领域，而要拓展至中国商飞公司发展的每一个层面。在公司内，每一位员工都是创新的积极参与者，每一个团队都是创新的主力军。坚持科学求实，不搞形式主义，避免单纯为了创新而创新、否定一切的创新误区，追求稳扎稳打、务求实效。坚持理性质疑，立足理性精神，必须以"求真"为宗旨，站在全局发展和长远发展的高度，运用系统思维的理念实现突破。坚持勇于挑战，丢掉思想包袱，敢于解放思想，勇于突破，善于提出新的问题和假设。坚持螺旋渐进，创新的过程需经过长期的沉淀、凝练和提升，不能急功近利、操之过急，要特别注重继承传统与开拓创新相结合，重在创新，不断实践总结并衍生出新的前进动力。

3. 探索构建适于创新萌芽成长的创新生态

良好的创新生态是企业实现创新行为的重要前提。营造有利于创新的生态，对员工的价值观和行为会产生一种无形的激发和推力，能够引领与诱发员工的创新灵感与激情，鼓励员工不断提升思考力和创新力，形成充满正能量的"创新磁场"，并会以此吸引大批优秀人才。

（1）营造利于创新的文化氛围

在全球民用飞机市场激烈的竞争环境中，只有形成由上而下对创新的倡导、鼓励、推动的创新文化氛围，始终保持和大力弘扬创新精神，迎难而上、从容应对，才能不断创造新的机遇。

1）激发创新动机。将市场对公司的压力引导转化为员工创新的动力，满足员工通过创新活动获得的心理需求，最大限度发挥人的积极性、创造性，最大限度挖掘人的勇气、韧性、智慧和潜能等灵商要素。

2）保护创新热情。不仅要为员工提供良好的工作环境，而且要完善创新激励

机制，给予创新活动充足的资源匹配，通过创新的成功使其获得胜任感、进步感、满足感、幸福感，使平凡人能够做出不平凡的事。

3）突出创新成果的应用价值。创新成果的应用应为企业的发展创造价值，建立创新成果的评价机制，通过公司内市场化手段促进创新成果积累、转化、推广、应用，使创新成果真正为推动公司科学发展提供不竭动力。

（2）为创新活动投入充足的资源保障

确保研发投入，按照"生产一代、研发一代、储备一代"的思路，加大自主创新投入。统筹各方资源，积极研究和利用国家、地方、产业相应的优惠政策，争取承担各类科技计划，与国内外高校、科研机构、供应商、客户等建立创新联盟。推进创新成果实用化，做到"开发一批、储备一批、应用一批、成熟一批"，不断为公司型号研制及后续产品发展提供充足技术支撑。促进产业聚集，优化能力布局，促进国内民用飞机产业集群的合理分布，加快行业创新平台、重大创新基地建设，实现核心技术突破并迅速产业化。

（3）充分发挥人才作为创新主体的作用

人才是事业兴衰的决定因素，是创新行为的主体。中国商飞坚持人才强企不动摇，把培养技术领军人才作为提高企业自主创新能力的关键，充分发挥设计师系统的核心作用，大胆起用年轻人才。培养具有较高创新成就欲望、较强创新自主性的创新人才贯穿于公司人才工作，关注人才选、用、育、留各环节，强化教育和培训，建立以人为本、公平开放、适于竞争的创新人文环境。营造群体创新的氛围，重视"小人物"的工作，构建学习型组织，建设给人归属感的"精神家园"。完善激励机制，通过完善激励机制，可以有效凝聚创新人才，使公司不仅成为创新事业高地，也成为建功立业的人才高地。

4. 持续完善满足公司创新发展的创新平台

（1）持续推进创新平台建设

中国商飞统筹发挥公司内外部创新资源的合力，构建满足产品系列化、产业化、规模化发展的创新平台。建设研发设计平台，形成保证研发设计有效进行的组织系统和关系网络。建设总装制造平台，以总装制造中心为主体，依托国内外统一的供应商管理体系建设，有效利用公司内部以及国内外产业制造资源，形成保证制造和生产有效进行的组织系统和关系网络。建设服务支援平台，对内以公司自身的设计制造活动、对外以客户的运营保障活动为主要服务支援对象，构建民用飞机客户服务、物流服务、市场营销、金融租赁、航空运营、维修改装等覆盖民用飞机全生命周期内价值传递活动的服务支援组织体系和关系网络。

（2）探索建设公司"创新工场"

中国商飞公司及所属各单位积极探索构建"创新工场"等创新孵化器，作为组织服务员工创新成长、服务业务工作创新发展的载体。2014年4月，中国商飞公司民用飞机试飞中心先后成立了"C919飞机10102架机试飞技术攻关"等三个"创新工场"项目。通过"创新工场"，加强员工创新意识和参与意识，培养创造力和领导力，鼓励开展富有创新性的研究工作。

中国商飞公司成立以来探索构建的创新文化体系已经初见成效，通过不断打造创新品牌，加快培育大飞机精神，为大型客机项目研制提供了强大的文化支撑。在创新文化鼓舞下，公司全体员工创新热情高涨，取得了丰硕的创新工作成果，通过型号研制突破了一批新技术、新材料、新工艺，攻克了C919大型客机航电、飞控控制、自动化装配等100多项关键技术，突破了ARJ21新支线飞机起落架应急放、全机排液等130多项关键技术，总结形成了5大类、20个专业、6000多项的民用飞机技术体系，建成了1个国家级工程技术中心、1个国家级重点实验室、4个省市级工程技术中心和实验室，累计荣获9项上海市科技进步奖，其中一等奖1项、二等奖4项、三等奖4项，COMAC管理体系初步成型，IPT团队运行机制逐步完善，公司总部组织机构调整基本完成。

第七章
科技创新为核心

中国改革开放的总设计师邓小平指出:"科学技术是第一生产力"。科技革命是工业革命的前提,是人类进步的源创力,是自主创新的核心。习近平也指出:"科技兴则民族兴,科技强则国家强。"

一、中国之芯显"神威",科技创新赢美名

"神威·太湖之光"的研制成功,是中国自主创新战略取得的一项重大科技突破成果,对中国企业创新生态的建设起着巨大的引领与示范作用。

(一)技术性能的突破

2016年6月20日,德国法兰克福国际超算大会(ISC)公布了新一期全球超级计算机TOP500榜单,由国家并行计算机工程技术研究中心研制的"神威·太湖之光"以超越第二名近3倍的运算速度夺得第一。更令人振奋的是,该套系统实现了包括处理器在内的所有核心部件国产化。系统开机1分钟,需全球72亿人用计算机算32年。该套系统共有40960块处理器,性能相当于200多万台普通电脑。系统的峰值性能世界第一,持续性世界第一,性能功耗比世界第一。

戈登贝尔奖被喻为计算机高性能应用领域的诺贝尔奖。2016年度戈登贝尔奖的6个提名中,"神威·太湖之光"就占了3个,分别涉及大气、海洋、材

料3个领域的应用，性能指标达到了国际领先水平，实现中国在这个奖项上零的突破。

（二）国际封锁的突破

计算、理论研究、科学实验并称为人类探索未知世界的三大科学手段。超级计算属于战略高技术领域，是世界各国竞相角逐的科技制高点。仅有5厘米见方的薄块"申威26010"不仅成为"神威·太湖之光"的心脏，也成为中国自主研发打破30年国外技术封锁的一把利器。25平方厘米的方寸之间，集成了260个运算核心，数十亿晶体管，达到了每秒3万多亿次计算能力。国际TOP500组织在一份声明中写道："中国在国际TOP500组织第四十七期榜单上保持第一名的位置，凭借的是一个完全基于中国设计、制造处理器而打造的新系统"。

（三）应用领域的突破

致力超算研究的意义不仅仅是"速度战"，更重要的是赢得"应用战"。依托"神威·太湖之光"，以清华大学为主体的科研团队首次实现了百万核规模、高分辨率地球系统数值模拟，这一成果将全面提高中国应对极端气候和自然灾害的减灾防灾能力；国家计算流体力学实验室对"天宫一号"返回路径的数值模拟结果令人振奋，将为"天宫一号"顺利回家提供精准预测；上海药物所开展的药物筛选和疾病机理研究，短短两周就完成常规需要10个月的计算，大大加速了白血病、癌症、禽流感等方向的药物设计进度等。与此同时，"神威·太湖之光"的前辈"天河一号"的应用已见成效。"天河一号"研制成功后，迅速在国家超级计算机天津中心、长沙中心和广州中心投入运行，广泛应用于大科学、大工程以及产业升级和信息化建设，在石油勘探、生命基因、脑科学、新材料、高端装备制造、互联网金融等20多个领域获得成功应用，取得显著经济和社会效益。中石油东方物探公司在"天河一号"成功进行了世界领先的高密度勘探数据处理，极大提升了中国石油勘探企业生产效率，提高了"找油找气"能力；中科院上海药物研究所在"天河一号"实现了微妙尺度的大规模分子动力学模拟，有力支撑了我国药物研究和医药产业由仿制为主到创制为主的转型升级；北京大学牵头的研究团队运用"天河一号"进行高压、低温条件下的全量子化计算模拟，在国际上首次验证高压低温量子液态氢这一奇特物质的存在。天津超算中心与有关部门合作，在"天河一号"上构建的雾霾预警业务系统，已形成了72小时雾霾预警预报能力。

（四）绿色发展的突破

"神威·太湖之光"在绿色节能方面也取得了突破，表现在从低功耗、高集成度的处理器设计，到高速、高密度的工程实现技术；从世界领先的高效水冷技术，到软硬件协同、智能化的功耗控制方法；"神威·太湖之光"实现了层次化、全方位的绿色节能。

二、"复兴号"高铁：由"中国制造"成长为"中国创造"

由中国铁路总公司牵头组织研制，具有完全自主知识产权，达到世界先进水平的中国标准动车组有了一个响亮的名字——"复兴号"，随着"复兴号"率先在京沪两地的开通，标志着中国铁路装备——中国标准动车组走向了世界。中国铁路用自主创新再次证明了中国高铁实力，这是国人的骄傲！

高铁一直是中国高端制造的一张名片，目前，高铁线路上运营的"和谐号"动车组，其流线型车体已被公众所熟知。如今，高铁动车组又增加"复兴号"，具有使用寿命长、能耗低、乘坐舒适等特点。从"和谐号"到"复兴号"不只是名字的变化，更是从引进到吸收，从吸收到自主创新的大步跨越，也向全世界展示了由"中国制造"成长为"中国创造"再形成"中国标准"的创新路程。

"复兴号"的诞生，标志着中国铁路装备水平进入了一个崭新的时代。当年，中国为了发展高铁产业，采取市场换技术的方式，从国外引进了4种不同技术平台，导致不同技术平台的车型不能实现互联互通，出现"挂不上""缺座位"的尴尬情况。制造标准的不统一还造成动车的维护检修、车站车厢备换、司机不同车型培训等带来一系列资源浪费和运营成本的增加。每当列车长遇到这种事，内心也是有苦难言啊。

随着"复兴号"的鸣响，中国高铁装备终于告别"洋基因"。"纯中国血统"在高速动车的254项重要标准中，中国标准占到了84%，特别是软件，全部都是中国自主开发。整个动车的整体设计以及从车体、转向架、牵引制动、网络等关键技术都具有完全自主知识产权，实现了"中国制造"向"中国标准"的跨越。"复兴号"的研制成功并运营，标志着我国在世界高铁产业的装备水平已今非昔比，特别是"复兴号"动车装备，大量采用了一批新标准，以及专门为新型标准化动车制订的新技术标准，标志着中国高速动车全面实现自主化、标准化、系列化，增强了中国在产业中的国际话语权和核心竞争力，也预示着中国在制造业这一领域，再次由徒弟赶超了师傅。

与此同时，"复兴号"的成功也告诉我们，由于我国工业，尤其是制造业2.0、3.0基础不牢，基本上是跨越式的由工业1.0进入目前的工业4.0时代。由于积累不足，要实现全面超越还需要十分重视渐进式创新。因为，尽管改革开放以来中国创新能力不断提升，但总体上仍然处于全球中游水平。据《全球创新指数（2016）》评估的结果，中国排第25位。据《全球竞争力报告（2016—2017）》的评估，中国排第28位。2013年国家科技部启动国内外技术竞争调查活动，通过问卷调查判断，中国技术水平总体上相当于美国技术水平的68.4%，总体技术水平与国际领先水平的差距为9.4年。

尽管中国企业可能在少数领域成功实现突变式创新，但中国总体创新基础相对薄弱，因此，我们不能一叶障目、妄自尊大，需要通过持续地渐进式创新与技术积累、时间沉淀和韬光养晦，进一步夯实技术基础。以工业4.0和智能制造为例，中国企业在许多领域尚未掌握主要部件的核心技术，80%的集成电路芯片制造装备以及高端材料、70%的汽车制造关键设备、40%的大型石化装备，以及90%高端、精密检测设备和数控机床控制系统要依赖进口；中国多数企业信息化基础薄弱，购买的主要管理软件（ERP、MES、CRM等）相互独立，存在信息孤岛和数据整合问题，供应链也没有全打通，无法形成企业生态全域系统的动态联动。

三、"互联网+"背景下科技创新的新机遇

目前，中国"互联网+"正推动互联网技术、平台和应用从第三产业向农业和工业领域渗透和扩散，信息网络技术对经济社会的影响由导入期向展开期迈进，逐步进入协同发展阶段，"互联网+"经济范式开始逐渐占据发展优势。信息网络技术将不同领域技术连接在一起并产生新技术、新产品、新服务、新业态、新产业，从而成为经济与社会发展的主要推动力，中国将进入由科技创新驱动的新时代。

"互联网+"时代的到来，大数据成为新的生产要素，为"互联网+"推动科技创新提供了不竭的动力。"互联网+"行动将大力推动科技创新，克服中国目前

科技创新中的障碍,为企业及中国经济实现转型升级开辟新的道路。

(一)信息松绑为企业科技创新提供前提条件

企业科技创新需要经历三个阶段:新构思的产生与形成阶段;研究与开发阶段;应用与扩散阶段。无论是在思路的形成初期,还是产品应用扩散的后期,大量信息资源的掌握,是这一技术创新过程得以实现的前提条件。而"互联网+"意味着信息(数据)获取的全球开放性、平等性、透明性。随着信息技术的不断突破,信息要素在各行业企业间的流动性增强,企业处理信息的能力呈爆发式增长。经济领域海量数据的积累与交换、分析与运用,使得企业将进入前所未有的知识和创新时代。信息(数据)为科技创新提供了重要的基础原料,极大推动科技创新和生产效率的提高。以汽车行业为例,国际制造业巨头通用、大众、丰田等为了保证研发的科学性以及缩短研发过程,已经逐渐建立起行业信息共享系统。国内企业也逐步建立起自己的信息库,利用EDM、PDM等管理信息系统加强研发阶段信息管理。

(二)"互联网+"时代集群式创新将出现新模式

信息技术革命为分工协同提供必要、廉价、高效的信息工具,生产样式从"工业经济"的典型线性控制,转变为"信息经济"的实施协同。信息技术的发展进一步缩短地理空间、打破地理界限,大规模分工协同推动的互联网时代集群式创新开始涌现。基于互联网信息传递处理的技术所带来的低成本和实时性,使得企业的信息沟通将突破某一地理范围的高度集聚,原有的创新格局将演变为更大规模的集群式创新。互联网时代可以使得虚拟组织管理边界延伸到企业外部,突破企业原有界限,企业将拥有更强的资源整合能力,内部资源、功能、知识、竞争优势与外界相互协同、相互利用和整合。

(三)开放式空间平台为产学研协同创新提供支撑

产学研协同创新的最大障碍在于自身资源的限制,知识难以和市场对接进行产业化以获取利润,"互联网+"意味着信息的共享、空间平台的开放,将为产学研协同创新提供支撑。首先,知识的共享与创新。"互联网+"与产学研的结合将影响知识协同创新的内部因素,减少知识传递与转移过程中的资源损耗。其次,成果的转化与孵化。"互联网+"一方面使生产初期就可以掌握市场信息，针对市场需求和国家战略拟定可行的生产策略；另一方面一旦技术成熟，可以利用互联网平台进行宣传和推广。最后，产学研合作模式多样化。随着产学研的深入，"互联网+"将基于互联网络的产学研合作平台，提供产学研合作项目的数据协调服务等，使得产学研多方的优势得以充分发挥，最终使产学研网络平台可以更好地促进产学研协同和科技创新。

四、重大科技创新项目实施新模式

仿创和微创是过去的主流创新方式，而如今大部分领域都出现了微创没价值、仿创命不长的局面。很多走在前面的企业不得不下定决心，向创新本源上回归——加强基础研究和技术积累，培养自主创新能力。然而，这一回归却又使老问题凸显：前沿创新匮乏、基础研究肤浅、应用技术生涩。再有，从基础研究到创新（仿制）目标距离过大，投入大、时间长。由此产生了新的问题，即实现目标又收获过程难以两全其美。

然而，面对这些问题，创新项目实施过程又面临严重的管理困境，即应该减少考评、鼓励尝试、宽容失败，但真这样做，大家心里都没底；加强组织实施与管控，又担心影响科研人员的积极性。

因此，从"实施模式"转型入手，形成"业务拉升技术"的实施过程和体制机制，是目前破除管理困境、解决新老问题的根本选择。

（一）技术目标模式：当前实施模式与管理困境

当前我国企业的重大科创项目，不再以单纯的仿制为主，开始更多地转向自主创新，所以更多项目的技术实施起点前移到基础研究阶段，整个项目的技术距离也因此被拉长。这些项目现行的实施方式，从过程看是"三阶段模式"，从管理目标类型上看是"技术目标模式"，虽然期间也有产品目标和业务目标，但二者所起的作用十分有限。

当前以"技术目标"作为科创项目阶段工作管理属性作用下，极易导致激励失灵和管控失灵（见图7-1）。

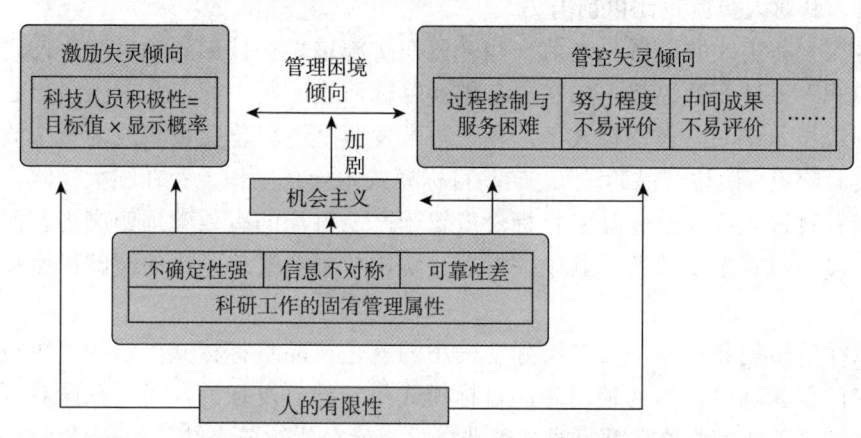

图7-1 技术目标模式诱发实施问题与管理困境

这种激励失灵现象与科研工作的固有管理属性密切相关。由于科研工作本身不易被准确评价，实践中激励措施只能更多地与最终转化成效挂钩，而现行技术目标模式转化为产品或业务的实际技术距离和实施时间非常长，导致科研人员预期严重下降。同样由于科研管理属性，科研人员掌握的情况管理者很难同样掌握，比如管理者因无法评估合理性，所以无法对科研人员提出的计划、预算等变更要求做出积极回应。加之科研成果和实际状态难以准确评价，导致科研人员的业绩及实际努力程度缺乏量化可考性，所以也无法实施严格的奖罚。同时，技术目标模式下，没有产品和业务作为里程碑标识的及时检验，实施过程会长时间置于主观判断的风险下。

另外，由于科研管理属性和有限理性等客观因素，使得技术目标下各类成本很难内化到责任人身上，导致出现不认真、不努力，甚至浪费、谋取私利等。

（二）产品目标模式：管理效能较低，不足以解决实施问题

技术成果能不能出来、好不好，除科研人员自身的努力和技术判断外，还涉及商业性判断，比如由技术自身导致的生产成本、量产条件和竞争力等。因此，从对科研工作的"管理效能"看，业务目标最大，技术目标最小，而产品目标介于二者之间。当然，各类目标都只能在一定的技术距离或时间范围（有效管理距

离）内起管理作用，且距离越近所起的管理作用越大。越是到了要产品、要业务的阶段，科研人员就越比以前努力。

从探索和实践取向看，当前一些企业在实施重大科技创新项目时有向"产品目标模式"上转变的趋势，如在原有创新目标前设一些中间产品或围绕核心技术发展周边技术产品。在该模式下，科研与开发两个逻辑单元被集成为一个高度融合的实验阶段（简称产品阶段）。产品目标模式本身在操作上存在很大缺陷，产品目标设置过远，很大部分技术目标没能置于产品目标的有效管理距离内。而技术目标有没有，有多少被置于其中，对项目实施效果和管理困境的缓解程度存在明显不同。

以往的微创和仿制项目，实际上采用的就是产品目标模式，这种"短技术距离"里的创新项目，当初使用产品目标模式是一种自发行为，而现在面对源自基础研究的"长技术距离"项目时，若非自觉，就会执行成有缺陷的产品目标模式，甚至退化为技术目标模式。

必须认识到，产品目标模式自身存在固有缺陷——管理效能还是较低，最典型的就是产品出来了，而后续的产业化工作很难做。例如，要么工艺不完善，无法量产、稳产；要么技术路线有缺陷，制造成本和运维成本缺乏竞争力，导致商用的产品不能形成产业，军用的产品不能实际列装。

（三）变革方向：业务目标模式

"业务目标"中的"业务"，指具备商业化应用的条件或成熟度，并经过早期阶段实际运营检验和完善的产品或服务。与开发阶段的"产品"不同，完成业务目标要更加结合制造成熟度和市场成熟度（包括市场需求和竞争力），最终以可批量生产、能盈利等实践标准为根本检验。理论上讲，在成熟度上"产品"可以等于"业务"，但实践上真正的创新产品很难做到，往往需要进一步业务化，并在实际运营中不断完善技术和产品设计。

业务目标模式下，科研、开发和产业化三个逻辑单元被集成为一个高度融合的实践阶段（简称业务阶段），整个项目的科技发展过程由多个业务阶段迭代而成（如图7-2所示），与产品目标模式显著不同。业务目标模式中的产业化从未脱离该项目，并发挥着重要的管理作用——各业务目标之前的产品目标和技术目标，其管理效能均大为提升。该模式的科研管理目标以业务目标为主导，且技术目标和产品目标均应置于业务目标的有效管理距离内。

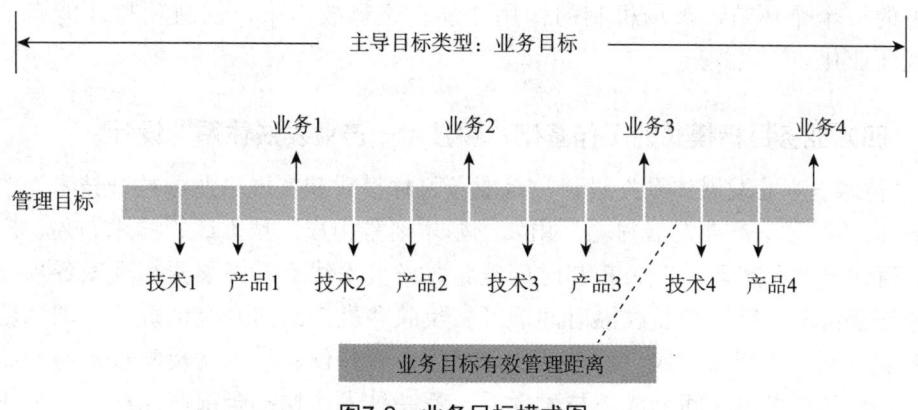

图7-2 业务目标模式图

实施业务目标模式时,"设置中间业务"只是一个前提和手段,关键是要在此基础上形成一套更具商业价值的科技项目实施工艺及相应的组织体制和管理模式。可以先从以下三点整体理解:在工作前提上,设置中间业务,本质上是增加项目实施过程本身的可商业化程度;在作用机理上,是通过更大程度地引入和运用市场机制,解决项目实施中的难点问题,即设置了"业务目标",这就等于把大量的激励约束、组织管理和技术验证工作交给了市场;在根本思路上,是形成了"业务拉升技术"的科技发展过程,进而形成"业务拉升技术""技术提升产业"的同步化创新发展模式。业务拉升技术,核心是通过实际商业运用和市场竞争,为技术提升形成内在动力,给技术创新性和成熟度提供验证机制。

业务对技术的拉升作用很强,这也是为什么越是市场化程度高的国家,越是有商业化的创新体制机制,科技发展也越快的原因。实践表明,有价值的创新更可能从真实的市场竞争中产生,而经历市场考验的技术也才更能趋于成熟。更短期、更易实现的业务目标,不仅可以抑制机会主义行为,还可以提高科研人员和实施单位的预期,根本上解决激励失灵问题。

实际上"业务拉升技术"的项目实施思路,是国际优秀科技创新企业的基本做法,苹果公司和特斯拉公司都是如此。中国推进"以企业为创新主体"的科技体制转型升级,本质上也是想利用市场机制解决当前创新阶段的体制机制问题。但由于当前仍然是"长技术距离"的项目实施模式(本质是技术目标模式),导致到了企业手里的项目仍然不能充分利用市场手段,更加商业化地完成项目。只有转入业务目标投射下的"短技术距离"模式,才能打通业务目标模式下的一个个环节，市场机制的作用才能真正释放出来，创新项目才能有效地实现商业化。

（四）业务目标模式的工作基础："技术—产业发展体系"设计

"技术—产业发展体系"设计，是业务目标模式和实现"业务拉升技术"的工作基础。"技术—产业发展体系"由六个基本要素构成：技术线、技术布局、产品线、商业模式、产研结合关系和时间线。每条技术线沿时间展开，反映各项技术的再创新情况；每条产品线沿时间展开，反映各类产品的升级情况；一项创新技术被应用到哪些产品，或一种产品实际运用了哪些创新技术，反映技术与产品的关系；全部技术线之间形成的技术关系，反映技术布局；全部产品线之间形成的产品关系，反映商业模式设计。

该体系基本设计思路为：对科创项目进行技术分解，按技术线组织研发任务；在各条关键技术线上设置业务目标，形成随技术线推进而升级的产品线，从而既形成业务又拉动技术；逐渐设置更加高阶的业务目标，即形成需集成多项关键技术的产品线，在业务高阶化的同时提高关键技术集成创新，从而向长远目标接近——用高阶产品拉升高阶技术。

其中业务目标的设置，不仅需要良好的商业创意和设计创新能力，还要处理好三个平衡关系。

首先，要平衡好拉升技术作用与实际商业价值之间的关系。业务目标设置太远不利于拉升技术，而设置较近又不易于找到有蓝海市场、有竞争力的业务机会。

其次，要平衡好科技创新管理能力与业务运营管理能力的关系。科技创新管理能力弱，则业务目标间隔应该近，但间隔近将意味着业务类型增多或产品更新频繁，从而增加了运营工作和对资源的占用，这很可能会阻碍技术创新。

最后，若仅从科研项目管理本身讲，要平衡好连续实施的科研工作长度与商业环境和实施主体的管控能力之间的关系。良好的商业环境，意味着商业道德和商誉（包括科研人员个人的专业信誉）越能发挥作用，项目实施过程的可商业化程度可以较低，纯科研过程可以更长。而管控能力越低，越易诱发机会主义，因而越需要提高项目的可商业化程度——业务目标间隔应更近，连续实施的纯科研过程应更短。因此，相比发达国家和优秀企业，中国很多企业现在需要以更短的距离实施项目，随着市场环境的改进和管控能力的提高，再逐步加大实施距离。当然，这就需要中国企业必须大幅度提高业务创新设计能力和运营管理能力。需要注意的是，业务目标模式并未降低技术创新难度，只是用商业难度的提高换取技术创新的有效性而已。

（五）业务目标模式的运行与组织：按商业化做法形成"跨企业创新体系"

发展中间业务，必然涉及使用许多非关键技术和科研生产资源，加之重大科技创新项目本来涉及的技术领域就比较广，所以在业务目标模式下，科技创新项目必须建立起开放的科研体系，更多地利用社会和其他企业的科研生产资源，跨界实施。

更近地设置业务目标，根本上是为了提高项目实施过程的可商业化程度，反映在科研生产过程的对外合作关系上（或者说集成创新体系上），就更加要求这个体系的形成过程是商业做法，由任意创新企业根据其本次创新目标而发起的临时性商业关系。

独立看，纳入集成创新体系的外部主体，本身就是创新型企业或者向此转型升级的企业，它有自己的战略方向、创新发展目标和"技术——产业发展体系"规划。

关联看，每个创新型企业在实现自身业务目标和需要采购技术部件时（指内含研发工作的部件），那些恰好有此项技术积累并将该部件类似产品作为主要业务的其他创新型企业，就成为这项采购的合格供应商。同样，一级供应商也可能继续采购二级技术部件，选择二级供应商……如此下去，就形成了一次行动所需的临时创新体系。

整体看，该体系的最初发起者是本次创新行动的顶层主体，比如实践中所称的主承制商、品牌企业或创新生态中的舵手企业等，每个创新型企业都可能发起这样全球范围的创新行动，形成大小不等、林林总总的临时性创新体系。那些经常被选择和纳入临时创新体系的企业，将获得更多的商业机会，从而得以按创新方式生存和发展。为此，所有创新型或向此转型升级的企业，必须要有前瞻性和战略性部署，要有扎实的研究和技术积累，并最终依靠技术产品的已有表现赢得进入外部创新体系的机会。

按商业做法形成跨企业创新体系，要注意以下几点。

1) 科创项目实施过程中的业务目标，不仅是作为科技创新的综合性管理目标，而且所形成的产品要实际运营，并成为企业业务组合的实际构成。只有作为实际业务运营且实现的收入作为其主要经济来源，收益和成本才能更为完整地内化，"业务目标"和"业务拉升技术"思路的机制作用才能发挥。

2）对于不易准确评价的科研任务，尽量不要直接作为课题加以发包，而要打包到技术产品中加以"采购"。换句话说，就是尽可能直接采购技术产品而非科研服务。

3）对主要技术部件供应商的选择，要以当前有没有以此类技术产品作为业务并实际运营为前置条件。

从中国企业的创新生态的巨变和实践看，各类企业都已经认识到向创新本源回归的迫切性和必要性。轻工类企业正试图开展一批高技术含量的研发项目；重工类企业正在设想以"培养自主创新能力、加强基础研究和技术积累"的方式开展重大科创项目；科研院所也在考虑如何进一步加强有前瞻性的研究，培养原始创新能力。更多的企业、更多的科创项目将要面临"长技术距离"的实施风险和管理困境。按"业务目标模式"实施重大科技创新项目，形成"业务拉升技术"的科技发展过程，已是当前各类企业创新发展道路上紧迫而艰巨的任务。

五、企业技术创新核心能力建设的要素

20世纪90年代以来，企业技术创新要想具有稳定创新绩效，除具备整合、柔性、网络和平行信息处理的特点外，还需依赖对外部网络的学习或创新机会的识别与利用，即通过识别能力、吸收能力、重构能力、更新能力、结构和资源配置的融合，最终实现企业创新。其核心是技术创新与企业生态环境的动态适应性。技术创新动态能力是指企业以价值创造为主旨，积极应对外部环境的变化，持续进行一定的技术创新投入，带来相应的技术创新产出，并能将有效技术创新产出转化为现实生产力的能力。技术创新动态包含技术创新投入、技术创新产出与技术创新转化三个方面。

企业技术创新动态能力是为适应当前"互联网+"时代技术创新网络化和系统集成化的特征而提出的。在当前技术创新模式下，企业在技术创新过程中强调企业外部组织（供应商、客户、大学科研机构等）参与企业技术创新过程的重要性，获取创新所需的外部知识和资源，其创意可能来自企业外部组织。因此，需要企业能够充分对外部创新网络环境的知识和资源进行有效整合，利用并影响外部创新网络环境知识和资源使其有利于企业技术创新，因而当前企业技术创新需要具备基于外部创新网络的网络能力。外部知识和创意需要与企业内部创新知识和资源进行有效整合，这个过程是建立在对外部知识吸收消化的基础上，对企业

已有知识和能力进行环境适应性更新,也就是说有效的企业技术创新活动还需要构建动态能力。同时,技术创新活动的绩效最终反映为企业获得技术创新产出,并将技术创新成果转化为企业价值创造,即企业整合内外部知识,创造新知识的过程和能力,这是构建在企业创新投入基础上的一种能力,也是技术创新的原创能力。

因此,"互联网+"时代技术创新动态能力由三要素构成:网络能力、动态能力和原创能力。三者之间由外到内实现企业新知识创造的逻辑驱动关系。

(一)网络能力

网络能力是提升企业在网络中的地位以及处理与其他网络成员关系的能力,表现为企业利用组织间网络关系,从外部网络主体获得信息、知识资源的潜能。而创新型企业的本质是依赖于对外部网络中知识学习或创新机会的识别与利用,这是创新型企业产生稳定创新绩效的机制,网络能力结构、演变都会影响企业获取创新绩效的持续性和内部管理模式的形态。网络能力可以划分为网络愿景能力、网络协调管理能力、关系组合管理能力和关系管理能力四种。网络能力既包括战略层面的网络愿景能力,又包含操作层面的关系构建能力和关系管理能力,其对创新型企业的影响是通过这些维度分别完成的。

有两种重要的网络能力:基于中心的网络能力和基于效率的网络能力。基于中心的网络能力强调改善企业在网络中的战略位置,而基于效率的网络能力强调迅速成功地寻找到企业所需的合作伙伴。企业外部知识网络可划分为网络构想能力、网络构建能力、网络利用能力、网络结构能力和网络重构能力五个维度。网络能力也划分为利用能力与开拓能力两种,两者之间存在着较强的正相关关系。因此,技术创新网络能力是识别创新网络中的价值和机会,协调和利用网络关系并塑造和改善企业的网络位置,进而获取创新网络资源和促进创新网络演变的一种动态能力。企业创新网络能力的本质是协调和构建处理外部创新网络合作关系的能力,根本目的是占据优势网络位置,获取更多知识和信息等创新性网络资源。因此,可以将技术创新动态能力要素的创新网络能力划分为三个维度:创新网络构建能力、网络关系管理能力和网络利用能力。

(二)动态能力

动态能力理论的代表人物蒂斯等将动态能力定义为企业整合、构建、重新配置内部和外部能力以应对快速变化环境的能力。他还把动态能力划分为感知机会和威胁的能力，捕捉机会的能力，增强、整合、保护和重构企业显性或隐性资产以维持竞争力的能力。动态能力是企业在不断变化的企业生态环境中对内外部知识进行处理的过程性能力，动态能力在变异阶段表现为对外部知识的搜寻识别，在选择阶段表现为对新知识的筛选评估，在保留阶段表现为内外部知识的转化和整合。

基于当前企业技术创新表现出来的网络化和系统化的特征，技术创新动态能力是企业在已有创新资源（位势）的基础上，扫描创新网络环境，通过不断整合技术创新内外部资源（组织及个人）的学习能力，及时更新现有知识，实现技术创新各方面的协同，以适应创新动态环境和提升技术创新绩效的能力。综合行为维度、组织认知维度以及战略和组织过程的能力角度，技术创新动态能力要素之一的动态能力分析维度包括：创新感知能力、学习吸收能力、整合重构能力、开发流程更新能力等方面。

（三）原创能力

原创能力即创造内生性新知识的能力。传统上从创新过程、创新要素以及从技术能力角度对原创能力的研究，其关注点是企业如何实现创新成果，从这点来看对技术创新能力的研究主要是对原创能力各种相关因素的研究。从组织行为的角度看，可把企业技术原创看成组织能力、适应能力、技术与信息获取能力和创新能力的综合。同时，可以通过技术传递、技术交换、知识管理和知识创新来评价企业创新能力。企业原创能力也可看成是可利用的资源、对竞争对手的理解、公司的组织结构和文化、开拓性战略等能力的组合，注重内部环境与外部环境的共同作用。与此同时，基于创新的系统集成和网络模型，原创能力可从创新投入、创新流程、创新产品和创新战略四个方面来测评组织的创新能力。

综上所述，原创能力是技术创新动态能力的核心，是利用整合内外部知识创造新知识的能力。它体现为技术创新投入和整合利用各种内外资源，获得技术创新产出，并将技术创新成果转化为企业价值创造的能力。因此可以将技术创新动态能力要素的原创能力划分为这样几个维度进行分析：技术创新投入能力、技术创新产出能力、技术创新生产能力和技术创新转化能力。

三个构成要素之间的逻辑驱动关系如下：网络能力→动态能力→原创能力。这表明了技术创新动态能力是在企业创新生态内外环境交互作用下进行适应性重构和不断演进的过程。

六、企业技术创新应抓好的几项重点工作

任何一家企业技术创新的成果最终体现在产品的研发与市场的表现上。因此，以产品创新为核心的系统性技术创新工作就是企业的核心能力。

（一）提升新产品研发的核心能力

产品创新是新产品研发核心能力的市场表现，是企业核心竞争力的集中体现。企业要形成"热销一代、推出一代、储备一代、研发一代、淘汰一代"的良性新产品研发战略与生态体系，必须加大投入，建立起独具特色的研发体系，用强力的系统支撑其全生命周期的产品研发链条，从而确保产品创新研发核心能力的持续改善与提升，如图7-3所示。

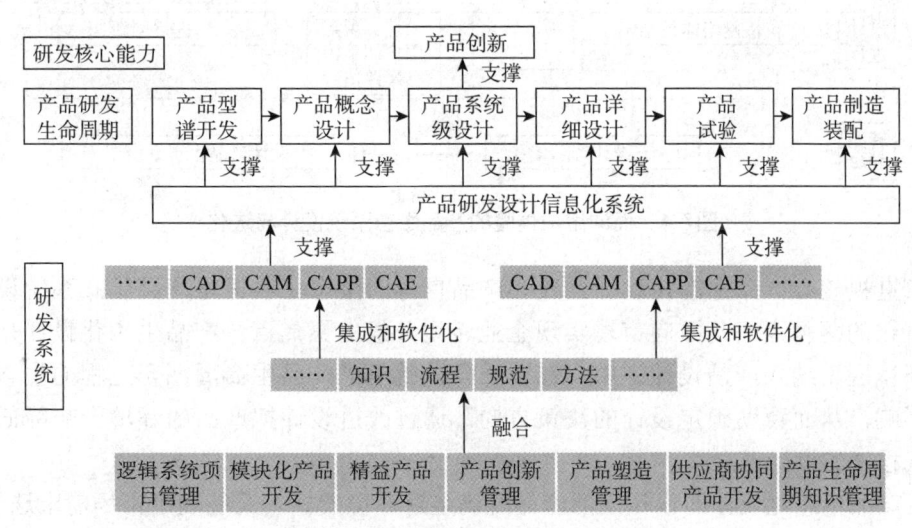

图7-3 新产品研发战略与生态体系

（二）面向用户体验的产品生态系统设计与进化

企业绿色、低碳、再生循环与生态友好的可持续发展模式是大势所趋，更是创新所向。产品生态系统设计与进化是企业生态系统建设与优化的核心部分，它是实现用户体验价值与新产品开发、企业社会责任与价值创造、企业持续成长与市场生态和谐、人与自然的协调美好的重要前提，是更高一级的降低环境成本、制造成本与机会成本，提升企业绿色竞争力与和谐创造力的一种企业转型升级的创新发

展方式。

因此，面对用户体验的产品生态系统设计与进化，不仅是在自主创新的产品创新上的具体体现，也是互联网经济时代，提升用户体验质量，赢得人心的必然趋势。面对用户体验的产品生态系统设计与进化的路径见图7-4。

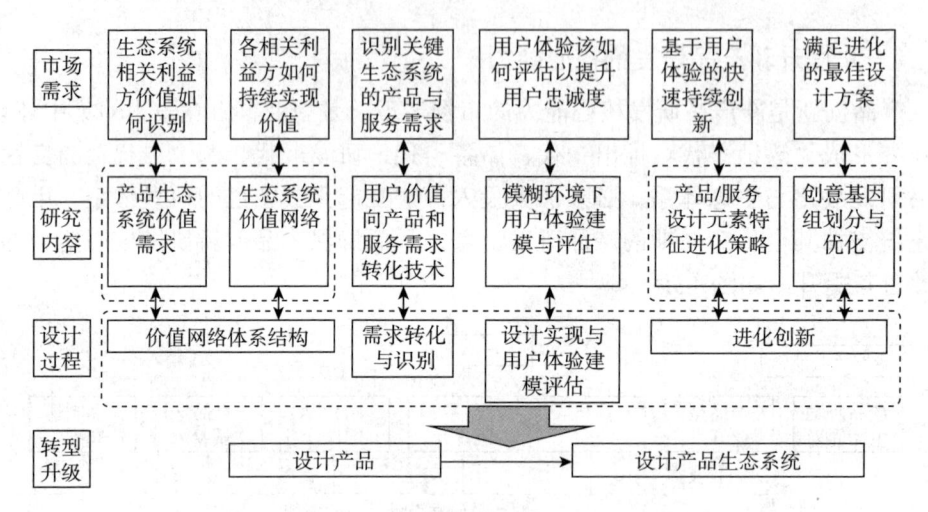

图7-4　面向用户体验的产品生态系统设计与进化

重视核心产品生态化设计。核心产品自身的生态化设计是产品生态系统设计与进化的落脚点，是面向市场实现企业转型升级的聚焦点。产品生态化设计是指将环境因素纳入产品设计之中，在设计阶段就考虑产品生命周期全过程的生态环境影响，从而帮助确定设计的决策方向，通过改进设计把产品的环境影响降低到最低程度的设计理念。

产品生态化设计即设计出的产品既满足对环境友好，又能满足市场需求迭代、人的满意度提升的设计思想。换句话说，企业生态环境成为产品开发中考虑的一个重要因素，与一般的传统因素（如利润、功能、美观、环境条件与效率、企业形象与产品质量等）有同样的地位。在某些特定情况下，生态甚至比传统的价值因素更为重要。生态设计活动主要包含两方面的含义，一是从保护环境角度考虑，减少资源消耗，实现可持续发展战略；二是从商业角度考虑，实现循环利用、降低成本、减少潜在的责任风险，提高竞争能力。

根据产品设计的一般步骤，可将产品的生态化设计过程分为四个阶段：产品生态识别、产品生态诊断、产品生态定义、生态产品评价。其内容简述如图7-5所示。

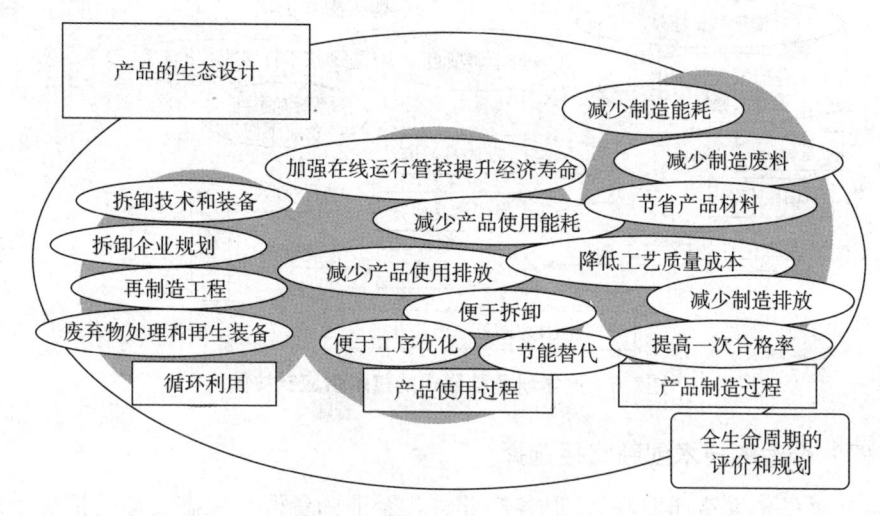

图7-5 产品的生态化设计过程

（三）产学研各种形式的技术供应链协同

供应链协同的外在动因，是为了应对竞争加剧与企业生态动态性强化的局面；其内在动因是：谋求中间组织效应，追求价值链优势，构造持续动态的创新链与核心竞争力。供应链协同是供应链管理中的重要概念，目的在于有效地利用和管理供应链资源。

供应链协同有三层含义：组织层面的协同，由"合作-博弈"转变为彼此在供应链中更加明确的分工和责任；业务流程层面的协同"合作-整合"，在供应链层次即打破企业界限，围绕满足终端客户需求这一核心，进行流程的整合重组；信息层面的协同，通过信息技术实现供应链伙伴成员间的信息系统的集成，实现运营数据、市场等大数据的实时共享和云平台交流，从而实现伙伴间更快、更好地协同响应终端客户的需求。

产学研多种形式的技术供应链协同打破了企业、学院、研究机构的边界，将技术创新供应链的各个信息孤岛连接在一起，形成完整的技术创新平台，构建出系统化、生态化的创新优势。其结构与关联如图7-6所示。

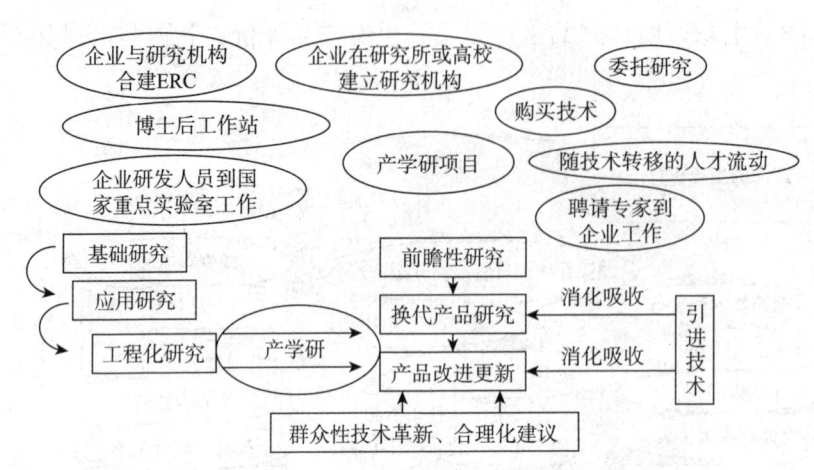

图7-6 产学研多种形式的技术供应链协同

（四）合适的技术创新路径选择

虽然"条条大路通罗马"，但各产业、各企业的资源与生态支撑的情况千差万别，因此，每个企业在推进技术创新的路径选择上可以讲是"百花齐放"。但透过现象看本质，从技术创新的共性与一般规律认识，可以浅显地归纳为图7-7。

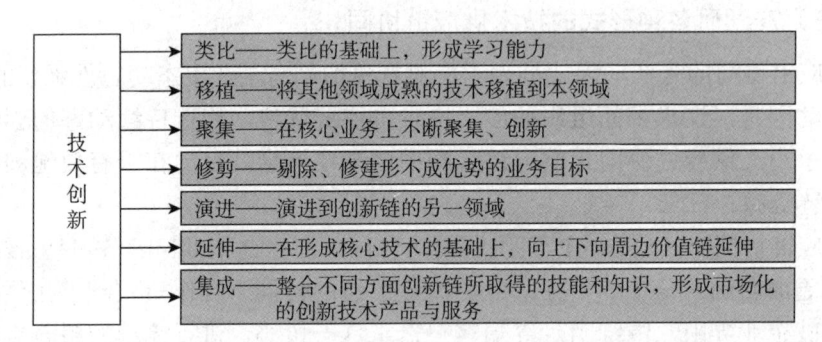

技术创新：
- 类比——类比的基础上，形成学习能力
- 移植——将其他领域成熟的技术移植到本领域
- 聚集——在核心业务上不断聚集、创新
- 修剪——剔除、修建形不成优势的业务目标
- 演进——演进到创新链的另一领域
- 延伸——在形成核心技术的基础上，向上下向周边价值链延伸
- 集成——整合不同方面创新链所取得的技能和知识，形成市场化的创新技术产品与服务

图7-7 技术创新途径

（五）技术创新管理流程的优化

技术创新是一个由创新构思的形成、开发设计、中间试验直至生产管理等环节组成的连续过程，它要求企业必须按技术创新的目标建立快捷、高效，既充分发挥各部门功能，又能实现整体协调、相互促进的运行机制，以及最佳配置企业资源、最大限度提高全体员工创新积极性、能动性的管理方式。所以，技术创新

的管理是企业能否实现技术创新的关键，是企业技术创新的灵魂。

笔者根据自身从事技术创新管理的体会把其归纳为9个步骤，如图7-8所示。

步骤	管理流程
1.环境分析	寻求能够激发变革过程的企业生态环境
2.目标调整	确保企业整体战略和渐进性变革之间的匹配，渐进性变革不是真正意义上的创新，它是对竞争者本能的适当的反应与应变
3.资源整合	认识企业自身技术基础的局限性，能够整合外部的知识、人才、信息和设备等资源，并将其余组织内部的相关节点联系在一起，打通创新道路，形成创新全要素的集成
4.研发创造	具有通过企业自有或平台化协同的研发力量和工程团队，开发新技术、新产品、创造新工艺的能力
5.选择	通地探索和选择活动，使研发成果适应创造新需求、企业战略、内部资源基础和外部技术网络的要求
6.路径实施	具有通过企业自有或平台化协同的研发力量和工程团队，开发新技术、新产品、创造新工艺的能力
7.推广营销	在引入技术或其他变革的时候实施有效的管理，尤其要加强知识产权管理，确保企业能够有效储备和充分利用创新成果
8.学习提升	具有评价和反应创新过程的能力，及时从技术及管理规程的改进中甄别优势与识别教训
9.持续发展	对技术创新流程建立长效的平台化运营机制和相匹配的价值链、创新链

图7-8 技术创新管理的步骤

（六）工艺创新是企业技术创新的重要内容

工艺创新也称过程创新。它是指产品的生产技术的变革，包括新设计、新工艺、新设备和新的组织管理方式等。工艺创新也包括具有特殊含义的企业"绝妙"

工艺、配方等。尤其对制造业来讲，凡属长盛不衰的企业，其工艺技术也在不断进步发展，而曾经红极一时的品牌或企业，甚至老牌企业，也有不少衰败、没落、破产的反面例证。因此，工艺创新对企业生存发展至关重要，是企业技术创新的重要内容。尤其是在我国目前制造业已迈入品质时代与供给侧结构性改革的迫切需要，企业更应重视工艺创新对在同等设备硬件与产业链支撑的条件下，对提高产品质量、改善产品使用性能的关键作用与隐形力量。采用新的工艺技术，数控化、自动化、智能化加工工艺技术的广泛应用，"机器人+算法"越来越广泛地取代人的操作，使生产效率、产品精度得到提高，一致性得到保障，废品率得到稳定控制；可保证产品零件很高的通用性、一致性、互换性，改善了产品的加工精度和内在质量，使产品质量整体提高。如铝合金零件的热处理工艺要求温度控制相对比较严格，自动控温工艺技术的应用使热处理过程温度控制精度大幅度提高，大幅度降低零件因过热而报废等现象的发生；同时，可防止晶粒粗大，使金相组织均匀一致，性能得到保障。工艺创新来源于对新设备、新材料、新创意的使用更迭与不断地技术积累与改善，永无止境。仅以制造业加工工艺为例，从图7-9可以看出工艺创新的复杂性与众多创新的关联隐形点。

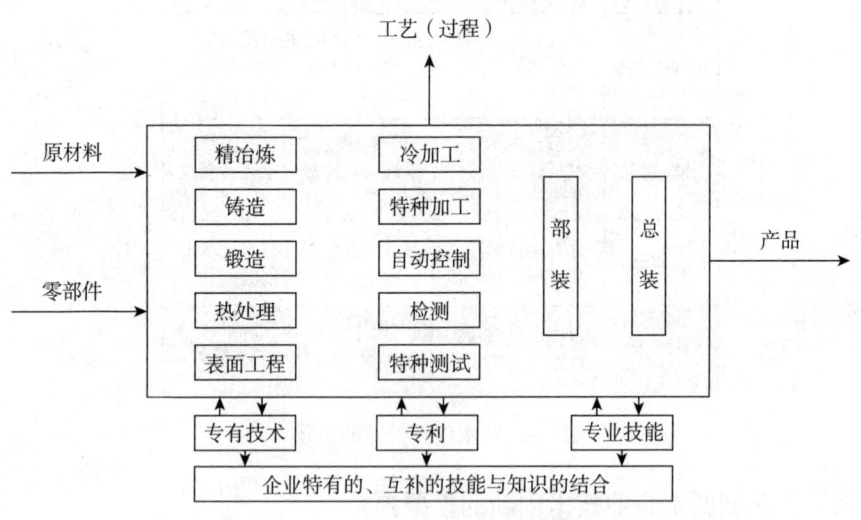

图7-9 工艺是技术创新的重要内容

基于笔者曾经从事工艺技术管理的实践，企业的基层管理者（如分厂厂长、车间主任、工段长、制造单元负责人等）搞好工艺创新要注意以下两点。

1. 建立本单位适于工艺技术创新的机制

确立企业工艺技术投入、研究、开发、生产的主体地位，形成利益驱动及风险驱动机制。企业应把工艺技术创新作为促进企业持续发展的源泉和动力。在发展过程中，依据市场需求和自身条件，加大工艺创新和工艺改进的投资力度，逐步地积累和形成独具特色的核心工艺，尽可能地使每一道工序、工步的操作要求、程序、结果可视化、在线化、数据化。在整个企业中建立一个有效的鼓励工艺创新的机制，广泛听取企业员工的合理化建议，拟订奖励和晋升等激励制度，最大限度地激发员工的主人翁意识、创新意识和工匠精神，增强企业的整体工艺技术创新能力。

2. 营造有利于工艺创新的文化环境

持续和成功的工艺技术改进和创新，必须重视人才与工匠队伍的培养，才能有效地发挥全体员工的能动性和创造性，形成一种热爱本职、乐于钻研技术、优化工艺、提升品质的基础创新文化。因此，企业领导者应该综合运用管理中的经济、组织、技术、人本等诸因素，充分发挥全体员工的知识技能，工艺实操所沉淀的"诀窍""独技""脑袋里的智慧"等与新材料、新的工艺技术、新的设备相嫁接融合，运用大数据与人工智能等智慧工厂的制造平台，开展工艺创新。例如，三一重工泵送设备世界第一，目前国内400米以上的高楼，70%都是由三一混凝土设备完成施工任务，500米以上的高楼，则全部是由三一的泵送设备完成泵送施工任务。在国外，世界第一高楼迪拜塔、欧洲第一高楼俄罗斯大厦、日本第一高楼阿倍野中心等都有三一重工的设备参与建设，三一重工是当之无愧的"世界泵王"。其中，关键原创技术中轨送臂高强度合金钢的热处理工艺创新功不可没，屡建奇功。

（七）重视技术创新的激励机制建设

创新最本质的动力是人。企业技术创新的核心推动力关键在团队。而人的活力和创造力与激励机制的设计建设是紧密关联的，在某些状态下甚至是决定性的。因此，企业家及其管理者要在明确影响本企业技术创新的因素与激励机制的前提下，应针对性地做好以下工作：营造宽松但又有创新张力的创新氛围和企业生态环境；市场拉动与技术推动汇聚；拔尖人才与群众性创新活动结合；大奖重奖与较高的平均收入水平并重；重点配置资源与纵深部署统筹。

创新成果分享：核燃料元件制造企业实现产品、工艺自主化的技术创新管理

核电技术是中国自主创新从跟跑到领跑的一个缩影。中国核电作为当前"中国制造"的少有的国际名牌，其技术创新管理值得我们正在追赶的众多企业学习、借鉴。

中核建中核燃料元件有限公司（以下简称中核建中）是中国核工业集团公司下属骨干成员单位，是中国最大的压水堆核电燃料元件生产基地。在近50年里，中核建中为我国秦山一期、二期核电站和广东大亚湾核电站等国内多座核电站及巴基斯坦恰希玛核电站提供了10000多组质量优良的燃料元件。自中核建中于1986年自主建成我国第一条核燃料元件生产线以来，已在核燃料制造和相关领域取得了200多项省部级以上科研成果。

1. 核燃料元件制造企业实现产品、工艺自主化的技术创新管理背景

（1）适应中国核电行业发展的需求

随着国家能源政策的实施，核电发展的规划进行了战略性调整，2020年将建成装机容量5800万千瓦，在建3000万千瓦，核电将迎来新的发展机遇，也将带动整个核燃料产业的发展，对核电站燃料元件也提出了新的要求。与此同时，国家将核电"走出去"作为国家战略积极推行。出口大型商用核电站，参与国际竞争，实现从核电大国到核电强国的转变，面临着缺乏自主化燃料元件的瓶颈，产品自主化的需求非常强烈和紧迫。

（2）打破国际核电格局，实现核电建设国产化的必然要求

国家正在积极开发第四代核电技术。伴随中国实验快堆成功实现并网发电，我国核能发展战略中的第二步取得重大突破，加速了中国示范快堆建设步伐，对示范快堆元件的研发和产业化需求紧迫。目前中国百万千瓦级核电站燃料组件制造技术主要是从国外引进，核燃料元件技术水平与世界先进水平相比仍有差距，一些核心关键技术还没有完全掌握，核燃料元件主要结构材料和制造关键设备依赖进口，核燃料供应抗市场和政治风险能力很弱。

（3）提升核燃料元件制造自主化水平的需要

目前，中核建中科技创新体系和机制不够完善；原始创新能力比较薄弱；核燃料相关的基础性、机理性研究比较薄弱；核燃料元件生产线总体装备水平和自动化程度有待进一步提升，核燃料元件零部件自动检测技术和能力不足；含铀废物处理技术及铀资源综合利用能力不足。因此，围绕产品和工艺自主化，加强技

术创新管理，持续提升核燃料元件制造自主化水平势在必行。

2.核燃料元件制造企业实现产品、工艺自主化的技术创新管理内涵和主要做法

中核建中适应国家产业政策和国内外核电、核燃料市场需求，跟踪国际先进燃料制造技术动向，坚持自主创新与引进消化吸收再创新相结合，坚持项目牵引和需求导向，以为公司可持续发展提供技术支撑为核心，以加强科技创新体系建设为保证，以攻克瓶颈和关键技术为切入点，保证科技投入，完善科研项目课题制；建立产学研合作机制，开展协同创新突破技术难题；配套开展生产线技改，推进技术成果的工程化和产业化应用；建设数字化车间，提升产能和制造水平；加强科技人才队伍建设，提高企业创新能力，实现产品、工艺制造技术自主化，推动公司整体创新水平提升，增强中核建中的市场竞争力。主要做法如下：

（1）明确技术创新管理组织，保证科技投入

1）明确技术创新管理组织，落实管理职责。中核建中在原科学技术委员会的基础上建立技术创新管理委员会，委员会对技术创新的中长期规划进行审查和批准，按年度考核公司技术创新工作开展情况，具体指导各项技术创新工作的开展。

2）科技投入纳入企业重要议事日程，确保主业收入反哺科技创新。中核建中始终把科研投入作为科技兴企的一项战略，并列入重要的议事日程，确保企业前瞻性技术研发和战略性技术储备的投入能够随着企业的发展而不断加大。几年来，国内新增核电项目相继并网发电，公司组件产量从5年前的800组达到现在的1500组，主业收入大幅增加。近年来，在核燃料自主化和核电"走出去"的背景下，公司在技术创新上先后着重开展燃料元件制造关键和瓶颈技术攻关、关键设备国产化攻关、引进产品消化吸收和再创新、关键材料和零部件自主化等工作。

（2）建立研制项目/课题负责制

1）制订管理制度，建立、完善研发管理体系。中核建中制订《科研管理办法》和《科技创新绩效评价办法》等一系列管理制度，建立和完善研发管理体系，落实研发人员的工作绩效考核，实现科研开发活动从立项论证、项目实施、项目验收到成果转化的全过程管理。

2）建立研制项目/课题负责制，激发员工创造活力。建立研制项目/课题负责制，明确项目分工与协作关系，明确项目负责人或课题负责人，项目组/课题组负责提出资源需求、组织资源、开展攻关、经费和进度控制等。项目组按照《科技

创新激励措施》可以享有成果申报、专利申请和专项奖励等激励政策。

（3）建立产学研合作机制，开展协同创新突破技术难题

1）委托高校、研究院所开发研究。由中核建中投入人力、资金，根据公司制造技术创新的需求提出技术合作要求，高校或研究院共同参与。近年来，通过产学研合作，成功研制铀干法炉DCS自控系统、燃料组件骨架机器人焊机等重大装备，提升了生产线自动化水平。

2）联合攻关。

3）组建创新协同中心。

（4）配套开展生产线技改，推进技术成果的工程化和产业化应用

1）铀化工干法转化技术及装备的工程化。近年来，中核建中开始研制100吨铀/年产量干法装置，重新设计研发整条生产线，对干法转炉和控制系统重新进行设计加工，并开展六氟化铀喷嘴、烧结金属过滤器等关键零部件研制，研制出国内首台年产100吨铀化工干法转换炉，实现国内零的突破。

随着中核建中燃料元件产量的增加，中核建中果断实施核能开发科研项目"200吨铀/年规模IDR工艺研究及装置研制"填补了中国无大型铀化工干法转换装置的空白。

2）TVS-2M高燃耗燃料组件国产化技改。从2004年到2010年，中核建中通过技术转让实现VVER-1000燃料组件的国产化，建成适应VVER-1000燃料组件制造的生产线。

（5）建设数字化车间，提升产能和制造水平

2013年，中核建中建成集芯块制造、单棒焊接、骨架焊接、组件组装及理化分析为一体的数字化车间，生产线的自动化、信息化和数字化水平进一步提升。

（6）加强科技人才队伍建设，提高企业创新能力

1）完善人才选拔聘任机制。

2）积极实施人才引进计划。根据大学生引进计划和实施方案，采取多种措施积极引进优秀科技人才。

3）拓宽专业技术人才职业通道。建立领军人才、首席工程师和首席技师制度，出台《领军人才选拔管理办法》《首席工程师评选聘任实施办法》和《首席技师评聘管理办法》。

4）建立系统的员工培训机制。中核建中对培训体系进行持续改进，不断修订完善《公司员工培训管理程序》等制度，明确各单位培训职责、要求，不断完善

培训计划、实施、考核、效果评估过程的规范化，确保公司教育培训制度化、规范化管理。

5）建立完善的激励机制。建立科研创新绩效评价体系，完善科研创新激励措施。建立《科研项目绩效评价办法》，与绩效评价相配套。中核建中建立《科技创新激励措施》，对申请专利及获得专利授权的个人进行配套奖励，对获得各级科技进步奖的人员进行配套奖励。除物质激励外，还有诸如职称职务晋升、就学深造等激励措施。

落实青年优秀科技人才激励措施。近年来共完成5批35岁以下青年优秀科技人才的选拔，共计选拔出200多名青年优秀科技人才，并发放特殊技术津贴，激励青年人才积极参与科研开发项目，充分发挥青年科技人才在技术创新中的生力军作用。为更好促进青年科技人员的成长，中核建中建立《青年科技创新项目管理办法》，鼓励35岁以下青年科技人员组建项目团队，以每个项目30万元的经费投入和一年研究周期为限，给予年轻人承担项目的平台，鼓励年轻人进行科研上的大胆尝试。这一举措从2014年开始施行，目前已经支持15个项目，预计未来还会有更多青年科技人员参与。

3. 核燃料元件制造企业实现产品、工艺自主化的技术创新管理效果

（1）提高了企业技术创新能力，获得一系列成果

中核建中不断加强研发平台建设，掌握了铀化工干法转化工艺及转化装备研制等关键技术；具备了AFA-3G燃料组件等不同类型燃料组件制造技术和关键制造装备的研发能力；成功研发出CF2/CF3燃料组件，拥有研发新型燃料组件制造技术的能力。近年来，完成了初级中子源组件、ACP100模块化小堆组件等新产品的开发，实现了TVS-2M燃料组件国产化，提升了企业市场竞争力，增强了企业适应核行业发展需求的能力。2014年承担中核集团重点科技专项"压水堆燃料元件设计制造技术"、核心能力提升项目"燃料元件不锈钢及镍基合金材料自主化"不断取得新的进展，为实现"华龙一号"燃料元件出口奠定了坚实的基础。

2014至2016年，获得省部级科技进步奖11项；申请受理专利84件，获得授权专利33件；形成公司级科技成果127项。

（2）增强了成果转化力度，提升了生产能力

从国产300兆瓦核电燃料元件到世界最先进的全M5 AFA3G燃料元件，中核建中一次又一次实现了技术跨越：从年产金属铀50吨到200吨，再到400吨，直至800吨。产能跻身国际先进核燃料企业的行列，能满足30多个百万千瓦级压水堆核电

机组的换料需求，可以有效地保障我国核电发展对核燃料元件的需求，保证压水堆核电站燃料元件供应的稳定性、可靠性。这对中核集团构建安全可靠、清洁高效、具有核心竞争力的核燃料生产运行保障体系起到了至关重要的作用。

（3）获得了广泛认可

中核建中从2004年起，连续通过国家发改委组织的"国家认定企业技术中心"评价，2013年再次通过了国家级高新技术企业资格认定。在2013年被授予四川省"第二批知识产权试点示范工作先进集体"等荣誉称号，2015年获得"四川省国际科技合作基地"授牌。其科技创新评价中多项指标名列集团生产类成员单位第一名。

第八章
管理创新为支撑

一、"互联网+"时代企业管理的新特征

互联网是人类最伟大的发明之一。移动互联正在改变、颠覆、创新人类社会方方面面。没有成功的企业，只有时代的企业，所谓成功只不过是踏准了时代的节拍。企业如果不能与时俱进，就是退步，就会被市场淘汰，被时代抛弃。简单归纳，移动互联时代企业管理出现了八大新特征。

（一）特征一：移动互联推动企业管理与组织创新

19世纪60年代第二次工业革命初期，资本主义社会面临是以机器取代人力，以大规模工厂化生产取代个体工场手工生产的一场生产与科技革命。随着机器生产的大规模应用，手工业劳动者面临如何在短时间内成为熟练产业工人的难题，福特汽车"流水线"诞生了，1911年泰勒的科学管理理论诞生了，西方古典管理理论随着这场生产与科技革命发展起来了，生产要素和生活资料按照古典管理理论和商业规则得到了有效分配和利用。

第三次工业革命是以计算机、原子能、航天航空、生物工程等的发明应用为主要标志的科学技术革命，极大地改善了人类的生存生活质量，极大地推动了人类社会经济、政治、文化领域的变革，人类生活方式和思维方式也产生了重大的变化。

第四次工业革命是以新一代互联网、物联网、大数据、云计算、新能源与再生能源、人工智能、生命科学等开始的全新革命，将超过以往任何一次技术革命对人类社会的改变。数据显示，2017年全球互联网用户数已达到36亿，约占全球人口数的47%，其中移动互联网用户已达到23亿。中国拥有全球数量最多的移动互联网用户。根据2017年《中国移动互联网发展报告》，中国移动互联网用户达到10.93亿人。

未来会怎么样？未来不可想象。组织一直在变化，没有标准的组织，只有高效的组织。

传统的金字塔科层模式组织架构，等级分明，结构稳定，决策指挥从上到下，流程严谨，作业标准化。其缺点是管理成本高、协同性差、决策效率低。

过渡阶段既有金字塔科层模式组织架构，又有网状组织，有中心有次级组织，次级组织之间彼此连接，层级有上下，属于开放型组织。

发展到后来是完全的网状组织，纯粹以项目、任务为导向，自组织模式，节点负责协调组织、非控制指挥，容错度高，可快速迭代，沟通执行更高效。其缺点是缺乏固定的从属关系，结构比较自由，不稳定。

然而，企业管理与组织创新往往落后于技术创新的步伐，移动互联网的广泛应用，大规模定制颠覆了泰勒的"科学管理理论"及大规模制造，"混沌理论"颠覆了法约尔的"一般管理理论"追求企业内部的再平衡，互联网的"去中心、去中介、自组织化"的组织形态颠覆了韦伯的"组织理论科层制"，西方古典管理理论不再适用于移动互联时代。这给赶上互联网大潮并进入第一梯队的中国企业尤其是企业管理理论的创新提供了从来没有过的生态环境和平起平坐的机会。

（二）特征二：移动互联网时代企业的边界在消失

在海尔的管理实践中，张瑞敏走出其自身创造的"日事日毕、日清日高"的OEC管理模式，走向了人人面向市场的"市场链"管理模式、人单合一的共赢模式，备受企业界和管理学术界推崇。

2013—2014年5月，海尔在不到两年的时间里，在册员工总数由86000人减至64995人。2014年6月张瑞敏在某次论坛上说："去年裁掉1.6万员工，海尔今年还要大刀阔斧，裁掉1万名以中层管理者为主的员工。"

海尔为何大幅裁员？原因是海尔在塑造互联网时代的新商业模式，实施了"企业平台化、员工创客化、用户个性化"的三化战略。

海尔现在有2000多个小微平台，已有200家团队在工商局注册成独立的公司。很多员工激情被点燃起来，纷纷创业实现自己的价值。

张瑞敏介绍现在的海尔只有三类人："一类人叫作平台主，平台主不是领导，是看平台上有多少创业公司，创业公司成功与否，能冒出多少新的跨界创业公司。一类人是小微主，也就是小型创业公司，看能不能够自主找寻机会创业。最后就是创客，所有的员工都应该是创客。企业不再开工资，让员工自己创造价值，企业就从原来制造产品的加速器，变成孵化创客的加速器。"

张瑞敏介绍，员工创客化颠覆了雇佣制，员工从被雇佣者、执行者转化为创业者、动态合伙人。张瑞敏还表示："企业探索创业平台确实很难，我认为领导必须放弃决策权、用人权、分配权。每个小微都有决策，让团队自己决定用什么人、利益怎么分配。"

在移动互联时代，淡化中层的层级数量是未来组织转型升级的趋势之一。听得见炮火的一线人员已经具备从节点到节点的沟通协同能力，并能形成自组织工作。每个员工都可能成为自组织的核心，负责自组织的经营决策和日常管理，每个员工都可能同时成为他组织的一员，承担他组织赋予的职能，员工评价可以是来自不同圈子的评价汇总，多维组织生态充分体现互联网去中心化、去中介化的管理特征。

企业、员工、用户、合作方的关系链、价值链、生态链都将改变，移动互联时代的企业将呈现无中心、无边界和竞争无孔不入、颠覆无处不在的形态。

在移动互联网时代，企业的边界在消失，跨界竞争越来越多，生产者和消费者的边界不再明显。员工、产品、社群越来越无边界化，C2M大规模定制崛起，科层制组织逐步失去活力，动态多维的网状组织正在崛起。

（三）特征三：以用户为核心的企业价值链变革

过去有句谚语"从南京到北京，买的不如卖的精"，说的是传统的生意利用信息不对称赚取利润的商业本质。在互联网时代，以企业为中心的传统价值链将改变成以个人为中心的新价值链。

小米手机的粉丝营销做到了极致。小米论坛上米粉们提提建议吐吐槽，版本会根据"米粉"们的建议来改进，为此小米特别设立了"爆米花奖"，用户体验与员工绩效考核直接挂钩，数千万个"为发烧而生"激情的"米粉"们倾心参与。"米粉"们还积极参与了市场调研、手机设计、功能测试、MIUI迭代、营销推广、品牌公关，组织线下的"米粉"同城会，甚至还开办了"米粉节"。

据不完全统计，"米粉"们帮助小米翻译了25个国家的语言版本，60万"米粉"参与了手机操作系统的开发，小米公司为MIUI适配了36款机型，"米粉"为MIUI适配了143款机型，"米粉"帮助做了10000种主题，100000种问答方案，"米粉"们在这些活动中体验到了参与感、成就感、荣耀感，真正有企业"主人翁"与"自我实现"的感觉。

互联网预言家凯文·凯利谈道"在未来的20～30年，去中心化是未来的不二法门，传统企业是线性增长，创新企业是指数增长，传统企业是自己完善产品，创新企业由客户来完善产品。"

"米粉"们的行为正好印证了生产者和消费者不再明显的特征。用户、组织、网络和实体渠道紧密连接在一起，小米不仅仅是其全体股东的，同时也属于全体"米粉"。

（四）特征四：云计算与社交化成为企业运营变革新方向

云计算能降低企业IT建设的TCO（总体拥有成本），提升企业综合效率，随着传统企业+互联网化，云计算逐渐成为企业级用户通过IT建设来实现管理创新的有效途径。

SaaS服务是未来云计算发展的主要方向之一，目前SaaS服务主要聚焦企业管理软件领域，部署快、费用低，安全级别高，功能快速迭代，业务永续，能将各项业务进行在云端有机整合，信息成本、交易成本、管理成本都会降低。随着云计算技术的提升，更多领域的SaaS服务将得到丰富，移动化场景下的互联应用将更加便捷，云计算在增加企业竞争力的同时成为传统企业转型升级的引擎。

随着互联网的不断发展，社交平台快速崛起，人们花在互联网上的时间更多了，线下的社交时间大大减少。企业级的社交将以员工为中心，通过人际互联来实现业务流程的驱动，所有业务都是围绕着人来进行整合，使人真正成为管理的核心和终极目标。借助社交化的工具，人力资源管理也可以整合组织内外部的资源，打破组织和企业壁垒。

（五）特征五：大数据成为企业的"标配"

Vanson Bourne对3000家美国、英国企业的调研数据表明，目前有60%的IT公司在全公司范围内使用大数据。

在移动互联网时代，快消品企业或者服务业企业可以利用大数据进行精准营销，获得更多的用户和收益；利用长尾理论做小而美细分市场的企业可以利用大数据来设计更有竞争力的产品和服务；互联网的传统企业更加需要利用大数据保障转型升级的成功。

大数据企业级市场得到了广泛应用，尤其是商业机构，设定商业和管理目标并排序，通过建立大数据模型并进行动态监控和管理，实现管理的数量化和精准化，及时给出管理建议，建立反馈体系，分析数据并迭代指标合理性，通过数据分析进行管理诊断和未来趋势预测。例如利用大数据"样本就是全数据"的优势，产品研发部门可以设计用户喜好的产品服务，人力资源部门设计员工喜欢的考勤、假期、福利、团队建设、激励方案等。

（六）特征六：CEO是"网红"

2016年4月16日，72岁的任正非独自拉着拉杆箱，在上海虹桥机场排队等候出租车，没有助理和专车，照片在朋友圈被刷爆，引发无数感慨，百度指数暴增559%，一向低调的任正非瞬间成为"网红"，华为公司甚至华为手机产品的美誉度大幅提升。

2016年上半年Papi酱的爆红以及游戏、秀场等各大类型主播们的强势崛起，"网红"已成为2016年整个互联网出镜率最高的词汇之一。

网红化本质就是社交网络化。越来越多的企业意识到高大上的传统媒体已经不适合消费者心理需求，网络直播作为新的市场营销方式，与用户和粉丝的直接、真切互动更接地气，内容的传播更有影响力，用户和粉丝可以直接感受到企业的品牌和企业领导人的个人魅力。因此，美国东海岸时间2018年2月6日16点，马斯克在逾十万现场粉丝的注视下，人类现役推力最强的火箭——"重型猎鹰"成功完成了首飞，并将特斯拉跑车成功送入太空。这堪称科幻电影一样的划时代表演使马斯克再次被数十亿大众刷屏，其"网红"效应无法估量。在全球范围内，企业家在社交网络上的存在和体现将越来越强，企业家的"网红化"已经成为大势所趋。

（七）特征七：共享经济模式重塑传统商业模式

"互联网精神"是平等、开放、协作、创新、分享。互联网让分享变得更简单，维基百科的知识分享、Linux系统开源代码、云计算等都是分享经济的模式。共享经济是随着移动互联网、云计算、大数据、社交网络、智能设备等技术和平台的广泛应用而发展起来的，共享经济颠覆了传统产权观，将所有权与使用权分离，实现超越时空限制的信息交流与分享，将闲置的资源提供给有需求的用户，目的在于对使用权的最大利用，鼓励人们分享彼此闲置的资源，从而实现资源利用率的最大化。Uber和Airbnb是共享经济模式的典范。

2009年Uber在美国旧金山诞生，起初是一款打车App，Uber利用移动互联技术和大数据算法，实现快速定位、精准派单、导航、结算支付、征信监管、保险保障、客户服务等，提供给乘客随叫随到的通行便利和高质量的服务体验，很多Uber司机都有自己正式的工作，一般利用工作之余通过开Uber赚取额外收入。Uber突破了出租行业以法规牌照的行业壁垒，迅速崛起，获得了资本的狂热追捧，目前估值已经超过680亿美元（截至2017年8月），累计融资超过了180亿美元，其业务遍布全球72个国家460个城市，Uber改变了人们的出行方式，无一例外给当地的传统出租车行业带来巨大的冲击，颠覆了传统出租车企业的经营模式，颠覆了一些行业秩序，改变旧有的商业模式，影响着30亿人的工作生活观念和方式。随着Uber在餐饮、快递、健康、旅行等垂直行业规模化快速拓展，未来Uber有望会成为一个世界级的共享经济生态平台。

这些年中国共享经济也保持了高速增长。除耳熟能详的滴滴、摩拜外，实体经济尤其制造业也迅速切换了风口，参与到共享经济的浪潮中。共享经济正成为企业管理创新的突破点、着力点与新领域，涉及平台共享、资源共享、市场共享、技术共享、知识共享等，采取企业上下游协同、产业链协同、生态圈协同等多种方式，优势互补、深度合作、协调一致，共同促进企业发展。

一是上下游协同。徐工随车起重机有限公司作为吊装设备厂家，根据专用车行业特点，在行业内与一汽、东风、重汽等底盘制造企业合作，以软文化和互联网信息平台为支撑，通过研发前置、柔性生产、品牌融合、渠道互建、一体服务等全价值链协同举措，开展研发协同、供应协同、生产协同、渠道协同、服务协同，实现"双品牌、双渠道"协同发力。目前公司产品远销100多个国家和地区，成为最具价值和最受用户信赖的臂架类专用车制造领军企业。

二是产业链协同。吉林化纤集团有限责任公司作为竹纤维产业链上的核心企业，充分发挥其在产业链中的领导、协调和引领作用，以拥有的竹纤维原创性核心技术为基础，以组建产业联盟为依托，纵向上向原料基地拓展，横向上集合纺纱、织造、染整、成衣制造、商贸企业，创建竹纤维产业联盟，共同研究开发竹纤维产业链各环节的技术、工艺和产品，共同培育和发展竹纤维产业。目前，吉林化纤集团有限责任公司拥有世界最大的竹纤维生产基地，产品畅销国内，远销海外。

三是生态圈协同。中企云链金融信息服务有限公司由中国中车联合中国铁建、国机集团、金蝶软件等国有和民营企业发起组建，依托工业制造、建筑、能源、军工、现代服务等众多大企业资源，构建大企业、中小企业与银行共同发展的良性生态圈，建立以"免费、共享、安全"为基本特征的信用流转共享服务机制，创新推出"云信"产品，实现产业链企业资产与金融机构资金的有效对接，构建起跨产业、跨部门、跨地域的产业互联网供应链金融创新服务体系。

尽管目前还存在监管不足与安全缺陷，但共享经济的魔力在于对社会资源的重新分配与连接，必将成为移动互联时代一个重要的发展趋势。

（八）特征八：混沌动态不平衡

古典管理学家法约尔专门提出了企业内部管理的一些要素，基本的观点就是企业的职能部门要进行的工作就是内部部门之间的再平衡。

传统企业经营，追求的就是动态平衡。所谓企业动态平衡发展，是指因内外环境发生变化，企业原有的平衡运转机制被打破，企业为此要按新环境要求重塑平衡，以此推动自身不断成长的周而复始的循环过程。

移动互联智能化时代，企业不能再追求长久的平衡。外部的变化非常快，系统内部保持均衡，静止了，就意味着僵化了，那么最终会停滞走向死亡，被时代淘汰。因此，企业内部亦存在非确定性与非平衡态，即混沌。随着算力的提升，我们有足够的理由相信，利用混沌和混沌管理是大数据时代的必然。

二、企业管理创新与互联网思维的融合

（一）企业管理创新与互联网思维的共鸣点

第一，管理理念创新。一定程度上，企业管理理念受到社会环境、市场体制、产业政策等影响。现阶段而言，以自我为中心的企业传统管理理念已经造成了严重的发展瓶颈，而互联网经济时代的来临，为互联网思维与管理创新的融合奠定了基础。一方面，互联网技术极大地降低了企业的运营成本，实现了企业和用户的直接对接，树立以用户为中心的理念势在必行。另一方面，用户消费逐渐呈现出个性化、多样性、小规模的形态，企业只有通过管理理念创新，才能扭转传统

的规模化、大批量经营思想。

第二，管理文化创新。它是管理行为中管理者、员工所产生的意识形态总和，是企业管理的灵魂。对抗性意识形态比例越高，管理文化就越不和谐。管理文化创新的前提是摒弃传统管理思维下的"人事观念"，正是由于管理者将员工视为简单的"雇佣对象"，才导致两者之间的矛盾、对抗，这也是构建等级森严的企业管理组织结构的起点；基于互联网思维的融合，在管理文化创新中要强调"去权威、去精英、去老板"的意识，在情感意识层面提高员工的归属感、存在感、成就感、忠诚度、快乐度、幸福度，在制度建设上一视同仁、奖罚分明。

第三，管理模式创新。管理模式创新涉及具体的管理内容层面，也集中体现了互联网思维与传统管理思维的差异。在传统管理思维下，企业的一切活动都围绕着产品展开，包括设备、专利、技术、渠道等内容。换言之，企业自身的优势被认为是市场优势。而在互联网经济背景下，互联网思维侧重用户导向，以提供个性化服务为目的，相应地，互联网管理技术手段进行的业务流程再造、生命周期管理、即时生产管理等手段应运而生。企业可以通过构建集中研发、生产、销售、物流、售后服务为一体的"供应链管理系统"，满足企业管理理念和实践的统一，从而提供更有效的管理决策。

第四，组织结构创新。企业面对海量信息"井喷"的态势，不仅要提高数据挖掘、分析、整理、预测的能力，同时也要快速地反映到产品研发、生产、营销等诸多方面。企业组织结构是影响效率的关键因素。基于互联网思维进行的组织结构创新可以从两方面着手。一方面，企业信息管理"去组织化"，基于企业信息化建设的完善以及互联网技术的有效利用，员工与管理者之间的信息交流更加便捷，传统的汇报、申请、建议、意见等交流机制不断挖掘，例如员工可以通过微信、QQ等直接与管理者沟通，每个员工都可以成为市场、用户信息的收集节点，这将大大降低企业信息收集和决策的成本。另一方面，基于互联网思维融合的企业管理组织结构创新，本身也是一种"圈际文化"体系构建，对企业跨界发展、综合能力提升能起到很好的促进作用。

（二）"共享管理"：管理创新的新范式

管理正迎来一个史无前例的变革时代。在共享经济风起云涌的时候，共享管理这一管理新范式也涌现并逐步成熟起来。那么，到底新范式是什么？

1. 价值观：自他循环

商业的起点是什么？按照传统的商业逻辑，我们通常将利己作为出发点，在实现利己的过程实现利他。但在现实中，利己并不一定能够利他，一旦利己和利他不能够实现循环，这样商业就会面临不可持续的问题。我们身边的气候变暖、空气污染、水资源缺乏等，这些问题的大量出现，事实上都在传递一个声音——我们必须重新思考我们的商业逻辑，否则就将失去商业存在的价值。

从利他出发。我们通常说，"己所不欲勿施于人"，更进一步是要做到"己所欲之勿施于人"，而最重要的应当从利他的角度出发来作为商业逻辑的新起点，从价值共创的角度来思考问题，寻找商业或者企业本身存在的价值，实现人所欲和己所欲的统一。

"自他循环"释放共享的力量。从利他的角度出发，寻找"自他循环"，为企业寻找存在的价值打开了新通路。按照"自他循环"的价值观选择，价值创造的方式、资源边界、价值分配都在发生着颠覆性变化。原来强调单方的价值传递正在转变为企业、用户等利益相关方的共创。资源的边界已经打破，"不求所有，但求所用"已经成为新的资源观。分配已经超越了原有意义上此消彼长的零和博弈，转变为正和博弈下的共赢格局，经济价值之外的精神价值也成为价值分配的重要内容。

这些变化不仅发生在上面所提及的互联网企业，在传统制造业行业也大量涌现着此类行动。

2. 管理要素：企业、员工和用户的重新定义

超越管理者和被管理者的管理框架。长期以来，管理学研究基本限定在管理者、被管理者和管理手段的既定框架之内。这个框架的前提假设就是所有的管理行为都是在一个封闭的企业中展开。但是，今天我们所看见的企业形态变得越来越开放，封闭型的企业存在方式也越来越滞后于共享经济的发展。如果你站在石油、钢铁、化工这些企业的角度，是无论如何也无法想象到Airbnb、Uber、滴滴等公司在短期内所达到的市场价值。

面对这些共享型企业，我们可以清晰地看到，原来所谓的企业边界在不断地打开，管理的研究对象已经超越了管理者和被管理者本身，用户以及其他利益相关方已经从原来的企业外部，逐步成为价值创造活动的直接参与者。在这样的背景下，我们不得不重新审视我们的框架、研究对象，以及研究对象本身的定义，对企业、员工和用户进行重新定义。

3. 组织：平台和小微

在共享型企业中，资源的组织方式在发生着变化。尤其是大型企业正在加速解构，转化为平台和小微的关系。小微是快速配置资源的主体。小微和平台之间是"市场结算"关系，平台报酬源自小微，平台的作用是为小微提供资源的支撑。简单讲，平台和小微之间是"服务"与"被服务"的关系，是由用户直接驱动的资源配置机制，而非传统组织模式中正三角层级组织结构"中"层级所强调的上下级关系以及自上而下的资源配置机制。

4. 共享管理：一种真正尊重人的管理

归根结底，"共享管理"之所以能够存在，或者说它存在的价值就在于对人的尊重，对人潜力的激发和释放，对社会福利的改进。

在价值观层面，这种尊重体现为超越利己，从利他角度出发，形成利他和利己统一的"自他循环"。在管理要素层面，它已经超越了管理者和被管理者的框架，让我们回归人本，跳出从控制出发的思想束缚，将管理聚焦到员工和用户身上，并对企业、员工和用户进行重新定义。从企业生态圈的角度去理解企业定位，从合伙人和价值共享者的角度去认识员工，从价值共创者的角度去看待用户。在组织层面上，平台和小微的网络组织形式正在成为企业新选择。

"共享管理"这一管理新范式将会演绎出更多、更丰富多彩的管理实践，让我们拭目以待，主动拥抱"没有不可能"的惊喜吧！

三、当前中国企业管理创新的大趋势

（一）第一个趋势：开始注重系统思考和整体性提升

当今企业管理创新和过去的10年相比，最大的变化就是开始注重系统思考和整体性提升。中国企业的现代化管理起步于改革开放后。20世纪80年代，打开国门看世界，发现欧、美、日企业比我们先进得多，于是开始向外国学习。全国从中央到省市的企业管理协会也就此应运而生。当初企业管理协会牵头发起组织培训考察，学习国外的管理，首先是从单项的管理方法、工具的模仿起步，先是学习日本的全面质量管理，后来学美国。当时企业管理水平很低，谈不上现代化管理，学习的是规范、标准、制度这些基础性的东西。现在不一样了，现在中国一大批企业的现代化管理水平已经较高了，某些优秀企业已赶上了世界先进水平。像海尔、华为、国家电网、中石油等企业管理创新的经验已经成了世界级品牌的核心要素。

不同类型的企业以及企业发展的不同阶段，管理模式是不一样的，没有一个模式能够适应所有的企业，适应所有企业的发展阶段，只有适应某一类型的企业在某一个发展阶段的管理模式。所以，管理的方式、工具是有选择性的，是由路径依赖性的，没有一套管理模式可以放之四海而皆准。有些企业利用战略统领的方式把整个管理拎起来；有些企业通过工具的整合，比如生产制造型的企业，把精益管理、看板管理、六西格玛管理等很多管理工具进行整合，用一个平台把企业管理水平提升起来；还有一些企业是通过国际对标工具和方法来进行管理和统领，比如国家电网以及所属地方电网，前几年一直在做的一件事情就是国际对标。通过国际对标，一项一项去寻找我们和国际最先进水平的差距，然后一点一点追赶，最后达到世界先进水平，实现超越。当今中国的发电与电网运营管理水平，和世界上任何一个国家比，我们不落后，甚至在某些方面处于世界领先水平。如由笔者所在的四川省企业联合会组织专家评审、推荐的国家电网四川分公司创立的电网行业应急管理创新成果，在四川雅安芦山大地震的抢险救灾中仅用10小时就保障了灾区电力的恢复，超出了抢险救灾各级人员的预期，彰显了管理创新处置重大危机事件的全球顶级标杆。不同的企业通过自己反复的学习，选择适当的路径，通过系统思考和整体性的提升来达到了管理水平整体提升的目的。

（二）第二个趋势：创新定位由低端向中高端升级

我们管理的起点低，初期主要是模仿式学习。应该说，中国的企业家是乐于学习、善于学习的，他们虔诚地、如饥似渴地学习西方，通过不断地引进、学习、消化、吸收、创新，将西方先进经验变成自己的东西。通过学习，企业家及团队在积极进步，企业也在快速发展。这种进步的重要标志，是创新定位中高端化了。依据管理专家的理论，创新的路径主要有两类，一类叫逆向创新，就是把别人的东西拿过来，模仿学习，最后变成自己的本事，这叫引进、消化、吸收、再创新。还有一类叫正向创新，就是从源头开始，从研发开始，不依靠别人，走自主创新的路。这两种创新路径都能使企业走向产业高端。改革开放至今，中国企业实现后来居上，主要走逆向创新的路径。但是最近几来年，越来越多的企业开始注重独立、自主研发，走向世界产业链的高端。石油、电力、移动通信、水电设备、重型装备、高铁、核电行业等，这些年进步很快，已经进入世界先进水平。例如中石油西南油气田公司川中油气矿，面对复杂难采油气藏，川中油气矿矢志不渝，科学发展，不断突破传统的勘探开发思路与模式，牢固树立"科技效益、管理效率、绿色和谐"三大理念，持续推动"理念、技术、管理"三大创新，不断攻克复杂油气藏勘探开发技术与管理难关，共获得各级科学技术进步奖88项，充分发挥了科技创新与管理创新的支撑保障作用。重新探明的勘探开发水平不断提高，油气储量和产量快速增长，新发现16套含油气层系，创造了闻名全国石油行业的"磨溪经验""广安模式""龙岗速度"，建成了磨溪、广安、合川、龙岗等四大主力气田；油气当量仅用5年时间就由不到100万吨上升到300万吨，形成天然气产量在川渝地区排名第二、原油产量排名第一的生产规模；创立了"攻坚文化"品牌，被四川省企业联合会/企业家协会授予了"企业文化建设示范基地"。笔者前后3次到该企业现场调研、指导，并在现场授牌大会上以"川中气矿攻坚楷模"为题赋藏头诗一首："川中油气壮志宏，中华文明传卓筒（川中油气矿所在区域的遂宁大英卓筒井，乃千年前中华先祖钻探出的全球第一口千米深井）。气量长空博天地，矿魂不朽塑群峰。攻关无畏强内控，坚实科技优协同。楷模融慧聚士气，模式创新绘彩虹。"

这里说的高端，不仅包括技术创新，而且包括管理创新。在成功的实践中，这两者是高度融合的。企业中，科技是生产力，管理是生产关系，生产力的进步和创新，不可避免地需要生产关系，也就是管理的适应性变革和调整。没有管理创新与变革，技术创新难以实施，或无法持续进行。

（三）第三个趋势：开始注重软实力的建设

改革开放40年来，前一阶段我国企业在拼命做规模、不断扩大生产能力，后来发现扩大规模、扩大能力后遇到两个问题。第一个问题是市场，市场容量没有想象的那么大，产品卖不出去。第二个问题是规模化了以后，软性的管理跟不上，使得硬实力不能得到充分发挥。

软实力对硬实力能起到倍增的效果。首先，必须肯定企业不能只搞软实力，没有企业一开始就搞软实力，软实力是建设在硬实力的基础上，正如人的骨骼、肌肉等发育到一定的程度，价值观、修养等软实力才能渗透附着上去。没有硬实力，软实力不可能建设起来。所以，重视硬实力的同时，要重视软实力，两手抓两手都要硬。要在表现硬实力的规模、技术、资金等积累到一定程度以后，进一步发展企业的品牌、商誉、社会公民形象等。最终，变成超越于硬实力并与之相融创的企业核心能力。作为全球性的跨国公司中石油成功走出去的经验，就有力证明了企业既要懂得运用自己的硬实力，也要懂得运用好软实力。中石油在全世界几十个国家、地区有业务，几百个项目在运作，大部分很成功，也有不成功或失败的。成功的项目，关键的因素是能有效地实施本地化经营，把当地的文化和中国的文化进行整合，既要遵循管理学的普世原则，又要把中国和所在国的国情、人文等融合起来，这是不容易的。中石油的基本观点是互相尊重，互相欣赏，承认差别，达到统一。在跨国经营方面，很多企业都在摸索。当下，中国企业要不要走出去已不是话题，关键是走出去能否落地深根？能否成功？能否办成可持续企业？事实上，中国企业走出去比过去西方的跨国公司实行国际化经营面临的困难更多，如政治层面、外交层面、贸易壁垒等。中国企业遇到的摩擦和麻烦比欧美企业要多得多，这是中国企业面临的独特问题，所以更需要巧妙地运用中国优秀传统文化如"太极文化"等与创新智慧和企业的软实力去克服这些困难。

（四）第四个趋势：企业的公民化进程在加速

中国企业现在面临的外部环境与30年前、20年前、10年前相比是完全不一样的，比如在社会责任方面的道德压力越来越大，这既有我们经营的环境、政府政策、行业标准等问题，也有企业本身的责任问题。企业必须明确知道自己是企业公民。既然是公民就要尽公民的义务，就要尽社会责任，要遵守法律的底线。企业面临两条底线，一条是法律的底线，另一条是道德的底线。这两条底线不能混为一谈，它们是有区别的。道德层面的问题用道德的方式解决，企业或企业决策者要守住"良心"。做善事，做社会公益，没有人强迫，做多做少都可以，这不是企业社会责任的全部。企业的社会责任底线就是法律，要遵纪守法，不能破坏生态环境，不能坑害消费者，等等。这方面，中国的企业界在逐渐领悟，但是任重道远。当今很多企业尤其是中小微企业还处于生死快速迭代期，其中的很多企业一直可能处在原始积累阶段。没有原始积累，企业不能做大，但恰恰是原始积累的阶段，很容易产生道德方面的问题。所以要加强对企业家的道德修炼与文化提升，提升企业家的责任与担当意识。尤其是在"生意人"成为"商人"跨入"企业家"这个成长的过程中，在全社会要营造一种不单纯追求"急功近利"的"大跃进"思维，不要用原始积累时期的理念标准来要求自身的企业，要用当代21世纪企业公民的标准来要求我们自己，宁愿原始积累的时间长一点，赚钱的速度慢一点，也要把企业的社会责任放在第一位。

（五）第五个趋势：重视中国特色管理模式的探索

什么是中国特色的管理？中国企业联合会组织专家做过调查研究，发现一个很有意思的现象。中国企业家的管理思想的来源到底是什么？发现有三个来源。第一，来源于西方的管理理论和管理思想，特别是适应市场经济、竞争环境所必备的那些企业家素质、本领和知识。第二，来源于中国共产党领导下的红色文化。很多企业家，不仅是国有企业的企业家，也包括民营企业的企业家，自觉或不自觉地都在用毛泽东思想管理企业，比如"一不怕苦、二不怕死"的"长征精神"，"自力更生、艰苦奋斗"的"延安精神"，等等。这是因为这种文化是吸收传承民族精粹文化基因与特殊时代取得的惊天动地成功经验的提炼升华。第三，源于中国五千年的传统文明，这是中华优秀文化在中国管理者身上的沉淀和体现。当一个人成为企业的高层决策者与管理者，去寻找管理的思想武器的时候，这时很自然地会到中华文明的源流里去寻找。中国的管理思想虽然不是很具操作性，但是在哲学方面是博大精深的，道法自然，完全可能在未来人类"蓝天战略"的推进中，在宇宙世界的新竞技场上达到"天马行空"的境界，在人类与外星文明的互联中实现"和谐相生"。如"克己复礼""中庸之道""知行合一""天人合一"等，很多东西充满灵商智慧与宇宙经络的超凡功用，具有普适性与延展性，对中国乃至世界将来管理的影响方兴未艾。

例如讲"和谐"，资本主义发展了几百年，最后也认识到和谐的重要性，劳动者和资本家之间必须和谐，企业和社会必须和谐，企业与人和自然必须和谐。美国的企业是以法制精神和竞争精神作为精神支柱，但企业发展到最后也要尊重人本主义，尊重人的价值。为什么会出现管理层持股的现象？20世纪80年代开始，美国很多大企业开始实行管理层持股，期权、期股制是美国人发明的，是对美国资本制度的反思和完善，做法主要是给高层管理者配发期权，期权是用现在的价格去买未来的预期，这是一种很合理的管理制度设计。期权期股是人力资本权益化的伟大创举，现在全世界都在学习。我们经常讲人力资本，资本本身是能产生利润的，人力资本既然能创造利润，为什么不能分享利润呢？人力资本怎么用权益化的方式和制度在企业基本的制度设计中体现出来，是很大的一个课题。中国要学习、借鉴外国的先进管理思想和方法，积累、创造、设计中国式的企业管理制度和模式，就要发挥中国人自己的管理创新。其方向与目标，就是中国企业联合会、企业家协会首任会长、中国企业管理泰斗级人物袁宝华老先生给笔者《长盛力——缔造富有灵商的管理文化》所赠"探索管理真谛，获取创新智慧"的题词之意，实现"以我为主，博采众长，融合提炼，自成一家"，最终形成中国自己的企业管理特色和管理模式。中国目前是世界排名第二的经济大国，很难想象这么大的一个经济大国正迈向经济强国，却没有自己的企业管理理论与模式。经济社会的持续发展及实现伟大中国梦要靠企业支撑，因此，总结、提炼、创造中国特色管理理论与模式势在必行，它是我们"文化自信"的基石，更是用"中国智慧""中国方案"构建人类命运共同体的重要组成部分。

（六）第六个趋势：互联网和信息化引领智慧企业的诞生和发展

在当代，真正能够对现代管理产生全面性、变革性，甚至是颠覆性影响的力量只有一个，那就是互联网和信息化。互联网和信息化的发展，包括云计算、大数据、人工智能、区块链、物联网等，这些西方提出来的概念背后代表了什么趋势？例如，企业当前尤其要关注互联网的社交化趋势，因为这里面孕育了很多商机，互联网社交化将会主导一批企业进入新的商业运作模式。

互联网的社交化至少有四个特点：第一，聚众；第二，分享；第三，协同；第四，创造新价值。互联网能把不在一个空间，甚至不在一个国家的人，哪怕是"小众"的人聚集起来做一件事情，这是过去我们在管理上不敢想象的，真正实现了我们古代先哲所期盼的"海内存知己，天涯若比邻"和现代人"地球村"的理想。把相同兴趣的人聚合在一起，进行经验分享，进行分工协作，并创造价值。网上自组织模式完全打乱了传统的组织模式，可能网上自组织模式的这种软性组织会成为未来企业的发展方向。海尔集团的管理创新成果，就是互联网时代的成功的管理变革，他们叫作以自主经营体为基础的人单合一管理。现在的海尔是没有部门的，只有2000多个经营体。过去企业是正三角形的构架，从总经理往下是部门，再往下是基层，现在是倒过来的三角形，原来的底朝天、顶朝下，企业的决策人员和管理人员是做服务的，2000多个经营体中80%多是在第一线的。这样的组织模式完全适应了外部环境变化，响应了消费者主导。消费者在网上提出需要哪种功能和尺寸的冰箱，可以和企业一起来设计，所以海尔说现在是消费者主导的营销模式，从市场反映到内部，内部对应着市场。知识经济、互联网智能时代，外部环境真是"一日不见，如隔三秋"，内部组织必须跟着发生变化。例如国电大渡河流域开发公司的"智慧企业"建设也就是在这一颠覆性变革中产生出的管理创新成果，它创造了互联网时代下水电企业国际一流的管理创新标杆。

互联网社交化的另一重要特点是共同创造价值。过去是企业主导，企业往外推产品,现在是企业和消费者共同创造产品,同时吸引研究开发的单位及利益相关方,如投资者、政府、社会组织等,把相关利益方在一个平台上连起来,形成所谓的"平台经济""生态经济"。

  为什么信息化和互联网对企业的传统管理冲击这么大?最主要的原因是信息化能够承载一种轨道化的管控模式。轨道化管控或叫轨道化管理是台塑集团创始人王永庆先生发明的,他的最大贡献是能把纷繁复杂的、千变万化的各种管理行为分成两类,一类叫轨上管理,一类叫轨下管理。他认为,90%以上日常管理活动都可以上轨运作,只有10%左右的管理活动是在轨下管理,轨下的管理活动也要不断研究,尽量推到轨上去运作,实行入轨管理。轨道化企业管理的本质可以这样理解:过去的管理活动是以员工的岗位管理作为中心,各相关业务部门进行配合;而轨道式管理是以节点管理为中心,整合了制度、标准、流程等,在一个节点上体现出来,所以一个人在一个岗位上既可以了解相关的制度,也可以了解相关的标准,顺畅地把作业过程完成。在传统管理情况下,部门是分割的,管理的流动在部门之间有隔阂,速度比较慢,但是在网络化情况下,尤其人工智能主导的智能机器人代替人的规模化,比人更守规矩。这样一来,自然人的劳动者将大量弱化并被替代,企业管理的流程可以大大加快。轨道化管理是要把日常的大量管理活动后台化、定格化、数字化、软件化,"镶"在电脑里,用ERP、大数据、区块链、云管理等系统集成,形成拥有人工智能的各种管理平台。像阿里巴巴2017年"双11"期间,平台处理快递达10亿件,其对用户的反应速度、数据处理速度、物联网效率等将是破天荒的,其成功的背后是强有力的技术与管理创新的支撑。同样,像传统产业中大庆油田这样的特大型企业,一年合同采购量1000多个亿,已经全部实现了网上的运作,轨道化管理,用管理创新降低运营成本。轨道化管理使得企业管理透明化,大大减少了个人对企业负面的影响。企业要把握互联网社交化为企业带来的革命性机遇,以及互联网和信息化对内部复杂的管理、超时空运作所提供的极大便利,一举实现后来居上。

四、中国式管理正全面崛起

(一)创业创新:向专业极客型与跨界平台型两个极端快速延伸

  "创业创新"大潮会逐渐趋于理性,发展趋势将向专业与跨界两端快速延伸。

极客型的专业聚焦、微制造和小众服务会快速发展。与此同时，在更大的时空和产业间进行整合的综合服务型公司和跨业融合智能型产品和服务会以更快的速度发展。由此，基于技术创新的创业渐成主流。

随着O2O的超速发展，以及无边界跨时空的实时线上管理体系的快速建立，跨功能跨边界管理体系进一步发展，而无边界管理也将会迅速兴起。企业管理将在更大范围打破原有企业中等级森严、信息不对称的功能边界，依靠更动态化的组织模式和无边界的实时沟通方式，走上灵活主动、不拘一格的分布式、自组织、高动态的发展之路。

（二）全球运营合规化管理成为底线

随着企业运营全球化的深入，全球反对商业腐败力度将全方位加强，亦成为发达国家企业抵御中国企业迅速崛起的重要武器。中国企业将在全球运营管理合规化方面，面临更多实质性的规制和挑战。在全球更多区域一体化的规制环境下，商业价值观体系在实务中表现为更具体的全球性规制体系，亦在践行社会责任方面提出更高的要求，企业运营管理合规化已经成为新的商业底线。而在不完善的法制生态、"混沌环境"及"野蛮生长"模式中成长起来的大多数中国企业，将面临"成功"进入全球运营平台后新的重大挑战。

（三）兼并收购：产业发展过拐点后的必然浪潮

作为经济发展的基本规律，产业在高速发展后经历"拐点"而进入"有节制"的减速提质增长期，产能过剩和同质化竞争成为典型表现。中国现阶段大多数产业已进入此状态，即"新常态"。企业倒闭、重组、更新的兼并收购浪潮将一浪高过一浪。由此，"去产能"与处理"僵尸企业"的关键在于能否做到"优胜劣汰"、不留后患。产业界对既非传统职业经理人、亦非创业人才的"兼并收购"专业人才的需求将日趋高涨。

（四）商务分析：基于大数据与云服务的商务行为精准分析

随着移动互联网的发展，提升生产力的重心开始从人与设备转向即时的数据和信息的商务应用，而迅猛发展的人工智能又在所有领域快速缩短了从认知信息到采取行动之间的距离。大数据与云服务的全面渗透，不断摧毁以往建立在信息不对称之上的赢利模式。由此，商务分析成为新企业生态系统中对泛在的、在线的、流动的数据进行商业行为和沟通分析的需求迅速上升。而它又有别于以往的数据分析和组织行为分析，成为新经济生态体系中企业获得商业成功的关键。与此同时，也为众多制造型企业向制造服务型转型升级提供了巨大的产业发展空间与创新创造空间。

（五）认知：行为、神经、基因等底层管理科学研究与应用进入新阶段

随着生理、心理实验技术与手段的进步，管理者对人和组织的科学认知深入到新的发展阶段。从行为到神经，乃至到基因的研究成果和应用，进一步加深了对"不以人的意志为转移"的人的行为规律的认知。这使得组织与个人管理绩效的提升机制发生了根本性的转变，从根本上改变了以往通过经验和抽样统计分析而预测客户行为、分工协调员工组织行为来提升组织绩效的惯例。加上机器学习、语音识别和自然语言处理等认知技术的迅猛发展，组织绩效的改进机制势必将发生根本性改变。

（六）中国式管理：来自中国企业管理体系的全面崛起

改革开放40年，中国企业在三重变革中崛起，即从农耕文明向工业文明的变革；从区域运营向全球运营的挺进；互联网革命的兴起。这种特殊的情景加之以中国五千年文明的积淀和有机更新，使得源自中国的全球性公司以及各种隐形冠军企业以极其独特的方式自立于世界企业之林。中国企业在全球500强的强势崛起，在西方人开始刮目相看的同时，亦让人感受到东西文明的冲突和融合所产生的成果，让人目眩，亦让世人纳闷。

创新成果分享：智慧企业建设引领水电企业创新发展

随着新的信息技术、工业技术、管理技术的发展和融合应用，层级制、管控型的组织管理模式将转变为扁平化、自主决策的新型管理模式。企业内部生态化、动态组织将促使流程大幅简化，信息技术的融合应用将快速提升企业自主决策的能力，一种全新的企业组织形态和管理模式随之诞生——智慧企业。

智慧企业不是企业传统的数字化、信息化、智能化，它是在企业实现业务量化的基础上，将先进的信息技术、工业技术和管理技术高度融合，从而产生一种全新的、具备自动管理能力的企业组织形态和管理模式。

四川省企业联合会秉承"为企业和企业家服务"的宗旨，践行"融智创新，敬业奉献，维权服务，自强自律"的价值观，以全球化的视角，国际化的眼光，持续创新的真诚服务，积极为企业出谋划策，融智聚慧，助力国电大渡河智慧企业的建设。在2016年8月主办的"首届中国西部企业信息化峰会"的会议中，就发出了"展翅'云'天，努力建设智慧企业"的倡议，紧接着于2016年12月主办了以"推进管理创新，打造智慧企业"为主题的"首届智慧企业创新发展峰会"，会上，授予了国电大渡河公司"智慧企业管理创新实践基地"称号，并在四川省企业界大力推广。经过国电大渡河持续、扎实、高质量地推进，其管理创新成果在2018年3月召开的"2018年全国企业管理创新大会"上荣获全国管理创新成果一等奖。总经理涂扬举在2018年6月中国企业家年会暨全国优秀企业家表彰大会上，荣获2017—2018年度"全国优秀企业家"的殊荣。

国电大渡河流域水电开发有限公司基于对当前企业改革发展形势和大型流域水电企业发展方向的研判，以中国国电集团公司"一五五"战略为指引，以管理与效益双提升为抓手，大力实施创新驱动战略，在水电领域率先开展智慧企业——智慧大渡河建设，推动公司从基建生产型企业向经营型企业转变、从行政管理模式向智慧企业管理转变。

1. 智慧大渡河建设的生态环境现状

国电大渡河流域水电开发有限公司于2000年11月成立，主要负责大渡河干流及西藏帕隆藏布干流水电资源开发，规划开发总装机容量约3000万千瓦，是中国国电集团公司（现为国家能源投资集团）所属特一类企业，截至2015年底，资产总额868亿元，投产水电装机容量966万千瓦，在建装机404.8万千瓦，前期筹建装机447万千瓦。在新形势下，水力发电企业作为传统的能源行业，面临着新挑战和新课题。

技术变革创新带来新挑战。从全球范围看，信息技术、能源革命、管理创新等正在引发新的变革，生产模式由大批量集中式向智能化、网络化、个性化发展，生产型制造向服务型制造转变。企业只有敏锐把握科技创新发展趋势，加强管理创新与自身革新，引入新的技术知识与管理方式，才能提升自身可持续发展能力。在"互联网+""中国制造2025"大战略中，公司明确了"打造幸福大渡河、智慧大渡河，建设国际一流水电企业"的战略目标，着力通过智能感知、云计算、物联网、大数据挖掘、专家系统等手段，确保战略有效落地。

发展方式转变提出新要求。智慧大渡河建设加快建立完善基层单位管控模型，构建内在驱动机制，让各单位自发地进行整改提升，激发提质增效内生动力和活力。

智能管理研究形成新思考。公司综合分析企业经营环境、发展条件，积极研究水电开发企业智能管理，形成了"业务量化、统一平台、集成集中、智能协同"的总体思路。

2. 智慧大渡河建设的方案

（1）智慧企业建设目标

企业实现自动管理，即自动预判、自主决策和自我演进。

自动预判：企业风险识别自动化。指企业通过业务量化，采集并生成大数据，应用最前沿的大数据分析处理技术，实现企业各类风险全过程识别、判定，并自动预警。

自主决策：企业决策管理智能化。指企业自动预判不同层级的问题及风险，运用信息技术、人工智能技术及前沿决策技术等，由企业各类"专业脑"自动生成应对问题及风险的方案，提交企业"决策脑"进行决策。

自我演进：企业变革升级智慧化。指企业随着各类原始数据和决策数据的不断累积，通过记忆认知、计算认知、交互认知三位一体的认知网络，实现自我评估、自我纠偏、自我提升、自我引领。企业逐渐呈现出数据驱动的管理形态和人工智能的特点。

（2）智慧企业管理模型

由于企业属性不同，发展环境和条件不同，各有其适应的对象和阶段，管理模型可分为以下两类。

模型一：层级管控与自动管理相结合。适应对象为集团管控型智慧企业建设的初级阶段，国有或有特殊要求的企业。

模型二：企业自动管理。部门围绕各种人工智能脑发挥规划研发、服务保障等作用。适应对象为单一生产型企业、小型企业、集团管控型智慧企业建设的高级阶段等。

（3）智慧企业建设路径

智慧企业建设路径：业务量化、统一平台、集成集中、智能协同。

业务量化：通过科学设定标准、量化工作任务，实现精益化企业管理；运用智能设备和物联网技术，实时采集、传输、处理各类信息数据，实现对企业各种要素的动态感知。

统一平台：运用无边界网络技术、云计算技术、移动互联技术，创建员工协同工作、数据实时交换、信息实时处理的信息化基础平台。

集成集中：通过整体规划、系统整合、数据集中、集成运行等策略，消除业务系统分类建设、条块分割、数据孤岛的现象，构筑企业级统一服务平台。

智能协同：在相关数据、平台、应用的支撑下，实现人、系统、设备之间的高效协作；在人工智能和大数据技术的支持下，实现自动风险识别和智能决策管理。

3. 智慧大渡河建设的实践

为稳步推进智慧大渡河建设，公司建立了以潘云鹤、钟登华、陈纯院士为首席顾问，涵盖信息化、智能化、数据处理、软件开发、水利水电建设等多个领域的顶级专家团队，充分借鉴国内外研究成果，完成了顶层设计，形成了《智慧大渡河战略研究与总体规划报告》，明确了智慧大渡河的愿景目标、价值主张、体系架构、实施方案、建设保障等内容。经过近几年的建设实践，智慧大渡河建设规划逐步落地，取得了系列阶段性成果。公司管理将完全依托于大数据管理，人员大量精减，机构大幅度压缩，基层管理将由专业化、车间化的专业管理模式替代，基层作为独立单位的管理模式将不复存在。

1）指挥中心——职能专业脑。公司智慧企业"专业脑"——财务共享中心、经济运行中心、库坝安全管理中心、碳资产管理中心、售电服务中心等已初步建成。

实施主体——业务专业脑。基于"云、大、物、移、智"等先进技术的四大智慧业务单元脑"智慧工程、智慧电厂、智慧调度、智慧检修"的标准和体系已经初步完成。

2）智慧工程。以全方位、全生命周期、智能管理为特征，充分利用先进的现代测控、网络通信、工程三维技术、虚拟现实技术和现代坝工理论，将工程数字化技术应用于工程建设全过程，实现工程管理"自动化、信息化、智慧化"。管理模式发生改变。各独立子系统、工序通过工程数据中心，实现对各业务系统的无缝连接以及信息共享，为相关立项变更、方案优化提供有效支撑，避免了施工计量不准确问题。过程风险有效降低。将监测定位系统覆盖至施工过程每一个细小环节，全面监测材料入仓、混凝土浇筑、车辆行走等现场轨迹，促进过程管理标准化，有效降低管控风险。现场管控精准高效。对现场施工设备投入、人员出勤、施工进度及施工强度进行全面覆盖，确保施工资源配置合理化，资源利用率最大化，实现由定性化管理向数字化、定量化管理跨越。

3）智慧电厂。以机器人巡检、智能安全帽为主的新技术全面投入使用，着力简化电站二次设备控制网络，提高水电站各系统整体智能协同水平，降低营运期管理成本。提升智能运行水平；实现多系统智能联动；实现水电站智能巡检；利用机器人技术完成一系列设备巡检、无线测温等自动化定向操作，搭载视频、音频、气体分析等装置，自动完成现场数据的采集、传输、分析、结果处理等全过程，为全面实现无人值班（少人值守）管理提供了技术支撑。强化现场智慧安全管理。采用智能钥匙等管理手段，实现现场权限管理精细化，给正常操作带来便利，提高事故操作及时性，减少运行操作失误，提高安全管理水平。

目前，公司将在新投产电站中全面推广智能巡回系统，采取"无人机+轮式机器人+工业电视"相结合的模式，辅以智能传感器系统，实现在厂房各区域精准可靠地移动、跟踪、定位，并根据探测的可见光、红外光及气体、声音、振动、温湿度来识别和分析异动故障。项目全面实施以后，机器人智能巡回将全面取代传统水电站人员走动式巡回，由机器人完成一系列自动化定向操作，完成对生产现场数据的采集、传输、分析及结果处理等全过程，减少人员工作量，大大提高工作效率和工作质量。

4）智慧调度。以精准预测、智能调控为目标，主要围绕精准化的水情测报系统、智能化的梯级调控系统、自动化的风险识别系统三个方面开展建设。科学制订水库调度方案，智慧安排发电运行方式，使整个流域"滴水尽其能，效益最大化"。全面收集分析实时电网负荷、水情雨情、设备工况等海量数据，快速实现实时调度方案的计算编制，自动优化分配梯级电站发电负荷，实现机组自动启停和闸门自动启闭，形成智慧科学的梯级调度决策。通过更加全面的信息共享和互联互通，可及时感知超标洪水、系统故障、线路跳闸等外部危险源，提前做出预警，还能自动识别自身设备故障和缺陷等内部危险源，根据风险级别给出措施建议或直接采取处置措施，确保电力生产和防洪度汛的安全。

目前，公司已建成了面向大渡河流域的变尺度气象数值预报系统，其分辨率空间尺度缩小到3千米、时间尺度控制到1~48小时，有效提高了大渡河径流预报和洪水预报精度。2015年，大渡河年均径流预报精度达92%，洪水预报精度达87%，均处于国内领先水平。同时，公司还建成了基于变尺度预报调控一体化支持平台，搭建了一套集控侧梯级水电站群预报调控一体化支持平台（EDC），不仅有效解决了流域梯级上下游电站经济运行计算量大、负荷分配操作滞后和联合躲避振动区难等棘手问题，还大大提高了水资源尤其是洪水资源的利用率。仅2014年、2015年两年，公司多利用水资源30亿立方米，增发电量21.4亿千瓦时，减少二氧化碳排放64.2万吨，创造了良好的社会、经济效益。

5）智慧检修。以状态监测、故障诊断、智能决策为要素，由数据中心、算法中心、应用中心和服务管理系统等构成。数据中心对设备状态数据进行实时采集，形成设备特定状态的变化曲线，提供判定参数。算法中心对数据中心提供的数据进行比较挖掘和处理，对设备118个状态做出状态评判，及时做出趋势预警，实现风险自动识别。应用中心根据算法中心的预警，对故障点进行精准定位定性，结合趋势变化，提出检修策略，有效避免设备过修或漏修。服务支持系统依托精益检修标准体系，自动完成检修方案、物资材料准备、过程管理，进一步提升标准化作业水平。

目前，智慧检修建立了相关标准体系，在枕头坝一级电站实现了对机组、主变设备的温度、振动、推力瓦状态监测、磁拉力状态等20多个指标参数的计算分析、故障诊断及故障定位等高级应用，有力支撑了电站设备检修"风险预判、智能管控"的需要。

平台支撑——智慧IT单元。公司建立了以云计算、云存储、云桌面"三云合一"为架构的云计算中心，现有信息系统全部迁移上云，企业正式进入云计算时代。以"卫星通信系统+云视频系统"为支撑的应急指挥中心正加快实施步伐。通过一系列信息化建设手段，为智慧大渡河建设提供了科学的平台支撑。

运用体验——智慧服务单元。智慧大渡河建设与工作实际紧密结合，让智慧项目服务日常办公的每个环节。

通过积极研究、探索和实践，国电大渡河公司智慧企业建设已走在了全国前列，成了世界一流。智慧企业理念在公司系统已得到全面厚植，在业界和管理学界已引起高度关注。智慧企业建设方案列入国电集团特别奖项重点培育项目，被清华大学等高校作为典型案例。美国通用电气、日本东京电力等世界知名企业也相继派人参观并寻求合作。公司将利用新技术，变革企业自身的生产、经营和管理模式，以适应智慧化的发展趋势和潮流，提高对电站开发、生产运行、电力交易和企业管理的洞察力，提高企业应对外部风险的能力，增强智慧决策与管控水平，推动管理与效益双提升，打造幸福大渡河、智慧大渡河，建设国际领先的水电企业。

第九章
商业模式创新为源泉

我们处于一个技术爆炸、前所未有的时代，企业的商业模式被深刻改变，无论是交易结构还是价值创造，都将在未来呈现出不一样的局面，随着互联网应用广度拓宽、深度延伸尤其技术的进步，未来会有更多新的商业模式出现。我们看到成功商业模式表象的同时，更应该去认真思考这些企业为何会设计这些商业模式，以及它们又是如何能够保证这些商业模式成功等更深层次的问题。

一、诺基亚与苹果比，在商业模式上输在哪里

在2009年，诺基亚还是全球品牌价值排名第5名的卓越企业，并且毫无疑问地被认为引领着手机研发和制造潮流。但是，从2004年苹果公司研发iPhone手机开始，预示着诺基亚等传统手机制造商所奠定的产业格局将被迅速改变。

我们来看一下这两家公司在产品思维和商业模式思维方面的差异。诺基亚公司绝对是手机时代产品研发和制造的王者。它累计的手机方面的专利技术，是苹果公司的4倍之多，投入的研发经费也远远超过苹果公司，而当2007年乔布斯正式推出iPhone之后，业界才逐渐发现这两家公司的根本不同。

乔布斯推出的不是真正意义上的移动电话，而是一台移动智能终端。而这台移动智能终端到底具备什么功能，不是由苹果公司提前定义好的，而是由消费者根据自身的需求，通过下载网上的软件来自己定义的。也就是说，这个世界上没

有两台完全一样的iPhone手机，因为iPhone的功能是由消费者根据下载的软件定义完成的。更有意思的是，这些软件是从哪里来的？

鼎盛时期的诺基亚公司也曾在手机软件塞班系统投入大量的人力、财力、物力，有多达上千名工程师开发基于塞班系统的应用软件，然后将这些应用软件卖给运营商等合作伙伴，进行捆绑式销售，以期获得增值或超额利润。但乔布斯的想法完全不一样，他将软件开发的平台接口开放给所有人，让全世界软件开发爱好者们自己开发软件，经苹果审核以后放到应用商店里进行销售。

时至今日，App Store已经累计多达100万种五花八门的应用软件，可以说涵盖了我们能够想象到的应用的方方面面。而这100万款应用软件，苹果公司不仅不用支付费用，还要通过收取管理费用以及收费分成的方式赚取利润。2013年苹果公司因此而获得70亿美元的纯收益。这一正一反就是苹果公司在商业模式设计上的巨大成功。苹果公司"征用"了全世界最优秀的软件人才，为它夜以继日地免费开发软件，最终还赚取了高额的利润；诺基亚公司为自己的产品软件平台投入巨资，还要维持这些软件人员的稳定和发展，却败下阵来。这种根本的差异就是新的商业模式思维和传统的产品思维的根本差异。因此，诺基亚公司对决苹果公司的失败，根本上就是产品思维败给了新的商业模式思维。

二、商业模式创新的本质

（一）从商业模式看价值创造

商业模式是指一个企业与顾客、关联顾客和合作伙伴在企业生态的价值链中以创造价值为目的，捕捉商业机会，共同创造与交易达到共赢的价值逻辑及相应的交易结构和交易治理。它是一个复杂的系统，其构成包括业务系统、定位、赢利模式、关键资源能力、现金流结构和企业价值。

商业模式研究正日益成为商界的显学，引起了越来越多中外学者、企业家的研究和学习的兴趣，正如《新商业模式六大要素》开篇所指出的那样，纯粹的技术创新并不能带来行业的改变，它需要商业模式，将技术与市场需求紧密地联系起来。换句话讲，商业模式扮演了一个将技术潜能挖掘出来的角色，在对40个商业模式案例展开分析的基础上，文章作者颇具洞察力的归纳出能带来成功的6项要素，这些要素不仅易于理解而且便于操作，简明实用，可以作为一组评估企业商业模式创新成功概率的指标。

"商业模式"可细分为4个重要的来源：价值创造的元逻辑；价值创造与获取的结构效率；客户需求、竞争对手和自身资源能力之间的权衡、选择；价值创造的执行效率。

价值创造的元逻辑。Airbnb和传统酒店行业的本质不同，源自其创造性地提出了一个满足出差旅游住宿需求的新逻辑，新逻辑中所需的利益相关方（如住宿空间的供给方）和业务活动及利益相关方之间的交易方式（住宿信息的发布搜寻、入住与结账等）显著差异于传统做法，从而营造了一个新的价值创造空间。

价值创造与获取的结构效率。每个企业如需了解自身与所在商业生态系统之中的各利益相关方的合作交易结构是否有改进的空间，这涉及业务活动系统（如Airbnb也可以选择与拥有空闲住宿的利益相关方如学校合作）、盈利模式（如从抽取佣金等获得差价）以及现金流结构（如从预付到消费完结账），三个方面不同设计安排将带来不同的结构效率。

在客户需要、竞争对手和自身资源能力之间做出的权衡、选择。这种权衡选择的努力，使企业能够持续地最大化价值创造和获取，爱彼迎就选择了更具价格竞争力的市场定位，不仅容易获得客户尤其是非商旅客户的认同，而且避免了大型酒店集团的直接针对性竞争。

价值创造的执行效率。也就是如何将企业资源能力的建立最大化发挥出来以达成业务目标。基于这种分享框架，我们就可以更加清晰地看到一项技术创新对哪一类价值创造与获取的来源产生了影响，从而帮助企业获得那个区域的竞争优势。

（二）对商业模式创新的三个误解

商业模式是当前理论界与实践界最为流行的词汇之一，在互联网经济时代，设计一个富有特色又切实可行的商业模式被许多企业视为竞争制胜的法宝。然而，在强调商业模式重要性的同时，不少企业对于"如何设计商业模式"问题的认识却有所误解，这不仅影响了商业模式设计效果，也是商业模式概念受到质疑的主要原因。

1. 误解之一：弱化概念

设计商业模式的前提是认识商业模式，但理论界与实践界目前对商业模式概念均未能达成完整一致的共识。概念不统一导致不少企业错误认为可以在不明确概念的基础上开展商业模式设计工作，引发了"软化概念，强化实践"的商业模式设计思想的盛行。这突出体现在两个方面。

一方面，有些企业发现商业模式与战略、营销等已有商业概念存在很大交叉，它们往往将商业模式简单视为是表述这些已有概念的新名词，而设计商业模式也被等同为实施战略制订、开展营销策划、制订盈利模式等活动。

另一方面，还有一些企业尽管能够意识到商业模式的独特性，并且尝试融合战略、营销等不同商业要素来设计商业模式，但对"商业模式是什么"并未进行严谨深入的思考，使得上述要素融合演变为要素的堆砌，难以体现出要素互动融合所产生的价值。

作为设计的基础，如果企业忽视或模糊了对商业模式概念的认识，那么也就意味着失去了正确的设计方向。诚然，不同企业对商业模式概念有着不同认识，但这仅会带来差异化的设计结果，并不会因此而降低设计质量。然而，不去深入理解商业模式概念，却会使商业模式设计工作走向"盈利模式""运营模式"等设计极端，很难造就出真正的商业模式。

为了消除"弱化概念"的误解，需要重视以下三点。

第一，承认商业模式的专有概念地位，其核心是"企业围绕某项具体业务与利益相关者所形成的交易结构"。因而在发现市场机会的基础上，设计商业模式就是要回答"选择何种利益相关者""不同利益相关者提供何种支持"以及"如何实现与利益相关者交易"三个问题，以有效开发市场机会，满足顾客需求。

第二，辩证看待商业模式与其他商业概念的关系，但对这种关系的探索不能聚焦于整体，而应当将商业模式区分为不同的模块，如商业模式画布所区分的九模块，进一步分析不同的模块与战略、营销概念之间的关系，这也有助于战略分析工具、营销分析工具等实践操作工具在商业模式不同模块设计中获得有针对性的应用。

第三，重点开发商业模式不同组成模块之间的关联机制，这种机制是商业模式最难模仿之处。不同时期应考虑的关联机制并不相同，如在市场分析期应考虑"顾客需求与产品特征""核心竞争力与目标市场选择"等关联机制，在产品或服务制造期则应主要考虑企业与利益相关者之间的合作机制，而在产品或销售服务期应考虑"成本结构与定价方式""资源投入与利润分配方式"等关联机制。

2. 误解之二：创意至上

创新型商业模式往往成为颠覆市场的重要利器。优步、滴滴对传统打车模式的颠覆，京东商城、淘宝网对传统实体店模式的颠覆都无疑凸显着巧妙的商业模式设计所蕴含的巨大能量。不可否认，好的创意确实凝聚着设计者丰富的经验、知识与卓越的洞察力，也很有可能造就出优秀的商业模式。然而，狂热的追求富有颠覆性色彩的创意也导致不少企业走入"只要敢想，就可颠覆市场"的误区，它们谈及商业模式必谈跨界、互联网，甚至催生出一批以开发商业模式"点子"为主要业务的企业。受这种误区影响，企业往往只会看到京东、小米等成功商业模式的表象，很少去认真思考"这些企业为何会设计这种商业模式""又是如何能保证商业模式成功"等更深层次的问题。

商业模式的本质是一种资源与能力的融合体，没有资源与能力的支撑，再优秀的商业模式创意也只能是空中楼阁。京东如果没有完善的物流体系作为支撑，苹果如果没有强大的技术研发体系作为基础，那么就很难想象其商业模式会如此成功。另外，相较苹果、京东、阿里巴巴等平台型或生态型企业，实业与投资界对App类的应用型企业的较低估值也凸显了企业独特资源与能力在商业模式中的重要价值。因此，对创业者来说，不注重自身核心能力的开发，仅仅希望借助创新型商业模式来获得投资者青睐往往很难实现，也很难持久；而对管理者来说，商业模式创新如果忽视了已积累形成的优势性资源与能力，则等于是在"自废武功"前提下与新进入者进行竞争。总之，如果企业忽视资源与能力，仅仅聚焦于开发标新立异的商业模式设想，那么也就意味着这些商业模式设想天生不具备推广与可持续成长的价值。

为了突破"创意至上"的误区，需注意以下两点。

第一，创新型商业模式并非是企业开展经营活动的标配，传统模式同样有其生存空间。例如，尽管超市行业已涌现出以"倍全""有米有"等为代表的O2O模式，并且沃尔玛、家乐福也在尝试开展电商业务，但传统卖场模式依然盛行，因而与一味追求创意化设计相比，企业更应当结合自身资源与能力，思考"选择传统还是新型商业模式"或兼而有之的问题。

第二，企业具有竞争优势的资源与能力是其与利益相关者互动合作的基石，它们不仅决定着企业商业模式对利益相关者的吸引力，也影响着企业在该模式中的地位与收益水平。缺少资源与能力支撑的商业模式往往昙花一现，或者被视为圈钱工具而频遭质疑，或者会很快被后来者模仿而失去竞争力。"e租宝"与"8848网"的例子分别鲜明地展示了这两种结果。因此，在设计商业模式前，企业应首先思考"企业的优势资源与能力是什么"与"它们是否能够有力支持商业模式设计"这两个问题，然后再去考虑"如何依赖它们来与利益相关者互动合作，以构建起新商业模式"这一问题。

3. 误解之三：工具神话

商业模式概念的流行催生了一大批商业模式设计工具，这以"商业模式画布""IBM业务组建模型""魏——朱模型"为典型代表。这些工具是企业认识商业模式的快捷途径，为商业模式设计提供了方向。然而，不少企业却视商业模式设计工具为神话般的存在，认为只要精熟于工具操作就能够保证商业模式设计结果的优越性。有的企业甚至直接委托专业咨询公司来帮忙设计商业模式，这是一种慵懒且不负责任的设计方式。商业模式设计工具与专业咨询公司报告毫无疑问具有一定的价值，但这些价值体现为启发价值，指导企业家更好地开展思考而非代替思考，因为没有人能够比企业家自己更了解企业情况，而工具也只有被深入理解后才能够展现出使用价值。换言之，企业家不应是工具的傀儡，而应是工具的主人。结合商业模式设计工具，充分挖掘自身灵商智慧，努力提升自身对企业生态信息的扫描、解读能力、隔空思考力与预见判别能力，才是设计商业模式最为有效的途径。

诸多理论研究与实践探索已经证明，企业家构思是商业模式的最本质来源。不同于上述"创意至上"误区所提及的空想，这种构思体现的是企业家与企业生态中内外环境持续发生互动的思考过程。商业模式设计工具提供了开放性的设计思想，反映在具体的商业模式设计过程中，企业家可以结合实际情况自主地对这些工具的商业模式组成模块进行添加或删除。

为了消除"工具神话"的误解，有必要融合做好以下两项工作。

第一，深入理解商业模式设计工具，不仅要知道这些工具是什么，更应当清楚这些工具的来源、适用情境、不同工具搭配使用的条件与方式等内容，确保可以从工具中获得较为全面的启发。

第二，以商业模式设计工具为思考基础，借助经验知识对企业生态环境加以程序化与推理式的思考分析，最终在头脑中形成可行的商业模式设想。这种思考分析过程是商业模式创新的重要来源，星巴克的"咖啡吧"商业模式、太阳马戏团的"音乐剧场杂技"商业模式无不来自于此。

"好的商业模式是成功的一半"。极具误导性的一句话生动地展示了当前各界关于商业模式的浮躁心理。事实上，商业模式并不是口号，更不是"空手套白狼"的投机方式，真正的商业模式是创意与核心技术、产品等企业有形资源紧密结合在一起的想象力产物，是企业重要的无形资产。为此，在商业模式设计过程中，应承认不同模式的存在，但需反对模糊化处理商业模式概念；应鼓励创意性的思考，但需警惕脱离资源与能力支撑的空想；应重视设计工具的价值，但更应借助设计者的思考分析能力来有针对性地使用工具。

（三）商业模式构建应避免的陷阱

互联网时代的企业生态环境，为形形色色企业的商业模式创新提供了层出不穷的机遇与条件。随着实践的深入拓展，人们对商业模式构建、创新的知识、经验也在不断积累。与此同时，不可避免地出现了一些认识上的误区与行动上的陷阱。

1. "互联网+"就是传统业务电子商务化

在很多人看来，"互联网+"就是原有业务加上一个电商平台。

企业应该如何对待"互联网+"呢？这个问题的另一种比较简单的提法是，企业应该如何利用铺到家门口的高速公路呢？"互联网+"之所以对商业模式创新带来革命性冲击，就在于它对商业模式容器的每一个板块的重塑，尤其是顾客问题解决方案板块的重塑，带来了无穷的机会和层出不穷的新条件。

2. 一切都只能试着来

商业模式构建的确是个逐步展开的试错——学习过程，但试错——学习并不是我们在商业模式构建上可以随意"试着来"的理由。"试"是可以的，但一定要建立在思路清晰、目标明确、路线合理的基础上。

3. 只要有股权投资的钱进来，后面的事就好办

不论是已存在的企业还是创业企业，其商业模式的建立、重构或创新都可能带来新的业绩预期，而潜在盈利水平的变化可能引起投资者的关注。如果投资者，特别是股权投资者（PE），认同了企业的未来发展潜力，他们就会实际投资。

投资人之所以对企业未来的业绩潜力抱有信心，是因为企业的商业模式有吸引人之处，而不是因为别人投资了，企业才有了卓越的商业模式。

4. 线上平台的开发找软件人员照着成功的网站学就好

既然O2O模式是抢占"风口"的必经通道，那好吧，我们赶紧找一些人，照着榜样企业网站的样子学就是了，反正淘宝、京东谁都可以看到。事实上，任何一个成功的平台，我们都能看到其大致模样，但绝对不能通过照搬成功网站的样子来"照葫芦画瓢"。

5. 只要给客户免费，他们就会对我们的平台感兴趣

许多新上线的平台都会面临引流难题——如何让目标顾客乐意访问我们的平台？很多人选择的方法是免费。对此，不需要事实，我们都可以证明：这是一个自欺欺人的幻想。

能够对顾客产生吸引的一定是那些能够解决其某个痛点、带来特定爽点的东西。有了这个前提，低价或免费才可能成为引起顾客兴趣的动力。所以，免费虽然很简单，但如果不打造前提，轻则没实效，重则"赔了夫人又折兵"。更重要的是，这样的思维会误导企业的工作重点选择，导致企业丧失战略机遇。

6. 我们的线下资源实力雄厚，因此只要做个网站就能实现O2O

如果你拥有特色的实体经营业务，由此出发构建O2O就觉得有特别重要的意义。这有点像你已经有了几张好牌，再凑成一张就可形成威力无穷的"炸弹"！

但是，"由此出发构建O2O"和"再做个网站"是有本质区别的。后者可能脱离前者只是一张孤立的"皮"；前者则是通过导入线上平台，形成全新的顾客问题解决方案，并由此出发。

7. 如果这种做法没人做过，那么我们也难以成功

没有人会否认，商业模式的创新与重构是一项极具挑战性的工程。但这并不是说我们可以接受并信奉这样的观点："如果这种做法没人做过，那么我们也难以成功，因此不能去做。"

恰恰相反，如果企业家或创业者能够提出一个方向正确的顾客价值主张，做别人没做过的事就是取得重大成功的必然选择。既然存在痛点，那就意味着该做的事情尚无人去做，这不就是我们的机会吗？

8. 使用简单就是最好的平台，因此网络系统也要简单开发

简单的背后就是省力。历史学家告诉我们：人类文明发展史的主线之一，就是追求省力。使用简单是省力的基本体现，所以"傻瓜机"总是代表值得发展的市场方向。

但是，对使用者而言的简单，对制造者来讲却不一定简单。对网络平台来讲，搜索、注册及其他应用功能的简单化，往往意味着平台开发的日趋复杂。使用简单化和开发简单化没有任何逻辑上的联系。

（四）互联网商业模式的优势

在互联网时代，传统的价值链以供给为导向的商业模式正在逐渐走向消亡，以需求为导向的互联网商业模式和价值创造正在出现。

1. 突破顾客规模的空间、时间和成本限制

在互联网的平台上，在虚拟世界里，每个企业面对的是打破了地域限制的庞大市场（在现实世界里，没有一个企业或品牌可以无限覆盖、接触、服务所有的顾客）。借助于互联网的连接、互动功能，企业可以将分散的需求、零星的需求集合起来，或对未知的、未曾顾及的潜在需求进行有效的动员和挖掘。同时，互联网还可以打破时间限制，使企业可以为每年365天、每天24小时都可能在线且利用一切碎片时间的客户提供服务。在中国这样一个幅员辽阔、人口众多的国度，打破时空限制是互联网商业模式的最大优势所在。目前，中国互联网使用人群已过8亿，位居全球第一。这样庞大、分布广阔、无时无刻不在发生的需求流量，只有互联网才能容纳。每年"双11"，已成为网购者的狂欢节，仅2016年、2017年、2018年的"双11"，阿里巴巴的网络购物分别达到1207亿元、1682亿元、2135亿元。如此大的规模，如此壮观的场景，对任何一个实体商场而言都不可能出现。

互联网还有一个重要特点，就是边际成本递减并趋近零。这就使得某些互联网业务可以突破成本限制，服务于数量无限的客户。在银行的门店网点里，我们经常可以看到这样的情景：众多的顾客（尤其是老年顾客）在排队等候，但银行往往只开少量的营业窗口。究其原因，是部分银行服务小额存取的顾客的成本无法支撑，于是便压缩服务能力。而互联网金融却可以近乎零成本地以最低门槛服务众多的小客户。因此，互联网金融势如破竹。2017年3月中国人民银行日前发布的报告显示，2016年我国移动支付金额157万亿元，其中非银行支付机构累计发生网络支付金额99.27万亿元。除互联网金融外，线上的知识服务、培训教育、信息匹配等功能，均具有边际成本趋于零的特征。

2. 精准进行顾客定位，方便"聚""分"顾客

互联网为企业提供了目标市场选择的虚拟环境，大数据技术的发展给企业提供了对顾客精准定位的可能。在互联网浩瀚的数据中，通过数据挖掘技术，可以找到具有共同需求偏好的细分顾客群。

互联网上的垂直电商，就是针对某一特定的客户群体提供服务的。垂直电商依据品类细分，可以发挥专业优势，以精准性和互动性赢得消费者的青睐。而消费者有了该品类的需求时，第一时间想到该网站，这就是专业化定位的作用（例如，买家具，上林氏木业；买时装，去韩都衣舍；选化妆品，到聚美优品……）。目前，互联网上有巨量的小型垂直电商，面向小众群体经营利基产品。

从纵向角度看，企业可以从上至下对所服务的顾客细分、细分、再细分。这

样，企业面对的顾客就是小众顾客群甚至单个顾客。反过来，企业也可以自下而上，将一个个分散的差异化顾客集合起来。这两种做法殊途同归，都可以运作"长尾"模式以及获取"范围经济"。总之，互联网为顾客"聚""分"提供了巨大便利性。

3. 创造新的顾客体验

不同类型的互联网商业模式，与传统商业模式相比，都为顾客创造了新的体验。

第一，就电子商务而言，网上商场的一个重要优势在于品种的无限多样。在现实的有形商业形态中，总有许多需求量较小以及消费群体非常小众的商品得不到展示的机会，因而一些消费者的个性化需求得不到满足。而互联网能容纳海量信息，能展示并交易几乎无穷多的产品，从而解决了这一问题。从经济学角度看，互联网化扩大了市场范围、深化了社会分工，是一种自组织程度很高的市场机制，为供需双方创造了福利。

第二，就互联网的信息（内容）服务而言，与传统媒体相比，互联网上的信息和内容，表现为文字、图片、影像、音响等多种形式，最大限度地反映、还原、模拟现实世界的各种情景，同时作用于人们的多种感官（包括触觉）。许多时候，这些信息以立体的形式环绕受众，视听效果在某些方面甚至超过真实世界，丰富了用户体验。基于互联网的传播极大地跨越了时间和地域等限制，使顾客能更快、更广泛地获取所需信息，并且可以更加方便、迅速、弹性地处理信息，包括编辑、贮存、链接、下载、发送等。互联网游戏产品满足了顾客的娱乐需要，也给顾客带来了参与感、团队感、满意感、被认同感乃至领袖感等良好体验。未来随着人工智能以及虚拟现实、增强现实技术的发展，互联网将带给我们现在还无法想象的全新体验。

第三，就网络社区模式而言，为企业与顾客的交往以及顾客与顾客之间的交往提供了平台，可以使顾客社交的范围扩大，也使彼此间的社交频度、温度、深度增加。在现实生活中，相隔遥远见面不易的人们，在网上则有近在咫尺、"天涯若比邻"的感觉。在虚拟空间内，顾客们共享信息，互动讨论，不仅使顾客更加理解产品及服务的特征和价值，也可以使顾客之间相互学习，共同成长，还可以使顾客产生归属感和自豪感。兄弟姐妹是父母给的，同事是上级安排的，但社群参与者都是自己找的。因此可以这样说，一个运作良好、温度较高的社群，可以同时满足顾客的利益需求、学习需求、社交需求以及自尊需求，甚至自我实现的需求。

第四，就线上线下交互的O2O模式以及其他交易型模式而言，顾客在获取服务时通过评价等方式,可以保障自身权益;同时,通过介入服务流程,顾客可以提高参与度并获得一定程度的知情权。

第五,就互联网金融而言,首先,品种众多——从消费类金融服务、供应链金融服务,到交易支付、担保服务,以及投资理财服务等,可以为某些顾客提供一站式的解决方案服务;其次,服务过程便利、快捷、安全。例如支付宝、余额宝,将支付和理财两大功能无缝对接,满足了顾客流动性需求、财富增值以及交易高效等需求。

4. 降低顾客成本和代价

一提到互联网服务,人们往往将其与免费、低价等联系在一起。的确,互联网商业模式与传统商业模式相比,一个非常显著而重要的优势在于降低了顾客的成本和代价。

第一,在互联网平台上,消费者可以获得很多免费的产品或服务。无论是信息查询还是地图导航,或者微信通信等,顾客几乎均可零成本获取价值。

第二,顾客的交易成本降低。在互联网上,顾客通过其他顾客的评价来获得更多的商品知识和消费体验信息,还可以和商家直接交流得到关于产品的细节,由此可以降低产品的搜寻成本。顾客想得到产品信息,只需借助于互联网的终端就可以获得;对实体产品,顾客可以不去商场,只需在互联网终端上就可以购物,而且还可以享受送货到家的服务,这减少了顾客的时间成本和精力成本。

第三,网上销售的产品,价格通常低于有形的商业形态。由于线上交易比线下交易的流通成本低(节约了商场租金、人员费用,也节约了推广促销支出,更可减少库存费用等),因此同类产品的销售价格往往要低得多。在普通消费者心目中,对网上交易的产品会有"便宜"的定位。小米手机网络销售的成功,证明了电子商务在降低顾客代价方面的巨大优势。

5. 改变与顾客的互动方式

顾客价值是一种认知价值,因此通过与顾客沟通、传播及互动,可以影响顾客对价值的评价。鉴于此,影响顾客价值认知的沟通互动,应成为顾客价值创造的一种特殊方式。

如前所述,互联网是信息流的连接和集合。从信息连接、流转、传播的角度看,它有以下特点。

第一,互联网中的信息,可以实现多方向、高效率无限链接。

第二,互联网上的内容载体丰富多样,许多形态是受众喜闻乐见的。

第三，互联网的信息结构是网状、扁平、横向的结构；互联网中的每个个体，可以平等地参与信息传播；在扁平化的信息链中，不再有绝对的信息传播控制者。

第四，互联网中的个体，既是信息的接受者、消费者，也是信息的选择者、生产者和传播者；他们都是信息流转的节点；自媒体是互联网信息传播的主要机制。

第五，互联网上的信息传播天然具有即时性、共享性和互动性；正因为如此，互联网还具有社交性；在互联网虚拟空间中，存在以共同的兴趣、生活方式、价值观以及利益等为纽带的巨量社交群体。

基于以上特点，互联网商业模式的顾客互动及信息传播方式，与传统的单向大众传播有显著的差异。

第一，借助于互联网，与顾客直接建立联系；倾听顾客的意见和建议，建立企业与顾客之间的信息反馈机制；同时，面向特定顾客，实现精准的广告投放。

第二，按照互联网环境下的顾客认知特点，在产品（服务）的形态、名称、价值主张等方面，充分体现互联网化特点——特点鲜明、意义清晰、信息集中、形态有趣等。也就是说，要从便于顾客认知、影响顾客评价的角度，反向考量、设计产品的价值定位、价值组合以及顾客的诉求焦点。

第三，利用互联网自媒体及自组织机制，设计话题，吸引人们广泛参与，引发关注和讨论，高效率、低成本地实现信息传播。

第四，在互联网虚拟空间里，拉长顾客体验的过程，增加顾客体验的细节，给顾客提供仿佛身临其境的场景。

第五，创建和管理网上社群，既深化企业与顾客的关系，也深化顾客与顾客的关系，提高社群的活跃度，从而使企业与顾客逐渐结为相互融合的共同体。

6. 提高价值链的运行效率

随着互联网的发展，消费者群体的力量将越来越强大。未来的互联网商业模式将会从以B2C为主导，变为以C2B为主导。在此前提下，许多企业，尤其是传统企业将会借助互联网，优化价值链和价值流的结构，改变价值链（流）的运行模式，提升价值链的运行速度和效率。多品种、小批量、顾客定制、快速反应、平台化协作的商业模式将成为主流。

在定制式的情形下，客户订单以及非标产品品种较多，供应链和生产组织异常复杂。只有通过互联网信息系统，才能解决庞杂的配套物料、部件在时间和空间上的组织和衔接，才能高效率地解决多品种的切换问题，才能使多品种和低成本之间的矛盾得以缓解，尤其是有效地控制复杂生产系统的波动成本。

在互联网技术的支撑下，企业价值流程中研发、供应、制造、销售等各环节的衔接将变得更为紧密和平滑，摩擦和断裂将大大减少，它们可以在基于互联网的信息系统平台上实现一体化。这是企业价值流程高速运行的前提和基础。近年来，在令人瞩目的"快时尚"领域，优衣库、酷特等时装品牌每年推出的品种款式达数万种，没有信息平台的支撑是不可想象的。

7. 整合闲置的社会资源，扩大符合顾客需求的有效供给

Uber、Airbnb、滴滴等共享型商业模式之所以能石破天惊般地迅速崛起，就是因为它们利用了互联网，尤其是移动互联网打破了时空限制，连接人、物的本质属性。它们发现、挖掘了未得到充分利用的社会闲置资源，通过互联网机制向顾客提供成本较低、便捷安全的服务，不仅提高了社会资源的使用效率，也使顾客获得了未曾有过的全新体验。例如，使用Uber或"快车"服务时，乘客借助于手机上的地图，可以知晓其所呼叫的车辆现在何处，什么时候到达；当车辆到达并开始行驶后，可以知晓车辆行驶的路线；当车辆到达目的地后，可以对服务质量进行评价，并且快捷完成线上支付。所有这些，都是传统出租车商业模式所无法提供的。

共享型商业模式，从一开始就显现出强大的穿透力和生命力，由于它符合节约型社会的时代趋势，也符合顾客的愿望，因此，受其影响的原有既得利益群体的种种阻挠、干扰从长远来看将是无济于事的。目前，共享的资源范围正在扩大，从车辆、房屋、设备等物质资源、逐步延展至各类专业人才资源。可以预见，供给的人将是共享型模式中的主角；各类能够解决实际问题的专家或某一领域有专长者（他们可能是教师、医生、工程师、设计师、咨询师等，也可能是基层的工匠或最普通劳动者），在互联网平台上，利用业余或碎片时间，根据顾客发布的需求及其要求，为顾客提供专业、精准、高效服务，将成为我国未来一个时期人力资源开发利用的一种重要途径，也是我国传统人口红利消失之后新人口红利转型升级的必然趋势。在这样的商业模式中，供需双方是平等的，搜索的范围是无边界的；供给方摆脱了种种束缚，是自主和自由的"人"，其工作成果能在一个广阔的舞台上得到公正评价和价值肯定；同时，需求方的愿望和权益也能得到充分满足和有效保障。这种模式对封闭式的组织形态将构成很大的影响，它会促使企业打开组织边界，以众包等方式利用外部生态资源。同时，它也为供给的个人以非雇佣方式融入较大的组织与平台、参与"我说了算"的"自我雇佣"提供了桥梁

和契机，真正向全面实现人的价值、人尽其才与人力资本的增值靠拢。

（五）未来五大类商业模式

1. 与物联网及产业互联网相关的商业模式

物联网通常被定义为"物物连接的互联网"，即互联网延伸至物体和物理对象，并使之相互通信和信息交换（互联互通）。

物联网是新一代互联网技术和计算机技术的重要发展方向，也是互联网未来应用的主要领域所在。它将广泛应用于智能工业、智能农业、智能物流、智能交通、智能家居等领域。至于与物联网相关的商业模式，除了物联网硬件、软件的开发、制造、销售之外，有一种形态值得关注：基于物联网信息平台的服务运营（例如智能家居领域的家庭信息化服务平台、智能电网、智能交通、智慧企业、智慧城市等领域的综合性信息服务平台等）——目前只见端倪尚未成熟。

所谓产业互联网，是产业（包括工业、农业、交通、物流等实业领域）和互联网的融合。这一概念和物联网有交集，它通常指产业中企业内部的互联互通（物理系统和信息系统的统一，且自动化、信息化、智能化运行），也指产业中企业之间的互联互通，甚至包括跨产业的互联互通。未来的图景已经可以想象，但其中蕴含的商业模式尚需随着产业互联网的推进、实施而逐步探索和创造。目前，人们所能理解的与产业互联网相关的商业模式，主要是：C2B的定制模式，基于统一管理平台的分散化制造模式，以技术标准和核心软硬件为基础的生态链模式等。此外，在产品开发、生产、销售过程中，借助多种载体，使信息流变得可视化以及可追溯，从而保证产品质量、赢得顾客信任，也是产业互联网商业模式的一种尝试。

2. 与云计算相关的商业模式

云计算按照相关专家的说法，是一种基于互联网的计算方式，其目标在于将计算和存储简化为像公共的水和电一样易用的资源，用户只要连上网络即可方便地使用，按量付费。云计算极大地提高了全社会信息储存和信息利用、加工的效率，企业及个人无须构建信息中心就可以在云端平台上运行各种各样的业务系统。云计算本身就是互联网领域中心的服务型商业模式。如果对其进行细分的话，可以分为云服务和云计算在其他行业的应用两大类。就云服务而言，通常包括三种模式：一是基础架构"云"；二是平台"云"；三是应用"云"。目前，亚马逊、谷歌、IBM等巨头在全球范围内分别提供不同层次的云服务；中国的阿里巴巴也推出了阿里云。由于受技术能力的制约，中国企业的云服务大都处于应用（软件）云的层次，且聚焦在特定的行业和专业领域之内。

利用云计算体系，或借鉴云计算的结构，在其他行业和领域进行商业模式创新，目前已有不少案例，比较引人注目的是云教育和云医疗。云教育针对全社会教育资源分布不均衡、学生书包过重、学校（教师）与家长互动不够等现实问题，在互联网上汇集教育资源（如名师讲课视频、课本、讲义、习题以及辅导资料等），学生通过电脑、手机等终端均可在线学习；同时，借助于互联网，实现学校（教师）、学生、家长的实时互动。云医疗的机理和云教育有几分类似，也是整合全社会医疗资源（以医生为主），解决医疗资源不均衡问题；患者可以通过手机、电脑等终端，上传自己的有关健康及体检数据，医生在网上进行远程诊断和治疗。遇到疑难杂症，还可以通过互联网，在全球范围内求助或进行全球会诊。目前，云教育（在线教育）和云医疗（在线医疗）受到风险资本的青睐和追捧，但要真正形成稳定的收入和持续增长的盈利，可能还要等待一段时期。

3. 与大数据相关的商业模式

无论是自然系统还是社会系统，都在不断产生和沉积巨量信息与数据。计算机技术的进步，为巨量、动态、非结构数据的分析、利用和管理创造了条件。就商业领域而言，通过对大数据的分析处理，可以辨识、梳理、思考商业机会和顾客需求，也可以更精准地进行顾客价值定位，以及探求创造价值的新方法。尤其一些只在线上经营的网络企业，处于茫茫虚拟世界，顾客的踪迹和特征无法通过直接接触来观察和体认，只能借助于"雁过留声""踏雪有痕"的数据和信息来捕捉。与大数据相关的商业模式，最简单的就是拥有大数据的机构（如机场、影院、宾馆、连锁商场、互联网网站等）出售大数据。而对大部分企业来说，运用大数据分析，更能适应细分的、个性化的需求：一方面产品和服务的"长尾"可以变得更"长"（范围经济特征更为明显）；另一方面可以更加准确地理解顾客，与特定顾客的互动可以更为深入持久（如精准沟通、商品推荐）。这是传统企业利用大数据技术进行商业模式创新的主要途径。此外，运用大数据技术，通过相关分析，对自然、经济和社会领域的复杂系统（如气象、地质、安防、交通、疾病、金融等）将有更为准确和深入的了解，从而可以进行分析预测、预防（针对灾害）和调控，这将是孕育新商业模式的土壤。随着大数据技术的广泛应用，相关软件及配套硬件企业将会迎来巨大的发展机遇。由于大数据仍属新鲜事物，具体的商业模式仍有待创造和研究。

4. 与移动终端相关的商业模式

目前，智能移动终端的增长极为迅猛，对其他终端（如PC、电视机等）的替代日益显著。在此背景下，基于移动互联网的新商业模式创新将不断出现。首先，以手机App为入口的应用还会增加（若干年前，人们根本不会想到Uber这样的革命性产品，类似的东西未来还会出现，现在在哪里？人们并不知道）。其次，微信平台上的商业模式将更加丰富（电子商务、支付、社交、视频等），尤其是源于信任的社交型电子商务将会有长足的进展。再次，移动终端上的各种平台（如搜索、浏览器、门户网站、应用软件商店等）将会在竞争中融合、转化和演变，从而整合出新的业务形态和收入模式。此外，到了物联网时代，移动终端将会成为智能家居、智能汽车，以及其他有关生产生活功能系统的控制中心和管理平台，与之相关的新商业模式有很大的想象空间。至于具体的商业模式形态，只能在实践的过程中逐步摸索和试验——商业模式大都不是事先想出来的，而是基于某种顾客需求（顾客的某种"痛点"）和社会生活中的某个问题自然而然、水到渠成地生成。而幸运者则是在正确的地点（存在规模化的需求空间以及可整合利用的供应资源）、正确的时间（新的商业模式从不成熟到成熟的转折点上）做了正确的决断。

5. 与区块链开发应用的商业模式

火热的区块链正在不断演进，可分为三个时代，1.0是比特币作为应用的概念时代，2.0是技术基础设施时代，3.0则是应用时代。把基础架构真正落地到方方面面的应用当中，才是进入了3.0时代。区块链技术之所以会在短时间内受到如此大的重视，主要是因为它被很多人看作是可以改变现有交易模式、从底层基础设施重构社会的突破性变革技术。区块链本身是一种开源分布式账本，能够高效记录买卖双方的交易，并保证这些记录是可查证且永久保存的。该账本也可以通过设置自动发起交易。其运作原理可以具体概括为分布式数据库、对等传输、透明的匿名信、记录的不可逆性、计算逻辑。

区块链的这些特征使之在供应链金融领域具有独一无二的优势，显示出了解决现有供应链金融所有问题的潜力。第一，建立P2P的强信任关系。作为一种分布式账本技术，区块链采用分布式部署存储，数据不是由单一中心化机构统一维护，也不可能按照自己的利益来操控数据，因此具备较强的信任关系。第二，建立透明供应链。区块链保存完整数据，使得不同参与者使用一致的数据来源，而不是分散的数据，保证了供应链信息的可追溯性，实现供应链透明化。第三，金融级别加密安全性。由于对交易进行了加密,并具有不可改变的性质,所以分类账几乎不可能受到损害。第四,个性化服务。区块链本身的可编程性可以从本质上满足各类消费者的个性化需求。第五,可审计性。记录每次数据更改的身份信息,可以进行可靠的审计跟踪。区块链是一项基础性技术——它有潜力为供应链金融行业的经济和交易制度创造新的技术基础。可以肯定的是,区块链技术将深刻改变供应链金融行业的商业运作,这种改变远远大于供应链行业的改变。区块链应用不仅是传统业务模式的挑战,更是基于平等、诚信、保护隐私等现代人心理需求而创建新业务和简化内部流程的重要机会。

三、商业模式的微创新

一家传统制造型企业,从来料加工发展为代工生产(OEM),商业模式发生了改变,从代工生产(OEM)发展为贴牌生产(ODM),商业模式又发生了改变。那么,这背后到底是什么在变化呢?价值环节!

价值环节是价值链上的最基本单元。通俗的理解,企业内部价值链上的某个环节无法继续往下分割,但独立出去仍可成立公司赚钱,就是价值环节。价值环节是商业模式的基因片段,如果一个企业内部所拥有的价值环节发生了增减变化,如代工生产企业引入"产品设计"这一价值环节,即从OEM变成了ODM,企业也进化为新的商业"物种"。

因此,尽管商业模式研究可以从多个层面展开,但企业经营层面是"表",价值环节层面才是"里"。由此,商业模式创新就可分为两种方式,一种是在企业经营层面上进行的"外科手术式"的商业模式仿造,另一种是在价值环节层面上进行的"基因工程式"的商业模式微创新。

商业模式的微创新的种类有很多,其中最简单的,是直接对企业内部价值链上的价值环节组合"开刀",包括价值环节的添加、裁剪、延伸、分拆、分包、众包、共享、整合等。以下举例说明。

(一)商业模式微创术之一:价值环节添加

旧书收购一般称斤论两,价格极低,所以,许多人宁可堆在家中占地方,也不愿意拿出来卖,这就导致旧书的货源寥落,品种有限。而在销售环节,二手书店大多小本经营,店面狭小,书籍污损破旧,胡乱堆放,顾客很难快速找到心仪之书，购物的体验非常糟糕。

能不能将二手书店做成上市公司呢？日本BOOK-OFF的玩法可谓独树一帜，大有"欲与天公试比高"的干劲与精益神工。

1）将二手书按照新旧程度折价收购，解决了旧书来源问题。

2）翻新旧书，清除污渍，粘补破损，上架之后按半价销售。

3）销售场所按新书店精致装修，书架干净整洁，赏心悦目。

"条条大路通罗马"。BOOK-OFF用自己独有的匠心与技艺，摸索、添加旧书翻新工艺，使二手书的价值大大提升，并能以更高的价格卖出去，BOOK-OFF由此打造出一个二手书王国，并在东京上市。

（二）商业模式微创术之二：价值环节裁剪

新疆日照充足，昼夜温差大，瓜果特别甜，一家本地葡萄酒企业决定投资生产天然甜葡萄酒供应市场，于是租赁土地，改良土壤，建葡萄园，引进品种，种植采摘，一次发酵，二次发酵，忙活了几年，终于酿造出口味独特的天然甜葡萄酒，但推向市场之后，却发现国内个别知名厂商也推出了类似产品，新晋品牌很难与之竞争，怎么办？

考虑到葡萄酒储藏需要沉淀大量资金，同时企业在市场销售渠道和零售终端方面难以突出重围，因此，这家企业选择了价值环节裁剪，从零售环节一路往回撤，撤到葡萄酒原浆生产环节，形成自身的优势，专为知名品牌企业提供天然甜葡萄酒原浆，反而开辟出一片新的天地。

（三）商业模式微创术之三：价值环节延伸

一家致力于将"家居设计傻瓜化"进行到底的软件公司，开发出一款超级简单的家庭装修DIY软件，即在电脑上用鼠标或手指拖一拖壁纸模板，拉一拉吊顶模块，就能自动生成精美的家居装修效果图。

公司每年进行版本升级，但盗版很快就会铺天盖地，怎么办？

既然如此，公司干脆全免费，让成千上万的待装修家庭免费用。怎么赚钱？很简单，延伸价值环节，即在软件中为装修价值链上的厂家提供产品宣传、展示和交易功能。软件的使用者在效果图和模板库里就能直观看到，这是某品牌某型号的壁纸，那是某厂家某款式的沙发，然后在线下单，厂家优惠直供。剩下来的事情，就是请厂家买单了。

（四）商业模式微创术之四：价值环节分拆

养猪这个行业看似简单，其实并不好做，就连号称要用"互联网思维"颠覆中国养猪行业格局的网易老板丁磊，最后也是没了下文。

上市公司雏鹰农牧的做法是将一个村里的农户及其猪舍，按照猪的生产过程进行工序任务分拆，如配种舍、妊娠舍、分娩舍、保育舍、育成舍等。不同阶段交给不同农户负责，老张家专门喂养妊娠母猪，老李家专门喂养哺乳仔猪……从而做到各司其职、专业分工、流水作业，至于像饲料、防疫、运输、财务、资金等的事情，则交由公司统一负责。

这样一来，把养猪这个猪产业链（还有屠宰、分割、冷藏加工、物流等）的工序分解成若干独立的标准化工步，整个工艺链条被分拆成了多个工艺价值环节，既做到了专业化精准分工，又实现了规模化平台养殖，由于每家农户只负责其中的一个环节（一道工序），技术更加标准，饲养更加规范，违约风险大大降低，质量把控更加精准，传统"公司+农户"的粗放式模式的弊端被科学管理的工业化模式所消除。

四、IP 营销：触发灵商的力量

当人们灵商的外溢——品格力开始产生价值，产品自身的成本与其售价便开始脱钩，消费者越来越愿意为符合自己价值取向的品牌溢价付费，为自己的"巴适""欢喜""快乐"买单，这也造就了以人为本的品牌营销的更多可能。

从2015年开始，身边所有人都在谈IP。一时间，IP热潮从一个商业现象上升到了理论高度。

在过去，一提IP可能首先想到的是IP地址，或者知识产权（Intellectual Property），但现在这两个字母的含义早已超越这两组范畴，正在成为一个现象级的营销概念。其本质就是让品牌与消费者之间的连接重新回归到人与人之间的连接，重塑诚信，让彼此之间的关系更紧密，让产品更具认可，让营销更有温度、温馨和温情。

（一）IP 营销的商业逻辑

用一句话来表述IP营销的商业逻辑就是：品牌通过人格代理持续产出优质内容来输出价值观，通过价值观来聚拢粉丝，粉丝认可了价值观，实现了身份认同和角色认可,然后就会信任其产品和服务。这里面包含三层逻辑。

1. 个体更容易与用户建立信任关系,也更容易形成情感连接

以往的营销都是以品牌为中心的,塑造的也是冷冰冰的品牌形象,很难让人有亲近感;而IP营销是以人的连接为中心的,通过人格代理,使品牌变得有人情味,例如选择自己为格力代言的优秀企业家中的女杰董明珠,就很好地拉近了品牌与消费者之间的距离,消费者出于对她人格魅力的信任而对"格力"产品产生好感。

2. 本质上是一次流量的迁移,从平台到个人,实现低成本、跨平台传播

这也是IP营销备受青睐的原因。我们都知道,随着各种互联网直接红利的递减与逐步耗尽,随之而来的是营销成本的不断增高,流量已被大的平台垄断,电商正在退回实体商业的级差地租陷阱当中。据了解,目前,普通电商的获客成本都在100元以上,有些运营小众产品的电商交给平台的流量费用更高。在这种情况下,品牌急需更低价、精准的引流方式。而IP营销符合大家的期望值,这从"网红"经济的兴起就可见一斑。通过"网红"个体引流的成本要比平台低很多,而且更加精准、更容易产生品牌黏性。

除了借助"网红"之外,许多品牌也开始培育自己的IP,借助自媒体和自身的内容引力聚集粉丝,实现自带流量和势能,不仅降低了引流成本,而且还摆脱了单一平台的制约,能够跨平台进行流量分发。例如罗振宇、罗永浩等,他们天生带感,"锣"鼓喧天,走到哪儿流量就跟到哪儿,毫无疑问这种引流方式更经济、精准和高效。

3. 消费需求从功能性过渡到精神层面

消费行为本身有两种属性,一种是经济属性,交换的是产品的使用功能;另一种是社会属性,交换的是产品的社会意义。例如我们买服装,一方面是为了遮蔽身体,另一方面是为了满足个人的审美需求。通过社交媒体,消费行为的这种社会属性被进一步放大,在目前中国从全面小康走向富强的行列中,尤其中产阶层及以上消费群体,通过消费来表达自己的身份、品位、价值观等社交、尊重、自我实现的高精神层面的需求已经占据主要的购买动机。打动消费者的不再是产品功能本身,而是产品及品牌背后所彰显的精神价值与"时代感"。今天,我们不缺物资产品,缺的是温度、欣赏、赞美与品格魅力。因此,赋予产品功能属性以外的品格力,正成为一种新的高层次消费需求,而这正是IP营销最大的价值所在。

（二）从农产品营销看 IP 玩法

2015年被称为"IP营销元年"。其实在农业领域早就付诸实践了，例如褚橙、柳桃、潘苹果组成的"三果志"就是IP营销的经典代表，其中尤以褚橙最具有代表性，也最成功。我们来看一下褚橙是如何玩转IP营销的。

褚时健已经在哀牢山上种了十年的橙子，褚橙也在云南当地卖了好多年，只不过当时不叫褚橙，价格比现在低很多，但还是销售不好，与今天排队抢购的场景天壤之别，那么是什么让褚橙几乎在一夜之间发生了如此大的质变？

褚橙的成功离不开两方面的因素：一是产品好，二是营销上找到了突破口。前者是基础，但缺少后者照样玩不转，褚橙之所以在之前的十年一直默默无闻就是因为没有找准合适的推广和营销策略。

如果是单纯地宣传橙子的功能，产品如何如何优越，我想褚橙肯定达不到今天的高度。褚橙营销的成功之处就在于将品牌与褚时健个人的品格及魅力绑定在了一起，用褚时健个人的IP势能吸引粉丝，让人们在品味褚橙时津津乐道地不时调侃一番，甚至"摆龙门阵"也有话题，毕竟曾经的褚时健有让世人尊敬的风云故事。这样让一个小小的橙子具有了产品以外的更加丰富的灵商含义。褚橙的策划团队没有对产品信息进行简单发布，而是以建立人与人之间的连接为中心，以"人生总有起落，精神终可传承"为标语，把"褚老十年种橙哀牢山"的故事告诉给用户，以褚时健独特的从辉煌坠落深渊到再次坚韧崛起的"企业家精神"展现给大众，以充满新时代"正能量"的系列报道完成产品的IP化转变：第一篇报道《褚橙进京》来说明事实；第二篇《褚时健：褚橙成为励志橙》来引起消费者内心的深度共鸣。通过这一系列动作，策划团队也意识到"褚橙"不该仅仅是一个物质层面的橙子，而应该成为一个企业家精神的符号——"励志橙"，于是又报道出用户的"深感励志"的留言，慢慢地"励志橙"就叫开了。就这样，"褚橙——励志橙"脱颖而出，成了橙子品类乃至农产品中一个独特且有传奇色彩的"产品概念"。

这就是典型的IP营销的玩法，通过品牌的人格化，实现品牌企业向品格（名牌）企业的转型升级，借助人格魅力与消费者建立信任代理关系，为消费者提供功能以外的购买理由，最终实现企业品牌溢价。

（三）如何打造爆款级 IP 产品

要想打造爆款级IP产品，关键是理解好IP营销的两个本质意图：一是通过持续优质的内容创生力建立IP势能；二是通过IP势能实现与用户更低成本、更精准、更快速的连接。

1. 选择一款好产品

互联网时代，不仅压缩了渠道环节，也缩短了传播环节，产品即口碑，口碑即品牌。在产品信息完全透明的营销环境下，不大可能再出现史玉柱这样的"营销天才"。

产品是IP人格的载体，没有好的产品，即使有再强的人格背书也是不可持续的，归根到底，产品是信任建立的基础。

2. 持续的内容创生力

IP势能的建立离不开强大的内容力，我们现在正在经历从渠道为王到IP为王的营销转型升级，内容营销越来越重要。IP营销就是向用户输出价值观，实现产品的概念化和品牌的人格化，而实现的手段就是持续的内容创造、生产和发布。比如褚橙、罗辑思维等，都是通过强大的内容力打造成为超级IP的。当然，这种内容的形式是多样的，可以是文字、音频、视频甚至其他形式的媒体曝光、事件话题，通过内容来建立自身的权威性和专业度，进而赢得用户的信任，聚拢粉丝，这是IP营销的基本逻辑。

3. 精准定位，跨屏引流

超级IP一个很重要的特征就是自带流量，不受任何媒体、平台和行业的限制，具有无限的延展性。这就需要从一开始就要定位于多屏发展，最大化内容的价值，实现全方位引流。比如罗辑思维除了在微信上分发内容之外，还在优酷发布视频节目，在喜马拉雅发布音频，除此之外还涉足图书出版，投资Papi酱等其他IP。

当然，跨屏发展并不意味着内容的泛化不受约束，而是在坚守原有用户定位基础上的多渠道分发。IP营销需要注意的一点是，定位一定要精准，做垂直人群的生意，了解他们的需求和喜好，然后去为他们设计产品。

4. 跨界联合，放大IP的变现价值

《芈月传》等热门IP通过衍生品实现了最大化的商业变现，比如网酒网与《芈月传》合作打造的定制产品"芈酒"全网销量突破10万套，创国内影视剧大IP衍生品单品销售纪录。

创新成果分享：企业生态孕育小米竹林模式

传统的大公司就如同松柏一样，经过几十年甚至上百年的时间成为一棵参天大树，扎根坚实，枝繁叶茂，能够抵挡住狂风暴雨的侵袭，看上去坚不可摧。但是松柏总有生命周期，无法完成自我更新，一旦生态环境发生变化，枯荣兴衰就在一瞬之间。

与松柏不同，自然界中并没有单独存在的竹子，竹子相互扶持、共抗风雨，在地下根系相连、互通有无。单棵竹子虽然会枯萎，但是竹林会源源不断地培育出竹笋，实现整个竹林的新陈代谢，始终保持强大的生命力，竹林不会消亡。因此，小米公司并不像传统企业一样独自长成一棵参天大树，而是成为一窝竹子，不断孵化、扶持新鲜的竹笋，培育成长为生机勃勃的竹林生态。

1. 小米的竹林生态

小米公司布局生态从手机周边领域开始，2013年，小米公司将紫米科技纳入企业生态系并发布小米移动电源。随后在2014年7月发布由生态系企业华米科技设计的小米手环，进入智能可穿戴设备领域；2014年12月和2015年7月，相继发布由智米科技设计的小米空气净化器和云米科技设计的小米净水器，将智能家居领域纳入其生态系统；2015年7月，小米公司联合生态系企业纳恩博发布智能硬件领域的九号平衡车；2016年3月发布纯米打造的米家IH压力电饭煲，并对生态系企业启用mijia（米家）新品牌。至此，小米生态系布局日趋完整，涵盖了手机周边、智能家居、智能硬件、可穿戴设备等与手机相关的多个领域。

对于生态系企业，虽然产品都冠以小米的名字，但是云米、紫米、智米、华米等"米字辈"公司跟纳恩博一样都是独立的企业，接受小米投资，贯彻小米文化，成为小米生态系的成员，专注各自擅长的领域，就如同是拼图的各个部分一样，曾经按照生态版图拼出了小米生态系的完整图景。小米公司将初创公司纳入生态系，而不是像传统公司一样收购其他公司或在公司内部增设新的部门，就如同是竹林中的竹子孕育竹笋一般，打造出了一片竹林生态。

企业之间通过相互合作、优势互补搭建生态系统由来已久。与IBM作为核心，联合销售商、软件开发者和系统集成商等多个行业的企业为了共同的利益而构建的生态系统相比，小米生态系有着独特的竹林生态哲学。

2. 小米的竹林哲学

（1）生态系根基：共同的价值观

小米公司通过"专注、极致、口碑、快速"的互联网思维打造基于成本定价、极具性价比的"爆品"，而不是通过渠道溢价、品牌溢价，甚至是信息溢价来获取短期利益。在这背后是小米公司推行新国货运动，生产感动人心的优质产品，推动社会进步的价值使命。共同的价值观念是小米竹林生态的根基，无论是小团队还是有一定基础的中等规模创业公司，要加入小米竹林生态必然要接受小米的"爆品"模式和免费极致的价值理念。

原先由国际品牌赛格威（Segway）主导了16年之久的平衡车市场一直定位高端，仅局限于高端人群市场和企业市场，具有超高的利润率，限于高价格的原因无缘于广阔的消费市场。2013年8月，小米公司嗅到了平衡车市场作为智能硬件外延具有重大的发展机遇，开始着手投资平衡车制造商。作为市场黑马的纳恩博公司，采取社会化营销，自建网上商城直接与用户连接，这与小米的模式有很大程度的契合。2014年4月，小米投资纳恩博，将其纳入生态系中，将小米的"爆品"理念注入纳恩博，帮助其收购赛格威。2015年11月，小米和纳恩博发布定价1999元的九号平衡车，近乎是市场主流定价的十分之一，极具性价比，将平衡车打入广大的消费者市场。

无论是纳恩博，还是其他竹林生态系企业，都秉持相同的价值观念和模式，通过极致免费的优质产品迅速激活市场，升级"中国制造"。

（2）企业生态优势：互联互通，开放合作

对于企业生态系统来说，企业之间的合作共赢是核心要义。在哈佛大学商学院教授马尔科·杨西蒂和罗伊·莱维恩所著的《共赢商业生态系统对企业战略、创新和可持续的影响》一书中，认为优秀的网络核心企业不但能使庞大且分散的商业网络如何与顾客联结的难题化繁为简，而且通过为其他企业提供可资利用的"平台"，还能促进整个生态系统提高生产率，增强稳定性，并有效地激发创新。这种现象从本质上改变了竞争的实质，使企业之间的竞争转变为商业平台网络之间的竞争。小米竹林生态系最初的设计逻辑就是深度互联互通，企业间模糊边界、开放合作，实现优势互补、资源共享。

作为小米企业生态中适应能力、成长速度最快的企业，华米科技自从2014年加入竹林生态系后，从头开始打造"华米"品牌及手环业务，在保持差异化与独立性互补的同时，最大限度地使用生态系中小米公司的资源。

小米公司的供应链资源使华米科技可以得到世界一流代工厂和元器件供应商的大力支持，小米公司的品牌和近两亿用户使得华米科技产品尚未发布就引起市场上极大的关注，发布后的销量得到保证；还有小米的销售渠道、物流、仓储、客服等，都对华米科技的发展起到了至关重要的作用。

正是生态系内模糊边界，甚至无边界的开放合作与"野性生长"，华米科技和其他生态系企业才可能如竹笋一般迅速成长，更有四五家已经成为估值超过10亿美元的"独角兽"。

(3) 生态系演进：高度关联

小米生态系企业分布在与手机行业相关的四大领域：手机周边、智能硬件、智能家居，以及智能可穿戴设备。正是因为在发展中遵循严密的演进逻辑与生态规律，小米生态系的产品都高度关联，可以形成整体网络生态协同效应，实现共同发展。

第一，以手机为中心，逐渐向外围相关领域扩散。2013年发布的小米耳机和小米移动电源是小米竹林生态系内最早的一批竹笋，这两款手机周边产品借助小米手机的网络效应迅速获得成功。此后，生态系不断演进，相继发布小米手环、小米净水器等一系列可以和小米手机连接的生态系产品。

第二，生态系的演进是基于小米公司原有的用户群。小米近两亿用户是由年龄在20～29岁之间，对技术有较高热情，喜欢与众不同的体验，追求品质生活，又喜欢通过自己的社会网络分享观点的"理工男"群体衍生开来的。小米生态系产品无论是生活方式类的空气净化器、净水器，还是极客酷玩类的九号平衡车，都深度契合了用户群的特点。

第三，产品一定要拥有广阔的市场前景，不仅局限于小众市场。只有面向刚性需求的"蓝海市场"，才能在产品之间保持高度共享的关联协同，而且小米生态系产品发布，就能借助相互之间的网络效应，刚上市推出就能迅速达到百万，甚至千万级别的销量。

第十章
制度创新为根本

中国改革开放40年所取得的辉煌成就，与不断探索制度创新是息息相关的。经济运行制度"有计划的商品经济——计划经济为主、市场调节为辅——计划与市场相结合——社会主义市场经济"的不断创新过程就是现代中国持续发展进步的过程，与此宏观制度不断创新演进相对应，企业制度也经历了"承包制——任期目标责任制——股份制——混合所有制"的创新进化，说明制度创新的红利是巨大的。甚至可以讲，国家的制度创新对经济社会及企业的发展是根本性和决定性的力量。就朝着"市场起决定性作用"的新时代企业视角看，中国制度创新还有较大的时空红利，尤其企业生态巨变下的微观制度创新将永无止境。

一、政府简政放权，为企业营造良好外部制度生态

简政放权是转变职能、提高政府治理能力的关键之举，更是建设良好营商环境、打造企业健康生态的需要。党的十八大以来，中国政府以行政审批制度改革为突破口，大力推动简政放权，在"放管服"上取得了显著的成效，同时也面临一些新情况、新问题。深入推进简政放权和"放管服"改革，为企业营造良好生态，还需要从以下方面加大改革力度。

（一）根据企业关切减少审批

几年来，各级政府大力削减审批事项，简政放权，中央层面取消下放行政审

批事项1/3以上，减少投资核准事项76%，地方层面大多减少审批事项50%以上，一大批资格资质认证、中介评估、收费项目被取消等，激发了市场活力，促进了创业创新。但从企业关切、深化改革要求看，一些该放的权还没有放到位，办事创业中审批多、审批难、审批慢的情况依然存在，不少企业和公众"获得感"不明显，改革仍有很大空间。

一是减少束缚创新创业的审批事项，提高含金量。每减少一个这样的审批事项，就意味着相关领域的管制放松、门槛降低或垄断破除，有效激发市场活力。例如，工商登记改革实行先照后证，注册资本从实缴到认缴等项措施，移开了登记绊脚石，降低了准入门槛，新增市场主体出现大幅增长。而有的部门取消审批事项限于"挤牙膏"，凑数字，与投资创业、生产经营关系不大，企业和公众就很难从中获益。继续简政放权，要从重数量向重含金量转变，啃"硬骨头"，重点取消那些阻碍创新创业、社会关注度高的审批事项。减少审批的含金量越高，释放的制度红利也越多。

总体上讲，中国审批效率近年来有了很大的提高，商事制度改革取得了历史性成就。通过全面实行注册资本实缴改认缴、企业年检改年报、"先照后证""多证合一"、全程电子化、"证照分离"试点改革，为群众经商办企业，为"大众创业、万众创新"松了绑、解了绊，全社会投资创业热情持续高涨。截至2018年3月16日，中国市场主体突破1亿户，日均新增市场主体4.44万户，其中日均新增企业1.38万户，较改革前日均6900户增长了一倍，每千人企业数达22.23户，较改革前11.36户增长了10.87户。世界银行发布的全球营商环境报告显示，与全球190个经济体相比，中国营商环境排名78位，其中，开办企业便利度2017年排在第93位，较2013年开办企业便利度上升了65位。

2018年5月2日，国务院第七次常务会议研究进一步优化营商环境工作，审议通过了《关于进一步压缩企业开办时间工作的意见》。2018年年底前，各直辖市、计划单列市、副省级城市和省会城市要将企业开办时间压缩一半以上，由目前平均20个工作日减至8.5个工作日以内。2019年上半年，在全国实现减至8.5个工作日的目标。

二是减少审批中多余的环节和关卡，提高审批效率。简政放权是否到位，不仅要看减少了多少审批事项，更要看办事是否方便快捷了，企业成本是否降低了。从实际情况看，现在政府审批事项数量大幅减少，有的部门仅有几个审批事项，但一些地方和企业反映，办企业上项目还面临环节多、评估多、关卡多、涉及部门多的现象,几个月的工程报批可能要半年甚至一年,成为制度交易成本高的原因。

三是减少公共服务中不必要的办事手续和证明,增强企业获得感。对社会公众而言,放权是否到位了,办事是否容易了,更多是从办理身边的事来获知的,如上学就业、旅游出境、医疗社保、办学科研等事情申办更容易了。从现阶段情况看,公众在办理各种登记、证明、年检、鉴定、认证等事情上,常常碰到证明多、手续多、推诿扯皮等情况,仍需要来回跑路盖章,其中许多证明和手续都是没有必要的,乃至节外生枝的。

(二)使三个清单更具规范性和可操作性

简政放权改革走到今天,不仅要继续放权减权,也要明确政府权责边界,规范权力行使。推行权力清单、责任清单和负面清单管理模式,就是深化简政放权的有效途径。权力清单可以明确政府能做什么;责任清单可以明确政府该管什么、怎样管;负面清单可以明确对企业约束有哪些,使政府法无授权不可为,法定职责必须为,使企业和社会法无禁止即可为,进而划定政府与市场、社会的行为边界,推进政府治理现代化。

推进权责清单制度应当注重理论和实践研究,总结各地改革经验,针对不同层级和部门制定标准指南,提供样本,更加合理地划定政府与市场、社会的行为边界,增强权责清单的规范性、可操作性。而且,要在制定公布政府权责清单的基础上,从信息公开、绩效考核、督查制度、行政问责等方面,加强政府对权责清单落实情况的督促检查和社会监督,对不符合改革要求的清单内容要及时更新,充分发挥权责清单划定边界、限权管权的作用。

实行市场准入负面清单制度,清单之外的政府不再审批,各类市场主体都可依法平等进入,这就缩小了政府审批的范围,减少审批自由裁量权,既有利于降低准入门槛,促进公平竞争,为各类主体提供更大发展空间,是一种适应市场经济的管理模式,也减少了政府部门的工作量与重复甚至无用的劳动,为未来"精兵简政"、国家治理能力的提升奠定良好基础。从发展方向看,推行负面清单制度,要体现开放搞活、由市场决定资源配置的要求,尽可能减少政府的行政审批范围,消除不合理限制,放宽市场准入,不能让负面清单的限制比不实行还要多还要长,尤其是应清理对不同市场主体的不合理限制,消除市场壁垒,形成统一市场准入制度。同时,负面清单的规定要清晰可操作,明确列出禁止或限制企业投资经营的行业、领域和业务，开出具体的限制措施，不给审批自由裁量留有空间。此外，要关注负面清单之间的衔接配套，避免相互之间的重复、冲突、疏漏和脱节，在操作上无所适从。

（三）协同联动才能事半功倍

简政放权是政府治理模式的变革，无论是减少审批，还是流程再造，都涉及政府部门纵横关系，影响政府与市场和社会的关系调整，如果协同不够、衔接不紧，势必会影响改革的成效。

从横向部门关系看，一个项目审批往往要涉及多个部门和环节，如果分头进行改革，这个部门改了而其他部门没改，事情还是难办。例如，发改委将企业投资核准项目转为备案项目，而与此相关的规划、土地、环境、安全等部门并没有同步调整或做好衔接，企业仍要到众多部门跑审批。同样，"备案"的含义和要求也需明确。企业和创业者反映，备案上报资料并不少，前置审批也不少，仍需方方面面认可，不"点头"就不能做，而对其他部门来说，对备案项目的理解认可也有不同。再如，工商登记改革将前置审批改为后置事项，在破除障碍上迈出关键一步，新注册企业可以边筹备边办许可证，节约了时间成本，但仅有照而无证，企业还是不能开张，否则执法部门来查怎么办？银行不给开户贷款怎么办？这些难题都有赖于行业部门在后置事项审批改革上系统协同推进。再有，分头取消审批事项，一个项目有的审批放到地方层面，有的审批可能仍在上面，企业和基层仍需要上下跑审批。

从纵向层级看，上级政府取消下放审批权，到下级政府的落实程度参差不齐，一些地方企业、基层和群众觉得放权不解渴。这分析起来有两方面因素：一方面，上级政府放权不到位，有些本可以放给企业和市场的事项没有直接放，而是转给下级政府审批，有的审批事项缺乏分类标准，采取"分拆"或"打包"处理，搞数字游戏，明放暗不放；有的放责不放权，将管理难度大的下放地方。另一方面，有的地方对下放的审批项目没有采取配套改革，落实不力，甚至有的群众兴冲冲地拿着报纸来说，上面放权了，可以办什么事，但下面办事人员说没接到上级文件，还是不给办；有的截留审批权限，放权效果递减，造成放权不到位，在"最后一千米"受阻。因此，上下联动，放得下，接得住，落实好，是深化改革中需解决好的问题。

从中介关系看，办投资上项目，特别是工程建设项目，都设有各种中介评估环节,如项目咨询、环境评价、安全评估、施工图审查等。在改革中,有的地方和部门审批放权了,但中介评估依旧。企业和创业者反映,中介评审中重复评估、独家指定、时间过长、收费过多等问题普遍存在,人为拉长了审批时间,增添了企业负担,成为放权梗阻。例如,有的中介是审批部门的下属或表面脱钩机构,有的独此一家别无分店,并凭借这种关系搞垄断经营;有的部门将行政审批事项转为中介服务事项,从事有偿服务,不交钱就拿不到许可;对中介评审时间、现行相关法律并没有硬性规定,且不计入行政审批办理时限,有些中介评审耗时过长,占去整个审批的2/3时间,企业申办项目多半是与中介打交道。

可以说,推进简政放权改革,分别推进、单兵出击的效果是有限的,部门协同、上下联动才能取得事半功倍的成效。无论是削减审批事项,还是简化审批流程,都需加强顶层设计,防止出现不协同、不同步、不到位的问题。在部门协同上,对一个审批事项涉及的各个部门,应加强协调配合和措施衔接,协同推进,防止你改他不改。在上下联动上,凡是市场能够有效调节的,基层可以自主解决的,尽可能地把权力放到位,直接放给市场、企业和基层,防止截留、承接不力和落实不到位等问题;要研究制定审批项目的分类标准,统一审批项目的名称和类型,为推进改革和上下联动提供科学依据。在中介同步上,加快清理行政审批中的各种中介评估,该脱钩的脱钩,该取消的取消,该合并的合并。对法律法规要求的中介服务,制定中介目录清单、收费标准和时限要求,向社会公布,接受监督。

二、创新政策落地生根才能使自主创新繁花似锦

科技成果转移转化政策的显效是创新政策落实情况的一个缩影。党的十八大以来,国家出台了一系列鼓励创新的政策措施,相当一部分已得到落实,发挥了激励创新创业的积极效果。《人民日报》联合中国科协于2018年上半年在北京、杭州、武汉等地,深入调查了120家企业、科研机构、众创空间等创新主体,进行了"创新政策落地情况"专题问卷调查,结果显示,76%的受访者认为国家出台的一系列创新政策在其所在城市和单位得到了落实;超六成受访者认为,随着创新政策落实到位,创新环境得到了明显改善,当地在创新人才培养、产学研合作、知识产权保护、风险投资可获得性和宽容失败的氛围方面做得非常好或比较好(如图10-1所示)。

数字为评价非常好或较好的受访者占比

项目	占比
创新人才培养	78.00%
产学研合作	77.30%
政府鼓励政策	76.20%
知识产权保护	75.4%
风险投资可获得性	64.40%
宽容失败的氛围	63.80%

图10-1 对创新环境的评价

然而，也应清醒地看到，一些创新政策在基层落地时还有困难，影响了创新主体的积极性，束缚了科研人员的手脚，应当采取措施推动这些政策更好更快地落地生根，最大限度解放和激发科技作为第一生产力所蕴藏的巨大潜能。

（一）要让创新政策落实到位，需进一步完善配套措施和实施细则

专题问卷调查结果显示，超过一半的受访者认为当地政府部门和单位在落实创新政策时遇到的主要困难就是创新政策缺少操作细则（见图10-2）。

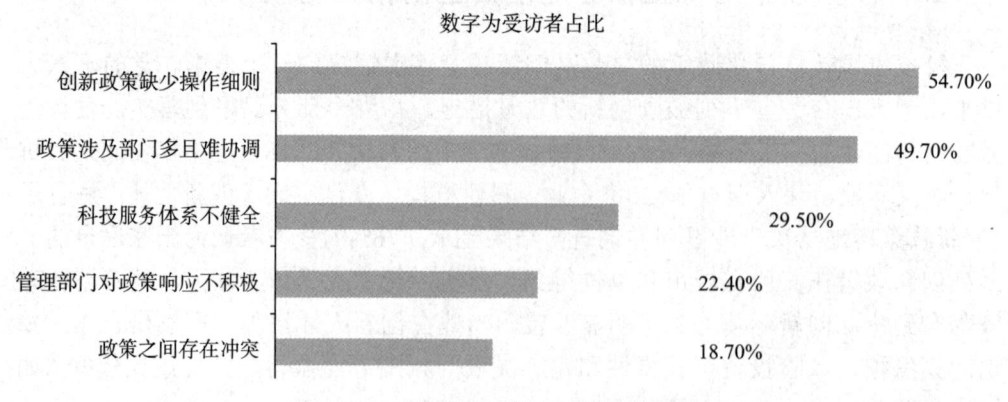

数字为受访者占比

项目	占比
创新政策缺少操作细则	54.70%
政策涉及部门多且难协调	49.70%
科技服务体系不健全	29.50%
管理部门对政策响应不积极	22.40%
政策之间存在冲突	18.70%

图10-2 落实创新政策时遇到的主要困难

对此，受访的多家创新主体建议，国家层面政策出台后，省市政府部门应尽快推出配套实施细则，对一些关键问题做出明确规定，并公布具体落实、推进的部门；在出台实施细则时，不妨试行"负面清单管理"，明确哪些事情不能做，以更好发挥单位和科研人员的主观能动性。

（二）要让创新政策落实到位，需进一步强化政策协调

1) 科研经费政策与财务政策应进一步协调。

2) 国企及国有控股、参股等涉"国资"的科技成果转化政策与国资管理政策应进一步协调。

3) 鼓励创新转化的政策与考核管理政策应进一步协调。

专题问卷调查结果显示，受访者认为，创新政策落实面临的主要困难中排第二位的是政策涉及部门多且难协调（见图10-2）。

调查中，多家创新主体建议，应探索建立创新政策的联席制度，在政策设计之初，就把科技、工信、财政、国资、教育、审计、监察等有可能涉及的部门全部纳入，联手制定政策，警惕好不容易扼住的"九龙治水"利益格局的"复辟"或"回潮"，这样才能让政策之间更好衔接，形成合力，避免来之不易的体制改革成就付之东流。

在科研经费政策与财务政策协调方面，受访创新主体建议，各部门应加强沟通协调，改变用行政思维管理科研的做法；同时建立健全科研诚信制度，加大对科研人员"踩红线"的事后惩罚力度。

在科技成果转化政策与国资管理政策协调方面，专家表示，对国有资产严格管理很有必要，但对于职务发明等无形资产，应探索有别于固定资产的国资管理政策，同时进一步简政放权，将一定数额以下的备案、审核等权限下放，强化制度设计和事后监管。

（三）要让创新政策落实到位，需进一步增强政策的普适性，健全普及宣传和反馈评估机制

受访创新主体和专家建议，应改变过于侧重高校、科研院所的现有评价考核体系，完善创新型企业人才评价政策，做到广泛覆盖、分类实施（见图10-3）。

数字为受访者占比

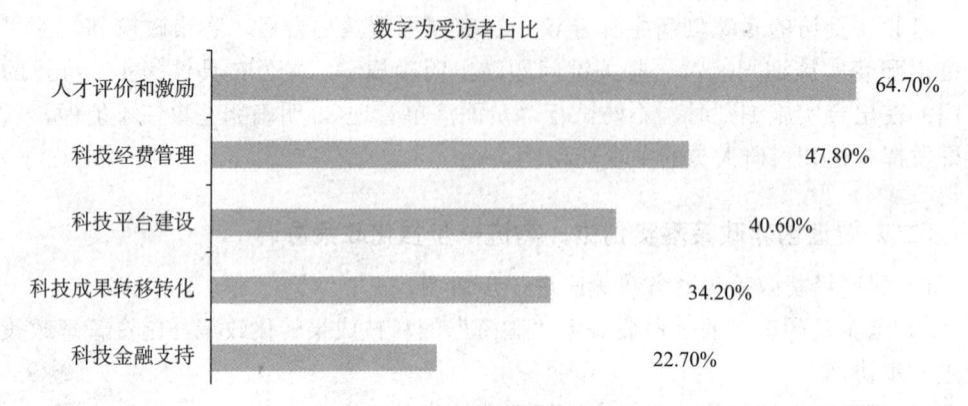

- 人才评价和激励 64.70%
- 科技经费管理 47.80%
- 科技平台建设 40.60%
- 科技成果转移转化 34.20%
- 科技金融支持 22.70%

图10-3 对创新政策的需求

调查中还发现，信息不对称、宣传不到位往往会影响创新政策的推广和实施。受访创新主体建议，应进一步加大政策解读和宣贯力度，由政府部门牵头组建科技创新政策咨询服务平台，受理各类政策咨询；还应逐步建立起创新政策落地的监测与评估机制。

为加速创新政策的落地和为科研人员扫清障碍，2018年7月，国务院印发《关于优化科研管理提升科研绩效若干措施的通知》，推进"材料一次报送"制度等一系列改革措施的落地，将为自主创新带来制度红利，有利于调动科研人员的积极性，鼓励科研人员潜心研究、攻坚克难，大力提升原始创新能力和关键领域核心技术攻关能力，为实现经济高质量发展，建设世界科技强国做出更大贡献。

三、制度创新是本土企业创新发展的关键

（一）企业组织制度的主要内容及其创新

制度是组织运行方式的原则规定。企业制度主要包括产权制度、经营制度和管理制度三个方面的内容。

第一，产权制度是决定企业其他制度的根本性制度，它规定了企业最重要的生产要素所有权者对企业的权力、利益和责任。不同时期，企业各生产要素的相对重要性是不一样的。产权制度主要指企业生产资料的所有制。企业产权制度的

创新应朝向寻求生产资料社会成员"个人所有"与"共同所有"的最适度组合的方向发展。

第二，经营制度是有关经营权的归属及其行使条件、范围限制等方面的原则规定。它表明企业的经营方式，确定谁是经营者，谁来组织企业生产资料的占有权、使用权和处置权的行使，谁来确定企业的生产方向、生产内容、生产方式，谁来保证企业生产资料的完整性及其增值，谁来向企业生产资料所有者负责以及负何种责任。经营制度方面的创新方向应不断寻求生产资料最有效利用的方式和不断提升经营效率。

第三，管理制度是行使经营权、组织企业日常经营的各种具体规则的总称，包括对材料、设备、数据、人权及资金等各种要素的取得和使用的规定。分配制度是在管理制度中及其重要的内容之一，涉及如何正确地衡量成员对组织的贡献，并在此基础上如何提供相应的报酬，以及如何激发劳动者的工作热情，对企业的经营有着非常重要的意义。分配制度的创新在于不断追求分配的合理性，调动工作的积极性。

（二）制度创新是本土企业发展的根本

企业系统的正常运行，既要具有符合企业及其生态特点的运行制度，又要有合理的组织形式。制度创新，要注重从出资人制度、产权制度、所有者权益制度、法人治理结构以及从企业的相关管理制度出发。建立现代企业的各项规章制度应该与市场经济体制相适应，不能违背市场经济的运行规律。制度创新作为本土企业发展的根本，是创新活动的关键环节，主要是通过引进新的组织结构、新的组织规范等，进行新的制度安排。本土企业进行制度创新，最关键是要建立和完善现代企业管理制度。

第一，制度创新有助于提升资源使用效率。如何利用有限的资源实现最大的经济效益，是每个企业发展的重大目标。在过去落后的制度影响下，许多企业大量资源闲置，尤其是国有大企业，大型机器设备、厂房以及员工都出现了较大浪费，"物不能尽其用，地不能尽其利"，长期下去经营成本越来越高，甚至导致亏损。很多民营企业，因为制度制约，发展停滞不前。一些低效率的制度会导致资源的边际效益非常低，甚至给社会造成重要的影响，如环境污染、生态破坏等。因此，要改变这种局面，就要进行制度创新，建立完善高效的现代企业制度，促进企业资源发挥最大效益。

第二，制度创新有助于加强本土企业的监督，降低企业经营风险。制约本土企业发展的另外一个因素，是企业面临的内外部风险。只有完善的监督体系，才能实现企业利益相关者的相互制衡，否则容易导致企业陷入经营困境。例如真功夫的股权之争、万科与宝能之间的股权之争等，都给企业带来负面影响。进行制度创新，应建立现代企业制度，尤其是完善公司法人治理结构。例如家族企业娃哈哈，通过特殊的股权比例，实现了强有力的制衡；家族企业美的集团却委托一个非家族的人进行经营管理，避免了家族内部之纷争出现的经营风险，促进了企业的持续发展。

第三，制度创新有助于根治投资膨胀。中国经济的高速发展，加之"三驾马车"中投资拉动的主导力量，刺激企业进行大规模投资，现在很多企业投资并不局限在自身业务的扩大规模，而且还投资在相关甚至非相关业务上，这是导致产能过剩等"投资狂热症"的"滞后病"。在市场经济中，所有的投资者都应在投资活动之前，对投资的收益、成本以及未来进行计算与评估，同时要将预期收益与银行利息相对比，判断是否有必要进行投资。加强制度创新，建立完善的风险机制以及约束机制，有助于企业在投资之前做好风险评估，避免盲目投资，降低企业财产损失。

第四，制度创新有助于提升企业的活力，有利于权责利的有机结合，充分调动人才的主动性、积极性、创造性。尤其在目前大力推进混合所有制改革的新常态下，制度创新有利于明晰混合所有制改革中的制度与管理边界，激发企业内生活力，真正使"混合"形成新合力、建立新机制、带来新生机、创造新的竞争优势，为科技创新、企业家创新等融合创新奠定基石。

中国电子科技集团公司信息科学研究院提出"开放的平台、流动的人才"的工作理念，积极探索"不求所有、但求所用"的柔性用人机制。依据科研布局的业务密度，研究院建立起"核心层、紧密层、松散层"三层辐射为基本特征，"小核心、大外围"的圈层组织架构。核心层，主要是研究院内设的研究所、专项业务支撑机构、职能管理部门；紧密层，主要是研究院与国家重点院校，按照"2+x"的方式建立的多方共建共管的集产、学、研、用为一体的协同创新中心。松散层，主要是与研究院建立常态化合作机构的海外高水平科研机构。这个体系采取网络化管理，以工作任务为中心，实行项目式流动、兼职式流动、候鸟式流动、咨询式流动、交换式流动等多元开放的人才集散模式，开展基于市场化的薪酬分配激励；实行团队自治，支持团队以在岗创业、离岗创业的模式创办公司；在给予项目、人力、资金支持的同时，让创业团队按照独立法人的模式自主运行。

目前，研究院已迅速汇聚各类人才200人，平均年龄33岁，博士占比接近60%，流动人才累积占比达到20%，协同创新的平台效应逐渐显现。

（三）本土企业制度创新路径分析

第一，建立完善出资人制度。完善出资人制度，主要是为了促进政企职责分开，保证企业中国有资产保值增值。建立完善的出资人制度，能够防止国有资产出资人直接干预企业的经营活动，保证企业的经营自主权。另外，建立完善的出资人制度，可以明确规定国有资产出资者仅仅以其向企业全部投资承担各种债务与损失，进一步明确政府主管部门与企业之间的关系，明确双方的责任与义务，有效防止政府部门干涉企业的实际经营活动。

第二，建立完善的产权制度。产权制度主要是指以产权作为依托，加强对财产关系的调整与组合，这也是生产力与生产关系决定的。产权制度的创新，主要是指对产权各种功能在各产权主体之间进行重新调整与组合，以发挥各种产权功能的作用，提升资源的使用效率。在产权制度创新中，要提升产权配置的灵活性，突出产权的独立性，增强产权主体进入、退出市场的灵活性，实现产权关系的最佳配置，提升资源使用效率。建立完善的产权制度，让企业必须按照产权市场规则运行，降低竞争中出现的风险，提升企业调动资源的能力，提升企业管理水平、经营能力。产权制度创新，还体现了产权关系清晰化，强调了现代企业产权结构多元化，尤其是突出了多元化的投资主体、出资者承担有限的责任。

第三，建立法人治理结构。在制度创新中，建立现代企业制度，就要建立法人治理结构。本土企业要加强对企业的治理结构进行规范与创新。建立法人治理结构，加强企业的股东会、董事会以及经理层之间的相互制约、相互制衡，这也是企业领导体制的重点变革。一般而言，按照目前《公司法》的规定，法人治理结构由四个方面构成：股东会、董事会、监事会以及经理层，现代企业的法人治理结构应该职责明确、协调运转以及有效制衡，这样才能发挥各自的作用。在企业的所有权与经营权分离的前提下，股权分散会让股东失去控制权，企业最终会由管理者控制，这对股东来说是不利的，假若管理者做出一些不符合广大股东利益决策，会直接侵犯股东的利益，为了避免这种情况，要行使股东大会的权利，维护股东利益、实现股东价值的最大化。本土企业应进一步优化董事成员结构，提升董事素质，适当增加外部独董的占比，强化董事的权利与义务。加强监事会的监督作用，强化监督职权，保护监事代表的诉讼权。积极推进法人治理结构，推动企业制度创新。要优化股权结构，促进公司股东之间的相互监督与制衡，始终坚持公平与效率原则，进一步完善企业用人机制与约束机制，提升公司治理结构人员的素质，提升公司治理水平。

第四，完善企业的相关管理制度，加强人力资源制度创新。人才是兴企强企的根本，是企业自主创新的关键。企业应进一步完善与改进企业的人才招聘与选拔机制、人才培养制度与考核制度等，制订人才评价标准，坚持"能力本位，品德至上"原则，杜绝各种不公平的用人行为。企业要解放思想，建立全球化的"互联网+"时代的新人才观，建立广泛的人才储备库，加强对人才的民主测评，加强对企业管理者的公信度测评，对不及格的管理者进行批评，晋升、职称评定均采用公平公开的考核方式，增强员工服务意识，提升服务质量。

要确保制度创新之路的平坦，企业必须重视完善与创新财务制度与充分运用资本杠杆的魔力。在"互联网+"的时代，企业应将财务目标从追求"企业利益最大化"转变为"生态价值最大化"。企业要注重制度创新的成本问题。创新是一个循序渐进的过程，任何企业的创新不可能一步到位，因此，制度创新的成本投入是持续的，某些重大创新可能是一种脱胎换骨的革命，其创新成本与风险较高。因此，企业在制度创新过程中，不仅要考虑必要性，还要考虑可行性，要与自主创新总体战略目标和其他方面的创新相融会贯通，预算好创新机会成本问题，尤其要减少制度创新的转换成本。此外，加强融资创新、资本运营创新、财务管理创新等，建立并实施风险控制与内部控制体系相融合的风险管理体系，就可以用"组合拳"的方式极大地降低企业的制度创新风险及制度成本。

总之，产权制度、经营制度、管理制度三者之间的关系错综复杂。企业制度创新的方向就是不断调整和优化企业所有者、经营者、劳动者三者之间的关系，使各方面的责、权、利得到充分体现，使组织的各个作用得到充分的发挥，使企业组织的和谐力、创造力、长盛力得以持久。

四、混合所有制成就中国建材

大力发展混合所有制，形成国企和民企的融创活力与融合实力，进一步提升中国经济的整体实力，这是新时代经济发展的必然趋势。2003年4月，中国建材由原来的中国新型建材集团脱颖而出，宣告以市场化方式进行重大战略调整。此后几年间，中国建材一边进行行业整合，一边进行资本混合，重组上千家民营企业，一跃成为年产能超过4亿吨、全球规模最大的水泥供应商。所有者权益也由20多亿元上升到220亿元，同时吸纳小股东权益440亿元，又以660亿元的净资产撬动3600亿元总资产，混合所有制企业数量超过85%，成为名副其实的行业领导企业。中国建材十余年来快速健康发展的经历，就是一个央企市场化改革的故事，是一个国有资本以国民共进方式成功进行行业结构调整的故事。

中国建材制度的设计者、混改的决策者、组织者，全球唯一同时段带领两家企业进入世界500强的创新型杰出企业家宋志平讲："混合所有制企业好比一杯茶水，水可能是国企的，茶叶可能是民企的，但变成茶水之后就没办法分开了，也没必要去分。"他认为混合所有制是一把金钥匙，解决了四个难题。第一，解决了国有经济和市场接轨的问题。混合所有制用市场机制增强了国有经济的活力、控制力、影响力，实现了保值增值，坚持和完善了中国的基本经济制度。第二，解决了国有企业深化改革的问题。社会资本的引入可以促进产权多元化改革，推动现代企业制度的建立和规范制度的建设，有利于进一步政企分开；实现所有者到位，并可以推进经营团队和骨干持股、员工持股、加快职业经理人队伍建设。第三，解决了社会资本进入国有企业部分特定业务的途径问题，使市场更加公平公开。第四，解决了国进民退、国退民进的长期纷争，国有和民营交叉持股、互相融合，实现了国民共进共赢的融合体系。可以说，混合所有制确实能治愈很多国企的痼疾，用好了可一通百通。但是，混合所有制并非一混就好，或者一混就灵，不同的资本混合，如何混合？还是大有学问的。

国企和民企如何混合？

首先，混合双方要有包容思想，这是成功"混合"的基础。"混合"是一场对企业包容性的考验，靠的不仅是条条款款的约束，还要有包容的智慧。不同所有制企业在体制、管理、文化上存在差异性，不讲求同存异，不讲融合发展，不讲和谐共生，肯定不行。所以这场混改的设计师宋志平讲，要充分理解民企，看到它们的优势，保留它们的"野性"，包括灵活的机制、创新能力、企业家精神、拼搏能力等。"君子和而不同。"正是在这种包容的环境中，中国建材与众多民企形成了水稻一样的"杂交"优势，实现了和谐共赢。

其次，坚持"规范运作、互利共赢、互相尊重、长期合作"的方针。规范运作，混合之初就要细致地做好制度性安排，合理进行资产评估。混合所有制是一场公平的、透明的、公开的合作，一切都要开诚布公。互利共赢，坚持与人分利，合理设置股权结构，兼顾好各方利益，寻找最大公约数。互相尊重，国企不能歧视民企的干部，民企也不能总是挖苦国企，大家要优势互补，共同发展。混合所有制不能认为是一种过渡状态，而是一种长期合作的制度安排。所以，搞混合所有制有点像通过自由恋爱的婚姻，双方要彼此信任，彼此尊重，要坦诚相待、相濡以沫，这样才能"白头偕老"和睦长久地走下去。

创新成果分享：阿里巴巴的"合伙人制度"

2014年9月19日，阿里巴巴集团在美国纽交所成功上市，正式挂牌交易。此前，阿里巴巴曾申请在香港联交所上市，却未获批准，这其中的关键障碍在于阿里巴巴实行了特殊的合伙人制度。那么，阿里巴巴的合伙人制度到底有什么内容？是怎么运行的？创新在哪里？有没有推广的价值？对阿里巴巴的合伙人制度的解析，研究其对公司治理模式的创新意义及其对中国企业制度创新巨大红利的持续涌现具有重要的参考价值。

1. 阿里巴巴合伙人制度的主要内容

2014年5月6日，阿里巴巴向纽交所提交招股说明书，专门对其合伙人制度做了阐述。从1999年创始以来，公司就建立了合伙人制度，2010年7月，阿里巴巴决定将这种合伙人制度正式确立下来，取名为"湖畔合伙人"（取自公司初创地——湖畔花园），上升到制度层面。目前公司共有28名合伙人，其中马云和蔡崇信为永久合伙人，其他人一旦离开阿里巴巴或关联公司时就从阿里巴巴合伙人中退出。每年公司都可以提名新合伙人，新合伙人需要满足以下条件：持有公司股份在阿里巴巴或关联公司工作5年以上；对公司有杰出贡献；高度认同公司文化，愿意为公司使命、愿景和价值观竭尽全力等。合伙人的权力有董事提名权和奖金分配权，义务包括竭尽全力提升阿里巴巴生态系统愿景和传承企业文化与价值观。

从阿里巴巴的招股说明书、公司章程与合伙人相关条款可以看出，合伙人制度实质上是由公司章程规定的，通过给予特殊人群特殊权力来维持和延续公司控制力的一种协议。合伙人制度蕴含以下几点新内涵。

（1）合伙人的主要类别

根据合伙人权力、进入及退出条款等，公司将合伙人分为普通合伙人、永久合伙人和荣誉合伙人。普通合伙人就是符合阿里巴巴招股说明书中阐述的合伙人条件，享有权力并履行义务的合伙人。永久合伙人是一种特殊的合伙人，特殊在不需要服从普通合伙人60岁自动退休、离开阿里巴巴就自动退出两种条款的约束，目前在阿里巴巴仅有马云和蔡崇信两人。荣誉合伙人由合伙人委员会在退休的普通合伙人中选举产生，他们无法行使普通合伙人的权力，但是可以获得奖金池的部分分配。合伙人会因为年龄、个人意愿、合伙人委员会的决定等因素成为其他的类别，或者退休。

（2）合伙人制度的核心是合伙人委员会

合伙人委员会负责管理合伙人，组织合伙人选举工作和提议，执行阿里巴巴高管年度奖金池分配。目前，合伙人委员会有5个委员——马云、蔡崇信、陆兆禧、彭蕾和曾鸣，以后可能会更多。这些委员由合伙人投票从合伙人中选举出来，负责管理合伙人。委员每届任期3年，可以连选连任。

（3）合伙人的加入和退出机制

起初，阿里巴巴的合伙人是由马云、蔡崇信等创始人推选的，公司章程并未对合伙人的名额限制。2010年，合伙人协议写入公司章程，上升到制度层面。合伙人制度规定新合伙人选举每年进入一次，有具体的加入和退出机制。

1）进入机制。成为普通合伙人必须符合规定的条件，通过现有合伙人提名并投票，得到75%以上的现有合伙人支持，最后由合伙人委员会确认才能成为正式合伙人。永久合伙人不仅有被选举出来这一种方式，还可由退休的或者在职的永久合伙人指定。荣誉合伙人从退休合伙人中选举产生，基本遵循普通合伙人的加入程序。

2）退出机制。普通合伙人的退出机制有生理机制、自愿机制、员工机制和除名机制。特殊的永久合伙人没有60岁自动退休和离开阿里巴巴工作两种情形限制。荣誉合伙人本身就是退休后的合伙人，无法行使合伙人特权，仅享受奖金池部分分配，因此没有特定的退出机制。

（4）合伙人制度具有稳固性、持久性和自我保护性

合伙人权力由公司章程规定，不受合伙人所持的股份多少和比例影响。要对章程中关于合伙人提名权等相关条款进行修改，必须通过股东大会95%的股东表决同意。从目前合伙人的持股比例看，马云和蔡崇信占10%左右，因此，合伙人制度不会被轻易修改或者废除，很难被打破，这样就能永久保持合伙人对公司的控制权。

2. 阿里巴巴建立合伙人制度的主要功效

（1）实现合伙人对公司的控制

在传统股份制公司中，公司治理结构由"股东大会——董事会——经理层"构

成。股东大会选举董事会,董事会聘任经理人。董事会人数由公司章程确定,董事人选一般遵循资本决定原则,按照所持股份的比例来提出,能否通过股东大会半数以上支持是另一回事。股东大会在投票权上坚持"同股同权"原则,通俗来讲,谁的股份多谁说了算。传统股份制公司的"同股同权"原则一直受到法律保护,但也存在一些问题和弊端,大股东董事把持公司决策权。阿里巴巴未上市之前合伙人持股仅占10%左右,一旦上市后,合伙人团队的股权被稀释,无法控制公司。阿里巴巴为了避免上市后丧失公司控制权,使公司的发展与创始人意愿相违背或偏离,创造性地在传统治理结构中嵌入了"合伙人制度",并在章程中予以明确,在招股说明书中予以公开披露,以此实现对公司的控制。

合伙人制度赋予合伙人半数以上董事提名权来实现合伙人对公司的控制,如董事会成员由9名董事组成,其中5名(半数以上)由合伙人提名。提名的董事和传统股份制公司一样,也需要经过股东大会规定的票数支持,只有通过了才能正式成为董事候选人。表面看似此特权没有决定性,但是此提名权有反复性,一旦合伙人提名的董事候选人被股东大会否决了,合伙人可以继续提名,直至股东大会表决通过,正式成为董事候选人。

如果合伙人提名的董事一直未被股东大会同意,那么二者陷入僵局,为了避免这种情况下合伙人的董事提名权落空,章程中规定合伙人有"过度董事"指定权,此权力是对前一权力的补充。"过度董事"不需要经过股东大会同意,任期一年,直接补缺了董事空位,使合伙人的董事提名权得到真正行使。

(2)建立稳定的管理体系

一个稳定的公司管理体系不会因为内部产生分歧与裂纹就影响公司的持续发展,阿里巴巴依托合伙人制度使得合伙人拥有较大的战略决策权,建立了稳定的管理体系,从而减少股份变动对公司的影响,确保公司的长期稳定发展,确保客户、员工及股东的长远利益。内部分裂曾经伤害过很多公司,如微软在软件和互联网战略之间分裂,雅虎在媒体和产品公司间分裂。内部分裂也伤害过阿里巴巴,支付宝为获取第三方支付牌照时,必须解决外资身份问题,支付宝和阿里巴巴两大股东各处位置不同,坚持各自利益,是中国互联网行业有史以来最艰难的谈判。阿里巴巴的合伙人制度建立的管理体系像是一个稳定的金字塔,可以避免公司的分裂。

(3)维系和传承企业文化

企业文化是一个公司最重要、无法复制、独特的精神引领、感召、凝聚力量,是看不见的软实力,一旦丧失将很快变得庸碌无为。阿里巴巴起初考虑在香港上市,未成功后马云公开回应:我们不在乎在哪里上市,但我们在乎我们上市的地方,必须支持这种开放、创新、承担责任和推崇长期发展的文化。而后毅然转道在美国上市。阿里巴巴的飞速发展和其独特的文化密不可分,战略部署、决策执行、细节处理等都将其企业文化在各方面体现得淋漓尽致。

阿里巴巴的合伙人制度就是其开放性、创新性文化的体现。阿里巴巴从公司的自身角度出发,在国际通行的公司治理模式的基础上,借鉴国外的双层股权结构,创造性地引入与传统股份制公司"同股同权"原则不同的"合伙人制度",不仅是对传统公司治理的创新,也使阿里巴巴的企业文化得以维系和传承。

合伙人制度给阿里巴巴注入了不朽的基因,使其一直充满活力、充满创新。管理体系就像公司的躯体,文化、价值观就像公司的灵魂,合伙人制度的功效就是让阿里巴巴不做失去灵魂的躯壳,也不做只有灵魂而无躯体安放的"幽灵",只做敬天尊地、身心愉悦、永葆活力的智者。

3. 阿里巴巴合伙人制度对公司治理模式的创新

公司治理模式是由公司股权结构决定的。阿里巴巴的股权相对集中,公司治理以内部治理为主,即协调好利益相关者(包括股东、员工、经营层等)间经济关系的制度安排,主要包括相互关联的三个方面:控制权的分配和行使、监督机制和激励机制。阿里巴巴由于嵌入合伙人制度,在公司治理模式方面有以下几点创新。

1) 公司控制权分配。合伙人制度给予合伙人特殊的董事提名权,使公司董事会成员有半数以上由合伙人担任。董事提名权虽不是公司运营的直接管理权,但拥有公司控制权。不同于传统股份制公司,控制权大致由股份比例决定,阿里巴巴的公司控制权实际上掌握在以马云为首的核心高管团队合伙人手中,以确保公司"初心"永恒。

2) 公司监督机制。阿里巴巴也和传统股份制公司一样,设置了监事会,监督董事会的重大决策和经理层的行政管理活动。监事会成员由股东代表和员工代表组成,不少于3人。合伙人制度规定了合伙人的加入、退出都有严格条件,合伙人信息的披露,有助于利益相关者的监督,可以避免合伙人的专断。

3) 公司激励机制创新。合伙人制度将控制权归于合伙人会议,实现了一定程度上的集体领导。能否成为公司合伙人?这将有助于激发公司内部员工的积极性和主动性,激励员工为公司创造价值。企业文化中坚持"客户第一",有助于提升客户的忠诚度。

4. 阿里巴巴合伙人制度对中国企业的启示

对于阿里巴巴合伙人制度"是制度创新还是对规则的破坏"这个问题国内外学者都持有不同的观点。目前,中国《公司法》还未对股权结构放宽,阿里巴巴的合伙人制度不利于对其他股东利益的保护。在传统治理模式中嵌入合伙人制度的"阿里治理模式",美国允许其上市就是对这种创新的认可,而这种组织制度创新无疑对中国企业组织制度尤其公司治理和国际化资本运营具有示范和启示意义。

1) 可以借鉴中国建立类似合伙人制度的双层股权制度。20世纪80年代之前,纽交所一直坚持同股同表决权制度,80年代以后收购兼并浪潮中,大量无表决权或者限制性表决权股票的兴起冲击和动摇了纽交所的强硬立场。上市企业兼并收购中,管理层惧怕恶意收购,坚持将表决权控制在自己和公司原股东手中,1986年双层股权制度正式产生并普遍接受,目前美国双层股权制度所占比例达到8%。中国目前虽然没有修改规则,香港联交所也坚持传统的治理模式和原有上市条件。但是,如果有第二个阿里巴巴,港交所还会无动于衷吗?随着像阿里巴巴类似情况、有同样价值观的公司不断出现,中国将会逐步建立双层股权制度。合伙人制度为中国建立双层股权制度有重大的启示意义。

2) 为中国企业赴美上市拓宽了渠道。随着中国新兴产业和资本市场的不断发展,公司上市又使创始人失去控制权,使得公司的发展可能偏离"初心",甚至受到威胁。目前,港交所并不允许违背"一股一表决权"规则的公司上市,和阿里巴巴有同样处境的企业可以借鉴阿里巴巴的股权结构创新,以及赴美上市经验,使公司控制权掌握在创始人手中。

3) 公司治理模式可以大胆创新。公司治理模式从单边治理到多边治理,从内部治理到外部治理,比较成熟全面。但是,现实在不断发展,治理模式也要不断创新。阿里巴巴基于特殊的合伙人制度创新了治理模式,丰富和完善了公司治理理论,为公司治理模式创新开了好头,具有很强的创新带动意义和时代价值。

第十一章
企业家创新为关键

改革开放40年来，中国经济快速发展，社会不断变迁，同时，对外开放程度日益增加，国际竞争环境日趋复杂，企业和企业家不断面临多个方面的新挑战，时代对企业和企业家的要求也越来越高。在这样的背景下，企业家创新显得尤为重要，创新是企业家精神的核心。企业家作为创造社会财富、推动人类进步的先行者、领导者和创新者，他们是经济发展的核心推动力，是现代企业创新驱动的灵魂。他们怀有崇高的愿景，是要让世界成为他们想象的那样。他们从事的事业与工作时刻充满挑战，是因为他们的梦想与使命就是要改造世界。因此，企业家创新是创新文化的核心和实现自主创新的关键。

一、企业家及企业家精神

（一）企业家的定义

"企业家"一词最早来源于法文，意思是指冒险事业的经营者和组织者。而当今国际经济一体化的企业生态下，企业家是企业的灵魂和统帅，是改革创新的核心力量，更是推动经济社会发展的主力军，是新经济时代的英雄。

（二）什么是企业家精神

企业家精神是企业家所特有的时代精神，是人类最宝贵的财富。他们以其狂热的气质、伟大的人格、博大的胸怀、远大的目光和超常的灵商，营造超高的人气，聚集一流的人才，建设卓越的团队，不断筹划宏伟的目标，造就伟大的公司，创造和谐的企业生态，成就美好的事业。

创新是企业家精神的灵魂；冒险是企业家精神的天性；合作是企业家精神的精髓；使命是企业家精神的动力；学习是企业家精神的关键；执着是企业家精神的本色；诚信是企业家精神的基础；担当是企业家精神的核心。

（三）企业家精神的灵魂是创新

弘扬企业家精神，不仅是市场经济健康发展的动力，也是构建人类命运共同体的核心支撑，更是当今中国自主创新的首选。创新精神是企业家精神的灵魂和本质，创新发展能力是企业家能力的核心。企业家作为企业的主要负责人和决策者，是企业战略的制订者和推动者，在推动企业创新发展过程中，始终处于引领者的地位，发挥着不可替代的作用。

中国企业家队伍是在一个快速变革的环境下成长起来的，大多数企业家重视企业创新工作，把创新视为企业家精神的核心。而且，对企业家精神自我评价越高的企业家，对企业家这一事业角色的认同度越高，勇于承担风险和不断创新的意识就越强，更乐于主动捕捉市场机会、拓展外部发展空间，对未来经济走势的判断更具前瞻性。随着企业生存环境的变化，越来越多的企业家从战略的高度看待创新：快速变化、充满不确定性的外部环境，使企业的战略制订和战略执行面临较大的挑战。为了应对这种挑战，大多数企业家强调创新，普遍重视前瞻性、主动性和快速行动，其中，我国民营企业表现出更强的创新导向。

二、企业家精神是融智创新的核心动力

无论是惊天动地的成功，还是感天动地的失败，背后都有企业家精神可歌可泣的故事。

（一）创业型企业家马斯克"异想天开"创纪元

2016年5月11日，比飞机还快的"超级高铁"在美国公开测试：早前的5月6日，"猎鹰9号"火箭实现海上回收；140亿美元的特斯拉订单卖出……短短几星期，世界科技狂人、火箭般创新速度的伟大创业企业家特斯拉汽车公司CEO埃隆·马斯

克一次又一次地吸引了全世界的目光。

让我们看看这位"狂人创业家"的成就：他研发了网上付款平台PayPal，开启了货币流通的新方式；他把美国太空总署的任务私营化，建立了全球首个民营宇宙飞船企业，研发高效益低成本火箭，获得太空总署16亿美元的合约；他开发出至今技术最成熟、售价最低廉的电动车特斯拉，成为世界领先并最热销的电动车品牌……

现在，他被视为当前全球最富有创新精神与冒险精神的"科学家+企业家"的英雄级人物，被硅谷寄厚望为"下一个乔布斯"；他被人们称为现实生活中的"钢铁侠"，《纽约时报》说他是"没有穿钢铁侠战衣的托尼·斯塔克"。

（二）积极开发企业家的灵商资本是融智创新之源

灵商是创造力的泉眼，是人类的"第三只眼睛"。企业家的灵商资本是企业家梦想与创新的原动力。

1. 企业家灵商资本的表现

拥有充足灵商资本的企业家会表现为不同的灵魂需求，这种需求不同于物质需求和一般意义上的精神需求，对企业家行为的研究和分类可简要归纳如下。

（1）成长导向

寻求自我发展、持续进步、自强不息、面对苦难保持乐观自信是企业家的一种成长品质。成长导向的企业家重视自主学习和技能提升、保持知识场能量的更新和积聚，企业家在企业发展生命周期的各个阶段更加看重成长性指标而非短期绩效。企业家"创新、冒险、合作、使命、学习、执着、诚信、担当"8个"精神锚"关系到企业家持续奋斗的状态。意志力是企业家面临重大危机、接受挑战时，能控制情绪和抵抗压力的心理能力，这种能力和企业家信仰及目标定位息息相关。而追求更高层次的自我实现需求保证了企业家不易被眼前利益麻痹，可以更好地抵制诱惑，同时，更不可能被眼下的困难所吓倒。

（2）进取导向

成就需求是企业家区别于生意人与商人的显著特质。进取导向的企业家渴望成功、追求卓越，要求自己全身心地投入工作，并更加重视社会价值。企业家对创业利益的追求始终是创业活动进行的基本动力，创业利益是衡量企业家成就的社会标准之一，也是创业过程形态的决策标准之一。企业家财富观表现为既看重财富本身，同时更重视创造财富带来的满足感、成就感、幸福感。因此，企业家创业创新动力非单纯功利性。企业家创业创新行为不是为了满足消费需求，而是追求更大、更广泛的非直接的物质满足，如独立、权利、尊敬、创新愉悦等。因此，实现个人理想和抱负是进取导向企业家最重要的追求，通过创建与经营企业的成功，企业家人生价值得到了实现，实现境界的不断自我超越，从而达至梦想的巅峰。

（3）前瞻导向

企业家的主要活动就是对未来不确定或机会的洞察、判断并加以投资，获得补偿与超值的产出。这种识别和利用机会的能力就是企业家的创业创新胜任力。企业家的战略思维表现为在信息不完全、不对称甚至瞬息万变的情况下善于把握机会、果断进行利害权衡，做出利益最大化的决策。"企"的另一种含义是"人"踮起脚，"业"为天职。因此企业家就是面向未来、心怀愿景、完成时代使命的人。特别是在激烈与颠覆的竞争性生态环境中，对企业核心竞争力可持续的需求会驱动企业家实施战略思维和前瞻性决策，让竞争力在时间和空间上都得到调整、延展，以形成企业可持续发展的动态能力。

（4）责任导向

企业家灵魂需求之一就是强调社会责任和社会使命，以利他为乐，以奉献为荣光。这是一种超理性、反功利的表现，包括诚信经营、践行环保、参加公益活动、社会救助、精准扶贫、发挥企业家的个人影响力（包括财富、声誉、人际关系等）创造和谐、造福大众。利他主义和非物质是企业家灵商价值的外溢显现。

（5）风险承担

熊彼特塑造了英雄式的企业家形象，"创造性的破坏过程"必然包含风险。不同价值观的企业家根据对风险偏好的不同分为风险回避者、风险中立者和风险追求者。根据罗特的控制源理论，内控倾向越强的企业家越相信可以通过自己的努力掌握命运和承担创业风险。灵商资本是企业家内化的心理、精神与创新的不竭能量，是可以与先哲思想对话并预知未来密码的"暗物质"力量，是企业家面对危机甚至处理所有事务时会体现出的价值观、驱动力、抗挫力、意志力、悟性和韧性等。它以隐性资本的状态不自觉地表现出来。

（6）创新导向

创新导向是指企业家善于思考、创造、易于接受新事物的素养或能力。熊彼特认为创新是经济发展的根本现象，企业家的行为和意志是创新活动的灵魂。德鲁克提出创新是企业家精神的特殊手段。因此,创业的本质和源泉是创新。而真正的创新思维不是对以往经历经验的归纳,而是自由想象和直觉把握,是灵光闪现的捕着,即来源于企业家的灵商资本。

2. 企业家灵商资本的作用

(1) 形成企业发展的共同愿景

灵商资本产生天生的、内化的、不可动摇的灵魂需求,对企业家创业创新实践具有持久性影响。愿景来源于企业家创业使命,阐明了企业未来发展方向和目的。企业家本身就是愿景信息的创造者和传播者。企业家的灵商六力(即自我心理定位力、自我意识的控制力、潜意识的浮现力、潜能的裂变力、下意识的机运创造与把握能力、梦想和信念的坚持力)有利于团队成员对组织和工作形成信念和认同的表达。企业员工根据他们对组织的理解采取特定的方式进行交流,从而不断加强团队凝聚力和战胜危机的自信感,能有效克服路径依赖并有利于企业顺利执行新的战略。企业家灵商资本发挥偶像效应,通过共享的价值观和愿景进行管理实践,作为一个激励因素强化员工自我效能感、自我实现感,引导团队成员能够关注成长和发展、追求更高层次需求的满足。

(2) 构建企业良好的生态体系制度

良好的企业生态是企业持续创新并永续发展的根本。企业管理制度体现企业经营价值观、战略、目标等。企业生态环境需要体系化、制度化、仪式化的保障和延续。灵商资本外化的行为也可以整合为一种文化习惯并形成传统。企业家灵商资本能激发出实际的和功能性的网络和机制。诚信、大爱、敬业、奉献精神等能修正交易和管理过程中个人行为的一些偏差,比如柔性管理强调对外界环境变化的快速反应,在尊重个人独立和人格尊严的前提下进行分权化管理,本质是以人为本;质量管理以客户需求为起点、以客户满意为终点,追求企业、消费者、利益相关者的和谐统一;积极实现创新成果的市场化、产业化、生态化的价值圈,有利于将创新、知识转化为实际企业竞争力和生态参与者的共享财富。

(3) 塑造企业创新文化

企业家用自己的言行举止来传达特定的价值观、道德、态度等,影响企业员工。民主的管理方式有利于思维的创新和企业文化的形成。面对快速变化的环境挑战,企业家往往需要依靠一种为了自己而参与创新并获得愉悦感的内生动力,而不是外部刺激与制约。员工在企业家灵商资本包括企业家精神、企业家价值观等的影响下改变对工作、对人生意义与财富的认知,有利于形成一种和谐向上、奋发进取的企业创新文化。创新文化环境影响企业家和员工的行动策略，通过同质性的行为，提高企业的团队认同。另外，企业家灵商资本的异质性也促成了不同类型的企业创新文化和团队性格。

（4）突破企业家领导风格

灵商资本的积累和增值过程，有利于企业家调节自身身心健康，提升其康商、智商与情商的支撑力、组合力，形成新的领导风格。例如，企业家魅力反映企业家被尊重、信任、追随的程度，魅力型领导对员工工作行为和态度具有感召力；变革型领导表现出以人为本和个性化关怀，有利于培育员工的创造性及他们之间的合作、互爱、相互信任等；愿景型领导通过向员工描述有吸引力的远景和目标，鼓励员工更高层次的工作潜能发挥和发展需求。

3. 企业家灵商资本的开发途径

企业家灵商资本是客观、科学的存在。只是当下人类对意识、灵感、心灵感应等的传输方式、速度、介质以及生命科学与宇宙奥秘等研究还有很长的路要走，暂得不出定量的结论。但不可否认，灵商是主客两观的统一，是宇宙阴阳世界中人类能顶天立地的本质所在，是灵魂在物质世界中表达形式。而目前最前沿的科学探索已经初步揭示，承载灵魂的最基本单元物质就是一种比"中微子"和"夸克"还小的线状的弦——"超弦"。对灵魂"超弦"物质的研究才刚起步。尽管如此，研究企业家灵商资本大体上是有道可循的（见图11-1）。而开发企业家灵商资本应从企业家自身修心悟道和企业管理过程中获得，要注意去宗教化和个人崇拜。

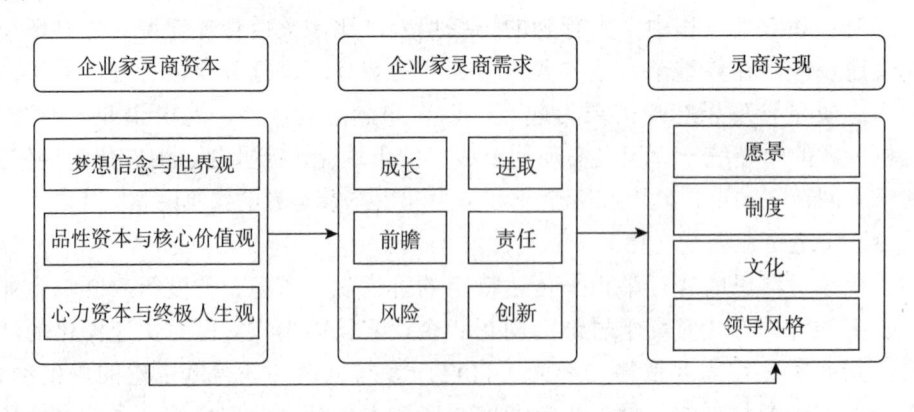

图11-1 企业家灵商资本研究途径图

（1）强化企业家梦想信念

思想认识的自觉是行动自觉的前提。强化企业家的梦想信念有利于不断提升企业家人生境界，在精神上达到超越，在世界观上达到超脱。"不忘历史才能开辟未来，善于继承才能善于创新。"中华五千年文明给我们提供了认识世界的强大思想力，因此，如何树立和强固"人在做事天在看"的"天人合一"境界、"天行健，君子以自强不息"的进取精神、"积土成山，风雨兴焉"的坚持、"天下兴亡，匹夫有责"的担当和"前村深雪里，昨夜一枝开"的创新精神，是我们企业家健全世界观、确立伟大梦想所难得的优秀文化遗产资源。

企业家应阶段性审视自身，更新对自身和世界的认识。企业家灵商资本作为一种内化的潜能，需要通过教育和学习机制来进行探索和开发。理想是奋斗目标，信念是前进动力。强化企业家理想信念，改变自己原有以自我为中心的信念，注入新的与时俱进的梦想信念，不断形成和提升灵商资本，提高企业家创新能力与创新韧性，牵引企业向更高层次发展，同时使自己的日常行为趋于完美。

（2）完善愿景

愿景是组织战略的基础。首先构建长远的组织愿景，调整管理方式，通过对话而不是权力关系来平等地获取与交换信息、相互学习、建立共识，所有参与者的内在认知会渐进性地发生变化；以柔性管理方式为主线，构建无边界的愿景化领导体系，提高全员的参与感。

其次，让愿景成为企业文化的指南。企业文化是企业建立和发展过程中实践而形成的一种"场"，凝结着企业家创业创新精神，包括价值观念、经营之道、文化氛围、行为规范等，它潜移默化地影响和塑造着团队行为。优秀的企业文化可以通过建立文化沟通管理制度（如立体网络沟通渠道）、文化氛围管理制度（如改造不符合本企业文化价值观的行为）来塑造。

最后，以智慧化学习交流平台为载体不断扩充知识、激发灵商、提高技能，开发出隐性的人力资源，从而对实现创业目标及愿景更有信心。学习还有利于帮助了解自己的内心世界，修正价值观中不正确的部分，如开展主题性质的学习班、讲演会、交流会等，提高员工对企业家灵商外溢行为的感悟和理解，有利于企业家对员工进行灵商领导。另外，灵商资本作为一种高级的隐性资源，可以通过潜移默化的心灵投资获得巨大持久的回报，可能引爆企业颠覆性创新的基因库。

（3）弘扬并积极承担社会责任

以社会责任为导向，通过反哺社会和"利他主义"的践行，企业家获得自我成就感和社会舆论的正面反馈，从而获得激励并以更加积极的状态投入企业经营管理中，这是对企业家灵魂需求的满足，是引领企业健康可持续发展的强大动力。同时，外在的声誉、关注、赞誉、批判使这种动力得到净化、强化和升华。企业家个人自律在社会舆论反馈中得到修正、强化，通过改变原有的行为模式，令自己的内心感受到新的体验与强大，继而丰富与完善自己的心中信念。对灵商本质高的企业家，应积极宣传表彰，弘扬他们的偶像效应和正能量的聚变，形成"弱强变"的强大"创新场"，带动社会形成蓬勃向上健康和谐的企业新生态。

（三）企业家用灵商追梦改变世界

笔者在《长盛力——缔造富有灵商的管理文化》专著中对灵商有一个解释，即"灵商"是一个人灵魂的高度，是一种看不见摸不着的主宰力（量子力学及暗物质未来研究的成果将最终揭示这一人类的奥秘），它是人无形世界的"上帝"，是发现与获取幸福资源并建造成功大厦的"天眼"。"灵商"有六种力量，其中之一"梦想和信念的坚持力"揭示了人类"梦想"的本源。它有别于智商、情商、逆商等，是创新的根源，是伟大企业家用创新改变世界、创造机遇、实现梦想的超级智慧。

苹果电脑的史蒂夫·乔布斯不只是要卖硬件装置、精心包装的微电子芯片及移动的输出/输入装置。他要改变人们相互想象和互动的方式，改变世界使用技术的方式，使人们的生活方式得以改变与创新。苹果手机的受人追捧，使人类用很短的时间又派生出一个多维度文化的最大"民族"——"弯腰一族"（人类的进化"弯腰"变"直立"可是经历了50万年左右）。

海尔集团创始人张瑞敏不只是成为全球白色家电之王，更要把海尔颠覆成全球家电生态中"创客"的批发商。

谷歌创始人拉里·佩奇和谢尔盖·布林不想只是做个广告贩子，而是要收集和整理全世界的信息，以便使之容易搜索。他们把每本书进行数字化，想要再造神话中的亚历山大图书馆，使信息成为不可穷尽的财富资源，从而改变着人们的学习方式、求知方法。

阿里巴巴创始人马云构建的不仅是网上无与伦比的超市，而是"让世界上没有难做的生意"。

Facebook公司的创始人马克·扎克伯格要的不仅是一个销售广告和数字产品的社交网络。他要根据社交图谱的属性来了解世界上每个人之间的相互联系，然后帮助人们以更有效的方式交往。每个人都可以而且应当是讲故事和有故事的人，使人们的社交方式、尊重与自我实现的欲望满足模式发生巨大的改变。

伊隆·马斯克不想只是当个天才般的超级富翁，他要把人类移居到其他星球上去（在火星和其他星球或其卫星上建立殖民地），正如他开玩笑时所说："我宁愿死在火星上，只要不是撞击而死就行。"

企业家用灵商驱动之梦将一往无前。梦想是一种神奇的东西，它产生于一个人的心中，无数发明创造、奇思妙想都来自梦想之中的灵感，当一位创业者鼓励一个团队创办一家公司时，梦想就像野火一样蔓延开来。而企业生态则提供了所有必要的资源：人才、高效率的工作环境、支持创业的基础服务、正确的企业文化等。企业家用灵商逐梦及其伟大梦想的实现，将颠覆人类的生存观、价值观、宇宙观与世界观。

三、融智创新战略对企业家领导方式的新要求

创新需要适宜的企业生态环境，而企业家的重要职责就是要创造有助于创新的企业生态环境。然而，在如何创造适宜创新的企业生态环境方面，企业家的领导方式面临着严峻的挑战，需要调整和改变原有的一些领导方式。

（一）营造创新生态对领导方式提出的挑战

面对自主创新发展战略对企业组织和生态环境提出的新要求，传统的领导方式面临着前所未有的挑战。例如，组织和社会的确定性规划与创新的不确定性、严格的组织管理与创新要求的宽松氛围、定期绩效考核与创新周期的不确定性、鼓励个人独创与鼓励团队合作、组织对创新失败的问责与鼓励勇冒创新风险、创新的社会效益与创新者的经济收益之间存在的诸多矛盾。

（二）企业家加强创新生态建设的主要策略

面对创新生态对领导方式提出的新挑战，企业家需要调整和转变领导方式，妥善处理鼓励创新与维持组织和社会有效运行之间的平衡关系，特别要在以下几个方面做出更精准、更周全的处理。

第一，增加规划的弹性空间，为创新预留足够的调整空间。预先对组织和社会的未来发展做出规划是必要的，否则就无法对资源做出合理的配置。但在实施自主创新战略的过程中，为了适应创新的不确定性，需要在制订组织和社会规划

时增加弹性空间，以便为无法预知的创新方向预留足够的拓展可能。增加规划的弹性空间，一方面意味着在规划中预留适当的资源，用于投入可能的创新目标；另一方面意味着适当增加规划的灵活性，随时准备根据创新要求进行组织战略的调整。它还意味着要为创新可能的失败做好补救的准备，以防止由于创新的失败导致组织的危机。

第二，适当减少纵向的行政等级管理，强化横向的自由组合和相互竞争。纵向等级化的行政管理结构有助于提高组织的统率力，但贯穿这种组织结构的"领导——服从"关系却限制了组织成员的自由空间，因而不利于组织成员开展创新。因此，为了实施自主创新战略，需要适当减少纵向等级化的行政管理，强化组织成员间横向的自由组合，使组织成员处于一种更加平等、自由、开放的关系中，既有利于开展相互合作，也有利于平等竞争。世界知识产权组织（WIPO）发布的"2018年全球创新指数报告"排名第一的瑞士只有一个"技术创新委员会"，其组织的主席都不是全职，瑞士这个国家的创新依据的是自下而上的对话，每个人都是技术创新委员会的成员。这种横向的组织结构和自由的竞争模式带来的好处：一是创新的主导权掌握在各个分权主体手中，可以根据自身发展的需求制定合适的发展战略，替代原有的"大一统"的战略规划；二是相应信息及时获取却不封闭，各个组织结构间相互独立却又自由组合、相互竞争；三是营造自由创造的宽松氛围，实现人员资源的共享，在遵守从业纪律的基础上有更大的自主发挥的空间。在国内外成功的创新企业或组织中，营造一种宽松舒适的工作环境依然成为吸引人才、提升创新品牌地位的手段之一。

第三，实施分类、分阶段考核，有区别地拉长考核周期，为创新提供充分的时间。组织的定期绩效考核制度对于提升组织的管理绩效是不可缺少的，但如果不考虑创新工作的特殊类别和工作周期，那么这种定期绩效考核往往就会成为创新的障碍。因此，为了更好地激发组织成员的创新积极性，需要区别创新性工作和常规性工作，根据其特点采取不同的考核周期和绩效标准。对创新性工作，应适当拉长考核周期，适当弱化确定的量化指标，给创新工作更大的自由空间。同时，可以根据创新工作不同阶段的特征，制订相应的绩效指标，这样便可以兼顾激发创新积极性和组织绩效管理两个方面的要求。

第四，细化激励制度，兼顾个人与团队的激励。在促进组织和社会的创新过程中，对个人的激励与对团队的激励都是不可缺少的，但这二者之间经常会产生矛盾。对团队中某个人的奖励，会激发其他团队成员的竞争意识，却可能不利于团队成员间的合作。而对团队整体的奖励，虽然有利于促进团队合作精神，却有可能使团队中有突出贡献者感到没有受到充分的肯定，从而降低努力的程度。为了二者兼顾，使奖励的正向效应最大化，并尽量减少奖励可能产生的负面效应，需要细化激励制度，既要奖励在创新中有突出贡献的个人，又要奖励创新的工作团队整体；既要奖励主创者，又要奖励参与创新工作的其他组织和团队成员；物质奖励与精神奖励并重，特别重视对创新者的精神激励。

第五，合理归因，有区别问责，减少创新者对失败的恐惧。对创新失败进行问责是必要的，失败者需要对失败承担责任。但要防止对创新失败的问责挫伤创新者的创新积极性，甚至导致人们对创新风险的恐惧。为此，领导者要对创新失败进行合理归因，区分创新失败的主观原因和客观原因、集体原因和个人原因、可控原因和不可控原因、决策原因和执行原因等，使得问责恰如其分。同时，要区分问责中的承担责任与惩戒。失败者应当承担责任，但并不需要惩戒，反而需要鼓励和支持，只有这样，才能保护创新者的积极性。

四、企业家创新的首选：成为平台型领导

"互联网+"的时代，调动"千里马"积极性最好的办法，是为他提供可以驰骋万里的大草原；调动"水手"的最好办法，是为他提供浩瀚的海洋。这个草原和海洋，就是平台。而成为平台型领导，则是企业家创新的首选目标。

（一）平台型领导的内涵

平台型领导简单地讲就是事业驱动型领导，也就是笔者在第一章所揭示企业家成就感上，由做"事"升华跨越到干"事业"的具体表现。平台型领导是指领导者重视自己和下属的共同梦想与事业，通过事业范围的扩展和事业质量、层次的提升，激发自己和下属的潜能，调动团队的积极性、创造性，朝着梦想奋斗，并同时影响领导者自己和下属的一种领导类型。用通俗的语言表达，就是力争事业发展，把平台做大做强做优做久，为自己和下属提供更广阔的上升、纵横、自由自在的美好空间与个人逐梦的良好生态，搭建更加广阔、更富有想象力与作为的天地。

领导者为什么需要通过共同梦想与事业的打造并促进其实现与发展来领导员工？在本质上，是因为知识经济和网络时代的挑战，开放性、去中心化、无边界、

动态性等特点，员工对平等与共享提出了更高的要求，员工的地位也应该受到应有的重视。在此情况下，如果领导者仅仅使用传统的诸如薪酬提升、物质奖励等方式来激发员工的主动性和积极性，已经很难更好地发挥作用。领导者必须真正重视与下属间的平等与共享关系。平等，显然是地位的平等；共享，要求资源、机会即事业发展的共享。从领导实践层面来看，一些企业已经开始贯彻这种做法。例如，海尔的自主经营体管理模式的产生不仅仅是组织内部变革，而且是为了激发下属的自主潜能和激发全员的灵商，最终形成"团队灵商"，促进命运共同体的形成，使得每位员工都能够对目标、对市场、对业绩负责。从外部看，海尔仍是一个整体的组织，但其内容已经被转变为一个个拥有用人权、决策权和分配权的自主经营体（"小微企业"或"创客中心"），员工在自主经营体中真正成为了"自己的CEO"，在为用户创造价值的同时，也是在实现自己的价值和发展自己的事业。

（二）平台型领导的维度

移动互联网时代，开放、平等、共享、共赢的平台思维成为企业竞争战略的主流逻辑。不确定性环境的快速迭代改变了企业间的生态位与竞争格局，快速灵活高效构建战略弹性并以此提升未来价值潜力，成为平台战略时代的新竞争法则。平台型领导者通过延迟、增长、规模变更、转换和弃置等选择权组合，以较小投入代价，换取时空维度上要素对象的广泛选择权，从而利用情境相机决策的战略弹性，获得平台生态的非对称收益。

1. 关注领导者和下属的成长

平台型领导将下属视为组织最为重要的资源，把下属当成一个完整、大写的"人"来看待，而不是只把人作为工具来考虑，也不是把人视作孤立的个体，用分割的眼光来考察人的各个部分，而是把人作为一个整体、一个系统完整地进行考察。当把人作为一个整体来看待时，他有本能、情感和自我认知，有各种欲望和要求，并且还是各种社会和物质的资源体。平台型领导对人的假设是，每个人（包括领导者和下属）都有自我实现的需要，因此领导和下属均需要追求成长和进步，追求发展和卓越，并强调他们的共同成长。

2. 打造并不断扩大事业平台

平台，既是自我实现、获得进步的媒介、工具，也是进步和发展的标志、方向和目标。领导和下属借助平台使自己成长，不断成长又促进平台不断做优做强做大，这是一个良性互动的过程。实际上，领导者激励下属时，还要注重从工作、事业本身和提供发展平台来调动下属的积极性，使他们在工作中产生体面感、尊重感、成就感、自豪感，让员工在工作中体验到兴趣、乐趣、情趣。领导者应深入探索并运用各种手段，使员工所从事的工作变得更有意义和价值，提高下属在工作中的价值感和自我实现感。

在激励方式方面，领导者把平台做好并不断提高下属的本事，这就是对下属最好的奖励。一个人能走多远，要看与谁同行。一个人能够提高能力和水平的最重要的因素就是同伴之间的相互交流、学习。一个团队最终的成就，取决于每个人的努力，也取决同伴们的相互砥砺、相互支持、相互帮助和共同创造氛围、合力提升融智创新的气场。

在以往的工作环境中，信息的传递是金字塔式的，站在顶端的领导者掌握着重要的信息及其他资源，因此由领导者来做出决策和驱动发展是可以理解的，也是可以实现的。但随着信息技术的发展，网络时代的空间、自媒体、全媒体大行其道，信息的来源是网状的，每位员工都成了信息的中心和节点。因此，要求领导与下属的关系过渡到双向甚至多维的互动，就是顺理成章的了。

平台型领导强调的是对领导者和下属成长的共同关注，这就要求领导与下属进行良性互动，领导与下属之间形成一种互相成全、一起成长、共同提高的互动关系。同时，领导者要为自己及下属提供展示的平台和成就事业的条件及氛围，充分发挥各自的潜力，成就最好的自己，共同达到自我实现的目标与实现人生的梦想。领导者与下属是导师、教练、朋友、命运共同体关系的综合。

领导者与下属互相成全的互动关爱，对领导者提出了更高的要求，因为互相成全需要分享，分享客户、荣誉、机会和权利等资源。

3. 互动过程的动态优化

动态的含义包括两个方面：一方面，做优做强做大平台是一个连续、动态的过程，而不仅是一个结果；另一方面，一个平台的发展是无止境的。社会、技术、知识等生态因素与人自身全要素都在变，所以要求组织也要不断协同进化。

首先，"打胜仗"是一种很好的激励。做大平台要求领导者持续地带领团队打胜仗。打胜仗的果实可以极大地提高领导者的自信心，同时，胜仗又对下属有着无可比拟的激励作用。久而久之，会成为一种成功的基因存在于组织中，形成一种成功的习惯与气质。

其次，领导素质提高是一种很好的激励。领导素质的不断提高，是打大胜仗的必要条件，有助于平台的持续优化与扩展。而且，对下属信服能力更强的领导而言，下属从能力更强、素质更高的领导那里可以学到更多的东西，素质更高的领导也可以为下属的进步提供更多的机会和可能。同时，做高素质领导的下属，可以共享因为领导者高素质而带来的领导力资源，包括良好的人际关系、社会认可度、自豪感等。数字时代下的动态是一种常态，因为任何事物都处在发展变化之中，领导与下属的关系也可能会发生变化，这对双方素质都提出了更高的要求。领导者也是从下属开始做起的，做到这个位置是长期的资源运用、经验、能力、努力和打胜仗的结果，是一个"自立"的过程。

最后，平台上每个人能成功地接近或达到自我实现的目标，必须是一个"高人指点，贵人相助，自身努力，团队给力，竞争对手挑战，'小人'监督"的人力生态搭配。这个搭配的过程本身就是动态、持续、创新、互动、共享的时空延伸平台。

五、保护企业家合法权益势在必行

改革开放以来，我国企业家队伍不断壮大，一批素质过硬、敢于担当的企业家脱颖而出。但也要看到，企业家的改革发展环境还不完善，企业家的合法权益时常受到侵害，优秀企业家还没有得到社会应有的尊重，企业家的积极性和创造性并没有充分发挥出来。

（一）在立法方面，健全维护企业家合法权益的法律制度

市场经济是法治经济。维护企业家的合法权益，必须以健全完备的法律规范体系为基础，用透明的法治环境稳定预期，以确保企业在法治轨道上健康发展。

1）应当明确企业家的法律地位。
2）应当鼓励企业家"敢为天下先，爱拼才会赢"的精神。
3）应当完善保护企业家财产权、人身权等方面的规定。
4）应当充实发展企业家人才市场的规定。
5）应当积极听取企业家在政府经济决策与完善法律制度方面的意见。

法律是治国之重器，良法是善治之前提。完善的法律体系，不仅靠立法者或专家学者，而且要依靠群众的智慧，集思广益，充分商讨，广泛吸取企业家的意见，协商采纳企业和企业家代表组织——企业联合会、企业家协会与工商联的意

见和建议，才能提高立法质量和立法效率。完善企业家激励约束机制，既要规范企业法人治理结构，加强企业家内部激励和约束；也要发挥市场、法律作用，加强对企业家的外部激励和约束。

（二）在司法和监督方面，筑牢维护企业家合法权益的公正基础

公正是司法和司法监督的生命线。营造公正的法治环境和守法的社会环境，才能给企业家以定心丸，激发企业家的创新动力、创造潜力和创业活力。

1）通过公正的司法保护企业家的合法权益。
2）通过公正的检察监督保护企业家的合法权益。
3）通过公正的行政执法保护企业家的合法权益。

（三）在市场方面，规范维护企业家合法权益的竞争秩序

公平的市场竞争秩序是企业健康发展的保障。公平、开放、透明的市场环境是保障企业家合法权益的重要前提。目前，仍然存在某些方面的市场竞争不公平、竞争秩序不规范，导致了不少企业不是通过加强管理、技术进步等方式提高竞争力，而是通过不正当手段谋求发展。企业家的创新创业精神、勇于担当精神在这种不公平竞争秩序下，也难以有效发挥作用。

1）建立统一规范的市场监管体系。
2）维护公平竞争的市场秩序。
3）建立健全社会诚信监管体系。

（四）在宣传方面，营造维护企业家合法权益的舆论氛围

融创力成了融媒体时代的核心动力。而企业家是融创力的发动机。因此，新闻媒体及全社会应当理解、尊重、爱护和支持企业家，弘扬企业家开拓创新精神，形成尊重、赞赏企业家创造财富与价值的共识，营造出一种"理解缺憾、允许试错、宽容失败、鼓励创新、尊重创造"的良好企业家成长生态，为企业家的健康成长和企业可持续发展创造良好的舆论环境。

1）尽量多树立企业家的正面形象。
2）尽量多正面宣传报道企业。
3）尽量公正宣传报道企业家。

六、"中国企业家活动日"的创新价值与时代意义

（一）"中国企业家活动日"的来历

1984年，福建省55位厂长（经理）以巨大的勇气、担当和责任感，向福建省委、省政府发出了《请给我们"松绑"放权》的呼吁书，喊出了广大企业家迫切要求改革的心声，在全国各地引起了强烈反响，为推进我国经济体制改革做出了巨大贡献。十年间，我国广大的企业家在改革开放和经济建设的道路上，不断开拓前进，做出了重大贡献。1994年1月，北京、上海、广东、四川等全国16个省、市、自治区企业家协会联名向中国企业联合会提出申请，热切希望每年举办一次"全国企业家活动日"。中国企业联合会认为设立"全国企业家活动日"，对增强我国企业家勇于改革创新的光荣感和使命感，激励广大企业家奋发向上，造就企业家队伍，具有重要的现实意义，遂同意设立全国"企业家活动日"，并决定首届全国"企业家活动日"在福州举行。

1994年3月24日，来自全国22个省、市、自治区的近千名企业家聚首福州，参加3月24日至26日在这里举行的首届全国"企业家活动日"。同时，隆重纪念福建省55位厂长（经理）《请给我们"松绑"放权》呼吁书发表10周年。时任国务院总理李鹏等党和国家领导人分别题词祝贺。李鹏的题词是："总结经验，深化改革，勇于探索，开拓前进"。中国企业家协会、中国企业管理协会首任会长袁宝华也为首届全国"企业家活动日"题了词，他的题词是"大胆探索开拓未来，勇于创新走向世界"。

2014年7月8日，习近平在福建55位厂长（经理）为企业"松绑"放权呼吁书发表30周年之际，给福建30位企业家回信，希望广大企业家"继续发扬'敢为天下先，爱拼才会赢'的闯劲，进一步解放思想，改革创新，敢于担当，勇于作为，不断做大做强，促进联合发展，实现互利共赢，为国家经济社会持续健康发展发挥更大作用。"

（二）"中国企业家活动日"的创新价值

1. 弘扬企业家精神

活动日通过表彰全国优秀企业家、颁发袁宝华企业管理金奖、企业家主题演讲、企业家论坛等活动，大力宣传我国企业家创业创新先进事迹，传播企业家经营管理先进理念，宣扬企业家在经济社会发展中的重要作用，努力促进在全社会

形成尊重、理解、关心、支持企业家的氛围。习近平在2017年4月18日中央深改领导小组第三十四次会议上主持审议通过了《关于进一步激发和保护企业家精神的意见》，强调企业家是经济活动的重要主体，要深度挖掘优秀企业家精神特质和典型案例，弘扬企业家精神，发挥企业家示范作用，造就优秀企业家队伍。2017年9月8日中共中央国务院《意见》中也指出："总结优秀企业家典型案例，对爱国敬业、遵纪守法、艰苦奋斗、创新发展、专注品质、追求卓越、诚信守约、履行责任、勇于担当、服务社会等有突出贡献的优秀企业家，以适当方式予以表彰和宣传，发挥示范带动作用。"

2. 增进企业家交流

活动日举办以来，共有来自全国各地的2万多名企业家、跨国公司代表参加会议。张瑞敏、柳传志、宋志平、鲁冠球、宗庆后等一大批知名企业家都先后出席全国企业家活动日并受到表彰。

3. 探讨经济和企业改革发展问题

每年全国企业家活动日主题紧密围绕我国经济建设中心工作，集政、商、学三界智慧，探讨我国经济与企业发展、企业家队伍建设中的热点和重点问题，具有很强的现实意义。

4. 促进地方经济发展

全国企业家活动日采取中国企业联合会与地方政府联合举办的方式，先后在全国17个省、市、自治区举办，将企业家、经济与管理专家的交流、探讨与促进地方经济发展结合起来，积极组织开展企业对接、合作洽谈和地方投资招商宣传推荐活动，对推动当地企业家与全国企业家的交流，促进地方经济发展发挥了积极的作用，得到了地方政府的大力支持。

创新成果分享：任正非非凡领导力的灵商定势
——独上高楼望天路，乱云飞渡"任"从容

任正非作为中国企业家领袖级的人物，领导华为2014年已经登上了全球电信设备商的巅峰。华为一家的盈利，比行业排名二三四名加在一起还要多。

当誉满全球之时，任正非依然保持了固有的低调且充满危机的本色，早在华为2015年市场工作会议上发表讲话说：华为还担不起世界领袖的担子。一如古人说："势无常也，仁者勿持。势伏凶也，智者不矜。"前不久，他在文章中又提出：

"世界黑天鹅事件群飞,华为再不自我改革就要死。"任正非的非凡领导力,在当下华为的持续转型升级、打造世界名牌中显露无遗。

1. 灵商照亮征途,品质领导未来

当梦寐以求的画面就在眼前时,任正非诚惶诚恐。首先想到的,过度自信会毁了华为。一个从公司创立之初就设定的目标一旦实现了,旋即,一种倒下去的危险就可能时时抓住他。他立刻思谋摆脱这种命运的路径和方法。面对"无人区"他时刻感到危机。这种灵商所主导的潜意识的条件反射与下意识的自觉,几乎成了他的特质。

从小在逆境中生长的任正非深知,厄运和压力才是生命的原动力。"华为的冬天"始终包裹着华为的梦想,而那些虚头巴脑的名誉,只是通向死亡的路标。他洞悉生命的律动:一旦华为失去了谨慎、敬畏、居敬、谦卑、包容的品质,就会一夜之间倾倒。

任正非倡导的华为品质正是其超凡灵商的外溢表现,是其非凡领导力的显性与隐形的接合点。

(1) 谨慎

在今天的大数据生态时代,一切都在变动不息之中。任正非对这样一幅画面,心存敬畏。他生怕他的团队,因为登上老大的位置而合不上大数据时代的旋律。他说:"我们要紧紧围绕价值创造,来简化我们的组织与流程。"

(2) 敬畏

任正非尊崇自己的灵商旨意,他相信每一个人都有灵商外溢。他在华为一项最重要的工作,就是唤醒每个人的生命意识,让每个人有良知,并绽放自我超越的天性。

先哲讲:"人在做事天在看,三尺头上有神明。"当今在强烈的物欲激荡下,许多人忘记了古训,更不知敬畏。敬畏一个事物的本真和天性,敬畏自然形成的条理,就不会伤害到我们的身心。一切失败,多出于轻视、傲慢,一切轻傲皆是少了敬畏。

(3) 居敬

这个时代通行的生命法则是"无依则生,有一则活",对一事一物、对一人一言都有一种刻骨铭心的居敬品质,一种对人对事心存敬意的生命状态。犹如到人家做客,合乎人家成文不成文的规矩。让一头狮子闯进瓷器店的做法肯定不行。合规意识是一种恭敬心,渗透到行动的方方面面,也是诸种关系的润滑剂。而对于公司和社会的运行,合规意识的居敬尤其重要。

（4）精进

任正非时时刻刻念想着精进。聚焦当下，聚焦有限生命的瞬间，聚精会神于当下现场，无限的可能性就出现了，甚至无穷宇宙的奥秘，都在当下精进了。这样你也就拥有了勇猛精进无限的驱动力。任正非要给他的团队注入这样一种勇猛精进的力量。

压强，聚焦，勇猛精进。精进只在当下。在这个毫无保留地投入当下的过程中，你会体会到一种奇妙的力量在你身体上集聚和汇涌。那是一种美妙的体验，一种一个个极限突破后的爽快。

（5）素直

"无依则生"的任正非并不是一无所依。他凭借素直连通员工、客户与未来。

素直，是指做人做事不弯弯绕的纯粹。人们做事，常常拘泥于许多结论、框框和假设。结论与假设，有着很强劲的逻辑，我们就被那些逻辑给拘押了，被那些弯弯绕给忽悠了。

素直，可以与万事万物的机理相通，也就是随顺自然，纯然以他人心为心，以万事万物的心为心。

先哲讲："修合无人问，存心有天知。"华为领导集团在任正非的引导下，像孩童那样打开心扉拥抱世界真相，用纯真的童心通灵。这样才可能捕捉到"暗物质"中能够为未来还原、显形、创造更美好世界的东西，并通过真情、虔诚努力转化为显实力。

（6）广大

"心底无私天地宽。"人有了素直，就一定是广大的。不素直，不广大。广大了，必素直。广大，也就是不为一己的私利、功德、名声所浸染。

任正非有一颗广大的心，他超凡的"蓝天战略"思维与境界，可以跳出华为、行业、国家、地球，站在太空俯瞰大数据时代大系统、大生态的演化，那是一幅涉及文化、哲学、宇宙等领域深刻变革的大画面。

（7）包容

任正非曾经向就业的国企保证要好好做，但事与愿违。一个44岁开始创业的中年男人，一个历经人生冷暖的灵魂，来到了人生的正午，有了别样的视野。他豁然顿悟，生命力与生命的光环全然是两回事。回归初心，挖掘原始生命力，开发灵商智慧，就是回归原初"柔软的中心"。由这个"柔软的中心"，苦难和历练，恐惧和喜悦，危险和契机，都可以被觉察、包容和接纳。

常人只看到任正非火爆的性格，偏执狂似的创新，刻骨铭心的超越，却不知道，偏离只是表象。真正活在他内心的，是一环扣一环的回归，一刻接一刻的平衡。做人，办企业，绝对不会是沿着一条既定的坦途走大道就行的。

一如走钢丝的平衡，任正非不是按照既定的模式或套路，而是在混沌、颤抖中把握节律和平衡的实际体验，是很多尝试和失败的精华。你或许会感觉到某些东西在那里，但它是难以捉摸的，更无法指出它，无法描述出它。

上面，我们从任正非灵商智慧中梳理出他的7种品质——如履薄冰，严密周详的谨慎；如登高峰，慎终如始的敬畏；如做贵客，进退合度的居敬；如泄瀑布，积极向前的精进；如大草原，抱素守朴的素直；如旷山谷，空虚无边的广大；如初混沌，无所不容的包容。

这7种品质，实际上是老子在《道德经》第15章对得道高人的描述：能够安心头拱地的人，都是得道高人。这也是任正非在中国优秀企业家群体中与众不同的过人之道。

2. 独上高楼望天路，乱云飞渡"任"从容

面对众说纷纭的数字经济构想、创新边界的天高云淡与"无人区"的忧虑，任正非2017年5月数次与众多同事和粉丝展开座谈，就未来方向、新的理论和技术、华为的价值观与策略等展开探讨。任正非在座谈中妙语连珠地回答了各种疑问。他提出，华为要做一个管道操作系统，实现管道的三点衔接；要从鸡蛋壳里打出去，产生一个"小孔雀"；尝试人才"众筹"，优秀人才快进、快出，只求合作；在高科技阵地，要和美国争夺领先，且处在攻势上；华为有"技术中心"和"客户需求中心"两个决策体系，两个体系在中间强辩论，然后达成开发目标妥协。任正非说，华为既要握有主航道，又要车轮滚滚，"一杯咖啡吸收宇宙能量"；更多在基础研究上面下功夫，走后发制人的道路，准备好"浅滩捡鱼"；苹果公司有钱，但是太保守；人类社会将来只剩情感和数字，连接就是华为；互联网公司实现的是个人价值，华为是一条大江大河；不要总想到做领袖的光荣，不要去背上这个沉重的口号和包袱，比世界还大的世界，就是你的心胸。

第十二章
中国企业融智创新中创新文化的培育塑造

由于资源禀赋的不同和产业层次、技术起点等的差异,加之我国企业公司治理结构、研发积累、人才激励、资本市场等创新要素处于成长期。因此,自主创新的重点是由具有中国企业生态特色的个性所决定的。

创新是成就人类未曾有过的新事业,需要人与人之间的创造性合作。创新文化的建设将激发每个人的创新愿望,从而产生与别人进行创造性合作的巨大需求。这种巨大的需求汇集起来,就将形成经济和社会发展的巨大合力。企业创新文化及价值观的塑造,就是要使企业全体员工对于要不要创新,怎样创新,怎样对待创新过程中碰到的困难,怎样看待创新人物等问题,形成共识,指导行动,不断推出新产品、新服务,为创新人类生活方式与提高人类生活品质做贡献。企业创新价值观的塑造,实质上就是要培育和塑造信念意识、实干意识、融合意识、奉献意识、竞争意识、超前意识、包容意识等。

一、"互联网+"时代企业创新文化的培育

"互联网+"的实质是"关系"以及智能的连接方式,融合云计算、大数据、物联网等技术手段,实现人与人、人与物、人与服务以及与未来的连接。企业创新文化建设必须充分适应"互联网+"的影响和冲击。

从自主创新驱动转型升级的角度讲,"互联网+"代表一种经济新形态、新业

态、新生态。"互联网+"的核心是创新,它促进了以云计算等为代表的新一代信息技术与传统制造业、服务业等的融合创新,在生产要素配置中发挥着重要的优化、集成作用,它甚至颠覆了某些企业思维、传统理论和生产流程。同样,"互联网+"也改写了某些经典的企业管理理论,更给企业文化管理提出了崭新的课题。"互联网+"企业文化,意味着企业文化管理方式——传播方式的全面创新。

因此,"互联网+"代表着以人为本、人人收益的普惠经济。局部、碎片、个体的价值和活力,在"互联网+"时代将得到前所未有的重视,万物互联和信息爆炸带来的不是人的淹没,而恰恰是人的凸显,每个人的个性更加容易被识别,更灵化,以实现以人为本,连接到人,服务于人,人人受益。连接一切,没有人这个核心,没有信任这个要素,一切都是空谈。

理解"互联网+"企业文化的培育,关键是要有互联网思维。互联网思维的本质是跨界、融合、创新、分享。针对工业化思维——大规模生产、大规模销售、大规模传播而言,坚持用户至上,去中心化,实现互动、开放、个性、共享。这种思维在商业上带来的主要是颠覆性创新、免费商业模式和用户超期待体验。

(一)"互联网+"企业创新文化的培育,对企业文化建设与创新管理具有革命性意义

第一,企业整体价值至高无上,压抑个性、限制自我价值的文化受到空前挑战。过去个体离开企业不能获得资源,现在个人离开企业也能获得资源。因此,企业文化"去中心化",以人为中心,以个体为中心,崇尚自由、张扬个性、自我实现的文化受到推崇。

第二,人人都是文化创造、创新主体,人人都是文化消费、享受主体。企业文化管理中的民主意识空前高涨,追求平等、互动、互利、共享的文化成为不可逆转的趋势。

第三,企业文化中的情感因素在下降,理性因素在上升。传统企业价值观和道德标准面临重塑与再造。

第四,企业文化的社会化程度大幅提高,企业因此改变相对封闭状态,与社会文化交流沟通更加紧密,受到社会文化的影响更大。企业处于动态竞争状态,文化也处于不断的动态调整中;企业经营开始跨界,文化也在跨界。社会先进文化的标准逐渐成为企业文化的评价标准,企业社会责任感与员工社会责任感,逐渐由"外加"文化演变为"内生"文化。

第五，传统企业文化建设目的受到质疑。单纯把建设企业文化作为管理员工的手段，作为激发员工积极性、提高企业效率与效益的"工具"，这种单纯"企业利益观"已不能适应新时期企业文化发展的需要。提高职工道德素质，满足职工的精神需要，建设幸福企业，成为企业文化建设的重要目的。

（二）"互联网+"企业创新文化的培育，是企业文化一次脱胎换骨的变革

面对创新为导向的文化变革，新老企业都在探索如何适应"互联网+"企业创新文化的新特点、新趋势和新规律。海尔是靠文化成功的企业，海尔的文化贵在创新与变革。从组织形态上看，海尔实现了由传统的正三角到倒三角，再到网络经济背景下的利益共同体平台"小微"生态的转变，形成平台型组织构架和新的企业生态圈，真正做到了小微以用户为中心，人单合一，实现企业与用户的无缝对接。这种组织变革本质上是基于"互联网+企业创新文化"的思维，是"去中心化"和发挥个人创新主体作用的有益尝试。在阿里巴巴的"商业帝国"里，淘宝、支付宝和天猫等明星产品的背后，最有价值和极具创意的是其人本文化，尤其是马云和他的18个联合创始人，还有其产品和市场加盟者。小米是合伙人制，品牌背后是各个独当一面的合伙人。小米人都喜欢创新、快速的互联网文化，以及平等、轻松的伙伴式工作氛围，享受与技术、产品、设计等各领域顶尖人才共同创业成长的快意。还有，也许是更重要的，他们将"用户"变为"选民"，并将他们被压抑已久的参与感、平等感、尊重感、获得感释放出来，这是小米胜于其他对手的撒手锏，也是互联网思维和互联网创新文化最生动的实践。

（三）推动"互联网+"创新企业文化的培育需要探索的内容

第一，打破单一自上而下的企业文化建设架构和路径，建立上下互通、互动文化发展机制，适应企业组织扁平化的变革趋势，为个体文化、小群体文化成长留下充足的空间。

第二，改变企业文化管理单一"工具属性"，建设"精神家园"式的体验型文化。设计有吸引力能使人们乐在其中、触动情感，又能回味无穷的企业文化现场礼仪、活动；把现实体验活动与健康的网络体验活动结合起来，虚实互动，推动体验性文化创新，全方位满足员工体验性精神需要。

第三，在发展企业利益共同体基础上，建设员工价值共同体。创造更多平台和机会,有效发挥个体价值,并善于找到个体价值与企业共同价值的契合点,以此为基础建立企业价值体系和价值共同体。

第四,推动管理方式的变革。在传统的金字塔式组织结构和自上而下的集中式管理与生产方式受到巨大挑战的背景下,积极推行扁平化组织结构和柔性生产方式,改变层级结构和部门分割的状况,以便使更多的实体贴近广泛的市场,更加敏捷、灵活地满足市场快速多变、个性化的需求。同时,改变传统的层级管理和制度管理等刚性管理模式,建立起适应知识性员工参与管理、参与创新的柔性管理模式。

第五,伴随着"互联网+"对生产流程的颠覆和消费者主体地位的提高,改变关起门来建设企业文化的做法,将传统企业文化建设的物理空间延伸至整个供应链、价值链乃至全球化创新链的各个环节,吸收用户、供应商乃至社会参与企业文化建设,并直接分享企业文化成果,形成企业新的文化生态。

二、推进"一带一路"背景下企业文化的融合

在"一带一路"背景下,怎样才能有效地推进中外企业文化融合、搞好跨文化管理,是我们所有企业管理者需要探索、学习与实践的重要课题。

(一)充分认识中外企业文化融合在"一带一路"建设中的重要意义

不同文明之间的交流互鉴,是当今世界文化发展繁荣的主要渠道,也是世界文明日益多元、相互包容的时代标志。文化传承与创新已经成为各国经济贸易合作的"软"支撑。我国企业积极推进中国与"一带一路"沿线国家和地区在各个通道的建设,是建设"一带一路"的主力军和骨干力量。中国企业在"走出去"过程中遇到了前所未有的挑战,主要是"一带一路"沿线国家的社会制度、宗教信仰、文化传统、经济体制、法律制度、开放程度等方面各有差异,以及与此相联系的不同的价值判断、市场规则、行为方式、生活习俗等,这些都在一定程度上影响着经济合作的深广维度、进程时序和企业的营商环境、经营管理的正常运行。文化环境对企业运行来说,其影响力是全方位、全系统、全过程的。"走出去"的企业在国际化经营发展的同时,与所在国合作中的多元文化差异、冲突问题也日益凸显。深入进行中外企业文化比较研究,推动中外企业文化融合,是中国企业国际化经营中跨文化管理的一项重要的基础性工作。搞好"一带一路"背景下

跨国企业先进文化建设，将会大大提高企业"一带一路"走出去的安全系数，为"一带一路"与企业国际化品牌建设提供良好的文化支撑。

（二）理性识别文化差异，形成彼此文化尊重

文化差异包括宗教、历史、价值观、习俗、习惯的差异，还包括语言、思维方式、工作理念、管理风格等差异，涉及伦理、信仰、法律、国际公约以及通行规则等方方面面。文化差异是企业发挥自身优势的条件，有利于增强企业的竞争优势，促进企业发展。企业要加强文化差异的识别，理性地面对文化差异，消除文化摩擦。以开放包容的文化理念兼容并蓄不同国家、地区文化的精华，滋养自身的企业文化生命，使之焕发旺盛的活力和强健的市场适应力，促进企业双边和多边的合作氛围。中国企业在"一带一路"沿线国家进行建设，必然会受到不同国家民族文化的影响，而不同民族的文化都经历了各自独特的历史形成过程，因而呈现出具有本国特色、形态各异的文化特征。中国企业在国际化经营中，要保持谦虚心态，尊重外方文化，注意人格平等。要尊重对方的政治立场和道路选择，不强求，不干涉，平等自主、和平共处，为合作创造和谐安定的社会环境。学习、尊重各个国家的历史和文化是中外企业文化融合的重要内容。

（三）充分进行文化沟通，达成彼此文化理解

"一带一路"沿线各国历史、文化、宗教不同，只有通过文化交流与合作，才能让各国人民产生共同语言、增强相互信任、加深彼此感情。这些年来，中国与沿线沿途国家的文化交流形式越来越新、内容越来越多、规模越来越大、影响越来越广，这就为我们走出去的企业开展文化交流创造了和谐的氛围。企业要充分利用政府主导或引导举办的各种文化交流平台，加强与其他各国企业的文化交流，相互借鉴吸收，着眼大局，着眼于未来和长远利益，将国家利益和企业利益统一起来，在文化交流中让企业特有的文化理念、价值观念、沟通方式等与世界接轨，共同创造新的管理文化。

由中国社会科学院亚太与全球战略研究院和社会科学文献出版社联合发布的《亚太蓝皮书：亚太地区发展报告（2015）》指出，"一带一路"倡议将为亚洲提供一种新型的区域经济合作选择。据不完全统计，"一带一路"沿线国家大多是新兴经济体和发展中国家，总人口约44亿，经济总量约21万亿美元，发达国家和发展中国家同在，宗教信仰繁多，人与人之间由于利益不同、观念不同、信仰不同，

难免会发生冲突和矛盾。中国企业要努力了解和掌握中外的重大历史事件、中外名胜古迹、哲学宗教、音乐绘画、社交礼仪等，这样才能成为促进"一带一路"文化交流的桥梁，成为学习先进文化的先行者和推介中国文化的志愿者。我们要研究"一带一路"沿线各国的国情和投资机会，研究各国的传统和企业文化，研究与不同国家企业不同的合作方式。

企业作为国家文化软实力的主力军扮演着非常重要的角色。"走出去"的企业不仅代表着企业自身，也代表着整个国家。美国企业，尊重个人价值，重视自我价值的实现，提倡竞争精神、务实精神，鼓励创新、利益共享。德国企业，具有强烈的质量意识，重视产品和服务的质量，德国制造做工严谨，这使得他们在世界市场上具有较强的竞争力，占有特殊的市场份额。这些国家的企业走出去，毫无疑问也将国家的软实力散播到了世界各个角落。因此，中国企业，尤其是具有国际影响力的大型企业，要加强企业文化建设，增强文化自信，树立良好的企业形象，为国家的文化软实力助力添彩。良好、充分的文化沟通有助于企业更好地理解文化差异，化解文化冲突。通过沟通，要让世界认识中国和中国企业，读懂中国和中国企业，知道中国企业的理念和规则。同时，要深入了解所在国的文化和企业文化，熟知外国企业的理念和规则，知道国际通用的规则。要努力了解东道国的语言与非语言沟通的差异，并建立起各种正式或非正式的、有形或无形的跨文化沟通的平台与渠道，针对既存的文化差异和文化障碍，建立起良好的相互理解与信任的协调机制、沟通机制和交流机制，以便及时有效地化解文化障碍。企业之间的合作，关键是人与人之间的合作，要注重与相关合作企业核心人物的交流和沟通。为提高文化沟通效果，可建立技术交流、学习机制，以技术交流、学习为载体推动文化沟通；建立人才双向交流机制，拓展文化融合的广度和深度；建立各种活动机制，多层面促进文化沟通。

（四）找到最大"公约数"，构成彼此文化共识

在全球化大背景下，各国利益日益融合，国家之间也许文化不同、信仰不同、制度不同，但合作共赢是最大的"公约数"。构建合作共赢的新型国际关系，代替的是单打独斗的老做法，摒弃的是赢者通吃的旧思维，改变的是"老子天下第一"的单边主义。中外企业之间的关系也是如此。尽管与外国企业存在着诸多差异，但企业共同的愿景、使命、理念是最大的"公约数"。例如"安全、创新、绿色、共赢"的理念，应是大多数中外企业共同的理想和追求。我们要以此促进文化的

融合。"走出去"和"请进来"的企业，在尊重彼此文化、理性面对文化差异和进行充分的文化沟通、达成文化理解的基础上，增进了解和互信，互相学习对方文化的精髓和特质，共享文化的厚重和多彩。直面文化差异，奉行求同存异，善于发现和汲取不同的文化智慧，在互利共赢的合作基础上寻求文化的契合点，以文化的多样性融合，促双边或多边的市场对接、机制对接、产能对接。

推进"一带一路"发展是以不对抗为前提的和平发展之道，是政策沟通、道路连通、贸易畅通、货币流通和民心相通的"五通"系统工程。中国企业应当树立帮助沿线发展中国家推动经济现代化建设，促进沿线发达国家发展经济摆脱危机，同时实现中国经济发展目标，让"一带一路"建设造福沿线各国人民的宗旨意识。在互利共赢的前提下，完善双边和多边投资贸易协议条文，健全双边和多边投资贸易运行机制。在实施"一带一路"的实践中，将中国的"和合"企业管理文化贯彻到底，善于发现双边和多边利益汇合点，总结和创新经济合作模式。在商务实践中勇于探索，瞄准双边和多边的不同需求点，实施有针对性的优势互补经贸策略，积累实践经验，为中国政府创新体制机制、完善配套政策和法规制度提供事实依据。

（五）进行跨文化培训，实现跨文化创新

要识别文化差异，发展文化认同，达成文化共识，就要进行跨文化培训。通过跨文化培训，逐步形成一种既坚持自己的核心价值观，又体现与各种异质文化融合的灵活性与有效性，适应所在国的"本土文化"，从而开放自己，包容别人，扬长避短，兼收并蓄，为我所用，共享共赢。中外企业文化融合是把所在国及相关企业及利益关联方各具差异的个性文化，通过充分沟通、交流、吸收、借鉴、融合、创新，逐步建设成统一的更高层次的企业文化体系的过程。其目的不仅是要解决跨国企业中不同群体因文化传统、文化思维、文化实践等的不同而引发的文化碰撞与冲突，更重要的是通过文化的深度融合实现文化的共识和认同，以引领和保证企业沿着既定的战略目标发展。通过培训使推进中外企业文化融合的过程成为求同存异、求同尊异、求同化异的过程；成为传播中国文化、激扬文化自信、树立中国形象的过程；成为主动融入、深度融入、巧妙融入的过程和情感共融、利益共享、合作共赢的过程。

（六）积极履行社会责任：做受尊敬的企业公民，推进中外企业文化融合

积极履行社会责任是企业顺利实施国际化运营、赢得国际市场信任的通行证，随着"一带一路"、国际产能和装备制造合作的深入推进，在国际化经营中积极履行社会责任至关重要。要加强海外项目社会责任风险管理，牢固树立国际投资理念，深入了解当地政治法律、民族文化、宗教习俗和利益相关方诉求，加强风险识别与评估，为海外投资决策提供支撑。要加强海外社会责任履行，坚持诚信经营，尊重所在国习俗，保护当地环境，维护当地员工权益，提高本土化率，积极参与社区建设，力所能及地支持所在国公益慈善事业，更好地融入当地社会，树立中国企业负责任的国际形象。要积极参与国际标准和规则的制定，熟练掌握和运用国际社会责任的方法与规则，广泛利用多种平台，加强与有关国际组织的沟通交流，不断增强话语权，提升国际影响力。中国已有很多海外公司强调共赢互利、遵纪守法、诚实守信和高度负责的"公民化"精神。恪守诚信经营，积极为所在国当地社会提供最好的企业运营和产品服务。履行社会责任，推进节能减排与环境保护工作，参与当地公益和慈善事业，造福当地社会和人民。强化文化传播，提高所在国政府和当地人民对中国企业的理解和认知，提升企业品牌形象和国际影响，有效融入当地主流社会。

中国企业要向全球展示和平、发展、合作、共赢的理念，突出"一带一路"打造人类命运共同体、责任共同体和利益共同体的时代精神及新的普世价值观，在服务国家战略、推进"一带一路"建设、融入和惠及当地民生等方面做出应有的贡献。

创新成果分享："铁娘子"董明珠的创新文化构建

英国前首相撒切尔夫人因其强势的领导力名垂青史，人称"铁娘子"。而中国优秀企业家队伍也有一位难得的"铁娘子"，她就是董明珠。

1. 孕育期：强行植入个人创新文化假设

（1）个人文化假设形成过程中的"现实认知"

董明珠的创新价值观形成并非一蹴而就，而是站在现实需求角度，不断总结经验，不断探寻发展道路的结果。与大多数企业一样，格力初创阶段走过许多弯路，董明珠最开始将企业发展重心放在销售环节，注重销售团队的培养，但这一

价值导向使得格力在面临竞争对手对销售人员的恶意抢夺时陷入被动局面。自此，董明珠将重心从销售环节转移到生产环节，她开始关注产品本身质量。但在提升产品品质的过程中，她选择了更为便捷的道路，即从国外进口先进零部件。而这一捷径为其带来的不是事半功倍的效率，而是企业的品牌形象毁损。使用一批进口零部件生产的产品，在顾客使用过程中出现较严重的质量问题，返修率居高不下，消费者满意度持续走低，格力空调销量也急剧下降。此次挫折使得董明珠开始关注隐藏在产品背后更核心的要素，即技术。而在寻求技术的过程中，董明珠再次选择了走"舶来品"道路，2001年，她与时任格力董事长带领团队奔赴日本购买多联式空调技术，但遭到日本企业的拒绝，这给其团队沉重的打击。自此，董明珠坚定了自主技术创新的信念。

通过对董明珠在格力任职初期的经历分析可以发现，其对企业发展重点的认知经历了注重销售、注重生产、注重技术、坚定自主创新信念的过程，并将关注重点最终放在自主创新上，这也是基于其在工作中所经历的挫折、对格力所处困境以及对中国家电行业发展前景认知的结果。董明珠在这个过程中认识到中国家电行业企业取得长足发展的核心在于创新，并且走自主技术创新道路是唯一的出路，也是在这一认知过程中形成了董明珠以创新为导向的价值观。在其后的领导工作中董明珠开始将自己的这一创新价值理念植入整个组织，开始了创新文化的构建工作。

（2）个人文化假设植入过程中的"独断专行"

创新意味着高投入，如何做到在巨大的成本压力面前不妥协，体现着领导者坚持创新的信心与魄力。显然董明珠做得很好，而她专断不妥协的魄力来自对创新本质的追求。她深知对家电制造业而言，真正意义上的创新投入最终必定带来增值，所以她关注创新的本质，对一切非真正意义上的创新投入都坚定地舍弃。

董明珠在组织文化构建初期，保有了男性领导者所偏向的专断型领导特征，以"霸道"的魄力强行将自己的创新文化假设植入组织，而她之所以能够做到专断、能够有勇气对抗来自下属的逆反压力，最主要的是她对走创新文化之道保有坚定的信念，而支撑她这一信念的又是其多年来积累的行业经验与对未来趋势的判断。董明珠从基层而来，与格力乃至整个空调行业一同经历挫折，一同面对成长，因此，她深刻了解格力，了解当前中国的家电行业市场的隐忧，她深知格力的未来在于产品技术本身。可以说，正是董明珠多年来积累的行业经验及对发展趋势的正确判断，为其在格力创新文化构建初期提供了源源不断的信念与创新动力。

2. 成长期：稳步建立创新制度规范

（1）人才培养制度建设过程中的"情感依偎"

格力能够走到中国空调行业的前列，最重要的助推器是人才，是企业所拥有的大批创新型技术人才为格力的前行提供了源源不断的动力。董明珠在格力建立了一整套的"选、育、留、任"创新人才培养机制。格力的所有创新技术人才都成长于企业内部，并能够在企业内部获得展示其能力的舞台。在1997年到2016年的近20年里，格力先后建立了6所研究院，同时，还联手德国达姆施塔特大学共建了培养国际化创新型人才的中德学院。这些高端创新研发基地的建立为格力培养创新人才提供了摇篮，使得创新人才能够在其中收获成长。董明珠关注的不仅仅是为创新人才提供高薪水，她更重视为创新人才提供成长的摇篮与成功的舞台。在董明珠的领导下，格力不惜花重金为企业员工创造创新平台。在董明珠的理念中，能够自主进行创新人才培养，才是企业核心竞争力的体现。因为与自主培养的人才相比，高薪挖来的外部技术专家可能无法做到对企业情感上的付出。所以，董明珠在其创新文化构建的过程中，体现了其作为女性领导者的感情化特征，她将创新人才的成长与企业的发展进行了"情感依偎"，使两者的命运用互爱紧紧相连。"这些员工是与企业一起成长的，是舍不得走的"，从董明珠口中讲出的这句格力人才培养的价值理念，深刻地反映了其作为女性特有的细腻情感，她敏锐地洞察到"授人以渔"这一人才培养方式才能够为企业带来更多抢不走，且与企业有着深刻情感联系的人才。

（2）人才激励制度建设过程中的"民主参与"

在人才晋升激励机制中，董明珠坚持不向外部聘请，使得每位进入格力的员工，都有成为领导的可能。董明珠通过建立民主平等的晋升机制，激励组织全员参与创新。目前，格力拥有8000多名平均年龄仅29岁的科研人才队伍。而这些年轻的科研人才将在格力内部成长为创新型人才，有的将最终成为行业技术的领军人物。格力内部的技术骨干、中层乃至高层领导绝大多数都来自基层。而董明珠在人才的物质激励方面也是不遗余力，格力每年都会进行科技进步奖评选活动，而对于被评人员，将有机会获得高达100万元的丰厚奖金。格力还鼓励员工建言献策，对每一位提出合理工艺技术创新建议的员工，都会给予丰厚的奖励。这种给予组织全员公平晋升的激励机制以及丰厚的物质激励机制显然能够激发全员的创新参与热情。

董明珠在其创新型文化构建中期，体现了女性特有的民主性管理风格与情感关怀特质。她深知，只有与企业一起成长起来的人才，才是真正留得住，真正愿意为企业发展贡献力量的人才。而对于为企业奉献，视企业为家的人才，格力也给予广阔的成长舞台与丰厚的利益回报。正是这种牢固的基于情感上的联结，为格力创新文化的发展打下了坚实的基础。

3. 成熟期：创新文化的适应性探索

（1）外部环境变化鉴别过程中的"远见卓识"

进入2015年以来，包括格力在内的中国空调行业再次面临行业整体销量下滑的局势。有关空调业"靠天吃饭"的论点此起彼伏。创新是否真能为空调行业带来不间断的发展潜力？董明珠在格力建立创新文化是否完全适合空调行业的发展？这一系列质疑给格力内部带来不少焦虑情绪。作为格力的领导者，董明珠在鉴别组织外部环境变化过程中展现出了远见卓识。2015年，董明珠决定放弃企业一直以来的形象代言人，转而由其本人亲自为格力代言。在中国，企业家自己代言的例子十分鲜见。而董明珠之所以站到了公众面前，通过屏幕中"让世界爱上中国造"的广告语来表明自己坚定自主创新的决心，同时也为整个组织的创新文化提供了心理保障，消除了组织成员的焦虑情绪。她将自身形象与格力形象融为一体，既体现了她对格力发展的坚定信心，也表明了格力坚持创新的不变信念。只是董明珠希望通过创新来建立的竞争优势不再局限于国内，而是扩大到世界范围。她不再将目光聚焦于国内，而是将追求创新的价值导向上升到对爱国情怀的抒发，她希望通过格力的创新为"中国制造"正名，"今后的格力，能成为中国制造领域内的西点军校。"这是董明珠的愿望，也是其将格力创新文化升格到国家品牌这一高度强有力的途径。未来中国空调行业企业的竞争优势依然在于创新，这是董明珠敏锐地分析企业生态后得出的结论。但企业要想在未来通过创新获得持续的市场领先优势，仅靠国内市场将很难满足，企业需要将视野范围扩大到全世界。

（2）文化适应性探索过程中的"变革意识"

正当所有人都以为格力是埋头做产品、做技术的务实派企业时，董明珠却在敏锐洞察企业生态的变化后，以未来为导向，向全社会喊出了"让天空更蓝，大地更绿"的口号。这一理念是董明珠仔细预估生态环境变化后，适时地在创新文化中融进生态文明、绿色发展等与时俱进新元素的成熟考虑。

近年，随着经济发展而来的环境污染问题日趋突出，生态发展、可持续发展越来越成为整个社会经济发展的核心思想。正是洞察到了这一社会需求的兴起，格力"让天空更蓝，大地更绿"的价值理念开始萌芽。而董明珠也借该广告语直接表明了格力对生态发展、低碳环保的追求。除了口号，格力将更多的精力投注到了提高生产过程中的能源综合利用效率、遏制环境污染的创新产品技术研究上。正是在董明珠生态发展理念的引导下，格力肩负起了维持"社会可持续发展"的责任，一直保持走在全球行业可持续发展的前列。董明珠将格力的未来与社会生态联系在一起，使格力切实履行起"让天空更蓝，大地更绿"的承诺。

空调行业整体萧条使董明珠开始审视组织原有创新文化的适应性，通过对外部环境与内部文化进行判别后，她首先明确了创新始终是中国空调行业企业突破瓶颈、保持发展优势的核心竞争力。在她看来，虽然格力没能避免空调行业整体萧条带来的影响，但自身的销量下滑并非组织文化的不适应造成。相反，格力要想避免被行业整体萧条所波及，更需要坚定地走自主创新的道路，以期在行业中形成差异化优势与核心能力，变被动为主动。走自主创新依然是董明珠所能预见的当前中国家电制造业的最光明的道路。所以，董明珠在这个时刻从幕后走到了台前，她以企业形象代言人的身份出现在大银幕上，她以"让世界爱上中国造"、坚定走自主创新的道路让国人为之感动，她因此也成了现代中国企业管理史上靓丽的"明珠"与新时代女杰的典范人物。但同时，她又在原有的创新文化中加入了环保因素，让企业的创新更多地体现了可持续发展及构建人类命运共同体的要求。这一系列举措，体现的都是董明珠作为卓越企业家的超凡远见与变革意识。她以其敏锐的洞察力主动适应企业生态的变化，并十分包容地开始在原有的创新文化中注入新元素，缓解组织文化对适应性的限制，使其更能适应当前巨变的生态环境。

第十三章

中国企业融智创新中核心技能的打造

一、企业技术创新应抓好的关键

对中兴禁售芯片的事件,给中国企业敲了警钟。小小芯片可以瞬间让千亿级企业停工、万亿级产业瘫痪的情况值得深刻反思。当今,没有核心技术就没有发言权。

(一) 大企业应建立完备的技术创新体系

大企业指中国技术创新能力积累时间最长、技术创新制度建设和基础设施最为完善、总体技术创新能力最强的一类企业,它们在国家创新体系建设中发挥着举足轻重的作用。多年来,大企业从肩负的责任和使命出发,坚持依靠技术创新支撑和引领业务发展,大力实施技术创新体系建设工程,取得了一系如高速铁路、载人航天、探月工程、蛟龙下海、西气东输等丰硕的成果,并积累了宝贵的经验。认真归纳总结现有的成功做法和经验,对进一步加强大企业技术创新体系建设,推进国家创新驱动发展战略的实施具有重要的参考意义。

1. 典型的成功做法

根据对中国航天科工集团(简称航天科工)、中国石油天然气集团公司(简称中石油)、中国石油化工集团公司(简称中石化)、中国移动通信集团公司(简称中国移动)、国家电网公司(简称国家电网)等10多家世界500强企业进行的现场调研和案例分析,技术创新体系建设的成功做法可概括为以下六方面内容。

1)把技术创新作为公司的核心战略,建立起比较完善和有效的决策与规划体系。一是把技术创新作为公司的核心战略之一,按照国家"自主创新、重点跨越、支撑发展、引领未来"的科技工作方针和"创新驱动发展"战略,结合企业实际,以提升自主创新能力和产业发展驱动力为核心,制订企业科技发展战略、目标任务、战略重点,确定年度计划,并按照"探索一代——预研一代——研制一代——生产运用一代"的思路,制订有序接替的科研计划体系。二是建立科技决策规划与管理体系。三是组建辅助科技决策的专家咨询团队,部分大企业设立了专门的技术咨询委员会,由内外部专家组成专家团队,对重大项目开展调查研究,提出咨询意见和建议。有的大企业在技术咨询委员会的基础上,还按领域组建专业分委员会,为企业各类技术决策提供咨询意见,支撑企业科技决策。

2)以总部直属科研院所(或中央研究院)为核心,建立多层次、多专业协作的科研组织体系。一是设立总部直属科研院所。二是成立专业分公司或下属企业研发机构。

3)保持较高水平的研发投入,形成强有力的条件平台支撑体系和标准管理体系。一是建立稳定增长的科技投入机制。二是搭建基础条件平台,为改善科研硬件条件,投入资金更新实验设备和装置,建立大企业重点实验室、试验基地、国家重点实验室、研究中心,部分大企业还集中科研资源,建立了企业科技园。三是形成标准管理体系。

为加强对企业技术标准的统一集中管控,形成技术标准体系,在集团总部层面建立负责技术标准战略规划、技术标准管理的相关机构;制定标准管理办法和流程,规范企业技术标准管理工作,提升标准编制质量;将标准制定、国际标准化作为公司科技创新工作评估及研究机构经营业绩考核指标;通过积极参与国内外行业技术标准制定、担任国内外技术标准机构的领导职务、主动与国际标准融合、搭建国际技术合作平台等策略和措施,大力提升公司技术标准的话语权,推进技术标准的国际化进程。

4)充分利用外部资源,广泛开展合作共建,形成有效的协同创新体系。一是开展联合研发。二是共建科研平台。三是开展产业链协同创新。例如,多年来,国家电网依托发展特高压重大工程,将国内电力、机械等相关行业的科研、设计、制造、施工、试验、运行单位和高等院校等资源整合起来,以科研为先导,以设计为龙头,以设备为关键,以建设为基础,开展联合攻关,在世界上率先全面攻克了特高压交流输电技术难题,建成了商业化运行的试验示范工程。在协同创新中,国家电网坚持作为创新链的发起者、创新目标的提出者、创新过程的组织者、参与者、保障者和决策者,创新成果的首次应用者及大规模商业化的推动者,成为创新联合体的核心主体,主导创新全过程。国家电网充分调动创新生态中各利益相关方的积极性,集中国内外的优势资源和力量,拉近创新成果与实际需求之间的距离,为创新过程赋予强大的动力源。

5)采取经济手段与行政手段相结合的方式,建立一体化的技术开发与成果推广应用体系。一是设立研发、设计、生产一体化专项。二是建立完善的科技成果转化制度与流程。三是采取分层管理的成果转化模式。四是科技成果的有形化。例如,中石化的"十条龙"科技攻关模式。自1991年起建立并开始实施"十条龙"攻关制度,对带有共性、关键性和对企业发展具有战略意义的重大科技开发项目,坚持实行"十条龙"攻关,即把企业内部的科研、设计、设备制造、工程建设、生产和销售等各方面的力量组织起来联合攻关,确保自主开发的技术以最快的速度实现工业转化,工业化成功后迅速大力推广。20多年来,中国石化形成了一批拥有自主知识产权的核心技术,已实现122项技术的工业转化,取得了显著的经济效益和社会效益。

6)建立激励约束机制,完善技术创新考核体系。一是加强对企业领导班子的技术创新业绩考核,将自主创新成果、产品推广应用等列入对企业领导班子的业绩考核。二是开展技术创新评价工作,制订专门的技术创新评价办法,建立技术创新评价指标体系(如科研成果产出、专利情况、科技成果转化等),对下属单位及研究机构的技术创新工作进行全面系统的年度评价,并与单位绩效挂钩,或者针对下属机构的技术创新能力进行评价,每年发布技术创新能力评价报告。三是开展科研人员绩效考核,采用个人岗位目标责任制,对创新项目团队的负责人和团队成员设置不同的绩效考核目标。对于项目负责人,依据项目团队取得的创新成果以及推广应用情况进行考核;对于团队科研人员,采用关键绩效指标与工作目标相结合的方式进行考核。宝钢集团有限公司(简称宝钢)的技术创新评价管理具有典型代表性。宝钢技术创新评价管理由技术创新体系能力评估和技术创新指标绩效评价两部分组成。体系能力包括统筹策划能力、外部资源利用能力、组织保障能力等;技术创新指标包括共性指标和个性指标,共性指标反映集团的总体要求,包括研发投入率、新产品销售率、专利申请量等指标,个性指标体现各子公司重点推进工作要求，如环境友好产品率、合理化建议经济效益等。评价管理采取季度跟踪和年度最终评价相结合的模式。年初，公司制订技术创新年度计划，确定集团及各子公司科技目标，下达至相关子公司。每季度进行绩效跟踪，通过技术创新例会（绩效对话会）进行点评。各单位技术创新年度评价纳入集团对单位负责人的年度评价。

2. 主要经验

1）紧密围绕国家需要，充分借助政府的协调和推动作用，是大企业技术创新体系建设的关键。航天科工、中石油、中国移动等一批央企正是靠着围绕国家重大需求，紧密结合公司发展需要，不断提升完善主营业务领域核心技术，持续开展前瞻性基础性研究，才逐渐完善建立起公司的技术创新体系。大企业众多重大创新成果就是充分发挥了集中力量办大事的制度优势。

2）坚持战略目标导向，主营业务驱动，强化顶层设计，保障资金和人才投入，是大企业技术创新体系建设的核心。大企业技术创新体系建设是一项复杂的系统工程，需要长期持续的资源保障，领导班子应始终高度重视企业技术创新体系建设，做好资金、人才和制度保障，增强技术储备，不断培养创新文化氛围，确保技术创新体系建设的顺利开展。

3）依托重大工程项目，采取研发设计制造生产一体化运作模式，是提升大企业技术创新体系建设水平的有力抓手。近年来，大企业通过牵头组织国家重大工程项目，在攻克技术瓶颈、解决技术难题的过程中采取了协同创新、集成创新的管理模式，打通创新链条，整合利用内外部创新资源，不仅突破了关键核心技术，有效解决了科研生产脱节、科技成果转化慢的问题，还加强了企业在创新中的主导作用，提升了自主创新能力，如中交集团所承担的粤港澳大桥这一世纪工程的建设。

4）立足全面提升自主创新能力，大力开展原始创新，深化引进消化吸收再创新，积极推动集成创新，是完善大企业技术创新体系的重要途径。多年的实践表明，坚持在引进消化吸收的基础上，依靠自身能力大力组织开展原始创新，加强集成创新，不断增强自主创新能力，走自主发展的道路，是大企业技术创新体系建设的价值和意义所在。尤其是在经济日益国际化、国际竞争日趋激烈、中国技术发展已经开始从跟踪模仿向赶超引领阶段转型升级的背景下，依靠先进国家转移产业技术的"雁形模式"和传统的技术引进方法已无计可施，一些国外跨国公司为了保自己的"饭碗"也不愿意再转让先进技术，也没有我们希望想转让的技术。因此，大企业在技术创新体系建设过程中，必须正确处理好原始创新与集成创新、引进消化吸收再创新的关系，突出"以我为主"的引进消化吸收再创新，集成利用各种创新要素，增强自主研发能力，突破关键核心技术，掌握一批"杀手锏"，努力占领未来科技发展制高点。中石油的地震资料处理技术，中石化的MTO技术，中国铁建的盾构技术，国家电网的特高压技术以及中国移动等的第三代、第四代移动通信技术，华为的5G，"墨子"号量子通信技术，华大的基因技术，大疆的无人机技术等，都是这方面的成功案例。

大企业技术创新体系建设的成功做法、成功经验和体会，对于推进大企业技术创新体系建设具有借鉴和指导意义。未来随着世界科技发展所呈现的新趋势和国家经济社会发展提出的新要求，大企业技术创新体系建设将持续完善，技术创新能力将稳步提升，在国家实施创新驱动发展战略中将进一步发挥好引领作用。

（二）中小企业的微创新

20世纪90年代以来，中国经济进入了持续增长的良性发展时期。从产业组织结构的角度来看，推动这一经济增长的主角并不是传统意义上的国有大企业，而是包括乡镇企业在内的广大中小企业。国家统计局数据显示，2015年，全国企业法人单位数为1259万多家，其中国有控股企业法人单位为29万多家。2016年末，全国规模以上中小工业企业（简称"中小企业"）37.0万户。但是，我国中小企业在迅速发展的同时也日渐暴露出各种问题：创新资金不足、技术装备水平落后、科技人员严重不足、政策环境不优越等，技术进步和技术创新已成为制约中小企业发展最突出的因素。中小企业技术创新问题已经引起了全社会的普遍关注。

1. 技术创新是中小企业发展的必由之路

20世纪以来，由于世界范围内科学技术突飞猛进的发展，使得社会生产方式和生活方式发生了重大的变化，知识和智力资源的占有、配置、生产和运用已经成为经济发展的重要依托。世界各国尤其是发达国家的产业结构、产品结构和企业结构都发生了重大变化，新兴产业特别是"互联网+"为代表的信息产业的迅猛发展促使传统产业不断发生变革，新产品层出不穷，高科技产品在社会生产中所占比重日益提高。各个国家都在加紧确定和调整发展战略，其重点就是提高技术创新能力为主要指标的核心竞争力。

以市场为导向，以提高产品竞争力为目的的企业，技术创新活动是促进经济发展的核心因素。如果一个企业缺乏创新的技术，其劳动生产率越高，产品可能积压越多，亏损越严重。因此，当前中国广大中小企业还必须针对供给侧结构性改革的产业与市场目标，认清发展的关键不仅是提高劳动生产率，而更要提高企业的技术创新能力，提高产品中的技术含量与品质，并以市场为导向、按照高新技术产业发展的要求，积极调整自己的产品结构。总之，适者生存，中小企业只有走创新之路，才能从根本上提高企业的竞争力，也才能在激烈的竞争中求得生存和发展。

2. 中国中小企业技术创新的现状和问题

近年来，在国家自主创新和"双创"战略的引领下，中国中小企业从事技术创新的积极性有了很大程度的提高，技术创新水平也有了一定程度的提高。有资料显示，改革开放40年来，约65%的专利是中小企业提供的，75%以上的技术创新由中小企业完成，80%以上的新产品由中小企业开发。但从总体上来看，中国中小企业技术创新水平仍然不高，无论从创新意识、创新能力还是从创新投入、创新成果及创新效益来看，都还处于较低的水平。研究开发投入、科技人员比例等指标不仅远低于发达国家水平，也低于国内大型企业的水平。

目前，制约中国中小企业技术创新进一步发展的障碍主要体现在三个方面。

（1）技术人才短缺

技术人才是现代企业最宝贵的资源，在技术创新飞速发展的今天，科技人才的作用尤为重要。但中小企业中缺乏技术人才是世界各国都极为普遍的现象。

中国绝大部分中小企业的从业人员主要来自农村剩余劳动力和城镇新增劳动力，文化水平普遍较低，大部分人缺乏工作所需的技能训练。科技人员和管理人员不仅数量不足，技术水平和管理水平也相对较低。更为严重的是，迄今为止，大部分中小企业对各类技术人才和管理人才仍然缺乏吸引力，与外资企业、合资企业和大型国有企业相比，中小企业在人才竞争上明显处于劣势。

（2）资金短缺

资金短缺常常是中小企业技术创新的主要障碍。从外部融资环境来看，无论是直接融资还是间接融资，中小企业都感到困难重重，主要原因如下。

1）资金获取来源过于单一，融资渠道越来越少。

由于直接融资方式对资金使用者要求较高，限制较多，而且中国资本市场也没有专门针对中小企业的融资安排，中小企业进入资本市场直接融资的障碍大，从而转向间接融资。据国家信息中心的调查结果，有65.7%的中小企业资金来源主要依赖各种金融机构。但目前,随着金融体制的改革,银行向大型化、城市化发展,适合中小企业的融资渠道越来越窄。

2)银行信贷政策偏重于大企业。

随着国有银行逐步向商业银行过渡,为降低不良的资产比例,加强与实力雄厚的外资银行竞争,各银行纷纷推出各自的信贷政策。当前银行信贷主要向个人贷款和建设项目集中,对工业及实体贷款减少。且在对工业贷款的份额中,90%的新增贷款投向数量不足5%的AA级大型企业。而对中小企业的贷款,银行普遍认为大多数是流动资金贷款,规模小且分散,工作量大,融资服务成本高且收益少,加上信用担保机制及其体系的不健全,因此,当前银行的信贷政策实际上并没有向中小企业倾向。

(3)信息资源短缺

外部信息是企业认识技术和市场机会的重要基础。大企业一般较易获得国家、行业智库和信息机构的服务,信息渠道也较多。中小企业由于资金不足、人才不足,搜集外部信息的广泛性、准确性和及时性较差,导致中小企业在技术创新中的信息来源相对较窄、较迟,往往不能有效地抓住机会。

3. 大力推进人力资源开发是中小企业成为隐形冠军的必由之路

(1)构建有效的人才激励机制

汇集并不断壮大企业的人才队伍,进而最大限度发挥其智力潜能,关键在于建立有效的人才激励机制。

(2)优化人才汇集环境

在企业内部,应通过各种方式营造尊重知识、尊重人才的氛围,包括张扬个性、不求全责备、尽力满足人才的多层次需求;充分放权、授权、委以重任,予以实现个人价值的发展空间;倡导和营造创造性、自主性、人情化的企业,形成宽松和谐、奋发进取的独特文化氛围,产生对优秀人才的吸引力、凝聚力和感召力,进而迸发出巨大的创造力和竞争力。

(3)引进和培养技术创新人才

在这方面,许多中小企业的一些经验,值得推而广之。近几年,金华、余姚等地采取关系不转、户口不迁的柔性用人机制,吸纳数千名"候鸟教授""飞行博士"为中小微企业提供研发服务,绩效明显,值得学习借鉴。为此,中小企业成为技术创新的隐形冠军,提高其技术创新能力,引进和培养技术创新人才就显得极为重要。首先,要建立全方位的人才吸引机制,开辟人才竞聘"绿色通道",鼓励和吸引科技人才加入中小企业队伍。其次，建立多层次的教育培训机制，大力培养经营管理人才、专业技术人才、职业技能人才。再次，在企业内部建立有效的激励机制。多数中小企业在当前仍然受规模和财力的限制，在薪资水平上无法同其他所有制的企业相抗衡，对核心技术人员的吸引效果受到了很大限制，于是让核心技术人才持股成为越来越多中小企业的共识。让企业员工尤其是关键创新性人才拥有企业股权是一种长期的激励机制。股权分配从实质上是实现了对人才的激励和约束的双重功效，既体现了人才自身价值，又降低他们离职可能性和短期行为发生的可能性。股权激励在具体应用上现在已发展出了技术配股、岗位干股分红权、股票期权等多种形式。

4. 大力加强中介服务机构的建设

中介服务机构是知识技术流动传递的一个重要环节，它可以有效地解决科技成果转化难的问题，为知识技术的供求提供一个适宜的场所。最近几年来，各级政府推出了加强科研成果转化的一系列措施，以建设技术创新的支撑服务体系。

21世纪的今天，在"互联网+"为代表的新经济和全球经济一体化等外部因素的共同作用和影响下，中小企业的内外环境已经发生了实质性的变化。这种变化了的环境对中小企业来说，既是机遇又是挑战。2003年1月1日，《中华人民共和国中小企业促进法》（以下简称《中小企业促进法》）正式实施，2017年9月1日，第十二届全国人民代表大会常务委员会第二十九次会议表决通过了中小企业促进法修订案，修订后的《中小企业促进法》自2018年1月1日起施行。作为一部保护中小企业合法权益的法律，它将使中小企业发展的外部环境得以宽松。为了适应变化了的外部环境，中小企业必须要走创新之路，在变化中找机会，克服发展过程中的"瓶颈约束"，实现进一步的可持续发展，进而走上国际化经营的道路。

5. 选用合理的技术创新模式

中小企业在技术创新中，往往采取模仿和引进战略，对引进技术的消化吸收和再创新能力差，成果转化率低，不能进行二次创新，容易陷入"落后——引进——淘汰——再引进"的恶性循环中，企业需要不断地支付外国的巨额专利技术使用费和技术转让费。另外，中国的中小型企业还存在着成果转化率低的问题，据统计，全国只有20%左右的科技成果转化投入试生产，最终转化为产品。而最终转化为商品并能形成产业规模的不足5%，远远低于欧美发达国家45%的转化率。

只有切实提高中小型企业对科技成果的消化吸收和转化能力，才能真正发挥中小企业作为技术创新重要主体的作用。

由于中国中小企业大多数重引进轻消化，重引进硬件轻引进软件，重技术引进轻管理匹配，尤其是关键岗位的工匠培养与制造强国差距较大，不安分、不坚守、不专注的一线"软肋"，很难使中国中小企业的制造形成有自主产权的产品和专有技术。因此，注意引进后的消化吸收微创新与"工匠精神"的培养是中小企业壮大的"基因工程"，是一条艰辛漫长的道路。

6. 加强政产学研之间的互动，形成相应的互动机制

对中小企业来说，持续改进和提高创新能力的方式就是通过政产学研结合，提升自主创新能力。在自主创新中，充分运用国家"双创"等政策支持，发挥企业、大学和研究机构各自的优势，通过各种形式加强彼此之间的联合是一条成功的重要途径。中小企业研究力量比较弱，对于多数企业很难的技术问题，可能研究院、大学以及产业链上游的核心企业等已经解决了，或者唾手可得。

首先，中小企业要树立自身的互动意识。知识经济的到来，促使知识成为企业生存、发展和获取竞争优势的关键性核心资源。企业生产经营、产品开发所需的知识并不只是来源于企业内部，往往更多是从外部吸收。从外部吸收知识的过程，要求企业不断地培育和拓展各种网络空间，包括与顾客尤其是为其服务的创新链中龙头企业、供应商、分销商、大学、研究机构等主体的联系合作与分享。

其次，要建立相应的互动机制。网络联系的建立需要投入，企业必须在战略上和内部管理上积极支持，尤其是企业关键的"桥梁"人物，对其的激励和支持不仅要体现在个人收益上，而且要给予更多的机会去接触外部新的知识源，并支持其将新吸收的知识内化为企业内部的改进、改善与利用。因此，企业自身互动意识的提高，才能推动企业不断吸收新思想，抛弃旧有的观念，才能实现"习惯学习""终身学习"的目标。

最后，积极融入大企业、大集团的产业圈、价值链与生态平台，在为大企业、大集团提供定置化配套与价值细分的产品服务上做精、做透、做深，成为大品牌价值链与全球创新生态平台上重要的一环或不可缺失、永不松动的一颗"螺丝钉"，共享发展机会与生态资源，打造"隐形潜艇"，不断推出"爆品"，力争成为企业生态中掌握独门绝技的隐形冠军或"独角兽"。

二、专利战略与知识产权的保护和管理

（一）专利战略落后是中国企业的一个硬伤

从国家知识产权局的统计数据来看，2016年，中国国际专利申请量达4.31万余件，较前一年增长44.7%，商标国际注册申请量排名世界第四。

截至2016年底，中国国内发明专利拥有量达到110.3万件，是继美国和日本之后，世界上第三个国内发明专利拥有量超过百万件的国家。根据世界知识产权组织公布的2016年国际专利申请数据，中国的华为技术有限公司和中兴通讯股份有限公司在申请总量排名中位于前列。

专利对一国企业竞争力提升具有十分特殊和重要的作用，特别是对现阶段中国经济的发展异常重要。一般规律是一个国家在达到中等收入阶段以前的快速发展时期，主要依靠人力资源、自然资源、资本投资来推动经济增长。而欧洲、北美和日本的生产潜力增长的巨大源泉是那些永无止境的发明和技术创新的涓涓细流。一些发达国家之所以繁荣不衰，成功跨越中等收入陷阱的主要秘诀是拥有大量专利支撑的自主创新。

从整个中国经济来看，包括东部发达地区，人力资源正在遭遇刘易斯拐点，劳动力红利正在消失；环境存载能力已亮起了红灯；自然资源已经出现匮乏和枯竭状况，不但优势荡然无存，而且成为未来中国的短板和制约因素。资本投资的不可持续性已经暴露无遗，而且大量的投入没有引导与适应消费升级的新需求支撑，一方面造成产能过剩的极大浪费；另一方面，又"暗度陈仓"、转弯抹角流向高位高危的房地产，埋下更大危机的"地雷"。发达经济体的成功经验告诉我们，成功跨越中等收入陷阱，必须依靠科技创新为核心的自主创新。

但是，企业技术创新有两个特点：首先，技术创新是一种产出，投入大、风险高。例如，新药的研制离不开制药公司花费上亿元用于研制和测试；聪明而又幸运的人可以取得巨大回报，但也有很多失败的发明者或公司，最终以囊中空空如也而告终。其次，技术创新又是一种公共品。这就意味着，它可以同时被很多人使用而不被损耗。与此同时，产生这种发明的代价很昂贵，但复制它的成本却很低廉。技术创新的这些特性导致了严重的市场不灵，它意味着由于其他人可以很容易地复制这些发明，而使得发明者有时很难从其发明中获取合理的回报。而且，越是基础性的研究，市场不灵的程度也会越高。所以，政府必须给予更多的

关注与法律保护，以确保那些发明者能有足够的动力来从事研究开发工作。因此，关注和保护知识产权，不遗余力地保护专利及知识产权，依法打击侵权行为，让侵权者付出违法成本与沉重代价，为那些创新性的活动提供足够的市场回报，是政府依法治国、推动自主创新的基本职能。若企业一味任性地追求"短平快"的"山寨"版、"野蛮成长"，政府对"克隆"的技术发展模式又"睁只眼闭只眼"，放宽或放任专利等知识产权的侵权行为，不仅严重打击企业自主创新的积极性，更严重损害企业乃至国家的创新生态与国家的形象。

中国企业专利战略即获利落后发达国家绝对是中国经济的硬伤。中国经济的转型升级与可持续发展只能依靠自主创新来向前推进。这种硬伤不治愈，中国经济转型升级与可持续发展前景堪忧。

目前可喜的是，愈来愈多的有识之士尤其是国家治理的顶层设计者、决策者、企业家精英们形成了前所未有的共识：在竞争性强的一切经济领域，必须让市场的无形之手充分发挥作用，但科技创新、发明创造等知识产权必须依靠政府有形之手来严加保护。

（二）特斯拉开放专利的战略举措值得思考

美国时间2014年6月12日，特斯拉公司CEO埃隆·马斯克在公司官方博客上发表了一篇题为《我们所有的专利属于你》的博文，宣称"我们本着开源运动的精神，开放了我们的专利，目的是推动电动汽车技术的进步。""任何人如果出于善意想要使用特斯拉的技术，特斯拉将不会对其发起专利侵权诉讼。"之后，马斯克的这一举动，为特斯拉赢得了来自业界诸如"颠覆""史无前例""有勇气的创举""值得尊重"等评价和赞誉。

2017年的一项调查显示，特斯拉至今已积累了近300项美国专利及技术应用的专利组合，加上已拥有的国际专利，专利总数高达近700项。这些专利主要集中在电动汽车的电池结构、电池管理及发动机领域，都是电动汽车业中重要乃至核心的技术，甚至是影响电动汽车厂商生死存亡的"命脉"，厂商们通常会为专利设置严格的保护机制。那么，特斯拉为何大方到了做"活雷锋"的地步？这一事件显然不是马斯克要体现名垂青史的个人英雄主义的一时冲动，而是特斯拉董事会深思熟虑后所做出的重要战略决策，其背后有着高深的战略思维。

1. 通过开放专利撬动行业发展，进而壮大自己

尽管业界对特斯拉开放专利事件存在各种各样的不同看法，尤其是怀疑其开放的专利能否得到有效移植和使用？但这一事件仍将成为加快全球电动汽车行业发展的催化剂，正如特斯拉全球副总裁、中国区总裁吴碧瑄所言："公开专利是希望透过开源，让更多人参与研发电动车技术，进一步推动电动车发展。"

然而，问题是这项看起来"任重道远"的工作并不是特斯拉的责任或义务，那么特斯拉为什么要推动电动汽车行业的发展？通过分析电动汽车在整个汽车行业中的地位及其所处的发展阶段，就可以清楚地回答这个问题。2013年，包括混合电动车和纯电动车在内的插电式汽车在美国的销售量为9.6万辆，仅占美国汽车总销售量不足1%，而纯电动车只占了其中的一半（即不足0.5%）；据加州大学戴维斯分校的统计数据，在2010—2013年，全球电动汽车市场累计销量约为50万辆，而仅2013年一年，全球燃油汽车的销售量就首次突破了8000万辆，而特斯拉"Model S"纯电动车的全球销量仅为2.23万辆。可以看出，电动汽车在整个汽车行业中所占比重还非常低，并且处在行业成长的"婴儿期"。马斯克对此形势有着清醒的认识，"电动汽车项目在大型汽车厂商中的规模都很小，有的甚至完全没有开发这类业务"。但这一战略实施近4年，特斯拉在2017年度销售量为10.3万辆，总销量已接近30万辆，前景一片光明。

准确制订战略的前提是准确把握企业及其行业所处的发展阶段，从这点看，特斯拉通过开放专利来推动行业发展的思路无疑是准确的。在行业中共享自己的知识，可以让目前还没有掌握关键技术的汽车厂商快速进入研发试制阶段，同时还可能吸引更多大型厂商加速产品研发和扩大产能规模，最终一起把"蛋糕"做大。壮大了产业，对特斯拉无疑是有利的，比较明显的好处是其自身规模也会随行业规模扩张而增大，而更深层次原因则是特斯拉与其他大型汽车厂商相比，它只生产纯电动汽车，产品类型极为单一，因此特斯拉急切希望有更多厂商加入电动汽车行业，而开放技术专利将大大降低行业进入壁垒从而实现这一目的。随着行业中企业数量和密度的增加，电动汽车行业及企业通过特斯拉的"开闸放水"存在的"水涨船高"的可能性和合理性也会随之增高，产业所推动的市场容量也会随之扩大，这将使其在市场竞争中拥有更多话语权。因此，特斯拉开源在很大程度上是外部环境倒逼的结果。但即使如此，我们也必须承认，其通过开放专利来撬动行业发展、营造电动机车的生态，进而"众人拾柴火焰高"并赢得自身发展的思路是高明与出人意料的，其实质是为了营造出更快发育成长的良好企业生态环境。

2. 通过开放专利提高其技术标准普适性，进而掌控行业未来发展

相比于苹果公司与三星之间的知识产权纠纷案，特斯拉开源充分体现了"开

放、平等、协作、分享"的互联网精神。事实上,通过开放专利获得自身成长的企业案例也并不少见,但常见于IT企业,能够在汽车制造,包括整个制造业方面进行如此彻底的开源,特斯拉当属首创。人们更愿意相信,特斯拉如此大胆的创举,绝不仅仅是为了构建一个"共同而快速发展的技术平台"和体现互联网精神,在事件背后还隐藏着它试图掌控电动汽车行业未来发展的巨大雄心壮志。

对于处在起步阶段的电动汽车行业而言,目前最大问题是各家厂商的市场标准不统一,尤其是电池技术和充电技术方面更是存在着差异很大的不同标准。例如,在电池方面,特斯拉使用了独特的钴酸锂电池,而丰田、本田、通用等厂商则选用其他类型的电池;在充电方面,电动汽车充电接口目前已经有三个标准,而特斯拉所采用的标准则较为独立,其充电站只能为特斯拉品牌车型充电。标准的不统一使得原本就没有规模优势的电动汽车推广起来显得极为困难。

客观地讲,由于特斯拉目前在技术方面的先发优势,加之已经形成的产品品牌知名度,尤其是特立独行的"钢铁侠"马斯克自带的"黑洞"般的"吸粉力",其专利技术对很多厂商而言都是"抵挡不住的诱惑"。将专利共享给竞争对手,特斯拉看起来好像吃了亏,但实际上竞争对手一旦采用其专利技术,就等于纳入了特斯拉构建出的"共同技术平台",最终会提高特斯拉技术标准的普适性。而这套逻辑不断"上演"的最终结果很可能是,特斯拉被推选到行业标准制定者的"王者"之位。如果它能够持续保持现有的技术优势和平台优势,那么毫无疑问,在不久的将来,特斯拉将成为行业发展的掌控者,这也正是目前很多厂商对是否采用其技术标准犹豫不决的重要原因之一。

3. 通过共享充电站网络及商业模式,形成平台优势

对燃油汽车而言,燃油是车辆行驶的必需品,因此燃油销售比汽车销售有更为惊人的利润。电动汽车(尤其是纯电动汽车)也是如此,电力就是其正常使用的必需品,可以预见的是随着电动汽车保有量的不断增加,充电服务必然会成为更丰厚、更持久的收益来源,有人甚至用"印钞机"来形容该业务创造利润的速度。面对这项利润丰厚的业务,特斯拉则做出了更为惊人的举动,即由它建设的所有超级充电站全部终身免费使用,这将成为吸引消费者选择特斯拉车型的巨大"磁场"。而且在特斯拉的计划中,其他能够满足其充电技术标准的电动汽车也将免费享受这项服务。特斯拉使出这个"免费午餐"大招的目的是什么呢?

正如前面提到的,特斯拉超级充电站的技术标准独立于其他标准,为了让其充电站有更高的使用率,马斯克反复强调"我们很乐意分享超级充电网络,但条件是

其他厂商的汽车必须满足超级充电站的标准,并且接受特斯拉不收取充电费用的商业模式"。也就是说,使用特斯拉的充电设施并不是无条件的,一家厂商如果想要使用或建立相同的超级充电站,就必须全面采用其技术标准,且不必缴费或收费。

这项看起来颇有吸引力的"霸王条款",其实具有很强的合理性。首先,尽管各国已纷纷开始建立相应的电动汽车标准和充电站标准,但由于特斯拉早在2009年已经建立了完善的技术体系,并在2012年就已经开始大规模建设超级充电站,加之建设充电站的成本不菲,对其他厂商而言,相比于自行花费数年时间和大额资金构建自己的平台,直接使用特斯拉的平台显然要划算得多。其次,目前特斯拉的超级充电站无论在数量上还是在分布上,都具有明显优势,且更诱人的是它不收取任何费用,这将吸引大量的消费者来购买特斯拉车型,待市场保有量到一定水平后,特斯拉势必会形成强大的市场竞争优势。最后,特斯拉的技术标准越被广泛使用、消费者数量越多,它就会越快筹集到足够的"筹码"来进行市场谈判,从而进入任何它想进入的区域市场。例如在中国,特斯拉的充电站建设计划未能获得国家电网支持,只得自建充电站,而国家电网在今年启动的建设项目并不兼容特斯拉车型,在这种情况下特斯拉急需拉拢其他厂商、提高技术标准普适性并扩大消费者数量,从而形成强大的市场标准,来对抗中国这一区域的技术标准。

不过,超凡人物毕竟有惊世过人之处。正当中美贸易摩擦难解难分之时,逆袭而上的马斯克与中国上海签署投资协议,成为有史以来上海最大的外商独资制造业项目,也成了中国改革开放40周年具有里程碑意义的事件。他又一次成了"吃螃蟹"的勇士,再一次一鸣惊人。与此同时,也证实了中国进一步扩大开放的自信,极大地提振了外资企业在华的信心与降低资本流失的预期。对中国坚持扩大开放、维护多边贸易的政策是十分有效地解释与证明。当然,中国地方政府所给予的回报也不仅是市场开放的政策,可能还有包括马斯克最需要的充电站建设等诸多市场便利环境的开放。

总体来说,特斯拉开放专利事件中至少有三点值得学习借鉴。第一,特斯拉开放专利行为这一事件本身启示我们,企业所拥有的专利、技术等知识的价值并不在其本身,而如何让这些要素形成竞争优势才是关键。第二,特斯拉通过推动行业发展来实现自我发展的思路,恐怕是很多企业难以做到的,对比商界中每天都在上演的"你死我活"的竞争,我们不得不承认特斯拉及马斯克本人已经具备了成为行业领袖的心胸和气魄,马斯克不是在领导一家优秀的企业,而是在经营一个新兴产业的巨大平台。第三，特斯拉通过吸引竞争者加入共同的技术平台从而努力成为行业标准制定者的思路，告诉我们在"互联网+"时代，行业中的组织、技术、知识等将处在无边界状态，重要的不再是哪家企业的原始规模更大，而是看哪家企业能够构建出一个有效的生态平台，能够让整个行业及其要素在这个平台上合理运转，那么这家企业就成了整个行业的组织者和领导者，也自然成了远航的舵手企业，而特斯拉的思路无疑将"互联网+"时代科技创新与商业模式创新融合体现得淋漓尽致。

（三）创业公司如何保护自己的知识产权

一家创业公司能在商业竞争中获得市场的认可，势必是在公司产品、运营、技术甚至下游的销售渠道等方面建立了自己的差异化或核心优势。构建这种优势的过程中产生的专利、商业秘密、版权甚至商标，都是这家公司的无形资产。

无形资产的商业价值在哪里？它不仅可以成为银行贷款的质押品，甚至可以在知识产权技术交易平台上交易：例如原有产品上的一款技术现在被最新研发的技术替代了，原有的技术就可以在技术平台上售卖给需要的厂商，获得一笔资金。不过在国内，知识产权被侵权的情况很常见。

一个普遍的现象是，很多创业公司在初创期往往会忽略对知识产权的保护。因为创业公司，往往没法像大公司一样有充足的预算和时间来做产权保护，在整体知识产权环境还没有充分改善的前提下，大公司都经常会吃知识产权的哑巴亏，就更不用说那些还在生存边缘的创业公司了。

但是一个比较好的趋势是，近几年无论是专利申请数量的攀升，还是知识产权立法、司法层面的完善，都显示出国家、企业与市场对知识产权的保护意识正在不断增强，同时维权成本也在降低、侵权成本在增高，法院在判罚时更倾向于保证被侵犯人的利益。

2014年开始，国内独立的知识产权法院相继建立，从原有的法院体系中剥离，这降低了维护权益的成本。除此以外，司法意见指明需要提高知识产权侵权案件的判罚金额。

对比以往，如今中国知识产权保护的大环境正在逐渐好转，创业公司从创业早期就应该开始布局自己的知识产权保护，做好防御性工作，而不是等到被侵权以后再诉诸法律，浪费很多时间和精力，甚至还要遭受商业利益的损失。

另一方面，寻求法律帮助的手段也越来越多样化，很多投资机构都会同时给创业者提供法律援助，也有一些专门提供法律服务的创业公司开始出现，这些都大大降低了创业公司保护自己知识产权的门槛。

1. 创业公司应该注重哪些知识产权的保护

知识产权主要分为商标、专利、版权、商业秘密等类型，不同业务类型的创业公司需要关注的侧重点也有所区别。

对所有公司来说，商标权是绕不过去的，只要创始人未来想拓展自己的业务并且不断壮大，就需要做商标的注册。

对于那些在化工、医药等发展速度较慢的行业，某些以研发为重，并且盈利主要来自以该技术为核心的几款产品的公司，尤其要注重对专利的申请，尽管其可能耗时且费用较高。

以内容作品为核心的公司则需要重点做好著作权的登记和保护，这样一旦作品被侵权就可以对自己的创意有所证明。当然做内容的公司更应该洁身自好，不去抄袭别人的作品。

对于一些不愿公开的商业秘密，例如一家以营销为主的互联网企业，其客户名单或合同底价就是一个商业机密，这种内容可以在早期通过一系列方式保护起来，一旦被泄露或侵犯，企业可以追究相关个人及公司的法律责任。

2. 申请知识产权保护的最佳时间点

和美国商标采用"使用在先"的原则不同，中国的商标遵循的是"注册在先"原则，也就是说谁先注册谁就能得到保护。商标注册一定是越早越好，这个市场上有专门的人做抢注，还有竞争对手，这两类人都会盯住你。因此，在公开发布之前一定要确保商标已经进入申请流程，至于是否能最终通过审核那就要看运气了。

版权的保护则比较简单，因为作品一旦完成版权就已经形成，此时可以去当地版权局申请，且费用并不贵，公司自己就可以完成。

商业秘密的保护需要在创业初期就确立下来。公司的创始人肯定清楚公司的核心竞争力在哪里，需要保护的内容有哪些，越早确立，商业秘密的保护成本就越低。

技术驱动型公司无法绕过专利保护，而专利的申请是比较耗费精力和财力的事情。有精力和经费的话，也可以在技术研发成功后申请，如果各方面暂时比较耗费精力，可以先当作专有技术保护起来，然后再申请。

3. 四种知识产权类型的保护技巧

（1）商标

很多创业公司给产品取名时，只考虑到产品宣传是否朗朗上口，并不会思考未来能否把它注册成商标。随着企业的发展壮大，想要注册商标时才发现这个名字不能注册，给公司带来了很大损失。

因此在给产品以及公司取名字之前，可以先在中国商标网查询是否已经有类似的商标。如果要做得严谨的话还是要找代理去查，主要是因为其有一个比较全面的数据库。

《商标法》也明确规定了多类不能成为商标的名词，如国家名、黄金、机器人等明确规定某一类产品的名字以及其他有损公共风俗的词汇。

若想未来成为一个目光远大公司的缔造者，创业者最好在设计公司商标名称时就要融入远景、企业核心价值观及企业文化的关键用语和核心意境，使其从诞生时就具有鲜明的个性。

（2）专利

专利从类型上可以分为发明专利、实用新型专利和外观设计专利。

这两年，很多公司提出了新的商业模式，不过法律明确规定了智力活动的规则和方法不能成为专利。但也可以处理得巧妙一些，例如拆解自己的商业模式，并将其放在一定的载体上，作为专利保护起来。

（3）著作权

文艺作品、软件都能申请著作权，版权是一旦作品完成就形成了，去当地的版权局登记则是为了在可能产生纠纷的时候让证明更加充分。

除了登记，还有一些小技巧。例如开发软件时，可以写一些没有特殊意义的字符，相当于在软件代码中埋下一些伏笔，如果竞争对手抄袭了你的代码，这些无意义的字符就是非常好的证明。

（4）商业秘密

商业秘密的保护需要一个完善的体系。首先，要给接触这些商业秘密的人设置权限，同时让这些会接触到机密的员工、投资人等最好都能签署保密协议，让他们了解自己有保护商业秘密的法律责任，一旦泄露是要受到法律追究的。其次，要对商业秘密做分块处理，一个人只能接触到其中的一部分，全面了解的人只能是极个别的核心成员。最后，物理隔离也是一种好方法，例如带有核心机密信息的电脑上不设置USB接口，或是涉及一些商业机密的部门员工的电脑不允许连接外网，等等。

4.被侵权了应该如何处理

商标权、版权等被侵权的情况下，创业者可以直接采取坚决维权的态度，提起司法诉讼，这是最直接有效的自我保护方式。

如果是专利技术被侵权，建议创业者首先考虑是否有维权的必要？维权的输赢会给公司带来哪些影响？有的诉讼即使打不赢，依然可以获利，有时候则是打赢了还可能亏本。例如一家公司拥有的技术专利，被很多同行企业侵权使用，但这可能就是培育市场的一种途径，这种时候这家公司可以选择视而不见，因为花精力去维权其实并不一定会给公司带来什么收益。微软在中国对盗版软件的态度就是类似的道理，抓大放小，"放水养鱼"。

5.怎么确保自己不会无意识地侵权

创业者不仅要防范自己被侵权，有时候也要注意，不要在没有做市场调研的情况下，无意识地侵犯了别人的知识产权。这种情况同样可能给公司带来很大的利益损失与灾难性后果。

三、"工匠精神"的培养与传承

随着现代机器化大生产对传统手工业的取代，传统工匠逐渐从历史舞台中退出，于是有观点认为"工匠精神"已经过时，然而事实并非如此。据统计，截至2013年，全球寿命超过200年的企业，日本有3146家，为全球最多，德国有837家，荷兰有222家，法国有196家。为什么长寿企业"扎堆"这些国家，是一种偶然吗？它们长寿的秘诀是什么呢？答案就是：他们都在传承着一种精神——"工匠精神"。

（一）用"工匠精神"解决中国制造"短板"刻不容缓

高品质产品、较大部分非低端、"中国制造"的母机——高端设备等仍主要依赖进口，这是中国制造的最大困境。究其原因，根据笔者长期到企业调研的情况认为，缺乏"工匠精神"是其中关键之一。

尽管目前许多企业引进了不少高精度设备，甚至其原材料、刀具、检测设备、软件等也是配套进口的，但最终加工出来的产品，尤其要经过多工步装配的部件或整机与原装的效能、返修率、寿命等指标上普遍有差距，个别甚至很突出。其根本原因是每位工艺线上的操作者的"用心"程度问题，这种对职业的热爱和对规程的敬畏，对产品和工艺的精益求精的执着与追求，用一般意义上的技术指标与"公差""精度"等是不能测量的，而唯一的标准是"工匠精神"。

美国兰德公司曾花20年时间，追踪了500家世界大公司，发现其中百年不衰的企业有一个共同的特点：人的价值高于物的价值，共同价值高于个人价值，社会价值高于利润价值，用户价值高于生产价值。人是创造社会财富和推动历史发展的主体。因此，"工匠精神"的核心不仅仅是把工作当作养家糊口与赚钱的手段，而是树立一种对工作执着、对所做的事情和生产的产品精益求精、精雕细琢的精神。有些人认为工匠精神只能在技术工种上得以体现，其实不然。"工匠精神"是一种对产品和服务完美而近乎苛刻的追求，是对"极致"的求索。目前的中国是一个制造大国，距离"制造强国"和"创新强国"还有非常长的路要走，更需要大力弘扬"工匠精神"。

2017年春节，615万中国出境游客境外消费达1000亿元，人均花费是其他国家游客的3.5倍，从奢侈品到电饭煲、马桶盖，无所不买。要知道，跻身全球第二大经济体的中国，有约220种工业品产量居世界第一，是名副其实的制造业大国。千亿元购买力"肥水外流"的背后，正是我国制造业"大而不强"的尴尬所在。在中等收入人群规模不断扩大，品质消费迎来爆发性增长的今天，我们靠什么赢得人心、留住消费、收复市场？

截至2016年底，我国产业工人总数达到3.91亿，全国高技能人才4504.5万，仅占产业工人的11.5%，与发达国家高技能人才比例超过35%相比，我们国家还存在较大差距。由于产业工人整体素质和技能水平不高，中国劳动生产率水平仅为世界平均水平的40%，相当于美国的7.4%。简单地说，一个美国人创造的财富，相当于我们13个人创造的财富，这也是我国工业制造"大而不强"的主要指标之一。在市场竞争日益激烈、"中国制造2025"号角吹响的今天，我们靠什么赢得主动、成就梦想？

综观世界工业发展史，工业强国都是拥有技师技工与工匠的大国。在日本，整个产业工人队伍的高级技工占比40%，德国则达到50%。而在我国，这一比例仅为5%左右，全国高级技工缺口近1000万。可见，要实现我国从制造大国向制造强国的华丽转身、建设高素质产业工人队伍、打造更多"大国工匠"已是当务之急！

1. 深刻认识"工匠精神"的时代内涵

《说文》里记载："匠，木工也。"今天作为文字的"匠"，早已从木工的本义演变为心思巧妙、技术精湛、造诣高深的代名词。根据辞海的解释，"工匠"指的是有一定工艺专长的匠人。《周礼·考工记》曰："百工之事,皆圣人之作也。烁金以为刃,凝土以为器,作车以行陆,作舟以行水,此皆圣人之所作也。"在中国的传统文化中,不乏榫卯、李冰父子所建都江堰水利工程等饱含"工匠精神"的传世千年的产品。

世界工业强国的形成与它们对"工匠精神"的重视密切相关。崇尚"工匠精神"的国家,一定是一个拥有健康市场环境和稳健人文素养的国家。"工匠精神"是德国制造业一百年来长盛不衰的钥匙。这种精神让"德国制造"声名显赫,让德国百年工业品牌扎堆出现,也让德国在此次欧洲经济危机一片混顿时保持一枝独秀。"匠人精神"在日本也被称作"职人气质"。日本百年老店居全球之首,这些"百年老店"的经营模式都不是急着"做大做全",经营手段也不是"一夜暴富",而是百年专注一种商品或者一种技术。

"工匠精神"的内涵主要体现在以下几个方面。一是精益求精。注重细节,追求完美和极致,不惜花费时间精力,孜孜不倦,反复改进产品,把99%提高到99.99%。二是严谨,一丝不苟。不投机取巧,必须确保每个部件的质量,对产品采取严格的检测标准,不达要求绝不轻易交货。三是耐心,专注,坚持。不断提升产品和服务,因为真正的工匠在专业领域上绝对不会停止追求进步,无论是设计使用的材料、工艺还是生产流程,都在不断完善。四是专业,敬业。"工匠精神"的目标是打造本行业最优质的产品,其他同行无法匹敌的卓越品牌。

"工匠精神"是一种对工作精益求精、追求完美与极致的精神理念与工作伦理品质,它包含了严谨细致的工作态度,坚守专注的意志品质,自我否定的创新精神以及追求极致的工作品质。这些优秀的工作精神和品质在今天的社会中依旧具有重要的社会价值。

匠人情怀饱含着匠人对自身价值的认知。传统的工匠虽然也从事制作活动,但那并不是一般人所认为的一项简单机械的日复一日的重复性体力劳动,而是一种持续性的创造过程,是一个不断对技艺、产品进行提升完善的过程。弗洛姆在《健全的社会》中指出："工匠可以随意左右自己的行动。因此,工匠可以从工作中学习,在劳动过程中使用并发展自己的能力及技能。"正是这种具有创造性特征的"工匠精神"造就了一批杰出人士。瑞士的钟表匠一辈子都在做同一件事情,甚至同一道工序,钟表匠们仅拧各种螺丝就要学习几个月,工匠们喜欢不断雕琢自己的产品,不断改善自己的工艺,享受着产品在双手中升华的过程,追求完美和极致。

产品是工匠自由意志和自我价值的表达。工匠对工作过程具有完全的控制权利，产品完全可以根据自己的意志自由构造，渗透在作品中的是自我想法的表露，体现了自我对世界的理解与认识，自我通过工作精神获得了客观化的表达。以工匠的态度来做事，工作就不再是一件不得不做的痛苦事情，而变成了一种忘我的投入。工作过程本身就是生命活动的自主展开，整个生活就是一种投入的人生状态。工作本身就是生命的外在表达。自我的价值存在于自己双手所能控制的产品中，不依赖于其他外力，因此，在工作过程中能够获得真正的满足感、成就感。

匠人情怀体现在现代化的组织管理中。在传统的工匠生活中，多数手工技艺，皆由口传心授。师傅向学徒传授手艺的过程中，在一起朝夕相处，耳提面命，不仅传授的是技艺，还传授了做人的道理和坚韧、耐心、专注、精益求精的"工匠精神"。匠人的制作过程就是人与人之间的情感交流与行为感染的过程，在这一过程中，建立起了深厚的师徒情谊，一方面有助于促进同事间的情感交流，使人们在工作中感受到人性的温暖。另一方面，"工匠精神"所营造的亲密情感与精神交流是现代化的组织模式所无法替代的，也是现在我们现代化的组织管理更需要研究改进的。

精业与敬业是"工匠精神"的核心。精业与敬业体现着人们对职业敬畏、对工作执着、对产品负责，精益求精，追求完美，是"工匠精神"的核心。精业体现着工匠的创造精神与工作态度。"巧心劳手以成器物曰工"。在某种程度上，"巧"是工匠的代名词，能称之为工匠的人就是一个心灵手巧的人。当人们赞美一个工匠时，经常会用"巧夺天工""能工巧匠""鬼斧神工""巧同造化"之类的词语来表达对工匠的赞美之情。那些在中国历史上被称为"能工巧匠"的，不只是因为他们技艺的熟练，更重要的原因就在于他们身上所具有的创造性执着品质。鲁班以发明创造了曲尺、墨斗、刨子等器物而被后人尊奉为木匠的祖师爷，奚仲因为造车而闻名于世，此外还有"虞驹作舟""仪狄作酒""夏鲧作城"等。这些工匠的创造发明，并不只是一种简单模仿的手工操作技巧，它在本质上体现了创造性与坚韧不拔的恒心。

中华五千年文明的延续与繁荣也很大程度集中体现在能工巧匠创作的各种各样精致细腻的物品之中，如青铜器、丝绸、刺绣、陶瓷等。可以说，在整个中华文化发展演进的历史长河中，工匠因其职业的特殊性形成了独具一格的精神特质。

敬业体现着工匠的精神境界。敬业体现着工匠对人生职业的敬畏，体现着从一种具体"技艺"到"道"的真谛的人生领悟，是"工匠精神"对人生境界的追求。柏拉图在理想国中写道："为了把大家的鞋子做好，我们不让鞋匠去当农夫，或织工，或瓦工。同样，我们选拔其他的人，按其天赋安排职业，弃其所短，用其所长，让他们集中毕生精力专搞一门，精益求精，不失时机。"工匠对产品精益求精的追求，对自己制作的产品的热爱，体现了对永恒存在与高尚人格的不懈追求。

2. 以"工匠精神"的培育贯穿企业文化建设

拥有"工匠精神"，推崇"工匠精神"的国家和民族，必然会少一些浮躁，多一些纯粹；少一些投机取巧，多一些脚踏实地；少一些急功近利，多一些专注持久；少一些粗制滥造，多一些优品精品。

"工匠精神"是现代制造业的灵魂。在当今社会，尽管传统的小作坊形式基本上被现代化的工业制造所取代，但是在人类历史中沉淀下来的工匠精神和文化传统，却依旧贯穿于现代化的工业制造之中，甚至成为现代工业制造的灵魂所在。"工匠精神"指向的制造不仅是严格地按照技术标准和生产要求机械的重复和模仿，更在于按照近乎严苛的技术标准和近乎挑剔的审美标准，以良好的精神驱动和技艺经验，一丝不苟地赋予产品质量和灵魂，让每一件产品通过工匠精神的研磨成为消费者热爱的工艺品。

工匠精神是企业文化的一种重要表现形式。工匠精神不仅涉到中国制造及其产品质量，更是人们普遍的职业和工作伦理的集中体现，对待工作精益求精不仅是工作者的优良品质，也是社会道德修养与社会主义核心价值观敬业精神的实践要求。敬业奉献精神是"工匠精神"在"德"维度的基本要求。"工匠精神"于之"德"亦在于尊师重道的师道精神，无论是传统的师徒模式或学徒模式，还是现代以高校、企业、研究机构为主要工业技术研究主体，都强调着对知识技术的关注和对技术精英的推崇。

弘扬工匠文化是当前的迫切需求。我国虽然已是工业大国，但与工业强国相比还有较大差距。除了硬实力的差距，软实力差距更为明显。国外发达国家经过几百年的工业化进程才形成自己独特的工业文化，而我国的工业化起点低、起步晚，几乎是从行业1.0跨越到4.0，因此，准确全面地衡量，我国目前尚处于工业化中期阶段，且缺乏自己的现代工业文化和工匠精神。我国工业企业从业人员普遍具有自给自足、追求快速盈利、做事马马虎虎等特征。劳动者素质不高，职业化素养、科学管理精神、"工匠精神"缺乏。特别是近40年工业化在时代浪潮所驱动的拼搏精神得以弘扬的快速进程中，同时也伴随着出现了投机取巧、假冒伪劣、急功近利等浮躁之风与负能量，产品质量、食品安全、环境污染等问题不时发生。

工匠文化作为人类文化的重要组成部分，是伴随工业化进程而形成的。中国要实现从制造大国迈入制造强国的宏伟目标，除了科技硬实力上要追赶，文化软实力上同样要跟上。建设制造强国，需要在工匠文化上"补短板"。当前，我国经济发展已进入新常态，加快自主创新驱动转型升级步伐和推动制造业由大变强面临着巨大压力。在制造强国战略全面启动、"中国制造2025"深入推进的进程中，不仅要提高产业层次、技术水平等"硬实力"指标，更要传承和弘扬优秀中国工匠文化，把工匠文化建设纳入企业文化的建设中。同时，要注意吸收借鉴国际先进经验，加快实现"培育有中国特色的制造文化"战略目标，提升我国企业"软实力"。

3. 践行"工匠精神"，迈向制造强国

由于中国是跨越式快速地进入现代工业，农耕文明的惯性力量非常强大，加之过去我们对工匠文化和企业软实力的认识不足，忽视了对传统优秀文化的传承和创新，这些资源优势并未充分转化成为强大的企业竞争力。因此，工匠文化建设并不是要另辟蹊径，而是要融入创新驱动发展的全过程，并在吸收传统优秀文化的基础上，开放借鉴已有的国际先进经验，兼收并蓄，创新企业发展理念，建立符合现代工业文明与新时代特点的工匠文化理论体系和政策体系，自成一家。

第一，践行社会主义核心价值观。我国企业文化，特别是国有控股企业文化是社会主义核心价值观在企业领域的具体体现。建设企业文化与践行社会主义核心价值观是一脉相承、相辅相成的。社会主义核心价值观的"爱国、敬业、诚信、友善"等内容，与现代企业文化的勤劳、创新、效率、质量、诚信等观念高度契合。特别是国有或国有控股的企业价值观要以社会主义核心价值观为根本指导，把它作为一种独特的资源要素融入企业生产经营过程，引领企业发展方向，提升道德境界、强化价值支撑、规范责任行为、凝聚发展共识，推动社会主义核心价值观在企业生态中生根开花结果，促进社会文明生态的改善和全民素养的提升。

第二，要大力宣传和弘扬无私奉献的劳模精神。推动企业诚信体系、价值体系、道德规范、行为准则的建立，要弘扬劳动模范爱岗敬业、艰苦奋斗、勤奋工作、无私奉献的崇高精神和优秀品德；要引导广大职工立足本职，刻苦钻研，埋头苦干，不断进取，奋发有为；要识大体、顾大局，提倡奉献精神，努力树立爱岗敬业、诚实守信、奉献社会的良好职业风尚。

第三，系统性提升中国企业软实力。产业强国的衡量不仅仅依靠企业科技水平等硬实力指标，还包含许多非技术的因素，即企业的软实力，如管理制度、价值体系、行为准则、行业（产业）标准、经营哲学等，它体现的是企业管理的方法、制订游戏规则的能力、创新的理念和企业家的精神等。制造强国建设必须同时推动以软实力提升为目标的企业文化建设。从产品层面来看，打造全球的品牌，让产品有高品质、高技术含量、高附加值；从国家形象来看，打造"中国企业精神"，传承和弘扬"长征精神""延安精神""铁人精神""两弹一星精神""三线建设精神""航天精神"等优秀民族精神。

第四，加强技术技能人才队伍建设。走新型工业化道路，建设创新型国家，需要培养大批具有现代先进工业文化内涵和素养的建设者。《中国制造2025》及2050强国目标是一个复杂的系统工程，要实现这个宏伟战略目标最重要的是要建立、完善中国制造人才培养体系。围绕制造和现代化领先强国建设的战略需求，探索开展高校教育、职业技术教育与工业文化普及、先进制造业人才培养的结合试点。提升新时代技能工人的社会地位，增强技能人才的光荣感和责任感，鼓励更多的年轻人走技能成才之路，形成"崇尚一技之长、不唯学历凭能力、看学历更看重能力"的社会氛围，让更多的年轻人传承"工匠精神"，专心专注钻研技能，努力使我国成为技能人才强国。

（二）德国人怎样培养"工匠精神"

德国没有合适的词语对应"工匠精神"，可能"职业性"这个词比较接近。除了技能培训外，它还包括道德标准、规范、知识、经验等内容。德国人经常说"职业性"，就是做事情能不能职业一点、专业一点。我想我们中国的"工匠精神"对职业教育的诉求也是这样的。

谈到德国教育的"职业性"，就要来了解一下德国双元制的职业教育。职业教育在德国一般是指中等职业教育。所谓"双元制"，简单来说，就是学校与企业共同构成的完整职业教育体系。具体实施上，通常是企业根据需要先向社会招聘学徒工，再与该学徒工签订培训协议，帮学徒工在职业学校报名注册。学生有双重身份，在企业里是学徒，在学校里是学员，一半时间在企业里实习、工作，一半时间在学校里学习。德国双元制职业教育最大的特点，是有标准可循。我们现在很多的职业教育学校，像是在踢一场混乱的足球比赛，球门不止有两个，每个学校抱着一个球，你只要踢进球门，就可以说我进了球，并没有标准可循。而德国的职业教育透明度很高，是2年的培训还是3年半的培训，传授的知识、能力可以到什么样的程度等，都是透明的。学生们知道自己参加这几年的培训后会得到什么，企业也知道这个接受过职业教育的人能干些什么。为了做到这一点，德国在全国范围内先制订统一的标准。德国有一个全国性的企业培训框架指导计划，质量监控则由行业协会来执行，最后由行业协会来发放证书。

德国双元制职业教育最核心的理念，就是要让学生喜欢做这个事情，要想办法让学生来积极主动地配合。德国教育非常强调学生的主动性。在德国，读职业学校的孩子也大多学习成绩不太理想，很多人对自己的未来职业并不确定。所以，在就读之前，德国教育机构会提供以下几个步骤：①职业指导；②对那些能力不具备的孩子，可以有一个"预备年"；③提供小范围的预备课程；④进行校外培训。通过这几种方式，为职业教育做准备。其中比较特别的是"预备年"。这一年的学费都是国家承担的。现在企业对职工的要求更高了，一些孩子的成绩比较差一点，就到"预备年"去，上一些公共课、实践课、专业理论课等选修补习课，把孩子的成绩至少补到一定水平上去。

德国的双元制职业教育，大部分由企业完成，小部分由学校完成。在德国双元制职业教育中，学生会获得两张证书：由行业协会颁发的职业资格证书——那是有关学生一辈子饭碗的，有了这张证书学生很少会失业；还有一张是学校颁发的证书。这张证书用处不大，只是表明学生完成了一个学业而已。在双元制中，学校和企业这两个元素是融合在一起的，是有很多内在联系的。德国人认为，职业教育离不开企业真实的环境，而学校提供了系统的知识体系，也必不可少。据统计，德国大约有20%的企业参与了职业教育，德国职业教育的大多数费用都是企业承担的。企业为什么愿意这样做？这来源于德国企业出于人力资源方面的考虑，也来源于其社会责任感。

我们能从德国双元制职业教育借鉴一些什么？当然，整个体系完全移植过来是不可能的，但某些方面是值得我们学习。首先，德国职业教育的导向预备教育，很值得我们借鉴。德国人认为，职业教育不仅仅是学校的事，而是一项社会系统工程。德国的小学生很早就开始动手能力、生活能力的培养，孩子们很小就有去企业实习的经历，他们的导向教育介入得很早，促使孩子较早对某个领域产生兴趣。到了中学阶段的导向教育，更有针对性。例如，德国文理中学的孩子很早就开始到企业实习，11年级的孩子就基本明确自己以后要读什么专业。中学里还有一个学期是叫"社会认识"，鼓励孩子去一些社会服务部门，如养老院、敬老院，让他们进一步了解社会。其次，德国的公共实训平台也很有实效。德国人很羡慕这些学校——这里的设备比德国的职业机构好太多了。所以，他们经常会问一些问题。比如，这些钱的使用率是多少？一次性投进去几千万元的设备，怎么维护？学校舍不舍得让学生用这些东西？又是怎么用的？在德国，除了像西门子、大众这样的大企业有自己的培训中心，其他很多中小企业买不起用于培训的大型设备，于是，就由行业协会建立公共实训平台，众多中小微企业提供不了的东西，由公共实训平台来满足。

"工匠精神"是职业教育避不开的话题，尤其在今天更是如此。我们谈到"工匠精神"，往往会想到大国工匠。中央电视台《大国工匠》节目中，都是一些国宝级的人物，对我们一般企业员工来讲是可望而不可即的。现在有一种导向，就是培养工匠就要培养大国工匠，于是，职业学校纷纷搞竞赛、争奖牌。搞竞赛当然是一件好事，但是，对普通职业教育来讲，拿了几块奖牌就代表职业教育水平高吗？并不是。再回到"工匠精神"的本意，就是要踏踏实实、精益求精。成就一个楷模很重要，但是千万不能以这来取代大范围的职业技能要求。另外还有一点，就是要守住底线。德国的职业教育始终守住这样一条线——最低标准不能动摇。西门子可以有高标准高要求，但是你只要搞机电就一定要拿到证书，至少证明你这个人是符合最低标准的，这也是我们讲的职业资格和职业规范。谈"工匠精神"，就是要让所有工匠都守住他们的行业标准，有最起码的职业道德和素养，在这个基础上才能追求"大国工匠"之顶尖工匠。

（三）解码日本工匠，悟道"工匠精神"

1. 日本人眼中的工匠

很多人认为工匠是一种机械重复的工作者，但其实，"工匠"意味深远，代表着一个时代的气质，与坚定、踏实、精益求精相连。为何日本工匠能把这样的精神体现得淋漓尽致？

工匠视质量为人品，质量不好是耻辱。

冈野信雄，日本神户的小工匠，30多年来只做一件事：旧书修复。

在别人看来，这件事实在枯燥无味，而冈野信雄乐此不疲，最后做出了奇迹：任何污损严重、破烂不堪的旧书，只要经过他的手即光复如新，就像施了魔法。

在日本，类似冈野信雄这样的工匠灿若繁星，竹艺、金属网编、蓝染、铁器等，许多行业都存在一批对自己的工作有着近乎神经质般追求的匠人。他们对自己的出品几近苛刻，对自己的手艺充满骄傲甚至自负，对自己的工作从无厌倦并永远追求尽善尽美。如果任凭质量不好的产品流通到市面上，这些日本工匠（多称"职人"）会将之看成是一种耻辱，与收获多少金钱无关。这正是当今应当推崇的"工匠精神"。

"工匠"在日语中被称之为Takumi，从词义上来看被赋予了更多精神层面的含义。用一生的时间钻研、做好一件事在日本并不鲜见，有些行业还出现一个家族十几代人只做一件事。

工匠的手艺就是核心技术，产品做到无法被模仿。

说到"工匠精神"，就不得不提日本一家只有45人的小公司。全世界很多科技水平非常发达的国家都要向这家小公司订购小小的螺母。

这家日本公司叫哈德洛克（Hard Lock）工业株式会社，其生产的螺母号称"永不松动"。

按常理，螺母松动是很正常的事，可对于一些重要项目，螺母是否松动几乎人命关天。例如高铁，长期与铁轨摩擦，造成的震动压力与扭力非常大，一般的螺母经受不住，很容易松动脱落，那么满载乘客的列车隐藏着巨大的安全隐患。

日本哈德洛克工业创始人若林克彦，当年还是公司小职员时，在大阪举行的国际工业产品展会上，看到两种防回旋的螺母，作为样品他带了一些回去研究，发现这种螺母是用不锈钢钢丝做卡子来防止松动的，结构复杂价格又高，而且还不能保证绝不会松动。

到底该怎样才能做出永远不会松动的螺母呢？小小的螺母让若林克彦彻夜难眠。他突然想到了在螺母中增加榫头的办法。想到就干，结果非常成功，他终于做出了永不松动的螺母。

哈德洛克螺母永不松动，结构却比市面上其他同类螺母复杂得多，成本也高，销售价格更是比其他螺母高了30%，自然，他的螺母刚开始不被客户认可。可若林克彦认死理，"铁脑壳"，决不放弃。在公司没有销售额的时候，他兼职去做其他工作来维持公司的运转。

在若林克彦苦苦坚持的时候，日本也有许多铁路公司在苦苦寻觅。若林克彦的哈德洛克螺母获得了一家铁路公司的认可并与之展开合作，随后更多的包括日本最大的铁路公司JR最终也采用了哈德洛克螺母，并且全面用于日本新干线。走到这一步，若林克彦花了20年。

如今，哈德洛克螺母不仅在日本，甚至已经在全世界得到广泛应用，迄今为止，哈德洛克螺母已被澳大利亚、英国、波兰、中国、韩国的铁路所采用。

哈德洛克的网页上有非常自信的一个注脚：本公司常年积累的独特的技术和诀窍，对不同的尺寸和材质有不同的对应偏心量，这是哈德洛克螺母无法被模仿的关键所在。也就是明确告诉模仿者，小小的螺母很不起眼，而且物理结构很容易解剖，但即使把图纸给你，它的加工技术和各种参数配合也并不是一般工人能掌握的，只有真正的专家级的工匠才能做到。

把工装、产品等看成有灵性的生命，追求极致。

树研工业1998年生产出世界首件的十万分之一克的齿轮，为了完成这种齿轮的量产，用了整整6年时间。2002年树研工业又批量生产出重量为百万分之一克的超小齿轮，这种世界上最小最轻的有5个小齿、直径0.147毫米、宽0.08毫米的齿轮，被昵称为"粉末齿轮"。

到目前为止，这种"粉末齿轮"在任何行业都完全没有使用的机会，真正"英雄无用武之地"，但树研工业为什么要投入2亿日元去开发这种没有实际用途的产品呢？

这其实就是一种追求完美的极致精神，既然研究一个领域，就要做到极致，让他人无法超越，成为世界唯一，这也是工匠对完美人生的最佳职业诠释。

2. 日本如何培养"工匠精神"

手工业时代的工匠都是普通人员，一般自视为手艺人，比较容易过上中产阶级的生活。那个时代，工匠讲得最多的一句话是，"活干不好丢不起人"。就日本而言，不是在工业时代的冲击下留住了"工匠精神"，而是工业时代的竞争进一步提升了"工匠精神"。

以创办于公元578年并延续至今的建筑公司"金刚组"为代表，日本拥有数以万计的百年老铺。许多日本企业能延续百年甚至千年的秘诀，就是持之以恒专注，不为眼前的利润所左右的"工匠精神"，把事情做成了事业，甚至伟大的企业家把事业提炼升腾成了"故事"，成为一国优秀历史文化的传承与名族精神的写照。在工业时代，作为制造业强国的日本是如何培育"工匠精神"的呢？

佳能全球战略研究所研究总监懒口清之指出，日本的"匠人文化"是中国的优秀传统思想与日本固有精神的结合，匠人和农民都认为自己的工作是"天职"，必须对天忠诚，所以都竭尽全力用心工作。

"工匠精神"的培养，离不开社会对技工的尊重。在日本，蓝领工人的收入甚至超过白领，在社会上也受到尊敬。技术学校的毕业生就业率都在98%以上，远远超过大学生。日本蓝领工人的薪资水平在全世界都处于很高的水平。一个高级技术工人的月薪，足以支撑起全家的开销，妻子可以做全职主妇，并生养多个孩子。

日本人注重精益求精、追求极致和完美主义，技术一流的蓝领工人就是日本制造业强大的重要原因之一。实际上，在进入工厂前，日本的学前和学校教育体系，不会教给学生任何具体的职业技能，但会无孔不入地植入"匠人意识"，从小培养孩子对钻研技术的兴趣。

日本富士电视台开设有著名的蓝领技术对抗节目《矛盾》，展示各种技术工人的精湛技艺，不仅展示了高超的技术实力，更延续了日本人代代流传的"匠人意识"。在扬名、利益、不服输等多重诱惑的刺激下，许多日本企业和技术工人纷纷改良自己的产品，然后报名参加节目。

从1959年开始，日本每年都举办"技术奥林匹克全国大赛"，这项全国大赛发展至今，每年都有超过20万名技术工人参加比赛，成为日本蓝领工人展示自我、切磋技艺的重要舞台。

在东京都大田区，进入21世纪，仍有一些20多岁的年轻人乐于创建街道工厂。在年轻人考大学时日益脱离理科专业的情况下，技术工人依然没有受到冷落。

日本人将技术、手艺出众的人称为"匠人"，拥有传统手工艺技术的非物质文化传人很受社会各界尊重。在日本，《文化财保护法》将工艺技术作为需要保护的非物质文化遗产。由文部科学大臣指定的"重要无形文化传承人"俗称"人间国宝"，会获得内阁大臣和地方政府表彰，甚至被授勋，社会地位更是尊崇。

日本的"匠人意识"，一方面体现在工人认真，手艺精湛，能够生产出优良的产品；另一方面也体现在企业不断精益求精。优秀的开发团队总是能够不断创新，精益求精，满足消费者日益提高的需求。在知名品牌众多的日本，面对激烈的同类竞争，必须追求与其他产品的差异，才能有卖点。因此，无论大企业还是中小企业，都是把不断创新、精益求精放在最重要的位置，因为不创新就会倒闭。自然，这也就需要培育出手艺精湛的蓝领工人。

由政府主导的科技研发，在数量上仅占日本科技创新的20%，剩下80%都由企业完成。民间企业是日本科技发展的主力，"工匠精神"则是日本科技发展的源泉。正是拥有大批具有熟练牢靠技术的职业技术人员，才是日本制造业的最大优势所在。

日本超过90%的企业都是中小微型企业，而其中还有很大一部分是员工不满十人的小微企业。但是，其中却有很多拥有支撑日本制造业的技术实力。不少中小企业曾参与了日本航天工程的一些零部件的制造，而不少零部件甚至只能委托具备高超专项技艺的中小微企业生产。这种小规模企业是日本经济的原动力，而支撑日本尖端技术的是这些劳动者的技能。经过长年锻炼，有的研磨工匠仅凭手感就能将测量仪器部件手工打磨5微米。这显示了人类的手指也能成为高度精密仪器的极致水平。

为了产生更高的附加值，员工必须经历一段不计较眼前利益、不辞劳苦努力学习技能的岁月。有的加工锉刀的老工匠，从早上8点开始就盘腿而坐开始工作，到12点都不换姿势，而这仅仅是由于怕半途分散注意力。可以说，"工匠就是创造者"这种感染力与荣誉感所带来的喜悦，才是日本工匠不断创新的内在动力。

3. 日本工匠精神的传承

福田金属创业300周年，副总经理福田诚治很平淡地说："在外人看来，也许会觉得创业长达300年的确了不起，但实际上对我们来说，这只是一种结果罢了，一天二天，年复一年，累积起来就成了300年。我们并没有刻意去考虑传统的问题。"

就因为不用刻意，因而日本企业的很多优秀企业文化被自然传承下来，一直在教导和指引着一代又一代的企业人。高岛屋是日本大型百货商场之一，其经营理念即为："好东西要在不亏本的情况下贱卖，这对顾客和我们都有好处；如果商品有瑕疵，一定要在顾客发现之前如实告知，绝对不能隐瞒。"既如此，只要百货业存在，这样的商场就不容易倒闭。

长寿企业在日本扎堆，工匠精神代代相传，其核心在于日本企业独有的企业文化。其八百年老店铁律值得借鉴。

（四）做大国工匠，创品牌强国

中国的"工匠精神"如何培养和弘扬，是中国制造成长为"世界品牌"的关键。当前中国正处在转型升级的关键时期。从投资驱动到消费拉动，从要素驱动到创新驱动，都迫切需要各行各业推出具有高竞争力、高吸引力、高品质的产品与服务，为中国的创新发展提供新支撑、名品牌。因此，弘扬与学习身边的"工匠精神"尤显紧迫和重要。

1. 助推"可上九天揽月"：火箭发动机火药修补技师徐立平

固体火箭发动机，可以说是导弹的心脏，也是发射载人飞船火箭的关键部件。其制造过程有上千道工序，要求最高的工序之一，就是对发动机火药的整形。但药面整形迄今为止仍是一项世界性的难题，再精密的机器也无法完全替代人工。

在我国，目前从事这项工作的不超过20人，航天四院7416厂徐立平就是其中最优秀的一个。固体发动机药面精度的最大误差是0.5毫米，但徐立平整形修刻的精度不超过0.2毫米。

与精准相比，这个岗位的高危险性更令人生畏。稍有偏差，就会瞬间引起燃烧甚至爆炸，瞬间燃烧的速度和温度，人是根本没办法逃生的。

徐立平在这个岗位上一干就是近30年。有一次，由他们单位承担的我国某重点型号发动机在研制中，一台即将试车的发动机火药出现裂纹，为了找出质量问题的原因，专家组决定，首次探索就地挖药。这意味着，要钻进已经装填好烈性推进剂的发动机燃烧室。燃烧室内身体立不起来，完全是靠一个胳膊肘支撑着，一点一点挖开填注好的火药，而且挖药量极大。就这样一刀一刀，两个多月的时间，他们班组挖出了300多千克火药，使发动机故障成功排除。如今，徐立平已经成为当之无愧的行业技术标杆，为了降低工作风险，他发明了20多种发动机药面整形刀具，被命名为"立平刀"。

2. 实现"可下五洋捉鳖"：精磨"蛟龙"的"两丝"钳工顾秋亮

"蛟龙号"潜航器的成功，创造了人类下潜最新纪录。

深海载人潜水器有十几万个零部件，组装起来最大的难度就是密封性，精度要求达到了"丝"级，而在中国载人潜水器的组装中，能实现这个精密度的只有钳工顾秋亮，人称"顾两丝"。潜水器载人舱的观察窗就是"蛟龙"的眼睛，他为蛟龙号装上明亮的"眼睛"。

"蛟龙号"安装的难度是在球体跟玻璃的接触面，要控制在0.2丝（1丝为0.01毫米）以下。0.2丝，用精密仪器来控制这么小的间隔并不算难，可难就难在载人舱观察窗的玻璃异常娇气，不能与任何金属仪器接触。因为一旦两者摩擦出一个只能在高倍放大镜下才能看到的小小划痕，在深海几百个大气压的水压下，玻璃窗就可能漏水，甚至破碎，直接危及下潜人员的生命。因此，安装载人舱玻璃是组装载人潜水器里最精细的工序。而为了解决潜水器密封性的问题，要做大量装配试验，顾秋亮在整个试验和装配过程中，每天工作到凌晨，双休变成单休，这些都是常有事，除了依靠精密仪器，顾秋亮更多的是依靠自己的判断和手工打磨。他靠眼睛看、靠手抚摸。时间长了，顾秋亮两只手基本没有纹路了，现在用指纹打卡都成问题了，但他用平凡之手铸就了国宝级工匠的奇迹。

3. 打造无价之宝：一辈子只干一件事的孟剑峰

孟剑峰从艺近30年，两度受命打造国礼，上百万次錾刻，终成精绝《和美》。

名曰《和美》的纯银錾刻丝巾果盘，由整块银板经成千上万次手工錾刻而成，并以勾、采、落、压、丝等手法，将缕缕丝丝和竹篮藤条展现得淋漓尽致。这便是2014北京APEC的国礼。

錾刻是有着近3000年历史的中华传统手工艺，是中华文化一绝。工具是錾子，工匠敲击錾子，就会在金、银、铜等金属上錾刻出千变万化的浮雕图案。为了做出仿竹编果盘的质感和丝巾的光感，他反复琢磨、试验、亲自制作了近30把錾子，最小的一把在放大镜下做了5天，一把细簪上有20多道细纹，每道仅有0.07毫米。但是，开好錾子仅完成了制作国礼的第一步，最难的是厚度仅0.6毫米的银片上，有无数条细致经纬线交错，在光的折射下才能形成图案，而这需要上百万次的錾刻，只要一次失败就前功尽弃。正是他用不能用金钱衡量的匠心与对待神一般的敬仰、忠厚、坚韧，用几十年如一日的"愚公移山"精神和雷锋的"钉子精神"，创造了"无价之宝"，为中华文明的传播立下不可磨灭的功劳。

4. 匠人发明家：高志国

"我以前是个手艺人，从小对各种小制作充满了浓厚的兴趣。"高志国如是说。都说"兴趣是最好的老师"，2008年高志国经劳务派遣来到首秦公司成为一名劳务工，一进厂就被安排从事设备维检的工作。"耍手艺出身，平常就爱琢磨点什么。"高志国在干活时对设备很留心，经常是边干边琢磨着这个活怎么干能更省事。特别是当首秦公司推行TPM管理后，他开始大展身手，别出心裁的妙招迭出，引起周围同事的关注。

每次的轧机工作辊轴承检修时，也是工友们最头疼的时候，由于轧机工作辊轴承座有70多厘米高，与轴承间隙非常小，且周围沾满油污，每次需要四五个人配合行车拆卸，两三个人站在轴承座上面，一个人钻到轴承座底下往上推，费时费力不说，也存在安全隐患，有时候因为操作不慎也会造成轴承损坏，工友们常常犯难。高志国就想有没有一个工具能很轻松地卸下轴承，既不损坏轴承又省力安全。想法很好但做起来很难。接下来，他没事就开始琢磨，用什么料，做成什么样，想出了很多改进想法，但都被他自己否决了，光是图纸他就画了几十张。

高志国对这个想法一直没有放弃，直到有一天在维修钢板传动轨道时，看着轨道上一张张平直如镜的钢板时，他的脑子里闪了下"三点成面"的灵感，"对，如果轴承下部受到一个面的均匀拉力，这样既不会损坏轴承，也能达到拆卸的效果。"说干就干，高志国利用工余时间反复验证，功夫不负有心人，最终利用废旧材料制成三角链和三脚架的组合体，经过一系列的试验后完全满足使用。这种拆卸轴承专用工具发明后，现在仅需一两个人利用半个多小时就能完成之前五个人要干两小时的活儿，大大节约了人力和工时，也确保了安全。

经过拆卸轴承专用工具发明后，高志国对自己的工具发明和设备改造一发不可收拾。他秉承对"不起眼"工艺的挚诚热爱，不厌其烦，反复琢磨细节，连续发明了工作辊轴承清洗机等。经过验证，工作辊轴承清洗机通过自动旋转清洗轴承，清洗后轴承完全达到保养标准，比人工清洗提高效率90%；槽内清洗液可多次利用，每次可节约40%的清洗剂，并且该工作辊轴承清洗机已经申请国家专利。

一名普通的劳务工出于对工作的热爱与执着钻研，不遗余力，不计得失，始终以主人翁的精神激励自己，为企业贡献自己的忠诚和力量。正因如此，2015年十三届中国企业管理高峰会上，他被授予第一届"中国精益匠人"称号。

（五）用机制促进工匠队伍茁壮成长

培育工匠精神不能只靠喊喊口号走走过场，基础在于完善工匠制度与激励机制。

1. 亟须提高工匠收入待遇

精神层面的鼓励无法完全替代物质待遇上的激励，微薄的薪酬难以激发对工匠的情怀。我们常常听到，在发达国家许多家庭修剪草坪都是主人自己动手，因为人工成本太高，有技术含量的工作更是如此。

在德国，技校毕业生的工资几乎普遍比大学毕业生的工资高，大学毕业生白领的平均年薪3万欧元左右，而技工的平均年薪则是3.5万欧元左右。在澳大利亚，矿工的年薪约合100万元人民币，与大学教授相当。

中国技术工人的工资并不高。只有给予公平合理的物质保障，工匠才能全心全意做好本职工作，也才更有利于诚实劳动、诚信经营、勤劳致富的美德重新植入新时代的全民素质提升的基因中，促进国家良好道德风尚与软实力的全面提升。

2. 营造尊重工匠的社会风尚

只有让工匠感到自身工作的意义和价值，才能真正发挥工匠的主人翁精神，自觉自发地提升工作质量，为企业和社会创造更大的效益。

日本寿司之神小野二郎的故事为国人津津乐道，日本更是将他视为国家珍宝，日本首相安倍宴请当时的美国总统奥巴马都选在其位于东京银座地下一层、仅可容纳十人的小店，这背后是日本社会对"手艺人"的尊重，对工匠精神的推崇。

日本自1967年设立了"现代名工"奖，由日本厚生劳动省颁发，每年共有150名手工艺人获此殊荣。工作没有贵贱之分，但有高低之分，如果员工自己都不能认真对待本职工作，又如何获得别人的尊重？作为企业应当培育积极向上、勇于进取的工匠文化，倡导精雕细琢、追求完美的工匠精神，只有让工匠首先自己尊重自己，才能赢得企业和社会的尊重。

曾看到一篇网帖，说德国工匠不相信物美价廉，德国的一口锅可以用上百年，完美品质的背后必然包含大量的成本和心血，价格自然也不会便宜。这就涉及一个价值引导和舆论宣传的问题。质量是由工匠创造的，当前我国把质量摆到了前所未有的高度，从2017年起，国务院把每年的5月10日定为国家"品牌日"，与之相配套，也应当把工匠摆到更高的高度，让全社会认识到"物美"价格可以很高；"手艺好"掌声可以更多。2016年，国务院《关于激发重点群体活力带动城乡居民增收的实施意见》中强调，提高技能人才待遇水平和社会地位，大力弘扬新时期工匠精神，探索建立企业首席技师制度。这样，通过物质激励和精神激励并举，不仅仅提高工匠的工资待遇，同时给予工匠更高的社会地位，肯定和崇尚工匠技师的贡献，提高工匠技师在企业中的话语权和社会影响力。

3. 切实打通工匠职业生涯的上升通道

中国产业工人队伍的结构失衡较为严重。据统计，截至2014年，中国东北某制造业大省有技术工人447万人，其中技师和高级技师14.8万人，仅占技术工人总数的3%，与发达国家高技能人才占技术工人的比例20%～40%相差悬殊。由于缺乏通畅的职业上升空间，没有形成对工匠技师的有效激励，很多人前途无望被迫转行，造成了大量人才流失。中国针对工匠技师的职业教育和职业资格制度还不完善，普遍存在重考试、轻实践的问题，技工队伍动口能力强、动手能力弱的现象较为普遍。很多并不需要太高学历而重在实际操作的岗位，没有建立起与之相适应的职业培养和评价体系。例如很多技术领域都适合采用传统的学徒制，通过师傅的言传身教，才能更好地掌握实际技能，而不能靠简单的书本学习。在日本很多企业建立了自己的职业培养模式，一家名为"秋山木工"的企业，建立了一套8年制的培养机制，学员1年上预科，4年做学徒，3年做工匠，8年后方能出师。其培养过程极其严格，40余年来也仅仅培养出60余名工匠。"秋山木工"特别强调品行的塑造，既要磨炼技术也要磨炼心性，既是在培养工匠技能，也是在培养工匠精神。

中国也在积极探索新的工匠培养模式。2016年，国务院提出统筹考虑技能培训、职业教育和高等教育，建立职业资格与相应的职称、学历可比照认定制度；完善职业资格与职业教育学历"双证书"制度；研究制定高技能人才与工程技术人才的职业发展贯通办法。2017年，故宫博物院联合北京高校启动了文物保护与修复专业高端技术技能人才贯通培养试验项目，拟从初中毕业开始进行为期7年的职业教育，同时取得本科学历，为这一特殊行业培养专业人才，也完善了高技能人才培养评价机制。

人们常说，不能因为走得太快而忘记为什么出发。我们追求"工匠精神"也一样，不能因为步伐太快而忘记工匠制度才是"工匠精神"的根本保障。逐步完善科学合理、激励相容的工匠制度，才能更好地培育执着坚守、追求极致的"工匠精神"。

创新成果分享：重塑"工匠精神"，推进中国创造

谈起"工匠精神"，很自然地会想起"极致"这个词。极致在数学中可以用"正无穷"来表示。"工匠精神"正是对这个"正无穷"的追求：工匠们在追求极致的道路上，在重复中不断超越前辈和自己，创造新的极致。以中交第一航务工程局（简称中交一航局）正在建设与创造新的世界纪录的港珠澳大桥为例，剖析在国家创新驱动战略下，重塑"工匠精神"，打造世界领先，推进中国首创的故事。

1. 新时期"工匠精神"面临两次重要超越

在信息化、智能化的今天，新时期的"工匠精神"必然面临着两次重要的超越。第一个超越，是人类的创造力对机械的逻辑性的超越，"中国制造2025"依托的是匠人的创造性和艺术性的感性思维，这种感性思维是对机械逻辑思维的超越，并与其完美结合，推动制造水平的进步。第二个超越，是信仰强度和习惯强度的自我超越，掌握一门技术需要不断重复，对技艺的极致追求，需要信仰支撑和良好的行为习惯，这个过程是对自我人生境界的超越。

当前有一种看法，认为"工匠精神"是几十年如一日，就是简单劳动的重复。我认为这个看法有点"过传统"，缺乏时代感，它忽略了当今工匠丰富的精神世界：之所以几十年如一日，是因为有趣味性、探索性、创新性和信仰性的内容在里面，是在重复中体味到了精彩，是能够在突破极致后感受创新的欣喜。从这个角度分析"工匠精神"，特别是在工业化分工极为细致的今天，有重要的现实意义。

港珠澳大桥全长55千米，连接香港、珠海、澳门，是我国继三峡工程、青藏

铁路等之后又一项重大基础设施建设项目。工程建成后，将开启香港、珠海、澳门三地的"大桥时代"，对于推动三地经济和社会一体化发展具有深远意义。

中交一航局参与了港珠澳大桥的建设，是国内唯一全面全过程参与人工岛、桥梁主体、沉管隧道安装的建设单位。在上述工序中，沉管隧道安装最具代表性，该工序是世界上埋深最大、综合难度最高的外海沉管隧道工程。每节重达8万吨的沉管在最深45米海底厘米级无人对接，技术难度可与天宫对接媲美，被誉为桥梁界的珠穆朗玛峰。中交一航局坚持自力更生、自主创新，突破国外技术壁垒。截至目前，沉管安装，建成长度在世界公路沉管隧道中跃升为第一位，取得国家发明专利100余项，外海沉管隧道施工成套技术填补了行业技术空白，整平船清淤系统改造填补了世界水工史上高精度清淤技术空白，这些技术正在成为中国乃至世界标准。

沉管安装团队成立之初，国内沉管安装经验为零，又面临国外技术封锁，千辛万苦找到的只有一张杂志上的宣传画，没有任何的技术资料，可谓举步维艰。项目团队"从零开始"，历时一年多进行技术攻关，一点点摸索，一项项突破，历经5版推翻重新编制，从一张白纸变成如今可比《资本论》三卷厚度的《外海沉管安装成套施工方案》。随后，连续创造世界首次沉管基床清淤、世界沉管隧道安装一年十节的"中国速度"等纪录，最高精度、最短周期等奇迹涌现。"中国创造"的"世界纪录"的取得，得益于新时期"工匠精神"的注入。

2. 新时期"工匠精神"的内涵与特质

（1）"每一次都是第一次"的科学精神

40米深海进行沉管安装，无论是技术难度，还是施工风险都是前所未有的，任何的疏忽都可能造成不可挽回的损失，最后三道钢封门更是直接影响着整个隧道和人工岛的安全。项目团队提出"每一次"的理念，把每一节沉管的安装都当成第一节沉管来对待，每次安装前都要组织开展深入的风险排查和三次船机设备联合大检查，对照风险管理手册的238项风险源，以如履薄冰、如临深渊的态度，逐一进行排查，确保每一个细节检查到位，每一项风险防控到位。

（2）"敢为天下先"的创新精神

为满足沉管安装施工需要，自主研发的世界最大平台式深水抛石整平船，利用精准的测控系统为基床铺设提供了精度保障，实现基床铺设精度控制在4厘米，最高实现垄间高差2毫米，外海深水碎石基床高精度铺设整平施工成套技术达到国际领先水平。

（3）吃苦耐劳的钉子精神

E15沉管第一次安装遭遇基床异常回淤，不得不回拖进坞。首次回拖进坞施工，缺乏操作经验，加之现场海况恶劣，拖带重达8万吨的混凝土大家伙，堪比一艘中型航母，是一项前所未有的挑战。顶着巨大的压力，作业人员迅速行动，冒着连续一天一夜进行浮运作业的疲劳，头顶7级大风，好几个人被海水打翻在地，真可谓战风斗浪，70多个小时里，所有作业人员承受着精神和身体的双重考验，如螺丝钉一般坚守在自己的岗位上，没有人叫苦，没有人喊累，凭借超人的毅力和超凡的执着完成了世界首次8万吨沉管"三进三出"拖带的壮举。

在E20、E21沉管安装连续遭遇设备突发故障时，一声令下，作业人员第一时间赶赴抢修一线，与时间和体能竞赛，保住了贵如黄金的安装窗口。抢修现场，作业人员白天要经受35度高温的炙烤，晚上要轮班通宵抢修，高温和疲劳成了最大的敌人，关键时刻，很多人都是直接吃住在甲板上，从来没有一句抱怨。每次都是连续四五十个小时的鏖战，却没有一个人掉队。

（4）一丝不苟的精益精神

重大船机设备的完好是超级工程的基础，在船舶管理中，从来不需要项目部过多地强调要求，各个船舶会积极主动地开展自修，每个人都是充满热情，时不时把工作成果发到QQ工作群中对比一番，营造了一种积极向上的干事氛围。对于两艘安装船，大家更是格外"照顾"，在安装前和安装后，船员都要从里到外清洗、敲锈、涂漆，甲板、机舱3年如一日，设备、机具整齐如超市，称之为"穿好衣、戴好帽，才能出好门"。在团队的努力下，关键船舶没有一次掉链子，保持了高水平的运行效率，有效保证了工程的顺利推进。

这些精神的内核其实就是"为国建桥"的担当与责任，风险意识成为习惯，追求完美成为共识，创新开拓成为性格，这就是新时代铸就大国重器、超级工程的"工匠"特质。

被誉为"大国工匠"的管延安所具备的这种新时代"工匠"特质就是一航人工匠群体的缩影。他的先进事迹曾在央视五一特别节目《大国工匠》系列纪录片中首播，先后获得过"全国职工职业道德建设标兵""全国最美职工"等荣誉。

有一天，大桥项目总经理林鸣到二次舾装保养平台检查舾装班工作，向担任舾装班长的管延安询问压力控制阀的保养管理情况。管延安把摆放整齐、分类明晰的阀门指给林鸣看，本以为会得到满意的赞许。"如果有人把它们打乱了你还能分得清吗？""舾装件是沉管的命，你要把每一个阀门都标明日期、列入台账，真正做到心中有数。"林总更富进取心的话使管延安恍然大悟，对"一丝不苟不让隐患出坞门"有了更深的认识。管延安作为新时代的工匠代表，不只是工作要达到标准化，他更注重主动巡查、主动找短板、主动挑毛病，甚至是一夜醒来推翻自己前一天的做法，重新来做。

E15沉管第三次浮运安装期间，管内压载水系统突发故障，水箱不能进水，沉管安装只能暂停，必须安排人员进入海中的沉管内维修。危急时刻，管延安带领班组人员快速开启人孔盖板进行检修。从打开密封的人孔盖板进入管内检修、排除故障，到完成人孔盖板密封，全程不超过3个小时，效率之高令人惊叹。"这都得益于之前无数次的演练。"管延安谦虚地说，"我们在每节沉管沉放前都要做至少3次演练，这是第15节沉管，之前共完成了至少45次演练。"

"重复也能成就精彩"，管延安的法宝很简单，就是让简单重复的每一个动作都准确到位。

3. 以"干一流的，做最好的"为信仰

"津平1号"是世界最大的外海抛石整平船，也是世界唯一一艘具备清淤功能的整平船。4条高90米的桩腿每次作业中都要抬升、下放10余次，靠齿轮驱动的抬升装置在润滑方面非常不便。技术人员有心无力，操作工人却有力无心，解决不了难题。

项目团队立即开起"职工夜校"，让大学生给工匠们"打工"，每天灯火通明，由管延安和工友们提出润滑加油改进思路，技术员帮助画图弄清原理。1个月的时间，"桩退齿轮喷淋加油润滑装置"成功出炉。这是一项涵盖装备制造、技术创新和船机改造的跨专业创新成果。工匠和大学生团队强强联手，创造了省时、省力、高效的技术创新成果。这样的事例不胜枚举。毫不夸张地说，港珠澳大桥作为一项超级工程，代表着中国走在了世界建桥强国前列，成了开启新时代"中国创造"的"世界名牌"。

中交一航局以"干一流的，做最好的"为企业信仰，以"行大道，担大任，成大器"为企业哲学，把对祖国、民族的责任感深深熔铸在每一项工程建设中，是新时期一航人对工匠精神的具体诠释，是浸入一航人骨髓中的文化基因，是企业基业长青的精神内核。

第十四章
中国企业融智创新生态环境的改善

一、大力开展"双创",建设创新型国家生态

(一)"双创"大地谁主沉浮

从农耕时代到工业时代再到信息时代,科技的进步不断推动人类创造新的世界。18世纪60年代英国发起了第一次工业革命,机器制造开始代替手工制造。19世纪70年代以后,世界由"蒸汽时代"进入"电气时代",出现了电气、化学和石油等新兴工业部门。进入20世纪40、50年代,电子计算机的迅速发展和广泛应用,开启了信息时代的大门。

将时间快速推进至21世纪,世界步入信息化向智能化过渡的时期。与过往相隔数十年甚至上百年的技术革命不同,互联网技术以前所未有的速度谱写着改变世界的产业传奇和创业创新人生。2001年至今,随着iPhone出世,手机代替PC成为最重要的终端,伴随而来的是以迅雷之势取代桌面互联网的移动互联网时代。

在智能硬件的助推下,桌面互联网掀起的线上改造线下的风潮以巨大的加速度推进,传统行业与互联网之间的融合达到了前所未有的程度,没有一个行业可以置身事外高高挂起。这也成了过去15年最重要的产业发展趋势。

雷军在其互联网七字诀"专注、极致、口碑、快"中提到,"最后一个要诀就是快,快就是一种力量,快了之后可以掩盖很多问题,企业在快速发展的时候往

往风险是最小的,当速度慢下来了,所有的问题都暴露出来了"。这也与笔者在十余年前《长盛力——缔造富有灵商的管理文化》书中"企业文化生态"所阐发的"人本经营"阶段就是"快鱼吃慢鱼"的观点不谋而合。

借助互联网的力量,创业公司如果把握住了风口,通常可以指数级的速度迅速发展。雷军曾有一句关于移动互联网的"飞猪理论"——站在风口上,猪都会飞。互联网在规模效应、长尾效应以及马太效应的综合影响下,企业成长速度有了飞速突破。从0到千亿收入,长虹用了50年,万科用了27年,海尔用了24年,联想用了22年,苏宁用了20年,京东用了17年,而小米只用了6年。工业时代的规模经济在非行政干预下(即不是政府主导下)的行业兼并重组是逐渐的、线性的。互联网经济却是以指数级增加价值,一旦形成规模效应,效益就像滚雪球一样迅速加大。

创业公司得以迅速成长的背后,是传统企业面临的巨大危机——产业迅速迭代,原有商业模式折旧与淘汰加快,如果没能及时创新跟上产业发展的浪潮,前浪就会迅速死在沙滩上。过去15年,一批难以适应科技发展浪潮的公司已经衰落或正在衰落,也有一批公司很幸运,有意识或无意识地站在了技术革命的浪尖之上,如苹果、华为、亚马逊等。

江山代有人才出,各领风骚数百年。没有任何一家公司可以永不消失,就像我们在十年前无法预料诺基亚和摩托罗拉的手机业务会在有生之年成为历史,也想象不到桌面霸主微软一不小心就在移动互联网时代棋差一招。互联网的神奇在于,它加快了产业的更新迭代,风口迅速切换。而一些优秀的创业公司仅三五年就能获得传统公司十多年甚至几十年才能取得的规模达到估值百亿。在这个急速变化的时代,唯有敢于创新与自觉转型升级的公司才能活得更好更久。

庆幸的是,与过去的企业相比,互联网时代的新兴企业更快地意识到了创新的重要性,而它们的应对之策就是扁平化的架构,即让所有部门都直接对接市场、对接用户,以此来提高效率;同时也更加强化了内部竞争。腾讯尤其擅长"左右互搏",微信出现后,手机QQ可以聚焦在其擅长的90后年轻用户身上。公司把QQ和微信两款产品配置在不同事业群下,研发和业务拓展不仅不共享,在移动支付、账号、公众号等生态产品上也是各建一套标准。手Q和微信虽然在业务、用户和产品层面都形成直接竞争,但在腾讯高层看来是协防关系,如果某天如日中天的微信遭到颠覆,面向年轻用户的手Q或可成为最好的备案。

与此同时,快速的产业更迭要求企业比以往任何时候都要居安思危,不是等到困境来临时才进行调整,而是在顺境中就如履薄冰、战战兢兢,思考寒冬一旦降临后如何破局。"十年来我天天思考的都是失败，对成功视而不见，也没有什么荣誉感、自豪感，而是危机感。"任正非认为，一个组织太平的时间越长，危机意识就越弱，生存能力越差，最后一定走向寂灭。正是融入华为基因的危机感和忧患意识，让它可以顺利从电话通信时代走到互联网时代，甚至引领移动互联网时代的4G、5G发展浪潮。

如今，我们已经一只脚踏入了物联网时代，摆在眼前的是千亿美元级的大视频行业，万亿级的企业云服务市场以及连接数暴增的万物互联，这也成了科技巨头的扎堆之处。亚马逊在云服务市场一马当先，谷歌在无人驾驶和智能家居上投入重金，Facebook在虚拟现实上引领潮流。在中国，华为看好大视频技术，百度押宝人工智能，而包括华为、阿里巴巴、腾讯和百度在内的国内科技巨头几乎都重金投入云计算，为即将到来的多连接、大数据时代提供基础设施。

在可以预见的未来，以量子信息、生物科技、人工智能、新一代移动互联网等所代表的颠覆性技术的出现，尤其是区块链技术、基因技术、虚拟现实和增强现实等突破性的新技术领域，将涌现层出不穷的"独角兽"公司，它们不仅将诞生在核心技术零件领域，也将出现在应用和内容领域。而云与大数据等基础设施，很大程度上将由现有的科技巨头所提供，这些巨头耕耘时间长，投入巨大，可以为物联网时代纷至沓来的各类细分创业公司提供基础设施和服务平台。

（二）称霸未来："独角兽"企业如何引领创新

人们常用"独角兽"企业来形容发展前景看好的初创企业。"独角兽"企业一般引领着产业变革的方向，能带来全球产业的颠覆。在新经济时代，随着各类创新资源的加速流动，逐渐形成了能使"独角兽"企业不断涌现的企业生态，使企业能够在短时间内抓住机会，整合资源，爆发式成长为"独角兽"。

1. 客观认识和评价"独角兽"现象

"独角兽"的概念，最初是由基金投资公司Cowboy Ventures的创始人Aileen Lee于2013年提出，界定标准是：创业10年左右、企业估值超过10亿美元。其中，估值超过100亿美元的企业被称为"超级独角兽"。

从全球创新能力看，某种程度上"独角兽"企业彰显了一个国家在新技术、新业态、新模式等方面的创新能力。从全球分布看，美国是世界上"独角兽"公司数量最多的国家，其次是中国，印度、英国、德国、加拿大、瑞典、以色列、新加坡和韩国也都位居前列。

"独角兽"公司被视为新经济发展的一个重要风向标，代表着科技转化为市场应用的活跃程度。因此它们主要出在高科技领域，互联网领域尤为活跃。

根据科技部火炬中心等单位发布的报告，2017年中国"独角兽"企业已达到了164家，比2016年新增62家，总估值达到6284亿美元。这些企业都是在中国境内注册、成立时间不超过10年且尚未上市、企业估值超过（含）10亿美元的企业。

2. "独角兽"企业引领颠覆性创新创业

新兴业态涌现出大量"独角兽"企业。

2017年7月，Gartner发布了年度新兴技术成熟度曲线，点名未来10年的三大趋势：无所不在的人工智能、透明沉浸式体验与数字化平台。其中，2017年有8项新技术首次被列入报告中，包含5G、人工通用智能、深度学习、深度强化学习、数字孪生、边缘计算、无服务器PASS和认知计算。

不过要实现上述革新的新兴技术，首先要有大量数据和先进的计算能力，而这些就是数字化平台技术，其中包括5G、数字孪生、边缘计算、区块链、物联网平台、神经型态硬体、量子计算、无服务器以及软件定义安全等。

3. 对"独角兽"企业如何引领颠覆性创新的几点思考

第一，构建孵化产业"独角兽"的独特生态链。

Facebook、阿里巴巴、亚马逊、Uber等互联网巨头都是曾经的"独角兽"，经历了从小型创业公司急剧成长为中型"独角兽"公司再升华到互联网时代巨头的历程。但很多企业成为"独角兽"之后，却忽略了新兴市场、细分市场的创新模式，陷于传统的商业模式中，从而在激烈的市场竞争中逐渐走向衰落。为此，要构建孵化产业"独角兽"的独特生态链，就必须从颠覆性创新迈向持续的渐进性创新。

第二，重视"独角兽"企业在颠覆性创新中的作用。

颠覆性技术对国家或企业把握创新机遇、引领未来产业变革方向至关重要。根据《国家创新驱动发展战略纲要》（中发〔2016〕4号），建议"独角兽"企业重点关注开发移动互联技术、量子信息技术、空天技术等领域，推动增材制造装备、智能机器人、无人驾驶汽车等颠覆性技术的发展，重视基因与精准医疗等技术对生命科学、生物育种以及工业生物领域的深刻影响，开发氢能、燃料电池等新一代能源技术，重视纳米、石墨烯等技术对新材料产业发展的引领作用。

第三，完善产业公共服务体系。

完善公共服务体系，能提升产业创新能力、促进产业集群和新兴产业发展，从而促进"独角兽"企业的可持续性发展。公共服务体系建设运营需要有三大要素支撑,即科技资源、服务系统和制度政策保障。三个要素的有机结合,才能保证公共服务平台实现高效运行,并保证平台的可持续发展。

第四,加大对独角兽企业的政策扶持力度。

建议在国家自主创新型示范区内进行试点示范,在企业满足原创与一定规模条件的情况下,以企业近三年的收入或净利润的平均增速为主要指标,结合研发平台、知识产权、研发团队等创新能力指标,对"独角兽"企业进行遴选,对入选的"独角兽"企业给予免税或财政补贴支持。同时,对"独角兽"企业的创新型产品提供强力的知识产权保护措施,严厉打击压制拖累、折腾"独角兽"企业创新活动的知识产权侵犯行为,支持包括技术创新、应用方式创新、应用领域创新、商业模式创新等在内的各类创新活动。

(三)"双创"宝典:如何成为"独角兽"企业

"独角兽"企业业务形态有什么特点?什么类型的创业企业更容易成为"独角兽"?成功的关键又是什么?

1. 生态型、平台型企业是"独角兽"的主流

根据企业提供产品或服务的特点,可将企业按照不同业务类型分为4种:产品型企业、解决方案型企业、平台型企业和生态型企业。2017年全球"独角兽"企业前10名中,有6家为美国企业,其余4家皆为中国企业:滴滴出行、小米、陆金所和新美大(大众点评网与美团网战略合作后的名称)。其中Uber以680亿美元估值位居榜首。滴滴出行、小米分别以500亿美元、460亿美元估值位列第二、三位。

从全球"独角兽"公司行业与区域分布图来看,美国和中国两个国家垄断了80%以上的"独角兽"公司。而美国创业公司所占的比重正在逐步减少,非美国"独角兽"公司正在快速成长。

2. 产品型企业:推出"爆品"

产品型企业业务扩张往往需要成比例的资源投入,其成长一般呈现出线性的特点,很难获得高估值。因此产品型的"独角兽"企业尤其不易,且基本都有一个相同特征:能推出变革性的"爆品",在某个领域做到极致,进而通过口碑相传、粉丝拥护等实现业务爆发性增长。

产品型企业的竞争优势一般取决于是否掌握核心技术。令人尖叫的颠覆性产品才能带来爆发,迅速成为行业的领头羊。依靠"爆品"的爆发很容易遇到成长天花板,被模仿或被替代的风险很高,只有真正有创新能力、能够持续推出"爆

品"才能持久发展。单一产品的价值有限,通过打通上下游,向解决方案提供商转型升级,是提高利润和保持持续竞争优势的有效途径。但在"互联网+"时代,产品型企业更应该考虑将产品终端化,逐渐积累数据资源向平台型企业转型升级。

3. 方案型企业：解决可复制问题

方案型企业成长的最大瓶颈在于方案的可复制性问题,需求个性化太突出,难以大量复制,业务需逐个拓展。目前,依靠强大的资源整合能力,以很"重"的模式构建竞争门槛的方案型企业较多,但这种模式在新经济环境下更多解决的是获取项目的问题,没有解决项目的可复制性问题,也难以实现爆发性成长。

太空探索技术公司获得高估值的关键在于解决了火箭的回收重复利用问题,使边际成本接近零。快速、低成本的太空运输方案形成了可复制性。

解决可复制性问题,并不是要想办法消除需求的个性化。一方面是找个性化需求中的共性,更关键的是要将解决方案尽可能模块化、标准化,从而可以低成本快速的复制;另一方面,在标准化的过程中,应尽量尝试向平台化转型升级,将标准化的部分通过平台运作提高效率。

4. 平台型企业：生命力在于自生长

平台型企业可分为三类。

1）作为纯粹的第三方平台,服务于平台交易的参与方,为求解决行业的痛点,提升服务的效率,类似于"裁判",如淘宝、滴滴出行等。

2）自身业务的平台化,借助互联网通过平台渠道服务更多的用户,如酒仙网、芒果TV等。

3）搭建平台的同时也作为服务商在平台上提供服务,兼任"裁判"和"运动选手",如人人贷、百度外卖等。

三类平台型企业中,作为纯粹第三方平台的企业平台属性最强,往往由于定位清楚、模式轻而能够在很短时间内爆发;而兼具"裁判"和运动"选手"的平台,两个领域所需的资源能力差异大,容易出现定位不清以及模式过"重"问题,少数经过较长磨合期走向正轨,更多的则走向消亡。

平台型企业的核心是商业模式创新,基于信息化使业务扩张边际成本趋于零。但平台的生命力取决于其是否具有自成长的能力。首先,业务模式必须是基本不需要运营人员参与,基于规则使得参与各方自行在平台就可以完成,这是平台自成长的根源。其次,平台必须是多赢的规则,能够给参与各方带来好处,才能黏住老用户并带来新用户,这是自成长的动力。

大数据时代，平台型企业最大的价值将来源于海量数据的积累、挖掘和应用。能否基于数据资源优势，逐渐构建业务生态是其下一步转型升级突破的关键。新经济创业企业应更多以平台的思维构建业务模式，充分利用其低成本快速触及用户的优势，尽量成为平台的一部分或者构建新的平台。

5. 生态型企业：无生态，不长盛

新时代环境下，市场变化前所未有，原有的模式可能瞬间就被颠覆。出于健康成长的考虑，越来越多的"独角兽"企业选择联合用户、伙伴、供应商等构建一个独立、完整的生态圈，业务间彼此关联，深耕用户，消除风险。

已经有一批企业的生态初步成型，如阿里巴巴（淘宝、天猫、支付、菜鸟网络、大数据及云服务等）等。还有一批企业正在向生态企业转型升级，如滴滴出行在稳固打车、快车、专车、代驾等业务后，持续投资布局汽车商务、无人驾驶、共享单车等业务，未来的滴滴是出行的大生态运营者。也有产品型企业正在尝试生态化转型升级，如大疆创新（智能硬件生态），解决方案型企业向生态化转型升级的如旷视科技（人工智能生态）。

生态型企业构建的关键在于以用户为核心、以一个"杀手级"的业务为基础，围绕其逐步布局关联业务，补充业务生态，甚至可以有战略性长期亏损的业务，如阿里为整个生态的健康，尽管连续亏损仍然大力布局菜鸟网络。每个业务在生态中有特定位置，只要生态整体健康，不求都能获利。生态的健康不仅体现在不断有新用户的加入，还体现为生态中新业务的不断衍生，进一步增强用户黏性与满足用户更多更优的喜好。

企业构建生态的前提是围绕用户将各业务打通，使用户的数据可以共享和深挖。因此，只有信息化、数据化很强的企业才可能构建生态，这也是为何很多大型国企看似业务多姿多彩但实际上却不是生态型企业的原因。

换句话说，未来所有的企业都应该是数据化的企业。每个领域中有创新意识领先的企业都在尝试生态化转型升级，无生态、不长盛。因此创业企业在创业初期就应该有大数据的思维和构建生态的设想，提早布局。

（四）创业秘诀：掘金"分享经济"

所谓分享经济，是指个人、组织或者企业，通过社会化平台分享闲置实物资源或认知盈余，以低于专业性组织者的边际成本提供服务并获得收入的经济现象。分享经济的本质是激活"闲置"价值，弱化资源的所有权，强化其使用权。这是一场消费观念的革命,是又一轮"新经济",主要包括空间共享、交通工具共享、服务共享、商品共享、资金共享、知识共享等。可以预见,在资本的推动下,分享经济将带来人类历史上最为深刻的全方位改变,必将给大众创业、万众创新带来更大的想象空间和宏大的经济盛宴。

1. 中国分享经济方兴未艾

2016年,分享经济首次被写入中国政府工作报告,并提出要推动新技术、新产业、新业态加快成长,以体制机制创新建设共享平台产业、现代服务业等新兴产业集群,打造动力强劲的新引擎。分享经济是中国发展新趋势。

(1) 分享经济是中国经济转型升级的重要动力

自2008年全球金融危机以来,全球市场萎缩,中国面临产能过剩、老龄化凸显和资源环境约束增强等方面的问题,经济下行压力加大,投资回报率降低,也造成了社会资源闲置浪费和产业结构失调。分享经济依托互联网技术,能有效减少供给和需求的信息不对称,在去产能、去库存和降成本等方面具有天然优势。因此,尽管中国的分享经济起步较晚,但在"大众创业、万众创新"的国家战略驱动下,短短几年时间就涌现了滴滴出行、途家、小猪短租、回家吃饭、陪爸妈等体现分享经济理念的企业。分享经济给中国经济转型升级带来新动力,也成为中国经济新的增长极。

(2) 分享经济在"供给侧"和"需求侧"两端同时进行革命

"供给侧"通过互联网平台,可以使社会大量闲置的资金、土地、技术和时间实现有效供给,解决当前中国资源紧张和大量闲置浪费并存的现象,将居民私有资源转化为社会的公共供给。例如,可以将赋闲的专业技术人才转化为社会的有效供给,缓解当前中国教育、医疗、养老等政府公共服务有效供给不足的问题。"需求侧"分享经济则能有效匹配消费者的需求,并以最低的成本满足需求。消费者节省了大量的"搜寻成本",能及时了解其他消费者对商品和服务的真实评价,提高了整个社会消费者的福利水平。

(3) 分享经济可实现多方共赢

这是一种新的生产方式,能有效减少投入并节约成本,实现消费模式从"扔掉型"转变为"再利用型",通过社会存量资产调整实现产品和服务的合理分配,以及资源和商品的最大利用。分享经济强调人人参与,互联网平台打破了地域、城乡、国别、性别等限制,对不同参与者平等开放。分享经济更是减少了区域间的不均衡现象。分享经济可使所有参与者共享财富,实现人人参与、人人分享的目标。

共享应该是分享经济的落脚点和归宿，唯有多方受益，才能保证可持续发展。

2. 中国分享经济发展现状及特点

分享经济从交通出行逐渐扩展到教育、医疗和制造等领域，分享经济也加快了与传统产业的融合发展，推动着中国传统产业的转型升级。

（1）产业规模快速扩张

国家信息中心信息化研究部、中国互联网协会分享经济工作委员会于2016年3月发布《中国分享经济发展报告2016》指出，2015年中国分享经济市场规模约为19560亿元，其中交易额18100亿元，融资额1460亿元，主要集中在金融、生活服务、交通出行、生产能力、知识技能、房屋短租六大领域。

（2）分享经济从汽车、住房向企业服务、教育、医疗等领域发展

2016年，分享经济除了在交通出行领域迅速发展外，在企业服务、教育、医疗等领域也开始蓬勃发展。例如，春雨医生是中国最早专注移动医疗（M-Health）和健康管理的互联网平台，目前已成为全球覆盖最广、知名度最高的医患实时交流平台。经过5年多的发展，春雨医生平台已汇集全国50万执业医师，9200万以上用户，每日平均解决33万个健康问题。在技能分享领域，也涌现出了一批优秀企业，典型的企业有猪八戒网、在行、知乎等。

（3）分享经济从消费领域开始向制造业领域渗透

当前中国部分行业工厂设备利用率不到60%，有一些甚至不到30%，监测设备利用率只有10%，这都为未来分享经济发展提供了巨大市场。

（4）本土企业创新崛起，积极开拓国际市场

从商业模式涉及的领域看，中国早期分享经济平台多数都是从模仿国外平台开始。但市场竞争压力不断加大也在倒逼企业走创新取胜的道路，一些创新已经走在了世界前列。例如，2015年5月WiFi万能钥匙正式开辟海外市场。截至2016年2月，其已经在巴西、俄罗斯、墨西哥、泰国等近50个国家和地区的谷歌工具榜（Google Play）上排名第一，用户遍及223个国家和地区，成为少数能覆盖全球用户的中国移动互联网应用之一。

（5）传统产业加速与新业态融合，推动传统产业转型升级

分享经济不仅催生了新业态的创新发展，新业态也加快了与传统产业的融合发展，推动传统产业转型升级。随着中国承认网约车发展的合法性，越来越多的传统出租车加快了与网约车的融合发展。除了自建平台的出租车公司外，还有一些出租车公司直接与现有的网约车平台对接。

（6）政府发布行业指导意见，分享经济逐步规范发展

2016年7月28日出台的《网络预约出租汽车经营服务管理暂行办法》明确了网约车发展与监管的总体思路，使网约车进入全面规范监管的阶段。中国是全球第一个从国家层面承认网约车合法的国家，凸显了中国鼓励新业态创新发展的决心和勇气。

（7）行业组织成立，行业自律管理加强

2015年12月13日，中国互联网协会成立了分享经济工作委员会，成为国内首个推动分享经济发展的社团组织。2016年6月21日，中国互联网协会在京发布《中国互联网分享经济服务自律公约》（以下简称《公约》），滴滴出行等41家分享经济企业共同签署了《公约》，标志着分享经济行业在共同维护公平竞争市场环境、提高行业整体服务水平方面迈出了新的一步，必将为促进行业健康发展发挥积极作用。

3. 推力还在持续加大

催生分享经济的根本力量，无疑是现代信息技术为代表的先进生产力。

从技术角度看，分享经济赖以展开的移动互联技术，是微处理器和互联网等延续、升级和累积的产物。现今人们掌中的普通智能手机比当年宇航员登月系统所用计算机的运算速度快一千倍。目前全球上网人数爆炸式增长突破30亿人，带来了无法想象的盈利新空间，相对社会经济效应将极大地超越从蒸汽机时代到计算机时代的跨越。

技术创新加速前进。分散持有的移动智能设备的计算能力将因为"云端"的支持而进一步扩大；大数据、人工智能、区块链等还带来了新的智慧和洞察力；虚拟现实技术进一步拉近了物理世界和"比特"世界的距离。物质化的商品和服务性质、状态近乎完美地表达为可编码、可复制的信息，以及信息传递、加工、识别和认知的能力攀升，一定会让分享经济的版图呈现"一生二，二生三，三生万物"的扩充程式。

4. 传统经济快速引入分享模式

分享模式下的新创企业在各个领域和市场的巨大成功和快速扩张，对传统行业构成了冲击挑战，不少企业积极面对、主动转型升级至分享经济市场。

国际知名跨国公司的业务创新最具代表性。全球汽车制造商戴姆勒率先在德国的乌尔姆开始应用Car2go项目，将商业模式在售卖产品的基础上扩展至售卖产品的使用权。目前，该项目已经在华盛顿、柏林、多伦多等29个城市约投入12.5万辆车，成功开启了传统汽车制造业与互联网结合的新型商业模式。

宜家家居和巴塔哥尼亚先后为客户提供可以转售商品的平台，也成功参与了分享经济。

在空间分享方面，国际大型连锁酒店万豪酒店与办公空间租赁平台Liquidspace合作，推出按小时或天出租酒店会议设施的共享经济服务，也不再仅仅将服务对象局限于酒店客人，同时也接受外部预订，首批试点包括华盛顿和旧金山的40家万豪酒店，该模式一经推广便迅速得到社会认可，合作范围已经扩大到万豪旗下的432家酒店。

5. 中国企业大有作为

抢占分享经济发展高地和先机的国际竞争已经展开，其中的一些特点值得关注。美国是分享经济的源发地，创意领先全球。欧洲国家高度重视，2015年欧洲议会明确提出要"大力发展分享经济"，得到议会所有党派支持；2016年欧盟委员会出台《分享经济指南》，评估现有欧盟法律、监管规则与分享经济之间的矛盾并加以改进，从而更好地适应分享经济发展需要。英国明确提出力争打造全球分享经济中心的目标。

我国分享经济已有的成就举世瞩目。创新驱动发展战略、"大众创业，万众创新""互联网+"等先后推出的国策尤其切中时弊。发展分享经济对化解我国经济难题、应对和引领新常态、加速供给侧改革具有非凡的意义，更是实现"中国梦"的难得机遇。

要清醒地看到，与历次"新经济"的故事一样，分享经济只有经历潮起潮落后方能"修成正果"。相比其他发达国家，中国具有明显的"后发优势"，主要是国人及企业家的学习能力较强和传统制度的"包袱"相对较轻，便于"弯道超车"或"换道领跑"。

6. 分享经济：下一个财富风口

世界范围内，各国对于经济转型升级与挖掘新动能方向与目标是没有争议的，那就是向创新要经济新动力与新动能。于是，作为创新产物的分享经济自然而然进入了人们的视野。

未来分享经济的重点在于人才、劳动力、知识技能，但作为载体的分享平台还处于空白状态。由于体制、机制原因，一大部分人才的潜能还没有充分发挥出来，这些人的才干、知识和技能不仅被埋没，不能给自己带来回报，而且也不能让全社会分享。网络平台在发挥人才、知识、技能等共享经济上大有潜力。

从经济学意义来看，分享经济可以从根本上实现"人尽其才、物尽其用"的理想目标，实际是对生产力的大释放、大推进，必将成为全球经济转型升级的巨大新动力，对于应对目前全球经济增长乏力的局面可谓是雪中送炭。

（五）创新型创业企业快速成长之道

在信息化、全球化、智能化的新生态下，创新的竞争越来越向技术应用的早期推移，一大批创新企业突破传统的线性增长模式，在产业发展早期就快速扩张，在盈利尚不明确甚至连盈利方式尚不清晰的情况下就达到惊人的规模。该模式起源于互联网企业，但随着制造业的智能化和服务化，该模式正在扩展到越来越多的领域。

1. 创新型创业快速成长的新模式

企业要快速成长，必须在用户、内部生态、融资等相关环节同步扩张。用户扩张是龙头，以需求带动内部生态和融资的扩张；内部生态是基础，企业提供更好的产品或服务才能实现用户扩张；融资是支撑，长期的风险投资为企业的创新性冒险活动提供关键支持。创新型创业快速成长新模式的机制可以概括为：烧投资者的钱，博用户的心，圆创业者的梦，革同业者的命。

（1）烧投资者的钱

风险资本为创新型创业的发展烧钱，以帮助创新型创业度过从技术发明到商业应用之间的"死亡之谷"。风险资本烧钱主要体现在两个方面，一是投资期的巨额亏损。例如，京东自2009年以来融资近480亿元人民币，但经营连续亏损，2014年亏损近50亿元人民币，2015年亏损约94亿元人民币。特斯拉自设立以来融资额超过10亿美元，但经营持续亏损。二是创新型创业的高死亡率。风险投资虽然尽力挑选优秀的创新型创业，但创新型创业的死亡率常常超过50%，天使资本投资的企业死亡率更是超过90%。风险资本敢于烧钱，秘诀在于其商业模式。

（2）博用户的心

创新型创业快速成长的基本条件是用户的快速扩张，这一点在互联网企业中表现得尤其明显。互联网企业商业模式的核心在于黏住用户，赢得人心，甚至通过大量的免费服务留住客户，只要能黏住客户，就有机会找到盈利方式。要黏住客户，关键是找准并满足用户需求，为客户创造价值。例如，三大门户网站为用户提供快捷的信息服务，但直到上市仍然没有支持企业盈利的清晰模式，主要依靠投资者烧钱支撑，但后来通过广告、无线增值、在线网游等价值链业务实现了盈利。

创新型创业烧钱黏住客户，表面上看是亏本买卖，实际上是一种新的商业模式。一方面，通过烧钱"收买"人心，尽快形成领先的市场地位，创建品牌优势，抵御后进入者的竞争；另一方面，尽快形成规模优势，吸引人才，加速完成学习曲线，降低单位成本，延伸价值链。以微信为例，微信供用户免费下载使用，推出后1年用户即突破1亿人，5年后突破9亿人。有这样一个庞大的用户群，后期在微信上嫁接电商、游戏、支付等业务即可实现盈利。与该商业模式相对应，企业估值也不看短期盈利水平，而主要看用户数量，基于用户数量推算未来的盈利能力。

（3）圆创业者的梦

用户的增长和企业的扩张，最终取决于企业内部的创造力。

创新型创业在公司治理上一般都设计专门机制，激发创业者的创造热情，帮助创业者实现财富梦、事业梦和人生梦。

一是员工持股。互联网企业通过股权激励让员工全力以赴，"工资只是零花钱，股票能让你财富自由"成为很多互联网从业者的共识。例如，腾讯上市前内部员工持股约46.5%，百度上市前内部员工持股约43.2%，阿里巴巴上市前内部员工持股约13.5%。股权不像现金那样具有很大的流动性，而是与公司发展前景紧密联系在一起，如果公司失败，股票就一文不值。同时，创业型企业面临的资金压力较大，有时难以给出很高的薪资待遇。因此，股票成为创新公司普遍采用的激励工具，以吸引最优秀的人才，最大程度激发他们的创造潜力，致力于增加公司的长期价值。

二是创业者主导企业发展。多数创新型创业都尊重创业者在公司中的领导作用，甚至一些企业专门制订特殊条款，在一定程度上否决公司法"资本多数决"的基本原则，充分保障创始管理团队对公司的实际控制权。例如，腾讯公司在上市之前，两家国外投资者——南非MIH集团与美国IDG公司充分信任创业团队，一开始就放弃了所持股份的投票权，公司的经营决策主要由几位联合创始人来负责。阿里巴巴在上市时专门设计了"合伙人制度"，实行公司内部高管提名多数公司董事会成员的制度，间接保障了公司核心高管团队对公司的控制。

（4）革同业者的命

当颠覆性技术刚出现时，一般都不成熟，只能在细分市场或低端市场参与竞争，而中高端市场仍然由传统企业控制。但新技术的发展速度远远超过传统技术，创新型创业很快就会对传统企业构成全面挑战。创新型创业对传统企业的颠覆过程，也是全面侵蚀、吸纳传统企业规模巨大的客户群的过程。

尽管传统企业也可以利用新技术来服务客户，而且还具有品牌和市场优势，按理说传统企业应该具有更大的竞争优势，但现实情况是传统企业总是被新兴创新型创业战胜。这既有传统企业受制于既有利益巨大惯性而难以自拔的原因，也有创新型创业在人力资源和创新机制上的优势带来更强创造力的原因。这种现象启示我们，创新离不开思想解放和市场开放。

2. 创新型创业快速成长的原因

创新型创业快速成长的新模式是企业新生态下的产物。由于技术革命步伐的加快和全球化的深入，技术创新的竞争在加剧，风险和收益都在上升，创新的商业模式也应运而生。

（1）技术革命步伐加快

技术革命是创新型创业快速发展的主要动因。新技术可不同程度地提升企业竞争力，但风险投资家并不会投资所有的新技术，他们的理想投资目标是"提升效率10倍以上的技术"。因此，风险资本投资的企业常常对传统企业产生颠覆性的革命。

新技术为创新型创业带来巨大竞争优势。例如，传统超大型超市的商品种类最多可达几万种，但淘宝上的商品种类达到几亿种，而且电子商务在购物便捷性、物流、价格等方面还具有传统超市难以比拟的优势。滴滴利用互联网平台匹配闲置车辆资源和用户需求，极大提升了资源配置效率和用户体验。

（2）全球化的不断深入

资本的全球化导致全球资本向创新领先企业的聚集。以中国互联网三巨头BAT为例，三家企业从起步到上市的最大投资者都是境外风险资本。腾讯在2004年上市之前，MIH集团与IDG公司分别持股46.3%和7.2%；阿里巴巴上市前，日本软银和美国雅虎分别持股34.4%和22.5%。

市场的全球化不仅促进了市场竞争，也提升了创新的收益。

（3）规模经济和网络效应

较强的规模经济和网络效应形成了赢家通吃的竞争结局，极大提升了胜利者的收益，刺激了风险资本的投资欲望。规模经济来自技术创新的巨大研发投入，研发投入越高规模经济越显著。例如，许多产品的创新都体现在芯片和软件上，芯片和软件的成本主要体现在研发阶段，一旦研发成功，新增边际成本趋近于零。

由于以上三方面的原因，创新生态普遍表现出"快鱼吃慢鱼"的特点。"快一步上天堂，慢一步下地狱。"企业创新尤其是互联网企业的创新，对发展速度的追求永远大于对利润的追求，只要速度够快，各种资源就会自然地向其聚集，形成"强者恒强、赢家通吃"的局面。

3. 培育强大的创新生态圈

新模式将竞争推移到早期阶段，强化了先发优势和后发劣势。在过去的发展模式下，发达国家领先企业的先发优势体现在垄断中高端市场和占有知识产权方面，追赶型国家的企业一般采用"贴身跟随"策略，利用较低成本参与中低端市场竞争。但在新模式下，领先企业可能赢家通吃，跟随者既无法获得成本优势，又缺乏市场空间，后发劣势将表现得更加突出。

过去中国在新兴产业发展方面习惯采用跟随策略，随着技术进步与产业特性的变化，我们要更加重视"换道并跑"与"领跑"策略，尽快以国内市场为基础形成强大的创新生态圈。为此，我们要为创新提供更好的企业生态。

（1）鼓励和引导社会资本投资新兴产业

新兴产业的企业在不同阶段需要风险资本和产业资本的持续投入，应积极拓宽风险投资的来源渠道，包括：鼓励富裕人群参与新兴产业投资等，中共中央国务院于2016年11月出台的《关于完善产权保护制度依法保护产权的意见》和2017年9月出台的《关于营造企业家健康成长环境弘扬优秀企业家精神更好发挥企业家作用的意见》释放出了非常有利的信号。

（2）完善税制，鼓励员工持股和知识成果转化

实践表明，创新活动具有极大的风险性，个人获得股权并不意味着获得收入，多数情况下可能血本无归，如果持股人在获得股权时就要为股权支付高额税，既不能体现公平，也不利于员工持股制度的发展，更不利于创新。改进税制将鼓励企业实施员工持股，鼓励员工长期持股，鼓励知识成果转化，对于企业创新具有重要意义。

（3）进一步完善公司法，为企业创新提供更大的空间

（4）改进行业监管，建立公平竞争的市场环境

实践表明，创新型创业颠覆传统企业是企业转型升级尤其是产业升级的重要途径，但现行的行业监管建立在传统的技术路线、市场结构和商业模式的基础上，难以包容新业态的生存和发展。当创新型创业对传统企业形成冲击时，行业监管部门容易陷入不知所措的局面，甚至出台政策力图维持旧的产业格局。在新旧业态竞争中，行业监管部门首先应包容创新，允许新业态存在甚至出现创新失败现

象，同时根据新业态本身的发展规律制定新的监管规则，让新旧业态按照大致公平的规则开展竞争，让市场选择优胜者。

（六）创新型企业内部创新生态环境的营造

企业创新需要在企业内部部署创新型人才，配置所需资源，营造创新的企业内部生态环境。其中，企业内部创新生态环境能够促进创新型人才及创新资源的有机整合，是企业创新的先决条件。

1. 物理硬环境建设

（1）有利于行业交流的"创新场"

企业选择与同行业或相关行业的高新技术企业群毗邻，可以增加与外界交流机会，形成"创新气场"。

（2）帮助员工激发灵商、产生灵感的自然环境

很多优秀的企业非常注重优美的楼宇外园区自然环境的建设，以促进员工与自然的融合，回归人性的初始状态，激发灵商中的潜意识、下意识等并唤醒、产生新的灵感，从而带来创意的产生。钢筋混凝土和狭隘空间会阻滞员工的心灵感应力，使灵商产生退化、钝化，从而降低创意的产生，因而有能力的公司要尽可能坐落于环境优美与大自然相生的处所，能够做到"推门看青山，坐地赏花开"为最佳，同时建设内部优美的人与自然生态环境。基于此理念，由乔布斯主导设计的苹果公司新总部在园区内种了近一万棵树，开辟了果园和中心花园，园区80%区域是自然风貌，办公楼宇的墙面采用了硕大的360度弧形玻璃墙，以使室内环境与户外自然界联通融合。

（3）可供员工放松的休闲娱乐场所

为员工提供健身、游戏等休闲娱乐场所已成为很多优秀高新技术企业的标配。在办公室设置健身、游戏等休闲娱乐场所，会使员工在工作时放松身心，释放灵性、修炼灵商，从而易于产生创意，而随意讨论则会进一步激发创意。

（4）可供员工随意涂画的书写设施

一个好的想法或创意，常常"灵光一闪"，疾驰而过，触手可及的白板、黑板、书写墙等设施方便员工记录灵感，有利于员工思考的呈现及员工间的交流。

（5）员工布置办公空间的自主权

很多互联网及高新技术公司允许员工自主布置自己的办公区域，这样员工就可以根据喜好布置工作区域，使自己的工作场所赏心悦目。这种做法，一方面使

得员工心情舒畅，另一方面有利于在工作中形成有利的"创意场"，促进创意的自然生成。例如皮克斯动画创意总监拉塞特喜欢玩具，喜欢宫崎骏的漫画，于是他的办公室就堆满了玩具，一面墙挂满了宫崎骏的漫画。

2. 文化软环境的建设

（1）制度文化环境建设

1）员工"创新自由"的制度保障。

曾先后在亚马逊、谷歌任高管的乌迪·曼博认为，"创新人员不需要布置任务，而需要给予自由空间"。优秀创新型人才显然和其他一般白领不同，其工作不是完成领导安排的任务而是创新，创造出领导都不知晓的想法和产品来。3M公司推行"15%时间"制度，允许技术人员工作时间内有15%的自由时间，从事自己感兴趣的研究，这也是3M公司持续多年每年出现多款创新产品的重要原因。同样，谷歌公司鼓励员工拿出20%的工作时间从事自己喜欢的研究，把自己的想法付诸实现。20%时间可以安排在每天或每周，也可以积攒下来一次性用完。

2）异想天开项目的适度资助。

创新很重要但存在风险。创新型公司在面对异想天开项目时的原则：予以适度支持。谷歌公司在研发项目上提出了新的资源资助制度，即70%资源分配给核心资源，20%的资源分配给新兴产品，10%的资源投入到全新产品上。很多重要创新来自"异想天开"，谷歌对异想天开项目资助使其成为可能。

3）达尔文式的优胜劣汰法则。

李开复经常对员工说，"我不同意你，但我支持你！"谷歌公司采取了达尔文式的自然淘汰法则，让员工群体说了算。例如，如果谷歌员工想利用自己的"20%时间"实现创新想法，他首先需要描述自己的想法并初步完成产品演示版，发给公司同事，吸引追随者参与自己的研究项目。如果创新想法得不到公司同事的认同，就没有人愿意浪费自己20%时间去追随其想法和项目。

4）层级较少的扁平化组织。

扁平化组织有利于一线员工、经理与高层管理人员之间更为顺畅的沟通，避免了层层汇报、层层请示，也避免了沟通过程中多层沟通所造成的信息衰减及扭曲。同时，在扁平化组织中，管理者管理幅度变宽，管理了更多下属，因而无暇去控制每一位员工，从而减少了管理者监督，员工获得了更多自由。

5）鼓励全员沟通的交流制度。

高层与一线员工的沟通及全员沟通是发现问题、创新发展的重要保证。很多高科技企业都进行了鼓励沟通的制度安排,保证高层管理人员与一线员工、全体员工之间的顺畅沟通,促进全体员工集体智慧的萃取及利用。

(2) 人文文化氛围营造

1) 宽容失败、反败为胜的文化。

创新是高风险活动,允许失败,鼓励员工尝试。如果不允许失败,也就没有创新成功的可能性。因而,谷歌等很多高科技公司对失败持着高度宽容的态度。谷歌公司不会惩罚项目失败的研发人员,有时这些所谓"失败人员"还会受到重用。例如,谷歌2009年推出的Wave项目一败涂地,但该团队中没人因此被炒掉,多数人还得到重用。这就是聪明地利用失败。例如,可以利用失败获得衍生技术。Wave项目虽然失败,但其中一些技术被移植到谷歌邮箱项目中使用。

2) 平等自由、坦诚交流的文化。

平等交流的文化有利于一线员工创新创意的产生。正如苹果公司CEO库克所言:"繁文缛节,官僚程序越来越少,组织结构越来越扁平化,就越容易催生创造力。"

3) 团队协作的文化。

创意往往在个人头脑中形成,但创意的实现主要在团队中完成。团队内部及团队之间的协作对创新的成功至关重要。例如,贝尔实验室发明的晶体管需要多学科专业知识与技术,因而贝尔实验室明文规定技术团队成员不能关起门来工作,不能拒绝同事的求助,无论他在什么职位和部门。团队成员间的交流和自由讨论使彼此都受启发,激发创意的产生。在苹果公司,乔布斯虽然很独裁,但致力于在内部营造团队协作的文化。开会时,乔布斯坚持让所有参会人员一起讨论问题,利用各方优势,听取不同部门的观点。

4) 轻松快乐的文化。

快乐能够促生创意,提升灵商,激活灵感。激活的灵感会极大地影响创造行为。心情好的人能够看清全局、建立关联并挖掘关联、看到复杂关系里的更多细节和常态下看不到的隐形节点。因此,企业要多开展让人真心快乐的活动,营造轻松愉悦的工作氛围,因为快乐的员工能显示出足够的康商,为智商、情商的修炼提供强有力的支撑,并润养灵商的复活与激发。

(七) 成熟企业创新与创业融合之道

"双创"时代的到来,对成熟企业而言,创新与创业是相互融合、不可分割的。经过创业和发展期后相对稳定发展的成熟企业尤其是大型企业,除了固有的创新主线,也开始关注创业,包括内部创业和外部创业,并与孵化器、加速器、风险投资等手段结合,希望借此改良公司创新创业生态、提升持续创新能力,实现企业快速转型升级与可持续发展。

1. 成熟公司与创业公司在创新方面的差异

成熟公司的创新更多是集中在技术创新和产品创新等方面,即前端的创意开发和技术与产品研发分量更重,一般和公司当前产品相关性较强(当前产品的改善或升级),以渐进性创新为主,后续商业计划开发阶段,较少有商业模式方面的创新,而是更多利用现有的商业模式(渠道、资源、客户等)。而创业公司核心在于通过对机会的判断去开创新的事业,它与成熟公司创新的不同体现在以下两点:一是创业公司的创新主要是基于新出现的突破性技术,创造全新的产品创意,基于对市场机会的判断,以新产品开拓出新市场,或者提供具有颠覆性的质优价廉产品;二是创业公司往往在商业模式方面也有较大创新,甚至完全靠商业模式创新。

成熟企业主要是聚焦创新业务版图的扩展,首先是执行和扩大已经证明的业务,因此集中财力和人力到渐进性创新是合理的。而且成熟企业在长期追求低风险、高效率的企业生态下形成的创新流程,往往不利于来自底层的颠覆性创新,其成熟的商业模式和运作机制形成的强大惯性难以一时改变,也不利于商业模式创新。创业公司无法拿同类产品和大公司竞争,这些敏捷的年轻公司只有靠创造突破性的产品或服务才有机会生存,可以说生死攸关。他们追求高风险、高回报,没有固有体制和文化的拖累与束缚,虽然经历多次试验尝试和高频率的失败,但在和客户的频繁交互中,却能逐渐形成适应客户、市场的产品和可行的商业模式。

和成熟公司相比,初创公司缺乏基础设施、资金和市场渠道,他们渴望"一鸣惊人",需要快速放大自己的创新效应,赢得市场、建立品牌,而这一点是成熟公司的优势,尤其那些大型公司,它们具有影响甚至重新定义整个市场或产业的能力。然而,成熟公司与新创公司相比本身缺乏一种创业的环境和条件。

1) 担心风险。新的创意往往享受不到在那些创业公司所特有的激情投入。

2) 阻碍创新的结构性因素。成熟公司在流程、机制以及策略上都不利于颠覆性创新和商业模式创新,这都属于结构性因素。

3) 总是期望可预期和持续的结果。成熟的公司背后有很多投资者,他们期望可预期、稳定的财务收益,而这是和创新天生具有的不可预测和颠覆性相冲突的。

4）缺乏创新培训。传统上，成熟的大型公司的员工一般接受的培训是如何管理现有的业务，而不是创造新的业务。

5）个人风险与回报不匹配。创业公司往往将实验和失败当作创新过程的重要部分，就像做科学实验一样，其中金融和个人风险巨大，成功后回报也更大。大公司很难接受失败，一旦失败，也将影响到个人职业发展，因此，创新会受到固有利益集团或个人的一些阻碍。

2. 成熟企业内部创业法则

如果成熟公司希望将创业融入自己的创新体系，想通过启动内部创业计划来提升持续创新能力和内部创业精神，就必须做必要的变革和精心规划准备。要确保做好以下几方面工作。

1）保持清晰一致的目标。包括和公司战略一致，满足一般的商业计划开发目标（打造新公司，提升技能，组建跨职能团队等），并且能够改良公司文化，甚至促进公司转型升级。

2）获得强大的高层支持。高层支持至关重要，否则很容易受到中层部门的抵制，他们喜欢渐进性创新，不愿看到传统的动态平衡被打破，或者本该属于他们低风险项目的资源被分享。尤其是突破性创新和创业大多要经历诸多失败，创新成本较高，预期有很大的不确定性，高层支持更为关键。

3）确保足够的资源保障。足够的资源保障是开展创业项目所必需的，包括对获胜者的激励措施，"双创"大赛项目的运作费用、积极推荐优秀项目及团队参加区域与全国"双创"大赛等。另外，还应确保能够在其他资源如市场渠道、技术知识和专家顾问等方面得到支持，要允许或鼓励员工在这些项目上投入时间。高管要乐于花时间提供裁判、辅导等帮助。

4）制订完善的计划。制订完善的计划并进行责、权、利考核，引起大家的重视，以及合适的时候让关键利益相关方尤其投资方参与进来。

5）保持团队坚定的执行力。"双创"项目往往会经历几番周折和难以预料的变化，应该建立一个可见的、受人尊重的、富有激情和责任感的团队，确保坚定的执行力度。

6）支撑工具开发应用。建立一个高质量的网站用于沟通，各种有用的信息、知识分享和应用工具等都是非常重要和有价值的，有助于将来来自不同地域和领域的人连接组成跨界、"杂交"性质的多样化团队。

7）推出策略。需要有一个清晰的策略及具体计划确定赛后如何推进和应对各项成果,并且得到政府管理层、组织者、投资者和参与者的趋同性认可。应该将"双创"大赛,如"创客中国"等,融入一个完整的创新创业体系中,而不是简单的一年一度的造势活动,否则其价值就会大大缩减,也很难长期开展下去。

8)愿意接纳外部合作伙伴。如果公司内部力量不足,可以借助外部专家参与创意评估,这也有助于产生新的思想火花。有的大赛甚至对外开放,允许外部人提交参赛项目,从而丰富创意数量和质量。

9)宽容失败,接受奇才及古怪想法。真正的创新开始可能看起来有点疯狂,但它确实突破了边界,这种打破常规的创意应该得到鼓励。而那些失败的参与者也应得到认可和鼓励。苹果公司的颠覆性产品iPod和iPhone据说就是吸收了当初失败项目中有价值的东西。

3. 构建创新创业生态系统,让外部创业与内部创新珠联璧合

当前,在全球化、数字化和互联网为基础的商业、技术民主化等力量推动下,社会正发生着不可预见性地剧烈变革。它既改变了人们的思维、生活与工作方式,也改变了产业发展模式。对于独具个性、富有创意和激情的年轻人才,传统大企业不再是首选,快速成长的初创企业成为他们追随的对象。市场竞争强度和企业发展压力急剧提升,技术优势不再成为唯一法宝,甚至无法单独成为竞争优势。另外,产品生命周期大大缩短,创新速度要适应快速市场变化的要求,创意创造过程变得大众化,创新资源分散,用户不再是被动的购买者,参与创新创造的需求越来越强烈。

在"双创"的大环境下,各种创业孵化器、加速器、产业园比比皆是,创业活动,各类实验室、创业竞赛,各种天使、风投基金也随处可见。而人工智能、3D打印、区块链、精益创业等先进创新手段更是推波助澜,价值创造的速度越来越快。今天全球市值最高的十个公司当中,苹果、微软、谷歌、腾讯、阿里巴巴等,基本都不超过40年历史,它们迅速超越了那些百年老店。在短短两年中,小米手机销量从几百万台增长到了6000万台,这在过去几乎是不可想象的。与此同时,创业成本也在极大地降低,政府"有形之手"有力地推动着简政放权与社会治理能力的提升。创业的羁绊被打破,创建一个企业花费不到一万元,最快一周办好手续,各种社交网络、网络媒体、网络营销、口碑营销等大大降低营销成本。不用工厂,甚至连厂(办公)房都不用租,透过互联网,也许三五个人就能不断将一个狭窄领域越做越深、越精、越大,甚至成为业界的领跑者。巨头们同样意识到了这个机会。但受制于船大难掉头,它们选择的路径往往是砸巨额的金钱,不断在外部投资新创或并购企业。

企业领导者应该放开眼界和心胸，大胆拥抱外部的创业和创新，将外部创业公司的创新作为与自己企业内部创新相互补充的重要一环，采取双轨思路：在企业内部打造一种包容创新创业精神的企业文化与环境的同时，通过孵化器、加速器和风险投资等金融手段积极捕获外部创新机会和成果。

与此同时，企业需要构建一个创新创业生态系统，将各种孵化平台和加速器、初创公司和小公司、科研机构、创客等联系在一起。成熟企业可以借助该创业生态圈去监视和跟踪突破性及颠覆机会的出现。硅谷的很多创业公司创立之初就定位于将来被几个目标性的大公司收购，它们在战略规划、市场定位和产品规格等方面都有意识地和这些大公司的风格协调，一旦获得某些用户认可，它们的市场价值就会骤升。初创公司在短期内实现从概念到产品、市场的开发，在大公司可能需要几倍甚至几十倍的时间和投入。成熟公司收购这些经过市场和用户验证的技术和产品，放到自己的成熟平台上与已有产品集成，或者形成新的业务，快速放大。以较少的投资创建自己的新业务，提升竞争力。这个时候初创公司和成熟公司建立一种共生的关系，形成良性的协同关系，这可能是未来一段时期内一种流行的融合创新模式。由此所形成的竞争力就是典型的融创力。

总之，创业已经成为提升公司持续创新能力并最终形成核心竞争能力的重要方式。它突破了公司的边界，包括创业项目和人才都可以来自公司外部。作为创新领导者，在推进创业的时候，除了遵循以上规则，还应从全局的角度和开放的眼光去理解和看待，尤其要注意以下三点。

首先，创业应是公司整体创新体系或组合中的一部分，但也要注意它无法取代公司本身的创新行为，必须确保自己的核心研发与创新能力。

其次，要从长期发展的角度看待这种带有风险投资特性的创新活动，不可急功近利、"见钱眼开"。只有保持"暮色苍茫看劲松，乱云飞渡仍从容"的定力、耐心和韧性，才能最终结出硕果，从中受益。

再次，从创业生态的角度推动企业内外部创业或基于风险投资的创新。

二、积极培育和鼓励创客成长

（一）成为优秀创客的思维原则

煤炭和钻石的区别是什么？手电筒光和激光的区别是什么？其实煤炭和钻石，

手电筒光和激光,它们拥有的化学成分都一样,因为分子的排列组合结构不同,所以产生的物理性能与价值链效应可谓天壤之别。凡人与创客,组成的肉体元素都一样,没有区别。但是,由于人类大脑中千亿级细胞元素与灵体基因的排列组合结构千差万别,在自动生成的灵商爆点中则带来天壤之别,从而导致创造性的巨大差异。这就是伟大的爱迪生、霍金、乔布斯与普通人的差别。

这就引出第一个基本问题,创客的思维结构是怎样的?他们思维的格式塔是什么?

先听听两位诺贝尔奖的大师是如何说的。物理学家费米比喻说:有四个自由参数,我可以把数据变成一头大象。李政道教授回应:如有五个自由参数,我可以让大象的鼻子跳舞。

平凡人会将"自由参数"等同于混乱程度的熵值,越高越乱。但对于有创造力的人而言,那是混沌,是可以进行自由创造的状态。所以,在上述假设的情形下,熵值越高,不是越混乱,而是越混沌。

混沌不是混乱,混沌是0,0不是没有,0是万有的状态,即所有的可能秩序同时存在的状态。

这引出第二个基本问题:创客是怎样把代表"混乱"的熵值变成代表创造潜力的混沌"自由度"?

2016年,两位经济学家因研究"不完全合同中的非经济因素"而获得诺贝尔奖。如果用一句话来总结,那就是不完全的经济合同能受政治势力影响,形成对一方有利的结果。观察任何成功创业到建功立业的公司,如苹果和阿里巴巴,它们先为自己创造了市场,再允许所谓的市场竞争。这些创始企业和市场之间内含一种非经济的统治关系,所以才有居高临下的优势。

这引出第三个基本问题:犹如水势,创客有高于市场竞争的社会影响(统治)势力,那创客的"统治势力"从哪里来?

从这三个基本问题出发,我们看到平凡人和创客的两个重要区别。

第一,他们有不同的认知格式塔。平凡人在一个层面上思考,创客有六个高低不同的认知维度。

第二,创客能够无碍穿梭在六个认知维度之间,不断获得由高向低维度的势能。

但是,这两个区别不会永久地阻断平凡人成为创客。只要普通人了解并利用下面的思考原则,他们不仅可以识别思维的六个维度,并可能变成强大的创客。

1. 第一原则：想象不可想象的，但是是值得想象和必须思考的

以星际移民为例，在SpaceX的马斯克民营火星计划之前，它不可想象。但马斯克帮我们看到星际移民是未来人类必须想象的生存挑战。如何彻底解决化石燃料带来的污染以及人类生存轨迹所带来的对地球的损害？怎样实现零成本的能源利用？人类实施"蓝天战略"的必然性，过去也是不可想象的议题。但马斯克向人们展示，它们值得想象。

像他这样的创客最热衷于不可想象却值得或必须想象的问题，因为那是他思想势能的最高点。一旦他们让问题变得可以想象并值得想象，社会愿望和资源就会迅速聚集在他们周围。凡人变创客，这是最艰难的一步，也是最高深的思想藩篱。平凡人上升到这个思想势能的最高点，其难度在于下面的四道樊篱。

一是没有可供表达的语言和概念，因此无法组织思维想象活动。"按揭"在今天是常识，但是在20世纪80年代，人们没有这个概念，也就无法想象房地产市场可以像今天这样火爆。

二是找不到能够传递感官刺激和感知的中介，因此无法用比喻的方式方法组织对新生事物的理解。今天，"有机的"人类不知道完全由"无机的"机器人超级智能工厂完成物质生产会是怎样一种体验，因为人类从未经历过。

三是与根深蒂固的传统观念有严重的抵触，因此不敢想象。

四是现象超过人的一般心理承受能力或为情感禁忌，因此不愿意想象。

打破上述四道思想的樊篱，平凡的人便可以尝试想象不可想象的新境界。

2. 第二原则：从不可想象到可以遐想

每一位伟大的创客都曾是"商业乌托邦"帮主。亨利·福特的流水线商业模式背后深藏着美国文化熔炉的社会理想。迪士尼兄弟制作的卡通人物代表着他们对现代人生活观的思考。迪士尼乐园也是大萧条后人们的精神避难所。爱迪生擅长用自己的发明，特别是电灯，来展示新型的生活形态和社会关系。

在过去、现在、未来之间，被感知到的现在存档为过去的记忆，有意义的现在延展到未来。乌托邦能制造面向未来的意义，因此被创客青睐，用来牵引追随者的心理意愿和行动承诺。

与此同时，每一位优秀的创客都有很强的文学虚构的能力，他们既是用商业写作的文学家，也是善于用商业交换社会影响力的政治家。结合这两种能力，创客让我们看到文学可以描述的，也是商业值得追求的。

从化纤纺织品、可乐、房地产、无人汽车到共享经济等，我们习惯的衣食住

行的世界都是人造的，其物质的背后皆为社会意愿和动机。在人造世界中，能统领社会意愿者胜。因此，在创客宣讲的价值没有实在展现之前，富有想象力的商业乌托邦和文学虚构能力扮演着鞭策和指引社会意愿的重要角色。因为使人相信，所以看见。相信的人多了，久了，乌托邦便成为现实。

3. 第三原则：冲撞不可行的边界

从遐想的维度到可以执行的维度，一流创客善于突破小概率事件的"魔鬼三角区"。这是由三种执行条件围成的限制区域。

不可行指想象的新事物缺乏一般的实现条件，或者说只有在极端条件下才会发生，即小概率事件。极端条件也被认为需要颠覆三种看似艰深的限制，因此执行难度高，是小概率事件。

这三种限制为：非理性条件，非人类前提，非本分的想法。它们组成遏制执行的魔鬼三角区。不断冲撞这些限制，尝试各种颠覆它们的方法，这是优秀创客在此维度的实践特征。

以颠覆"非理性条件"为例，让缺乏资源的沙漠变成商业绿洲，这是非理性。能颠覆这一点的迪拜就成了阿拉伯世界贸易之都和城市可持续发展的样本。

以颠覆"非人类前提"为例，地球人移民火星怎么可行呢？SpaceX的马斯克通俗地解释，星际移民是必然趋势，只要提供在美国加州一般房贷所需的50万美元就可以跟他去火星。在马斯克颠覆性的方案下，移民火星突然从不可行变成不可错失的先机。

以颠覆"非本分之想"为例，现任美国总统特朗普由自由的商人成为国家领袖，本被绝大多数本分人（理性人士）视为非分之想，却由他变为现实。这个原本被主流意见认为是自取其辱的举动，现在开了先河。笔者从管理学角度为此专门点赞，在《经营管理者》上发表了《"川普逆袭：企业家精神之光"》的卷首语。

以目前面临的各种社会关系矛盾为例，如果颠覆"非分之想"和"非理性条件"，让先富起来的一部分人"先高尚起来"，则可以刹那间推倒经济阶层之间隔阂的墙，开创新时代社会关系契约的共同憧憬，让伟大中国梦的实践变得更顺畅更和谐美丽。

以"非人类条件"和"非本分之想"为例，如果颠覆对智能机器人创造的价值归属的看法，让机器人负责物质文明的生产，让自然人负责精神文明的生产，解决生产和分配的社会矛盾立即变得可行了，未来"按需分配"的共产主义式的乌托邦并非遥不可及。

总之，平凡人自我设限在小概率事件的"魔鬼三角区"之内。真正杰出的创客却坚持冲撞它的三条看似不可逾越的边界，直至成功。

4. 第四原则：设计可行性成为既定模式

从小概率到大概率事件，通过建立人们头脑中因果关系的定见，创客让新事物演变为社会认知中的既定模式，或必然选择。

当科学的概率事件变为社会的必然趋势，创客便获得巨大的心理影响力和新市场中的统治势力。

在网络新经济中，阿里巴巴和亚马逊就是两个代表事例。

企业对企业生态的改良能让因缘关系上升到因果关系。改造的政治条件看，一国的法制的调整关乎于企业成败。例如，对于做儿童用品的企业家，中国放开二孩政策，市场规模和商业模式便出现质的飞跃。哪些可以改造？哪些能够影响？哪些必须顺应？这些则是创客政治成熟度的问题。又如，外资撤出中国，他们实际上正在浪费一个绝好的新的政策沟通的机会。因为由灵商外溢显现出的政治道德是人类最高势能的制高点之一。

改造颠覆性技术条件能让因缘关系上升到因果关系。15年前，加拿大莱桥大学管理学院副教授、复旦大学管理学院EMBA特聘教授鲍勇剑曾建议最早投资RFID技术的企业家把它与奢侈品和高档食品防伪跨界联系起来。遗憾的是，他们错失改造利用的机会。今天，做区块链技术的企业有同样的改造机会，不要错失。

改造社会条件能让因缘关系上升到因果关系。鲍勇剑曾建议摩拜单车的创始人超越技术，关注其商业模式中的友善社会关系，让它成为各种友善社会关系的载体。例如，夜归学生寻求同道陪伴，增加安全感。如果将友善的社会关系注入技术产品，后来者竞争的门槛陡然变高。

总之，在这个维度，创客为新生事物制造"可行的场"。当上述四个条件改善后，人们会把新事物当作社会的必然选择。

5. 第五原则：先构建VR

"眼、耳、鼻、舌、身、意，色、声、香、味、触、法"，VR作为虚拟现实能迅速给人以震撼。构建人本世界的12处中，最难做到但最快显现效果的是"意"。为顺应凡人对12处的偏好，创客不仅有"意"上的概念化能力，还有构造"虚拟的真"的能力。

在商业乌托邦尚未实现之前，特斯拉的马斯克不断推出全球充电站的图景。它就是一种虚拟的真，以强化"旅行可以免费"的社会愿景。

构造"虚拟真"不是讲故事而是制造故事。二者的区别在五项要素：
1)"虚拟真"有逻辑一致的时空体系；
2）有真实的人物角色；
3）有可靠的资源预算支持；
4）体现的一桩桩事件都言之成理，有生动可信的特征；
5）可以回忆，能够联系到当下，有值得投射到未来的体验情节。

最经典的"虚拟真"莫过于佛教和基督教。这两大信仰都包含了制造故事的虚拟真，都体现出了上面五项要素的运用。

从"可行的场"转向"虚拟的真"，优秀的创客不仅仅会讲故事，更重要的是能制造故事。这个过程需要我们对于围绕故事的人物、情节、逻辑和事件有栩栩如生的演绎和设计。

例如，在全球旧秩序日趋崩溃的背景之下，我们可以想象社会核心价值观是一个新秩序的引爆点与聚能点，习近平提出的"构建人类命运共同体"的理念就是中国版的普世价值观，是马克思主义能将永葆美妙青春、迸发时代活力、不断探索时代发展提出的新课题与回应人类社会面临新挑战的最新成果。它比航母、货币、石油、互联网等在推动人类共同进步与幸福的进程中更强大，更能产生心灵的共鸣与对美好共享生活的共振。不过，如果只停留在讲故事的阶段，想法则难以成为鲜活的秩序。因此，我们还必须"一张蓝图干到底"，薪火相传，代代接力，俯下身子抓落实，"走好每一代人的长征路。"携手世界人民共商共创共建共享"一带一路"的现代文明，达到民心相通、梦想相融，实现"你好，我好，大家好"的"天下一家"之人类共同的美好愿景。

6. 第六原则：间断推出真切的雏形和证言

最近量子力学和混沌理论的发展带来社会观念的改变。它至少普及了一个认识，即我们深信不疑的事实其实是重复的片段，是片段有规律的叠加，就像雪花美丽的图形来自片段重复叠加。

没有一位成功的创客完全实现了当初的许诺。蓝图是用来激励人心的。但要让可行性有可信度，创客就必须要间断推出符合蓝图的片段现实。让未来成为值得信任的追求，就如同样板房和按揭对购买者入住前愿望和行为的影响。

要让片段证言在具体的时空情境中自证并他证（相关者自己说服自己），创客还会施展另外一种执行能力，一种往返于当下和未来的能力。

以房地产早期创新为例，如果购房者不相信"样板房是未来的家"这一片段展现，他们怎么会凭借样板房付款？

所有的创客创新都带有同样的逻辑关系。为顺应平凡人的时态观，创客一般以过去进行时展示未来秩序包含的必然因果关系。创客利用平凡人记忆中过去时态的印象，解释为什么新事物是旧回忆的自然延续。所以，我们说创客在执行层面做事的规律是"未来时态，倒序执行"。全新的新事物会吓跑平凡人。

哲学家米尔恰·伊利亚德说"如果今天我们不生活在未来，那么未来，我们会生活在过去"。确切地讲，平凡人一直在回忆过去，创客总是生活在未来，并往返穿梭向平凡人兜售"值得回忆的过去"。

（二）成功创客的DNA

成功创业者的DNA是什么？成功的创业者有以下共性的DNA。

第一，目标市场要大。巴菲特讲，你要找到长长的雪道。长长的雪道是什么，就是你的目标市场要大。

第二，商业模式的可延展性。指的是"互联网+"时代企业本质的东西，为什么它的视野比传统行业高很多？最简单的原因是它的商业模式弹性要比传统创业大很多。

第三，要有清晰的盈利模式。经常碰到很多的创业者讲他的项目前景与创意时滔滔不绝，当问他怎么赚钱，现金流从哪儿来时，他半天也说不清楚。我认为投资机构不是慈善机构，企业一定要有赚钱与长期盈利的模式。

第四，专注。创业企业倒闭70%以上是现金流出现问题。我们很多人都知道，很多企业喜欢做的东西比较多，总期望全面开花结果，一下摊子铺得很大，导致企业资金链断裂问题。

第五，善于抓住时机。时间就是最大的机遇，对于商机把握是非常重要的。中国互联网发展催生了不少英雄人物，但大多数革了自己的"命"，成了"革命先烈"，其重要原因是很多时候是没有把握最佳发展时机。在中国，领先市场半步是最合适的。

第六，要有好的"队长"。但是，有了这些好的DNA之后这个创业企业是否一定可以成功？答案未必。这就是创业和投资的奥妙所在。从本质上来说，创业者和投资人都是在寻找充分条件。巴菲特到今天为止花了将近60多年时间，依然没有找到一个企业成功的充分条件，但非常重要的一点，一个企业的成功，团队创意、商业模式、现金流等息息相关，尤其和创业团队领头人的人格和品质相关度极高。

一般来讲，成功创业者的人格特征至少有以下几点。

首先，一个创业者首先要做一个诚信的人。这是一件非常奇怪的事情，如果你不做一个诚信的人，无论你做得怎么样，你最后失败的概率非常大。

其次，要有超越的情怀。一个企业能否做优、做强、做大、做久，与一个创业者的情怀有非常大的关系。例如马云，初创时即使是他都发不出工资来的时候，他仍然有超越的情怀，他就是想"让世界上没有难做的生意"，这是世人看他一步一步走向成功的故事：他不是靠最强有力的政策辟荒拓路，也不是靠资本实力清除障碍，更不是运用"中国特色"的杰出创意成功"勾兑"的威力，而是始终抱拥着情怀，怀揣着梦想，以"一根筋"的坚韧定力，打造出一个"一马当先，万马奔腾"的创业者生态的地球村落——阿里巴巴。

再次，执着。这点非常重要，创业者要做一个理想主义者。中国目前"双创"最大的问题，尤其在高校学生中间，就是人们过于现实、过于世俗、过于短视，如果新生代身上没有一种为理想而奋斗的执着坚毅与舍我的情怀，中国的未来再鼓励创业也存在障碍。

最后，独立思考。创业不是盲目行为，我看很多创业者喜欢"抱在一起"，大街小巷上曾经一些小微企业喜欢像军队一样天天晨练喊口号，没多久嗓子喊破了，企业也破产了。其实创业过程中，更多是要学会和孤独相处。创业者首先是思想者，"思想者就是孤独者"。因为我们很多时候作为一个CEO，你是没有办法跟别人分担这种孤独的，最关键的决策一定是你自己拿。创造和创新能力需要独立思考，而独立思考的前提是思想的独立。在今天的创业者洪流中，特立独行的人满街都是，但能够做到独立思考的人甚少。若你真想成为一个有超越思想的创业者和成功的创客，就一定要有独立思考和自由的"飞地"，缺乏独立思考的"运动式""跟风式"与"追星族式"创业，虽不算是对自身人生的浪费，也一定构成了社会资源的不必要的流失。

（三）创业成功需爬坡上坎

成功的路有很多，但摔跤的地方总归是那几处。所以，我们虽然不知道创业成功的路在哪儿，因为它没有像卫星定位系统这样我们习惯的"米"级导航系统，它需要自己慢慢闯，反复试。梳理近几年工作中对中小微企业的调研、咨询服务、分析指导、总结其经验教训，在中国创业有九道坎。

1. 第一道坎：产品——产品是1，市场、管理等要素是后面的0

一般情况下，在中国做企业要过三关：产品关、市场关和管理关。基本认识是，在创业初期，产品永远是1，没有这个1，后面再多的0，如市场和管理、预收、成本、投资回报率等均是0。

在特别早期的时候，企业的资源一定要在一个地方集中，就是产品。这包括在我们搭班子的时候，核心也是产品的班子，如果市场的班子进得过早，我们看到太多的情况其实是对公司的干扰。动不动就在想，我们怎么样做营销？怎么把用户量发展起来？这个程序是不对的。

2. 第二道坎：融资——找个好副驾

创业者应该把投资人当作副驾驶，创业者相当于司机。两者共同之处就是都在抬头看路，看行业的未来发展，看企业两者的差别就是方向盘在司机手里，副驾驶再急也没用，尤其在中国，基本不可能越界。

在美国，也许你可以说我换一个司机，在中国，投资人千万别想这个事，抢方向盘的结果一定是车毁人亡。司机的乐趣在哪？虽然手忙脚乱，一手握方向盘，一手挂挡，但是这忙的是乐趣，是"特权"，是国人遗传基因中所附带的专制元素。

反过来，副驾驶看路的能力也要很强，但不见得能开好车。

副驾驶有一个权力，即选车。这么多车，人家要选一辆车，对于创业者来讲没办法，我们天生只有一辆车。对于创业者最大的挑战，要告诉投资人自己"牛"的是什么，往往"奥拓"开出"奥迪"的速度来，或开进市场的是"奔奔"，开出来就变成了"奔驰"，这就是"牛"，这其实是比我们司机的本事。

另外，找一个好副驾驶，越早的时候影响越大、配合可能更好，因为今天的市场，场内场外钱越来越多，原来投资人对创业者做尽职调查，现在越来越多的是创业者对投资人进行尽职调查。

例如，我们可以找几个被投企业的CEO，问问他们与投资人合作的是否愉快？对多言多语或沉默寡语、不言不语或快人快语、花言巧语或骇人言语也要加以思考甄别。总之，副驾驶对于公司未来的发展，影响是非常巨大的，尤其在早期投资时。

3. 第三道坎：市场——避免"成长死"

市场是很多创业者经常通不过的一个大坎，在这一个坎，大量的创业者经常出现"成长死"这一现象。什么意思，就是我们认为自己能力很强了，所以在市场上就跟打了鸡血一样投入资源。

一部分创业企业，因为本身体质欠佳，自己跑的速度过快，把自己先累死了。就好像你刚拿了驾照才上路几天，就开着奥拓直接上高速了，上高速不过瘾还非要超过120千米的时速。另一部分创业企业，还未打过"堡垒战役"，甚至从未见过炮火，就直接用N个小帆板连接成战舰进入"红海战役"与航母对决，必然溃不成军、溺水而亡。市场这一关在创业早期出现的时候，它最大的风险就是不以创业者意志为转移，可能常常会打乱你的节奏与持续功力，安全保障不足。

4. 第四道坎：中型企业——最危险的阶段

从经验来看，企业发展的几个阶段是不一样的，大概在100人以内是一个阶段，那个阶段最有效的管理方法就像游击队，可以告诉员工明确的目的和方向，不分什么产品、研发、组织。所有群体中，游击队的组织效率是最高的。

当人数超过百人的公司开始出现二级的管理架构。这个时候，那么前一个阶段的方式，已经不太好使。因为这时候你开始出现了多目标，你需要A组执行一个项目，B组执行另一个项目。这就要从游击队改成正规军了。

当有2000人左右的时候，企业就必须要管理变革。就要从正规军转向野战军了。前面需要正规军，一点点习惯邮件的沟通，部门的会议，机构工作会怎么开，需要对表等很多细节，但公司人员到了2000人左右规模的时候，人数在上升的同时，其实大家的效率在下降。

所以，从正规军向野战军，要把他分成几大"野战军""东北野战军""华北野战军"等等，你这个军团就是要全链条的能力的闭环，从目标的设定，队伍的建设，到打仗，别事事都找中央军委。

其实，中型企业最危险。因为当我们还是小而美的时候，拼的是速度。但当我上了一定的规模，速度降下来了，但是势能却没有像腾讯那么大。

5. 第五道坎：竞争成人礼——要翻过去的几座大山

初创企业，是不愿意和别人发生正面冲突的。但当问题真的来临的时候，一定要直面竞争。

随着你的业务发展，竞争、作战就是你的成人礼。但你的竞争和作战都不在早期，很多小公司说百度怎么超？开玩笑，俗一点的话，人家还没看得上你呢，能当潜水艇绝对当潜水艇，别让大家伙盯上。你一旦当不了潜水艇，真的就要快速上浮，必须立刻建立你市场的正面品牌。因为在潜水艇的阶段，基本上你的品牌都在发烧友的群体，并不是在大众群体，一旦上浮，就必须立刻做品牌了。

6. 第六道坎：创业中年危机——革命信念

这里要讲的是，看看你自己，还有你的队伍是否有革命的信念。任何一个创业公司，时间上最完美的曲线是什么？3个3年。第一个3年活下来，找对产品方向；第二个3年发展壮大；第三个3年实现稳定的"小目标"。

大家想一想，绝大多数大型企业没有10年是达不到这个高度的。你看一两年上去了，几年有个衰减，上得越快，说明你不扎实，摔得也快，死得更快。

这里挑战的就是创业团队在时间上的压力。23至25岁一人创业了，创业7、8年之后，也到30到35岁的阶段，这个阶段结婚的压力，生活和家庭都在上升。

所以说你看到中国的互联网企业到了创业8、9年，如果你没达到一个高度的时候，其实这个创业中年危机问题特别容易爆发。这时候，如果你和你的团队拥有革命的信念，具有"不忘初心，牢记使命，继续前进"的斗志，说不定就能坚持下来并朝着成功迈进。

7. 第七道坎：IPO——一场"婚礼"，一段新生活的开始

我们看马云，看雷军，上市的时候都很淡定。为什么？首先因为不是头一次了，其次因为这仅仅是"婚姻"的开始。季节好的时候结婚的人特别多。反过来，中国的创业公司有多少人今天就可以预测一定会"离婚"的，其实在国际资本市场里面没有20亿美金，根本都不会进入主流基金和投资公司的标的。

理性地讲，IPO就是一场婚姻，如果你IPO了这才仅仅是这场婚姻的开始，而且婚姻之后，就不是恋爱的时候1+1的生活，一旦结婚了那是1+1+N的生活，你后面还有家人、子女和其他人际关系……你需要按季度报告。

8. 第八道坎：管理——文化与升华

一个企业就像一个孩子，有它的名字、性格、成长，我们都希望自己的孩子未来出人头地，但是过了18岁以后，他的性格已经固化了，你已经很难培养他的性格了，所以我们企业的性格及企业的文化，就像孩子一样，要看你早期怎么培育建立。

性格决定命运。企业文化的建设与升华决定了企业一生的健康和子子孙孙的基因。

9. 第九道坎：情面——运气、福气

创业时最大的风险是什么？是创业团队。如果团队分裂了，其实意味着你这次创业失败了。

创业方向大家可以调整，钱没了可以找钱，但是创业的团队分裂了，就意味

着这次创业其实是失败的。

与此同时,创业成功需要三大软资本。

第一个是朋友。创业的目标就是爬到山顶,爬到山顶的时候,是你一个人欣赏风景还是有一帮兄弟跟你一起欣赏风景?我觉得有一帮兄弟跟你一起欣赏风景是幸福的,一个人欣赏风景是孤独的。通常,胜利登顶者的背后是一帮摇旗呐喊的支持者,伟大创业成功者的背后往往是一群成功者。当然,西方人讲"世界上没有永远的朋友,只有永远的利益"。我们先哲也讲:"财散人聚,财聚人散。"因此,如何从制度上一开始就设计好"利益共同体"直至最终建成"命运共同体"?这是创业团队必须深度思考的大事。

第二个是家庭。因为创业疾驰的路上很难平衡匆匆的脚步,家庭的时间、伴侣的时间、事业的时间如何分配?马云有一句话叫作"年轻的时候工作就是生活,老的时候生活就是工作"。这是一种人生的艺术。

第三个是师傅。就是在创业与人生每一个阶段,我们都能够找到"三人行必有我师"这种交流对象,能够在一些关键问题上能够互动、点拨、分享,这是人生不可多得且不贬值的财富,也是一种幸福。

综上所述,上面"九道坎"就像笔者早年所讲,在中国本土一个人的成功需要"高人指点、贵人相助、自身努力、团队给力、竞争对手与'小人'的监督"是一脉相承的。

(四)初创企业"排雷"攻略

为了使创业企业减少过早地"壮烈牺牲",提高其成活率与"从士兵成长为将军"的可能,需要安全先行,学会"排雷"与自我保护。

初创企业在公司筹建、经营场所、劳动关系、重大合同、知识产权等日常运营的方方面面中,藏埋着无数的未知的"人情"与法律的"坑"。尤其是创业者如何进行"法律排雷",是关乎企业存亡的重大议题。笔者结合近几年指导"双创"企业的一些体会和创业企业常见的法律风险,为创业新手提供一份绕过法律"坑"的《老司机指南》,帮助创业者驶入企业健康发展的快车道。

1. 公司筹建:当断不断,反受其乱

无论是一人打江山还是合伙干事业,第一件事往往是去工商局注册一家有限责任公司。这听起来简单,可这件事短则几周,长则可能拖上几个月,其中的问题包括以下几个方面。

1）名称：名称中最核心的是商号，其次是企业的行业或属性。很大一部分公司都会遇到自己的商标或者产品名称没法注册为公司名称中的商号，工商核名核不下来的情况。为了尽快完成注册，创业者只好使用临时拼凑的几个备用名字。最后时间长了，也就从了、算了。

2）域名：如果说公司名称还不足以让创业者损失惨重的话，域名就不同了，有不少创业者因为没能根据自己的商号、商标及时注册到关联性强又好记的域名而吃了大亏。巨头不乏掷血本购买域名的案例，而更多的创业者只能使用各种变形的域名委曲求全。

3）商标：更加令人郁闷的事情是，公司和域名注册下来了，产品经过数年也打出了名气，结果发现商标被人抢在前边注册了。可能是没有事先检索，也可能是没检索到在前的冲突商标。此时木已成舟，究竟是推倒重来还是揣着炸弹继续冲？这是个难题。

4）建议：为了提高效率、节约成本，创业者分四步走。

第一，创业者需要准备3～10个心仪的商号（或文字）或商标，按优选顺序列出清单，文字的提炼表达最好能结合未来企业文化打造中与核心价值观、宗旨、愿景等"核按钮"相统一。

第二，在域名注册网站上查询相关域名（如拼音全拼）是否可以注册，如果无法注册就果断放弃。

第三，核实清单中商号或商标是否可以注册公司名称和商标。去当地或全国工商局网站以及搜索引擎上核实是否存在占用情况，划去被占用的选择。

第四，到国家商标局网站查询是否已经被人申请了商标，划去被占用的选择。

走完这四步，创业者会发现可用的选择真的不多。这时需要注意的是，域名注册便宜方便，还有人利用机器抢注，所以遇到合适的域名一定要及时注册。

域名和商标存在到期续展的问题，尤其是域名，创业者需要及时关注和续展。若初创企业财力允许的话，最简单高效的方法是找到一家专业的咨询公司帮助打理。

2. 经营场所：搬家成本高，选址需谨慎

公司选择经营场所常见的法律问题包括以下几个方面。

1）虚拟地址：截至目前，中国绝大部分地区不允许虚拟注册地址，也就是"皮包公司"。如果公司营业执照的注册地址和实际运营地址不一致很可能招致工商处罚。

2）异地派遣：与虚拟地址类似，如果公司跨省或跨区县派遣人员办公，在当地构成业务经营的，可能需要在当地设立分、子公司，否则也可能构成无照经营，面临同样的法律风险。

3）地址迁移：创业公司可能出于价格、优惠承诺等因素的考虑选择了不合适的注册地，之后想跨区域迁移时却发现，由于地方政府税务收入、就业等原因，注册地址选定后很难迁到区外。因此应慎重决定公司注册的区域。

4）建议：除非当地工商部门明确允许，注册公司应当尽量谨慎选择虚拟的注册地址。到偏远区县办理各种政府手续，以及从该区迁出的成本，可能会让你宁愿关掉这家公司再重新注册。

选定注册（经营）地址后，应与出租方签署正规租赁合同，查看其房产证原件，向工商核实可以用作自己公司的注册（经营）地址。如出租方非业主，则其应出示业主的转租同意书，并核实好工商注册的材料需求。

令人欣慰的是，上海自贸区等地已经开始允许公司注册地址为一处无实际办公场所的地址，集中办公区或孵化器等创业服务场所也开始拿到集中注册公司的资格，但创业者需要注意向工商部门核实，否则应当尽量保证注册和经营地址的一致性。

3. 劳资问题：社会责任与法律底线

创业公司劳动制度不够规范，公司财力薄弱，人员流动问题比较突出，其劳资问题主要体现为以下几方面。

1）劳动合同：尽管越来越多的公司明白，聘用职工应当在其入职前签署劳动合同。但很多创始人忽略了要求核心员工签署保密协议或在劳动合同中加入保密条款，防止公司核心技术或信息（客户名单、商业模式等商业秘密）的外泄、擅自使用或被友商利用。

2）社保公积金：社会保险和公积金是创业企业一项较大的成本。创业公司不缴或少缴社保和公积金已是"公开的秘密"。甚至有创业公司听信专家的建议，将人员"被派遣"到成本较低的省份。这些做法往往存在违规问题，一旦与员工发生争议打起官司，企业就会处于被动的境地。

3）建议：劳动合同要正规，保密和知识产权转让协议不可少。对于关键员工，还要签署竞业禁止协议，竞业禁止期限最长不超过2年。社保、公积金要交足，这对于想要融资或上市的创业公司尤为重要。

4. 合同：别掉进有限公司无限责任的"黑洞"

对创业公司来说，对公司最重要的合同应该进行专业性的把控。

1) 重要的合同方或客户：投资人投资或收购方收购创业公司时，往往会要求公司提供前十名商业合作伙伴或客户的名单、框架协议等文件，并且非常关注这些重要文件的效力、约束性以及有效期等因素。

2) 金额较大的单项合同：公司合同中的大单，是企业乘风破浪走向大江大河的"压舱石"，可能决定着公司的前途和命运，是创始人和投资人重点关注的部分。

3) 关联交易合同：如果合同是公司与其创始人、董事、监事及高级经理人员之间的关联交易（包括借款、担保等）合同，这些人员直接或间接持股或控制的企业如果有关联交易，不仅需要判断其中是否存在利益输送，还可能会因为交易不公平招致税务问题。

4) 建议：创业公司如果没有财力聘请专业律师，至少需要聘请律师起草或审查公司最重要的合同。哪怕是制作一个可以反复使用的业务合同模板，也强过"临时抱佛脚"到网上复制。企业还要注意及时续期合同。

5. 创业公司与其创始人、董事、监事及高管之间的产权关系要明晰

合伙人及股东关联方之间关联交易如果不能避免，应按照独立原则保证公平。既要避免创始人侵占公司利益，又要避免无文件证明的无限投入，避免公司和股东"一家人"混同的想法，将有限公司变成了一个无限责任的"无底洞"。

6. 知识产权：良好开端等于半个成功

知识产权主要包括版权（著作权）、专利权和商标权三个方面，对于技术型的创业公司来说，获得知识产权垄断保护的技术可能是公司最宝贵的财富之一。

1) 知识产权注册：知识产权经过注册能赋予权力人一定范围的垄断。但注册需要时间和经费，专利权的申请和版权的注册往往容易被创业者所忽略。有些创业公司就因为没有注册知识产权而损失很大的溢价空间。

2) 知识产权侵权：创业公司经济能力有限，在初创期常"无意"侵犯他人知识产权。这本无可厚非，但等公司发展到一定阶段后，就会成为权利人的重点打击对象。也许在融资或上市的重要关口，就会有权利人"碰巧"寄来律师函。

3) 建议：如果公司已经注册完毕，应尽早将有关知识产权注册在公司名下。在注册公司之前，也可暂时将其注册在创始人名下。如果是注册在多人名下，还需要处理好利益关系；商标暂时无法以个人名义注册，可以考虑通过可控制的公司先行注册，然后再转让。如嫌过程太过繁琐，至少要在创业公司设立后及时申请注册选中的商标。

创业公司遇到权利人维权时也不必过于惊慌，查清情况后再聘请专业人士处理，即使进入诉讼阶段也还有谈判的机会。而且创业公司毕竟没有很强的支付能力，权利人也会考虑到这一点。

7. 坦然面对争议、诉讼和政府调查

任何创业者都不希望摊上官司，更不希望成为政府处罚或调查的对象。创业公司在哪些情况下会惹祸上身？

1）法律意识淡薄：很多创业者被迫面对诉讼、争议或政府调查，源于创始人商业模式的设计不考虑法律监管框架，明知有违规风险却一意孤行，或者不愿意花时间精力和资源尽早防范风险。如运用"互联网+"的模式营销中，"粉丝"层次拓展的把握不要与传销扯上关系，否则后患无穷。

2）过于纠结：有的创始人宁可放弃更专业的律师也要节约成本，更有人坚持合同中的争议解决地点必须在自己家门口的法院，以免因处理争议而损失重要的交易机会。这样的纠结与法律意识淡薄同样不可取。

3）建议：创业公司在股权问题上往往经受不起诉讼，官司还没结束，公司可能就已经支撑不下去了。因为有争议的公司股权投资人是不敢投的。但是，如果诉讼或者政府调查不可避免，也需要聘请专业人士综合权衡，并坦然面对。

三、"一带一路"倡议下的融智创新

（一）眼界决定世界：企业应擦亮眼睛抓住"一带一路"的市场创新机会

习近平主席在2013年提出共建丝绸之路经济带和21世纪海上丝绸之路的重要合作倡议。近年来，"一带一路"建设进展顺利，成果丰硕。据估算，"一带一路"沿线65个国家总人口约44亿，经济总量约21万亿美元，分别占全球的63%和29%，有着巨大的市场创新潜力。

贸易投资合作继续深化。2017年，中国与沿线国家贸易额7.4万亿元人民币，同比增长17.8%，增速高于中国外贸增速3.6个百分点。其中，出口4.3万亿元人民币，增长12.1%，进口3.1万亿元人民币，增长26.8%；中国企业对沿线国家直接投资144亿美元，在沿线国家新签承包工程合同额1443亿美元，同比增长14.5%。截至2018年8月底，中欧班列已累计开行10000多列，运送货物超80万标箱，国内开行48个城市，到达欧洲14个国家42个城市，运输网络覆盖欧亚大陆的主要区域。

重大项目扎实推进。东非铁路网起始段肯尼亚蒙内铁路竣工通车，中老铁路首条隧道全线贯通，中泰铁路一期工程开工建设，匈塞铁路、卡拉奇高速公路等项目进展顺利。中国—白俄罗斯工业园、埃及苏伊士经贸合作区等成为"一带一路"经贸合作的典范。

自贸区建设取得突破，对外援助效应提升。2017年5月14日至15日，中国在北京主办"一带一路"国际合作高峰论坛，来自130多个国家和70多个国际组织，包括29个国家的元首和政府首脑，在北京参加了中国2017年度这场最大规模的外交盛会。

中国拿出了用"中国智慧"建设"世界命运共同体"的解决方案。

1. 第一个机会：丰富多彩的旅游新目的地与便捷的全球采购，为国人的美好生活增添了乐趣

近些年，出境游一年火过一年，国家统计局的数据显示：2017年出境旅游市场为1.29亿人次，继续保持全球出境人次最高纪录。

从东南亚到法、意、瑞，再到美国，这些旅行社的成熟路线，很多消费者早都"玩腻了"。土耳其、巴基斯坦、塞尔维亚……这些新线路产品渐渐走进人们的视野，成为新旅游的目的国，截至2017年底，中国民航已与62个"一带一路"沿线国家签订了双边航空运输协定，与43个国家实现空中直航，每周共有约4200个航班。国航、南航、东航等国内航空公司加大"一带一路"沿线市场的运力投放，新开辟沿线国家航线240条。

通向"一带一路"国家的航班越来越丰富，在"一带一路"的倡导下，中国不断加强与沿线国家的旅游合作，与此同时，随着"互联网+"与"一带一路"的融合，中国民众足不出户就能享受全球购买的快乐。据中华人民共和国商务部统计数据显示，2012—2016年，中国外贸总额年均增速只有0.3%，跨境电子商务却以年均33.99%的增速快速扩张，在进出口总额中的占比由2012年的8.6%提高到2016年的27.53%。2017年全年中国跨境电子商务交易规模超过8万亿元，在进出口总额中的比例将达到30%左右。

2. 第二个机会：带动投资、产能、品牌走出去

以"高铁"为代表的国家品牌让世界知晓了"中国制造"走向"中国创造"的强大动力，也给国内企业自主创新驱动转型升级尤其是强大的"铁、公、基"建设能力开辟了广阔的合作空间与市场蓝海。2014年至2018年7月，中国同"一带一路"沿线国家贸易总额超过5.5万亿美元，累计非金融类直接投资超过800亿美元，

并已在7个沿线国家和地区建立了人民币清算安排，人民币跨境支付系统覆盖41个沿线国家和地区。亚投行成员数量由成立之初的57个增至87个，已批准项目投资超过53亿美元。同时，与中国签署"一带一路"协议的国家、国际组织，总数达100余个。中国政府与巴基斯坦等24个国家和地区签署了16个自由经贸协定。中国企业已经在20多个国家建设82个经贸合作区，累计投资289亿美元，为当地创造了24.4万个就业岗位。

在中国和相关国家的积极推动下，一批重大"一带一路"合作标志性工程相继落地。中国中铁、中国交建、中国电建、中国中车等龙头公司签订了一批道路基建领域重要项目订单。中国交建于2018年3月公布2017年度公司新签合同金额为9000.20亿元，增长23%。新签合同中，来自海外地区的新签合同额为2255.85亿元（约折合339.71亿美元），占比25%；中国中车2017年新签海外订单合计突破300亿元。亚的斯亚贝巴—吉布提铁路正式通车，从投融资、技术标准到运营管理维护，全部采用中国标准。印尼雅万高铁、瓜达尔港等重大项目也有序推进。

在2016年的中国中车市场已覆盖7大洲共102个国家和地区，可以说全球有铁路的国家，83%的国家都有中车的产品和服务，连南极洲也不例外。

仅以汽车为例，随着中国汽车产业国际竞争力的不断提升与"一带一路"的便捷，越来越多的国家跑起了中国品牌的汽车，据海关统计数据，根据全国海关统计，2017年1～11月的中国汽车累计进口114万台，累计增速20%，出口达到96万台，同比增长30%。汽车整车出口中，客车同比增长明显，特别是在"一带一路"沿线国家亮点纷呈。在中东、非洲、南美洲等没有独立客车工业的市场，许多大街小巷都能看到中国客车的身影。宇通、金龙、安凯、比亚迪等客车品牌，积极深化全球海外营销策略，把车、人、解决方案有效整合，通过打造样板市场，"因地制宜"进行产品布局，收获海外市场用户的频频点赞。东风汽车近年来海外业务转型升级取得突破，乘用车海外出口211万辆，同比增长1倍。作为汽车行业老牌国企的江淮，在"一带一路"沿线60多个国家中，已出口约30个，且出口规模呈现快速增长趋势。

3. 第三个机会：为中国引领共建"人类命运共同体"铺路

"一带一路"倡议，不仅让中国的产能得到第二次释放，为中国企业的自主创新驱动转型升级创造坚实的市场基础，同时也使沿线国家得到普惠受益，更是中华民族"中国梦"所引领的"硬实力"与"融创力"的展现，也将引领新一轮全球化浪潮。

2016年11月，联合国安理会一致通过决议，支持中国"一带一路"倡议内容，肯定"一带一路"建设对加强区域经济合作、维护地区稳定发展的积极作用。全球化、地球村这些概念越来越普及，但是在很多国内外专家看来，第二次世界大战后，以欧美发达国家为主导的第一次全球化浪潮，尽管成绩斐然，但国与国之间贫富差距、两极分化相当严重。而现今"一带一路"倡议，则是以中国为主导的新一次全球化浪潮，实现全球化的共同发展，共同现代化，共商共建共享人类命运共同体。

以化工行业为例，我国化工企业积极"走出去"到"一带一路"沿线国家开展并购、投资、销售等广泛合作，取得了明显成效。2016年我国从中东、中亚和俄罗斯进口原油24亿吨，占总进口量的62.8%；进口天然气3047.1万吨，占总进口量的56.3%；从东南亚、南亚等国家进口天然橡胶246.2万吨，占总进口量的98.4%；向东南亚和南亚国等国家出口化肥1653.8万吨，占出口总量的59.4%；出口聚氯乙烯和烧碱分别达到100万吨以上，占出口总量的95%左右。

同时，中国企业到"一带一路"沿线国家进行基础设施建设业绩斐然，利用很多沿线国家天然的地貌优势修建水电站，让当地人民用上清洁能源；将中国的高铁技术输出，"授人以渔"；阿里巴巴等电商企业，到很多国家不仅是促成中国与当地国家进行贸易往来，更重要的是帮助当地国建立完善的电商服务体系及标准，以"中国标准"为标准助力创业。一方面支持帮助了这些国家商家、企业家国际化市场的覆盖率；另一方面，也使"中国制造""中国品牌"由大走向强。

从产品到资本、技术再到标准的输出，充分展现了中国企业品牌的国际竞争力的不断提升。仅以中国机械工业集团有限公司（简称国机集团）为例，据2016年底的统计，国机集团在沿线国家中的48个国家已经完成和正在执行的项目733个，合同总金额超过736亿美元。中国进出口银行在"一带一路"沿线50多个国家累计签约项目1100余个，签约金额超过7000亿元。

（二）风景独好：东电集团的共商共建共享

近年来，"一带一路"倡议从构想走进现实。蓝图由草创到一步步展开、一笔笔绘就，一幅跨千座高山、越万里海疆，串起亚欧非经济圈的恢宏画卷徐徐展开。在这幅画卷中，中国东方电气集团（简称东方电气）足迹寰球，货殖天下，以绿色动力驱动"一带一路"沿线数十个国家的共同繁荣发展，用数以百计的合作项目打造"绿色丝绸之路",造福沿线各国人民。

东方电气大型装备产品和服务出口到近70个国家和地区,创造了中国装备"走出去"的若干第一,连续22年入选ENR全球250家最大国际工程承包商之列。截至2017年,东方电气累计制造的发电设备产量达5.17亿千瓦,连续13年发电设备产量位居世界前列,为全球能源发展发挥了重要作用。这对行走在"一带一路"上的东方电气人来讲,不仅为新时代提供了新的强大动力,也不断积累和增加着"中国制造"走向"中国创造"的自信,沿着东方电气"一带一路"足迹,领略一下沿途的美丽风景……

1. 瑞典布莱肯晨曦中的习习微风

瑞典布莱肯风电项目是迄今中国企业在瑞典的最大风电项目订单,标志着中瑞两国在清洁能源领域的合作已经进入一个崭新阶段。布莱肯项目为欧洲NER300项目的示范电厂,是欧洲最大的陆上风电场之一,容量为99台2.5兆瓦风力机组,每年可为15万家庭提供绿色能源。该项目一期和二期工程60台机组业主选用了德国制造商提供的产品。2014年东方电气被确定为项目三期工程供货商,东方电气提供的30台风力发电机组全部成功投运之时,四期工程业主又向东方电气邀约采购。布莱肯风电项目成为中国风电产品首次成套出口发达的北欧市场,是中瑞两国近年来在清洁能源领域合作的一个缩影。

2. 波黑斯坦纳瑞雨后的满天晚霞

波黑斯坦纳瑞项目是中国和波黑正式建交以来的第一个大型基础设施合作项目,也是中国企业在欧洲独立设计和施工的第一个火电总承包项目,项目装机是东方电气具有自主知识产权的300兆瓦循环流化床机组,2016年8月8日投入商业运行,比合同工期提前45天,且各项性能指标均优于合同保证值,特别是排放指标均低于欧盟最新排放标准,为区域内目前最先进最环保的火电站。同时,斯坦纳瑞项目还是在中国——中东欧16+1合作框架下100亿美元专项贷款的第一个项目,也是16+1合作框架下第一个竣工投产的项目,对16+1合作的发展具有标志性意义。斯坦纳瑞项目先后提供了1000多个工作岗位,支持了当地数十家企业的经营活动,为当地经济和就业注入了强劲的动力。

3. 土耳其奥布鲁克的碧波荡漾

土耳其是衔接欧亚大陆的地理与文化桥梁,是"一带一路"建设中不可或缺的合作伙伴。随着经济的发展,土耳其市场成为该区域发展最快的市场之一。2004年Obruk水电项目开创了东方电气与土耳其电力合作的新篇章。随后,东方电气的产品和服务覆盖了该国欧罗巴和亚细亚的大部分地区，40个项目上百台机组2000兆瓦的电力源源不断地输送到安纳托利亚高原，这里也是东方电气乃至中国第一台循环流化床（CFB）机组锅炉和第一台600兆瓦超临界机组锅炉的出口地。"一带一路"倡议为中欧搭建了实现合作共赢的平台，为实现政策沟通、设施联通、贸易畅通、资金融通、民心相通提供了广阔机遇。欧盟"容克计划"、欧亚经济联盟建设、英国基础设施升级改造计划、德国"工业4.0"、波兰2030国家长期发展战略……沿线欧洲各国纷纷寻求将本国的战略规划与中国"一带一路"倡议有机对接，为复兴欧洲经济寻找增长点。

4. 印度大地的不可思议

印度和中国同属四大文明古国，山水相连，文化交融，两国人民的友好交往源远流长。印度能源结构中煤电占据重要位置，这给东方电气带来重大发展机遇，不仅让东方电气成为电力装备出口印度的中国之最，也让印度成为东方电气最大的海外市场。从2004年开始实施两个工程总承包合同以来，东方电气在印度总计签约40000兆瓦，已提供31000兆瓦电力装备，约占印度总装机容量的10%。在incredible India（不可思议的印度），遍布了东方电气制造的从水电到火电，单机容量从135兆瓦到300兆瓦、660兆瓦的各种类型各种参数的发电机组，为更好地服务于印度市场，提供全周期服务，东方电气于加尔各答设立了服务中心，为中印经贸合作落地而不懈努力。

5. "巴铁"的风景独好

巴基斯坦位于"一带一路"的交汇处，具有丰富的清洁能源资源和强劲的市场需求。自东方电气成立以来，第一个火电工程总承包合同、第一个轨道交通装备项目、第一个设计咨询项目、第一个水电工程总承包合同、第一个燃气蒸汽联合循环工程总承包合同都诞生于巴基斯坦市场。

2016年10月28日，东方电气成功中标"中巴经济走廊"首个水电项目机组——巴基斯坦卡洛特4×180兆瓦水轮发电机组。两个项目的实施，将大大缓解巴基斯坦电力短缺的局面，并对巴基斯坦国家调整电力及能源结构、缓解供需矛盾、优化投资环境、促进基础设施建设和人口就业、改善民生等方面产生深远影响。

6. 埃塞俄比亚的"非洲三峡"

埃塞俄比亚被称为"东非水塔"，拥有丰富水资源，但长期以来受电力匮乏困扰。2016年12月17日，历时5年，东方电气海外承建最大水电项目的埃塞俄比亚吉布3水电站成功投运，标志着"东非水塔"变"电塔"。吉布3项目是埃塞俄比亚已建的最大水电站和中国出口的最大水电设备，为埃塞俄比亚首都亚的斯亚贝巴提供了90%的电力，对促进埃塞俄比亚的经济发展发挥了巨大的不可替代作用。继"非洲三峡"建成投运后，总装机容量达到120兆瓦的东方电气目前海外最大的风电工程总承包项目在该国紧锣密鼓地展开了全方位建设，项目建成将为该国亚吉铁路经济带和向吉布提共和国出口电力做出更大的贡献。

7. 巴西的"南美三峡"

巴西杰瑞水电站共安装50台单机容量为75兆瓦的灯泡贯流式机组，是目前世界上机组台数最多、单机容量最大、转轮直径最大的灯泡贯流式电站，也是世界最大的贯流式水电站。同时，它也是中国水电成套设备出口合同金额最大的项目，是迄今为止中国发电设备出口单项金额最大的项目，是我国大型水电成套设备第一次大批量跻身南美市场。

东方电气独立承担研制的左岸22台机组已于2016年12月全部投入商业运行，机组各项性能指标全面达到世界领先水平，获得了业主方、投资方、国际顶尖咨询公司多方的认可和高度评价，为杰瑞业主带来了巨大的经济效益。

"一带一路"风景如画，走在这条路上的东方电气项目不胜枚举……

（三）"一带一路"下智慧园区的建设

当前各地的产业园区，大多存在发展战略不清晰、规划不合理、产业结构趋同、同质化竞争激烈、创新能力不足和产业化水平有待加强等问题。而且，中央政府对自贸区未来的建设，日前也提出了要坚持使市场在资源配置中起决定性作用和更好发挥政府作用，逐步构筑立足周边，辐射"一带一路"、面向全球的高标准自由贸易区网络以建设高水平自由贸易区的新要求。

在此背景之下，无论是在原有的自贸区，还是在产业园区基础上创建"一带一路"智慧园区，并非是为叠床架屋、再新设园区。而是要推动当前的产业园区转型升级，也是有效解决全国产业园区"鬼城"频现，化解可能由此牵发的房地产及金融危机泡沫的明智之选。通过此举，使之更加市场化、国际化、智慧化，以及进一步综合运用国内国际两大市场、两种资源来扩大开放和深化改革，以符合"一带一路"建设的要求，为实现自主创新驱动转型升级的目标而服务。

因此，"一带一路"智慧园区就是中国深度全球化以及互联互通的试验田，是"一带一路"加速优质推进的关键节点。在实践中，要创建这一园区，应至少包括政府、企业、研发中心、智库和媒体这五大主体，使之在园区内有机结合，达至聚智、聚新和聚财的效应，为"一带一路"的科学决策提供有效建议、为该倡议的真正万紫千红、开花结果提供宝贵经验。

1. 聚智方面

地方政府应在"一带一路"智慧园区内，提供扶持与便利化政策，吸纳大量创新型智库以及国内外知名智库前来进驻。此举目的之一是，可为地方可持续发展与企业生态建设提供更多人才支持，秉持"不求所有，但有所用"的人才观，以充分挖掘、发挥中国创新人才的红利。在当今国际竞争的大格局中，人才的地位极其关键与微妙。此外，人才具有联动效应，可协助吸引他地的资源和资金流入，继而充分加以整合，通过打造活跃的人才流引来源源不断的资源流、创新流。

在智慧园区内，要推动国内外智库加强"一带一路"的科研合作，共建联合实验室（研究中心）、国际技术转移中心、产业合作中心、新产品孵化中心等，促进知识精英充分交流，合作开展重大"一带一路"的学术与科技攻关，共同提升科技创新能力与管理创新能力。此外，智慧园区也是会展经济以及生产性服务业的载体，在资讯以及培训等方面发挥作用。智慧园区建设有利于为国家高端智库建设提供试点平台，以"一带一路"的政策研究咨询为主攻方向，以改革创新为动力，以中国企业国际化以及制度性话语权打造为方向，开展"一带一路"的前瞻性、针对性、储备性政策研究，并及时总结和推广试点经验。

对中国而言，目前最缺乏的不是资金和项目，而是拔尖人才和创新。"一带一路"智慧园区建设要首先实现人才与思想的互联互通，要遵循决策咨询规律，要重视智库研究成果的应用转化，要推动专家去寻找并医治制约中国跨越式发展的诸多"痛点"，寻找到"点"，挖掘出"点"，同时让专家成为该战略的"蒲公英"，把优秀的中国智慧城市和智慧企业案例传播出去、与世界分享，同时让专家成为中国城市可持续发展和企业进步的"大脑"与"眼睛"。

思路决定出路，"好思路才能出优丝路"。参考欧美、港澳台企业过去海外投资的经验和教训，企业"走出去"需要思路先行，"一带一路"智慧园区内只有聚合了大量相关的金融、经济、管理、国别研究及咨询专家、律师、会计师、国际媒体公关等新型智库专家，才能有针对性地为企业经营者带来系统的、综合的东道国的政策、文化、法律、人文和投资环境、投资风险等各种海外投资的指引和服务，此举不但可提高企业货物贸易开放水平，更可提高企业"走出去"的成功率。

2. 聚新方面

地方政府应在"一带一路"智慧园区内，为未来将要制定和实施的《境外投资法》、制定及实施中国标准"走出去"工作专项规划，以及推进和国际间的产能合作、规则合作、经济技术合作和人文合作，探索出一条新的、更方便实施的以及可复制、可推广的具体路径。

在"一带一路"倡议下，中国当前率先走出去的产业大都比较"重"，如高铁、核电、航天科技和基建等。港口、运河、大坝……这些项目投资大、周期长、风险大，我们再怎么低调，被人都会高调看待，都会自然而然地联想到战略意图，导致警惕性上升。例如，瓜达尔港、中巴经济走廊、孟中印缅经济走廊、中俄西线天然气管道项目、尼加拉瓜运河等，总让人感到这些项目背后的动机不一般。此外，从全球跨国企业的历史经验来看，这类"重"的项目要取得突破乃至落地生根、开花结果，殊为不易。这是由于企业除了需要具备区位优势，还必须具备体系优势，这对于中国目前大多数较为年轻和海外经验不足的企业来说，它们可谓较难承受之"重"。对更多期望在"一带一路"下寻找机遇的中小微企业而言，这样的侧重更是"重"不可撑，有些企业甚至产生该倡议与己无关的想法，对其渐失兴趣。

在"一带一路"智慧园区内，要尽快编制与完善"轻资产"名单，更多吸引诸如动漫影视、信息软件、创意设计、美食文化、中医药、现代农业、健康美丽产业和非物质文化遗产等相对比较"轻"的项目在智慧园区落地生根。由于这些"轻资产"项目负担不重、资金门槛较低，能吸引更多中小微企业的参与，激发创新创业活力，能够以"轻"带"重"。同时，要在园区内进一步规范对外投资的主体、程序和权责利，以及探索企业海外投资单一部门备案制的可能性，可为未来的《境外投资法》制定和实施提供新思路，也有利于中国的产业标准、技术标准和商品标准等的"软联通"在海外推广应用，推动"中国制造"走向"中国智造"迈向"中国创造"并形成"中国标准"，"走出去"逐步成为"国际标准"。

同时，在"一带一路"智慧园区内探索创新企业失败后的善后机制和退场机制，以此完善"一带一路"的纠错容错机制，健全政策体系。环顾全球，无论是科研创新，还是创立创新企业，往往遭遇各类难题，失败多成功少。如果任凭科研创新者、创业失败者自生自灭，不但有损创新、创业氛围，也不利营造有益于新兴产业与创业发展的良好企业生态。而且，一个创新理念、一件创新产品即使在全国暂时被认定"失败"，也未必意味在全球范围内都不被接受、被认定是"失败"。"失败是成功之母"。应该准确地讲，这种"失败"为后来者预支了"学费"，可以极大地降低未来或后来创新者的边际创新成本和风险成本。为此，要打造中国城市以及中国企业落实"一带一路"项目的案例库，在知识与经验上精打细磨，有利于减少商海的血腥博弈，有效地提升"双创"的成功率。

因此，在"一带一路"智慧园区内，可考虑创立失败创新企业的善后乃至退场机制，建立容错、试错、纠错机制；在公司解散、银行欠款、租税负担、员工遣散和破产清算等方面提供援助和保障；也可以通过新型智库各专家学者的国际资源和人脉，向"一带一路"沿线国家推广、展示和出售相关有潜力的创新理念、设备工艺装置和产品，降低资源损失；以此减少创新、创业者的风险成本和后顾之忧；并让创新"暂败者"未来可能有东山再起的机会，以进一步繁荣创新产业，营造更富人性化的创新创业生态。

3. 聚财方面

融资难、融资贵、融资慢、融资渠道少已成为大多数中小微企业"走出去"的一个掣肘，银行本身也面临防患系统性金融风险、融资成本高、汇率波动频繁等风险因素。面对两难局面，条件成熟的地方政府，可在"一带一路"智慧园区内考虑金融创新，尝试让企业自身创新融资渠道，例如允许企业在规定、可控的范围内，在境外通过发行债券直接融资，允许企业以海外项目本身权益作为担保，允许企业开展自由结算试点及通过商业银行结算国内外资金等方式，支持企业的对外投融资。

另外，对于一些金融发达、在政策方面能"先行先试"的地方，可考虑在"一带一路"智慧园区之内组建新型上市交易平台。在该交易平台的规则、制度和技术等设置上进行创新，采取当今国际上有利于创业企业上市的条款，一方面有助吸引大批创新企业前往上市融资，从而有足够资金支撑创新产业发展和进行海外扩展。另一方面，该上市交易平台也可创造条件，吸引"一带一路"沿线国家的企业前来上市，以此深化沿线各国商界同中国的金融交汇和更深度的经济联系，增加"一带一路"沿线国家同中国进行充分的以及高水平的互联互通。

创新成果分享：走出去弥补创新"短板"——吉利成功并购沃尔沃汽车

"一带一路"的实施，加快了企业"走出去"战略，进行二次创业与转型升级。跨国并购已成为中国企业弥补创新"短板"并迅速进入海外市场，实现转型升级的重要途径。但是，实现对发达国家目标企业的"逆向收购"只是并购的第一步，"逆向收购"之后的整合并不一定成功。不少完成令人侧目的"蛇吞象"式"逆向收购"壮举的东道主企业没有逃出"赢家诅咒"的宿命，最终走向失败。

吉利控股集团自2010年成功并购瑞典沃尔沃汽车后，通过两家企业的协同整合，帮助沃尔沃汽车顺利实现扭亏为盈，并开始沃尔沃汽车中国化的进程。同时，吉利汽车通过并购迅速获得了系统的知识产权，提升了自身品牌，学习借鉴沃尔沃先进的技术和管理经验，实现自身转型升级与创新发展。

2010年8月吉利并购沃尔沃后，沃尔沃汽车开始第一个"中国五年计划"。2011年1月，沃尔沃上海嘉定研发中心投入使用。该研发中心将全方位提升中国汽车研发的能力，实现与瑞典研发总部协同效应的最大化。2011年1月，沃尔沃中国区总部在上海成立。2013年8月，沃尔沃汽车在中国的国产化布局正式获得中国政府批准，其第一个"中国五年计划"从准备阶段过渡到实施阶段。沃尔沃的中国布局由四个基地组成，它们分别是大庆的整车制造基地、张家口的发动机制造基地、上海的中国研发基地、成都的整车制造基地。虽然沃尔沃将工厂设在中国，但其三家在中国的工厂将严格遵循沃尔沃汽车集团的欧洲标准，让中国消费者享受与欧洲工厂同样的汽车品质。2013年9月，由吉利汽车和沃尔沃汽车联合建立的吉利集团欧洲研发中心启动试运营。2014年年底，沃尔沃的中国布局基本完成，其第一个"中国五年计划"顺利结束。

1. 吉利成功收购沃尔沃轿车的要因

吉利要全球化发展，必须拥有先进的管理经营理念，吸收国外高端人才，发展核心技术，从而进军国际市场。吉利要发展高端整车业务，相比从零开始建立豪华汽车品牌，通过收购沃尔沃可以大大减少其时间成本与资金成本。另外，要改变吉利的中国"草根"印象，沃尔沃的品牌知名度及核心技术能力能为吉利带来很大的帮助。收购轿车成为吉利汽车长远发展战略中的重要一环。吉利领袖、杰出企业家李书福认识到中国汽车技术、品牌与国外存在巨大的差距，这个差距不是一下子就能填补上的。吉利收购沃尔沃轿车成为吉利汽车长远发展战略当中的最重要一环。金融危机也为吉利创造了绝佳的时机，国际市场上资产价格大幅度下滑，可以用较低的价格收购大量优质资产。因此，在2010年，经过多轮谈判，吉利成功入主了沃尔沃轿车。

2. 吉利成功收购沃尔沃轿车的要素

（1）全球汽车产业情势的改变

首先，沃尔沃轿车销售额在过去数年来一直下滑，伴随着2008年国际金融危机的蔓延，沃尔沃轿车出现巨额亏损，成为福特汽车的巨大包袱。其次，沃尔沃选择吉利其实是选择了中国巨大的市场。

（2）吉利表现购并的极大诚意

当吉利决定收购沃尔沃这个国际知名品牌后，从2002年便开始了对沃尔沃长达8年的深入了解，表现出对收购极大的诚意。对福特公司来说，吉利一直都被视为沃尔沃这个品牌的关键买主。

（3）透过杠杆及融资收购

吉利透过设立并购基金及增发股票的方式获得足够的资金收购沃尔沃并保证后续的营运支撑，这一系列动作也得到了中国政府的支持，政府背景的资金也参与其中。吉利为并购沃尔沃专门成立了吉利万源国际投资公司，以其注册资金及两家中资国有银行的贷款作为收购资金，来自银行的贷款就超过了10亿美元。2011年9月底，吉利向高盛集团的一家联营公司定向发行可转换债券和认股权证，募得3.3亿美金。

（4）专业购并团队的建立

吉利建立了非常强大的并购团队来完成这一项艰巨的任务。吉利寻求并得到了洛希尔集团（汽车产业界最具声望的一家投资银行）的帮助，聘请前沃尔沃总裁当顾问，引进外资资源和外部人才支持。

此外，吉利掌门人李书福身上所展现的低调且厚道的企业家品性和个人魅力及其近年来的快速发展，对知识产权的尊重，善于学习的企业文化，英国锰铜及澳大利亚DSI海外收购的成功经验，为沃尔沃制订的强劲的发展规划，等等，都成为沃尔沃选择吉利的重要原因。

3. 吉利收购沃尔沃轿车的效益

吉利作为沃尔沃轿车100%的股东，将拥有沃尔沃大量关键技术及知识产权的所有权，包括"双零"计划，即所谓安全和环保技术的知识产权。同时，沃尔沃作为一个独立的公司，为了保证其战略商业计划的可持续进行，将拥有所有与福特相关知识产权的使用权。

沃尔沃在技术上有很多值得吉利学习的地方，特别在安全、节能环保技术方面。相对地，吉利在低成本研发方面有着巨大优势，成本要比沃尔沃低很多。吉利在集成创新、局部超越、让全球汽车资源为吉利所用等方面，要比其他企业强很多。

沃尔沃拥有分布在全球100多个国家和地区的近2400家经销商，其中90%的经销商都分布在欧洲和北美市场。这样完整的经销商网络不仅是沃尔沃的财富，也将可能有益于吉利汽车进军海外市场。

吉利这次收购沃尔沃轿车100%的股权，带来了速度所产生的时间价值，加以沃尔沃轿车的品质、市场、资产与能力所带来的高预期，为吉利带来高端市场与高端产品延伸，这次收购案获得以下效益。

（1）沃尔沃提升吉利品牌形象

沃尔沃被誉为最安全的汽车，以安全和环保享誉全球汽车产业。收购沃尔沃不仅可以从中获取先进技术，也可以提升吉利自身的品牌形象，是一种比较经济快捷的方法。

吉利以低价汽车为主，小型汽车的年产量达40万辆，其中5%会出口到安全要求和排放标准不高的国家。沃尔沃作为国内自主品牌阵营中唯一的中高端豪华轿车，将会在中国国内汽车市场具有较强的核心优势。沃尔沃更能帮助吉利扩大国际影响力，并赢得消费者对吉利汽车质量的信赖。更期许沃尔沃能与奥迪、宝马等厂商在竞争上有更大的后劲。

（2）得到沃尔沃轿车商标的全球所有权和使用权

吉利获得了包括轿车、SUV、MPV、十人座以下整平车、1.5吨以下轻型卡车和总量5.4吨以下的所有其他车辆（商务车和公交车除外）的沃尔沃商标。这当然是最重要的资产，也是这次吉利收购沃尔沃的主要目的。沃尔沃独特而完整的技术体系和知识产权，优异的商业模式和营运方式，以及供货商和经销商网络，都是吉利所看重的。沃尔沃商标的全球所有权和使用权非常有利于弥补吉利与沃尔沃之间的品牌差距、提升研发能力、获得关键整车和关键零组件制造技术。

（3）获取10个可持续发展的产品

吉利获得沃尔沃轿车的10个系列可持续发展的产品，全时四驱轿车及核心零组件技术、3个高效节能环保的产品平台及发展升级战略，大大提高吉利自身整车和关键零组件制造水平。此举有效提升吉利汽车在中国本土市场的竞争力，更能提升吉利汽车整车及零组件在欧美日市场的竞争力。

（4）获取多个子公司

完成收购后，吉利获得在瑞典歌德堡和比利时根特等地的4家拥有56.8万辆产能的整车厂，1家发动机公司，3家汽车零组件公司，1家拥有40%股权的生产变速箱、悬架及底盘零件的公司，全球市场的仓储物流中心。

（5）获取专业人才

获取沃尔沃拥有80余年历史的数字化产品研发体系，以及整车与关键零组件研发经验和数据库，并获得3800名高素质研发人才。

（6）获取多项核心专利与专有技术

吉利深知知识产权是企业赖以生存、持续发展的核心。由于沃尔沃多项专利牵涉到与福特相同之处，因此福特决定将智慧财产的部分做分割。属于沃尔沃轿车的部分，吉利都能获取；属于福特与沃尔沃共有的，吉利拥有使用权。吉利由此获取超过一万项核心专利和专有技术使用权，无形资产大增，大大缩短自己的学习历程及增加研发上的效益，对吉利本身开发中高阶车型有突破上的帮助。

（7）全球与中国市场的扩大，提高市场占有率

中国汽车市场已逐渐成了全球汽车销售主力地区。沃尔沃轿车三大顶级畅销车型XC60、V5O、V70之前未引入中国市场，这些车型将大大增加沃尔沃轿车在中国的销量。此外，近年来中国的消费力量也逐年成长，对于汽车品质的要求也比以往提升，如安全性、汽车价值等。因此，收购沃尔沃轿车更能使原本只做低价车的吉利得到整体品质提升，以获取中国消费升级大潮中更高阶消费者的信任与选择。

整体来说，吉利收购沃尔沃获得的不仅仅是技术、专利等知识产权和制造装备，还获得了沃尔沃轿车在全球的经销通路。该项海外并购案成功，为中国汽车的自主创新提供原始技术并实现技术跨越，解决中国汽车产业自主创新所面临的瓶颈，并为中国汽车产业"走出去"提供现成的通道，迅速提升中国汽车及零组件在全球市场的份额，提升中国汽车产业在全球市场的品牌力与融创力。

2018年2月24日，吉利集团有限公司继成功收购沃尔沃之后，再次对外正式宣布，已通过旗下海外企业主体收购戴姆勒股份公司（以下简称"戴姆勒"）9.69%具有表决权的股份。

这次跨国并购行为，其发展的动机显然不是单纯为了实现快速的规模化扩大，而是到了品牌、服务客户的能力、企业经营管理、核心技术"跳级"的关键阶段。而类似吉利基于自身需要的跨国并购汽车巨头是一个有效途径，也是中国所有实体经济尤其有实力的大企业实现"转型升级"的捷径。企业强则中国强，企业跨国并购也必将助力中国实体经济的高质量发展，而非速度与规模化增长。

现代企业并购理论认为，并购的最常见的动机就是协同效应，并购交易的支持者通常会以达成某种协同效应作为支付特定并购价格的理由。在李书福看来，

戴姆勒是全球汽车行业领导者，在电动化、智能化、无人驾驶与共享出行各领域都是引领者，从战略协同的角度，戴姆勒与吉利、沃尔沃产生协同效应，是吉利入股戴姆勒的最大动因。

吉利在收购沃尔沃后充分享受到了这种协同效应的红利。收购沃尔沃，其对吉利汽车进行技术反哺，吉利汽车销量提升、产品升级，2017年销量首破百万大关，沃尔沃轿车销量增速也得到提升，其2017年在亚太市场达到20%以上的增速。此外，双方还推出了CMA平台，并在华成立了子公司，并推出了全新品牌"领克"。

毫无疑问，中国实体经济企业通过跨国并购并实现在技术和品牌等方面的协同效应，对整个中国实体经济的转型升级的作用也是不言而喻的。

最值得关注和借鉴的是，对于这笔90亿美元资金的来源，李书福表示，收购资金是吉利海外公司通过海外资本市场安排，实现收购资金自我平衡。他强调，吉利此次入股资金没有使用中国境内资金。

这告诉我们，现代实体经济所处的环境早已经不是"汽车不就是'沙发+四个轮子'"的时代了，企业发展离不开金融思维，跨国并购必然离不开国内、国际资本市场的金融组合工具助力。一步一个脚印，紧紧围绕企业核心战略如技术和品牌提升，脚踏实地又志存高远，才能正确把握行业发展的脉搏和走向。

转型升级篇

没有危机的企业是永远不存在的。企业的危机永远不是强大的对手,更不是"红海"海面上升导致利润的淹没与形成可怕的"孤岛",而是对未来是否有清晰的预见和精准的把握,能否站在风口浪尖上抓住机遇,顺势而为,踩准节拍,实现转型升级契机。

第十五章
转型升级是企业成长的普遍规律

一、"世界级"创新型企业的成长之道

（一）"世界级"创新型企业的成长规律

"世界级"创新型企业的成长过程是一个持续转型升级的发展过程，它高效地利用全球性的创新网络，有效地整合创新资源，成功地推出高辐射性的创新成果，最终实现企业的可持续成长。相比于一般创新型企业的成长，"世界级"创新型企业的成长具有更为显著的特征。

1. 高投入性

"世界级"创新型企业的创新活动往往具有规模大、涉及范围广、影响深远等特性，而支撑这些创新活动需要投入大量的资金、人力、技术等创新资源。创新资源的高投入是保证企业拥有持续创新能力和顺利开展创新活动的关键性因素。在"世界级"创新型企业成长的各个阶段，无论是为了企业的今天生存而投入的创新资源，还是为了企业明天的可持续发展而投入的创新资源，其投入规模都是庞大的。

2. 高风险性

"世界级"创新型企业在成长过程中主要可能面临两方面的高风险。

一是创新结果的不确定性所导致的高风险。创新是对未知事物的大胆尝试和

探索，是对不确定事物的一种投资，企业往往会投入大量的资金用于一项创新活动，然而其失败率往往较高，创新的失败进而会引发企业其他方面乃至整个企业的经营危机，因此企业的创新活动往往伴随着高风险。

二是创新成果转化的产品和服务未能达到市场预期所导致的高风险。企业投入了大量创新资源用于创新产品的生产和服务的提升，而其所创造的产品和服务可能未能符合市场的真实需求，从而并未给企业带来所期望的利润与价值回报。

3. 高收益性

"世界级"创新型企业在成长的进程中，会自发地进行大量的创新活动，并将大量的创新资源投入创新活动当中，而企业也需要大量的创新活动来尽快地开辟"蓝海"，引领需求、抢占市场、吸引顾客、扩大市场份额。"世界级"创新型企业的创新成果往往具有高能级的辐射效应，能够提升企业的核心竞争力，确保企业在生态圈中的中枢地位，并催生新的消费市场，这些都能够使得企业的收益与价值大幅度地增加。

4. 高自主性

"世界级"创新型企业在成长过程中，整个企业在浓厚的创新氛围中展开工作，上至管理者、下至员工往往都具有很高的创新积极性，能够自发、自主地在各方面进行创新，为消费者提供极具创新性的产品或服务。

"世界级"创新型企业的高自主性具体表现为以下几点。

一是具有自主的创新能力；二是拥有自主知识产权或自主品牌；三是自觉地适应或推动企业生态的改良与优化；四是自觉地进行管理、组织上的革新；五是自觉地开辟新的市场。企业也正是在这种自主性的创新氛围下，充分发挥企业生态体系中平台化的自主创新，从而实现整个企业与生态圈的发展壮大，最终由一般的创新型企业逐渐成长为具有产业带动力、价值链主导力、全球创新影响力的"世界级"创新型企业。

5. 高成长性

对于"世界级"创新型企业而言，其高成长性具体体现在以下两个方面。

一方面，"世界级"创新型企业凭借其强大的持续创新能力将企业通过超额利润实现的剩余价值积累转化为再创新的企业核心能力，从而推动企业永续发展，巩固其在生态圈中的核心领导地位。另一方面，"世界级"创新型企业的创新成果往往具有高能级的辐射与"黑洞"效应，能够催生全新的消费市场，自动吸纳各类生态资源与自我增能,由此而带来的超常化的收益与价值增值推动着企业产生"跨越式"的高质量、高层次、高速度发展。

(二)"世界级"创新型企业的成长路径

"世界级"创新型企业不同于一般创新型企业,其研发投入强度更高,创新力度更大,品牌辐射能力更广,因而其成长过程中的每一个阶段都伴随着自主创新驱动转型升级的发生。

1. 自主创新型成长路径

自主创新型成长路径是指企业充分利用自有核心技术和外部优势资源而逐步发展壮大的规律。这是发达国家"世界级"创新型企业成长路径的主要形式。由于美国、德国等发达国家有早于中国成熟的市场经济,为企业的发展提供了得天独厚的外部生态环境,企业能够轻易获得自身快速发展所需的各种资源。这类企业能够将创业者的人力资本和投资者的风险资本二者进行有效的整合,也能够准确地把握产业的核心技术变革和产品升级换代的最佳时机,从而以最快的速度进入新的产业领域,创造出新的市场。它们往往在某一产业领域具备了某种竞争优势,处于产业的领先位置,通过企业核心竞争力与领先优势,迅速扩大经营规模,从而逐渐成长为世界级企业。

2. 模仿超越型成长路径

模仿超越型成长路径是指企业由于自身条件限制而引进领先企业的先进技术,通过模仿来缩短进入某一领域的时间,并且在模仿过程中不断进行渐进式自主创新,逐步摆脱对先发企业的技术依赖,形成自身具有竞争力的核心技术,从而超越模仿对象的一种成长路径。

这种类型的"世界级"创新型企业在初始阶段处于产业发展的中低层次阶段,也不具备核心竞争优势,为了与行业领先地位的企业在竞争中脱颖而出,往往采取模仿创新与差异化战略尤其结合商业模式创新等融合创新方式,逐渐缩短与行业中领先企业的差距,甚至实现赶超。最典型的代表就是中日韩企业。中国目前叫得响的国际化品牌企业,"高铁""核电""电商"等均属于此类。

3. 合作跨越型成长路径

合作跨越型成长路径是指企业在发展过程中与大学、科研机构、其他企业进行合作研究,甚至不惜与强劲的竞争对手进行合作,其目的是为了能够充分利用合作企业的优势资源为自己所用,并在合作过程中不断对先进技术进行消化、学习、创新,超越对手,实现"跟跑"到"领跑"的发展。这类"世界级"创新型企业在成立初期由于自身研究与开发能力不足以达到国际先进的水平,为了尽快抢占市场,便通过技术合作的方式来获得其所需要的先进技术。这类企业对市场适应能力较强,善于整合企业内外部优势资源,并形成自身独特的核心技术。它们能够更快地获得先进的、前沿的技术,从而在一个更高的起点上开始企业的快速成长。

4. 迂回战术型成长路径

迂回战术型成长路径是指企业在成立之初,由于自身实力较弱,不具备与强大竞争对手正面抢占市场的能力,转而从竞争对手忽略的、无暇顾及的市场着手,把自身全部力量用于这一狭窄市场的开拓,在取得成功之后再去与强大竞争对手进行正面进攻的一种成长路径。这类"世界级"创新型企业由于成立初期资金不足、规模较小、信誉较低、竞争力较弱等原因而不采取正面竞争的方式,另辟蹊径,选择竞争程度不激烈甚至被强势企业忽视的市场,从而逐步发展壮大。但是选择迂回战术的企业在发展过程中必然要攻克重重困难,如前期恶劣的工作环境、文化交流的障碍、员工工作的积极性较低等。这些都要求企业在发展过程中不断摸索、总结教训、积累经验,形成自身的核心竞争力,从而具备与竞争对手正面竞争的实力。

(三)"世界级"创新型企业成长的驱动因素

1. 企业层面的驱动因素

在企业的生产经营过程中,企业内部环境是影响其成长的根本性因素。创新是"世界级"创新型企业持续成长的动力源泉,而企业内部环境能够直接作用于企业的创新机制,增强整个企业组织的创新意识,为企业的创新活动注入活力,进而影响企业的创新能力,促使创新行为的产生和创新活动的开展,从而驱动企业的成长。其内驱力有以下几个方面。

首先,企业家创新精神。企业家创新精神是创新型企业成长的灵魂。企业家精神通过引领和增强企业组织的整体创新意识,推动企业的成长。

其次,创新型企业文化。创新型企业文化的主要表现形式有四点:一是企业鼓励员工积极创新;二是企业具有较高的整体创新意识;三是企业的科研人员有较为频繁的交流;四是企业对创新失败具有较大的宽容性。

再次,原创能力。拥有原创技术有利于企业形成区别于竞争对手、难以被模仿的核心技术,从而凭借其特有的核心技术进行创新性发展。强大的原始技术创新能力通过保障创新活动的顺利开展，驱动企业的创新发展。强大的原创能力有利于企业开发出独具特色的创新性产品和服务，推动企业领先发展。

2. 产业层面的驱动因素

产业环境与企业的生产经营息息相关，对于企业的成长具有关键性影响作用。由于当前技术革命的此起彼伏，对于"世界级"创新型企业而言，其所处的产业环境对企业的影响更为显著。其中政府政策、市场需求、市场竞争和供应链对于"世界级"创新型企业的成长具有重要的驱动作用。

（1）政府政策

政府对"世界级"创新型企业成长提供的政策支持主要有税收政策、金融政策、人才政策、专利保护政策、服务政策等。

（2）市场需求

对于"世界级"创新型企业而言，市场需求能够拉动企业快速成长，是长期驱动企业成长的最根本的因素。首先，现有的、稳定的市场需求能够为"世界级"创新型企业的创新活动指明方向，引导着企业根据市场的真实需求，不断完善企业自身的技术水平，为顾客提供令人满意的产品，同时依据市场的产品反馈信息，不断改进产品的性能，从而巩固市场的领先地位；其次，潜在的市场需求能够为"世界级"创新型企业未来的创新活动明确创新的目标定位，而此时的企业往往面临的竞争压力较小，企业可以依靠自身强大的创新能力和雄厚的创新资源在最短的时间内实现技术突破，创造出满足潜在市场需求的创新性产品，迅速开辟、抢占新的消费市场，为企业带来超常化的收益；最后，"世界级"创新型企业还能够积极创造市场需求，通过高度的自主创新，利用自有的核心资源，生产出能够满足消费者多样化、个性化甚至理想化需求的产品，引领时代潮流，推动企业茁壮成长。

（3）市场竞争

一方面，激烈的市场竞争给"世界级"创新型企业以创新压力，迫使其不敢懈怠、积极创新，推动企业的持续成长。

另一方面，由于市场竞争激烈，技术的生命周期大幅度缩减，"世界级"创新型企业为了能够在短时间内实现技术突破，企业通过与政、学、产、研、用等开展技术合作，加大产学研合作的投入，利用融合创新比竞争对手更快、更好地开展技术创新活动，突破技术瓶颈，从而实现创新产品的独特化、差异化，最终使得企业的创新性产品在激烈的市场竞争中脱颖而出，领先于竞争对手取得先发优势，为企业带来超额的利润，推动企业健康地成长。

3. 全球层面的驱动因素

企业无时无刻都处于开放式的系统之中，其成长不仅仅受到企业内部环境的影响，更受到来自企业外部多重因素的影响。"世界级"创新型企业处于全球的市场环境当中，其成长必然受到全球层面因素的影响。全球层面的驱动因素可能并不能直接制约"世界级"创新型企业的发展，但是它们通常能够通过影响企业内部的成长环境，进而影响企业的成长。

（1）全球供应链

在经济全球化时代，全球生态网络并不是单纯地着眼于"国内""国外"两个角度，而是体现一种区位选择上的全球性。在全球的范围内考虑供应链及价值链的分布，无论国内还是国外，只要是在技术、成本、资源、市场等环节上能有优势所在的区域，都会被企业纳入全球生态体系的版图之中。全球生态网络将分布于世界各地的供应链及价值链环节和增值活动连接起来，形成完整的全球创新链体系。利用全球的创新资源来增强企业的创新活力，以巩固和提升其在全球化生态圈中"世界级"的势能、产业带动力与行业领导力。

（2）全球研发网络

对"世界级"创新型企业而言，全球研发网络驱动其成长的机理有两点。

一是全球研发网络为企业的持续创新提供强大的技术、人才的支持，实现企业的稳步发展。

二是全球研发网络通过增强企业对当地市场的技术敏感性和适应性，提升企业的技术领先优势，推动企业的技术创新迅速转化为市场占有率。"世界级"创新型企业在海外设立研发机构，置身于当地人文环境，更加便捷地吸收当地高端人才与技术，直采国外先进设备等创新资源，为企业的创新活动提供长盛力，不仅可以极大地降低企业创新的机会成本，而且可以有效地提升企业全球化与客服的响应速度，增加企业在国际化生态环境中的"话语权"与"优先权"，提高"舒适度"和"健康度"。例如，华为公司今天已经建立起的全球研发合作网络表明，它已经成了一个拥有中国血统的世界级创新型企业。

二、企业转型升级不等于转行发展

进入21世纪以来，伴随着可持续发展的"五大发展理念"的深入人心，政府也逐步意识到转变经济发展方式的重要性与迫切性。早在2010年，国家

"十二五"规划就明确指出"以加快转变经济发展方式为主线,是推动科学发展的必由之路",党的十九大报告也把生态文明建设提高到了前所未有的高度,习近平也指出"绿水青山就是金山银山"。在上述背景下,企业的转型升级必然快马加鞭,只争朝夕。然而,不是所有企业的转型升级都一帆风顺,许多企业在转型升级过程中进入了误区,浪费了大量的企业资源却收效甚微,甚至导致破产倒闭的也不在少数,尤其以实体经济中的制造业更为突出,失败的案例比比皆是。导致企业转型升级进入瓶颈或失败的主要误区之一,便是错把转型升级看成单纯的转行发展。

(一)转型升级不是单纯的转行发展

面对国家经济转变发展方式的外部生态格局,不同行业的企业纷纷做出战略调整,采取多元化经营试图扭转所处的不利的惯性局面。但是,国内许多企业在战略制订过程中普遍存在"追星族现象",不是建立在对企业的优势、劣势、机会和威胁战略四要素的分析和论证之上,而是存在盲从现象,缺乏独立的判断,人云亦云,盲目跟风,看到别的行业有利可图,就去效仿。钢铁、煤炭、化工、制造等传统行业曾经都出现过大规模的跟风行为,最终导致行业整体产能过剩。甚至有的新兴产业,如光伏产业,由于各企业一哄而上,企业产能尚未释放,行业便进入严冬,最终导致企业雪上加霜,苦不堪言,显现的是"遍地英雄下夕烟"的惨象,以全行业亏损定格了好几年。因此,企业如果没有做足准备,没有做好前期市场调研,没有稳定的市场和客户基础,盲目地转行,失败的风险就会加剧。

企业转型升级不是简单的转行发展。没有核心竞争力做支撑,新兴产业里面依然会有经营不善乃至倒闭的企业,如前几年新材料的钒钛产业,仅攀枝花钒钛产业园的钛白粉产量就够全国使用。2015年,笔者在此开发区调研指导时,针对园区企业转行发展的情况对参加座谈的九家企业代表发问"有专利的企业有几家?""三家。""有发明专利的有几家?""一家。"而且发明专利属非核心产品专利(属工艺工程的设备专利)。正因如此,这就是此园区企业普遍出现问题的根本原因所在。整个园区产品同质化严重,工艺、技术及产品没有创新,没有钒钛新材料本身的核心专利或差异化的工艺、技术、产品特别是品牌优势,硬拼产量、资源、成本等,必然是赌运气而"血战到底"。针对这一共性问题,笔者指出,企业家们一定要从过去资源运作优势(攀枝花钒钛储量占全国70%)向创新优势转型升级,下苦功加大人力及研发的投入,在钒钛材新材料联合攻关上花大力气。如在纳米技术运用、复合新材料研发等价值链高端上发力，走专、精、特、新的钒钛产业创新持续发展的道路。

（二）转型升级的根本是首先转变发展理念

业内对转型升级的认识尚未形成统一定论，不同企业的认识存在较大差异，孤立地看待每种说法无异于盲人摸象，得到的结论都是片面的，应该从企业生态原理的角度出发，从系统和整体的视野去理解、把握企业的转型升级。

转型升级是指跳出原有的框架和思维惯性，把自身所具备的资源和能力进行重新整合，力求使发展的理念、模式和结构发生适态性转变与提升，从而改变原有的现状，谋求更高层次的生存与可持续发展。转型升级不是企业完全离开原有的业务领域和行业，而是在现有领域和行业基础上进行有针对性的拓展，深度挖掘或精耕细作，自主创新提升产品或服务档次，从价值链低端走向中高端，从"红海"关联性跨界进入新的"蓝海"，而并不是完全进入陌生领域。华为一直专注做自己熟悉的通信技术领域，专注自己的业务专长，为客户提高通信技术解决方案，不盲目跟风炒地产等热钱来得快、来得多的行道，更不急于上市，专心致志，守住寂寞，承受自主创新的"华为冬天"，取得了世人瞩目的骄人成绩。因此，企业转型升级迫切需要转变发展理念。

转变发展理念，首先是企业的决策层，要学会"融智创新"、借势借力，可引进外部智囊和执行机构，跳出原有的思维框架和发展模式，做好战略分析与决策，为企业的瓶颈找出更为优化的解决方案，杜绝朝令夕改对企业资源带来的最大浪费。

其次，聚焦核心业务，弘扬工匠精神，专注企业擅长的业务领域，把一个缝隙的宽度做成地球的深度，形成产业价值链上不可替代的一环或成为隐形冠军。

最后，把握转型升级的关键之处，实现价值创新，为客观创造价值附加和价值延伸。为消费者提供更好的服务、体验和想象力，获取更为广阔的市场空间，赢得更多的品牌赞誉，这样才能真正完成企业的转型升级。

当前，在"互联网+"新生态的影响下，以大数据、云计算、人工智能、区块链等为特点的信息技术运用发展迅速，给面临困境的传统产业带来了生机。面对此背景，我国实体经济中的大部分企业都提出以此为契机，大力推动企业自身的转型升级，但真正做到充分利用"互联网+"的优势来配置生产要素、提升企业效益，并以此来获取更多创新力的优秀企业却为数不多。苏宁集团利用"互联网+"

的发展契机,加速产业布局,成功从传统零售企业转型升级为零售、物流、金融三大业务并举,并加快在物流和金融板块的竞争力和运营能力打造,全面提升了集团整体竞争实力和企业生态的构建能力。许多企业的转型升级仅停留在"赶时髦"阶段,实则在新地图下用旧导航,期望20世纪的旧船票依然能登上21世纪的新客船,根本谈不上价值附加和价值延伸。因此,在类似转型升级路上出现"无数英雄竞折腰"的现象也就不足为奇了。

创新成果分享:大象也能跳舞——IBM的转型升级

IBM的经历体现的不仅是一个成功的世界级优秀大公司转型升级的过程,也是当今世界头号强国产业转型升级的一个缩影。在这个过程中,文化变革、战略思想和领导力至关重要。

在20世纪50年代初,IBM走出了美国商业历史上重要的一步,它生产了改变人们生活方式的计算机。由于IBM计算机的性能优越,使得公司的年收益和利润迅速增长,奠定了它在计算机行业的领导地位。IBM的成功持续了整个20世纪70年代。

20世纪70年代末期,IBM由出租大型机开始转向直接销售计算机给顾客,这一转变激发了史无前例的大型机销售。IBM似乎想出了最佳的获取利润的方法,他们认为靠大型机推动的业务足够令公司不断发展,公司的目标就是如何可以通过大型机的销售一步一步提高销售收入。然而,尽管当时个人计算机方兴未艾,IBM却为了保证利润丰厚的大型机销售不受影响,对此熟视无睹。在很长一段时期,公司不再重视新技术的研发,公司某些研发人员想用新的低成本微型芯片来取代传统的大型机处理器,却被IBM的管理层否定,他们不现实地充满自信,认为竞争对手不会采纳这一新技术,即使他们明白新技术意味着简化和更快速的计算,可以更加适应新出现的广泛运用的微型机和个人计算机。即使当个人计算机已成为20世纪80年代的热门新产品,在灾难的迹象隐约可见时,IBM还是固执地坚持过去的一直属于自己的"成功"做法。由于IBM狭隘地专注于大型机,所以它最终失去了良好的发展机遇。

1993年,IBM的年收入下降到627.1亿美元,纯收入下降到负81亿美元,较上一年下降了63.1%。到1994年底,公司累计亏损达150亿美元,超过了前三年亏损之和,IBM的市值也从1050亿美元暴跌至320亿美元。IBM陷入了机构臃肿、颓势显现的局面。

1993年IBM大胆启用了郭士纳，临危授命担任IBM首席执行官，开启了IBM文化变革与战略转型升级之旅。郭士纳认为，当IT技术越来越复杂的时候，客户已经完全无力独自掌管IT系统，他们需要一家公司提供全方位解决方案，而此时有能力承担这一使命的只有IBM。1993年，他开始将这家曾经的信息产业硬件巨头转型升级为向客户提供产品和服务的整体解决方案提供商，并开启了信息产业的电子商务时代。1995年，IBM在很多人还不知道电子商务为何物的情况下，提出了"电子商务"的战略理念。IBM所提供的"电子商务"包含硬件、软件的信息架构构建和企业流程改造，这个以网络为中心的模式不同于卖硬件的价格战，也不同于卖软件的版本升级，它的内涵是替客户进行信息架构、企业流程的重新改造。这一理念的提出驱使IBM实现硬件厂商到"软件+硬件"的转型升级，完成了从制造型向制造服务型的华丽蜕变。

在向制造服务型转型升级的历程中，IBM开发了很多基于产品的增值服务，如基于IBM硬件产品的优化调试、系统整合、存储系统的设计，乃至互联网数据中心的设计，甚至包括互联网数据中心的机房建设、运营维护系统、安全系统等。到2000年，IBM公司40%的利润已来自服务业务，软件利润占比达到25%，硬件业务利润下降至24%，全球金融业务占比11%。到2001年，IBM已成功转型升级为一家完全与众不同的IT解决方案提供商。

在IBM转型升级的过程中，传统价值观及文化的变革是其最关键的因素之一。20世纪80年代是IBM风光独揽的日子，由于IBM大型机的垄断地位，客户会主动找上门来。因为长期的成功逐渐形成了一种故步自封的市场态度，IBM开始忽视客户的需要和市场的变化，眼光只是看着自己的内部，从而一度使公司强大并且获得普遍尊重的IBM文化在那个时候也开始发生了蜕变。持续的成功使整个IBM开始演变为封闭与保守，对人的尊重演化成盲目地追求意见一致，导致IBM全公司的封闭与保守。服务顾客的理念也被逐渐淡忘，变成了IBM以自我为中心的市场理念。持续的成功使IBM充满自信，追求卓越变成了追求内部流程的复杂和完整，对于完美的固执迷恋，导致了一种僵化的企业文化的诞生，并且使检查、批准以及生效等这一系列程序成了缓慢的决策过程，以及最终导致某些决策的流产。

郭士纳在1993年接任IBM公司的CEO时，这个巨大的公司已成为一头步履蹒跚的大象，面临灭绝。他充分认识到了企业文化对企业发展的重要性，认识到当时充斥着IBM的官僚文化的毒害性，通过一系列强有力的举措改变了公司内部那种洋洋得意、保守、封闭、呆板的文化传统。

郭士纳为IBM确立了适应转型升级时期特点的核心价值观：赢（win）、团队（team）、执行（execute）。这三个关键词就像冲锋的号令，迅速传遍了全公司。现在市场变了，IBM大型机统治IT行业的时代已经一去不复返了。IBM公司行事的方式也不得不变了，新的IBM必须采取凌厉的手段、迅速的身姿，去迎接挑战，并且通过改变自己，从而取得生存的资格。"赢、团队、执行"，重新唤醒了IBM员工对成功的渴望，并明确强调了成功执行的方向。在这样的文化引领下，IBM公司的全体员工必须按照新的价值观、新的评价体系和新的标准去开展自己的工作，而且在郭士纳的率领下，所有那些不能按此方向做事的人不得不选择离开。

经过一系列战略思想与极富领导力的变革，IBM公司最终成功地实现了从保守僵化的官僚文化到创新导向、灵活适应、青春焕发的新的企业文化的转变，排除了同一企业领袖级别的"柯达"所犯下的危机错误而导致类似倾覆的要因，从拙笨的大象变成了飞驰的雄狮，为后续的转型升级和重返王座奠定了坚实的基础。

继郭士纳领导的第一次转型升级成功后，2009年IBM又提出了"智慧地球"的战略，完全从制造服务型转型升级为现代服务型。如今，IBM用智慧的大脑、开拓的双手和矫健的步伐，又开启了拥抱大数据及人工智能新时代的转型升级。

2018年3月1日，IBM在北京举行了"迎接认知时代，IBM与您智胜未来"的论坛，宣布推行"认知商业战略"，力求再次转型升级成为认知解决方案云平台公司。认知计算系统能自主学习并与人类自然地交流，以扩展人类或机器可亲自执行的操作。通过洞察大数据的复杂性，它们可以帮助人类专家制订更有效的决策。对此，IBM表示认知商业"将引发堪比电子商务的又一次商业变革大潮"。

我们将拭目以待，期望曾经的"蓝色巨人"、世界计算机产业的领航企业为全球企业转型升级不断提供创新管理的样本和经验分享的典范，为人类实施"蓝天战略"和"人类命运共同体"建设提供新的融创、合作、共享的智能系统解决方案。

第十六章
企业转型升级的紧迫性

一、从企业盛极而衰看转型升级的必然性

（一）一代"名摩"的消失

它曾经是嘉陵江边一颗璀璨的明星，中国摩托车市场当之无愧的领导者。如今它已连续多年净利润为负值，2015年末，净资产余额仅为794.7万元，资产负债率高达100.42%。*它就是国人家喻户晓的一代"名摩"——嘉陵摩托（以下简称嘉陵）。曾经因创新而风光无限，如今因守旧而黯然失色。

1981年，嘉陵摩托车产销量突破5万辆，成为中国摩托车行业的"大哥大"，在此后长达近20年间，一直位居行业第一。

跨行业组织专业化大协作，是嘉陵当时的重大决策。嘉陵为了控制成本，展开了跨系统、跨行业的零部件配套工作。从最初5家发展到后来的100多家，在嘉陵的带动下，众多摩托车企业在重庆诞生，大家都围绕着"嘉陵"这个香饽饽"字号"赚钱。1995年，嘉陵在上海成功挂牌上市，成为中国第一家上市的摩托车企业。之后，嘉陵开始了对外投资和向外发展的道路，五湖四海都有嘉陵投资或合资组建的摩托车生产企业，还投资了部分零部件企业，在越南、印度尼西亚和美国等也有其销售公司，它甚至"艺高人胆大"地涉足房地产、酒店和红酒行业，搞起了多元化经营。但同时，一些嘉陵的配套企业"偷师学艺"，当原始积累起来后开

始向整车发展，最典型的就是重庆"摩界五虎"。这五只"小老虎"，在嘉陵身边长大，在嘉陵"打盹"的时候，他们"偷袭"了嘉陵的农村市场，并迅速崛起。

危机很快出现。在企业快速发展的过程中，嘉陵战略定位不准确、人才激励机制不健全、市场反应迟钝、产品创新不足等风险一再被聚集放大。2012年嘉陵发布新街火JH200-8之后，就再没有推出真正意义上的新产品。2015年，嘉陵遭遇了成立以来最严峻的困局，全年销量下滑40%，出现巨额亏损，不得不靠变卖资产来维持企业运转，一代"名摩"美丽的神话就此破灭。

战略定位不准确、市场竞争残酷、产品结构不合理和龙头企业的自负，是一代"名摩"走向衰落的表面原因。透过表象看本质，主要原因是嘉陵缺乏强烈的危机意识，未建立长效的企业风险管理机制，对潜在的各方面风险没有及时进行有效识别和果断应对，从而导致发生危机，不可收拾。根本上看，是"嘉陵"缺乏创新意识，未能及时转型升级创造新的市场蓝海，故步自封、原地踏步而错失了先发优势。

在中国，农村消费品总是和低端产品联系在一起的。在很长时间里，嘉陵把自己定位为农村产品，并在这一市场做大。这个定位并不是一件坏事，它可以打造一个广为人知的大众品牌，牢固占领农村市场。另一方面，要改变其低端形象也很难，这严重影响了嘉陵的"名摩"品牌形象和行业领导者地位，也影响了嘉陵的发展空间。因而后来当嘉陵在城市大量推出系列高端产品之后，市场并不认可，品牌延伸面临巨大挑战。

嘉陵作为行业的领导者，战略眼光过于短视，未能认清企业面临的战略风险因素，更谈不上把握其发展趋势。嘉陵一开始将摩托车定位于纯粹的交通工具，定位于农村市场也决定了"一代名摩"未来的命运。

由于缺乏强烈的市场竞争意识、危机意识和创新意识，当重庆出现了一大批摩托企业时，嘉陵仍沉浸在"昨日重现"的甜梦中。这些曾经给嘉陵做零配件的企业迅速发展，不仅抄了嘉陵的后院，还完成了对其他各个摩托市场的抢占。同时，嘉陵还忽视了侧翼市场的防范。市场上许多摩托新星，在巨大的实力悬殊下分析了嘉陵的产品结构和市场，开始走侧翼市场路线，用细分市场策略和创新的差异化产品抗衡嘉陵。如珠峰摩托推出了中国最高端的摩托车，占领了高端市场的空白；济南轻骑、潇洒木兰，则抢入了女性踏板市场这个侧翼，成了女性市场的领导者；这些后来的"小兄弟"纷纷加入了市场瓜分的战斗，对嘉陵形成了市场的围剿之势。

一个领导者，要想维持自己的地位，就必须对这些产品及市场生态进行风险防御。否则，一旦竞争对手的差异化产品率先进入某个侧翼市场，并建立起在这些侧翼领域的领先优势，就会成为某个侧翼市场的领导者。当众多的侧翼市场领导者出现的时候，市场的总领导者就面临着严峻的风险挑战和行业领导力的失控。嘉陵作为中国摩托市场较长时间的领导者，在其位，未谋其政；有其形，而无其魂。对于开发运动摩托、个性摩托、健身摩托、轻便摩托、形象摩托等来充实自己的产品簇，丰富产品结构，嘉陵似乎并不感冒。嘉陵单一的产品结构风险日益突出，无法满足广大消费者的个化需求，丢掉了领导者皇冠而逐渐成为一个市场追随者、落败者，令人唏嘘。

接下来，电动自行车、汽车的普及，国家"禁摩令"政策的颁布，倡导绿色出行和世界经济疲软，欧盟和日本高端摩托车的市场竞争，等等，国内摩托厂商的竞争力和利润空间被严重压缩，"内忧外患"使中国摩托行业雪上加霜。如此紧迫严峻的市场形势之下，嘉陵作为典型的国企，似乎也没有较好的风险应对措施，更没有全球化视野和国际化战略，也没有及时转型升级，导致"一代名摩"走上一条恶性循环、自我消亡之路。

与此同时，嘉陵在重庆、海南等地涉足房地产和酒店行业，甚至2002年"嘉陵红酒"的正式上市标志着嘉陵奏响了进军酿酒行业的号角，这样大举盲目地进行跨行业拓展，尤其是与自己的"初心"和"核心""风马牛不相及"的，绝对是最大的风险。"看似丰满，实则骨感"的多元化起点就是终点，必然注定失败。

分析嘉陵摩托的没落，给我们以下几点启示。

一是企业应牢固树立危机意识，建立长效的风险管理机制，对企业潜在的风险进行全面识别分析评估和有效管理；二是面对不断变化的内外部生态环境，企业要有"任凭风浪起，稳坐钓鱼台"的战略定力，特别应经得住"星硕满天，撑手可摘"的美丽诱惑，克服文化与战略缺失所带来的市场误判，制订和实施好转型升级战略；三是发扬先发优势，以创新引领行业发展，巩固自身在生态圈中的核心地位与他人不可撼动的产业领导力，紧贴市场需求，重视新产品的研发和品质的改善，不断升级换代与坚持品牌提升，满足消费升级的需求；四是企业转型升级过程中的跨界经营要依托现有的资源和核心竞争优势，严防多元化陷阱。

（二）企业盛极而衰之鉴

从国外早已消失的"安然"到"雷曼兄弟"，再到国内曾红极一时而顷刻颠覆的"南德"到"德隆"……一个个曾经辉煌的商业帝国在商海的惊涛骇浪中，或是一夜之间分崩离析，或是因疏忽遭受重创、元气大伤。据2016年统计，1970年《财富》世界500强公司中已有三分之一现在已不复存在，不论是欧美还是日本，大企业的寿命都在大大缩短，平均寿命几乎不到十年。为什么众多优秀的企业会走向失败？是经济发展和社会变革导致市场竞争更加激烈迫使企业退出？但为何依然有一些企业保持"百年老店"的风范，或在危机之中绝地反击、起死回生？

从表面上看，走向失败的直接原因全然不同，而且往往是由一些细微的事件触发，最终导致一场大危机，但"千里长堤，溃于蚁穴。"如果拨开表象深入其中仔细探究一番，可以发现一些共同的特征和规律，足以成为企业和企业家之镜鉴。

1. 失败之路——四种挑战与五个步骤

以讲授"企业失败学"而闻名的美国达特茅斯商学院西尼·芬克尔斯坦教授，花了6年时间对超过200家失败的企业进行过分析和研究，他发现，绝大部分失败的企业曾经遇到过以下四种挑战中的一种或多种：创建新业务、实施并购、应对创新与变革、面对新的竞争压力。

没有业务模式的创新和业务边界的拓展，企业不可能持续地提升竞争力，但是，在那些雄心勃勃要开辟新业务的尝试中，充满了惨败的故事。并购是企业实现跨越式发展的重要手段和路径，但真正成功地实施并购策略并且达到预期目的的企业并不多，在并购的冲动中，戴姆勒-克莱斯勒、美国在线-时代华纳都承受了几十亿美元甚至更多的价值损失。中国的攀钢兼并重组长城特钢也令人惋惜地走向"抱团突围"而共同被围的困境。由于并购与整合几乎能将一个公司可能的弱点全部暴露出来，"买入烦恼"成了许多企业的一场噩梦。

不少企业曾经在技术变革中获得成功，但在面对新一轮的创新与变革需求时，却患上了"变革免疫"，陷入对过去既有经验的路径依赖和对改变的不适应与恐慌之中，防御性高，不愿面对现实，直到失败来临。

一些久经沙场的优秀企业在面对新对手的威胁时，在竞争压力之下，它们精心设计的竞争战略完全失效。

经历漫长的奋斗历程创造了卓越的企业，在"一览众山小"的时候，往往没有注意到，失败的陷阱就在身边，一不小心就会踏上从顶峰往下滑的路途。《基业长青》作者柯林斯在《再造卓越》中，用独到的对标分析方法，努力追寻失败企业由巅峰到谷底的路线图，帮助后来者避免重蹈覆辙的悲剧。他清晰地概括了企业走向衰落的五个步骤：狂妄自大——盲目扩张——漠视危机——寻找救命稻草——被人遗忘或濒临灭亡，揭示了卓越公司走向衰落的共同特征。这些公司虽然所处行业不同，规模和经营模式不同，但衰落的过程和特征常常有许多相似之处。柯林斯同时也强调，一家企业即便已陷入衰落进程中的第四阶段的泥沼，依然有扭转乾坤的可能，只要你"永不言弃"。

2. 失败之兆——成功带来的"惰性陷阱"

失败有没有早期警告信号？有！那就是"成功"。

许多公司在惨败之前获得了巨大的成功，成功带给他们的除了荣耀和满足，还有很多"副产品"，比如掩盖了公司存在的很多问题，带来了自负，带来了使管理者觉得自己无所不能的错觉，成功使公司上下满足于享受胜利的果实而放松了警惕。芬克尔斯坦把因为过去的成功而盲目自信、僵化闭塞的企业称为"行尸型企业"，它的典型特征之一就是不顾事实，排斥所有负面信息。企业越成功，就越容易出现这种倾向。而且不可避免的是，成功的公司成为他人进入同一市场的最好广告，成为众多新入场者争夺阵地和市场份额"万炮齐轰"的目标。

哈佛商学院助教唐纳德·莎尔注意到了"成功是失败之母"这一现象，他把对失败的研究追溯到企业成功之时。通常企业在成功以后，都会总结出许多条经验和"成功之道"，这些被奉为成功宝典，不可轻易更改。久而久之，企业内部形成了一种"惰性陷阱"：企业如果不依赖这些成功经验就没法做决策，企业管理者也频频对员工、对媒体渲染企业的成功"圣经"，他们相信，也试图让更多人相信，沿着过去成功的道路，企业就会永沐生机。然而，水满则溢，月盈则亏，失败的种子已悄然播下。

如果把过去成功的做法当作一种"承诺"，那么这种承诺就是一把双刃剑，它既能引导企业成功，也会使企业在新的环境下走向僵化。许多企业都曾掉进过这种"惰性陷阱"中，固特异轮胎在危机中反思，抛弃了过去的陈旧经验，厉行变革，幸运地逃脱陷阱。而世通公司则始终固执地坚守自己的成功经验不放，为此不惜在会计上造假以满足对成功的自我想象，最终导致覆亡。

世界上没有一劳永逸的解决方案，只有层出不穷的问题。过去的经验带来了过去的成功，但不能保证一直获得成功。斗转星移，企业的成功之道必须适应生态环境的变迁，更要常换常新，与时俱进。如果说非要有什么承诺的话，那只能是持续创新推动转型升级。

3. 失败之因——企业及其管理者的"坏习惯"

很多人探讨过企业失败的原因，但结论总不能让人信服。我们很难相信失败是由于管理者的愚钝，相反他们常常拥有极高的智商、情商与平衡力，并由此曾经取得过辉煌的成功。失败不是由于事先没有预见，很多情况是企业高管们都知道将发生什么，但采取了"鸵鸟"政策。失败也不是因为执行错误，执行只是表面征兆，真正的原因应该到深层寻找。

聪明的经理为什么会失败？在芬克尔斯坦看来，公司失败有很多种起因，但其中毁灭性的特征和关键因素可以归结为四类：管理者的认知偏差、对错误的保护性机制、信息与控制系统的失效以及管理者的个性弱点。

高层管理者的认知偏差和思维方式错误是许多公司惨败的原因，面对新的机会和变动中的环境，他们带领公司走上了错误的方向，或者未能做出必要的战略调整。企业存在的价值在于使其经营行为与消费者需求价值相一致，不管是制造型行业、消费性行业还是服务性行业，企业只有准确把握消费者价值需求，遵循行业内在规律，才能避免出现致命的失误。

许多公司的文化让人们对有关它的负面消息避之不及，这种报喜不报忧的风气形成了一种对错误的保护性机制，并且给所有员工传递了某种明显的信号——低头做事，少说为佳。这样的企业也必然没有适合萌发新观点和新思维的土壤，因为这些新观点和新思维与原有的根深蒂固的思维模式相悖。

很多公司貌似建立了非常完善的信息和控制系统，但其内部的信息流转几乎完全扭曲，对流程与系统的控制陷入失效状态，但是高管们依然认为，只要控制系统依然存在，企业就能良性运转，在他们以为高枕无忧之时，企业的"安全防火墙"被严重侵蚀。

不管一些公司宣称它们如何保证权力制衡，但主要领导者的作用依然非常重大，CEO个性和人格素质的弱点，也可能把公司带到失败的边缘。CEO固然是名人甚至是"英雄"，但他们也是人，也有弱点与不理性的行为，当公司面对严峻而复杂的形势时，一些CEO的反应和普通人没有什么两样。更何况那些有着价值观缺陷的领导者往往会让公司的战略出轨，因此在讨论公司战略的时候，必须考虑做决策的具体的人。

埃默里大学的谢斯教授在《毁灭优秀公司的七宗罪》一书中，揭示了导致优秀公司衰败或倒闭的深层原因。公司在走向成功的同时，常常会在不知不觉中养成一些坏习惯：自欺欺人、傲慢、自满、竞争力依赖、竞争近视、数量沉迷和领地守护等，这些坏习惯一经形成，便成了充满"负能量"的企业文化，往往影响甚广，戒除很难，甚至造成企业"基因突变"，持续下去不仅严重阻碍公司的健康发展，而且有时会导致自我毁灭。

4. 失败之根——职业精神与商业伦理的失落

企业的各种坏习惯，有的是公司管理者直接造成的，有的是在公司发展过程中慢慢孕育的，它不仅仅源于个体的虚妄，更是集体理性的衰败。当企业发展到一定程度时，除了制订的硬性规约外，它还必须依靠文化的软力量，因而人为地设置了大量的规则、仪式、程序，带来各种繁文缛节和日益森严的官僚体制。这些礼仪和规范确实增加了凝聚力，但一个天天为企业唱赞歌的员工，他真的认同所在企业比别的企业都好吗？一旦他发现了问题，就算他足够真诚和有责任心，又该如何反映上去呢？就算反映上去了，企业真的会重视吗？

大品牌垄断了消费者的消费选择，因此，为消费者提供信得过的优质产品，是一个负责任的企业应该做的，但是这样的商业伦理似乎得不到这些企业的重视。商业伦理是作为一个希望百年长青的企业需要去思考和遵循的行为准则，也是一个企业在商业社会立足的根本，但是这常常被很多企业所忽视。

二、"互联网+"的巨大影响

随着互联网的发展，中国社会形态发生了巨大改变。互联网催生了活跃的信息、通信和技术产业、繁荣的社交网络以及全球最大的网络零售市场，也越来越多地改变着企业生态和人们的生活方式。

（一）"互联网+"的时代意义

"互联网+"，指以互联网为主的一整套信息技术（包括移动互联网、云计算、大数据技术等）在经济、社会生活各部门的扩散、应用过程。即是把互联网的创新成果与经济社会各领域深度融合，推动技术进步、效率提升和组织变革，提升实体经济创新力和生产力，形成更广泛的以互联网为基础设施和创新要素的经济社会发展新形态。对企业来说，它包含两方面的含义：一是用新一代信息技术和互联网平台改造、优化、提升被"加"的产业；二是用互联网的理念、思维创造新模式、新业态，策划产业的发展愿景。其核心不在于简单地讨论互联网技术在行业中的应用，或将企业的日常运营贴上"互联网+"的标签，而是如何更好地结合新技术、新手段去改良和优化产业,实现更优化的运作方案、更高效的运作效率、更开阔的服务空间、更透明的结构流程,打破地域限制,以跨界协同创新共享的思维与更灵活、高效的方式进行资源的重新整合配置。

(二)"互联网+"对中国经济社会及企业的影响

"互联网+"浪潮将助推中国向基于生产力、创新和消费拉动型经济增长转型升级。随着互联网推动中国产业从低效率向创新和科技主导型商业模式的演进,互联网的主要作用将体现在提高生产力上。随着企业加速引入新兴技术,包括产品开发、供应链管理、市场营销和客户互动的各个运营环节势必会更为顺畅。"互联网+"不仅是中国未来一段时期经济新引擎之一,也将是改变经济增长方式的重要手段,其天然具备的全球开放、平等、透明等特性将使信息/数据在工业社会中被压抑的巨大潜力释放出来,转化成巨大的社会财富和新的生产力。

"互联网+"加快了有效市场机制的形成,加强了竞争,同时使信息更为透明,获取信息的渠道更为便捷,有助于优化投资决策,让资本配置更为有效,有力推动劳动力技能提升、提高劳动生产率,以及带来各种各样的便利创造消费者剩余。与此同时,这些转变也会带来更多风险、挑战和机遇,使得最具效率的企业会更快地胜出,最终将有助于助推企业和中国经济实现更为可持续的增长。预计到2025年,"互联网+"在中国GDP增长中的贡献将会达到7%~22%。

(三)"互联网+"对中国主要行业转型升级的作用

"互联网+"重新定义了传统意义上的信息化,"互联网+"的过程也是传统产业转型升级的过程。过去十年,这一过程呈现"逆向"互联网化的过程。在企业价值链层面上,表现为一个个环节的互联网化:从消费者在线开始,到广告营销、零售,再到批发和分销,再到生产制造,一直追溯到上游的原材料和生产装备。从产业层面看,表现为一个个产业的互联网化:从广告传媒业、零售业,到批发市场,再到生产制造和原材料。从另一个角度观察,"互联网+"是从C端到B端,再从小B到大B的过程,产业越来越重。此间,作为生产性服务业的物流、金融业也跟着出现互联网化的趋势。在"互联网+"逆向倒逼的过程中,各个环节互联网化的比重也是依次递减。

在中国,"互联网+"巨大的经济与社会价值已经开始显现,企业开始改革传统的业务流程以削减运营成本,而某些价值数十亿美元的新市场几乎在一夜之间横空出世。与此同时，"互联网+"也能够产生颠覆性的创新力量，在社会治理及消费电子、汽车、化工、金融、房地产、医疗卫生等各个行业、环节推动变革。

（四）"互联网+"解决传统型企业的痛点

从当前互联网发展趋势来看，传统型企业普遍存在需要解决的三大痛点。

1. 迫切需要转型发展模式升级

在原有的传统商业模式中，企业如何打破路径依赖，找准新的发展模式，是"互联网+"带来的倒逼需求，是目前企业普遍面临的重要问题。传统企业的商业模式一般是把产品生产好后推入市场，在市场供不应求的情况下，这会是比较好的发展模式。但当前"互联网+"时代，市场已经从卖方转为买方，传统的经营思路正面临着巨大的颠覆。

2. 迫切需要转型信息系统升级

在信息化时代，技术是行业的基础，在相关数据信息的有效支撑下，企业对信息系统的升级能有效促进平台、市场、运营等的优化，从而打造出以信息技术为支撑的"数字化企业"。这就要求企业必须从信息化企业向数字化企业转型升级。

3. 迫切需要转型大数据战略升级

在"互联网+"时代背景下，大数据已愈来愈成为企业核心的资源，未来的企业大都需要靠大数据驱动，通过大数据战略升级打破企业数据孤岛，引领价值链数据协同，实现成本效率优化。

（五）如何释放"互联网+"的潜力

1. 政府将面临多重挑战

互联网将帮助中国GDP增长加速新业态、新产业的形成，而最终能挖掘多大潜力，取决于政府对互联网经济发展的重视与支持力度，企业推进信息化的意愿，以及劳动者的适应程度。互联网经济的发展需要营造能够解决以下问题的政策环境。

（1）加强隐私保护和数据共享

互联网所创造的价值潜力相当一部分来自数据共享，而这将引发用户对隐私安全的深切担忧。2017年3月，美国《纽约时报》和英国《观察者报》爆出惊天丑闻：一家叫作剑桥分析的数据公司，非法窃取5000万Facebook用户资料，随后，扎克伯格在Facebook上声明，承认犯下了错误，使Facebook市场一周蒸发6000亿人民币。这就是用户信息与隐私泄露带来的不可低估的问题，对大数据时代如何加强用户的隐私保护敲响了警钟。2012年底，中国政府颁布了初步的网络隐私保护条例。但是还需要探索更完善的法律法规对违法者严惩不贷，以及投入足够资源加强执法。此外，建立一套均衡的法规体系明确企业可以共享的信息种类、获得许可的使用方式，以及消费者必须同意的信息类型，这样才能消除采用大数据的种种限制。如果政府向社会公开数据，则可以起到巨大的示范效应。

（2）放宽对市场的管制，鼓励创新

在很多情况下，企业利用互联网的程度取决于政府监管。在金融服务业，银行能否全面开通各类在线业务，取决于某些交易是否需要客户亲自到场的规定。又如，网上平台可以推动二手车市场的发展，但前提是跨省交易的监管规定需要做出相应调整。

（3）让市场机制发挥决定作用

激烈的竞争将促进生产力提升。清晰、透明、允许失败和破产的市场机制，将可以强化企业的风险管理。此外，互联网能够形成巨大的网络效应，以及"赢家通吃"的企业生态。政府要密切监督竞争的发展态势，以确保生产力的最大提升，推动整体经济的良性发展。这就要求政府一方面要加大知识产权的保护和执法力度，另一方面要鼓励新创意的传播与融和，两者间的平衡也是发挥创新的重要因素。

（4）培养劳动者的技能

互联网可能会重塑劳动力结构。政府可以与企业合作，开展劳动者新能力培训，还可以通过调整学校课程，培养学生数字化技能，打造真正的从毕业到就业的通道。

（5）加快网络基础设施建设并制定标准

加快网络基础设施建设是让更多中国人可以上网和更多行业可以更多更快更好地采用互联网技术的关键所在，云计算和大数据应用尤其需要足够的带宽。

2. 企业必须为快速的变化和激烈的竞争做好准备

从传统型企业到现代型的数字化企业的转型升级，需要公司在文化、策略、运营、组织架构和合作伙伴等方方面面进行改善、变革与创新。应对互联网快速发展与市场的激烈竞争，企业领导需要着力思考以下几个方面。

（1）客户至上为纲

互联网赋予了消费者新的力量，只要移动手指，就可以"投奔"其他商家。

这是"互联网+"时代数据生态下"客户是纲，纲举目张。张望八面，赢得四方"的企业必须遵循的市场路线。因此企业必须以客户的需求引导运营的方方面面。消费者期望的是无缝、便利和个性化的用户体验。现在，企业不只将关注点放在大规模生产上，他们可以通过网络选择更广泛的供应商、收集客户洞见、推出更复杂的产品组合，以更精准地满足消费者需求。中国消费者热衷于使用社交媒体，因此增加社交连接、搭建网上社区是企业建立口碑和品牌忠诚度的重要策略。而留住客户的关键，也许是以建立长期信任的方式管理数字消费者的个人数据，并为消费者无偿提供尽可能精准的连接服务，延伸消费价值。

（2）调整策略

互联网加剧了竞争，新的赢家在各个行业都有可能出现。老牌大企业必须做出调整，迎接来自创新创业者的挑战，否则会被"天外来客""外来物种"或"降维打击"打得措手不及，防不胜防。现在，竞争随时可能从某个意想不到的角落出现，因为行业的界限越来越模糊。客户体验的反复测试和调整非常关键，但是企业必须很快确定能够创造最大价值的数字化投资。企业领导必须深入参与，因为他们所做出的决策可能会颠覆业务模式。从短期看，转型升级所需的前期投资会对企业的成本结构形成压力，但是赢家将可能获得长期的收益。

（3）运营转型升级

互联网的发展要求各个行业的企业开始思考运营和业务模式及商业模式的变革。在激烈的市场争夺中，企业必须精心设计信息化产品，以求在"互联网+"平台更具竞争力，同时生产运营也需要更强的柔性效率，以灵活应对市场。整合大数据、精准判别消费者消费轨迹可能是一个令人生畏的命题，但是它能帮助企业优化决策、改善资源分配，以及更好地倾听客户洞见。

（4）培训高技能人才，搭建相应的组织架构

高技能人才短缺问题将会随着自主创新的紧迫而越来越凸显，特别是掌握大数据和高级分析的专业技能人才。大公司可以通过定向收购小型高科技公司，来网罗专业人才，以快速实现数字化的转型升级。同时企业还需要培育自身的人才队伍，如对现有员工的持续培训、与同业或教育机构合作，或是与政府联合创建外部培训项目等。下一步企业该考虑的是如何将数字化人才整合到现有组织架构，在一些成功的案例中，一把手往往会亲自担任企业"数字先锋"的角色。

（5）更加乐于接受外部合作

在"互联网+"时代，产业链中的主要活动不一定局限于公司内部。例如为了

建立相关标准并打开物联网市场，通用电气、AT&T、思科、IBM和英特尔公司成立了美国工业互联网联盟。再如移动互联网设备行业，已形成涵盖软硬件开发商、应用开发商、内容提供商和增值产品制造商的更为广泛的企业生态系统。企业要充分开发更多的"蓝海市场"和"无人区"，可能需要来自各行各业展开类似跨界的移动生态的合作。

三、中国产业结构优化要求企业必须转型升级

在经济发展新常态的背景下，产业结构优化将是中国今后经济工作的重中之重。只有顺应新常态下的产业发展趋势，大力发展新能源、新制造业、服务业等支柱产业，充分发挥产业集聚和区位优势，同时不断提升自主创新能力，才能在保证发展速度的同时确保质量稳定。在新时代，产业结构最为突出的转变应是由失衡过渡为优化，中国今后的产业结构调整的趋势表现为新的四大支柱产业及其他新兴产业迅速崛起，装备制造业提高自主创新能力并更依赖国内生产以及形成高附加值的产业集群。新时代新常态下经济发展最核心的变化是经济结构的优化同时经济增速放慢，这也是新常态最明显的特点。但同时也必须了解在新常态的背景下转型升级中所面临的问题，如果不能正视这些问题，产业转型升级就不会顺利推进。

1. 产能过剩现象非常严重

过度的产能剩余造成社会资源的巨大浪费，从而导致市场恶性竞争、就业岗位大量流失等社会经济问题，对民生和社会稳定产生负面影响并最终阻碍产业结构升级。当前，产能严重过剩行业主要集中在原材料型、高能耗型行业。

2. 产业技术结构不合理

在过去的40年里，中国以超高的发展速度完成了西方国家花费几个世纪的工业化进程，而这样的高速经济发展是以对环境造成污染、花费不可再生资源等为代价的。中国所面临的生态环境问题也颇为严重，而采用粗放式经济发展模式、经济结构偏重是根本原因。

3. 产业集中度低，产业结构不尽合理

很多行业企业规模很小且布局不集中，产业同构现象严重。小微企业缺乏专有技术作为特色产品的支撑；中型企业缺乏核心技术与专业化水平不足，分工与协作的现象较少；同时鲜有自主创新能力能引领行业健康发展的大企业。这就导致了重复建设、资源浪费、恶性竞争、环境污染等突出问题的产生。

4. 企业缺乏自主创新能力，严重阻碍了产业转型升级的进程

企业创新投入不足，创新主体地位体现不够、缺乏自主创新能力和核心技术一直是阻碍中国工业高质量发展的重要因素。相较于跨国企业科技投入强度4%的平均水平，中国大中型企业在研发创新上的投入强度平均仅为0.93%，直接导致"中国制造"过于依赖国外技术。尤其在高端制造业和元器件等产业方面严重依赖进口。此次"中兴危机"足见中国企业自主创新的"短板""痛处"。

目前，中国企业特别要医治的"毛病"是科研创新成果与生产实践相结合的程度较低，创新的影响力和生产力没有发挥出来，科研成果转化率低于30%，实际投入到生产形成新生产力的不到20%。如中国在纳米材料领域发表论文已跃居世界第一，但纳米材料的产业化基本是空白。而在发达国家，至少一半的科研成果能够用于生产当中。造成这种现象往往是因为企业缺乏自主创新的激励，对高新技术的判断没有合理的指标体系，各企业的评判标准各不相同。众所周知，尽管我国集成电路产业近几年呈跨越式发展态势，但对外依存度极高的"缺芯"问题却始终未能解决：核心技术受制于人，关键部件和材料长期被国外企业所垄断，国内芯片90%依赖进口，2016年超过2200亿美元。中国众多的产业都像电子产业一样，因为缺"芯"、缺"钙"，体量大却没有话语权：如中国的钢铁产量是世界第一，但特种钢铁却大量需要依赖进口；中国的高铁是中国的名片，但核心的动力系统、控制系统必须来自西门子、ABB等国外公司，甚至连高端螺丝钉都依赖进口；中国的圆珠笔产量世界第一，却刚刚宣布做出圆珠笔芯的滚珠；中国的PC产量第一，但计算机的芯片基本被美国Intel和AMD垄断；中国汽车市场名列世界第一，但发动机却一直受制于人。综观中国产业发展，虽然个头大，但由于缺"芯"、缺"钙"这样致命的病因，导致在产业发展上始终处于别人不顺眼就遭"卡脖子"、别人生气就"被动挨打"的弱势，而发达国家则通过控制核心技术和关键材料或关键部件牢牢掌控着产业主动权。

当前，中国要主导任何战略性产业，促进国家经济迈向全球价值链中高端，实现产业转型升级，增强经济创新力和竞争力，不是靠依赖投资更多的下游巨无霸组装和加工工厂，而是需要培育更多拥有自主核心技术、关键材料和部件的上游隐形冠军企业，从而在重大产业上拥有核心竞争力，才能突破中国经济发展瓶颈。

5. 区域结构不协调，产业转移存在盲目竞争

从1999年开始，我国陆续出台了针对全国各区域的战略规划，如推进西部大

开发战略、振兴东北地区等老工业基地战略和促进中部地区崛起规划等区域发展战略，随后，国务院又批复了各地各区域的发展规划，加快了城市群的经济发展和影响。除此之外，在改革开放后首先推行的东部沿海地区发展战略为全国经济发展奠定了雄厚的基础，这促使了新常态时期产业结构调整战略的形成。近年来，中国区域发展战略有条不紊地进行，实现了经济飞速发展，但在发展过程中还存在很多不足之处，例如区域间恶性竞争问题严重，产业转移过程中的污染转移和资源过度开发等问题。

6. 第三产业比重值与发达国家相比差距较大，服务业发展相对较慢

中国经济在过去虽然发展速度较快，但整体呈现出产业结构不尽合理的现象，主要表现在农业基础设施薄弱、现代化水平低，工业集聚程度较低、产业同构以及盲目扩张现象严重，第三产业发展相对滞后，即第二产业产能过剩的同时第三产业的供给不足，两者并存造成了产业结构不合理。

上述发展中存在的问题制约着中国经济健康稳定发展，通过产业结构优化升级，实现区域内的产业转移与对接，是新常态形势下中国经济发展的必然之举。

四、从中国企业寿命看转型升级的迫切性

让自己所在的企业成为一家"百年老店"，这可能是绝大多数企业家毕生的愿景。流金岁月后，企业愈发历久弥新，依旧车水马龙、生机勃勃，这样的景象足以让每个管理者羡慕与向往。

虽然这一命题归属于"同一个世界，同一个梦想"，但事实是，不同国家与企业间的命运大相径庭。

（一）中国企业在全球500强中的困惑

从1995年只有3家，到2017年有115家（其中105家内地企业）挺进世界500强之列。中国企业家充分运用改革开放的制度优势、老祖宗留下的资源优势和稳定的国家生态环境，通过企业家只争朝夕的快速响应和市场机会导向的多元扩张，使中国企业迅速做大，获得了与第二大经济体相应的地位。回头看，几乎没有人能够准确地预测出中国企业和经济发展能够取得如此惊人的成就！

但是，在全球经济进入低速发展时期，中国大企业遇到了新的挑战和困惑。大而不强、快而不优、多而不新等问题十分突出。2017年中国企业500强收入增长率

为7.63%，比去年上升7.66个百分点，利润增长率为3.18%，比去年下降3.14个百分点。而同期美国企业500强收入增长率虽仅上升0.58%，但利润增长率却大幅上升6%。传统产能过剩，名优产品不足，技术创新乏力等因素制约着中国企业的持续成长。

企业的成长目标，包括三层九面：第一层是做大、做快、做多；第二层是做优、做强、做新；第三层是做局（战略布局）、做人（组织与文化）和做久。在前一个时期，中国企业在做大、做快和做多层面表现优秀。但是，如何实现做优、做强、做新的第二层目标，正在成为中国大企业的挑战。因此，推动企业自主创新，切实转型升级成为未来一段时期中国企业和企业家的主旋律。

（二）中国企业生存寿命的特征

通过中国国家工商行政管理总局企业注册局、信息中心发布的《全国内资企业生存时间分析报告》可以看到，我国近五成的企业生存时间不足5年（截至2012年底，中国实有企业1322.54万户。其中，存续时间5年以下的企业652.77万户，占企业总量的49.4%）。报告还显示，中国企业存活时间呈现以下特点。

企业成立后3～7年为退出市场高发期，即企业生存时间的"瓶颈期"。2000年以来新设立企业退出市场的概率呈倒"U"型分布，即前高后低、前快后慢态势。企业成立后的3～7年死亡率较高，随后渐趋平缓，为企业生存的"瓶颈期"。

近5年退出市场的企业平均寿命为6.09年，寿命在5年以内的接近六成。

不同行业呈现类型化特征。综合分析企业出生率、死亡率在矩阵中的分布，其分散、聚合状况反映出不同行业成长呈现一定类型化特征。

多数地区生存危险期为第3年。即企业成立后第3年死亡数量最多，死亡率达到最高。

企业规模越大，存活率越高。企业存活率与注册规模呈正比的态势。大规模企业比小规模企业生存曲线较为平稳。

中国每年有近100万家企业倒闭，美国每年倒闭的企业大概为10万家，倒闭数大约只有我国倒闭数的1/10，若考虑到两个国家在企业总数上的差别，这一数字可能会更加惊人。

（三）中国企业的生存"困局"

与欧美国家相比，中国企业的平均寿命要短得多。其中，中国中小企业平均寿命只有2.5年；而在美国与日本，中小企业的平均寿命分别为8.2年与12.5年。中国大公司的平均寿命是7～9年，欧美大企业平均寿命长达40年，日本大企业平均寿命为58年。在百年老店方面，中国的企业数量与悠久历史相比更是落后于发达国家。

从企业内部看，来自企业和创业者层面的主观性因素，决定了我国企业难以跨越成长瓶颈，实现持续发展。

一方面，与欧美日相比，中国创业者存在先天的劣势与不足。欧美日高等教育普及程度明显高于我国，创业者文化素质总体上高于我国，而且欧美日国家创业教育体系发达，大学普遍开设创业教育课程，而中国近年来才开始重视创业教育；欧美国家应用型大学占比高达80%，致力于培养具有实践能力的技术型人才，而中国大学教育普遍盲目追求学术型人才培养，多数大学毕业生既不精通学术也不善于应用，难以有效将所学知识与创业实践相结合；企业家应该是一群冒险者，能通过不断创新来应对不确定性，但中国创业者中很大一部分人并不理解，更谈不上尊崇企业家精神，而是心浮气躁、追星跟风、妄图一夜暴富的生意人，很难指望他们能带领企业能走多远。

另一方面，中国新创企业自我成长能力欠缺，不足以支撑企业持续发展。中国新创企业大量集中于餐饮、批发与零售服务、低端消费品制造领域，这些领域门槛低、竞争激烈、需求变化快，创业者难以打造差异化优势以实现长期发展；持续创新是当前企业竞争的必然要求，但中国中小企业普遍缺乏创新意识，由于社会文化、成本等原因，不愿意进行创新与设备改造投入，企业产品与服务附加价值低，盈利空间有限，难以通过自我积累实现持续发展；受创业者素质影响，新创企业管理水平偏低，大量中小微企业内部管理混乱，风险管控能力缺乏；大量创业行为是出于短期盈利动机，机会驱动与逐利特征显著，企业缺乏长远发展谋划，不关注人员培训与生产、服务能力提升，不重视产品与服务品质改善以及客户关系管理，品牌建设与社会责任更是刚刚学步。如前一时期全社会所存在的一种"兴奋剂现象"：无论是学什么专业的毕业生，蜂拥而至的投奔与"金融""地产"等"短、平、快"赚"热钱""快钱""大钱"的职业，抢到一个好口岸的房子出手就能赚到下半生的工资，做成一笔"过桥"融资就可支付一辈子养老成本的现象似乎成了"共识"(此社会现象极大地助长了由利益集团所掌控的"影子银行"及各种名目的"金融服务"的泛滥)，这必然使新创生态由"内需"变成可怕的"内虚"。

从企业外部看，不完善的企业发展环境，是阻碍中国新创企业持续成长的外因。改革开放40年来，中国政治经济体制改革取得了突出成就，企业发展的外部环境比过去有了很大改善，但与成熟市场经济的要求仍有一定差距。

近些年，中国规范市场秩序的法律体系逐步完善，不规范竞争行为大幅减少，但受执法不严与违法成本偏低等因素影响，市场秩序仍待进一步改善。激烈无序的竞争，诱使企业谋求通过不正当手段取胜，而不是致力于管理提升与技术创新；极少数企业通过不公平竞争手段实现了快速发展，但更多新创企业则倒在了不公平竞争环境之中，这一状况亟待改变。

五、从对中国产能过剩的反思看企业转型升级的时代需要

（一）近年来中国工业发展中的产能过剩

产能过剩是企业所拥有的生产要素数量、组织技术条件等所代表的生产能力持续显著地高于有效需求所造成的开工不足、生产闲置和企业利润显著下降的经济现象。目前我国钢铁、电解铝、水泥、焦炭、汽车和电力、煤炭等行业存在较明显的产能过剩问题，风电装备、多晶硅等新兴产业因无序投资也出现产能过剩，制造业平均产能利用率较低。产能过剩若得不到及时、有效的治理，必将对我国经济发展带来严重负面影响。

产能是一种与企业所拥有的生产要素规模、组织技术条件相关联的，企业利用现有资源和生产要素所能达到的最大生产能力。当企业所拥有的生产要素数量、质量、技术条件和组织等所代表的生产能力持续显著地高于社会有效需求所对应的生产加工条件时就意味着产生了产能过剩问题。美国一般把78%～83%的产能利用率作为经济行为的正常运行区间，若出现较长时间的低于75%的产能利用率，则认为出现了产能闲置现象，较长时间持续徘徊在70%以下的产能利用率就表明出现了产能过剩。我国一般认为产能利用率在30%～60%之间为产能严重过剩，60%～75%为显著过剩，75%～80%为轻度过剩。

20世纪90年代中期，特别是进入21世纪以来，随着中国经济的快速增长，投资过热、产能过剩等问题也逐渐凸显出来。概括地说，进入21世纪以来中国主要出现了四次较大规模的产能过剩。第一次发生在2000年前后。中国经济在快速增长的情况下遭遇了东南亚金融危机的后续影响，使部分行业出现严重的设备闲置、库存积压和利润率下降等问题。针对当时的情况，中国对滞销严重的行业采取限产以缓解库存，通过对纺织业压锭，对煤炭、冶金等产业的"小煤窑""小厂矿"

实行关、停、并、转来淘汰落后产能,通过行业准入限制部分行业新增投资以预防产能过剩。第二次发生在2004年前后。当时全国总需求快速增长和通胀压力持续不减,部分行业如钢铁、电解铝、水泥等投资增长过快,产能过剩问题凸显。中央政府通过加强宏观调控抑制投资,并实施了限制土地供给、提高融资门槛等措施来集中治理产能过剩问题。尽管如此,许多行业的产能过剩仍未消除。第三次发生在2005年。国家在保持经济持续、快速增长的同时,投资增速也再次迅猛提升,2005年产能过剩问题再一次在钢铁、水泥、焦炭、电解铝等行业迅速开始显现出来。铁合金、电石等行业开工率下降幅度甚至超过50%,纺织、化工、电力等行业也不同限度地存在产能过剩问题。当时,国家发展改革委员会等部门主要采取限制投资、淘汰落后产能、实施兼并重组等措施抑制产能过剩。第四次发生在2008年下半年,并一直延续至今。受全球金融危机的影响国外需求急剧下降,国内总需求萎靡不振,再加上中国制造业总体上处于全球产业链的中低端环节,使中国部分行业产能过剩问题更加突出。再者,国家实施的大幅度刺激经济和振兴产业发展的宏观政策,在抑制经济下滑、保增长、保就业的同时,也加剧了部分行业的产能过剩。值得注意的是,这次产能过剩除了发生于传统的钢铁、水泥等产业外,还波及了风电设备、多晶硅等新兴产业。就目前看,尽管政府一直以来积极化解产能过剩问题,在市场准入、环境监管、供地限制、金融政策、项目审批、兼并重组和建立信息发布制度等方面采取了相应的措施,虽取得了一定成效,但部分行业的产能过剩问题依然十分严重。中国治理产能过剩问题的任务仍然任重道远。

(二)产能过剩对新型工业化发展的影响

从一般意义上说,产能过剩是市场经济条件下的一种经常性现象,是市场竞争机制作用的必然结果。但在我国现阶段,它是由市场性和体制性两方面的因素所引起的。前者是指由于经济周期的变化或市场波动引起部分行业生产能力大于市场有效需求所形成的生产能力,这种产能过剩的形成往往和经济周期、市场竞争及技术进步等市场因素密切相关,并且这种产能过剩将引起行业内企业的激烈竞争,通过市场淘汰落后生产能力,并促使企业加强管理、提高技术和产品质量,由此将优化产业结构和产品结构,提高生产效率。这种产能过剩主要依靠市场机制进行自我调整和克服淘汰,实现自发平衡,典型市场经济国家发生的产能过剩一般都是这种类型的产能过剩。

近年来中国部分行业出现的产能过剩除了具有典型市场经济国家产能过剩的一般成因外，还具有明显的体制性成因，主要表现为政府职能不合理、地方保护主义严重、有效退出机制的缺乏以及宏观调控失当等。产能过剩导致企业设备闲置、生产资源浪费，出现企业无序甚至恶性竞争等不良后果，并将对工业化及中长期宏观经济发展产生不利影响。首先，体制性产能过剩往往持续时间长，影响面大，对社会经济造成的破坏力更为严重，包括导致物价下跌、通货紧缩和失业的增加等。其次，严重的产能过剩还会导致相关企业利润下降，甚至负债累累，继而导致银行信贷问题，有可能诱发全社会金融危机。再次，对于某些重化工业的产能过剩，还会加剧资源环境的破坏和生态恶化问题。最后，体制性产能过剩往往导致较大的社会资源浪费。

（三）治理产能过剩的长效机制是实现企业转型升级

要达到对产能过剩的标本兼治，既要从技术层面采取消减产能和扩大需求等措施，更要针对形成产能过剩问题的深层次原因进行体制性改革和创新。根本上讲就是以企业的全面转型升级推动经济社会的转型升级，形成真正市场化的供需自我调节机制，使供需结构在动态中保持平衡。

首先，关键的一点是要进一步转变政府职能，理顺政府与市场的关系，强化市场机制对资源配置的基础性调节功能。对产能过剩的治理，不应简单地通过"关停并转"来进行，而主要通过改革不合理的体制机制来实现。

其次，要改革和完善地方政府的政绩考核机制，消除"GDP崇拜"，以"五大发展理念"为统领，建立以经济发展、社会发展和生态环境保护协调统一的新政绩考核制度，通过更科学的政绩考核机制引导地方政府的经济行为。

再次，借鉴发达国家在产业经济信息的收集、整理、分析和发布制度方面的经验和做法，建立符合中国经济发展实际的行业产能利用率衡量方法与指标体系，由政府统计部门发布行业产能信息和产业分析意见，这也是政府公共服务的重要体现，它有利于企业清楚了解该行业在特定阶段的产能利用率情况，由此确定自己的投资行为。

再其次，对于依靠市场机制难以消除外部性而造成产能过剩的产业，需建立健全企业"准入机制"，通过设置一定的"进入门槛"来限制落后产能的扩张。

最后，要进一步完善宏观调控体系。宏观调控既要促进总供给与总需求实现总量平衡，也要采取相应配套措施解决结构性失衡问题，重点是通过产业政策调整部分行业的产能过剩问题。

纵横正有凌云笔，圆梦还靠企业家。上述思路要变成正确的道路并取得实效，除继续加大政府的"放管服"改革，权力进一步退出市场外，还必须靠企业家的担当和创新，只有用企业自主创新驱动转型升级才能从根本上解决供需结构性矛盾，使产能过剩控制在合理区间，实现经济社会的良好均衡发展。

第十七章
转型升级中企业创新生态的重构

21世纪移动互联网时代的到来,打破了单个组织宁静的封闭性创新和原有竞争模式,科学技术的迅猛发展及经济全球化的不断推进,消费者需求的日益个性化、多样化和复杂化,市场环境的高度不确定性以及商业竞争格局的愈演愈烈,加速了不同创业主体的合作方式由原来简单的双边合作和垂直整合转变为多边复杂的网络动态性合作方式,促使创新活动从工程化、机械型走向生态化、有机化。在不同创新主体相互合作、相互依赖的关系演变过程中,形成了一种类似于大自然中不同生物物种之间、不同群落之间相互作用、共存共亡的创新生态系统。创新生态系统内部的各种创新主体基于共同的创新目标和创新环境,共享创新资源,不断创造利润和价值,在实现自身独立发展的同时,维持整个创新生态系统的健康平衡运行。因此,企业转型升级既是创新生态圈自然演进的要求,也是企业在实现持续成功转型升级的动态演进中所必须遵循和妥善处理好的生态法则。

一、企业创新生态系统的营造

21世纪是融智创新的时代,未来企业的竞争与发展必须基于生态系统的建设并努力实现企业间的协同发展与共同进步。

(一)什么是企业创新生态系统

美国竞争力委员会于2004年首次提出"创新生态系统"概念,指出要在企业、政府、研究者与个人之间建立一种新关系，形成21世纪的创新生态系统。笔者在2006年出版的专著《长盛力——缔造富有灵商的管理文化》一书中首次提出了"企业文化生态"，指出企业的生态演进是"产品经营——资本经营——人本（品牌）经营"。在企业界，海尔、IBM、微软、沃尔玛、苹果、阿里巴巴、丰田等企业都构建了以自身为核心的企业创新生态系统，并以此为依托在竞争激烈和风云突变的市场经济中不断创新、发展壮大，创造并稳固难以被超越的优势地位。企业创新生态系统的组成部分、运行功能以及核心企业与系统成员间呈相互联系、相互支撑、缺一不可、协同进化的关系。

企业创新生态系统是指企业为了满足客户日益多样化和复杂化的需求，在进行产品或服务的创新过程中，与影响其创新活动的其他组织或个人建立各种合作关系，从而形成的协同演化、相互依赖、共存共亡的具有开放性和动态性的网络式系统。企业创新生态系统作为一个整体，包括其内部创新主体基于共同的商业环境，在相互影响和共同演化过程中不断创造新的利润和价值。企业构建创新生态系统的根本动力是通过创新来拓展商业空间，满足客户日益多样化、个性化和复杂的需求，获取持久的动态竞争优势。构建企业创新生态系统的本质就是根据大自然中生态系统的演化过程模拟商业圈中的企业或个人等因合作、竞争等利益需要而构建创新体系。这种动态且开放的系统能够帮助企业在其生产过程中准确定位，有效获取并利用企业内外部的创新资源，提高复杂技术创新的管理效率，降低创新风险，进而增强核心竞争力。

创新生态从无到有的过程，需要有能力的企业承担起营造生态的责任。作为生态战略中的一种典型战略，"营造生态战略"意味着企业作为生态架构技术和核心技术的拥有者，在动态的创新中具有话语权和主导地位。然而，这些生态系统的核心企业和领导者的价值体系离不开整个生态系统的支撑，他们需要构建新的生态，与其他企业和个体合作形成一个使得所有参与组织和个体能够相互依存、互利共赢的创新生态系统，掌握整个生态的发展方向和命运。

（二）企业创新生态系统的作用

通过创新生态系统企业可以获得未来生存所需要的环境条件和所需要建立的市场关系。创新生态系统还可以帮助企业在其生产过程及其供应链的上下游，找到提高价值和降低成本的途径，从而提高竞争力。当前企业战略趋向于生态的战略定位，企业与企业之间的竞争也逐渐转向生态与生态之间的竞争。单一企业不足以应对日趋复杂的竞争关系，单一企业也难以对抗外界环境变化，大多数的公司都依附在某个生态内，通过生态战略，借助生态的优势来降低企业运营的风险。通常有能力营造生态的企业都是行业中的领导者（或领先企业）。基于平台的生态理论认为，有潜力成为领导者的企业需要满足两个前提条件。第一，它必须在整个应用体系中承担至少一个必不可少的功能，或者为行业中许多参与者解决至少一个至关重要的难题，还要看整个体系离开了某项产品和技术之后是否能正常运转。第二，它必须能够让别人很容易对接，或者在平台上开发并不断扩大应用体系，允许新的意料之外的终端应用的产生；还可以观察是否有外部公司成功开发出了补足品和互操作产品，或者正在开发这类产品，使产业链自然对接，价值链得到延伸，创新链形成共享。

（三）企业创新生态系统的营造

企业创新生态系统的营造要重点把握以下几点。

1）基于生态的战略思考，首先要做到的就是认清企业自身在生态中的位置，准确的定位是企业在生态中获得成功的首要条件，也是企业创新战略成功的关键。企业在日益紧密联系的生态网络中，依靠与生态参与者形成互补和依赖的关系，是企业赢得生态布局的第一步。

2）如果企业拥有行业内的关键（核心）技术，是创新生态所缺乏的资源，这一资源也是企业竞争优势来源，那么围绕着这一资源营造生态对企业来讲是最佳的战略选择。这种情况对于有实力的大企业的战略制订是契合的，这已经是当前有自己核心技术（或品牌资源）的大企业的主流趋势，就是构建基于自身核心能力架构的创新生态。营造生态意味着鼓励更多的互补企业加入自己的生态中，作为生态的参与者和创建者，核心企业应该继续加大行业内关键（核心）技术的研发投入，加大知识产权的保护力度和品牌的辐射力、聚合力、带动力，努力成为行业技术标准的制定者和规划者，这些对于促进企业在创新生态中的创新甚是关键。

3）创新生态的构建和形成加速了创新产生的过程，创新生态的动态的复杂性要求企业持续关注企业内部和企业外部的生态环境变化。

4）无论是具有破坏性质的突破性创新，还是基于不断改进的渐进性创新，都有可能在生态中密集地涌现，这也是当下为什么实业界关注创新生态的原因所在。创新生态实质就是培育良好的创新环境，促进创新的加快实现。

二、打造更具竞争力的生态型企业

处于创新生态圈中的每一个企业是生态圈中相互关联的利益共同体。因此，成为一家生态型企业是企业谋求持续健康发展的必然选择。

生态型企业是针对业务和管理复杂性问题构建起来、内在逻辑脱胎于自然界生态系统，以促进业务多样化和协同及无边界外部资源聚合为特征、匹配相应管理机理的企业。生态型企业的打造可分为业务生态化、管理生态化、外部资源生态化三个层面。

1. 业务生态化

业务生态化的本质是打破产业边界、重构用户价值。即以迭代适应外部环境为前提，重新定义产品功能，衍生新的商品形态，主动优选、梳理业务及完成吞吐，并通过产融互动锁定及放大业务价值。例如，苹果就形成了"平台+内容+终端+应用"的完整生态系统。这个生态系统实际是应用产业链、硬件产业链、技术支撑链的融合嫁接，最终服务于终端用户。正是换了一种产业链视角看业务，在业务之间形成了相互勾连、互动加强的关系，苹果从根本上重构了业务间的内在逻辑，从而在资本市场获得了高估值，进一步推动了企业发展。

要实现业务生态化，企业需要重新审视产业趋势，构建更具生态特征的发展战略，确定与时俱进的战略定位，调整业务组合，优化商业模式，接入产融互动思想，设定更加进取的发展目标，真正引领企业再出发、高起点、大发展。

2. 管理生态化

生态型企业在管理上最大的不同是要形成一种独特的机制，使得企业更好地面对未来的不确定性，通过市场化竞争激发活力，保证以自组织和差异化管理为重要特征的适度失控。因此，生态型企业和传统企业的管理者相比，在思维方式上体现出明显的差异，即鲜明的用户思维、市场化思维、迭代思维和混序思维。

以资源配置上的市场化选择为例，传统企业试图用周密的计划最大限度地避免资源浪费，结果在客观上扼杀了创新。生态型企业则采用更为灵活有效的资源配置方式，容忍一定程度的资源浪费。例如，视源电子采用的对基层自发孵化新业务的选择性投资机制、芬尼克兹的裂变式创业等。另外，华为也有独特的"红军、蓝军"安排，鼓励不同路线的小组齐头并进，甚至相互竞争，直到其中一个胜出。

要实现管理生态化，企业需要在公司治理、组织架构（组织小型化、扁平化层级下的责权利体系）等多个议题上完成顶层设计。如果没有经过系统性思考，企业难免在管理思路和举措上彼此掣肘，徒耗资源。

3. 外部资源生态化

外部资源生态化的关键在于"无边界"，打破企业间的利益边界、资源边界、产品边界，与全社会的合作伙伴共生共赢共享。其实业界早有"不为我所有，但为我所用"的共识，但在实践的时候，总有些企业被各种整合和跨界所诱惑，超出自身能力范围进行了不适当的延伸，从而造成拖累，带来危机甚至灾难。

外部资源生态化的内在逻辑是产业链协同逻辑、紧密层逻辑和资源聚合逻辑。产业链协同是指与把握独特产业资源的企业合作，发挥产业链优势。紧密层逻辑是指根据紧密程度的不同，从战略角度进行了分层，进而形成合作政策上的差异化并灵活调整。资源聚合逻辑则是生态开放，全方位识别，吸引合作资源实现共生、共享、共赢。

要实现外部资源生态化，企业需要结合业务实际需要，总体规划、分步实施、重点突出，把握好节奏和火候，高效推进。

三、企业转型升级战略要与创新生态相融合

中国曾经出现过许多驰名大企业，如秦池、三株、巨人、德隆等，但在高速成长的市场进程与转型升级中功亏一篑。究其根本是缺乏适应生命周期不同阶段的动态融创能力，当以往所处稳态市场的静态均衡被不断打破时，其竞争优势往往也不能持续存在。长期以来，如何赢得并保持动态竞争优势，一直都是战略管理领域的核心问题。尤其在新时代、新常态下企业转型升级战略，更要与创新生态系统动态匹配才可能实现持续发展。

企业动态融创能力是通过扫描创新生态环境发现机会，并据此整合、调整内外部资源，以构建全新的运营操作能力，从而适应动态、复杂的企业生态环境。企业要想获得持续竞争优势，必须具备这种动态的融创能力。

（一）企业应对市场巨变的要素

融创动态能力是组织内部资源、能力与外部生态环境之间相匹配的一种融合

创新能力，它是企业现有操作能力形态从一个状态切换为更高一个状态，从而让企业适应快速迭代的生态环境变迁、进化的需要而实现持续创新。企业只有形成并不断提升融创动态能力，才能持续不断地获得无数个暂时的差异化竞争优势，从而积累长期持续的核心竞争优势，最终基业长青。

融创动态能力，由机会识别、整合重构、组织柔性、技术柔性四个要素组成。

1. 机会识别

机会识别是指企业通过扫描和监控市场环境，对其变化特征、规律以及对企业可能产生的影响进行分析，从而了解市场不同群体需求的变化，识别出新的机会，进而选择合适的产品和服务以满足目标客户，并且设计出捕捉机遇并将其转化为价值的应变机制。

企业要深入了解自己所在行业发展的运行规律，同时捕捉到可能变化的趋势，甚至有人认为组织情报系统就是融创动态能力的构成要素之一。

2. 整合重构

整合重构是指通过对企业现有资产的重新部署以及对辅助性资产和再造流程的有机管理，从而达到资产的和谐配置。

整合重构要求企业必须持续地拥有更新动力，通过鼓励全体员工创新而对各种经营活动进行变革，以提高企业的系统性全要素效率。

3. 组织柔性

组织柔性是指决定权职配置、信息流动等规则、程序的一种组织结构属性。

市场瞬息万变，企业战略就需要因时制宜，同时组织结构要跟随战略而制订和实施，这就需要各部门打破常规工作程序，以保持工作灵活性和动态性，同时具备非常畅通的内部沟通渠道和沟通机制，保障工作模式能因时制宜，因人而异，从而使企业战略实施不滞后于环境的变化。组织结构的柔性化有利于组织动态能力的激活和提升，不至于被组织惯性所羁绊。具备组织柔性能力的企业实现战略调整与转型升级的速度要远快于一般企业。

4. 技术柔性

技术柔性在知识经济时代，对企业现有技术能否快速改进以提升顾客对企业、产品和服务的认同感至关重要。因此，企业需要从与自身业务相关的技术、知识的积累与演变中，挑选出与自身现有资源基础关联的部分，并大力运用到企业的产品或服务中去，以不断开发新产品并增加产品和服务的功能。

（二）企业持续发展的要因

企业融创动态能力不仅能够整合、配置资源，还可以修正、重构企业的运营操作能力，通过修正运营操作能力以适应动态环境变化；不仅如此，敢于冒险和富有首创精神的企业家，更易于改变原有的惯性和文化。拥有融创动态能力的企业，之所以能适应动态复杂环境变化而延续、成长、壮大、长盛，主要基于以下三个原因。

1）企业捕获机遇是保持竞争优势的前提。全球一体化整合趋势的加强以及技术创新的加快，市场原有价格和行业的竞争规则被迅速打破，使得企业所处的竞争环境更趋复杂与不确定，呈现出高度的动态性。这就要求企业能更快地感知竞争对手并做出反应，只有拥有重构组织内外资源的能力，通过变革与创新，构建持续更新充满活力的组织体系，才能动态地适应日益复杂变化的环境，从而获得持续成长。

2）企业健康成长、转型升级是强有力的工具。就如同任何有机体一样，在生命周期的不同阶段，企业需要有相对应的战略措施和组织结构。从组织行为学角度看，一般而言，企业生命周期包括创业阶段、集体主义阶段、结构化与控制阶段，组织架构的发展、调整与转型升级阶段。这些阶段是自然有序分等级排列的，每个阶段的组织结构、领导方式、管理体制和员工心态都有其同质化与差异化特点。每一阶段都会面临大大小小的"成长烦恼"危机和管理问题，需要采用一定的管理策略以保障其健康成长、转型升级。特别是处于创业阶段的企业，组织规模小、层级关系简单，具有创新、超前和冒险等特征。组织动态能力是创业型企业成长为成熟企业及成熟企业战略转型升级的强有力工具。

3）企业实现跨越式发展的必备能力。随着《中国制造2025》战略的不断深入，尤其是"一带一路"的推进，中国企业与国际接轨的速度加快，"走出去"与"请进来"相辅相成，行业保护规则逐渐撤销，业已建立的中国市场稳态环境被迅速销蚀，企业生态边界在不断扩大。本土企业正面临着多因素、多维度交织影响的外部生态环境，企业融创动态能力对其重要意义更是不言而喻。

在新常态下企业的转型升级是企业得以生存和发展的必然选择。而融创动态能力是企业识别、适应生态环境变化的能力，能够使企业按照企业生态变化的律动与节奏，发挥自身资源和能力的优势，随机应变，以变应变，抓住转瞬即逝的市场机会，实现企业战略跨越。

（三）提升企业融创动态能力的路径

融创动态能力注重学习、应对市场的变化，强调融创能力的动态性、系统性和结构性，本质上是对企业生态变化的一种自适应机制。

企业融创动态能力存在的最终目的，是使企业在不同时期适应动态复杂变化的生态环境，其产出成果是资源和营运操作系统的重新架构与组合，最终获得短期绩效的优秀表现和长期的持续竞争优势。

因此，融创动态能力本质上是一种企业创新的适应免疫机制，具体实现路径如下。

1) 通过响应企业生态环境变化的学习，实现对机会的识别与捕捉，也就是机会识别能力，是融创动态能力提升绩效的前提。

2) 通过整合、协调与重构能力，实现营运操作能力的提升，也就是整合重构能力，是动态能力提升绩效的实现手段。

3) 通过在技术、商业模式、管理、企业家等方面的有机融合与提升柔性适应能力，实现企业产品/服务的持续创新，也就是技术柔性能力和组织柔性能力，是动态能力提升绩效的支撑体系。

这三个路径最终促进企业不断转型升级，适应复杂动态变化的创新生态环境，有效提升企业的融创力以期实现企业素质的持续提升与保持机体的创新活力。

创新成果分享：丰田汽车生态系统建设的启迪

长期以来，丰田公司持续创新能力是其维持竞争优势、不断壮大的重要因素。在产品方面，丰田不断推陈出新，具有混合动力车"普锐斯"等诸多突破性创新；在工艺流程方面，丰田也持续改善，其倡导的精益生产模式成为丰田模式的重要标识。在丰田的创新引领下，整个日本汽车产业的生产和创新能力得到快速提升，在世界范围内独占鳌头。根据2014年福布斯全球公司2000强的统计，日本汽车制造与零部件生产企业的总销售规模和利润水平高居世界第一，遥遥领先于德国、美国等传统汽车制造强国。

从丰田创新生态系统构成和运营管理模式（见图17-1）出发，分析影响丰田创新生态系统成功的关键因素，并找出影响因素背后的内在机制，对"中国制造"走向"中国创造"是十分有益的。

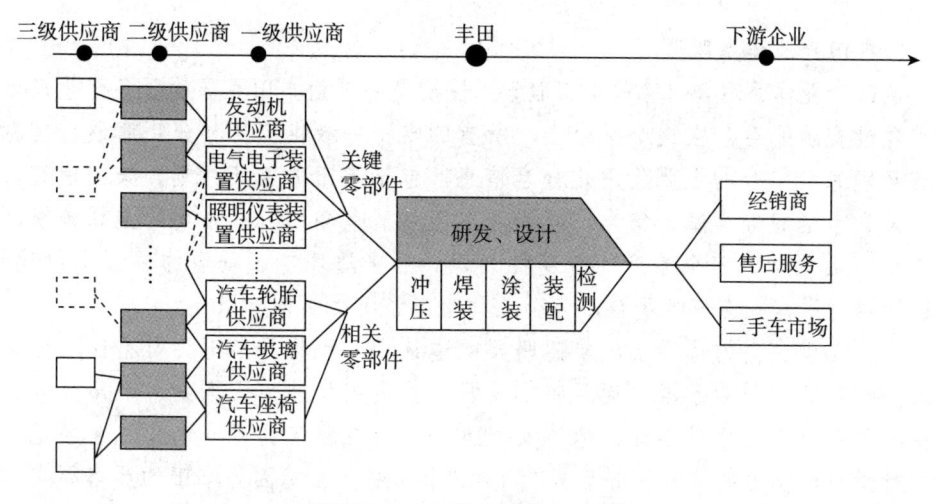

图17-1 丰田生态系统示意图

丰田创新生态系统建立在丰田生产体系（TPS）之上，是生产体系的升级和进化。丰田生产体系由丰田和上下游企业共同组成，主要应对企业在生产过程中生产计划、物资采购、质量管理等常规生产问题。丰田创新生态系统则是利用已有的生态系统平台，通过信息交流、知识分享等机制推动上下游企业生产与服务创新，是对生产体系的高级化、创新化利用。在此基础上，丰田进一步搭建了多样化的创新促进平台，通过积极有效的运营管理，调动了生态系统中企业的创新积极性，提升了生态系统的创新绩效。总结丰田经验，其创新生态系统的管理方式主要表现为三种形式，分别是丰田产业体系联盟、问题应对计划和自主学习小组（见图17-2）。

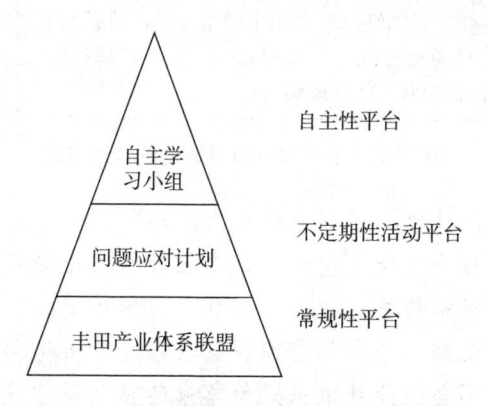

图17-2 丰田创新生态系统运营管理模式

1. 丰田产业体系联盟

丰田产业体系联盟（简称丰田联盟）最初是一个由丰田主导的服务于生产活动的常规性交流平台。在这个平台上，所有的丰田一级供应商和分销商通过信息系统相互联系。平台的主要作用是分享信息，包括丰田的生产计划、采购信息、采购政策、市场趋势等基本信息。同时，丰田联盟也会组织一系列的主题论坛，分享关于产品质量、安全生产等普遍性知识。后来随着丰田联盟的逐渐成熟稳定，丰田开始利用这一常规性平台，为企业和生态系统提供创新服务。

首先在供应商的选择上，丰田联盟的遴选十分严格。丰田公司不仅注重供应商的生产设备和质量水准，而且特别重视他们的研发能力。例如，丰田公司1991年在英国德比郡建立工厂时，原本有2000多个潜在供应商可以选择，在经过丰田公司对供应商能力的综合评分后只剩下400个。一些公司因为丰田的严格要求知难而退。最终经过严格的挑选，丰田确立了150个企业作为其供应商。为了有效管理生态系统，丰田对供应商和经销商采取了梯度式的管理模式。对一级供应商和经销商直接管理。对其他供应商和经销商则通过上一级实现间接管理。其中丰田对一级供应商的创新管理最为主动。丰田根据供应商产品的不同，分别采取了6种不同形式的管理方式，管理强度依次由强到弱（见图17-3）。

	管理方式	创新管理程度
1	丰田提供图纸和详细的生产指令	丰田完全占据主导
2	丰田提供图纸，供应商提供设计和生产流程	供应商有一定自主空间
3	丰田提供粗略的图纸，供应商完成图纸和整个生产流程	供应商有较大自主空间
4	丰田提供规格，供应商负责图纸，但丰田了解整个生产流程细节	供应商有很大自主空间
5	丰田提供规格，供应商负责图纸，且丰田对生产流程了解有限	供应商有极大自主空间
6	丰田对产品生产不加以干涉，直接采购	供应商有完全自主空间

图17-3　丰田对一级供应商的管理方式

与此同时，为了保持供应商创新的动力，丰田一般会应用承诺订单和目标价格的激励方式。在供应商创新支出之前，丰田就会向供应商承诺采购数量，并告知供应商未来采购的目标价格。订单承诺和目标价格消除了供应商创新收益的风险，特别是目标价格机制，它向供应商保证，即使丰田完全了解了供应商的生产流程和成本结构，也不会因此降低采购价格来转移创新收益。这样既充分保证了供应商的创新动力，同时又有利于丰田了解供应商的技术水平。

对二级以下供应商的管理，丰田通过其上级供应商来完成。利用这样的梯队管理模式，丰田控制了一个庞大的创新生态体系。这个生态体系的底层由4万多家中小企业组成，它们都具有较强的创新能力。

2. 问题应对计划

问题应对计划是由丰田主持的一项不定期咨询活动。在该项活动中，丰田针对供应商生产中遇到的特定问题专门派专家顾问指导供应商改进生产工艺、创新产品制造。

以丰田与金属冲压供应商——大陆金属特种品公司（CMS公司）合作的例子说明丰田的问题应对计划。为了提升CMS公司的生产工艺水平，来自丰田的专家顾问和CMS公司一起对公司的现有生产流程做了检查，发现有30道生产工步中，仅有4道工步是有价值增值的。问题发现之后双方对生产流程做了重新的设计和安排，大大减少了非增值步骤。例如CMS通过将成型和焊接安排在工厂相邻的地点，消除了12道非增值工步。通过类似的流程创新，CMS共消除了19道非增值工步，将单位生产时间由原来的2个小时压缩到12分钟，同时库存水平也减至原来的1/10，生产效率提升了123%。

3. 自主学习小组

自主学习小组是在丰田倡导下由供应商相互组成的共同学习小组。在该形式下，丰田的作用相对弱化，不再直接参与供应商的学习和创新，而是由供应商之间自主协作，相互分享，共同创新。但是，丰田的影响依然存在，它为自主学习小组搭建了交流学习的平台，制订了交流学习的规则。在日本，自主学习小组在丰田的指导下，每三个月确定一个主题，然后根据这个主题，组内成员进行创新、实验和应用。

通过丰田联盟、问题应对计划和自主学习小组等管理方式，丰田不仅加强了企业间的联系，同时也提高了生态系统中各级供应商、经销商的创新绩效。甚至竞争对手也从中受益，创新绩效也得到了一定的提升。这在一定程度上表明，丰田公司作为舵手型企业，对于整个生态系统的创新活动与产业的健康发展是富有领导力的。

第十八章
转型升级应优化的企业生态环境

　　40年的改革开放，中国企业的发展波澜壮阔。在"让一部分人先富起来"的导向下，个体、乡镇企业如雨后春笋。在脱贫创富的全民竞赛中，社会供给和社会财富得到"井喷"发展的同时，"断链条""成长死""生态黑洞"等现象也不断复现，企业带给生态环境的不利影响，甚至"自残"式发展渐渐暴露并产生极大的负能量。在新时代、新常态下，企业要实现真正意义上的转型升级，就必须正视过去的"欠账""缺钙"与"短板"，填补、修复与优化好重新出发、赖以生存的企业生态。

一、积极推进供给侧结构性改革

（一）为何要进行供给侧结构性改革

　　在经历了近40年的高速增长之后，中国经济增长速度正从高速向中高速转换。在此转换过程中，传统增长动力正在衰退，新兴动力还处在孕育期，新旧动力换挡接续正在进行时。在此情况下，中国经济遇到三大难题急需在宏观政策上得到破解。

　　一是供求结构性失衡问题，关键是有效供给不足。从需求侧分析，经济增长中的快变量、投资增长率在迅速下降，投资空间在变小，边际效益明显下降，继续依靠投资拉动经济增长的成本在上升、难度在增加。在消费需求方面，中低收入人群由于收入不足、中高收入人群在国内有效供给缺乏条件下，消费潜力受到抑制。从供给侧分析，在现有体制下，资本和资源过度涌入中低端产业，造成产能过剩；而资本、技术和资源进入中高端产业严重不足，由此造成国内中高端产品供给缺乏。之所以产生供求结构性失衡，关键是有效制度供给不足。例如，中低收入人群对日用消费品如彩电、冰箱、洗衣机、电脑、手机等需求不足，主要是现有收入分配制度不充分合理、社会保障水平低密切相关。相反，在优惠及多年延续的GDP为导向的政策刺激下，各种产业园区大力吸引外来投资进入技术门槛低的中低端产业，造成供给过剩。与此同时，当中高收入人群消费结构开始升级，市场出现新需求时，在体制机制及社会生态的束缚下，实体经济缺乏创新动力，资本、技术等生产要素进入中高端产业不足，使得国内市场中高端产品供给产生空挡并受到严重抑制。

二是体制机制改革亟待加快，企业制度交易成本上升。当前，中国产业转型升级，新增动力培育主要靠的是市场和企业。但是，目前中国的市场制度较不完善，产权保护和弘扬企业家精神的措施不到位，创新激励机制不得力，行政审批虽大幅减少，但仍然存在事项环节多、名目繁杂等问题，所有这些都增加了企业发展的阻力。世界银行2015年对世界189个经济体进行了评估，在中国开办一家企业平均需要11道手续和33天时间，而经合组织国家的平均数字是5道手续和9天时间。另外，目前中国企业尤其是民营企业普遍反映，企业税费负担过重、社会保险费率高、物流成本增加、政府有关部门执行中央政策走样、对企业家"另眼相看"所造成的"躺着中枪"时有发生等，都抬高了企业的发展成本，人为制造了企业可能出现的危机。显然，体制机制成为企业发展创新的主要掣肘。

三是从2010年来，中国经济增长率连续下降，从当年第一季度的12.2%下滑到2018年上半年的6.8%。显然，在现阶段仅仅依靠需求侧调控政策效果已经不灵，还必须在需求侧之外寻找良策。

（二）供给侧结构性改革改什么

供给与需求之间存在的关系可以简述为：如果社会生产出的商品或服务能被全部消费，供给与需求实现平衡；若生产出的商品或服务大于消费，或者小于消费，供求就是失衡状态，这时如果是封闭型经济，要么扩张生产，要么压缩需求，反之亦然，如果是开放型经济，就需要进出口调节。

对一个经济体而言，分析和调控经济有两个逻辑框架，一个框架是从需求侧入手，国内生产总值由消费、投资和净出口构成；另一个是从供给侧入手，国内生产总值由劳动、资本（投资）、资源和技术等要素投入形成。有3点需要深入解释，一是需求侧管理侧重于短期增长，供给侧调整侧重于中长期增长。从需求侧看，对消费、投资和净出口等"三驾马车"采取刺激、抑或控制政策，都会影响短期经济增长速度。但是，从供给侧看，劳动、资本（投资）、资源和技术的配置组合形成的是中长期经济增长，即潜在经济增长率。二是需求侧中投资项和供给侧中资本（投资）项有本质不同。需求侧中的投资作为当期GDP的重要组成部分，可以是公共投资，也可以是生产投资；公共投资中可以是直接为增加产品有效供给的公共服务投资，也可以是与产品供给无关的投资。而供给侧中的资本（投资）应当是与潜在经济增长率紧密相关的投资。三是要素的不同配置结构会带来不同档次质量的产品、不同业态、不同产业。而这些不同主要取决于技术创新和管理创新程度。进一步讲，新产品、新业态、新产业是依赖创新完成的，而技术和管理创新又必须依赖体制机制改革即制度创新去实现。

供给侧结构性改革，既做"加减法"，也做"乘除法"，主要内容包括去除无效供给，改造传统落后供给，增加新供给；同时不能简单理解供给仅仅是提供产品或服务，还应包括更加集约化配置的生产要素供给和有效的新制度供给。国务院推出了"三去一降一补"，即去产能、去库存、去杠杆、降成本、补短板就是供给侧结构性改革内容的具体体现。

（三）供给侧结构性改革需要处理好哪些重大关系

一是长期发展与短期发展的关系。供给侧结构性改革侧重于通过中长期的科技、制度和管理创新，实现劳动力、土地、资本、技术等生产要素的优化配置，改善供给结构，释放新需求潜力。但供给侧在短期内应对经济波动效果有限。供给侧结构性改革要长短结合，短期需求侧管理要把握好一个"度"，为中长期供给侧结构性改革搭好一个"桥"；供给侧结构性改革也要在经济增长合理区间借势改革，充分利用时间和空间资源，培育新增长动能。

二是供给与需求的关系。供给侧结构性改革必须围绕解决"低端同质、高端不足"问题，着力扩大有效供给，提高供给结构对需求变化的适应性和灵活性，为有效需求稳定增长提供重要支撑。供给侧结构性改革应着力于科技创新、制度创新、管理创新和企业家创新，打破要素自由流动的体制机制障碍，提高劳动力、资本、技术、土地等资源要素的配置效率，为经济稳定可持续发展提供动能。

三是政府与市场的关系。市场不是万能的，政府更不是万能的，政府与市场必须各就各位。深化供给侧结构性改革，不是重新搞计划经济，不能再走政府用行政手段干预经济增长的老路。而要痛下决心破除行政垄断，切实减少和消除经济体系中的扭曲，应让市场在资源配置中起决定性作用。通过市场化价格引导资源向更富有效率的领域集中。在新常态下，着力推进结构性改革必然降低实体经济的发展成本，释放市场经济的发展活力。例如，减少或取消各级政府的行政审批事项，可以大大降低企业的制度交易成本；打破买方垄断和卖方垄断，拆除了市场制度之墙，既可以增加生产福利，又可以增加消费者福利，等等。这样才能使"有形之手"与"无形之手"友好相握，形成"合和"之力，输出改革与创新的"洪荒之力"。

四是国际与国内的关系。供给侧结构性改革，要妥善协调好国际与国内两个市场、两种资源之间的关系，在国际产业分工中向中高端迈进，既要走出去，加强对外投资，又要继续引进先进技术与资本推进国内产业转型升级。面对全球化新趋势和单边主义的抬头，中国要抓住新技术革命带来的"颠覆性创新"机遇，在全球市场范围内配置要素资源，将中国打造成全球中高端要素集聚的"新高地"，同时推动中国各类要素向全球价值链中高附加值环节攀升。打造中国要素集聚高地，改变中国在国际产业分工中的地位，必然要求国内要素供给结构和配置方式进行调整。由此还必须改革相应体制机制，破除对外开放的制度性壁垒，扩大自贸区范围，主动与全球贸易规则实现有效对接。

与此同时，更应研究和应对"美国优先"、美国加征中国商品关税所带来的连续影响，在努力寻找新的出口替代市场的同时，运用财税、金融、社会福利、保险等多杠杆组合，加大内需市场的开发与满足力度。这是当前和今后一个时期供给侧结构性改革需要解决的重中之重的大问题。

（四）供给侧结构性改革下企业的融智创新策略

供给侧结构性改革的根本是提高企业创新能力。只有提高创新能力，才能提高全要素生产力，增强企业活力，满足不断变化的个性化、差异化需求。

1. 从传统产业向现代产业转型升级

随着生活水平的提高，民众对产品的质量有着愈来愈高的要求。"物美"的重要性远远大于"价廉"。适应供给侧结构性改革，实质是适应市场需求改革。对传统产业的改革势在必行。以产品创新为主导，以产品质量为重点，以工艺技术为手段，提高产品的档次。这样创造出质量好、品牌硬、消费者喜欢、市场满意、有竞争力、美誉度与忠诚度的产品与服务，才能赢得市场，赢得未来。

2. 从传统商业模式向现代商业模式转型升级

传统商业模式注重的是财务往来，主要是根据自己生产的产品寻找消费者。然而这种商业模式已被市场逐步淘汰，现代新型商业模式多运用网络平台，充分利用互联网和物联网等系统，运用云计算、大数据等信息技术成果，采用国际先进的管理理念，创新和设计新型商业运作模式，整合内外部资源，持续创新，打造企业的生态化服务平台。

进行供给侧结构性改革，需要减少无效和低端低效供给，扩大有效和中高端供给。电子商务是一种新型的交易方式，也是符合供给侧结构性改革低成本、高效率、零距离的交易方式。

CNNIC（中国互联网络信息中心）数据显示，截至2018年6月30日，中国网民规模达8.02亿，手机网民规模达7.88亿，网民中使用手机上网人群的占比达98.3%。与此同时，使用电视上网的网民比例比2017年末也提高1.5个百分点，达29.7%。根据CNNIC数据，截至2018年6月30日，中国网络支付用户规模达5.69亿，占网民总体比例达71%，其中手机支付用户规模达5.66亿，较2017年末增长7.4%。在这一生态环境下，以买方市场作为主驱动力，消费者能以非常简便的方式完成之前复杂的商务活动。主动权在消费者手中，而不同商家运用的是统一而相对规范的工作流程，一方面提高了人力、物力资源的运用；另一方面也是质量和服务的竞争。传统商业模式在逐步淘汰，随之而来的是各种商业平台、企业生态圈的蓬勃发展。

3. 从传统制造向智能制造转型升级

企业生产的传统产品绝大多数是标准化生产线出来的成品，大多"清一色"。而智能制造出来的产品表现为个性化、差异化、精准化，表现为"多姿多彩"。随着"互联网+"及物联网的发展，信息数据的大爆炸，产品的种类越来越多样化。商业模式的改变使得产品的竞争越来越激烈。要想在纷繁复杂的市场中有立足之地，企业要有自己的特色：低成本、高质量、个性化、体验化、娱乐化等，只有这样才能适应市场的千变万化。例如，运用现代智能工厂或虚拟生产方式加工的产品，可以缩短研发时间，用最好的配件生产出最好的产品；邀请消费者参与产品的设计过程，小到各种印刷制品的订购，大到个性产品的订购，以吸引和凝聚"粉丝"；还有些企业将新设计的产品放在网络上让消费者、设计师等进行投票，用这种方式进行市场调研和提升人气，这样不仅生产出的商品更加符合市场的需求,同时参与设计和决策给消费者以存在感与成就感,从而增加了他们对企业的满意度和忠诚度,极大地减少了企业因为研发不适应市场需求而造成的浪费。

4. 从卖给消费者向吸引、引导消费者转型升级

这既是企业商业思想与模式的创新,也是供给侧结构性改革的必答题。供给侧结构性改革带来了市场战略改变的机遇和挑战,那么对企业来讲服务创新就尤为重要。从原来的怎么卖给消费者,变成怎么吸引消费者来参与,引领消费者来购买,感动消费者来追捧。同样是推销,一个重点在于消费,一个重点在于产品本身的"吸眼力"与竞争力。

在这一转变过程中,消费者的定义也在发生着根本性变化。原本的消费者定义就是财务上的定义,而现在的消费者从开始洽谈到最后的服务,已经成了企业生态中的有机核心要素。也就是说付款已不是销售的终结,仅仅是过程之一,是企业价值链、创新链的一个重要环节。消费者不是买东西而是参与产品的设计、价值创造与价值增值。产品的生产过程是企业与消费者协商达成一致的过程,这就是社会化大规模定制。这样的工厂是"水晶工厂",是"智慧企业"。就是透明化、数字化、可追溯化,这样的消费者也可以随时观看产品的状态并监测产品是否符合要求,从中享受体验感、获得感、快乐感。

5. 从人才管理向人才自主转型升级

供给侧结构性改革下,人力资源管理面临着机遇和挑战。这对于每一位企业管理者来讲都是十分重要的课题。

(1) 转变员工的理念

将创新性服务理念渗透到全体员工。无论是生产型企业、服务型企业还是混合模式的企业,都可促使全体员工思考一个问题:消费者需要什么?如果我是消费者我想要什么样的产品和服务?这是一个系统工程,是一个企业文化改造的过程,需要将这一理念渗透到员工工作的每一个方面——从产品的设计到生产,从产品的销售到售后服务。

(2) 树立员工的主人翁精神,提高员工敬业度

这个提法并不新鲜,因为从20世纪70年代我们就在宣传要"爱厂如家"。但是这不应该是一句口号,而是辅助相存的制度,有的企业从分配角度进行改革,简单地说采用绩效工作的方式,以"多劳多得"激励员工努力工作,但员工的创新能力并未完全调动起来。在这方面做的优秀的是海尔集团。海尔集团提出员工创客化,员工从执行者转变成创业者。每一个员工过去是雇佣者,应聘岗位,服从

上级安排、努力工作、获得报酬。海尔打破了这一模式，提供平台岗位，让人人成为创客。怎么做由员工及所在团队决定，能做到多好就多大的回报，极大地调动了员工的工作积极性和创造性、忠诚度和敬业度。员工与企业形成了"利益共同体"，员工每做的一项工作也都是为自己工作，真正做到了与企业荣辱与共，从而将主人翁精神植入企业成长壮大的基因中。

综上所述，供给侧结构性改革，改的是体制、调的是结构、变的是企业。中国企业以壮士断腕的决心和勇气，树立"以减为增，增减都是提效；以退为进，进退都是发展"的理念，承受关停并转和结构调整的短期阵痛，换取"浴火重生"的长远发展，扎实推进化解过剩产能、处置"僵尸企业"、兼并重组等各项重点工作，取得了很好的效果。近年来，在淘汰水泥、平板玻璃等落后产能基础上，以钢铁、煤炭等行业为重点加大去产能力度，中央财政安排1000亿元专项奖补资金予以支持，用于分流职工安置。退出钢铁产能1.7亿吨以上、煤炭产能8亿吨，安置分流职工110多万人。

（五）破"僵尸企业"之惑

近年来，产能过剩是当前中国最为重要的宏观经济风险之一已经成为普遍共识。"去产能"作为中国供给侧结构性改革的首要任务，获得了来自政策决策层和经济学界及企业界的广泛关注。

所谓"僵尸企业"是指那些丧失自我修复能力和自我发展能力，本应退出市场，但由于政府补贴、银行续贷等非市场因素而得以生存的企业。目前我国"僵尸企业"现象较为严重。据公开披露数据显示，截至2016年底，仅以扣除非经常损益后每股收益连续3年为负作为标准，在我国沪深两市上市的2800余家企业中，沦为"僵尸企业"的公司近300家，占全部上市企业总数的近10%。对于钢铁、水泥等产能过剩严重的行业而言，"僵尸企业"所占比例超过20%。根据经济学的一般理解，在充分竞争的市场机制条件下，"僵尸企业"的状态并不稳定，追求利润最大化的厂商会在陷入长期亏损状态时理性选择退出市场，"看不见的手"的市场竞争将最终消除"僵尸企业"并使市场供求重新处于均衡。

对我国而言，究竟是什么造成了市场主体长期亏损而又难以正常退出的"僵尸企业"现象？从外部宏观因素出发，一方面，政府对企业的强制性干预是造成大量长期亏损企业难以正常退出的重要原因。考虑到地方政府对于GDP与财政收入的自利性动机，大量企业经营困难而申请或退出市场将会造成短期内市场主体的减少，从而对政府GDP与财政收入的稳定与增长产生较大压力。同时，由于社会保障体系的不完善，"僵尸企业"的快速退出，将造成短期内下岗失业人员数量的上升，对社会稳定将产生较大的不利影响。另一方面，"僵尸企业"由于长期亏损，其对于金融机构信贷资金的依赖程度较高，考虑到"僵尸企业"的快速退出，将造成金融机构不良贷款的大量显现，通过金融机构的传导机制，"僵尸企业"将诱发金融机构的信贷风险。从微观原因讲，存在"僵尸企业"现象的原因如下：

第一，产品质量低下是导致部分企业成为"僵尸企业"的首要因素。长期以来我国经济的增长主要依靠对发达经济体前沿技术的模仿与追赶，在信息不完全对称的前提下，微观企业对未来市场获利机会的选择容易出现"英雄所见略同"的共识，表现在产品供给上这种"潮涌式"的跟风投资行为，呈现出模仿型技术进步、同质化数量扩张、低价格市场竞争等特点，从而造成产品质量无法满足市场的有效升级需求，因而出现经营绩效下降乃至长期亏损，并有可能造成"僵尸企业"现象。

第二，技术创新能力不足是造成"僵尸企业"形成的核心因素。产品创新能力低下的背后往往反映了企业原发型、内生性技术创新能力的不足。技术创新不足制约了企业产品更新换代的速度以及产品品质的提升，使企业无法满足不断变化的市场需求以及形成差异化的品牌竞争优势，进而导致企业在"红海"中自相残杀，苦苦挣扎，经营绩效与能力的下降。

第三，企业家精神的匮乏是引致僵尸企业形成的根本因素。在我国由于历史文化等原因，一旦生态环境出现适应性变化，可能会造成市场经济的退步与变异。加之对企业家创新的容错机制、保护机制等有待进一步法制化，因此，企业家群体对于政府资源存在较强的路径依赖效应，一时还无法了断，"亲"与"清"的关系短期内还无法完全理清，因而使得企业家配置用于提升产品质量能力、增强技术创新能力等创造性活动的资源要素显著不足，抑制了企业家精神的充分发挥。

二、构建和谐劳动关系

（一）目前中国企业劳动关系的特点与困境

1. 劳动关系本质

劳动关系就是工作场合中的雇佣者和被雇佣者之间的雇佣关系。实际上劳动争议案件中最多的劳动争议就是薪酬待遇争议。2006年,美国薪酬协会提出了总报酬模型,报酬分为两大块,经济部分和非经济部分。经济部分是福利和工资,非经济部分是工作与生活的平衡、绩效考核与员工认可以及员工的个人发展与工作机会的获得。这五个部分就是我们要去上班的基本目的。企业为何要创造就业机会?它要追求利润,追求绩效。工作场所里的雇佣者和被雇佣者追求的目标非常明确,企业一方要利润,员工一方要报酬,这都是天经地义的事情,企业要的绩效和劳动者要的报酬必须是对等承诺和对等实现,否则劳动关系的和谐就是不可能长久和持续的,这就是劳动关系的本质。

2. 劳动关系的特点

劳动关系有以下特点:劳动关系具有平等性;劳动关系具有隶属性。什么叫平等性?体现在劳动者可以用手投票和用脚走路。建立劳动关系的时候,合同文书和工作场所的一系列的规章制度管理,必须走民主程序,是劳资双方谈判出来的结果,双方签字画押的结果。隶属性体现在一旦双方签订了劳动合同,被雇佣者就得按照合同规定,接受和服从上级对下级进行的计划、组织、协调、控制等管理行为。

如何让劳动关系持久稳定的维持呢?雇佣关系有三个境界。第一种境界就是劳资双方基于赤裸裸、斤斤计较的利益交换且通过协商谈判所建立的交易关系。第二种境界就是从斤斤计较的交易关系,演变到基于相互之间信任期许的共同体关系。这就是《中共中央、国务院关于构建和谐劳动关系的意见》(中发〔2015〕10号)文件提出的和谐劳动关系构建目标,即利益共同体、事业共同体、命运共同体。劳动关系的第三重境界是什么呢?我们知道和谐劳动关系应该有最高标准和最低标准,我们认为和谐劳动关系的最低标准就是按时发工资、全额缴社保,企业内部发生的个别劳动争议和纠纷,不酿成群体性事件。劳动关系和谐的最高标准,就是在企业做到1+1>2,建设幸福企业。由于我们有了非常和谐的劳动关系,使得我们的劳动效率突飞猛进地提升;在劳动产出和社会财富得到大量增加的同时,和谐劳动关系就是要在分配领域确保公平,让每一个劳动者都跟着企业发展,跟着社会共同进步,不要有人掉队,要让劳动者体面而尊严的劳动和快乐成长,如四川省企业联合会所倡导的"企联发展与员工成长同步,企联收益增长与员工收入均衡"的目标,最终实现社会、企业和员工共同成长,实现劳动关系与企业生态系统共生、共建、共赢、共享。

3. 目前我国劳动关系两大困境

当今新常态经济新背景下,劳动关系遇到的困境变得很微妙。第一,企业面临的用工成本问题。传统制造业非常头疼的就是人工成本的普遍飙升,部分企业的"用工荒"问题,实体经济脱实向虚。第二,劳动合同法带来了一系列的困惑。劳动合同法的灵活性不够,这是法律方面应该思考的地方。目前新的用工形式,如"自雇佣""候鸟型"等以及新的商业模式出现,由于我们的法制建设还未跟上巨变的节奏,需要进一步跟进完善。

4. 劳动关系的出路:法制化与和谐劳动关系构建

改革开放40年来,市场化的趋势浩浩荡荡。市场化的同时,如果没有法治化做保障,社会就会出现撕裂和混乱。因此,在强调坚持不懈走市场化道路的同时,还必须努力做到以下几点。第一,必须进行法制化的跟进和规范。法制化不能超前更不能滞后,这对立法工作者、执法工作者提出了非常严峻的考验和挑战。第二,构建和谐劳动关系。如何构建呢?在工作场所,人力资本与劳动关系是合二为一的。劳动关系管理,有一个最大的特点,很多工作场所牵涉的考核制度、用工标准等,不是一家企业能决定的。企业在进行用工管理中,具有两个天然的缺陷:其一,雇主主导下的人力资源管理,以雇主利益最大化为原则推进,往往会忽视员工的一些利益;其二,单一雇主组织在企业内部,制订一系列管理流程,往往没有对标的东西,如定员、定编、定岗、定额等。用工管理过程中,很多规章制度、标准制订,必须要涉及本企业之外的行业标准,那么,进入行业区域性的管理模式,行业性的集体协商、集体谈判,标杆往往是劳、资、政三方博弈的结果。

劳资政三方四家(即人力资源和社会保障部代表政府,工会代表被雇佣者,企业联合会/企业家协会、中华全国工商业联合会共同代表雇主)的和谐劳动关系协商制度,这是我国目前在行业和区域层面的协商机制。从宏观层面上讲,这是依法治国、社会治理的一个中国特色的制度安排。在市场化推进过程中,劳动力市场上的劳动法律法规体系已经构建的比较完备了,现在主要是对某些具体的规定做一些与时俱进的改进。在微观层面,即企业层面,对劳动关系的管理,实际上就是企业人力资源与劳动关系管理要做的事情。工作场所劳动关系双方的主要矛盾就是报酬和绩效的矛盾。员工要报酬,企业要绩效,报酬和绩效必须对等承诺和对等实现,这个关系才能真正和谐,才能可持续地发展。在管理思路和方法上就是要合法、合情、合理,要兼顾效率、公平和民主。合法就是保证底线原则,如"最低工资标准",这其实就是一个道德良心的问题。在底线原则的基础上,我们应该给企业及劳资双方留下互动的空间,用劳动合同去引领劳动关系的建立、运行、维持和解除的整个流程。企业在合法的基础上,以人为本,充分利用企业劳动关系自主运行的空间,把管理的艺术发挥到极致。这就是合情。合法、合情的可持续化必须是基于劳资双方效用比较理性权衡的结果,否则,和谐劳动关系的物质基础就不存在了。

(二)企业家应努力提升"亲"与"清"的管理艺术

在政商之间构建"亲""清"关系,是我国独特历史文化生态下,全面深化改革,突出市场经济主体地位,推进国家治理体系和治理能力现代化的重要内容。

首先,构建"亲""清"新型政商关系对于我们全面深化改革,完善社会主义市场经济体制有着非常紧迫的现实意义。

今天,我国的改革开放事业步入全面深化改革的阶段,十八届三中全会提出,市场要在资源配置中发挥决定性的作用,这反映了我国全面深化改革,一方面需要把公有制经济巩固好、发展好,另一方面要鼓励、支持、引导非公有制经济发展。公有制经济与非公有制经济相辅相成、相得益彰,是进一步完善社会主义市场经济的内在要求。正是与这一进程相适应,我国一、二、三产业,特别是其中占有重大影响力的民营企业获得迅猛的发展,在这样的背景下建立新型的、和谐的"亲""清"政商关系,与推进全面深化改革有着紧密的内在联系,是完善社会主义市场经济的内在要求。

其次,构建"亲""清"新型政商关系与我们要在2020年达到的全面深化改革的目标——实现国家治理体系和治理能力现代化,有着不可分割的必然联系。

我们知道,国家治理体系和治理能力现代化,与推进依法治国的进程分不开。构建新型的政商关系,肯定要有法律作为不可逾越的"底线",保证政商关系依法规范有序运行,从一定意义上讲,构建新型政商关系还应该有道德方面的支撑,"亲""清"无疑就是政商关系的道德要求和标准。政商双方如果都遵守"亲"和"清"的道德操守,政、商这对关系才会建立在社会主义核心价值观的基础上获得健康和谐的发展。

最后,企业特别是民营企业在这对矛盾中,尽管处于次要地位,但它的作为对于解决矛盾的意义不可低估。民营企业家同样应该秉持"亲""清"的道德操守,在积极构建"亲""清"新型政商关系中发挥优秀企业家品性与道德的作用。

(三)创建和谐企业,营造企业可持续发展生态

东方汽轮机有限公司1965年始建于四川省绵竹市汉旺镇,2008年"5·12"汶

川特大地震后整体迁至德阳市区。面对地震特大灾难，东汽人用鲜血和汗水铸就新时期的"东汽精神"，夺取了抗震救灾和灾后恢复重建的决定性胜利，使企业在重建中实现历史性跨越。

1. 凝聚职工，以企业的发展促进和谐，让职工有自豪感

地震后，公司提出"两年建设一个新东汽"的重建目标。震后第5天，东汽德阳基地恢复生产；震后不到1个月，汉旺基地恢复生产；震后38天，灾后首批工业汽轮机和岭澳二期核电气缸制造完成并发往电厂；震后2年，一个投资50多亿、占地2600亩（1亩=666.667平方米）的东汽新基地全面建成投产。东汽人以"人和"文化（这是笔者受东汽邀请，牵头与有关部门专家和东汽相关负责人一道提炼归纳的企业文化建设成果）为引领，发扬"三线建设精神"的战天斗地和新时代的工业强国的情怀，一路披荆斩棘、坚韧不拔，从震后的废墟中再一次"雄起"，以超常的恢复力、战斗力和创造力，迅速达到了年工业总产值超过200亿元，核心制造能力达2800万瓦的中国电力设备制造业领军企业，发电设备产量连续保持世界第一，为"厉害了，我的国"增光添彩。

2. 情系职工，以家的温暖促进和谐，让职工有归属感

震后，公司迅速搭建3000多套过渡板房，在德阳临时安置受灾职工及家属5500余人。2009年底，5300多套安置房全面完成，让受灾职工在新居过年。公司妥善处理地震遇难和致残职工的善后事宜，及时发放抚恤金，切实搞好职工心理疏导，安排伤残职工到外地疗养，帮助他们尽快走出地震阴影，投入新生活。近3年，公司共筹集资金2000多万元，帮助困难职工600多人次，爱心助学78人次。

3. 尊重职工，以民主管理促进和谐，让职工有尊重感

公司对关系企业发展的重大决策，都通过职代会广泛征求职工意见，集思广益。对医疗改革、住房分配、酬薪分配及福利待遇等涉及职工切身利益的重大事项，都通过职代会反复协商，以无记名方式投票表决。公司大力推行两级厂务公开，让每一位职工都能在第一时间了解企业重大事项，并充分利用公司领导节假日值班、领导干部接待日、民主恳谈会、职工群众来信来访等制度，搭建职工与企业的对话平台。建立职工代表巡视检查制度，使集体合同得到有效履行，职工合法权益得到有效保障。

4. 激励职工，以职工的成长促进和谐，让职工有成就感

公司每2年举行一次千人技术大比武活动，每年拿出近千万元作为职工培训经费。近3年，共举办各类培训班100多期，培训职工3万多人次，畅通员工职业发展

通道，努力使每一位职工都能通过勤奋工作成长成才。目前，公司技能人才达到4169人，占职工总数的57.3%；工程技术人员1612人，占职工总数的22.2%，为大国重器的制造提供了强有力的人才支撑。

三、积极履行企业社会责任

企业社会责任是指企业在创造利润，对股东承担法律责任的同时，还要承担对员工、消费者、社区和环境的责任。企业社会责任的内涵在于，企业必须超越把商业利润作为最高目标的观念，强调企业在生产过程中对人的价值予以关注，强调企业对环境、消费者和对社会的贡献。当前，中国企业的社会责任实施仍处于起步阶段，《中国企业社会责任研究报告（2015）》发布的数据显示，中国100强系列企业（国有企业100强、民营企业100强和外资企业100强的综合）中，近八成的企业得分低于60分，处于三星级以下水平。只有23家企业（占7.7%）的社会责任指数达五星级水平，并有较完善的社会责任管理体系。

中国企业的做大做强，无疑具有时代的贡献。不过，偏重发展速度、忽视发展质量的一些负面后果逐渐显现出来。随着改革的深入，党和政府适时提出了科学发展观和创新、协调、绿色、开放、共享的发展理念，强调建设和谐社会与生态文明的重要性。中国企业家调查系统20年的追踪调查，从三个方面见证了企业家队伍责任意识的强化和责任担当的扩展。

（一）企业家的事业目标与社会责任意识

企业的发展一直以来都是企业家最重视的职业目标，且企业家对企业发展内涵的理解也逐渐丰富。调查发现，在1993年和1994年的调查中，大多数企业家都将"企业的发展"作为最重要的职业目标（见表18-1）。

表18-1 企业家在工作中最想得到的结果（%）

	1994年	1993年
企业的发展	83.6	82.8
良好的工作环境与和谐的人际关系	11.1	11.2
满足个人事业成就感	3.9	5.1
其他	1.4	0.9

在2003年和2006年的调查中,"提高企业竞争力"是企业家最想实现的目标(见表18-2)。

表18-2　企业家最想实现的目标(%)

	2006年	2003年
提高企业竞争力	68.0	65.9
实现理想	50.9	41.6
被社会认可	48.4	46.8
证明自己有价值	31.8	37.1
增加收入	30.6	27.5
创业	29.1	33.0
为国创税	26.0	24.4
为他人创造机会	25.4	23.6
获得快乐	24.8	15.4
充实生活	24.7	21.4
证明能力	23.7	27.9
提高才能	18.8	20.1
保障家庭生活	16.7	15.4
积累经验	10.6	11.5
证明潜力	6.9	8.6
建立威信	4.9	5.5
维持地位	2.4	3.1

在2007年和2011年的调查中,企业发展、员工的成长、服务社会与回报社会成了大多数企业家的首要追求,对关心员工、回报社会的追求,超过了对企业利润的追求,也高于对个人财富与地位的追求(见表18-3)。

表18-3 企业家的个人追求（%）

	2011年	2007年
企业的持续发展	85.9	73.9
员工收入提高与成长	64.5	47.1
服务社会、回报社会	52.0	40.4
实现个人价值	46.3	39.3
为股东创造利润	39.5	39.1
家庭幸福美满	35.9	14.2
提升生命意义	22.1	—
享受美好生活	13.8	4.5
较高的社会地位	9.8	3.4
个人/家族财富积累	6.4	4.9
参政议政	5.8	3.7
实业报国	—	12.8

2007年的调查显示，关于"成为一个成功的企业家最重要的方面"，选择"社会责任感"的企业家占42.4%，排在所有选项的第5位。对于"目前企业家最需要提升的方面"，选择"社会责任感"的企业家占56.8%，排在所有选项的第2位。这表明，越来越多的企业家已经意识到提高企业家群体的社会责任意识的重要性和紧迫性。

企业家群体的社会责任意识也体现在他们最认同的行为特征上。2003年的调查设计了"对于下述企业家可能表现出的行为特征，您最认同的有哪些"和"最不认同的有哪些"这一问题。结果显示，企业家最认同的选项比重最高的前6项依次是"信守承诺""守法经营""善于创新""尊重员工""回报社会"和"高瞻远瞩"，其中有4项都是与社会责任有关的内容（见图18-1）。最不认同的选项比重最高的前6位依次是"不守信用""违法经营""贪婪""不尊重下属""妄自尊大"和"自私自利"，其中也有4项仍与社会责任有关。这一结果表明，企业家最认同的行为特征是"信守承诺"，最不认同的是"不守信用"。

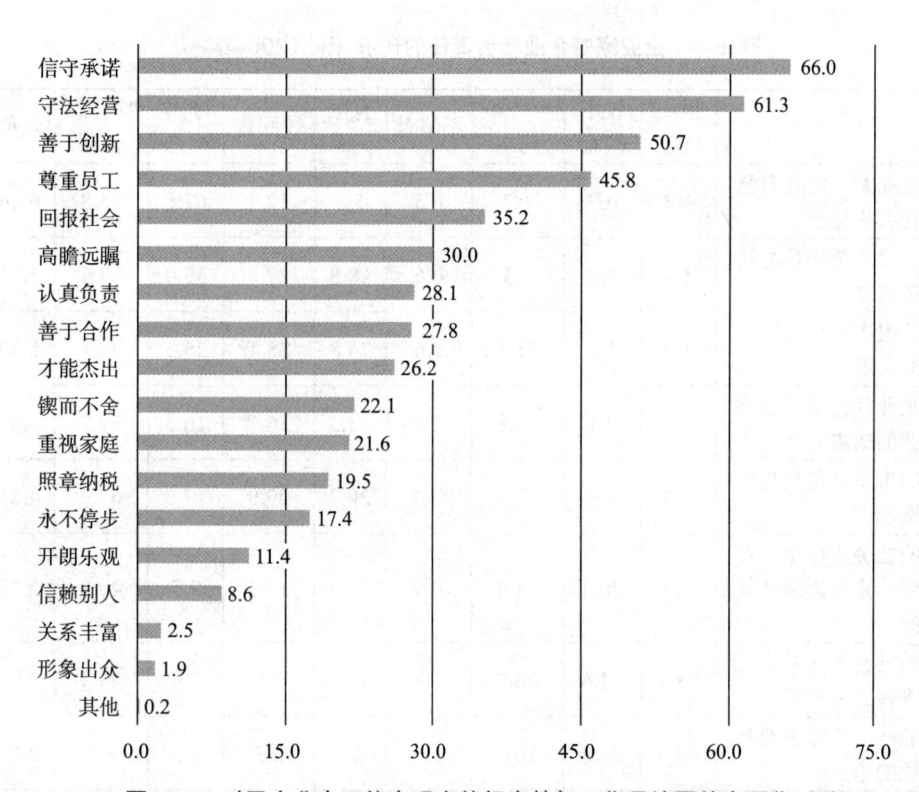

行为特征	百分比
信守承诺	66.0
守法经营	61.3
善于创新	50.7
尊重员工	45.8
回报社会	35.2
高瞻远瞩	30.0
认真负责	28.1
善于合作	27.8
才能杰出	26.2
锲而不舍	22.1
重视家庭	21.6
照章纳税	19.5
永不停步	17.4
开朗乐观	11.4
信赖别人	8.6
关系丰富	2.5
形象出众	1.9
其他	0.2

图18-1 对于企业家可能表现出的行为特征，您最认同的有哪些（%）

（二）积极履行企业社会责任是企业公民意识的全面觉醒

2006年以企业社会责任为主要内容的专题调查表明，企业家普遍认同"优秀企业家一定具有强烈的社会责任感"，企业在创造利润的同时，也在为社会创造财富，促进国家的发展。而赞同企业的根本责任是"为股东创造利润"的企业家比重相对较低。对企业家的根本责任是"为社会创造财富"和"促进国家的发展"的认同程度高于对"企业的根本责任是为股东创造利润"的认同程度（见表18-4）。

表18-4　企业家对企业社会责任的认识（%）（2006年）

	很不同意	较不同意	有些不同意	不清楚	有些同意	较同意	非常同意	"同意"合计	均值
优秀企业家一定具有强烈的社会责任感	1.3	0.7	1.7	0.5	5.8	22.4	67.6	95.8	6.46
企业的根本责任是为社会创造财富	1.4	3.3	7.3	0.6	18.8	29.6	39.0	87.4	5.77
企业的根本责任是促进国家的发展	1.8	5.5	11.7	2.6	24.8	28.1	25.5	78.4	5.30
履行企业社会责任会增加企业的成本	4.9	9.1	14.8	1.5	33.3	26.1	10.3	69.7	4.69
企业的根本责任是为股东创造利润	6.3	7.9	17.3	0.6	20.7	29.9	17.3	67.9	4.81
企业的社会责任是企业发展到一定阶段后才能顾及的	16.6	20.3	21.4	0.9	18.0	15.3	7.5	40.8	3.59
企业的社会责任是企业基本责任之外的责任	28.1	24.6	22.2	1.8	11.7	8.0	3.6	23.3	2.83
企业的社会责任主要是大企业的事情	44.3	25.8	20.6	1.0	4.7	2.3	1.3	8.3	2.09

注：表中第2至第8列数据为选择相应答案的比重，第10列以7分制计算（非常同意=7，较同意=6，有些同意=5，不清楚=4，有些不同意=3，较不同意=2，很不同意=1）得出的，分值越大表示该说法的同意程度越高。

2007年的调查中，90.3%的企业家同意"企业家在构建和谐社会中应该发挥重要作用。"

调查发现，企业家认同企业各个方面的责任，认为企业很有必要履行经济责任、法律责任、伦理责任和公益责任。2006年的调查结果显示，企业家对履行这4类责任的必要性评分在5.64～6.49之间（7分制）。从表18-5可以看出，在企业经济责任的各项中，企业家把企业自身的生存和发展摆在首要位置；在企业法律责任的各项中，企业家对企业内部运作相关的法律责任的认同程度，高于对企业外部法律责任的认同度；在企业伦理责任的各项中，对"为消费者提供优质产品（服务）"的认同程度最高；而履行企业公益责任的首要工作是提供就业机会，其必要性比参与公益活动、捐助慈善事业更高一些。

表18-5 企业家对企业承担各项责任的必要性的看法（2006年）

企业责任	均值
企业经济责任	6.49
保持良好的经营业绩	6.51
保持企业持续的竞争力	6.62
依法纳税	6.48
保障股东权益	6.36
企业法律责任	6.23
守法经营	6.52
不从事贿赂、腐败等行为	5.98
建立健全企业治理结构	6.33
为员工提供安全健康的工作环境	6.43
不干扰企业所在社区居民的正常生活	6.16
在用工、招聘中提供平等的机会	6.07
对企业可能造成的污染进行治理和补偿	6.19
在同业竞争中遵守公平竞争原则	6.11
企业伦理责任	6.36
维护员工权益	6.21
为消费者提供优质产品（服务）	6.62
营造健康和谐的企业文化	6.36
为员工进一步的成长和发展提供机会	6.26
企业公益责任	5.64
参与社会、社区公益活动	5.51
为社会提供就业机会	5.95
救助社会弱势群体	5.62
捐助慈善事业	5.45

调查表明，企业家对公益责任的认同程度低于对经济责任的认同程度。

值得注意的是，不少企业家认为，企业履行社会责任的首要动因是"提升企业品牌形象"。2006年的调查请企业家从12项可能的原因中最多选择3项，作为企业较好的履行社会责任的主要动因，结果选择比重最高的是"提升企业品牌形象"（71.3%）。其他选项依次是"为社会发展做贡献"（38.9%）、"获得政府认同"（37.7%）、"建立持续竞争优势"（33.4%）、"树立企业家个人形象"（29.1%）、"实现企业家个人价值追求"（25%）、"更好地创造利润"（17.8%）、"减低法律风险"（9%）、"更好地为消费者创造价值"（8.1%）、"应对来自社会舆论的压力"（5.7%）、"应对竞争对手的压力"（2.9%）等。

企业家队伍责任担当，还体现在积极参与社会变革，助推经济转型升级与社会发展方面。调查表明，大多数企业家意识到：企业家应该带领企业迈上履行社会责任的新台阶，树立中国企业和企业家的良好社会形象，推动中国现代商业文明的建设，促进社会和谐发展。

四、加强企业诚信体系建设

孔子说："古者言之不出，耻躬之不逮也。"诚信是市场经济的基石，尤其是在"互联网+"时代，诚信是企业构建价值平台或融入生态圈、参与共享创新链的通行证，是塑造国际化品牌大树的"根"。

（一）中国企业家对诚信的本质认识

2001年中国企业家调查系统的调查以企业信用为主要内容。调查发现，大多数企业家认同在市场经济条件下企业信用的重要性，企业在商务活动中重视信用管理，关于企业家应有的职业道德素质，选择比重最高的选项是"诚实守信"，占63.6%。这表明，大多数企业家将诚信视为企业家首要的职业道德。企业家认为企业信用存在的主要问题有："拖欠货款、贷款、税款"（76.2%）、"违约"（63.2%）、"制售假冒伪劣产品"（42.4%）、"披露虚假信息"（27.3%）和"质量欺诈"（23.5%）等，这些问题直接破坏了市场秩序，使市场交换难以正常进行。产生企业诚信问题的主要原因是"有关部门执法不严"（61.9%）、"部分企业经营者职业道德素质不高"（54.5%）、"企业普遍追求短期行为"（42.3%）、"体制障碍"（36.7%）、"监督不力"（31.7%）和"企业盈利不佳"（29.1%）等。

2001年的调查表明，企业家已经认识到其自身对于提高企业信用的责任和作用。调查结果显示，关于"有关因素对企业信用的影响程度"，认为企业家品格对企业信用"影响很大"和"影响较大"的占96.7%，排在所有5个因素的第1位（见表18-6）。

表18-6 有关因素对企业家信用的影响程度（%）

	影响很大	影响较大	一般	影响较小	没有影响
企业家品格	64.2	32.5	2.5	0.5	0.3
现行体制环境	29.2	48.2	17.1	4.2	1.3
法律环境	31.4	40.5	21.7	5.3	1.1
企业文化管理制度	30.2	43.0	18.5	6.4	1.9
传统文化	7.1	32.9	43.0	13.7	3.3

（二）企业如何开展诚信体系建设

企业诚信体系是建立社会信用体系的重要内容，也是企业参与构建和谐社会的重要切入点。近年来，相继发生"毒奶粉""地沟油""瘦肉精"等重大诚信缺失事件警示企业和企业家及市场监管部门，加强企业诚信建设，已成为当前迫切需要解决的重大民生问题。

企业诚信是指在市场活动中，企业秉承伦理道德，遵守法律义务，遵循市场规则，将守信融入生产经营各环节的意愿、能力和实践中持续改善的过程。从这个意义上讲，企业诚信应该包含四个层次的含义：法律层面，即遵守法律规范是企业最基本的诚信；道德层面，即企业要遵守基本的社会道德、商业伦理以及相关的行业规则等；经济层面，即企业应加强信用的管理和信用风险防范，遵守市场规则，将诚信转化为企业社会责任竞争力，实现企业的经济效益；实践（行为）层面，加强诚信制度化建设，形成良好的企业诚信文化，将诚信文化融入企业经营的全员、全过程，进行持续的评估和不断提升，使诚信成为企业不竭的品牌力。

由于企业经营所在地区的法律背景、政治、文化、经营特点不同，所处的行业差异较大，且诚信体系建设目前还没有形成固定的运行模式。发达国家都建立了比较完善的信用体系，而企业诚信模式也不尽相同。许多跨国公司有比较完善的诚信建设体系，侧重点也有所差异。尽管如此，笔者认为，诚信建设是企业的一项系统工程，贯穿企业经营的全要素、全过程、全价值链，对于企业构建良好的可持续发展生态有至关重要的作用（见图18-2）。

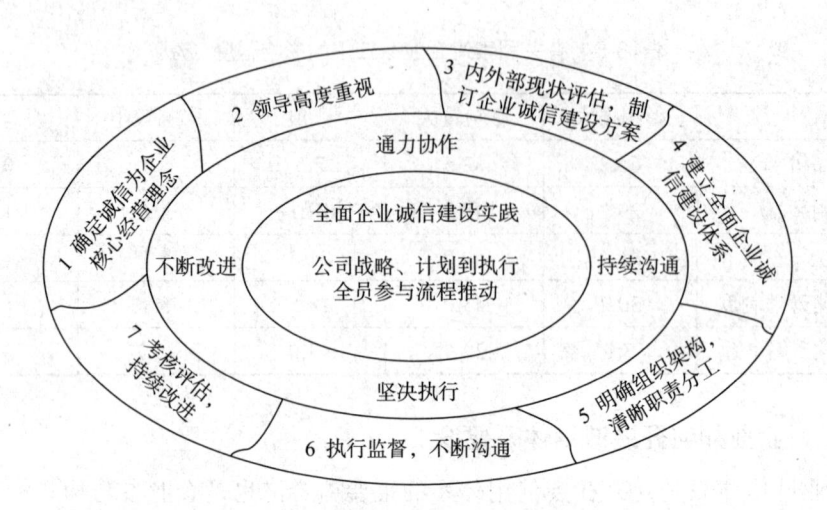

图18-2 企业全面诚信建设流程图

领导层是诚信建设的重要保障。企业领导者在决定企业的发展方向、经营方针的过程中处于举足轻重的地位，而且企业的发展战略和经营方针本身就是企业及其领导层的意志转化。因此，企业领导层对于诚信建设的成效发挥着核心保障作用。从这个意义来看，企业领导人不仅是企业诚信建设的设计者和倡议者，而且成为身体力行者，他们也将通过示范引导整个企业诚信经营，带动员工诚信自律，成为企业诚信建设创新和转化的推动者与实践者。

进行内外部现状评估，为诚信体系建设提供决策依据。完善企业诚信体系，企业有必要对自身开展的诚信建设状况进行梳理与内部整顿和总结，并在此基础上形成企业诚信建设政策，以指导企业更加系统、规范、常态、有效地推动诚信建设工作。企业诚信体系建设诊断一般可分为以下三个步骤。

1）准备阶段。召开企业诚信体系建设内部沟通会；制订企业诚信调研计划。

2）实施阶段。企业内部调研：企业各级内部人员访谈；收集内部诚信相关资料。企业外部调研：行业诚信情况调研；产业链诚信调研；价值链各利益相关方情况调研。

3）分析与汇报阶段。收集的信息归纳及分析；分析结果总结并撰写汇报材料；调研汇报；企业诚信体系总体政策建议。

建设企业全面诚信体系。企业诚信建设是一个系统工程，涉及法律、道德、经济行为等不同层面的问题，因此需要通过建立相关制度，并对实施情况进行动态考核和持续改进，在对现有诚信建设整顿、改进、优化分析的基础上，企业应因时制宜，深入讨论，精心构建企业诚信建设动态体系，并在实践中不断探索和完善，不断发展。从共性来讲，企业诚信建设内容通常包括以下4个方面：法律层面、道德层面、行为层面和经济层面。这4个方面不是相互割裂的关系，而是相互补充，相互渗透，共同组成企业全面诚信建设的内容（见图18-3）。

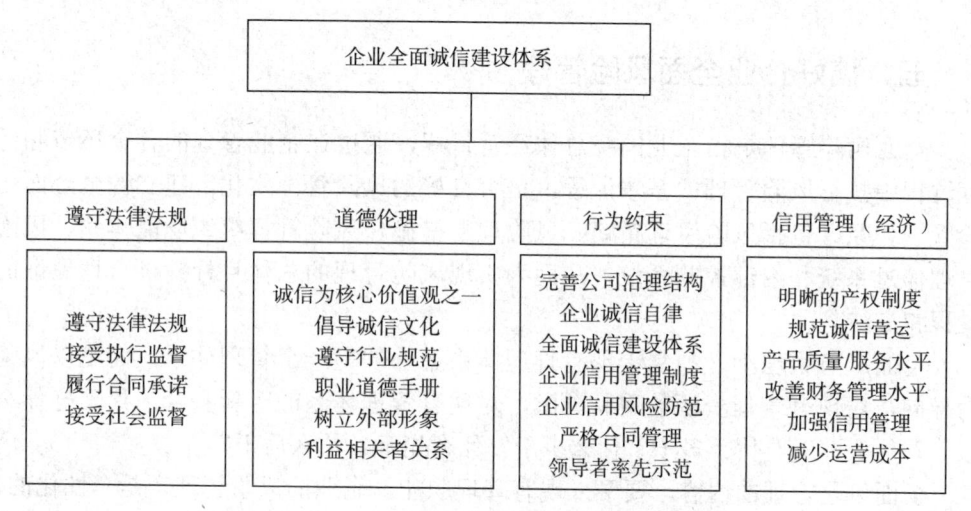

```
                       企业全面诚信建设体系
        ┌───────────────┬───────────────┬───────────────┐
   遵守法律法规        道德伦理         行为约束      信用管理（经济）
   ┌──────────┐   ┌────────────┐   ┌────────────┐   ┌────────────┐
   │遵守法律法规│   │诚信为核心价│   │完善公司治理│   │明晰的产权制│
   │接受执行监督│   │值观之一——  │   │结构        │   │度          │
   │履行合同承诺│   │倡导诚信文化│   │企业诚信自律│   │规范诚信营运│
   │接受社会监督│   │遵守行业规范│   │全面诚信建设│   │产品质量/服 │
   │          │   │职业道德手册│   │体系        │   │务水平      │
   │          │   │树立外部形象│   │企业信用管理│   │改善财务管理│
   │          │   │利益相关者关│   │制度        │   │水平        │
   │          │   │系          │   │企业信用风险│   │加强信用管理│
   │          │   │            │   │防范        │   │减少运营成本│
   │          │   │            │   │严格合同管理│   │            │
   │          │   │            │   │领导者率先示│   │            │
   │          │   │            │   │范          │   │            │
   └──────────┘   └────────────┘   └────────────┘   └────────────┘
```

图18-3　企业全面诚信建设体系构成示意图

设立组织架构，明晰职责分工。如何结合自身的特点，建立有效的诚信建设管理组织架构，已成为企业领导层在诚信体系建设中必须要考虑的重要问题。一般来说，企业设立相关的企业诚信管理机构和协调机构应该遵循以下原则：结合实际和灵活性原则；集中管理和全员参与原则；权责明确原则；信息畅通原则；渗透性原则（也就是诚信建设必须与企业的日常经营活动相融合）。国际经验表明，企业诚信建设和信用管理机构在现代企业经营中发挥着举足轻重的职能作用。

执行监督，加强考核评估，持续改进。成功的企业经验证明：5%在战略，95%在执行。在当前企业诚信建设中，只有通过执行制度来实现有序管理，在管理过程中不断完善制度，才是诚信建设的根本意义所在。考核评估是企业诚信体系构建中必不可缺的一个重要环节，是不断总结企业诚信建设过程中取得的经验和教训，为不断持续改进提供重要的基础和依据，是推动企业诚信良性提升的不竭动力。

企业诚信建设业绩考核流程可以考虑以下几个步骤。
1）确立诚信建设目标：结合公司实际，确定公司的企业诚信制度和目标。
2）确定关键要素：总体目标分解，确定各个部门/单位诚信建设的关键实施任务。
3）制订考核指标：根据关键任务，确定考核指标体系。
4）实施考核评估：组织有关部门有效开展考核评估，注重评估结果的有效利用。

五、搞好企业全面风险管理

全面风险管理是指企业围绕总体经营目标，通过在企业管理的各个环节和经营过程中执行风险管理的基本流程，培育良好的风险管理文化，建立健全全面风险管理体系，包括风险管理策略、风险理财措施、风险管理组织职能体系、风险管理信息系统和内部控制系统，从而为实现风险管理的总体目标提供合理保证的过程和方法。

全面风险管理不是独立于现有管理体系之外的另一个管理体系，而是以风险为导向，对现有管理资源的重新分配，对现有管理体系的重新整合，处理好什么该干？什么不干？什么多干？什么少干？什么先干？什么后干？

全面风险管理的内容，要融入现有管理职能。企业的风险管理都是个性化的，各企业所处行业与生态圈不同，企业实施风险管理的基础不同，开展风险管理的手段也不同，不可能采取完全相同的形式，也不会一蹴而就。应根据本企业自身特点，找准切入点逐步推进，把风险管理体系无缝焊接在现有管理体系里，让风险管理工作真正落地。

（一）明确企业风险管理的重要性

不确定性和颠覆性是当今"互联网+"时代最大的时代特征。2008年9月15日上午10时，具有158年历史的美国第四大投资银行——雷曼兄弟公司，向法院申请破产保护，消息瞬间通过电视、网络传遍地球的各个角落。令人匪夷所思的是，10时10分，德国国家发展银行居然按照外汇掉期协议，通过计算机自动付款系统，向雷曼兄弟公司的银行账户转入3亿欧元。毫无疑问，这笔钱将是肉包子打狗——有去无回。

与之相比，在2008年金融风暴中，摩根大通正是由于风险的警觉和快速反应而幸免于难。摩根大通主要有商业银行和投资银行业务，在一次例行的业务沟通会议上，当从商业银行得到一条"次贷有出现大面积坏死的可能"的信息后，公司高层高度重视，决策层在对次贷可能产生的影响做出评估后做出重大决策：大规模抛出投资银行为次贷打包的业务。此时正是次贷业务上涨的最高峰，此举引起了摩根大通内部极大的争议，当时很多人认为这是愚蠢之举。看到抛次贷后又涨了整整6个月，公司内有许多人为此而纷纷辞职。但不久，次贷危机全面爆发，众多金融机构纷纷倒闭。正是由于其超常之举、风险利剑高悬，对所掌握信息的有效判断而果断抛出次贷业务，此举救了摩根大通的命。

经历了国际金融危机之后，许多著名企业更加注重把全面风险管理的理论和方法灵活应用到实际管理中，对各种不确定因素保持高度的警觉，建立健全完整的风险管理体系，建立预警及快速的应对机制，综合运用各种有效的风险管理策略和方法，以保证企业经营发展目标的顺利实现。

对我国正大步走向世界的企业来讲，外面的世界很精彩，但外面的世界也很无奈。在风险管理上要做到尽可能少交学费，甚至零学费，我国企业还有很长的路要走。

（二）全面风险管理的工作流程

建立初始信息框架，收集企业初始风险信息是开展风险管理的第一步工作。企业对收集的风险信息进行必要的筛选、提炼、对比、分类、组合，利用企业云，运用大数据，进行下一步风险评估工作及全流程的循环（见图18-4）。

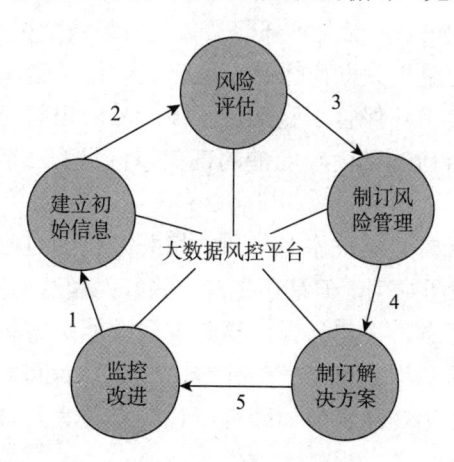

图18-4　全面风险管理的基本流程

（三）风险管理中应警惕利益方的"大嘴"

"自媒体时代"人人可能成为新闻中心。因此，"分享经济"企业可能"按错一个键，断掉产业链"；"眼球经济"的价值链可能"看走一个号，欢喜变噩耗"；"共享经济"的创新链可能"掉一颗螺钉，失去大众心"。因此，在信息化、数字化、智能化所笼罩的"暗物质"占统治地位的今日，小心警惕企业生态中相关利益方的"大嘴"十分重要，以降低企业"隔壁中枪"的风险。

1. 掌控一线信息

品牌社区和产品社区是利益相关方媒体的主要增长点。在这些论坛和网站上，聚集了一大批对特定产品或品牌——如汽车、智能手机、酒类产品等，或者这些产品的特定品牌或型号有强烈兴趣的人。这些论坛或网站相当于早期预警系统，因为如果有产品未能达到预期水准，消费者是最早受到直接影响的利益相关方。过去，产品问题一般在私下解决，或者悄无声息地大事化小，小事化了。

现如今，利益相关方掌控的媒体让全球各地用户得以就产品问题进行直接、实时的交流。2011年，闻名于世的百年老店杜邦（DuPont）公司专业产品部推出一款名为环丙嘧啶酸的新型除草剂，该部门当时对这款除草剂寄予厚望，以为可以一炮走红。但很快就有人发帖说，产品对树木造成了始料未及的破坏。论坛很快让人们看到利益相关方社群的强大影响力：用户能够快速收集有关产品实际使用情况的新数据，而企业自己还没有掌握这些数据。另外，草坪护理公司不仅在跟踪各自区域的农业研究中心，还积极与他们分享信息。这些研究中心的研究人员也在和各州监管部门联系，而监管部门又负责将最新情况报告给美国环保署。

对杜邦有意见的利益相关方群体越来越庞大。杜邦遭集体起诉。杜邦随即宣布自愿召回计划，但美国环保署干脆禁止了该产品的出售。杜邦最后为相关索赔支付十几亿美金，并将研制环丙嘧啶酸的部门以区区1.25亿美元卖给了一家竞争对手。

那么，杜邦管理层要怎样做才能把利益相关方拉到自己一边？一旦产品问题暴露，公司遭受损失在所难免，但是还是有一些好的做法能减少不利影响。

相信一线发回的消息。换句话说，要假定利益相关方知道自己在说什么，认真听取他们的意见。这也许会付出一些代价，但如果对利益相关方的意见置之不理，代价只会更高。如果产品真的如顾客所说的有重大质量问题，那么漫不经心甚至无所作为只会雪上加霜。

检测来自利益相关方媒体的消息，不要以为这不是明摆着的事。不少人压根儿不知道世界上还有专门针对其公司品牌的产品论坛，消费者在这些论坛上吐槽关于产品的各种好坏。这些内容可以让公司获得宝贵的早期预警信息，提供实时反馈。况且还有现成的App可以追踪各种线上媒体对特定产品的讨论。

最好能加入有用户互动的网站、QQ群、微信群和论坛，虽然要注意别给自己惹麻烦，但这种社交圈、小平台常常是危机的发源地，也是直面危机原因的最佳场所。尽管如此，企业千万不可以匿名方式渗透到利益相关方社群中去。即使在没有危机的正常时期，利益相关方也会定期维持社群媒体的秩序，清除身份可疑的成员。如果公司员工出现在由利益相关方掌控的媒体上，一定要亮明身份，到底是代表个人，还是代表公司。

2. 掌控自有新闻渠道

很多管理者都喜欢抱怨"媒体"，但事实上，相对于普通公民和活跃分子，多数记者和编辑部将大公司管理层视为"皇室"。特别是在危机发生时，各路媒体争相抢夺与新闻人物面对面的时间，因而企业领导人往往能直接和记者对话。

但利益相关方掌控的媒体就不一样了，企业管理层对之几乎束手无策。要记住，有自己媒体的利益相关方根本不需要依靠传统新闻媒体来获得重要群体的支持。当然，如果没有传统媒体的帮助，多数利益相关方群体得到的关注度不可能很大，但他们往往也不需要吸引太多人的注意，只需要引起相关群体的注意即可。因此，管理层千万不要以为，只要这些人、这些利益相关方没有机会上CCTV或CNN等，就无所谓。相反，假如某个利益相关方的媒体能够直达公司最有影响力的相关方群体，那么就算公司在主流媒体上的形象高大，也仍会失去重要人物的支持。

企业必须改变自己对媒体影响力的传统看法，企业负责风险管理的人员要特别注意到，针对利益相关方的媒体关系处理要想成功，并不取决于某个积极分子群体有多大规模，而取决于这个群体对其他群体的影响力有多强。因此，企业不仅要关心那些关注其业务的利益相关方群体，还要知道有哪些其他利益相关方群体正盯着公司的首要利益相关方群体。与此同时，要认识到掌控媒体的利益相关方不会因为企业或主流媒体拒绝承认其诉求，就轻易放弃，这些利益相关方就算没有传统媒体的帮助，照样能对企业造成伤害。

一旦问题解决，必须让引发与推波助澜的利益相关方用自己的媒体广而告之。如果利益相关方抢功劳，不要介意，重要的是要让人们知道问题已经有了解决方案并在解决的过程之中。利益相关方掌控的媒体之所以存在，就是为了给其社群的问题找到解决之道。和新闻媒体不同的是，它们不会告诉公众哪些事情重要，只会告诉其代表的社群，发生问题时要怎么行动，如果企业提出的解决方案对他们有益，他们就会采纳。

3. 掌控时间

在任何一次危机中，时间始终至关重要，不同时刻有不同的重要性。在危机开端，管理层疲于控制损失，尽可能减少曝光，时间似乎永远不够用。在这时，需要利益相关方给他们一点时间来找到解决方案。之后，时间又变得难以忍受的漫长，像是持久战。如果企业和消费者叫板，唯一的结局就是管理层一败涂地。因为消费者的忠诚对企业生死存亡至关重要，如果企业站在消费者的对立面，即使赢得了表面的斗争，也会输掉未来的市场。只有等到这些利益相关方接受了解决方案，认可了方案的实施，危机才算解除。因此，时间并不掌握在企业手中，而在利益相关方手中。危机持续时间越长，成本就越高。在一场旷日持久的危机中，公司名誉受损往往会造成两方面的打击：一方面是当前行为会被放到放大镜下去审视和评判；另一方面，公司过去的所作所为都会被放到显微镜下去细研解剖，一个瑕疵都会被"局部剖"而被夸大亮出来注释批斗一番，甚至搞一番"人肉搜索"。因为利益相关方会铆足了劲搜索前科证明自己的观点。值得注意的是，利益相关方掌控的媒体尤其喜欢翻旧账，传统新闻媒体则较少有这个倾向，因为对主流媒体而言，过去的都是旧闻，而重点要关注当下。但利益相关方掌控的媒体则喜欢把时间往回拨，如果企业过去做过什么不光彩的事情，很可能又被"揭伤疤"。更有甚者（不地道的竞争对手）可能还会在伤疤上撒一把盐。

在一场危机中，最重要与最大的挑战并不一定是修补有问题的系统或产品，而是修复与利益相关方的关系。换言之，利益相关方决定危机何时开始？何时结束？以哪种方式结束？虽然时间基本上是由利益相关方媒体掌控，但是企业仍可以主动作为，影响事件的时间进展。聚焦长远危机发生时，人们往往只盯着当前的棘手问题。但危机一般都产生于长期以来的深刻根源，管理层也许不认为这些根源问题和当前危机有什么关系，但利益相关方可不这么看。发生危机时，他们会把过去发生的事情和当下危机结合起来，决定这家公司是否还值得继续打交道。因此，管理层在考虑解决方案时，一定要想好这些方案对利益相关方有什么长期影响。

在利益相关方掌控媒体的时代，企业没有什么秘密可言，只有更多可能被曝光的问题。危机爆发时，要不要保持透明，恐怕不是企业能够决定的。如果不主动做到公开透明，那么就要面对被动曝光。利益相关方会将危机有关信息公之于众。例如，在杜邦危机中，美国环保署将其发送给杜邦管理层的信公开放在网上。因此，发生危机时，最好做这样的假设：只要是可能被公众知道的信息，就一定会被公开。

发生危机时，人们都知道要尽早沟通，主动沟通，但如果这些沟通没有实质内容，反而会适得其反，失去民众信任。仅仅想通过沟通博得原谅与同情是不够的，企业管理层应积极善为，使利益相关方清楚地看到企业确实在努力帮助他们解决问题而非企业只顾自身脱离危机。

4. 与利益相关方合作

尽管利益相关方掌控的媒体在延长企业危机（甚至煽风点火）中扮演了重要角色，但这些媒体如果反过来帮助企业，也会令企业获益无穷。例如可以精心策划，运用大数据，对企业利益相关的群体、个体的行为发生的轨迹、偏好、价值取向等进行分析，精准投放对企业有利的引导性信息，达到潜移默化之功，从而影响其发声、举手、顿脚的方向，为企业发展带来不可估量的潜能。

这里的关键启示是，如果利益相关方支持某家公司，那是因为他们希望公司能够帮助解决某个问题，这些利益相关方中最积极、最热情的人会用自媒体来帮助企业改进。但是如果他们发现公司的计划有可能伤害到自身利益，或者伤害到他们关心的某项事业，他们也会想办法出手制止。不论是何种情况，他们都会将自己的意见毫无保留地说出来。总的来说就一条：你不仅仅是利益相关方群体中的一员，当然也是很重要的一员，如果没有你，其他利益相关者也会过得很好，他们会找别的公司做生意，会像曾经帮助你的公司发展壮大一样去帮助其他公司，并用好自己的媒体来巩固自己的粉丝群，强化自身的影响力。他们既有可能帮助企业"横扫千军如卷席"，也可能对企业造成"飞流直下三千尺"的致命一击。

创新成果分享：民营企业以幸福文化为引领的和谐劳动关系管理

江苏南极机械有限责任公司（以下简称南极机械）始建于1968年，是国内大中型船舶装备制造企业，主要生产"南极"牌舰船用机械配套产品和环保污水处理机械产品，覆盖中国90%的市场，产品销往全国各大中型船厂和南极长城站、中山站、极地号考察船、远望号测量船、赴索马里护航编队等国家重点工程，配套出口到俄罗斯、乌克兰、日本等十多个国家和地区。

1. 构建以幸福企业为核心的文化理念体系

南极机械以"幸福南极，快乐员工"文化理念为指导，经过多年的探索，形成让企业和员工共同接受的文化理念体系，有效推动企业和谐劳动关系建设持续深入开展。首先，南极机械确定"为客户创造价值，为员工创造幸福，为股东创造回报，为社会创造福祉"的方针。其次，制订南极机械幸福企业的长期文化发展规划，即打造和谐友爱、快乐工作、共同富裕、共同发展、受人尊敬、健康长寿的企业，成为国际船舶装备制造业的龙头企业。最后，围绕"幸福企业"的文化体系构建，继承"孝"文化理念，对员工进行"孝道"教育，弘扬优秀中华传统文化，"以企业幸福，促进家庭幸福，以家庭幸福，带动企业幸福"是南极机械企业管理的创新思维。南极机械要求员工"百善孝为先"，在企业做好员工，在家庭做好儿女，在社会做好公民，最终形成"幸福企业"文化体系，奠定深入开展和谐劳动关系管理的思想基础。

2. 建立和谐劳动关系管理的组织保障体系

组建机构，保证和谐劳动关系管理工作有序推进。南极机械成立幸福企业文化管理委员会，董事长任主任，以文化建设和氛围建设来推动和谐劳动关系管理，下设工资保障、安全管理、互助机制、员工培训、文体活动、品牌建设六个工作小组（分别由部门负责人担任）。

1）财务支持，为和谐劳动关系管理提供充足资金保障。南极机械编制详细的幸福企业文化体系构建的工作经费预算，建立使用清单；设立幸福企业文化体系实施工作的专项资金，用于幸福企业文化体系工作的推进，在工作环境改善、住房、培训、奖学助学、扶贫助残、应急互助等项目上都有相应的经费支出，年投入强度不低于公司销售收入的1.2%，其中专项用于员工购买商品房的经费不低于专项资金的50%。

2）健全制度，促进和谐劳动关系管理的制度化、常态化。

3）全员参与，焕发和谐劳动关系管理的生机与活力。

3. 建立工资集体协商制度

1）完善薪酬结构。

2）健全工资正常增长机制。南极机械坚持"宁可利润负增长，也要保证员工工资增加"的原则，连续5年给员工增加工资，增幅平均在30%以上。

3）推进绩效考核。

4）不断改善员工的福利保障水平。南极机械的福利保障体系，不仅涵盖国家法定的福利保险，还根据自身经营业务特点、员工实际情况以及支付能力，设计多层次补充福利保障项目。

一是让员工实现安居梦。南极机械做出决定，由公司和员工各承担50%资金为员工在城区购买商品房（如果个人承担部分确有困难，企业提供5万~10万元的无息借款），一次性解决在南极机械工作年满30年员工住房问题。工作未满30年的南极员工如果购车购房难，可预借本人两年工资的80%。

二是建立奖学助学机制，为员工子女托起求学梦。从2000年开始，南极机械凭高校录取通知书，对考取全国名牌大学、江苏省重点大学的在职在岗员工子女奖励1万元，对学习有困难的在校大专以上的员工子女凭个人申请、地方政府证明，每学年补助3000元，直至毕业，如果继续深造将持续补助。鼓励所有学子在校认真学习，每学期凭各种荣誉证书到南极机械领取数量不等的奖学金，若是毕业后就职南极机械，可以得到1万元就业奖励。从2012年开始，南极机械每年为考取名牌高校、重点高校的员工子女举行奖学金颁发仪式。

三是建立帮扶应急机制，帮助员工解决燃眉之急。南极机械建立帮扶应急机制，制订应急预案，确定应急帮扶的范围和对象，使应急管理有据可依，有章可循。《帮扶应急制度》明确规定：一旦发生突发事件，马上启动应急预案，及时做出应急响应，采取应急行动，让员工第一时间、最直接、最真切感受到企业的温暖。

5）制订鼓励员工学习、发展的政策与制度。对参加培训、得到成长的员工，南极机械实施专项奖励，即技术人员评上中级职称奖励2000元，评上高级职称奖励5000元，普通操作工拿到技师证奖励1000元。

6）建立培训保障机制。南极机械以"南极机械大讲堂"为阵地，董事长、总经理等领导定期登上"南极大讲堂"，为全体员工做专题讲座，并聘请院校教授、专家、学者在企业兼教。

7）丰富培训内容。南极机械培训有的放矢、针对性强，既覆盖全部，又突出重点。针对产业特点、产品实际，不断修改员工培训计划，常态化开展学历培训、技能培训等专项培训；采取脱产进修、业余自学、师傅带徒弟等形式促进技术技能的提高，尤其是营销员培训突出"兵法"和"双赢"，工人培训强调技能与创新，解决了南极机械发展的当务之急。

8）完善职业通道，促进员工发展。南极机械坚持"德才兼备，以德为先"的原则，大力营造勇于晋升的氛围，让所有的人有用武之地，实现能力和职位的匹配。一是人人可以参加竞赛；二是个个可以参与竞聘；所有部门、车间负责人、班组长竞争上岗，坚持"公开、平等、竞争、择优"原则，从源头上、机制上预防用人的不正之风。

4. 推进企业民主管理，形成上下联通交流机制

南极机械坚持和推行落实以职代会为基本形式的民主管理制度，分别对公司《集体合同》《工资专项集体合同》和《女职工权益保护合同》等合同进行审议。开展提合理化建议和厂务公开活动，通过"我是企业主人翁，我为企业发展献计策"等多种方式，开展合理化建议活动和厂务公开活动。抓"职工之家"建设，建立健全工会组织。实施"知音卡"活动，员工的建议与要求都可以通过"知音卡"与企业领导直接沟通交流。董事会5位成员各负责对口联系一批员工，"知音卡"上有公司领导的姓名、手机号。员工们不管有任何事情24小时都可以直接打电话给公司领导。

5. 打造出金点子工程，充分发挥员工主体作用

南极机械建立金点子工程，通过向"金点子"信箱投稿以解决他们最关心、最直接、最现实的利益问题，以及解决有关企业发展的突出问题，截至2015年6月，金点子有125个，人员参与率100%。金点子工程的实施充分发挥了广大职工民主管理的积极性，让员工发挥集体才智，为企业的发展贡献自己的力量。

6. 努力改善员工的工作环境，让员工无忧生活

1）强化安全生产教育，提高安全工作的自觉性。一是加大宣传力度，营造安全氛围。二是以活动为载体，强化红线意识。通过文娱演出、演讲会、知识竞赛等活动，提升安全生产自觉性。"安全文化活动月"已经实现制度化、常态化，员工的红线意识显著增强。

2）强化安全生产制度，增强安全管理的实效性。南极机械本着"安全大于天，安全出效益，平安就是幸福"的理念，倡导走动式管理和自查自纠。一是实行走动式管理制度，对每个员工的安全工作状况，实行全方位的管理，通过巡查及时发现并快速解决问题，提高安全管理的可控度。二是建立自查自纠制度，制订《安全生产自查自纠表》，强化自查自纠意识。由于制度完善，执行有力，确保了实现安全事故"零"目标。

3）投入使用机器人，切实保障员工的安全问题。南极机械从2014年开始不断引进先进设备，并逐步投入使用机器人在生产一线、关键岗位和重点岗位上大展身手。重体力劳动、高危操作在南极机械已经成为历史，员工安全和身心健康得到进一步保障。

4）注重工作环境管理，营造轻松愉悦的工作环境。南极机械将环境改善作为构建和谐劳动关系的重要方面，始终保持环境的盎然生机，让员工身在南极机械，犹如置身世外桃源。

此外，加强女工特殊保护，实行人文关怀。建起"爱心妈咪屋"和"女工休息室"，帮助怀孕期、哺乳期等特殊时期女工度过人生中的关键期，打通服务职工"最后1公里"。

热心慈善事业，勇担社会责任，在四川、青海等地发生特大地震时，向灾区人民捐献爱心等，受到国家经济动员办公室和中央军委嘉奖。

通过以幸福文化为引领的和谐劳动关系的管理实施，改善了员工的自我认识和自我激励，促进了员工自我管理能力的提升，改变了负面心态，增添了快乐因子，企业的凝聚力、向心力得到了有效提升，保证各项管理工作顺畅高效开展，极大地提升了管理水平。现在南极机械人才储备充足，人气更加兴旺，市场开发有力，竞争环境不断优化，技术不断升级，产品质量稳步提高，管理成本得以大幅降低，赢得了"幸福企业，快乐员工"的美誉。

近年来，南极机械"稳中求进、稳中发展、优中提质"，"南极"产品获得市场青睐，装船率达国内同行之首，并配套出口到十多个国家和地区。全球共有12000条（艘）船舶装有污水处理系统，其中装有南极机械牌的就有8400多条（艘）。南极机械的资金回笼加快，由原来的平均90天下降到现在平均不足30天，部分产品预付款高达50%，合同有效率100%，收入增速一直保持在30%以上。南极机械研发的南极牌船舶生活污水处理系列产品，超过了国际标准，国内市场覆盖率达到90%，全球装船率达到70%，市场满意度100%。自主研发的船用膜法污水处理系统和倪氏船舶压载水管理系统，有效地解决了海洋污染问题，维护了港口国生态平衡和人类健康，为全球生态文明建设做出了应有的贡献。

第十九章
实现企业转型升级的战略解读

"互联网+"时代,规模与范围思维向平台与生态思维的转变,让许多企业家措手不及。长期以来,企业靠着"摸着石头过河"探索转型升级,各项改革成效没有形成合力,导致问题频出。面对这些问题,不仅需要点上扩展、局部突破,更需要顺应时代潮流,瞄准企业的长远目标与市场需求、发展大局与产业链、价值链、创新链趋势来谋划和实施转型升级。

一、战略思维主导下的企业转型升级

(一)战略思维是谋划和实施企业转型升级的重要思想方法

战略思维属于一类思想方法,是对全局性、长远性的问题进行系统性思考的思维活动过程,放眼全盘而非局部、瞄准长远而非当前、关注实践而非空想。企业转型升级的主要任务是面向"互联网+"及其新一轮科技革命所带来的前所未有的消费革命,分析以往局部改革的利弊,从全局与长远最优来综合考虑转型升级的最终目标、指导思想、整体方案、分项方案,尤其是各项改革之间的配套与协调。企业家们正在或已经打破甚至颠覆过去的企业管理模式。运用互联网思维及工具重塑企业经营管理体制机制,再造业务流程,构建新型企业管理模式。

（二）基于战略思维谋划企业转型升级

1. 重视顶层设计

企业家们过去更多关注了速度指标，反而忽视了质量指标与发展指标，不愿意花时间、精力做基础性工作。也有一些企业家认为，市场瞬息万变、日新月异，很难拿出一个顶层设计方案，或者根本就是天方夜谭，更有甚者对顶层设计基本抱着不经心、不作为的态度，否定顶层设计。这些观念的存在，主要就是经济主义、实用主义的思维逻辑在主导，追求短期利益而忽视长远发展。对企业转型升级而言，如果能把问题调研和分析透彻，完全可以进行顶层设计，这样，企业才能解决错综的市场问题和复杂的管理问题，才能少走弯路。通过顶层设计实现企业转型升级，需要企业家们做好以下4个方面的工作。

（1）先看

即前看后看，上看下看，左看右看，全方位看。从上往下看，就是要有境界，有格局，登高能致远，一览众山小；从下往上看，就是要看宇宙、看星空、看彩虹，树立"既要卫星上天，又要红旗插地"的意识；左看右看就是洞悉生态环境，为"后思"研究资源、跨界、潜在"野蛮人"等竞争要素提供扫描素材；从前往后看，就是要把未来若干年企业即将面临的外部环境和机遇挑战，通过了解市场演变规律和技术发展趋势，把握主动权和主导权；从后往前看，就是要把未来愿景描述清楚，运用逆向思维定目标、找差距、选路径。

（2）后思

即进行全局性、系统性、数据性思考。全局性思考，从全局的、长远的、战略的高度来分析问题、解决问题；系统性思考，认真探查问题发生的本源，探寻问题背后的潜在因素与规律，揭开表面看本质；数据性思考，学会用量化语言去分析与决策，以信息化助推精细化、科学化管理，最终实现以大数据驱动远景。

（3）求法

用一套成熟的方法论支撑。办事要有章法、有步骤、有工具。方法论是不可或缺的，是做好顶层设计与落实设计的重要保障。

（4）分解

将任务分解，让想法落地。再好的想法只有落地才有意义，要把任务科学分解、责任合理划分，提高执行力，确保落到实处。

2. 善于谋划大局

企业转型升级的顶层设计需要涉及的内容很多，通常包括企业外部生态环境及内部生产、销售、财务、人事、采购、行政等。用战略思维来谋划企业转型升级，并非要面面俱到，也不是让各项工作内容齐头并进，而是要研判有没有关系到转型升级全盘的大局？有没有关系到整个改革的关键环节和重点部位？有没有起主要作用的突出矛盾和核心问题？用战略思维来谋划企业转型升级的大局，抓出牵一发而动全局的重点和难点，围绕大局进行谋划，应当提纲挈领、着眼长远，引导企业转型升级整体推进、持续深入。当然，不同企业所处的生态环境、面临的问题，以及自身的组织架构、业务流程都不尽相同，谋划转型升级所围绕的大局自然也不一样。例如某公司在推进内部市场化管理的工作中，决策者就认为组织再造、规则重塑就是大局；某公司在推进信息化建设的工作中，决策者就认为信息技术与经营管理的深度融合是大局……

3. 务必把握重点实时跟进、动态调整

企业家作为一个组织的领导者和决策层，务必找准重点，这是抓好大局的重中之重，应当把心思和精力聚焦在那些对于全局而言最关键、最重要、最具决定意义的问题或工作上。那么，企业转型升级的重点是什么？客观看来，归根结底是要围绕客户需求，抓住以人为本，塑造名牌。

4. 注重统筹兼顾子系统之间的相互关联

在把握重点的同时，注重统筹兼顾、协调推进，这是战略思维的一个基本要求。统筹兼顾，是要在把握大局、抓住重点的前提下，处理好重点与一般的关系，兼顾其他方面进行协调配合。

5. 坚持循序渐进

对企业转型升级而言，基于战略思维的谋划和实施，循序渐进也是必须遵循的基本原则。

一是注意防止过快、过慢，以及冷热病。尤其是对人事制度改革等极其敏感的方面，由于涉及企业上下各个群体的切身利益，因此必须依据既定的计划和方案，循序渐进、审慎推进，有步骤地实施。

二是抓住机遇、把握时机。对于急需改革而改革时机、条件又已经较为成熟的情况，一定要当机立断。犹豫不决、举棋不定只会造成严重后果，付出沉重代价。

三是"渐进式"改革要有时间表。越是需要渐进完成的转型升级任务，越是

需要明确的时间表、路线图，必须加强激励、强化考核，必须兑现承诺、落实目标。而如何运用循序渐进的战略思维方法，则需要企业家们深入基层了解情况、汇集信息分析问题、归纳观点综合研判、实时跟进、动态调整。

（三）基于战略思维实施企业转型升级

1. 由上而下任务分解

企业转型升级是一项系统工程，顶层设计完成之后，必须对目标合理细化、对任务科学分解，才能进一步安排部署和具体落实。从战略思维看，企业转型升级不仅要对企业的多个子系统进行改革，而且要对这些子系统之间的相互关联进行改革，从而确保转型升级产生最佳的整体效应。因此，传统的任务分解模式，即根据企业内设部门或内设部门下属科室来分解任务，明显欠缺了相互之间的关联性。由于高层与基层的鸿沟、部门与部门的隔阂、决策层与执行层的信息孤岛现象，足以影响改革成效，阻碍甚至阻断转型升级的实施。参考海尔的"人单合一"模式，企业管理形成"倒三角"。这种做法把员工与用户紧密结合在一起，让员工在为用户创造价值的过程中实现自身价值，更好地驱动了员工对企业资产负责、对用户需求负责。其实分解任务也一样，根据任务内容和属性，可以把若干内设部门下属科室或人员组建成"一级群"，让群来承担任务，切实增强群内相关科室或人员的关联度。在上一层，把若干群组建成"二级群"，不断强化群与群之间的关联度，以此类推，但最多不超过三层。这种模式，比传统的任务分解模式更加注重关联性，有利于打破鸿沟与隔阂，让群内交流合作、衔接配合更加顺畅，更有效率，尤其是对于重构新组织架构、业务流程的企业而言更为有效。

2. 从下至上任务实施

由于企业转型升级覆盖面广，关联性强，往往牵一发而动全局，必须用战略思维统筹兼顾各项改革的节奏和进度。若某一项改革相对更加快速推进，既可能率先垂范，引领、带动其他改革，也可能对其他改革不利，造成阻碍甚至破坏。同样，某项改革相对滞后拖延，也可能影响整体进度，但也有可能损害不大，以至于有促进作用。因此，企业实施转型升级，必须建立与之配套的、行之有效的检查和督办机制，切实解决实施越位、缺位、不到位的问题。需要指出的是，检查和督办同样需要基于战略思维，切不可把短期行为当业绩、把局部作为当亮点、把表面现象当成效。

二、企业转型升级设计的步骤

（一）企业转型升级的设计要领

首先，企业家需要对自身企业所处的产业以及产业周期有一个清醒的认识。商业模式创新和运营模式的优化与再造是持续不断循环往复的过程，我们的产业总体上处于哪个阶段？我们的企业在产业周期中处于什么状态？这是一个必须首先回答清楚的问题。

对于商业模式创新的机会，企业如果要进入，一定要清晰地知道进入的是哪一个区间。区间的进入意味着巨大的风险和不确定性，如果企业的资源投资的多样性和现金储备可以承受这样的风险，如果企业家甘于冒风险，就可以尝试进入。进入区间，会成为成熟商业模式红利的分享者，而且面临激烈的市场竞争，但是这个阶段无疑是企业进行转型升级的最佳阶段。对一个成熟的商业模式的复制，是很多企业转型升级的必由之路，但是企业所依据的资源优势、组织优势、人才优势是否匹配？这是需要进行深度思考和筹划的。如果产业已经进入了过度竞争，提升效率就会成为产业发展的必然趋势。在这个阶段不断优化效率，通过各种方式提升竞争能力的企业将最终胜出。

因此，对于产业周期和企业自身发展阶段的准确把握，是企业洞察产业规律以及企业转型升级的关键点。在产业周期的不同阶段，客户的需求也是不同的，企业需要重新思考如何做到"人无我有，人有我优，人优我新"，清晰地界定自身的位置，而不是随波逐流。

其次，不能忽视市场环境下出现的产业变化的任何端倪。事实上，很多企业的转型升级都是因为对这种市场机会端倪的识别和跟进，从而开启了自身的企业转型升级之旅。

IBM在20世纪90年代由郭士纳引领的转型升级，就在于他发现了在客户机服务器时代，依旧有大量的大型客户需要系统集成服务——为他们将零散的技术产品整合成为解决方案并完成交付——当这一需求信号不断地由业务人员传递回公司，并且被高层捕捉的时候，敏锐的企业家会甄别这些信息到底意味着什么？是机会还只是零散的市场噪声？并做出明智的决策。善于识别这些新的市场需求，并且发现背后所代表的市场趋势，实际上是每一位优秀企业家所必备的企业家精神与能力的复合要素。

最后，所有企业的转型升级都要依据自身的优势，另起炉灶的方式往往风险巨大。有人可能会质疑，随着市场环境的变化，原有的优势是否能够继续依赖？原有的优势是否能在变革的商业环境中继续保持？对这些问题的答案不是"是"或"否"，而是"必须"。基于自身的优势，不意味着我们要固化在过去的模式中，因为任何一个企业不可能不从今天走向未来。

那些核心优势并不明显的企业要完成转型升级，其实是相当困难的。当然这并不排除企业在转型升级过程中开发自身新的优势，去寻找新的技术，塑造新的能力。这个过程其实已经不是转型升级，而是真正的创新和创造一个新的业务。这个过程的艰险和未知当然都是非常巨大的。

对自身优势的识别，才能捕捉市场上浮现的新的机会，并且将机会区分为商业模式创新的机会和运营模式再造的机会，从而在其中立足，是每个企业在进行转型升级时需要参考的基本逻辑。对于商业模式的转型升级，企业需要搭建强大的运营支撑基础。对通过运营模式优化或再造方式进行转型升级的企业（这也是今天大多数企业所采取的方式），一定要注意到所固化的流程和方法，不要成为下一次进行商业模式创新的羁绊。对那些进行运营模式优化的企业来说，敏锐地洞察下一波商业模式的创新，同时对新的商业模式进行积极的投资，积极跟随甚至主动发起破坏式创新，从而开启一个新的商业模式周期，将是那些有着持续发展雄心的企业家所必须采取的正确策略。

（二）企业转型升级设计的基本工序

要完成企业转型升级，转型升级六工序提供了一套流程化的思考方法和操作步骤。这六个工序的每一步，在实践中都是无法逾越的，因此需要仔细的思考和认真的准备。

第一步：在转型升级领导力的驱动下，完成企业的转型升级愿景和客户价值主张，并且为之准备足够的组织领导力。对市场机会和企业自身的能力优势进行思考和甄别之后，企业需要提出一个新的转型升级愿景，这个愿景不能只是企业家的愿景，而要成为企业的共识，成为大家的愿景。这个过程不是一蹴而就的，卓越的企业家会用自己的洞察力和前瞻力提出一个大家可能无法想象的新的愿景，共识的达成需要通过不断的讨论、沟通，对新的愿景进行不断的打磨、提炼、修正。这是一个艰难但又不可或缺的过程。

企业转型升级愿景的形成不仅有赖于对市场机会的洞察和捕捉，还要依赖根植于企业的使命和价值观。这个新愿景要和企业早已形成的使命与价值观产生深深的关联，否则在企业的信念方面会发生根本性的抵触，出现企业"巡航系统"失灵。

在今天这个快速迭代的时代，企业家们在制订新的转型升级愿景的时候，很有必要对过去形成的使命和价值观重新进行反思和修订。看看我们做企业的目的到底是为了什么？这个类似于哲学化命题的思考，对于今天的企业家群体来说并不是一个奢侈品，而是必须涉及的议题，否则我们成长的正当性和内在发展的动力就会大打折扣。日本企业家、被誉为世界经营之神的稻盛和夫之所以深深地震撼和影响着中国当今的企业家群体，就是因为他提出了具有深远哲学意味和更宏大背景的企业哲学问题：利他型的企业使命和价值观。

今天的中国企业家中还没有人真正成为受人敬仰的全球企业领袖，一个原因就在于我们的使命观和价值观还过于狭窄，还过于利益驱动，我们无法提出一个更大、更长远并真正与人类命运共同体这一普世价值合拍的新的价值观。借用当下我们的"吨位"与许多一流企业平起平坐、国家创新驱动战略实施与"一带一路"机遇的这样一个利好机会，优秀企业家们应该去思考这个命题，并且为自己的企业转型升级找到一个更高远、更坚实、更持久的发展依据与道德制高点。

在企业新的转型升级愿景的基础上，还需要明确提出企业的价值主张。所谓的价值主张，就是当实现我们的企业愿景的时候，我们到底为客户交付什么样的价值？它包括客户什么样的需要？这个需要对我们服务的客户群体有多么重要？我们能够提供什么样独特的产品和服务？等等。

如果说企业愿景是内在愿景的话，那么企业价值主张就是对客户的外在愿景。这两者是高度统一，同时并存，缺一不可的。实际上，很多企业转型升级往往出于自身需要，对真正满足客户的需要、提出明确的客户价值主张并不太关注，这也是这些企业无法进行市场化的技术创新、明确的商业模式创新或运营模式再造设计的关键弱项。如果企业转型升级以后，我们无法告诉市场和客户，我们的转型升级对客户意味着什么，请问这样的转型升级能够持续吗？正如我们身边经常出现的装修升级的理发店、餐饮店等门店一样，尽管表面的"转型升级"比换老板的速度还快，但无法弄明白这样做究竟给客户带来了什么样的货真价实的产品、服务与价值增值？

第二步：采用可持续的创新，并且在企业层面上展开。这一步实际上是和第三步、第四步的商业模式创新和运营模式再造结合在一起的，也可以说是同时发生的。当我们有了新的企业转型升级愿景，我们就要采取创新的方式来聚焦于自身的产品、服务、流程或模式。

作为一种基本创新方法，当新的商业模式创立之后，不断地改进、完善就是我们所说的渐进式创新也叫微创新。

从企业及其产品生命周期的不同阶段所采取的渐进式创新的方式是不同的。企业可以结合自身的业务需要在这中间不断摸索，找出更加适合自己的方法。而颠覆式创新有时是通过跨界融合、借用新的技术实现低成本对原有方案的替代和快速进入市场的方式实现的，在互联网时代已愈演愈烈。不同创新方式作用于企业转型升级的不同阶段，也作用于产业周期发生的不同阶段。进行持续创新的企业，在新的商业模式下要不断用渐进式微创新的方式去优化自身的价值主张，以及提高价值创造的效率，并且要时时观察市场上有可能出现的颠覆式创新，随时准备进入到颠覆式创新的领域。这样有条件的企业尤其是平台型企业就需要有两种创新体制相融合，即传统的渐进式创新与破坏式创新。

第三步：围绕新的企业价值主张进行商业模式和运营模式的设计。这个价值主张有可能是要创新的产品、新的服务，服务于新的客户群体，采用新的价值管理系统，有新的商业模式以及价值控制的战略控制点。那么，这个新的商业模式创新就需要将这些要素进行整体思考，并且建立相关的基于市场导向的流程、组织结构、人才体系以及管理系统。尤其是绩效管理系统的配合和支持，这就是我们讲的商业模式创新的设计。在当今的商业模式创新中，一定要将视野扩大到企业生态系统和价值网络层面，能够在企业生态大系统中找到彼此配合的价值联结点，将企业自身孤立的发展放大为整个产业链系统的发展与价值链的创新。企业在产业价值系统中找到一个恰当的定位，要么成为价值系统的引领者或跟随者，要么成为别人创造的价值系统中新价值的贡献者，从而在新的商业模式中谋求差异化或恰当的优势。也就是说，企业可以在别人创造的价值模式中寻求差异化，这也是一种商业模式的创新。

对很多当下的中国企业来说，在别人创造的商业模式中快速地学习、快速模仿，然后进行不断的优化进行下一步的创新，是很多企业所经历的道路。在运营模式再造阶段，当今的中国企业无论在业务流程、劳动力效率还是设备效率方面，都还有很大的空间和潜力可以挖掘。我们有时候是被商业模式创新的口号遮蔽了双眼，实际上，从我国产业尤其是制造业发展的沿革看，多数企业应从当下出发，在原有模式下不断地挖掘提升，把现有的业务做深、做透、做精、做细，其实是每一个企业所能采取的最为可靠的转型升级路径。笔者曾喻为：中国大多数企业应在"一寸平台上钻透地球，一颗量子力贯穿宇宙"上狠下功夫，这才是我们转型升级胜利突围的点穴之举。

　　第四步：战略落地要有清晰的路线图和战略重点。当所有关于商业模式创新或者运营模式再造的战略措施明晰之后，企业需要清晰的路线图来实现它。

　　第五步：围绕企业核心理念和价值观的企业文化重塑是关键的第一步。所有的转型升级措施和战略管理步骤都要靠企业的团队来实现，员工需要对这些转型升级的核心理念和方向有深度认同，并且愿意采取协同一致的行动步骤，而这里依靠的就是企业文化的力量。因为它是企业执行的导向与聚力的保障，所谓执行力就是文化和行动的一致性。但是对于越来越关注破坏式创新的企业来讲，开放包容的企业文化和对失败的容忍、对试错的鼓励，将是必须重塑的新的企业文化核心，不是二元文化，而是一种新的文化基因的植入，因此在企业中建立既有执行到位、又有开放包容的企业文化，对很多企业家群体来说是一个巨大的挑战。这不仅需要企业家以身作则，而且更需要全社会形成包容失败、鼓励试错、激励创新的氛围与环境。在企业内部，有时候需要企业家能退到幕后让员工去积极地尝试并承担责任，从而开启具有更多主人翁意识的企业文化变革。今天互联网时代思维和"互联网+"背景下的企业所采取的管理方式，一定是开放式的、团队参与式的、群策群力式的，因为这种方式可以最有效地激发员工的积极性、参与度和对企业转型升级的同感、共感与拥戴感、获得感。因此，打造创新文化和执行力文化，最好和最重要的方法就是让全员参与进来，建立群策群力的新型企业文化。

　　第六步：反思与自我批判。前五步完成以后需要回到原点，看看我们的转型升级愿景实现了多少？距离还有多远？可不可以有更多的改进空间？需要说明的是，前五步的实施并非是一成不变的逻辑关系，而是彼此匹配的功能关系，有可能前后顺序重新设置。有的企业转型升级可能是从企业文化入手，有的企业转型升级是从改变自身的战略管理体系开始。不管从哪里开始，这六道工序的关键匹配都是不可或缺的，是企业转型升级这场音乐会总指挥——企业家必须把握的基本定调、节奏与和乐。

第二十章
企业战略的转型升级

一、企业战略转型升级概要

企业战略转型升级是指企业长期经营方向、运营模式及其相应的组织方式、资源配置方式的整体性转变,是企业重新塑造竞争优势、提升社会价值,达到新的企业形态的过程。中国大多企业的转型升级主要属于企业战略转型升级。"转型"大师拉里·博西迪和拉姆·查兰曾言:"到了彻底改变企业思维的时候了,要么转型,要么破产。"

(一)为何企业战略也要转型升级

从地缘经济的角度来看,中国过去的优势已经不再明显。中国企业为什么要转型升级?中国企业的转型升级是由外部的生态环境变量和内在的变量这两个方面所决定的。规模和市场份额都曾经是很多中国企业在市场起步阶段追求的主要目标,但是在快速扩张过后,很多企业发现,它们并未能获得令人满意的利润水平和为股东创造更多的价值,而企业的核心竞争力也并不明确。虽然很多企业在短时间内迅速扩张,但是从企业的可持续能力、战略制订、创新力、执行力以及流程再造等方面来看,与成功的一流企业相比仍有很大差距。这时,企业就不得不跳出具体的业务和市场份额,去考虑新的愿景设定和战略调整。

（二）企业内外部的生态环境变量

从外部的生态环境变量来看，即互联网、新技术革命、企业外部生态变革这三个变量对中国企业本身的成长构成重大影响。其中，尤其是新技术革命将彻底改变企业外部生态的结构，主要有新型计算机架构、基因组学、纳米技术、储能技术以及机器人技术，随着这些技术的集成发展，人类尤其企业开始掌控物理世界。技术的发展从虚拟世界为主，转向物理世界的变革。

内在的生态环境变量如下。

第一，企业缺少成长的动力。美国的后劲在于拥有不竭的创新能力，它的教育在全世界首屈一指，所以它在新技术革命中掌握着先机。

第二，企业缺少成长基础。未来企业成长，必须依赖技术基础。战略思想的短期化，目标的短视化，是限制中国企业成长与长寿的一个根本原因。这也是当下中国企业，尤其是国之重器——制造企业普遍存在的"缺芯"之殇。

第三，企业家瓶颈，包括企业家成长环境、企业家的领导力及价值观等。中国企业家的问题主要有两点：一是在价值观上还没有成为以使命型为主导的领导者；二是缺乏科学思维，缺乏方法。实际上每个行业里的知识，90%都在内部。要找到内部明白人、内部的专家，不能希望从外部找到解决问题的方法。这种"学习方法"，总体上反映一种投机主义的"拿来思维"，反映出在面对困难和问题的时候，很多人不愿意用科学的方法去直面它，更不愿意花时间、花功夫从最基本和最基础的层面来解决。

华为的成功，一个最重要的方面就是任正非真正搞懂了企业内外生态环境变量，尤其对内部三大变量的思考是非常清晰和牢牢把握住的。他对每一项工作的开展和进程都分得很细、抓得很实。例如研发投入上看，2017年华为研发费用支出897亿元，连续十年累计达3940亿元。任正非表示，未来华为还会从每年总研发费用150亿～200亿美金中划出20%～30%用于基础研究。这些技术中最受关注的应该要数华为自主研发的麒麟系列处理器。仅2018年上半年发明专利授权量（国家知识产权局公布）就达1775件，名列中国前茅。但是，我们必须清醒地看到，中国大多数企业的优势通常都是一种策略性优势，是不坚固的。企业需要形成一种拥有持续支撑力的成长，有源泉的水流。

二、企业战略转型升级的方向

方向一：企业成长目标要从规模目标转向价值目标。价值的源泉基本上有两类：一是技术源泉；二是文化源泉。

方向二：企业的竞争优势必须顺势而为，不断递进。一是策略优势；二是体系优势，让竞争力更有支撑；三是结构性优势，如产业链的组合方式、平台模式、生态模式等。

方向三：从被动不适应组织转向主动适应型组织。

方向四：从个人型组织转向共同体组织。企业转型升级非常重要的一点就是要变成真正的全员共同体，包括以下三个层次：首先是具有广泛分享性的一个利益共同体；其次是能够目标一致、分工明确、相互协调的一个事业共同体；最后是使命一致、宗旨一致、奋斗精神一致的一个命运共同体。

方向五：从财富组织变向社会组织。不转型升级企业必死，转型升级企业也可能"找死"。因此，转型升级对企业而言就是一次大手术，很多企业家或者习惯于用"昨天"成功的经验来应对"明天"可能发生的问题，或是因为惧怕企业在转型升级中"加速死亡"，而选择在瞬息万变的市场环境中苟延残喘。事实上，转型升级对每家企业而言都是一次巨大的挑战，但转型升级一旦成功，企业就可以获得"新生"。而在如此多变的市场环境下，企业也不能指望通过一次转型升级，就取得长治久安的效果。市场的不断变化就意味着企业家必须适时地进行转型升级，从而保持企业竞争力的持续上升，实现企业的可持续发展。

战略转型升级主要是针对处于传统产业、前期经历过高速成长、已有一定规模的企业而言的。它们大多数目前普遍面临产业空间有限、劳动力成本优势丧失等压力，同时存在核心能力不足、人才和管理基础薄弱等内部问题。对这些企业来说，战略转型升级是当务之急。有些企业家或从事管理工作的朋友或许会问："转"向何处？"升"往哪里？笔者以为可以从以下方面进行思考。

（一）从规模目标转向价值目标

许多传统产业正在进行"三去一降一补"的结构调整。在此背景下，一些企业需要改变长期形成的追求规模的惯性，将成长目标定位于价值。这并不意味着完全不考虑规模目标，而是在多个目标排序时，将价值目标放在首位。这里的"价值"，首先是指企业为顾客创造的价值；其次是指企业自身在资本市场与社会生态上的价值。两种含义的"价值"在逻辑上存在这样的联系：通过为顾客创造价值，获取较高附加值以及长期收益率，从而支撑和提升企业的市场价值与社会价值。而顾客价值以及附加值的背后，则是企业需不断开发、寻找和积累的价值源泉：要么是技术资源，要么是文化历史主导的品牌资源，要么是提升营运效率的管理知识……企业追求价值目标，必然导致从传统的粗放型、外延型、资源型成长方式转向内涵型成长方式。

（二）从策略性优势转向体系性优势、结构性优势

许多基于国内巨大市场成长起来的企业，其竞争优势主要来源于策略尤其是市场营销策略，例如设计富有吸引力的产品（服务）概念，采取贴近顾客的销售模式，密集猛烈的广告投放，等等。

策略性优势并不具备稳定、坚实的基础，当市场需求不再放大（甚至萎缩）或者竞争者纷纷模仿跟进时，很可能快速消解。因此，需将策略性优势转化成体系性优势——具有技术、人力资源以及资金等要素支撑的优势，价值链上研产销各项专业职能相对领先的优势，基于管理体系和管理平台的优势。体系性优势的形成，意味着企业成长从营销驱动演变为营销、技术、管理三驱动，意味着从依赖机会成长转向依托能力成长，也意味着技术与管理的匹配、经营和管理的均衡。

在体系性优势的基础上，中国的优秀企业应追求企业优势的更高境界——结构性优势，即由各个战略要素和战略环节组合而成的、他者不易模仿的、能够获取持久超额利润的动态优势。这种优势主要来源于独特的商业模式，来源于价值链（价值平台）的组合、连接及运行方式，根本来源于企业在创新链上及产业生态中的地位（话语权）和角色（组织者）。当企业具备了结构性优势，就筑起既高且厚的竞争壁垒，并在一定程度上超越了常态化竞争。

（三）从被动转向主动适应

企业作为一个与生态环境互动的生命体，始终处于"刺激——回应"的状态，根据生态环境的挑战不断做出抉择。我国不少企业当下之所以面临成长瓶颈甚至陷入困境，一个重要的原因是漠视趋势、忽视变化，不能前瞻性地在战略层面预先做出准备。当市场、产业严冬已经降临的时候才开始寻找、准备寒衣，被动地挣扎在生存线上。因此，对它们而言，转型升级的方向之一是成为主动应对挑战、适应环境的能动组织。

首先，应提高企业生命体的敏慧程度，核心团队在学习、反思中不断打破"智障"，把握乃至引领未来的潮流。其次，应具有开放性和弹性。只有与外部主动、积极交流、互动，才有可能消除组织内部失去功能的"积碳"，获得新的能量补充；企业应超越组织边界整合、利用资源，迅速构建适应多种环境挑战和竞争要求的动态能力体系。再次，以灵活、网络化、平台化、生态化的组织形态、架构以及自组织机制应对外部的不确定。再其次，互联网下的新时代企业应具有自动"进化"功能，即根据企业生态环境变化和生存需要，不断孕育、培育、发育并生成某些新功能，不断强化"物竞天择、适者生存"的核心能力和竞争优势生存方式（这里包括战略定位、商业模式、组织结构、盈利模式、运行机制等多个方面），不断从低级向高级演进。

（四）从"个人型"企业转向"共同体"企业

这点主要针对从"草根"创业成长起来的绝大多数民营企业及少数国有控股的企业。中国的民营企业虽经40年发展，但大多数仍然是"个人型"的企业：企业创始人一人（或一家）股份独大，而上市企业，虽未必绝对控股，但大股东地位以及控制权非常牢固；企业决策权限集中；员工很少分享利润。概括起来就是缺少两个"分"字：一是分权，二是分享。

在更为复杂、多变的环境中，未来的企业成长更加依赖于全体员工的内驱力，更加依赖于内部的协同性，更加依赖于知识、知识型员工以及人力资本。因此，采取更加开放的权力结构，容纳更多的利益诉求，整合更多的利益愿望，激发组织中细胞的活力，形成"利出一孔、力出一孔"的组织机制以及同舟共济、相助共生、"无孔不入"的组织生态——即成为个人与组织休戚相关、共治共享的"共同体"就变得尤为重要了。

（五）从财富组织转向社会组织

企业追求财富是天经地义的事，无可厚非。但企业不能仅仅追求财富，更不能为了追求财富牺牲甚至破坏社会价值。我们改革开放的前二十几年，一些企业的发展"原始积累"属性特别明显，为了追求财富不择手段、不讲诚信、漠视规则、破坏环境、损害相关利益者权益（以顾客和员工为主），已经到了令人触目惊心的地步。因此，企业成为承担社会责任、追求社会进步的社会组织，是时代的呼声，是企业公民的义务，也是企业成长的内在要求。换言之，企业只有以社会责任为牵引和约束,才有可能长治久安;只有融入社会进步大潮的企业,才有可能赢得社会的尊敬和支持;只有主张和践行先进价值理念的企业,才有可能凝聚人心,把握趋势,战无不胜。

三、企业战略转型升级的关键要素

(一)保持财务稳健

未来的不确定是常态。因此采取保守的财务政策、多备一些"过冬"的资源至关重要。企业尤其需降低财务杠杆率,优化资本结构,确保现金流的稳定和持续;需高效处置不创造价值的"有毒"资产,优化资产构成。

(二)善于"做减法"

一方面需要调整过去习以为常的高增长指标,避免因不切实际的高指标引发的动作扭曲及其带来的经营风险,也要缓解企业内部高增长压力与外部生态之间的摩擦和紧张。另一方面,如果摊子铺得太大,业务范围延伸得较宽,则需审时度势收缩战线,回归并更加专注、聚积优势主导产业。尤其是主导产业(主营业务)中的关键竞争要素和资源,如技术、知识、核心人才、品牌、营销网络、供应链、认知媒介、客户社群等要集中,并将其投放在关键、核心、强聚焦力的方向上,从而获得技术、管理上的突破和有深度的创新。对于处在追赶者位置的大多数中国企业来说,这几乎是拉近与国外领先者差距的唯一途径。

(三)把握"逆周期"成长的机遇

宏观经济不景气以及行业处于低谷时,往往会出现一些经济景气时不可能获得的有利于企业成长的战略性机会。例如,一些拥有本企业所需核心资源、关键要素的企业难以为继,有可能被收购整合;一些历史悠久、认知基础良好的品牌被主人待价而沽;一些优秀的技术、管理专业人才正在"寻良枝而栖";等等。在目前逆势的市场环境下,用较低的成本或合适的代价获取他们,就有可能快一步地实现"逆周期"扩张以及战略的转型升级。

(四)打造战略性成长的基础

所谓战略性成长,是指有战略方向、有战略保证的成长,其基础是企业的组织体系。如果把它比作一个人体,头部(神经系统)是决策机制,腰部是团队(尤其是核心团队和骨干团队),而腿部则是管理平台。企业战略转型升级,有赖于这三个方面的支撑。

就决策机制而言,需形成科学、严密、民主、分权的决策机制和程序,以此保证和提升企业战略决策的正确概率。就团队而言,需在清晰的人力资源战略指导下,通过人力资源管理体系以及"选、育、用、留"等各环节的重大战略性行为,构造一支专业化程度高、适应企业未来发展以及外部竞争需要、战斗力强的铁军。就管理平台而言,需优化、积累管理流程、管理模板、管理技术及方法,将隐性的管理经验和诀窍数字化、显性化,为战略转型升级——如业务结构的调整、商业模式的变革以及价值链运行方式的变化,奠定坚实的基础,起支撑保障作用。

四、企业战略转型升级的决定性力量——领导者

企业战略转型升级的成功与否关键在企业核心的领导者及企业家。中国企业家及企业核心领导者要引领企业战略转型升级的成功,需要在以下方面下功夫。

(一)摒弃投机主义习惯

国有企业的任期目标考核机制有待完善,特别是混合所有制机制责、权、利边界的合法合规合理的界定有待明晰。否则,压力机制与动力机制在企业领导者身上很难平衡,势必制约国有及国有控股企业竞争力的进一步提升,尤其是国有企业家精神的弘扬与国际一流优秀企业家的涌现。目前,一些民营企业家投机日久,积习甚深,至今仍用机会主义的态度、思维应对关乎企业生死存亡的战略转型升级。其主要表现有:期待外部环境很快好转;依然幻想"跨越式"成长,期待有立竿见影的灵丹妙药;迷信以往经验,难以摆脱对原来路径的依赖;试图在不改变战略与组织结构的前提下通过修修补补解决问题;仍在追逐看似便宜的资源(比如至今仍有企业编造故事,利用银行贷款与国家补贴政策等到处"圈地");用"寻租"思维发现所谓的"机会";虽然口头上大讲转型升级,实际上患得患失,缺少勇气和决心,对企业未来发展抱有侥幸心理,搞一些浅层次的、形式主义的、花拳绣腿式的战略和组织变革(实际上不涉及关键问题的基础层面的折腾);等等。机会主义仍然是目前中国民营企业战略转型升级的最大障碍。

(二) 用科学方法系统推进

企业战略转型升级是一项涉及企业多个环节、多个方面并且历时久长的系统工程，其成功依赖于理性精神、系统思考以及整合复杂性，不能感性化地草率决策，也不能头痛医头脚痛医脚，否则局部的治标不治本的方案会引发更多的新问题。此外，还需防范企业几乎普遍存在的一种现象，即在战略转型升级的名义下，一些专业职能部门各自为政，扩充权力，并使管理流程烦琐化、复杂化。

表面上看企业是在抓转型升级、抓强化管理，而实际上消解了企业从创业阶段延续下来的优良传统（如反应敏捷、行动迅猛的"血性"等），降低了企业的运行效率，增加了管理成本，这种情况不仅延误企业战略转型升级的时机，而且打击了企业内部成员、合作伙伴对战略转型升级的信心和热情。鉴于此，整体推进企业战略转型升级时，一方面需同时减少组织的复杂性（这也可以作为企业战略转型升级的组成部分）；另一方面需通过相互关联的立体机制设计，引发企业内部自发、自为、自组织变革。这样做，优化了权力，凸显了智慧在企业战略转型升级中的作用，使转型升级事半功倍。

(三) 消除既得利益拖累

企业在战略转型升级时，必须着眼于企业共同体的长期、根本利益，同时增强组织内部横向、纵向流动，消除既得利益的樊篱，防止局部利益板结，使企业内部不同方面、不同层次、不同群体的利益真正融合起来；需建立理性、平等、宽阔、公平的利益博弈框架，基于长期、重复博弈原则确定各方利益均衡点（所谓"最大公约数"）；当利益结构必须调整时，须原则鲜明、态度坚定、手段有力，但又能适度注意平衡和协调；在无碍大局时，可以采取"土地换和平""利益换权力"的灵活方式。

(四) 驾驭战略转型升级的全过程

对企业领导人来说，领导和推进企业的战略转型升级，难度高，风险大，需要卓越的领导力和高超的领导艺术。在具体的领导行为上，应该注意以下几个方面。

第一，通过广泛、深入的沟通和互动，使组织成员对战略转型升级的意义、目标、路径等重大问题最大限度地达成共识，为战略转型升级构建思想基础；在达成共识的基础上,对组织成员进行有效的动员,为他们提供参与的途径和机会,让更多人主动参与到战略转型升级的进程当中。

第二,找到战略转型升级的主导力量——可能是中高层管理团队,可能是进行技术创新的工程师团队,也可能是与顾客打交道的销售团队,甚至可能是车间里的基层工人团队。在互联网时代,战略转型升级的主导者未必是高高在上的管理者,很可能是低层级的、局部架构里的组织成员,他们很可能通过边缘创新成为引发、触动企及整体变化的主要力量。

第三,与上一点相联系,企业领导人应抑制个人的"英雄主义"情怀(这在部分民营企业家身上常常可以见到),借助于组织和机制,不仅自上而下而且自下而上地推动改革。

第四,协调好核心领导团队成员的关系,避免上层不和,甚至祸起萧墙——在企业战略转型升级的敏感期,由于权力结构、利益结构的调整变化,"改革者""能干人"往往被暗箭所伤,壮怀激烈地倒在转型升级的路上,这类事变在国有或国有控股企业中更加容易发生。这也需要企业领导人在一定程度上具备政治家的胸襟和智慧,也更需要掌握用人权的更高决策者实事求是、与时俱进的判断与爱才惜才护才的情怀和敢为实干家撑腰的担当。

创新成果分享:提升企业核心竞争力的战略转型升级

中国振华电子集团有限公司(以下简称中国振华)前身是军工电子工业基地(083基地),是55家首批国家试点大型企业集团之一。中国振华产业领域覆盖电子元器件、电子材料、整机及系统、现代服务业,产业分布于贵州、深圳、北京、上海等地,所研制的电子元器件广泛应用于航天、航空、兵器等国防科技工业各个领域,是"中国芯"的重要构件,是国内综合保障能力最强的军用电子元器件科研生产企业。

1. 电子企业提升核心竞争力的战略转型升级背景

(1) 适应外部环境变化,落实国家战略的需要

全球经济环境的重大变化给中国振华未来发展带来严峻挑战。受国际需求疲软、国外树立技术壁垒的影响,国内行业供需失衡,传统的核心业务基础元器件面临对手冲击。推进网络安全体系建设,信息安全陡然上升为国家战略,为国有企业转型升级带来新的契机。在行业生态环境方面,电子信息行业发展阶段上进

入"云、物、移、大、智"时代。云计算、物联网、移动互联、大数据、智慧城市战略等新兴领域已成为电子信息产业经济增长新的驱动力。在产业生态环境发生变化、行业面临重大变革的现实背景下,必须加速转型升级,加快发展。

（2）落实集团高新电子战略部署的需要

中国电子战略规划明确提出："以'调结构、转方式、上水平、促发展'为主线,紧抓国家战略性新兴产业发展机遇,将资源更多地投向关系国家安全和国民经济命脉的重要行业和关键领域,推动产业由产业价值链的中低端为主向中高端为主转型,由产品生产为主向提供核心技术及整体解决方案和服务为主转型,走创新驱动、内生增长之路,着力做优做强,增强活力、控制力和影响力,成为电子信息领域充满活力、值得信赖、受人尊重、具有国际影响力和竞争力的世界一流企业。"中国振华秉承中国电子战略定位,以国防安全和信息安全为己任,加快人才结构、产业结构、企业结构、资产结构、债务结构调整,全面提高国家重点工程和重点领域参与能力,形成母公司以战略管控与资源和核心职能、子公司以专业化经营为核心功能的母子公司体系,实现中国振华快速转型升级。

（3）提升企业竞争力的客观需要

基于经营状况,中国振华组织了对存在问题的研究,针对已经显现的发展瓶颈,总结出了以下三方面存在的现实问题：一是传统产业增长乏力,亟待由价值链中低端向价值链高端转型。二是在企业结构上,中国振华整体上企业户数多,低效无效资产多,资源效率难以发挥。三是企业分散,协同效应难以发挥,整体上"集而不团"。为此,从2013年下半年开始,中国振华开启了基于核心竞争力提升的转型升级之路。

2. 电子企业提升核心竞争力的转型升级内涵与主要做法

中国振华针对内外部环境变化,确立以提升核心竞争力为核心的转型升级战略,着力优化集团管控体系,形成母公司以战略管控与资源经营为核心职能、子公司以专业化经营为核心功能的母子公司体系,以提高管理效率,形成资源协同效应。其主要做法如下。

（1）科学决策、顶层设计,制订转型升级总体规划

中国振华转型升级的总体目标是：形成在国家的地位明显提升、结构调整基本到位、产业优势基本形成、经营模式基本确立、产融结合基本贯通的集团化产业发展体系。

作为中国电子控股的大型企业集团，中国振华在转型升级规划中明确提出"布局信息安全"这一产业结构调整的主攻方向，将资源聚焦到涉及信息安全的核心基础芯片领域，以加快推进中国振华的转型升级，提升中国振华的企业价值和社会价值。

中国振华经过对产业的研究，梳理出了产业布局重点方向，即基于信息安全核心基础芯片进行战略布局，如图20-1所示。

```
重点领域 → 信息系统核心——基带处理
                ↓
产品方向 → 信息获取 信息传输 信息处理与计算 信息交换
                ↓
         AD/DA芯片 逻辑芯片 计算芯片 信息交换芯片 信号处理芯片 I/O芯片
                ↓
战略目标 → 以基带处理领域自主可控、信息安全基础核心芯片产业为切入点，以掌握设计、验证、测试技术为支撑点，以关键领域应用为立足点，形成高技术壁垒和相对垄断优势，成为国家信息安全的基础硬件支撑力量
```

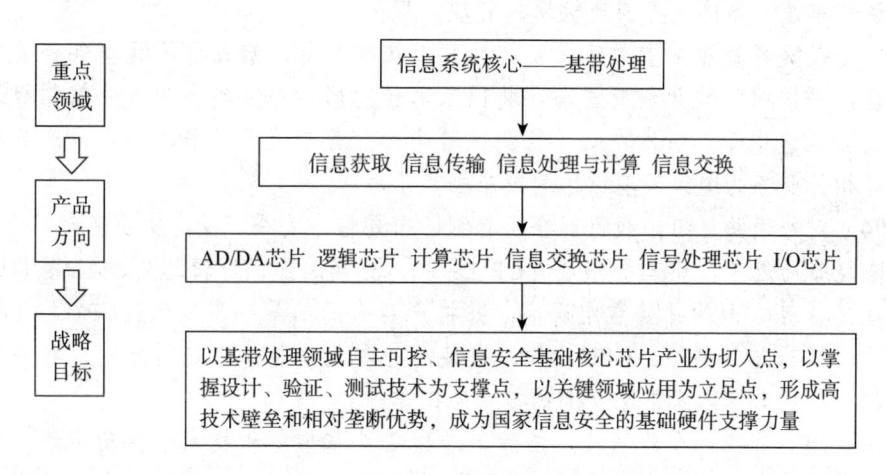

图20-1　信息安全业务布局思路图

一是围绕确定的发展方向，中国振华确定"以基带处理领域自主可控、信息安全基础核心芯片产业为切入点，以掌握设计、验证、测试技术为支撑点，以关键领域应用为立足点，形成高技术壁垒和相对垄断优势，成为国家信息安全的基础硬件支撑力量"这一布局思路。

二是科学地分类识别现有业务，集中资源发展优势产业。

三是优化集团管控体系，提高管理效率，支撑转型升级。

（2）清理"三非"企业，优化资源配置，减亏增效

在高效的工作机制保障下，中国振华2014年采取自主清算、吸收合并、挂牌转让等多种方式清理退出企业9户，并以业务出售方式转让了部分持续亏损或低效业务，全年完成的企业清理户数占整个中国振华亏损源及低效企业户数的32%，共计安置职工228人。

(3) 优化企业结构,实现专业化运营,提高资源运营效益

在2014年进一步深化整合重组工作,中国振华以组建电子元器件、电子材料、整机及系统和现代服务业四大事业部为目标,着手构建"总部+事业部(业务平台)+专业化公司"的组织架构,优化资源配置,切实提升资源运营效益。

一是启动现代服务业板块的整合,以板块化经营的思路,建立现代服务业事业部,由房地产开发、工程建筑、物业管理、金融服务等四类业务构成板块化的战略经营单元,整体统筹三产板块的管理、规划。

二是以提高资源配置效率、发挥协同效应为目标,启动电子元器件企业专业化整合,并按照板块化经营思路,将11家电子元器件企业整合为事业部制板块管理,成立销售中心、研发中心、检测试验中心,先期展开销售、研发、产品检测试验等相关业务的统筹管理,协同效应初步形成。

(4) 对外兼并重组,践行混合所有制,布局信息安全产业,实现突破

围绕布局思路,中国振华展开CPU芯片、交换芯片、逻辑芯片、AD芯片、信号处理芯片等方面的并购重组研究,并将产业布局的第一步聚焦到CPU芯片、交换芯片、逻辑芯片领域。CPU芯片、交换芯片和逻辑芯片都是需要软件和硬件适配的芯片,是支撑国家信息安全的核心基础芯片。

一是CPU芯片。在此领域,国际半导体巨头掌握核心技术、垄断市场,面对国家信息安全不同应用领域需求,亟须围绕自主可控CPU形成中国自己的产业体系。在CPU芯片方面,国内仅有三支队伍能完成大CPU芯片设计。

二是核心交换芯片。核心网络交换芯片作为网络数据传输的核心,过去一直被美国博通公司、美满科技公司所垄断,形成自主可控的网络交换方案解决能力是保障国家信息安全的关键。在核心交换芯片方面,国内也仅有一家企业具备设计和产业化能力。

三是逻辑芯片。先进技术一直被赛灵思、阿尔特拉等国外厂商所控制,是保障国防向主可控和国家信息安全的核心基础芯片之一。在逻辑芯片方面,国内具备较强设计能力的也仅有5~6家。

围绕信息安全产业发展思路,2014年,中国振华全力展开对外兼并重组,先后完成了核心交换芯片、CPU芯片、可编程逻辑器件的产业投资。在投资方案设计中,充分贯彻落实混合所有制,形成国有资本、技术要素、社会资金共同持股、价值共享、合作共赢的股权格局,在机制、体制上为新投资企业的快速发展奠定坚实的基础。

一是2014年7月兼并盛科网络（苏州）有限公司，完成向主核心交换芯片布局。

二是2014年12月重组成都华微科技有限公司，完成逻辑芯片产业布局。

三是中国振华与国内顶尖技术力量和社会资本合作，组建CPU芯片设计公司——天津飞舞信息技术有限公司，将打破国外高性能CPU芯片技术垄断，支撑国家信息安全。

完成信息安全产业布局后，在中国电子信息安全系统工程专项规划的引领下，展开高性能自主CPU芯片、核心交换芯片的研发。2015年3月26日，中国振华在北京成功发布首款代表国内领先水平的主频2GHz高性能自主可控CPU芯片FT-1500a以及万兆大容量核心网络交换芯片"智桥"系列第四代交换芯片，打破国际巨头长期垄断格局，为中国关键领域的信息安全提供强有力的自主可控技术保障。

（5）加大科研技改投资力度，提高科技创新能力，促进产业转型升级

中国振华明确以高端集成电路芯片设计、关键电子元器件研发，带动振华电子元器件由产业价值链的中低端为主向中高端为主转型升级且以应用集成研发为方向，实现由产品生产为主向提供核心技术及整体解决方案和服务为主转型升级。

通过研发投入的加大，面向国家关键领域的国产化替代攻关工作取得新的成效，全年新增国产化替代产品近200项，累计形成1100多项产品国产化替代能力，微波单层陶瓷芯片等一批代表国内领先的高端电子元器件产品培育成功，为我国打破国际禁运，实现国产化替代提供了强有力的保障；大尺寸蓝宝石单晶板材自主工艺研发成功，填补国内空白，达到国际领先水平；高电压和动力型锂离子电性材料攻克了技术瓶颈，在容量、放电电压、高温循环等方面达到国际领先水平；锂离子动力电池光伏储能电源系统研制成功，产品进军德国、澳大利亚智能家庭储能系统市场。

（6）改善集团管控体系，有效支撑转型升级

将功能重叠的两个管理总部吸收合并，整合形成一个管理总部，从总部压缩管理层级一级。

进一步明确企业决策主体、决策责任、决策权限、决策程序。在中国振华所属企业中开始推行执行董事制度，完成19家企业的董、监事会改执行董事、监事工作，并重新委派执行董事、监事、财务负责人。对实行执行董事制度的企业，将预算内的重大投融资活动的实施、总经理人选的推荐等授权执行董事审批，过去设董事会、监事会的企业召集会议时间安排难、决策效率低的现象得以改变。同时，针对过去所属企业高管由总部直接选派带来的向心力、凝聚力不够问题，

下放企业经营班子副职选聘权，除财务负责人（总会计师）外，其他所属企业副职改由企业总经理提名聘任。完善中国振华董事会制度，修订董事会议事规则、专门委员会议事规则，出台董事守则、董事会秘书工作规则等，提高各专门委员会议事职能，解决好董事会规范运行的问题。对中国振华财务预算、股权投资项目、重组项目、绩效考核等重大事项，由专门委员会先行审议议案，并提出建议，专门委员会审议通过的事项，方提交董事会进行决策。

3.电子企业提升核心竞争力的转型升级效果

通过面向信息安全产业的兼并重组，中国振华已形成涵盖集成电路核心基础芯片（CPU芯片、核心交换芯片、逻辑芯片），覆盖信息安全交换、计算和处理各个核心环节的硬件支撑能力，初步形成信息安全核心基础芯片体系化方案研发和保障能力，实现由基础产业领域向国民经济关键领域的转型升级。

通过面向国家关键领域国产化替代攻关，研制成功的高性能CPU芯片、核心交换芯片、逻辑芯片以及电子元器件国产化替代产品，为中国信息安全重大项目、关键领域重大工程推进提供了有力支撑，为中国制造"缺芯少脑"局面的改观做出了积极的贡献，使中国振华在国家关键领域的影响力明显提升。

第二十一章
传统产业、制造业、服务业的转型升级

一、酷特的学习与赶超

酷特（曾用名红领集团，以下统称酷特）创建于1995年，原是青岛一家生产经营服装产品的传统企业。如今，酷特拥有3000多名员工、日产4000件（套）不同款式和花色的服装，其产品远销美国、意大利、加拿大等国。那么酷特如何从一个普通的传统服装企业转型升级为一个业绩连续5年翻倍增长的国内互联网工业标杆企业？在"互联网+"时代、传统制造业究竟受到了多大的冲击？酷特如何在冲击中完成了蜕变？互联网大数据给传统服装产业带来了怎样的颠覆性变化？

国内的客户从网上自主下单设计，在旗舰店工作人员的配合下，量体裁衣，客户也可以根据订单平台上的量体教学视频，自主上传所需的衣服尺寸。客户不但可以根据自己的喜好选择面料、款式，还可以进行更多细微的修改，比如缝扣子的线，设计自己的服装品牌等，拥有非常多的自定义修改选项，从定制到成衣只需7个工作日。工厂通过物流将产品发往世界各地。

这是一种新的商业模式，它融合了互联网思维和大数据技术，各地的客户通过互联网直接"到"工厂，订单源源不断，让消费者看到了"工业4.0"的雏形，而整个工厂就相当于一个大型的"3D打印机"。C2M这种使消费者与生产者高度融合的商业模式做到了"去中间化"，给顾客带来的是个性化、私人定制的满足感，给企业带来的是生产组织的高效和服务的精准化，零库存降低了企业的生产成本，"去中间化"给消费者带来了实惠，这是一个双赢的商业模式。

传统服装定制，通常需要经验丰富、身价昂贵的裁缝师为客户量身定衣、制作版型，但裁缝师每天最多打出两三个版型。酷特通过自己研发的版型数据库，每天可完成4000件套服装订单的打版需求，突破大规模定制的打版障碍。酷特通过多年的努力，版型数据库目前已经积累了近百万亿数据，而且还在持续增加。量体师只需将客户量体数据上传，版型数据库就会根据客户量体数据和个性化需求自动匹配出适合的版型。"一套成衣一个版，人人可做设计师"。大数据对设计效率和产品合格率方面也大幅改善，设计师从常规工作中脱离出来，将更多精力放在设计优化和提升上，大大提升了客户对柔性定制的满意度，增加了客户黏性。

制造业通常有固定的组织架构：如销售、计划、采购、材料库、生产等部门，但在酷特，这些架构已荡然无存。以客户需求为核心，先有流程，再有组织，线上办公，数字驱动，所有环节组合在一起，就是"3D打印"，点对点、端到端，去掉部门之间的壁垒，无纸化办公，高效率生产。

走进车间，几十台电脑作为流程的起点，全世界各地的订单源源不断地汇集到这里，这也是一个强大的计划中心，计算机通过APS（高级计划与排程）系统和MES（制造执行）系统将数据用于各个流程点：配料环节接到电脑指令，迅速将材料检索后再交给下一个流程，裁剪环节按指令将布料自动裁剪，悬吊系统将布料、半成品等分送到流程各个环节。偌大的车间、几百人在机器的轰鸣中，按照眼前的电脑指令，有条不紊地完成自己的工序。在生产过程中，难免会出现工作复杂、耗时长、员工出活儿速度参差不齐等问题，但MES-APS系统可以做到根据每个工位的生产速度合理分配工作量。最后，所有成品陆续汇集到成品检索区，自动检索机把成品配套组合在一起，随即打包，交由物流公司运送到世界各地。酷特以大数据为核心的生产组织方式，倒逼企业生产流程再造，重组了生产关系，无缝对接了生产组织中的各个环节。智能化的生产组织，做到了"去部门化"和"产品零库存"，不再靠人指挥；大数据驱动，使信息化和企业的精益管理完美融合，颠覆了传统企业的生产组织方式。

二、《中国制造2025》企业的机遇与挑战

当前，世界各国都在关注一个词——"工业4.0"。"工业4.0"被认为是第四次

工业革命的象征，旨在通过网络互通信息，通过计算机人工智能的应用，使生产、流通等各个环节都实现最高程度的自动化，德国、美国等欧美各国都在积极部署，意在引领新工业革命的潮流。

（一）德国举全国之力推动"工业4.0"

德国"工业4.0"由政府主导推进。首先，德国向周边的欧盟各国之外，还包括向中国等亚洲新兴国家和地区出售"工业4.0"工厂整体解决方案。德国正在以"工业4.0"为国家品牌，其作为一项新兴的产业，谋求出口"智能工厂"。其次，"工业4.0"实际上是对中小企业的一个扶持政策。

（二）"世界工厂"中国制造的未来

未来，人口老龄化问题最为突出的将是中国。根据英国《经济学家》杂志发表的"2050年世界预测"中有一项数据显示，中国人口平均年龄已经从1980年的22岁上升到2010年的36岁。就人口平均年龄而言，中国将在2020年超过美国，2040年超过欧洲，以大量廉价劳动力为成本优势的中国制造时代将彻底画上句号。

在人口老龄化、人力成本上升、资源、环境问题等制约之下，制造业到了必须转型升级的时刻，可以解决这几个问题的"工业4.0"，对中国制造业发展可谓是雪中送炭。2015年5月，被称为中国版"工业4.0"战略的制造业的10年发展规划《中国制造2025》由国务院发布，旨在到2025年，通过信息技术的应用和"两化融合"，提升制造业整体品质、效率和水平。

（三）为中小微企业发展带来巨大机遇

从国内来看，改革开放40年来，中小微企业在产业结构调整中扮演着重要的角色，已经成为推动我国经济社会实现创新发展的重要力量。《中国制造2025》充分认识到中小微企业在经济发展中的重要作用，其中的第六项扶持政策和保障是"完善中小微企业政策"，从专项资金、发展基金、融资体系、征信体系、建设创业基地、科研资源共享和综合服务体系等七个方面对中小微企业提供全方位的扶持。其主要用意就是，采取措施激发中小微企业活力，释放其经济发展中的积极作用。

（四）助推商业模式创新

《中国制造2025》本质上是利用互联网，推进网络化的制造技术。这样一来，商业模式也必将随时都发生巨大转变。随之而生的新商业模式主要有两个重点：定制生产与后市场服务。

1. 消费者定制生产成为"常态"

消费者为传统制造中的产品使用者，开始站在制造的起点位置上，小规模定制将发挥到极致，根据消费者的偏好进行定制生产也将成为主流。这样一来，必然会提升消费者的满意度。厂商也可以进行与大规模生产相当的低成本生产，从而提高竞争力。

还有一个变化就是智能产品。之所以叫智能产品，主要是由于可以"自行思考"。工厂内利用人工智能、信息物理系统可以根据消费者的要求进行定制化的生产制造。零部件采购和产品出厂也可以利用互联网进行自动处理，从而大幅提高效率。

2. 在后市场服务提高附加值并延长价值链

在企业价值链中，从销售给消费者之后的阶段开始，就开始了应用物联网的后市场服务。2014年3月，美国5家企业发起了工业互联网联盟。该联盟由百年巨擘通用电气牵头全球IT巨头共同组建。GE在其代表性产品飞机发动机中嵌入传感器，通过飞机厂商交付给航空公司（消费者）使用。通常飞机发动机为了保障乘客安全，要定期进行严格的维修保养。而GE则在销售后，通过长期对发动机运行状况进行监测，来保障这一点的实现。GE利用软件系统将传感器传输过来的发动机运行状况进行大数据分析，不仅可以预测故障的发生，提高飞机的安全运行水平、有效运营时间，还可以向航空公司提交油耗改进方案，降低运营成本。GE改变了与IT企业合作进行大数据分析的一贯方式，而是自行成立软件公司，自主开发大数据分析软件系统，提供软件以及解决方案，推出销售云计算服务的新业务，从而拓展了企业的发展新空间，极大地延伸了企业价值链，有机地实现了工业技术、信息技术、管理技术的融合，完美地实现了从制造企业向制造服务型企业转型升级。

（五）借力实现跨越式发展

《中国制造2025》并不是一个一般性的行业发展规划，而是着眼于整个国际国内的经济社会发展及产业变革大趋势所制定的一个长期战略性规划，不仅要推动传统制造业的转型升级和可持续发展，确保国家战略性新兴产业的茁壮成长，还要在应对新技术革命的发展中，实现高端化的跨越式发展，是中国实施制造强国战略第一个十年的行动纲领。《中国制造2025》的出现无疑将释放新需求，创造新供给，拓展新空间，增强新动力。

三、中国制造业转型升级呼唤智能制造

发展智能制造，符合中国制造业发展的内在要求，是适应和引领新常态，推动供给侧结构性改革，重塑中国制造业新优势，实现产业转型升级的必然选择。

（一）智能制造是提高中国劳动生产率的重要途径

中国制造业面临来自发达国家加速重振制造业与发展中国家以更低成本承接国际产业转移的"双重"挤压。在当前中国传统人口红利逐渐消失，要素成本快速上升，产能过剩严重的条件下，继续走过去那种依靠扩大规模、外延式发展的路子已经难以为继，必须将关注点转移到劳动生产率的提升上来。千方百计地提高劳动生产率，应成为今后相当长一段时间内中国制造业保持竞争优势的重中之重。提高劳动生产率主要的途径是信息技术和制造业的深度融合，促进装备和产品的智能化，通过信息技术改造和优化制造业全流程，提高企业生产效率和经济效益。

（二）智能制造是推进中国制造业高端化的重要方式

尽管中国制造业规模居世界第一，但真正高端的产品不多。总的来说，中国制造业技术创新能力尚弱，关键智能制造技术及核心基础部件主要依赖进口，产业规模小，产业组织结构小、散、弱，缺乏具有国际竞争力的骨干企业和批量的"隐形冠军"。产业基础薄弱，高档和特种芯片、传感器、智能仪表仪器、自动控制系统、高档数控系统、机器人等市场份额低。航空航天、高速铁路、新能源等新兴产业发展，工程机械、冶金、石化、轨道交通等传统产业的转型升级和发展需要大量新型传感技术、仪器仪表和控制系统。智能制造不仅可以改造提升生产制造水平、提高质量和效率、优化组织结构和业务流程、实现产品全生命周期管理、延伸产业链条、发展新业态，而且可以带动自主可控的重大智能装备、新一代信息技术产业发展，有利于产业结构向中高端迈进，打造制造业竞争新优势，实现跨越式发展。

（三）智能制造是实现制造业可持续发展的有力手段

智能化在提高专业化分工与协作配套，促进生产要素的有效聚集和优化配置，降低成本以及节约能源与社会资源等方面具有重要作用。2009年，国务院确定了我国控制温室气体排放的行动目标：到2020年我国单位国内生产总值二氧化碳排

放比2005年下降40%～45%。实现该目标并解决我国制造业当前存在的问题，迫切需要智能制造技术和装备，通过应用更节能环保的先进装备和智能优化技术，有助于解决我国生产制造过程的节能减排问题，打好生态保卫战，实现建设美丽中国的目标。

四、代工企业的转型升级

科沃斯机器人科技有限公司（简称科沃斯）自1998年成立，从吸尘器代工的小家电企业成功转型升级为家庭服务机器人研发的现代制造服务业企业。回顾其发展历程，可以发现公司由小到大、由弱到强的秘密是企业的三次成功转型升级。

（一）三次转型，三次升级

1. 从 OEM 到 ODM 的华丽转身

科沃斯最初从事吸尘器代工即OEM，开始时为不知名的吸尘器品牌代工，然后为世界上知名吸尘器品牌——飞利浦、松下、伊莱克斯——定牌生产，代工业务持续增长，公司亦飞速发展，2006年公司代工收入超过了10亿元。

在公司快速发展之时，负责人钱东奇选择了公司上市发展战略路径，2004年摩根士丹利派出专业人员对公司进行尽职调查，详细了解公司经营与财务状况后说了一句话："公司业绩确实不错，但OEM业务没有太大的发展前途。"钱东奇当时无法理解：一家有稳定客户与现金流的公司被认为没有前途？这一外部警醒，引起了具有理科专业背景的钱东奇对公司代工发展的思考："我愿意为研发投入更多的资源。"钱东奇决定从破解行业领先者的知识产权开始实施技术突破。经过不懈努力，2006年，公司终于制造出了具有自主知识产权的多级旋风吸尘器。

科沃斯凭借这一技术和产品，开始一方面为国外公司进行ODM贴牌制造，另一方面，为国内市场推出多级旋风吸尘器产品，建立"科沃斯"品牌，逐步确立市场地位。

2. 从 ODM 到 OBM 的神奇跳跃

2006年公司多级旋风吸尘器产品以"科沃斯"品牌开始了国内市场开拓之旅。由于公司一直是代工制造，缺少相应的市场营销和品牌建设能力，为此专门从外部请来一位操盘手，负责组建营销团队、拓展经销渠道、策划品牌营销等，并且在上海设立销售公司。由于采用传统营销方式，渠道经销商能力较弱，加之"科沃斯"品牌知名度低，以及产品定价较高，造成产品在切入市场后在营销"最后一公里"受阻，未能形成公司——营销公司——经销商——客户的产品良性循环，各个环节的库存增加，现金流开始出现不畅。

在市场销售遇到挫折的关键时刻，钱东奇果断换下了操盘手，亲自任销售公司总经理，而且将销售公司搬回苏州总部，通过总结经验，认识到必须加强终端推销。为此，公司决定：第一，成立"科南军校"培养应届毕业生员工，充实一线零售队伍；第二，公司直接面向市场终端，将终端零售人员由经销商员工改为公司职员。自2009年开始，公司终于打通了营销"最后一公里"，终端市场豁然开朗，"科沃斯"品牌也随之确立。

3. 从传统小家电到家庭服务机器人跨越

2000年的一天，钱东奇随手翻阅报纸，一则哈尔滨工业大学举办了一场机器人足球比赛的消息引起了他的注意，这消息激发了他的灵感，给机器人加上一个吸尘器不就是机器人吸尘器吗？颠覆吸尘器行业的产品绝不是一款更好的吸尘器，而是智能化的地面清洁机器人。钱东奇成立了一个独立的研发团队HSR（家庭服务机器人），由机械工程师、电控工程师、专利工程师5人组成，并由钱东奇直接负责。2000—2003年，研发小组在一片黑暗中摸索，遇到了很多技术难题，但也取得了一些阶段性成果。受美国产品的启发，团队的研发方向从完美主义转向实用主义，这也是科沃斯产品开发理念的一次大转变。2003年团队对2002年的地面清洁机器人进行结构优化，2005年对产品进行功能优化，取消了定时功能，2006年增加了产品的市场功能，2007年地面清洁机器人5系终于推向市场试销。2009年产品完善推向市场，中文名为"地宝"，英文名为"Deebot"。

而后，公司技术不断突破，产品功能不断增强，产品线也不断丰富，公司持续推出地宝760、地宝8系、超薄地宝、地宝9系产品，产品大类也不断拓展，继推出地宝后相继推出空气净化机器人"沁宝"系列、擦窗机器人"窗宝"、多功能机器人管家"亲宝"，这一系列机器人产品的成功市场化，开创了一个全新的家庭服务机器人行业，公司也实现了从传统小家电制造业到现代制造服务业的蜕变。

（二）转型升级的关键点

企业的成功突围，一定是企业综合能力和关键能力的突破。从科沃斯公司的三次成功转型升级中可以发现，转型升级的关键点是企业家精神引领、企业家能力的突破、企业能力积累的爆发。

1. 企业家精神引领

英国的伊迪斯·彭罗斯认为："进取心是企业家精神的唯一真谛。"科沃斯公司负责人钱东奇就是一位具有不断进取之心的优秀企业家。一方面，外部一句"OEM业务没有太大的发展前途"促使他不再满足代工发展现状，从而思考和寻找公司未来的发展前途，另一方面他自身也在对代工业务发展反思。他曾经说过："因为我有做研究的背景，身上有一些理想主义色彩。我们在代工初期，就想是否可以做出更好的产品。"这说明他具有力争尽善尽美、十全十美的的工匠品格，体现在对产品的品质以及生产过程的完美追求上。同时，他具有不断超越现在、不满足现状的企业家创新精神，体现在从对完美制造的追求到产品创新的追求，比如他愿意为研发投入更多的资源。正因为这种持续的进取与不断创新之心，推动了企业目标的提升、价值量的扩张、品牌的飞跃。

2. 企业家能力的突破

公司的发展离不开员工努力，更离不开企业家能力的突破。企业家能力主要包括把握产业发展方向的能力、创新能力等，其中把握消费市场发展变化的能力是企业家独到的洞察力。钱东奇受报纸上一条消息的启发，敏锐地把握了吸尘器技术变革的发展趋势，即机器人技术是吸尘器行业的未来发展技术方向，由此开启了公司技术突破的颠覆式发展之路。

20世纪90年代初，中国居民的生活水平不高，吸尘器还不是家庭的刚性需求，或者说吸尘器还抵不过扫帚，因此吸尘器的国内市场基本空白，而欧美发达国家的消费水平较高，需求旺盛，此时吸尘器行业唯有出口海外。科沃斯公司正是抓住了这一市场快速发展的时机，顺利地起步发展。随着人民生活水平的不断提高，特别是随着消费群体的迭代更换，年轻的消费群体成为市场主力，他们希望从烦琐的家庭事务中解脱，希望有清洁机器人这样的产品来缓解家庭事务压力。钱东奇把握了国内市场快速变革的节奏，即生活方式完全不同于前辈的80后已成为国内消费群体主力，顺势推出了清洁机器人产品，成功从小家电行业转型升级到全新的家庭服务机器人行业。

3. 企业能力积累的爆发

代工企业在代工生产中积累的各种能力，如制造能力、技术能力、管理能力等在一定条件激发下可以实现集成突破，从而为代工企业的转型升级提供强有力的支撑。

科沃斯的三次转型升级的技术研发能力、营销能力就是代工时期企业能力积累的突破。具体来说，代工时期的制造技术、测试技术对产品研发技术的掌握、突破具有重大的累积效应。从超音速离心吸尘器到多级旋风吸尘器再到清洁机器人的产品发展历程，就是聚沙成塔式的技术积累和能力突破。清洁机器人的产品研发切入，就是在原有吸尘器技术持久积累的基础上与机器人技术的融合突破，两种技术的集成，创新了新一代的清洁产品——清洁机器人，这当然已不再是迭代式的产品创新，而是行业的颠覆性产品。

同样，公司的营销能力和品牌能力也来源于外来操盘手的营销能力和营销经验的积累和突破，特别是对营销失败的总结和反思，才换来了企业营销能力和品牌能力的突破。代工期间的"品牌公司"事实上就是代工企业转型升级的导师和孵化师。如今，科沃斯拥有了全球唯一最完整的家庭服务机器人产品线，成为全球服务机器人行业开拓者及家庭服务机器人行业标准制定者，公司也于2018年5月28日在上海证券交易所上市。

五、企业生态变化尤其消费升级带动中国服务业转型升级

随着消费升级的浪潮和中产阶级的崛起，中国网上超市当中非生活必需品销售增速超过必需品，居民消费开始向享受型消费升级。

新时代，高收入、理性消费人群构成了网上超市新族群，也成为中国经济社会中一股不可忽视的力量。这一人群主要来自80后和90后，"理性""关注品质""富裕""新中产"是他们的主要标签。80后、90后占比超过70%，其中又有70%以上的用户为高学历人群，企业白领、金融工作者、医务人员、公务员、学生、教师等用户占比超过85%。同时，在网上超市用户中，女性占70%。

此外，移动电商创造了更高的便利性和更好的用户体验。消费者从选购、支付到收货的流程越来越快捷便利，上班时下单，下班回家即可享用，让用户对网上超市的依赖越来越强，在线支付成为多数用户的支付习惯，通过在线支付购买的用户近80%。种种迹象表明，中国消费者对新产品、新服务和新的零售体验的接纳速度远超发达国家市场。

创新成果分享："海底捞"以差异化服务实现转型升级

海底捞成立于1994年，使其名振京城正是其以"双手改变命运"的核心价值

观所引领的服务为导向的差异化企业战略。海底捞在成立之初就以细致入微的服务为卖点，从顾客进门到就餐结束有一套完整的服务体系，这很快让海底捞受到关注和热捧，然而这些机制、服务很快就被同行业竞争者不断模仿与复制。

1. 丑闻爆发引发全面整改

海底捞的极致服务一方面为企业博得了顾客的眼球，另一方面也引来更多的关注甚至祸端。2001年，随着海底捞的大骨汤底料以及部分饮料系勾兑的报道出来以后，让海底捞深陷食品质量危机，这次危机虽然给海底捞带来了负面影响，但还未损伤销售业绩。然而，无独有偶，从2001年到2013年间，海底捞又相继被报道出员工偷吃热食、底料再回收、茶水乱收费等诸多经营管理方面的问题。

在一系列的质量以及管理问题爆发后，海底捞管理层开始注意到所有祸端的根源——企业内部控制。随着海底捞门店的不断扩张，其"重服务轻产品"的隐性经营理念，加之人力资源成本不断上升以及行业内对其极致服务的不断模仿，使得海底捞面临的处境越发艰难，海底捞意识到先前"以服务为导向"的差异化战略已经不再适应其未来的发展，燃眉之急是如何开始重视产品质量，建立以质量为导向的内部控制体系。

2. "以质量为导向"的战略转型升级

海底捞官方称，从2001年开始进行"全面整改"，其战略转型升级主要体现在社会监督的参与、自有供应链的建立与产品质量的提高。

海底捞还开放工厂、物流站等供消费者参观，通过社会监督来重新赢得消费者对于产品质量的信任；加强集采购、加工、制作、配送于一体的供应链体系，以此来保证食材在每一个环节都能够达到安全标准。为了进一步提高产品质量，海底捞计划五年内实现火锅红味底料自动化灌装流水线生产，以此来杜绝人为操作失误的可能性；增设一条原料选料流水线，运用水洗和金属探测方法，实现自动化选料、择料；店内增设豆浆及各种饮料制作机，实现自动化，使得加工配料过程能可视化监督；后堂设备添置洗碗机、洗菜机、切菜机，一方面降低员工的工作强度，另一方面能够保证餐饮用具卫生，运转效率更高。

海底捞如此大刀阔斧的修正、创新，需要的是企业近乎不计成本的管理变革以及内部控制的技术支持。那么，内部控制体系是否如产品变革一样，也在进行着改变呢？

3. 内部控制的变革

同其他行业相比，餐饮行业的风险来源广，并且很难控制，主要表现为：管理标准化程度低、财务风险高、服务易效仿及食品质量安全等。随着餐饮行业的不断发展和战略转型升级，也帮助海底捞通过内部控制建设在一定程度上规避了部分相关风险。

（1）管理层面

海底捞战略转型升级前后，其管理层面的内部控制变化主要集中在组织授权、人力资源、绩效考评三方面。而内部根深蒂固的问题是，始终处于"多头领导、多人管理、无人负责"的尴尬处境之中，并未出现实质性改变。

1）组织授权制度逐渐标准化。

转型升级前，海底捞拥有独特的授权制度，大到总经理，小到公司的一线员工，都有不同的权力。员工有权赠送菜品甚至是拥有免单权，致使员工吃单以及临时工拿客人钱直接走人的现象发生。这种通过员工主观判断进行的服务模式也决定了海底捞在管理方面的不足。

转型升级后对组织授权制度进行了整改，服务的免单权需要与经理级别的人员沟通，情况合理属实才能免单，这对员工的授权起到一定的监督作用，确保企业管理的规范性。店长每天早会上会对先前服务上的瑕疵进行归纳总结，优化服务质量，减少工作上问题的重复发生，逐步朝标准化管理方向发展。

2）人力资源政策导向的改变。

转型升级前的海底捞被称作"熟人社会"，这正与海底捞曾经的人力资源政策有关，曾经的员工推荐制度使新员工与先前的员工、管理者之间存在裙带关系，企业内部拉帮结派的现象十分严重。同时，餐饮行业普遍的低门槛、低学历、低素质、高流动性也阻碍着企业的健康持续发展。

转型升级后海底捞开始实行十天培训制，不仅对员工招聘全程监控，不适合企业的人员提前排除，还对有意向的入职大学生着重培养以适应未来的海外发展的需求。曾经的"熟人社会"在海底捞内部已经开始慢慢消失。与此同时，海底捞非常重视员工的感受，其人性化的人力资源体系赢得了员工的忠诚度，保持了队伍的长期稳定。

3）绩效考评制度引入门店。

转型升级前的海底捞在不同的门店对员工有着不同的考评标准，主要是以领班和店长等管理者对每个员工的表现来考量其工作情况，这样的模式存在很大程度的主观随意性。

转型升级后，企业引进了计件工资和末位淘汰制度，所有门店同步实施，员工工资的提高促进了员工的工作效率,但是不可否认可能带来顾客满意度的降低;末位淘汰制度有助于员工所在门店的业绩提升,增加了各个门店之间的内部竞争。

(2) 业务层面

海底捞在业务层面内部控制的变化主要体现在食品安全方面,服务创新在内部控制制度的催化下反而愈加重视,财务层面的内控变化并没能解决根本问题。

"海底捞可能有两种死法:一种是管理出问题,如果发生,死亡过程可能持续数月乃至上年;第二种是食品安全出问题,一旦发生,海底捞可能明天就关门,生死攸关,我们明白,抓好食品安全这条路虽然曲折艰辛,但不会白走。"在海底捞火锅官网上赫然写着这样一段话。

海底捞董事长张勇决定开始大刀阔斧地宣传其新文化——以食品安全为核心的内部控制,这到底出于何因?

1) 食品安全实现"质"的飞越。

正如丑闻曝光的一样,海底捞曾经产品操作卫生问题层出不穷,造成恶劣的负面影响,同时食品创新后劲不足,在锅底和菜品方面缺乏竞争力,随着产品与服务的同质化,逐渐面临着市场份额被蚕食的风险。

转型升级后的海底捞在食品卫生方面进行了革命性的改变,企业自有供应链的建立使菜品进行层层把关;后厨的机械化设备投入,改善了食品操作卫生;颐海上市推进了底料的全自动流水线制作过程。此外,菜品逐渐更迭新模式,2016年,海底捞举办北京和无锡两届新品品鉴会,同时将新品的更替形成常态发布。

2) 全力捍卫服务创新。

海底捞的服务模式早已不断被模仿,满足消费者隐性需求的服务从创新转变为一种行业常态,海底捞的服务优势逐渐缩小,服务创新的边际效应递减明显,在行业竞争冲击下,海底捞仍然誓死坚持其"服务创新"的经营理念,定期推出新服务,以"快同行一步",不断实现创新。例如,每天在固定时间为顾客提供川剧变脸表演等特色服务以增加顾客的用餐愉悦感和提升回头率。

4. 对企业内控的评价

1) 海底捞已从过分强调人情化、人情化大于制度化的理念悄然改变,逐渐引入相对规范化的现代管理体系,在一定程度上避免了管理上的风险。

2) 海底捞对于资金的管控权力较集中,财务集中由总部核算,降低了财务管控风险。但是在小额资金的审批程序上并不符合成本效益原则,权力过于分散,也可能出现内控过度影响效率的问题。

3）为了追求高质量的服务，贯彻好客户至上原则，海底捞服务创新成本的控制是个挑战。长此以往，当市场竞争越来越激烈时，同质化产品的出现就会对其长期持续发展构成威胁。如何有效控制服务成本，做到成本、质量与收益的平衡，成为海底捞的长期课题。

4）财务层面内控建设有待进一步优化。如果以上各方面的内部控制建设对于海底捞来说是成功的话，财务管理层面的内控建设某种程度上可以说是成效甚微。转型升级前的海底捞主要面临以下三方面的问题。首先，成本高，利润低，随着门店的扩张，地价的攀升，工资也在行业中上水平，致使海底捞成本不断上升，实际利润率低于行业平均水平。其次，结算方式存在安全隐患，服务员手上都拥有部分货币资金，顾客的消费结算直接通过服务员，缺乏相应的监督。最后，授权审批制度效率低，门店采购食材从申请到最终付款环节会有至少4个人进行复核审查。

然而，转型升级后的海底捞在财务的内部控制建设方面只有资金结算方式通过电子化支付（支付宝、微信等）降低了安全隐患，其他问题仍然存在，主要体现在成本相对高。海底捞每月的服务成本高昂，要想维系自身特有的"变态服务"，始终面临巨大的考验。公司向员工提供各种培养机制，高薪的待遇以及生活福利都耗费了比同业竞争对手更高的边际成本。

服务创新可以提高企业经营活动的效率，有效提升顾客的满意度、忠诚度及"再回首"，也是保证企业资产安全性和经营稳健性的基本前提。很明显，海底捞所坚守始终的"双手改变命运"的核心价值观和由此形成的服务差异化优势，带给了普遍"短命"的现代餐饮行业十分难得的持续发展的一面镜子。

第二十二章
企业商业模式的转型升级

尽管对"商业模式"的定义五花八门，但多数人都会认同的对商业模式描述的是公司如何创造和获取价值，商业模式的各个特性决定了客户价值主张和定价机制，规定了公司组织方式、合作伙伴以及供应链结构。从根本上讲，商业模式是一套体系，内部多种特性相互作用，关系复杂，决定公司未来的成败。因此，简单地讲，企业商业模式是企业与企业之间、企业内部的部门之间、企业与顾客之间、渠道之间存在各种各样交易关系和连接方式的总和。

一、商业模式转型升级的要素

每个行业都会出现一种主流商业模式，如果没有市场扭曲，主流模式就会反映出最高效的资源组织分配途径。引入新模式的尝试多数是失败的，但偶尔会有人成功颠覆主流模式，其推动力通常是新的技术。如果行业新进入者运用新模式取代在位霸主公司，或者竞争对手采用新模式，就说明行业发生了转型升级。

平台技术一经引入，任何公司只要利用该技术为顾客创造更具说服力的价值主张，就能对主流商业模式造成冲击。新商业模式充当着技术与市场需求的接口。

一般来讲，商业模式实现转型升级有以下关键要素。

1. 定制化程度更高的产品或服务

许多新模式提供的产品或服务，与主流模式相比更加贴合顾客个人当下的需求。公司常常利用新技术以创新更具有竞争力的价格实现这一点。

2. 闭环流程

许多新模式用闭环取代了产品制造使用和丢弃的线性消耗流程，实现产品循环利用，降低了资源总成本。

3. 资产共享

一些创新能取得成功，是因为实现了昂贵资产的共享，如 Airbnb 让房主与旅行者共享房屋，Uber 让车主与他人分享自己的车。有时资产可以在供应链的不同环节中共享。共享通常是借助双边在线平台，为两个群体解锁价值：我把空房出租赚钱，你得到更便宜的住处。共享也降低了多个行业的进入壁垒，因为进入者本身不必拥有所共享的资产，只需充当中介便可。

4. 基于使用定价

一些模式根据顾客对产品或服务的使用情况定价，而不是要求他们全部购买。这样一来，顾客只为获得的价值付费，对公司而言顾客数量也会增长，双方都能获益。

5. 合作性更高的生态系统

一些商业模式创新成功的原因是，新技术促进了与供应链合作伙伴的合作，更合理地分散商业风险，降低了成本。

6. 具备敏捷性的自适应组织

创新者有时利用技术来摆脱传统的层级决策模式，让决策能够更好地反映市场需求，并针对需求的变化做出实时调整，这样常常能让公司以更低的成本为顾客提供更大的价值。

这六大要素都与技术和需求的长期趋势相关。技术方面的四大趋势是：传感器技术发展，实现了成本更低、范围更广的数据收集；大数据、人工智能和机器学习技术，帮助公司将海量非结构化数据转为规则和决策；互联设备、云技术和区块链技术，实现了广泛的去中心化数据操控和分析智能；制造技术的发展，为分散的小规模制造创造了更多机会。市场方面，虽然世界范围内发展中国家的稳步发展推动着需求稳步增长，但顾客偏好也变得更加多样，更加复杂。要素价格增高，监管力度加大，也给寻求获得市场份额扩大的公司增加了挑战。

以上六大要素为市场需求和技术能力的对接提供了可能的解决方案。例如，价值主张中强调定制化，回应的是消费者偏好分散、对产品或服务要求更为多样化的市场需求。传感器通过云端互联设备收集数据，数据经过大数据解决方案的分析，转为推荐和提醒等服务，满足不同顾客的需求，定制化得以实现。

二、要么成为平台，要么加入平台

信息革命不仅仅对全球市场、企业生态产生了巨大影响，也正在对企业内部组织结构、运作逻辑带来深刻改变。如果从企业角度看，"互联网+"已经由表及里地先后穿透了营销、渠道、产品、战略、资本等层面，而最深层、最困难的部分正是"互联网+组织层面"。当前，种种迹象已开始不断表明，企业在新生态中要想保持持续竞争力，组织模式的变革已成必然。

"平台化""生态化"开始成为新方向。尤其对当今的中小型创业企业和"独角兽"们而言，"要么转型升级为平台，要么加入平台"成为新的生存之道。究其根本，正是因为随着互联网普及，平台型组织能够以更高效、更民主、更公平的方式服务、激活、整合组织内、外部的"个体"的活力和创造力，并和它们以"互利共生"的方式"协同进化"。长期以来，只能作为组织附属品机械地例行公事的大量个人，开始能够以"自带信息，不装系统，随时插拔，自由协作"的U盘式工作方式成为"自由连接体"。这是一次跨时代的飞跃。一方面，积极性和创造精神被长期压抑的有个性"员工"变身成为"合伙人"，这深层次激发和提升了他们的灵商智慧、工作激情、创新意愿、幸福指数；另一方面，有先进的信息化工具为基础，加之文化与价值观、绩效考评体系等全面升维，组织仍拥有着不可替代的吸引力和牵引力，组织不但不会因为放松管控而"解体"，反而能有效地减缓"大企业病"和中小企业的"成长死"。

"大数据驱动"成为现实。随着数据集市的逐渐成形和数据技术的逐渐进步，"数据驱动的企业（组织）"开始成为现实，谁能率先养成、变现、规模运用数据，谁就能占得先机。我们看到，当前由数据驱动的很多新兴"互联网金融""现代物流""大数据营销"等的企业都获得了快速成长。同时，"深度学习""人工智能""区块链"等新兴事物正在发酵，例如微软建立了"深度学习研究中心"，阿里巴巴建立了"达摩院"，IBM发起了"认知计算"计划，谷歌投资了创业团队Deepmind和Machine intelligence，等等。未来，随着"数据技术"进一步通过互联网与制造业有机融合，"新智能"还必将以前所未有的高度引领工业效率大规模提升。届时，海量传统工厂的组织模式也必将转型升级，谁能更好地对接和适应大数据驱动，谁便能率先建立起新的核心竞争力。

那么，企业（组织）应开始关注和培养哪些核心竞争能力？关键应把握以下几项。

1. 计算能力

当互联网变成了基础设施，数据变成了生产要素，云计算变成了公共服务，很多企业站在了新的起跑线上。未来衡量一家企业组织的核心指标，将不再是用电量、企业规模、货运量等，而可能是数据吞吐量、计算消耗量、数据转化率、系统迭代率……"计算能力"将是能够结合应用场景率先把海量数据资源转变为商业价值的能力，未来的一家"顶尖"企业的核心竞争力可能正是一套高计算能力的算法系统。

2. 创意能力

有报道称驾驶员、分析师、药剂师、记者、财务人员等大量目前看来具有相当专业和技术门槛的工作，正面临着被"人工智能"所替代的局面。"脑力劳动"逐步被"人工智能"取代，"体力劳动"逐步被"机器人"取代，似乎已成必然。不过从乐观的角度来看：人类身体和大脑将再次得到新的解放，人类将以创造和提供精神产品、情感附加值为主。未来，整个社会将更加关注企业的创造力和人自身的幸福力。届时，如何营造创新生态并构建人类美好的服务体系，吸引和激发人的关注力、兴趣、酷爱甚至痴迷，挖掘、激活其灵商并发挥人们的创新创意，在"创意马拉松"比赛中保持基业长青和幸福企业与和谐世界的营造，将成为企业的核心基因。

3. 感知能力

体验经济时代即将全面到来，如何更好地吸引和留住客户？更好地服务客户？应当了解的是，目前对刺激信号的解读与破译，并产生丰富多彩的感情和洞察的这类高级认知功能，仍然是人类所特有的。人类对外在事物的特有感知力及相应的煽情、共情能力，将是未来组织中宝贵的财富资源。煽情能力是人类触发、拨动、点燃他人情绪、想法、创意并形成心灵共鸣、情感相近、共同感受快乐、愉悦、美好的能力。共情即人类体会他人的情绪和想法、理解他人的立场和感受的能力，也被称为同理心。目前，笔者已经看到已有服务商在高薪招聘"特别爱哭""善于搞笑"的员工。

4. 沟通能力

另一个大趋势是"中产阶级"正在崛起，因此要引领和满足已经到来的客户体验需求的升级，组织需要具备更为复杂的沟通能力、更加多维度的知识储备、更为深度的咨询能力。沟通、社群生活所带来的体验和收获，仍然是人类作为群居动物所不可取代的。但不可否认的事实是，很多科技类公司的数据专家与市场之间距离遥远，工程师与客户"自说自话"的现象成为常态。如何有效满足更复杂和深度服务需求？如何能够寻求开放性问题的颠覆性见解？深度沟通能力甚为关键。

与此同时，我们必须明确，支撑平台的核心是人而不是物。因此，建设平台的成功与否，关键是否能吸引人才。为吸引更多人才加入，企业（组织）需提供以下支撑。

1. 明确的理念

面对"传统结构"的解体，"新的结构"日趋灵活松散，以及"弹性化""去中心化""个性化"等日益明显。未来一个组织存在的意义和必要性的根源究竟是什么？换句话说，凭什么能够让一批可以"独来独往""自由连接"的"知识人"长久地留恋于一个组织当中？

笔者认为，对个人而言，一个组织区别于其他组织的核心是长久明确、富有和合力的文化理念。正如前面所言，人的社会属性决定了归属感是人类特有的需求，而理念是终极归属。同时，企业（组织）围绕这个"文化理念"的落实，还需建立起配套的"阶段目标""价值系统"等。总体而言，"理念"能够决定组织的边界、规模、前景；"目标"能够决定组织在一定时期内的"维情力""凝聚力"和"战斗力"。

2. 高效的赋能

我们正在面临的时代大变更是创意革命。在创意革命的时代，创意者最主要的驱动力是创造带来的成就感和社会价值，自激励是他们的特征。对组织而言，这个时候他们最需要的不是激励而是赋能，也就是提供让他们能更高效创造的生态环境和工具。

3. 快速的反馈

传统企业中，随着组织规模不断扩大、层级不断增多，中层为组织带来了海量的噪音，一线员工能够获得组织有核心价值的真实反馈的数量越来越少、速度越来越慢、质量越来越差，基层员工每天都可能面对"多做多错，少做少错，不做不错"与"如何实现自我价值"之间的矛盾，成为人生可悲的尴尬，也成为组织僵化的根源。未来企业（组织）如何为"自驱动"的"自由连接体"直接提供基于大数据的更加快速、高质、多角度的劳动效果反馈，成为衡量企业组织"硬实力"的重要标准。同时，企业中是否建立起"坦率、善意、快速、高质、和谐"的反馈文化和机制，成为衡量企业"软实力"的重要标准。

4. 人文的关怀

按照需求层次理论，自我实现所代表的精神需求将成为每个人最终极的追求。随着科技和经济的加速发展，"富足"会在更多高水平的企业组织中普遍实现。届时，新的社会分工必将出现。物质产品的生产基本上由具有人工智能的机器人所代替，而人主要负责精神产品（创意、情感等）的生产。因此，尊重劳动者的主体地位和个性差异，关心劳动者丰富多样的个体精神、情感等需求，激发劳动者的主动性、积极性、创造性，促进劳动者的自由、平等、全面发展就显得更加重要。此时，组织应当转变以往管理思路，以人为本，纳情于理，移情于法，建立"情、理、法"相统一的内部治理体系。

创新成果分享：京东"数据+机器人+算法"掀起物流业商业模式的转型升级

1. 京东智慧物流领风骚

京东对外展示了最新的无人仓视频，同时披露了其中应用的核心技术。在京东正努力打造的智慧物流中心里，从入库、在库到拣货、分拣、装车的完整过程都无须人力参与，让库房拥有极高的效率和出色的灵活性。

随着《中国制造2025》和"工业4.0"概念的深化，生产、装备和物流行业正面临一次全面转型升级，作为"工业4.0"三大核心之一的智慧物流也得到了越来越多的关注。数据显示，2009—2014年，全国社会物流总费用在GDP中的占比由18.1%下降至16.6%，但与发达国家物流占GDP约10%比例还有很大差距，提高物流效率，降低物流成本成为企业的明确追求，也成了物流产业转型升级的巨大市场动因。

物流作为京东的核心竞争力一直引领着行业的发展，更不断从内部酝酿新的物流技术革命。在京东眼中，物流技术到目前的无人仓已经发展到了第三代，第一代物流技术适应于人工作的仓库，典型特征是人作为入库、在库、出库的直接操作者；第二代物流系统技术以京东"亚洲一号"系列仓库投入使用作为标志，以适度自动化作为主要特征，主要应用了大量的自动化立体仓库、输送线、自动分拣机等物流自动化设备，在这些环节提高了库内操作者的作业效率；第三代物流系统技术是以"无人仓"作为载体的全新一代智能物流技术,其核心特色体现为数据感知、机器人融入和算法指导生产,可以全面改变目前仓储的运行模式,极大地提升效率并降低人力成本。

由人、设备和流程等元素构成的仓库作业环境会随时随地产生大量的状态信息。过去,这些信息只能通过系统中数据的流转来进行监控,缺乏实时性也难以对业务流程进行指导。传感器技术的进步,带来了最新的数据感知技术,让仓库中的各种数据都可以迅速、精准地获取。

从已曝光的无人舱视频看,从商品入库、存储到拣货、包装、分拣、装车的环节都无须人工参与,形态各异的机器人成了无人仓的主角,机器人融入正是无人仓的重要特征之一。

占据仓库核心位置的立体货架可以充分利用空间,让仓储从"平房"搬进"楼房",有效利用宝贵的土地,在狭窄货架间运转自如的料箱穿梭车是实现高密度存储、高吞吐料箱进出的关键。它在轨道上高速运行,料箱精准放入存储或提取出来送到传送带上,实现极高的出入库速度。

从立体货架取出的料箱会传送到一个机器人下面进行拣选,迅速把商品置入相应的包装箱内,这种灵巧迅捷的机械手是并联机器人,具备精度高、速度快、动态响应好、工作空间小等特色,能到达3600次/时的拣选速度。它用令人眼花缭乱的动作迅速进行拣货,保证了整个无人仓生产的高效率。

除了丰富及时的数据和高效执行的机器人,闪烁着人工智能光芒的核心算法,更是京东无人仓的"软实力"所在,例如在上架环节,算法将根据上架商品的销售情况和物理属性,自动推荐最合适的存储货位;补货环节,补货算法的设置让商品在拣选区和仓储区的库存量分布达到平衡;出库环节,定位算法将决定最适合被拣选的货位和库存数量。调度算法将驱动最合适的机器人进行货到"人/机器人"的搬运以及匹配最合适的工作站进行操作。

京东眼中的智慧物流是一个完整的体系。无人仓解决进货、储存、拣货、包装、分拣等环节;无人车主攻城市环境下的最后一公里配送;无人机则锁定乡村配送。单一环节的自动化升级会带来局部效率的提升,而京东拥有完整的物流生态体系,掌握每一个物流环节并展开全面的智慧物流升级,通畅的数据流,天然的无缝衔接,完整的全盘考量,让京东的物流颇具特色和优势。实际上京东眼中的智慧物流是基于海量精准的数据,智能融合的应用及全面开放的环境,构建起高效的物流平台与生态,实现开放创新、协同创新、融智创新的新物流。

2. 京东提高供应链整体效率的途径称为"两个开放"

第一个是物流的开放为商家提供线上线下，多平台、多渠道订单履约服务。NDC/RDC/EC三仓实施库存合并存储，实现B2B/B2C/B2B2C库存共享和订单集成处理线上线下一盘货管理，库存共享，实现存货最低+现金利用率最高。

第二个开放则是京东物流云基于智能感知（基于硬件物流传感网络的智能感知，获取设备人员的实时状态）和智能调度（基于大数据的智能调度，实现仓库实施动态中控调度），实现仓库运作真正意义上的柔性、自主、可扩展，实现效率最大化，京东物流云在未来很可能会免费开放，为用户实现EDI数据交互订单协同库存融合。

将这"两个开放"相结合，京东就可以根据客户的消费能力、品牌偏好的因素，通过大数据的驱动去预测每个小区内的购买能力，然后通过区域补货，实现一小时送达。在传统模式下物流的流动是这样的：供应商——供应商DC——京东RDC——分拣中心——客户，现在京东也在逐步尝试供应商DC与京东RDC同仓协同，以减少商品搬运，提高供应链整体效率。

3. 多领域发力打造全方位企业生态体系

2018年3月2日晚，京东发布了2017全年财报，京东2017年全年交易总额（GMV）近1.3万亿元人民币。公司2017年全年净利润50亿元人民币，同比增长140%；净收入达到3623亿元人民币，同比增长40.3%。从1998年成立的光磁产品代理商，到如今市值4500亿人民币中国最大的自营式B2C电商，京东已经形成了"电商+物流+O2O+技术+金融"的五环战略生态布局。

京东的生态圈主要包含五大战略板块，分别是电商、物流、O2O、金融与技术。在过去的2017年里，京东发展迅速，各个战略板块持续发力，从电商主业的快速增长，到面向本地生活和打造智能生态服务体系，京东正在迅速完成从一小创业公司向电商巨头的转型升级。

在电商领域，京东细分了多种零售场景的商业模式，包括京东商城、京东全球购、京东生鲜等，并先后投资并购了永辉超市、QQ网购等企业。京东的物流业务则囊括了青龙系统、"亚洲一号"物流中心、无人机、三方物流、仓储五个方面，从创业至今，京东建设了中国电商领域规模最大的物流基础设施，截至2017年12月31日，京东在全国运营486个大型仓库，总面积约1000万平方米。目前已拥有全国电商领域最大规模的自建物流体系，运营263个大型仓库，仓储设施占地面积约580万平方米。在全国拥有6906个配送站和自提点，目前，京东实现大件物流中国大陆地区所有行政区县全覆盖。

京东在O2O领域的业务，包括了京东到家、京东生鲜、京东旅行等，2014年京东联合11000多家店面对O2O进行深度涉足，并先后与达达、永辉超市和沃尔玛达成战略合作。关于未来，京东掌门人刘强东表示会涉足生鲜电商领域，未来会实现上门试衣服务。

在金融方面，京东也正不断深耕。目前主要有供应链金融、消费金融、农村金融等多项业务，从2013年10月创立至今，京东金融估值已逾600亿元，同时，京东拥有自己的金融产品，如京宝贝、白条、京东钱等。

此外，京东已经在云服务、无人仓、无人机、人工智能客服、智能家居等多个前瞻性的技术领域进行积极的探索和应用，2016年5月，京东宣布成立JDX事业部囊括了京东智慧化物流中心、京东无人机、京东仓储机器人以及京东自动驾驶车辆送货等一系列高端智能物流项目。

京东还将进军VR领域，使用户购物体验更加丰富。京东目前的演示聚集在3C、家电领域，用户戴上VR头显示以后可以体验到线下购物的真实感，通过VR控制器可以拿起选中的商品进行360度查看，包括产品内部结构、功能特性等。京东透露，在实际应用中，用户可以通过手势、声纹等多种形式完成支付，使用户在VR环境中实现完整的购物过程。一路走来，京东从家电业的"搅局者"到综合零售业巨头，不仅让"多、快、好、省"的购物理念深入人心，也成功铸造了属于自身的企业传奇。

第二十三章
企业盈利模式的转型升级

一、战略定位转型升级：确定新方向

很多企业进行转型升级时往往缺乏明确的方向，他们认为眼下是个转型升级的机会，就义无反顾地开启了转型升级。这个机会可能是某个盈利点的出现，或者是市场的一段繁荣时期，也可能是企业发展遇到的压力。不得不说，这些对于企业转型升级而言确实是一个良好的时机，但如果没有一个富有远见的预判和精准的战略定位，企业转型升级成功的可能性仍然很低。

在企业转型升级中，战略定位是最核心的要素之一，没有一个方向性的目标，企业家就会盲目的决策，而企业各部门、各员工也无法凝聚在一起。因此，战略定位是企业转型升级的指导原则，也是企业发展的价值取向。战略定位直接决定着企业家的聚焦与决策，因此也就成为企业执行力提升和利润增加的关键要素。

很多企业家并不是不懂得战略定位的指导性作用，相反，他们在对中国市场环境进行了一番分析后，认为中国市场变化太快，"今天大家喜欢南方暖和，明天又喜欢北方凉快"，企业在战略定位之下难免束手束脚。

在中国的企业发展中，我们可以看到的是，战术相比于战略更被重视，而战略定位也逐渐被战术目标取代，战略定位作为企业的一种愿景而失去了实际意义。

很多企业家只是将战略定位作为企业文化中的一个"炒作元素",以各种"假、大、空"的词汇组成一个虚而不实的战略定位。

有些企业则将企业战略定位集中在技术优势上,各种"高端名词"被运用在战略定位中,且不谈这些技术是否真的被运用到了企业发展中,就说消费者是否能确切理解这些名词的意义都是未知。当企业家以这种"一厢情愿"的态度进行战略定位时,企业的品牌宣传、文化营造也必然是"孤芳自赏"、难接地气,最终反而成为企业发展的累赘。

企业的战略定位直接反映了其经营理念,也是企业价值观的直接体现。战略定位除了能够赋予企业营销宣传以内涵外,更重要的是对企业内部管理的优化作用。企业家之所以需要制订一个合理、有效的战略定位,就是为企业设定一个可达成的战略目标。在这一目标的指引下,企业才能对部门、员工的工作结果进行评估,员工才能一步步地为达成目标而努力,部门间的合作也才能得以有效进行。

随着中国移动通信行业进入全业务竞争时代,中国移动和中国联通都开启了战略定位的转型升级。中国移动从"争创世界一流通信企业"转型升级为"做世界一流企业",从"移动通信专家"变为"移动信息专家";中国联通以"现代化的综合通信与信息服务提供商"为定位,摆脱了过去"基础电信网络运营商"的局限定位。

从中国移动和中国联通的战略定位转型升级中,我们可以看出,它们都在试图摆脱过去单纯的移动通信商形象,而开始以综合性的信息服务企业为新的转型升级方向。

从2006年年初开始,中国联通就针对新的战略定位,启动了一系列的转型升级计划。2006年3月28日,中国联通正式发布了企业的新标识。新的企业标识形象地表达了中国联通"让一切自由连通"的战略目标,也宣告了中国联通正式进入3G时代,将以市场未来作为战略定位基础。

中国联通对此次战略定位转型升级的解释是,"中国电信行业已经不再是过去基于业务层面的'异质竞争',三大电信企业的全业务竞争,使中国电信行业进入了以消费者为基础的'价值链竞争'"。这一理念也成为中国移动、中国联通、中国电信的共识,消费者需求作为新的战略定位的基础,使得技术不再成为服务型企业竞争力的最核心元素。将信息技术有效转化为应用,以满足消费者需求成为中国联通战略定位的理念核心。

不仅是新标识的发布,中国联通对企业业务也进行了全面的整合,以通信为主业、以信息为副业,并逐渐提高信息业务的比重。在业务整合中,中国联通将目标消费者进行细分,从而推出了以中高档消费者为目标的"世界风"、更显年轻化的"新势力"、大众化的传统品牌"如意通"、以企业客户为主的"新时空"。在此基础上,为了提高中国联通在企业客户中的占有量和服务质量,中国联通又推出了"联通商务",以解决企业客户的各种信息问题,并提高"联通10010"的服务质量。除此之外,中国联通的组织结构、资源配置、员工管理等都随之而变。

战略定位并不仅仅是营销定位或竞争策略,更是企业核心竞争力的关键要素,对企业转型升级的成功有着决定性的影响。要做好这一工作,需要做以下努力。

首先,必须对"现在"充分了解。

战略定位必然是以企业的"现在"为基础,企业家只有在对企业生态中相关政策环境、市场现状、企业自身条件、竞争对手特性等有了充分了解后,才能制订出一个有效、合理的战略定位。过于宽泛或远大的战略定位,对于企业转型升级而言并没有实际指导意义,企业运营仍然会处于一种茫然的状态而毫无变化。为了规避这一问题,企业家就必须知道企业在当前市场环境中所处的地位以及所能发挥的优势,这样战略定位才能发挥出其指导性作用。

其次,必须对"未来"有所判断。

市场的多变性是很多企业家不重视战略定位的重要原因。其实,对于市场发展趋势,企业家并不需要做出多么细致的预测,而只需对其有个方向性的判断即可。在信息技术高速迭代的时代,战略定位必然要注重企业的信息化;而为了应对商品同质化的问题,以消费者为核心的差异化竞争必然成为战略定位的重要组成部分。从企业自身来说,企业家又要对企业的发展速度有个较为准确的预估,战略定位必然是企业在今后三五年能够实现的目标,脱离企业发展能力的战略定位则形同虚设而不会产生什么切实意义。

最后,必须充分发挥企业家灵商的引领作用。

企业家在企业转型升级战略制订之前,必须在潜意识中有一个方向性的认知和大致的超前目标,这不同于"瞎子逮鱼"的游戏,而是可能以"量子传感""暗物质传导""心灵感应"等的"灵商"智慧起主导作用来判断,并以此判断为引导,这样企业的战略定位与转型升级才能确保有想象力、预见力、超凡力、创造力,才有方向感、目标感、聚势感和共感,也才能保障有序地制订好战略定位,而不会"跟着感觉走""风吹两面倒",捉摸不定。

二、客户目标转型升级：挖掘新目标

在大数据时代的背景下，互联网以及移动技术的深入发展使得客户获取信息的渠道空前丰富。社交媒体的兴起也促进了市场主体间的沟通，仅仅新浪微博就有超过5亿的注册用户，腾讯QQ更是中国用户最多的网络沟通平台。

在这样的市场环境下，企业家想要依靠曾经"信息不对等"来吸引客户、增加销量的"光荣史"已经难以重现，客户也不再是市场主体中的"弱势群体"；相反，客户已经不再将自己作为"平均客户"的一员，而是以自己的个性化需求成了消费目标的主体。

企业发展正面临着客户目标转型升级的危机，如果企业家仍然将客户视为某笔交易的对象或某类客户的一员，客户必然会选择更能满足其个性化需求的企业。而如今很多企业之所以能够打造出自己的高端品牌，以较高的利润率和市场价值被同行们所羡慕，正在于他们挖掘出了企业发展的新目标——个性化的客户目标。

在市场发展不成熟或企业初创时，企业并不能很好地将客户目标应用到企业目标转型升级中。由于企业在初创期多是先有了产品和技术，再进行市场推广，所以并不能很好地将产品、技术与客户目标相融合。而如果以客户目标分析为先，在市场分析上企业家必然要耗费大量的时间、资金，这对于初创期的企业而言无疑是无法接受的。因此，为了尽快提高效益、实现初创目标，企业家只能以销售业绩的提升为企业目标，有的企业甚至只有销售部而没有市场部。

但随着企业的发展和市场的成熟，销售目标已经成为企业发展的一种阻碍，在信息化水平已经高度发达的今天，消费者能够对市场信息有充分的了解，而电子商务、物流运输的不断发展，也使地域因素对于客户的影响大幅降低。企业如果还是不顾客户需求而"自娱自乐"的生产，或以"猜"的方式判断客户目标，那么，必然会被消费者义无反顾地抛弃。

在此时，客户目标转型升级也就应运而生。企业家应更多地着眼于如何满足客户需求、增加客户价值，通过对客户消费能力、消费动机、消费偏好等因素的全面分析，对企业技术创新、产品生产、营销手段等进行转变以达成客户目标来实现企业目标。

在2012年11月的高管论坛上，东风日产首先提出了"客户导向，品牌向上"的企业新目标，并多次在企业内部开展"我能为客户做什么"的讨论会。为客户提供更高的产品附加值成为东风日产的经营追求，而在其"人·车·生活"的企业理念中，"人"更是被放在了第一位。

2012年，在中国一系列"涉日事件"中，东风日产遭受了惨重的打击。在销量大幅降低、品牌形象恶化的发展困境中，东风日产并没有选择"蛰伏"，而是迅速出台"安全保障承诺"：东风日产产品若在事件中遭到损坏、车主若因此受到伤害，东风日产将全额补偿。除此之外，东风日产又发布"品质无忧承诺"，承诺东风日产不会出现质量问题，更做出了"七天包换"的承诺。

这一系列承诺的发布使东风日产的车主在"涉日事件"中受到的损失降低到最小，而东风日产也因此塑造出勇于承担社会责任的品牌形象。东风日产以客户需求为目标的经营理念，也是其能在这次危机中转危为安的重要原因。

2013年，东风日产又重新进入了发展的"正轨"。3月18日，东风日产推出了新产品——新世代天籁。在新产品的发布中，东风日产坚持了"七天包换"的承诺，更为客户提供了"60天免费出险代步""3年CARWINGS智行+免费享"的服务。而其"一步到位"的定价策略也为客户消费提供了便利。东风日产在保证产品质量的同时，不断提高产品附加值，使客户需求得到很大的满足。

在汽车售后服务、二手车交易、汽车租赁等方面，东风日产同样为客户设计出了多样而全面的服务方案。正是在这样的目标指引下，东风日产得以荣获"2012中国汽车客户关爱奖"，这无疑也是对其客户目标转型升级成果的认可。

满足客户需求的产品才具有销售的价值，企业家如果能以客户目标转型升级挖掘企业发展新目标，就能在产品价值的不断提升中获取更大的利润空间与发展潜力。为此，企业家应重点抓好以下三项工作。

首先，必须更多地运营好互联网平台。

企业家们必须明白，互联网的高速发展对企业而言，始终是利大于弊。虽然传统企业在互联网时代将面临更大的竞争压力，但这也为企业提供了一个与客户更直接的相互交流的平台。以往在实际操作中，企业家往往因为市场调查的时间与成本压力，而无力进行客户目标的转型升级。但通过互联网平台，企业家可以快速、有效且低成本地收集到客户信息，不仅如此，互联网对企业营销宣传、售后服务等环节而言，都是不小的助力。

其次，必须适时地挖掘新目标。

在企业的初创期，企业家大多以销售业绩为目标，这一目标的核心意义就是实现企业的生存。随着企业的发展，如何打败竞争对手、提高市场占有率则成为企业家最关心的问题。但当企业家对市场竞争的本质有了清晰的认识后，就会发现，更好地满足客户需求，已经成为企业竞争的核心环节。在企业不断地发展、客户需求不断地变化中，企业家也必须以客户目标转型升级来不断挖掘出企业发展的新目标，从而确保企业持续发展的动力。

最后，运用"无中生有"，创造"新蓝海"。

人的欲求是不断上升优化的，围绕人自我实现的最高目标与"蓝海战略"上升为"蓝天战略"，有不尽的需求引爆点和新的市场"蓝海"直至"蓝天"。因此，"新目标"将是不可穷尽的。

当下，在这个"产品是道具，服务是舞台，合作者是演员，企业是场景，企业家是导演"的市场生态环境下，企业家必须真正地认识到"客户是上帝""客户是亲戚""客户是衣食父母"，才能在客户目标转型升级中占据市场竞争的主动地位。

三、业务系统转型升级：划定经营圈

企业家在企业转型升级中，必须首先合理地进行企业战略定位或者目标转型升级，无疑是正确的。但事实上，更多企业都是为了解决企业内部的方向性问题，以指导企业内各单元团结协作。

对众多刚刚踏上转型升级路上的企业而言，相对于解决企业内部的问题，企业家需要在企业转型升级中更加关注企业的外部问题，也就是业务系统的转型升级。企业业务系统包含企业外部各环节，包括人的问题，也包括产品的问题，本质上就是解决企业员工实现产品销售的系统性方案。

企业家要最大化地实现产品销售，就要通过营销策划解决产品设计和目标客户定位的问题。企业家必须首先对企业卖什么，卖给谁，有所了解才能运用市场信息收集和信息处理系统，以及专业的市场分析对企业的营销方案有所规划。

为了有效提高企业销售业绩，企业家就要对销售进程进行合理安排，根据企业自身的销售经验总结出一本销售手册，并将其作为新进销售人员系统学习的材料，让新员工在快速上手的同时，将老员工的经验在企业内部分享，从而实现企业销售人才的团队化成长。

如果企业能够打造出自己的销售平台，在销售渠道的拓展与整合中就能够大幅度提升销售人员的销售效率。在一个完善的销售平台之上，企业销售人员也能够有效地"组团销售",充分发挥团队的力量;同时,企业也能从中收集到更多的一线市场信息。

企业在实现销售之后,就要将注意力更多地放在老客户身上,毕竟为企业带来更多更稳定利润的始终是老客户。企业家在对老客户的维护中,可以花费比开发新客户更低的成本来赢得更多的销售收入。在客户关系的有效管理中,客户愿意对友好企业忠诚,而忠诚的客户本身就是企业营销宣传的重要资源,因为口碑效应的产生与美誉度的传递对于企业销售而言至关重要。对企业业务系统而言,风险控制同样也是极为重要的环节之一。无论是合同风险还是财务风险,企业家都要对其进行风险防范。很多企业为了尽快提高销售收入或"报表收入"而采取赊销、折扣等手段,但我们不能忽视风险与价值的平衡与否,如果销售收入带来的是企业应收账款无法及时回收、利润无法保证,那就真的是得不偿失了。

企业家在领导业务系统转型升级中要明确三点。

首先,必须正视业务系统的重要性。

很多企业都会对营销方案进行策划,也会主动地打造自己的销售平台,或者完善客户管理制度。但很少有企业将这些环节看作一个整体,从而对其有系统性的认识。业务系统是企业对其外部问题的解答,只有尽可能详细的答案才能相互照应,最终有效地解决企业在市场营销、客户管理、风险控制等方面的问题。

其次,必须对业务系统有全面的分析。

对业务系统的完善而言,利益相关者的影响至关重要,无论是营销策划、销售平台,还是客户关系管理,或者是风险管理方法,在这些环节中,我们都要与各利益相关者进行充分的交流、沟通与合作。因此,在转型升级业务系统时,必须要明确企业与利益相关者间的利益关系,从而以共赢的角度打造出一个和谐的业务网络。

最后,必须将业务系统有机地融入企业生态中。

未来企业竞争的形态将是生态之间的竞争,和合共建、共赢共享将成为企业生态构建的最大价值目标与企业家的思想基础。因此,业务系统的转型升级必然是以更完善、更严谨、更开放、更亲近、更共享为方向。如果企业家只关注某一方面,就必然无法取得全局的成功。这就是"不谋万世者,不足谋一时;不谋全局者,不足谋一域"。

四、锁定价值链：为谁提供价值？如何提供价值

企业的盈利必然以价值创造为基础，而企业创造价值的过程必然以利益相关方活动为支撑。不论是企业生产、市场营销，还是原料采购、技术研发，或者是行政管理、人才管理等，企业生产经营的所有活动都是企业价值创造的一部分，而这些活动的动态联结就构成了企业的价值链。

在市场经济不断成熟的企业生态下，我国的企业家们就不能再局限于价值链某个环节的竞争，单纯的产能竞争所带来的边际成本下降、营销竞争所带来的市场占有率提升、技术竞争所带来的新产品贡献率等，都不足以成为企业营造决定性的核心竞争优势，只有整条价值链竞争力的综合提升，才能让企业立于不败之地。

那么，在价值链的整合提升中，我们究竟是为谁提供价值？又要如何提供价值呢？

消费者是企业盈利的基本来源，我们自然要为其提供更多的价值，以获取消费者的认可与支持。但消费者心目中的价值并不仅仅是企业产品、技术或服务。事实上，当我们与其他企业进行竞争时，也不会采取单一的竞争手段。不断地强调价值链竞争，是因为消费者所需的价值就是由价值链所有环节共同作用而产生的心理效价。

当企业能够为员工、供货商、经销商，甚至是行业和地区创造价值赢得品牌与尊敬时，消费者的价值自然就会"水涨船高"地得到满足。

锁定价值链就是要锁定价值链的各个环节，将每个单元都有机地融合在一起，使构成价值链的各要素及利益关联方可以真正成为一个有机整体，而此整体中每个成员都以价值链的提升为目的，在其整体的提升中提升自己的价值：消费者更加满意并提升快乐感、幸福感，经销平台商收集更多的客户数据与信息，企业生产更符合客户需求与价值增值的产品，供应链服务提供商提供更有保障的边际利润……价值链的环环相扣，价值元素的融合发展以及同一创新生态下不同价值链相互的融智创新，可以更加有效地满足各类客户需求，甚至是超越客户的需求与合作者的预期，从而实现价值链共赢。

2015年，安踏打破国内体育用品品牌从未到达过的100亿大关，全年实现营收111.2亿元，成了中国体育用品品牌建设的先行者、中国运动科技创新的开拓者、中国体育用品零售转型升级的领导者与体育用品价值链的创造者。

从成立之初，安踏就致力于锁定价值链的每个环节，以提升自己在价值链中

的话语权为目标，无论是设计、品牌，还是采购、生产、销售等，安踏正一步步地实现着自己的计划。

2005年，"安踏运动科学实验室"正式成立，这也是国内首家以运动科学为主题的实验室，安踏在价值链中锁定的最大目标就是价值链高端的产品设计、技术研发环节，这也是价值链中利润最高的环节。"安踏运动科学实验室"成立至今，已经取得了超过50项的国家专利。安踏也正是通过运用这些技术创新不断提升了产品的舒适度，使安踏运动鞋更具附加值。

除了技术研发环节，安踏在产品设计中也加大了投入，从耐克高薪挖掘了设计人才来提升产品设计品位与质量。耐克 Air force 运动鞋的创始人现在已经成为安踏篮球鞋的设计总监，而与安踏广泛合作的设计工作室也曾与耐克、Asics 等品牌合作过，安踏正是以国际化的创意与设计方案提高了其在国内市场的竞争力，也为其国际化竞争铺平了道路。

不同于在设计研发上的大力投资，安踏不断降低自有生产规模，更多的是将产品生产外包给国内更具产能优势的加工工厂。安踏的鞋类产品中超过一半是外包生产，而服装类产品只有8%为自产。安踏主动从生产环节退出，既通过代工企业提升了自己的生产效率，又减少了自身固定资产投入，同时也为设计研发腾出了足够的现金流。

对上游供应商，安踏也遵循着共赢的原则，供应商首先要具备相当的原料开发能力，而安踏采购团队也会为其保留合理的利润空间。

"在产业升级的背景下，我们如果能成为价值链的管理者，我们就能在市场竞争中更具竞争力，而这种竞争力是全方位的，也只有这样我们才能在市场重新洗牌中真正的崛起"。安踏总裁丁志忠说道。"要盈利就必须遵守游戏规则，如果不让你的合作伙伴赚钱，他们也就不会让你盈利。为供应商增值，他们就愿意与你共同进退。"为此，企业家必须在以下方面下功夫。

首先，必须提升企业的价值链整合能力。

企业想要融入价值链的整合中，就必须能够做到"能屈能伸"。在传统的市场竞争中，企业都是在自己具备比较优势的市场来获取利润。而当企业锁定价值链时就会发现，只要能够放弃企业的比较劣势，与价值链其他环节相互补充支撑，就能实现企业的整合优势及平台优势，创造更高一级的全价值链的比较优势。这就要求企业必须有相当的价值链整合能力，形成基于全产业链的价值平台与创新共享平台。要具有组织弹性、创新韧性和企业的公民属性，允许企业在价值链合作共享中做到心中有"同一个梦想，同一个生态"，价值链创造中有"假扮警察，真为菩萨"之利他行为，社会责任履行中做"人人为我，我为人人"的"活雷锋"。

其次，必须促进价值链整合的无缝化。

很多企业家管理一个企业已经显得"心有余而力不足"，要管理整条价值链就必须引入更加先进的管理工具。信息技术的发展为价值链整合提供了可能，通过信息化管理下的大数据驱动能够尽快地集成企业海量数据并与其他成员进行分享，同时运用价值链的优化进一步促进企业转型升级。大数据支撑下的云平台管理能够有效地提升价值链整合效率，并将整合成果迅速转化为实际效益。可以说，大数据驱动下的智慧企业管理，对于企业家锁定价值链上任何一个节点都是非常容易的。

最后，必须确保自愈合功能提升和价值链的持续延伸，以保持企业生态的进化与平衡。

在价值链竞争的时代，企业家必须改变对市场竞争的片面性认识，不再局限于价值链的某一环节上，而是要管理整个价值链，使整条价值链在生态的进化中平稳有序的健康运行，为全价值链提供自运行能量、为消费者不断创造新价值、为生态圈积累永久动力，最终让价值链为自己带来持续成功的喜悦。

第二十四章
企业领导力的转型升级

一、中国企业家领导力现状

在中国企业家调查系统调查工作实施过程中,调查者应广泛听取政府部门、学术界、企业界的意见,确定调查主题,精心设计调查问卷,科学抽取调查样本,及时组织座谈会和试调查,以确保调查的科学性。20年来,每年回收问卷数量平均在3000～4000份之间。调查问卷大多由企业法定代表人填答,保证了回收问卷的质量。

(一)中国企业家能力状况

在1997年、2002年和2009年的调查中,都涉及了企业家对自己各方面技能的评价。当问及"作为企业经营者,您认为自己最强和最弱的三项能力是什么"时,调查结果显示,在"弱项能力"中,企业家选择比重较高的"公关能力""市场营销能力"和"表达能力",与企业的市场开拓和客户沟通关系密切;而"强项能力"中,企业家选择比重较高的"决策能力""组织协调能力",与企业的内部管理关系更密切。这反映了我国企业家能力结构的基本特征:内部管理能力强,对外开拓能力弱。在市场化改革不断深化、国际化竞争不断加剧的环境下,企业家的对外开拓能力有待加强(见表24-1)。

表24-1　企业家认为自己最强/最弱的能力（%）

	最强的能力				最弱的能力		
	2009年	2002年	1997年		2009年	2002年	1997年
市场营销能力	29.4	25.5	22.9	市场营销能力	40.0	32.4	34.5
组织协调能力	54.1	61.6	54.9	组织协调能力	11.7	6.7	10.8
决策能力	60.5	61.7	79.6	决策能力	7.0	4.5	2.7
预见能力	35.3	29.5	31.5	预见能力	34.2	25.7	20.5
公关能力	12.4	8.9	10.4	公关能力	65.6	61.2	61.4
创新能力	26.8	33.0	40.2	创新能力	35.9	28.9	31.3
知人善任能力	32.6	31.8	40.2	知人善任能力	17.8	18.1	15.3
表达能力	9.9	11.9	15.0	表达能力	35.5	31.4	31.3
学习能力	35.0	19.8	13.8	学习能力	19.3	22.4	20.7

（二）中国企业家领导力的短板

2002年和2013年的调查结果显示关于企业家最容易出现的问题，企业家选择"决策失误"的比重一直排在所有8个选项的第1位，并且2013年的调查结果比2002年提高了5.4个百分点（见表24-2）。

表24-2　企业家最容易出现的问题（%）

	2013年	2002年
决策失误	64.5	59.1
用人不当	49.2	32.0
经济问题	26.4	33.5
独断专行	21.1	21.5
生活腐败	14.0	11.3
弄虚作假	11.1	10.6
政治问题	2.9	1.1
其他	0.5	0.5

（三）中国企业家最需要提升的素质

1996年对企业家认为自己最需要加强的能力与素质进行了比较细致的考察。调查结果表明，面对激烈的市场竞争，企业家普遍认识到，决策能力、管理技能、市场经验、用人能力、技术预见、创新能力等方面非常重要，是构成企业家市场经营能力的核心要素，也是企业家最需要加强的素质（见图24-1）。

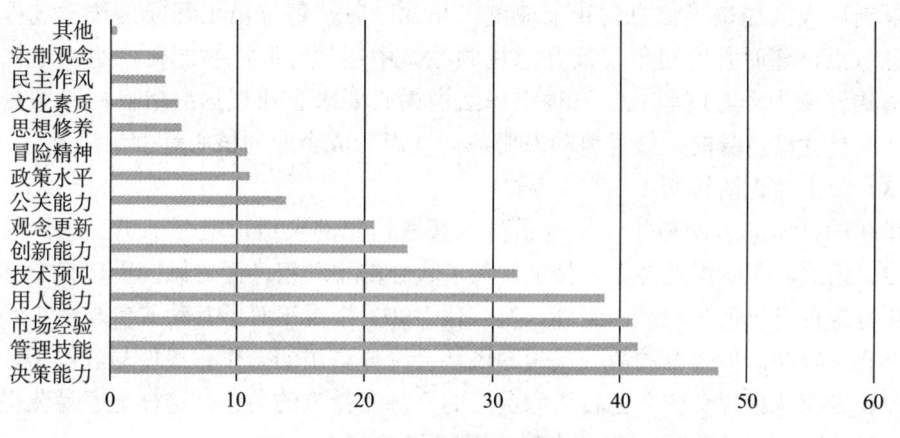

图24-1　企业家最需要加强的素质（%）

二、顺应"互联网+"领导模式的转型升级

有效的领导是一个组织竞争优势的来源，也是实现组织可持续发展的重要基础。但是"互联网+"时代，基于传统工业发展而来的垂直领导模式，层级分工冗杂，难以迎接信息化、平台化和大数据经济的挑战。共享领导作为一种新兴的领导模式，一定程度上打破了传统垂直领导下组织封闭的局面，对推动组织健康发展有积极作用。

（一）"互联网+"时代领导模式转型升级的必要性

（1）组织环境的变化

在"互联网+"时代，市场需求呈现多元化、快速更迭、追求个性的特点。大量的市场反馈信息需要组织高效地进行加工处理，并且做出迅速准确的决策。仅依靠领导者的精英指挥，只会将领导者置于信息超负荷的压力下，使其很难做出"快、准、精"的决策。基层员工处于接触市场的前线，虽然能迅速感知市场的变化，但在决策中没有话语权。显然，层级分明的传统领导模式已经难以满足当下组织发展的需求。

(2）组织结构的转型

"互联网+"环境下，组织内部通过网络传递信息，打破了传统层级时间和空间的限制，大大加快了信息的传播速度。与此同时，每位员工都成为传播过程中的信息节点，随时都有可能发展为意见领袖。中层领导职能被弱化，组织结构从金字塔式转变为动态网状式。该种组织结构模式要求企业根据战略目标组织资源整合，人员凭借自身的核心优势动态服务，从而形成企业的核心竞争优势。

(3）员工意识的转变

互联网技术的普遍应用，拓宽了员工获取信息的渠道，增强了员工个体的选择能力。因此，在组织选择上，员工具备了较强的主动权，而更倾向于选择能真正发挥和肯定自身价值的组织。此外，新一代"90后"员工对于互动式参与组织经营的诉求意愿较高，但传统的命令式领导风格会降低员工的工作积极性与获得感。因此，领导者应从指挥者的角色转变为员工的资源支持者的角色，这样更容易获得员工的心理认同，同时激发员工的创造性，增强其使命感。

(4）决策模式的改变

传统组织中，强调的是"1+0+0"决策模式。由金字塔顶端的高层决策，中层传达沟通，基层团队执行。这种模式对领导者有很高的要求，因为一旦出现高层决策失误，就会导致执行失败。此外，决策中心处于顶端，无论是决策执行还是反馈决策调整都需要较长的反应时间。而互联网时代则更加提倡"1+1+1"模式。每一个参与者都是一个"自组织"的决策中心，领导者要做的不是绝对的控制与监督，而是在合理可控的风险下激发和连接这些决策中心，充分利用员工对市场的了解，提高决策的效率和准确性。

(二) "互联网+"时代领导模式的对比选择

(1）垂直领导的内涵及特点

传统的垂直领导是一种领导权力集中于一个或者少数领导者，领导者与组织其他成员保持适当联系的领导模式。该种模式呈现出金字塔状的领导层级，领导力的影响自上往下逐级传递。组织机构顶端的领导者通常由委派或者选举产生，承担着决策的职责。中下层则根据上层的指示承担执行的责任。这种模式在市场稳定、战略决策准确的情况下，凭借中下层整齐划一的行动，显示出强大而高效的执行力。但是，在市场多变或者决策失误的情况下，自下而上的反馈机制往往要经过多个层级传达至决策层，容易导致组织错失市场时机。员工长期处于被动的完成任务的状态，缺乏独立的思维和决断力，一定程度上会影响组织的创造性。

（2）共享领导的内涵及特点

共享领导是一种团队领导模式，领导职能通过授权的方式根据不同的情景在组织成员中动态转移，以实现组织的目标。该种模式的领导形态呈现出蜘蛛网状，员工平等地处于领导网络的中心，领导权力及领导行为有着较高的分享度和互依性。在动态交替的过程中，组织成员能快速掌握换位思考的技能，成员间相互理解、相互学习、相互给力，强化了内部沟通与合作。该种模式强调的自我领导、自我管理、共同参与理念会让员工第一时间主动解决问题，及时弥补管理失误，充分发挥领导的有效性。

（3）垂直领导与共享领导的对比

虽然传统的垂直领导模式在组织中的运用较为广泛，但随着互联网思维的普遍运用，该领导模式在新时代特征下显得不尽适用，而新兴的共享领导模式则与当下的发展要求较为契合。

通过对比，传统垂直领导与共享领导的区别主要体现在两个方面。一是传统垂直领导模式的领导中心在组织结构的顶层，实现自上而下的驱动；而共享领导淡化权威，逐步去中心化。二是传统垂直领导模式下的执行由基层成员听命式完成，一般各自为战；而共享领导需要根据情景变化，选择与任务内容匹配的成员担任领导角色，通过彼此间的合作实现目标。由此看出，共享领导的优势在"互联网+"时代逐步显现。从组织层面来看，共享领导通过充分发挥每位员工的个体价值，整合团队资源，达到"1+1＞2"的协同效应。从解决问题的层面来看，如今的工作任务复杂性、关联性较高，仅凭借个人的智慧很难在信息的洪流中找到解决途径。而利用集体的智慧，既能全面地分析问题，使复杂问题简单化，也能提高寻找解决方案的效率和整合复杂性。从员工心理层面来看，更多的员工追求尊重与自我价值的实现，共享领导既能调动工作积极性，也能满足员工交互式参与组织经营的精神层次需求。

（三）"互联网+"时代共享领导的实施策略

（1）组织层面

为适应时代的发展，实现从传统垂直领导到共享领导的转型升级，需要做到以下几点：首先，营造良好的组织文化氛围，传递平等、信任、合作的管理理念；其次，进行组织制度的创新，使组织的管理结构适应新时代的要求，为领导模式的转型升级奠定基础；再次，完善优化激励制度。在没有激励制度的情况下，员工基于个人而将工作出色完成的可能性非常小，在共享领导模式下，不仅需要个人的才能，也强调团队的配合，激励机制要考虑团队和个人两方面的因素，通过团队激励提升团队绩效，同时，为防止"搭便车"的现象，也要考虑个人绩效激励，增强员工自我效能感，促使团队奋发向上，推动共享领导有效运行。

（2）领导层面

受长期集权式领导与企业传统科层模式的影响，集权思维观念在我国企业中根深蒂固。领导模式的转型升级要注意：首先，需要领导层认识到传统领导模式的弊端，认可共享领导模式对组织发展的优势，转变观念，愿意在一定程度上放权，激发组织的活力；其次，随着权力的下放，领导层需要增强识人、用人的能力，不需要事必躬亲，却要了解不同员工的特质，安排到最适合的岗位；再次，共享模式强调的是合作，发挥每个个体的智慧，因此，领导者需要培养自己的倾听能力和总结能力，在成员头脑风暴之后，归纳总结，建立共识，保证效率和质量。

（3）员工层面

共享领导的实施，使员工获得了更多发挥主观能动性的机会，对员工的能力也提出了更高的要求。首先，员工要转变思想观念，自己不再是在垂直领导下听命行事的个体，对于每个问题，要学会积极探索和思考，形成自己的见解，并自觉构思行动方案；其次，个体的价值被最大化，对每个人的专业知识、技能也充满考验，员工应不断学习，更新和完善自身的知识库；再次，共享领导是一个合作的过程，换位思考、有效沟通是每个成员必须学会的技能。

三、"互联网+"时代企业领导力的转型升级

"互联网+"时代的到来，使得人们的工作、生活、学习都产生了革命性的变化，社会化互动方式以及人们的行为习惯与工业经济时代开始有了显著不同。因此，在"互联网+"时代，理解领导力内涵有哪些调整以及有效的领导力开发有哪些新途径，对引领未来、适应变革趋势起到重要作用。这需要进一步研究与探索。

(一)"互联网+"时代的组织新特征及管理环境的变化

1."互联网+"时代的组织新特征

互联网和信息技术的飞速发展,给管理者带来了前所未有的变化。从战略定位角度看,专业化复合产业链以及生态化价值链、全球化创新链管理难度增加。在互联网特别是移动互联网时代,未来的组织将更加重视用户需求,从需求出发,形成有规模的用户入口,从而形成满足客户需求的平台。平台通过深度耕耘与延展,不断扩大跨界经营,形成以某一强势平台为核心的生态圈,即专业化复合产业链、生态化有机价值链与全球化共享创新链。从组织协同方式角度看,品牌驱动及信息分享成为主要趋势。移动互联网打造了一个消费者参与的时代,即消费者追求自我价值、参与社交、情感归属、把握自身幸福的时代。这一时代特点在组织内形成了品牌化平台驱动及信息分享,带动研发、生产、运营等组织协同方式发生改变。互联网催生了研发无边界、生产无边界、营销无边界等打破现有组织功能边界的工作方式。组织中的人员可能不隶属于这个组织,但同时又是这个组织的人力资源并创造价值,组织柔性和弹性不断加大。组织生态圈、品牌化平台驱动与信息分享以及柔性、弹性与模糊性等特征,使得传统管理模式与机制需要转型升级。

2."互联网+"时代管理环境的新变化

第一,小型与团队化的运作形成一个趋势。在移动互联网的环境下,传统的管理必须使用一种新的机制,激发组织内部的创新活力,促进新业务的产生并优化合理的资源配置。而"分兵作战"、小型化、团队化的运作方式比较灵活并适应环境变化,逐渐将成为一个发展趋势。

第二,重新界定边界要围绕以客户为中心。重新界定边界,把客户纳入组织的价值创造过程之中,通过体验,让客户参与研发过程,让客户介入生产制造物流管理过程,让客户参与营销过程,让客户"打赏"品牌成长的过程。

第三,调整管控重心。组织的管控重心要从传统的"正三角"转变为"倒三角"的结构,即需要从"管控"模式转向"服务"模式,围绕客户体验与客户需求组织资源,授权给最了解客户、最了解市场及"看得见对手、听得到炮火声"的人。

第四,组织结构扁平化。扁平化的组织结构使得内部沟通网状化、透明化,变得无距离、无边界、无阻碍。因此,管理者需要更多地用授权的方式。这又对管理者的专业化提出了更高的要求。

第五,建立学习型组织应对环境变化。当人们认为自己应对个人发展负责时,他们的发展速度是最快的，激活个体的有效方式是提供有效的个人成长平台与学习资源。同时，组织中学习的速度大于或等于环境变化的速度，才能跟上时代的变革，才能与时俱进。只有建立学习型组织才能做到组织的健康成长及获得持续的创新能力。

（二）"互联网+"时代需要重新定义领导力

作为管理学的一个分支，领导学和领导力发展也有着80多年历史。从20世纪30～40年代的特质论，到后来的行为论，再到60～90年代的权变论，以及新领导力理论丛林，人们对领导力的研究从领导者本身渐渐转移到领导者与追随者之间的互动以及与情境之间的关系。20世纪40～50年代人本主义心理学的兴起，也为领导学注入了人本主义的理念。尤其是21世纪"灵商"研究的兴起，更为领导学，特别是领导力开发植入了创新的原动力。

领导力开发是提升领导者个人的能力，或领导者群体的能力。领导力发展是一个终生的过程，是领导者持续的发展事件和经历的集合。领导力开发是培养预见和应对挑战的能力。另外，组织为了迅速培养各关键领导岗位的接班人，通常会为高潜力人员建立起一道快速成长的晋升通道。笔者认为，所谓领导力，就是一种影响力，是领导者在特定的情境中吸引和影响被领导者并持续实现个体、团队或组织目标的过程。领导力开发过程是一个多层次、多种方法混合干预，以及关注个体、团队、组织领导力开发，也是企业基于战略定位与未来，设计规划人才发展的过程。"互联网+"时代管理者面对着组织管理很多新的问题与变化，也同时面临自身的思维模式与领导力特质能力的调整与转变。

1. 管理者心智模式

管理者的心智模式（或者说思维模式）是领导力发挥作用的基础，其重要性显而易见。组织的可持续发展受制于领导者的能力，而领导者能力提升的关键所在，是其心智模式的转变。领导者的心智模式决定了其如何看待未来？如何对待团队？以及其有什么样的胸怀和格局？领导力发展的核心就在于改变与突破领导者传统的心智（思维）模式。"互联网+"时代领导者心智模式包括尊重人力资本、更加开放与包容、以价值观及文化引领、相信团队智慧等，而这些心智模式的塑造只有通过不断的学习、反思、自我批判、不断实践来进行。

2. 领导力特质与能力

"互联网+"时代的领导力特质和能力与传统管理方式下有所不同。传统企业强调的是服从与标准化，人才的专业能力、管理能力等，是推动组织发展的首要因素。所以，基于战略组织到领导力素质的标准化与一体化非常重要，领导力更强调共性与标准化。而在"互联网+"时代，需要重新回归到领导力本质，强调魅力领导、基于价值观的领导或者服务型领导等方式。需要发挥领导者的特质、风格与能力，成为引领团队与激励他人的一个核心因素。所以，"互联网+"时代，在领导者特质方面，更关注管理者的价值观、品质与才干以及管理者的情商，尤其是灵商因素；在管理者的领导能力方面，更关注前瞻性、商业敏感、决断力、整合资源、创新创业激励与辅导、授权与管控以及团队管理等方面的综合能力体现。

3. 领导与被领导者的相互关系

"互联网+"时代，人力资本成为企业价值创造的主导要素。这就意味着，人力资本必然要求拥有更大的决策话语权。进入人力资本价值优先的时代，一方面需要管理者发挥领导力特质与领导力风格，更加关注以人为本，尊重员工个性并有效授权；另外一方面需要培养员工的学习力，激发他们的持续创新力。对人力资本进行有效的价值管理，需要进行大量的创新和正视人力资本时代的到来。针对组织对于人才的需求不断提升，而人才对于组织的需求与依赖程度不断降低的趋势，领导及管理者需要基于价值观以及愿景，塑造优秀的企业文化，营造良好的人才生态，在领导者与被领导者之间，形成良好的组织氛围，从而提升人才对于组织承诺的履行力、忠诚度与敬业度。

"互联网+"时代需要提高容错率。相比传统管理强调标准化，特别是不允许出错，使得员工不敢尝试与不愿探索新事物；而在以客户为中心、强调参与和体验的"互联网+"时代，只有通过愿景和使命的引领，不断挑战现状，允许犯错与鼓励试错，宽容失败才能够在迭代创新中不断超越目标。因此，对决策者而言，是基于过去和当下进行判断？还是面向未来的不确定性进行提问和探索？从这种意义上讲，提高容错率是领导者的眼光与胸怀所在。

（三）"互联网+"时代领导力的转型升级

随着"互联网+"与"物联网"时代的到来，传统的企业和组织面临着行业和产业变革。管理者用传统的方法来应对这些变革，已经不能满足组织战略发展的要求。管理者需要适应组织发展的专业化复合产业链、生态化价值链及创新链、品牌与大数据驱动以及信息分享和柔性管理，管理者的领导力特质与能力，以及心智模式都需要不断变化与调整。面对领导力内涵的转变，领导力的转型升级可以从以下5个方面来探讨。

1. 国际化与本土化结合

随着全球化的进一步加深及"互联网+"的蓬勃发展，企业之间关于领导力培养和发展的交流越来越多。将国际先进的理念、模式、方法和工具与中国企业实际相结合，将国际化视野与本土化落地相融合，是我们应对"互联网+"时代挑战的第一个方式。领导力发展需要积极加强国际交流和寻求国际合作，"走出去，引进来"，特别是在近些年随着"一带一路"倡议的落实，大力推进与国际化接轨，快速引进国际化行动学习技术和引导技术，并研究转化成最新工具，行动学习快速建模、引导技术在领导力发展项目中的运用、翻转式课堂等各种中西结合、基于互联网的创新模式，在国内实践中打下了较好的基础，在越来越多的本土企业中得到很好的推广。

2. 注重团队领导力

团队领导力是指团队领导者运用有效领导方式与团队成员之间产生良好的互动，使得团队成员聚焦目标、协同一致，形成合力，突破创新激活能量，从而产生团队绩效的过程。聚焦团队领导力发展，而不仅仅是领导者个人，是我们应对"互联网+"时代挑战的第二个方面。个体领导力与团队领导力的区别，类似于普通火车和高铁动车的区别。普通火车的动力完全来自火车头，即领导者个人，而高铁动车则是由各节车厢与车头协同分布式提供动力。现代社会强调团队协同，人们越来越意识到团队协作的重要性。中国已经进入了高铁动车时代，企业的领导者和管理者也从"绿皮车"时代领导力驱动的发展方式逐渐转变为以"复兴号"时代领导力驱动的转型升级。

3. 聚焦引导技术应用

随着"互联网+"时代和智慧经济时代的到来，人们获得知识的方式和方法更加灵活，因此，领导力培养和发展从传统的关注知识导入内容设计为主，逐渐转变为关注方法论、工具的使用和学习技术的创新、发展与运用为主，引导技术、行动学习技术、团队教练技术、翻转式课堂等最新的方法、工具和技术，正越来越多地运用到企业的领导力培养与发展工作中，强有力地促进了参与者之间的相互交流与经验分享，从而将学习成果更好地转化为参与者能力的提升。在这些新方法和新技术中，引导技术是发展领导力最有效的技术和方法之一。引导技术强调交流分享、发挥个体及团队智慧。

4. 线上线下混合学习

在互联网特别是移动互联网技术蓬勃发展的今天，传统的培训模式发生了翻天覆地的变化。在线学习、碎片化学习的学习模式产生并迅速发展。特别是最近几年，以大规模的开放式在线课程为特点的慕课（MOOC）方式的兴起和发展，极大地促进了知识的传播与分享。这种新型的在线教育模式，尤其为90后等具有强烈求知欲的新一代年轻人提供了广阔的学习机会。同时，慕课模式有力地推动了从知识主导向智慧主导的学习模式变革。此外，在领导力培养与发展中，微课堂、虚拟学习社区、线上线下结合的学习方式也得到了越来越多的运用。在以快速知识传播与分享、碎片化与及时性等为特点的"互联网+"时代学习的基础上，企业也越来越注重学习成果的迁移、转化和落地，更加体现出以解决问题为导向。

5. 短平快的结果导向，真功夫在"上甘岭"打胜仗中历练

在"互联网+"时代，传统的系统性、一体化的领导力培养和发展模式越来越不适应时代发展的要求。小型化、模块化、短平快、成果提炼与反思相结合、关注结果并与绩效紧密联系的领导力培养和发展模式，正越来越成为主流。企业的领导者和管理者更加关注人才培养成果的快速转化和落地，让人才在真枪真刀的战火中历练，让领导力在打胜仗中升华，形成团队在"上甘岭"作战的组织氛围和员工忠诚度、敬业度、战斗力的提升，从而达到组织绩效的优化。

（四）"互联网+"时代亟待提高企业家跨界领导力

1. 在"互联网+"时代究竟意味着领导力哪些变化

第一，适应环境的快速变化，不能固守旧业，只有不断创新。

在工业化时代，创新也被倡导，但对创新的制约因素很多。毕竟创新需要一定的科技实力集聚和大量成本的付出，工业化体系包含了大生产、大品牌、大流通、大零售等环节，要实现某个环节的新突破并非易事，再加上传统力量的制约，创新要付出巨大艰辛。"互联网+"构筑了一个资源充分利用的平台，有利于形成竞争的新格局。"互联网+"可以很容易打破传统的模式，用新的组合方式为团队竞争力的提高创造条件。阿里巴巴以"互联网+传统集市"的思路，打造出淘宝和天猫"新零售"模式，以"互联网+传统银行"的模式，创新出支付宝和余额宝。同样，"互联网+传统广告"成就了百度，"互联网+传统社交"成就了腾讯，"互联网+传统百货"成就了京东。这些位列全球十大互联网企业中的中国企业都是凭借"互联网+"的方式快速地取得了竞争优势和领先地位。可以设想，借助"互

联网+"生态平台，互联网企业与传统行业、实体经济与虚拟经济、产业资本与金融资本以及三大产业之间会不断打破原有的产业边界，带来跨界变革的态势。

第二，跨界实现资源共享，不在于拥有什么，而在于链接什么。

"互联网+"倡导"链接就能拥有"。每一个创新方案都是在链接社会上最优质的资源，然后抓住核心。不必仅仅思考我拥有什么，事事从头开始。工业化时代，私有产权强调的是我拥有什么，我有多少员工，我的势力范围就有多大等。为此，出现"石油大王""钢铁大王""船王"等。"互联网+"的生态下，人们发现知识的价值就在于不断地被分享，不断地被链接，不断地被使用，这样才能实现共赢，实现全社会受益。"互联网+"的重要生态特征就是开放共享，"互联网+"的不断推进，会把过去制约创新的诸多环节省略掉，把孤岛式创新连接起来，产生无限的机会。链接一切是"互联网+"的目标。目前，越来越多的设备可以直接连到互联网，人们的生活会变得越来越密切。新的需求出现，就会导致新的社会时尚，并促使许多新业态、新产业、新模式的出现。人们依靠互联网可以解决自身几乎所有的关联性问题。

第三，注重以客户为中心，需求为导向，服务为目标。

就企业来说，"互联网+"带来了两方面的重大改变。一方面，企业可以真正以客户为中心，即客户驱动模式。客户至上是企业始终重视的一个理念，但总受到许多因素的干扰，难以真正实现。基于"互联网+"使得客户至上变得易于操作，例如，"互联网+餐饮业"，容易满足客户的个性化需求。另一方面，人力资源管理上，以前的企业组织结构基本上是金字塔式的，互联网公司都是基层团队创新，改变了原来从上到下的创新发展模式，从离客户最近的一线团队开始，由他们驱动企业的创新。尊重客户，尊重每一个人的个性，是时代发展的趋势。由80后、90后甚至00后构成的新生代，将逐渐成为社会的主体，更是网络的主体，他们崇尚个性化，重视社会多元化，在传统社会中他们的个性往往会受到某种限制，而在互联网中，他们不仅可以自主表达，而且可以获得各种需求的满足，这正是"互联网+"时代所彰显的特征。

第四，组织有边界，能力也有边界，唯有在融合中被打破。

曾经企业大多只关注产品，而不管产品使用后的问题，也没有能力解决客户所提出的所有问题。当企业只有某几项能力的时候，就会很危险，因为客户的需求满足不了，他们会寻找新的合作。边界突不破，组织的出路就会越来越窄。如何从客户的需求中发现问题、整合服务的能力？这就是"互联网+"要解决的难题。运用好"互联网+",促进传统企业、产业的变革,推动网络和各行业之间的融合,以形成新的价值链和新的创新模式。例如,看病难在很大程度上是由于目前医疗资源分布不均,信息不对称造成的,"互联网+医疗"会使情况得到改观,通过互联网和医院的跨界合作,整合医疗资源和信息,方便患者。患者可以直接使用手机获取基本医疗服务:挂号、缴费、查看检查报告等,除了必需的诊断(远程诊断除外)和治疗,其他都可以在线上完成。医疗与互联网的融合产生了无限创新的可能,越来越多的医疗机构已经意识到"互联网+"的可能性和重要性。

第五,平等参与,消解权威,提出自我领导的要求。

互联网使得每个人成为信息的平等发布者,且对信息的种类不加约束,这使人们容易获得各种信息,但甄别信息的难度增加了,并造成互联网世界中权威的相对缺失,这样反而激起网民对权威的渴望,即对准确信息的强烈期盼。对管理者来说,"互联网+"时代是一个无限透明却又随时可能面临危机的时代。主体间随时进行各种连接,打破了一个中心的状态,多个中心必然会蚕食和消解管理者的权力。例如,公事与私事、大事与小事、国内与国外、单位内与单位外、政治性与非政治性等,相互间的边界日益模糊,稍有不慎,私事就变成公共话题,小事就演化为大事。人们关注的焦点也不确定,兴趣点会不断转移。尤其是企业的技术奇点随着技术革命的步伐加快和技术寿命的缩短,漂移换代的速度日新月异,快速的变化使自我领导成为必要,每个人首先要向自己负责,要根据变化快速采取行动。组织架构的扁平化趋势,带来了管理效率的提高,也改变了管理的形态。

2."互联网+"使领导者具备互联网思维显得异常重要

第一,民主平等。

民主平等是互联网思维非常重要的原则,人们在网上可以民主平等对话,可以以民主平等的态度来展示自我。在网络平台上,每个人的身份、地域、职业、年龄等社会标识都被淡化和忽略了,人们甚至更喜欢以匿名的方式进行交流,或者随意化名一个"ID"符号。在互联网交流互动的过程中,主导话语权被打碎,一般情况下,每个人不会以社会中的权势来展示,谁也不会因位卑而示弱,大家都基于个人爱好来选择参与什么。即使那些所谓的名人、高官、富豪等,只要你不喜欢,便可不予理睬。人际关系在网络中得到重组,人们依据个人的兴趣爱好、思想观念、价值偏好等进行平等对话,没有权力距离。在网络世界中人们可以随时发布消息、阐发观点,或者进行褒奖、评判,"一吐为快"。人与人的距离变得很近，传统社会中"高高在上，愚不可及"的权威消失了。每个人都自我主宰、平等参与各类活动，进行不同形式的社交。

第二，开放透明。

开放意味着没有边界。互联网是一个完全开放的空间，它把时间和空间的观念变得富有弹性，使网上海量的信息在无数的节点上瞬间传递。另外，互联网也体现出一种观念和态度的开放，在互联网上存在着不同的文化、观念和生活方式，是文化多样、价值多元世界的体现。在互联网中没有设置门槛，任何人都可使用和进入其中，在这个开放的空间中分享、上传或者下载自己喜欢的信息，这意味着每个人不仅能贡献自己的想法和建议，而且可以借鉴其他人的思路和经验。开放精神成为互联网思维的核心要素，这也恰好与我们时代所倡导的公开透明精神相契合。当然，在开放透明的背后也有隐忧，那就是网络使得我们没有秘密可言。只要你留意一下，就会发现我们都处在网络监控之下，每天的行动轨迹甚至从今以后的人生路径都一目了然。无论在电梯里、公共场所，还是在商店、马路上等，一举一动都可能被监控，被数据化，只要连上网，运营商或wifi提供商会发布出监控信息，使我们似乎变得没有任何隐私。

第三，注重体验。

什么是用户体验？简单地说，就是用户对某个产品在使用之前、使用期间和使用之后的全部感受，包括情感、信仰、喜好、认知印象、生理和心理反应、行为和成就等各个方面。做到让用户体验好，必须做到亲近用户，时刻为用户着想。互联网生活中，网民不再是旁观者，而是参与者，直接在其中体验，这种角色的转变使网民不再满足于表态与附和式的意见表达，他们会成为整个过程的见证者以及报道者、传播者，便捷的移动网络可让他们实时发布相关感受，让更多熟悉的人关注。体验性使用户思维成为一种必然，如果说以往所说的客户导向只是一种倡导，那么，在互联网中不为客户着想，就意味着被淘汰，死路一条。

第四，多元多态。

人们在互联网上呈现的是一种本真的、自然绽放的多元状态，折射和反映出现实社会的丰富多彩。过去较少有发言的机会和途径，因而只能做聆听者，被动接受和服从别人的意见。有了互联网，被动的状态彻底改变。人们可以非常便捷地发表个人观点，跟其他人讨论感兴趣的问题，发表自己不同的看法，表明自己的立场和价值取向，体现出百花齐放、多彩多姿。平民与精英共聚，主流群体与边缘群体并存。互联网使得人们零距离、零差距，你看到什么想到什么，可以马上在网上发布,你有不明白的事情,马上可以上网搜索查找。这种网络多元性,带来互联网内容的丰富性,同时也使得网络信息良莠不齐、纷繁复杂、难以甄别。为此,要树立品牌形象,必须关注大众点评,建立起粉丝部落,赢得"点赞"非常重要。

第五,参与协同。

互联网参与性的特点使人们特别注重互动,正是在互动中每个人的影响力才会展现出来。理论上讲,在互联网中人人都有影响力,但影响力总是有大小强弱之分。粉丝多的网络红人就被定位为意见领袖或"大V"。为了提高影响力,许多人都希望把自己塑造成名人。粉丝多的"大V"会有一种高高在上的感觉,每发表一句话就会引来千万人的回应。网络的参与性和互动性也使协同显得异常重要,不重视协同,整个网络混乱一片,这也不是任何人所期望的,只有协同合作才是谋求互联网发展的良策。在全球化、网络化的情况下,成功的项目大都是在协同合作中完成的。如我国第一款大飞机C919的成功交付,大多数部件都是由不同国家的专业部门分别制造的,这样才能提高质量和效率,降低成本,使各方共同获利。社会领域的难题同样需要协同作战,只有把各方面的积极性都调动起来,问题才容易解决。

3."互联网+"时代企业家跨界领导力的提升

第一,把握跨界领导角色,储备相应的素质能力,准确做出判断。

有抱负、有境界的企业家一定是超越型的,并敢于和善于迎接挑战。当企业家本身是一种富有挑战性的事业,不能循规蹈矩,其角色要求就是根据外部生态的变化及时进行应对和处理,不局限于已有的知识和经验,体现出前瞻性和预见性。"互联网+"打破了原有的经济结构、社会结构、文化结构等,改变了权力、议事规则及话语主导权。企业家必须重新反思自我,审视自我领导角色,寻求重塑自我的对策。要认真分析"互联网+"带来的诸如生产、流通、服务、人力资源等领域所发生的变革,抱着互相学习、敢于担当的开放心态,深入基层,展开全方位的调查研究,分析"互联网+"究竟给现有的组织架构、制度体系、商业模式、员工素质与结构、思维观念、文化创新等方面带来哪些影响?需要补充哪方面的知识?需要提升哪些方面的素养?并以此来重新检验自己是否有跨界思维?有没有资格当一名跨界领导者?面对不确定的未来,企业家必须不断提升跨界的变革力,善于洞察各种变化,善于整合各种资源,在遇到艰难险阻之时,能够进行有效协同,采取果断措施推动变革,稳步前进。

第二，学会互联网生存方式，做到快速反应，行动果敢坚毅。

面对"互联网+"，许多企业家尤其是年长一点的老一代创业企业家难免感到"本领恐慌"，甚至不知所措。因为互联网似乎更适合年轻人，快捷、灵敏、参与、互动。企业家不仅需要掌握一些网络知识，以提高网络认知和运用的能力，而且特别需要具备网络素养，以确保网络引导的权威性，提高网络影响力。抱怨是没有用的，社会已然进入"互联网+"及物联网与人工智能的时代，数字化管理已成趋势，谁也阻挡不了，只有勇敢面对，迎头赶上。防止大腿已进入21世纪，但脑袋还卡在20世纪的悲剧重演。因此，企业家必须要学会互联网的思考、改革、组织、运营、决策、创新等新的生存方式，了解互联网时代的生存结构，转换惯性思维方法，像重置电脑那样重置自己，否则只能使自己处于"出局"的境地。如同以往企业家面临的各种难题一样，"互联网+"并非不可驾驭，它同样具有两面性，有优势、劣势，有挑战、机遇。重要的是能否迅速找到适应"互联网+"生存的新的驾驭与生活方式。要了解通过网络与大数据、云平台到底能做什么？能给组织带来什么？例如，"互联网+"延伸出更多合作机遇，可能带来更多效益，其便利性已延伸到工作生活的各个角落。通过互联网可以共享社会资源，在互联网中分享无处不在，搜索资源、了解数据、查阅业内资料、借鉴分析等，这并不代表社会失去了原创的动力，相反，在资源和信息共享的情况下，创新的起点与效率会更高，成功的概率会更大。

"互联网+"既然是大势所趋，人心所向，企业家更应先知先觉，就要早一点拥抱它、学习它、利用它，早一点完成所领导企业与互联网的深度融合，实现企业的转型升级，成为时代企业的引领者。

第三，忠诚于领导的目标愿景，既要富于激情，也要富于理性。IT界不断呼吁，政府要积极推动"互联网+"行动，采取扶持技术创新、搭建公共平台、创建示范工程等举措。但也有另一种声音，"互联网+"与普通民众没有什么关系。为此，许多地方政府推出"互联网+"解决方案，如"互联网+交通"所逐步推进的"智慧交通"建设，使车流、路次、天气等随时掌握，使违章缴罚、交通事故快速处理，方便了百姓；还有"互联网+政务""互联网+园区""互联网+民生"等"智慧城市"建设正如火如荼。政府窗口单位与互联网企业合作，为民众提供公共服务，这确实能推进"互联网+"起到示范作用。新的问题是如何确保"互联网+"的成效？这需要问推广"互联网+"的目标是什么？政府的目标不同于企业，"互联网+"更多的是要依靠市场和企业，政府的作用在于营造氛围，做好宽带、基础研发等基础设施。这表明，每个组织领导者都需要忠诚于组织的愿景和目标。政府的目标是服务型政府，要通过技术手段简政放权，并对企业进行监管，避免"互联网+"可能引起的负效应。就企业来说，挑战很多，"互联网+"会使组织内的员工成分越来越复杂，不同知识背景、不同信仰、不同年龄、不同需求、不同工作经验、不同思维方式、不同生活方式等同时存在，把差异如此之大的员工凝聚在一起，单靠组织制度是不够的，单靠管理者自身的能力也不行，组织目标和愿景是把所有人凝聚起来的抓手，为了这个共同愿景，具有各种不同肤色、价值观、才干的人整合成一个命运共同体。因此，跨界领导者一定要忠诚于组织的目标，要有一种使命感，使大家都感受到这一目标与自身的关联性，并愿意为此付出。

第四，营造宽松的人才环境，以柔性管理凝聚人心，积聚力量。

"互联网+"的快速发展，必然带来企业之间及各类组织之间的竞争越来越激烈，这种竞争的背后，其实就是人才的竞争。因此，"互联网+"更显示出人才对于组织的极其重要性。领导者能否营造适合各类人才发展的环境，关系组织能否长远发展。多年来，互联网人才始终存在着大量的缺口，而传统行业也要参与进来，必然需要大量的跨界人才和复合型人才。精通"互联网+"的人才是难以复制和培养的，在一段时间内会是稀缺资源，组织不仅需要有好的政策待遇吸引和留住这种人才，更需要采取新的人才管理办法，例如用项目制管理模式替代金字塔式管理方式，弱化项目成员的层级、职级等观念。市场瞬息万变，需要组织反应快、适应性强，这与激励形式、能力匹配、人均效能等环节都有关系。"互联网+"的很多思路和产品都需要研发，一旦缺乏某方面的人才，就要不遗余力地去招人、挖人或"隔空招聘"，用"为我所用，不为所有"的新人才观来弥补短板。这种情形要求企业家必须树立新的人才观，所谓"三百六十行，行行出状元"。适合从事某方面工作，就鼓励他到相应的岗位上工作，适合在哪方面创新，就鼓励他大胆去创新，要鼓励每一个人到适合他的领域去发展，以激发其创造力。另一方面，不必刻意培养某个人，否则会乱点鸳鸯谱，扼杀其兴趣爱好和创新活力，重要的是发现人才的长处，使用其长处，让其长处更长，短处不"长"。

四、中国企业家转型升级时期的变革领导力

近年来，中国经济已经进入转型升级期，对企业发展和企业家成长带来了新

的机遇和挑战。2012年的调查以企业家对于经济转型升级与创新的认识和态度为调查主题。调查发现，大多数企业家意识到企业成功转型升级的关键是增强人力资本、提升创新和应变能力。企业的着力点要放在提高技术研发能力、全球化竞争力以及对网络经济环境下新商业模式的适应能力等方面；同时，面对转型升级，企业家亟须提升自身的变革领导力，其中团队影响力、战略领导力、精神感召力、创新管理力和资源整合力的提升尤为重要。可以说，企业家能力提升的第三个台阶，就是在做好日常管理的同时，提升创新领导力和变革领导力。

2012年的调查结果显示，企业家认识到，人力资本和创新是确保企业持续发展最关键的因素。这里，创新包括"产品/服务创新""技术""研发、知识产权"和"业务模式创新"等，而高素质的"人力资本"是实现创新的重要基础。

2013年的调查了解了企业家对于"能够领导企业在未来持续健康发展的企业家最应该具备的特质"的看法（见图24-2）。

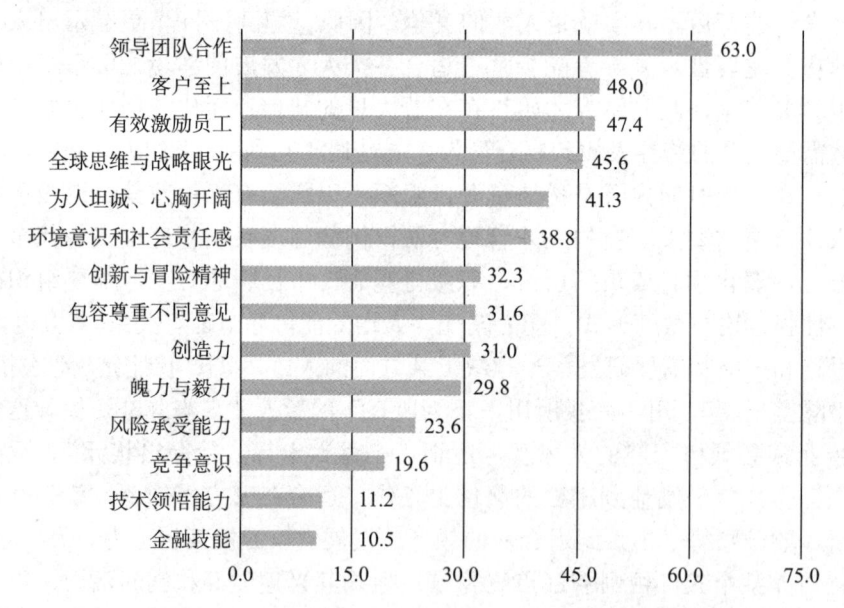

特质	百分比(%)
领导团队合作	63.0
客户至上	48.0
有效激励员工	47.4
全球思维与战略眼光	45.6
为人坦诚、心胸开阔	41.3
环境意识和社会责任感	38.8
创新与冒险精神	32.3
包容尊重不同意见	31.6
创造力	31.0
魄力与毅力	29.8
风险承受能力	23.6
竞争意识	19.6
技术领悟能力	11.2
金融技能	10.5

图24-2　能够领导企业在未来持续健康发展的企业家最应该具备的特质（%）

调查分析发现，选择比重超过20%的有11项特质，它们可以归为五类：一是团队影响力，包括"领导团队合作""有效激励员工""包容尊重不同意见"。企业家认识到，企业的创新和发展模式转变是一项艰巨持久的系统工程，需要企业付出长期的努力和较高的成本,需要得到管理团队和全体员工的大力支持。二是战略领导力,尤其是"全球思维与战略眼光"。如上所述,大多数企业家认识到,要建立"创新和应变优势",企业亟待提高"国际市场的竞争力"。以往靠价格优势进军国际市场的做法已经无法持续,企业家需要了解国际市场的新趋势和新需求,通过新的战略定位,为国际市场提供新价值,为中国企业在全球市场建立新优势。三是精神感召力,包括"为人坦诚,心胸开阔""环境意识和社会责任感""魄力与毅力"。面对企业商业模式转型升级可能付出的较高代价,单靠物质利益很难激励员工积极参与变革,企业家需要以身作则凝聚人心,以高尚的精神和坚强的毅力,激发员工的精神力量。四是创新管理力,包括"创新与冒险精神""创造力""风险承受能力"。企业模式转型升级需要企业家超越短期的利害得失,发扬企业家精神,敢于创新,善于创新,并有效管理团队和企业的创新过程。五是资源整合力,包括"客户至上"等,即通过尊重、协调企业生态圈各个利益相关方的权益来有效整合资源,实现共赢。

后 记

谨以此书向中国改革开放40周年献礼！向为中国发展成就与人类进步做出特殊、巨大贡献的企业家们表示崇高的敬意！

"大江东去，浪淘尽，千古风流人物。"从1978年到2018年，40年的沧桑巨变，在中国这片广袤的大地上演绎了无数传奇，每一次重大时局的变革都将催生出新的企业家群体，诞生出新时代的英雄。他们不畏浮云、石破天惊，勇立潮头。他们始终站在文明进化的舞台中央，万众瞩目。与此同时，中国的企业时刻都在上演着一幕幕新旧交替的戏剧，这些背后所演绎的是一幕幕企业家的悲壮与欢乐。

"问苍茫大地，谁主沉浮？"光明的、黑暗的、开拓的、挣扎的，正是这数以万计的创业企业家们率领着他们的军团前赴后继，日夜兼程，才在这短短40年的时间里，激荡出一幅幅波澜壮阔的画面——三千丈惊涛骇浪、暗流在水底咆哮，从"摸着石头过河"到没有参照物的"深不可测"，前方便是未来。"幸福在路上"也时常伴随有乌云翻滚、暴雨摧折、落花流水。无论是"诸神创世纪"的20世纪80年代，或是"猩红遍野"的20世纪90年代，还是"兵荒马乱"的21世纪00年代，中国企业家上演了一幕幕壮怀激烈、动人心弦的创业创富创新的大片……

如果将镜头拉回到21世纪80年代，一切将会衬托上风起云涌的背景。中国市场一片"荒芜"，后来叱咤风云的企业界人物此时在这里潜滋暗长，他们怀揣着年轻的雄心，释放出长期压抑后的本能野性，付出洪荒之力，上下求索，南征北战，凭着敏锐的嗅觉发现每一丝可能的商机。

此时，鲁冠球以自家自留地里2万多元的苗木做抵押承包了乡城小厂；在深圳闯荡的王石，在土地拍卖中窥见了房地产业的曙光；柳传志在喧嚣中看到了个人计算机的方向；任正非在香港公司做代理的同时，悄悄开始研制自己的数字交换机……

20世纪90年代，外资企业蜂拥而入，跨国公司的"豪门""大腕"开始逐鹿中国，恣意生长的中国企业，感受到国际竞争的阵阵杀气。

"沧海横流，方显英雄本色。"一场国内与国外品牌的大混战、大搏杀，倒下了一批又一批壮志未酬的中原豪杰，呈献出"遍地英雄下夕烟"的壮美画面，但也成就了张瑞敏、鲁冠球、曹德旺等的沙场传奇，奠定了未来10年乃至今日他们在各自领域称霸的血性与战力。

进入21世纪00年代，新兴互联网技术以前所未有的速度，渗透到各行各业，在10年或者更短的时间内，便彻底颠覆了人们的生活方式。

在互联网冲击波之下，曾盛极一时的传统家电渠道商国美、苏宁等遭遇了前所未有的困局。几乎就在转眼之间，马云的淘宝、刘强东的京东、马化腾的腾讯，家喻户晓。

"弹指一挥间，可上九天揽月，可下五洋捉鳖。"互联网技术带来迅雷不及掩耳的颠覆更是全方位的。对传统产业来说，比认知颠覆、渠道颠覆更可怕的，是雷军这样生态化的"小米模式"。

"中国制造正在崛起！"近几年来，国人自信心高涨，"Made in China"已经遍布世界各地，一大批央企以及华为、海尔、美的等一大批企业入选世界500强，并且这一比例正在逐年提高。

顷刻间，中国企业也开启了品牌全球化之路的快捷模式。万达、海信、vivo等5家中国企业成了2018年世界杯的官方赞助商，"中国建筑""中国高铁"等国家名片名扬海外……

正是中国人以五千年文明不曾间断、祖宗遗传的聪明学习基因和超强的勤奋精神让"中国制造"奇迹般地绚丽夺目。正如诺贝尔经济学奖获得者科斯所言"中国人的勤奋，令世界惊叹和汗颜，甚至有一点恐惧。"

但，"中国制造"真的崛起了吗？

一场突如其来的中兴危机，犹如当头棒喝，敲醒了国人的梦。可以说，当下"中国制造"的崛起，多半依靠的是规模成本、低廉的价格、井喷的需求、不断复制的通用技术、生态的透支和不可延续的加速度。没有核心技术的崛起实在有点"空虚"，并有"金玉其表"之嫌。

经过40年的高速发展，"中国制造"如今面临的最大痛点与难题已经凸显，通过外部力量的敲打让国人皆知、猛醒：如何突破困境、防患"一剑封喉"的危机，走自主创新道路，真正拥有自己的核心技术？一句话，不能把自家的房子建在别人（或没有产权）的土地上。

认清了办企业"为什么"，搞懂了"是什么"，明确了"做什么"与"怎么做"的华为领袖任正非，先知先觉，成了中国企业家群体中当之无愧的国宝级"珍品"，他以企业家精神+科学精神+工匠精神率领团队不断打胜仗，并持之以恒、百折不挠，每年都从公司营业额中硬性规定提取10%用于研发。尽管华为技术优势在国内首屈一指，拥有自主知识产权的"麒麟芯片"及5G核心技术也实现了与冠军的"并跑"，但面对与"老狮王"的地盘争夺及进入"无人区"，任正非仍旧忧心忡忡，"即使投入这么大的心血，至今华为没有原创性的研发。"

这一群又一群在腥风血雨中拼杀搏击的中国企业家，前赴后继，不断转换角色和换移战场，从"引狼入室"的冒险学习到"与狼共舞"拼夺"中国制造2025"崛起的核心利器，或在"一带一路"大势下演绎互利共赢的国际风范……

抢夺制高点的更残酷战斗已经打响，究竟是时代成就了他们？还是他们创造了时代？好戏在后头！

革命先行者孙中山先生指出"世界潮流浩浩荡荡，顺之者昌，逆之者亡。"今天，人类已进入智慧时代，融智创新势如破竹，中国的崛起是因为顺应了构建人类命运共同体的大趋势而变得势不可挡。正如南宋大诗人杨万里所言"万山不许一溪奔，拦得溪声日夜喧。到得前头山脚尽，堂堂溪水出前村。"

伟大的科学家爱因斯坦讲："努力从来不会白费，只要坚持，哪怕无法在这个枝头开花，但却能够在另一处叶下结出果实。"愿《融创论——自主创新驱动企业转型升级》能奉献给企业家同仁们、企业生态所关联的所有物种及广大读者朋友一丝欣慰与创新赋能的一条"微信"。

"三人行，必有我师。"因工作关系我有幸接触三位管理技术与信息科学的大师级人物并得到了他们智慧的指点。借此机会，向工信部原部长、中国工业经济联合会会长李毅中先生，国务院国资委原副主任、中国企业管理现代化创新成果审定委员会主任邵宁先生，中国工程院原常务副院长、国家新一代人工智能战略咨询委员会组长潘云鹤院士表示崇高的敬意和诚挚的感谢！

在该书的写作过程中也得到了中国企联和四川企联主要领导的关心和支持。对此，向中国企联会长王忠禹先生、中国企联常务副会长兼理事长朱宏任先生、国务院国有资产监督管理委员会研究中心主任李明星先生、中国企联驻会副会长黄海嵩先生和尹援平女士、中国企联副理事长刘鹏先生以及四川企联会长邹广严教授、常务副会长吴显名先生表示真诚的谢意！

特别鸣谢中国人民大学书报资料中心《企业管理研究》等学术机构、刊物，尤其是相关专家、学者和企业家们所提供的原创性理论与实践贡献所赐予我创造创新的巨大勇气、信念和思考力！感谢四川企联主管部门四川省经济和信息化厅厅长陈新有博士、副厅长翟刚博士等的指导，感谢中央党校（国家行政学院）中国公务员培训网西南分中心主任卢太川博士、《企业家日报》社长兼总编龙良贤先生、《经营管理者》社长兼总编李银昭先生、知名书法家李文彬先生及社会贤达徐朝鑫、成林芸等提供的真诚帮助！

衷心感谢四川企联团队成员及胡雪峰、付坤、余晶晶、舒志宏、王静、陈渠、刘建平在资料收集、整理等过程中所提供的大力协助和付出的辛勤劳动！

尤其应感谢四川省杰出企业家、四川企联副会长、四川省民营旅行社协会会长、成都中旅集团董事长张哲先生的无私帮助！

同时，还要对给予此书极大关注和鼎力支持的四川蓝鼎环保科技公司董事长李自树先生表示衷心感谢！

笔者
2018年12月

参考文献

[1] 郝旭光. 平台型领导：自达达人[J]. 北大商业评论, 2014(9)：32-33.

[2] 王举颖, 赵全超. 大数据环境下商业生态系统协同演化研究[J]. 山东大学学报(哲学社会科学版), 2014(5)：137-143.

[3] 赵秋银, 秦昌才. 大数据时代的商业模式创新——以日本的优衣库为例[J]. 经济论坛, 2015(11)：53-60.

[4] 刘佳, 梁雪. 转折时刻的阿里巴巴：迎接希望与挑战[J]. 经营与管理, 2014(11)：4-7.

[5] 尹一丁. 康宁：创新百年的玻璃传奇[J]. 新财富, 2014(10)：106-110.

[6] 张庆文, 傅俊清. "互联网+"时代管理者的领导力发展探索[J]. 华北电力大学学报(社会科学版), 2016(2)：78-81.

[7] 常健, 刘明秋. 创新驱动发展战略对领导方式的新要求[J]. 学习论坛, 2016, 32(5).

[8] 王钦. "共享管理"：管理新范式、新行动[J]. 清华管理评论, 2016(8)：55-57.

[9] 陈春花. 企业转型要有全球视野[J]. 企业文化, 2016(4)：59-61.

[10] 田涛. 华为的理念创新与制度创新[J]. 企业管理, 2016(3)：6-11.

[11] 夏清华, 陈超. 以海尔为案例的中国本土制造企业商业生态重构研究[J]. 管理学报, 2016, 13(2).

[12] 张婧, 王丹, 吴华. 打造跨文化人力资源管理能力——以阿里巴巴为例[J]. 中国人力资源开发, 2015(24)：25-30.

[13] 孙健敏. 如何把握领导力的本质[J]. 销售与管理, 2016(1)：100-105.

[14] 廖华军,杨永胜."降维打击"是把双刃剑——思科转型的经验与教训[J]. 北大商业评论, 2015(11): 78-93.

[15] 陆亚东, 孙金云. 合则成体——引领东方企业致胜的"合"理论[J]. Tsinghua Business Review, 2016(10): 54-60.

[16] 方边. 华为何以大有作为[J]. 江苏企业管理, 2017(5): 38-40.

[17] 王育琨. 任正非领导力的智慧源头[J]. 中外管理, 2015(5): 50-52.

[18] 彭剑锋. 互联网时代战略转型的四个案例——小米、海尔、华为与阿里巴巴[J]. 中外企业文化, 2015(2): 7-11.

[19] 龚丹丹, 张颖. "互联网+"时代领导模式的转型: 从垂直领导到共享领导[J]. 领导科学, 2016(32): 38-39.

[20] 熊雪涛. 打造更具竞争力的生态型企业[J]. 销售与管理, 2016(12): 62-64.

[21] 陈建明. 宝钢金属的阿米巴经营[J]. 企业管理, 2016(12): 63-65.

[22] 崔瀚文. 组织转型, 要么成为平台, 要么加入平台[J]. 商学院, 2016(10): 23-25.

[23] 胡斌. 制度创新是本土企业创新发展的根本[J]. 中国领导科学, 2016(10): 51-54.

[24] 苏友珊. 吉利汽车的全球并购[J]. 清华管理评论, 2016(7): 106-116.

[25] 邹波, 孙黎. 企业转型的五大策略[J]. 商业评论, 2015(7): 11-13.

[26] 许正. 企业转型设计的六个关键步骤[J]. 管理学家, 2015(6): 21-23.

[27] 马广奇, 赵亚莉. 阿里巴巴"合伙人制度"及其创新启示[J]. 企业管理, 2015(2): 120-123.

[28] 马步青, 顾新建. 成为知识创造型企业: 破解中国企业创新的难题[J]. 企业家信息, 2017(6): 95-97.

[29] 杨剑侠. 互联网时代企业管理的八大特征[J]. 企业家信息, 2017(4): 39-42.

[30] 钟晓军, 王琦峰. 高科技创业企业的风险管理思考[J]. 邵阳学院学报(社会科学版), 2017(1): 61.

[31] 于洪生. "互联网+"时代亟待提升跨界领导力[J]. 领导科学, 2015(23): 24-27.

[32] 施南德, 欧高敦, 华强森. 传统企业数字化转型的五大战略思考[J]. 中国制衣, 2015(8): 72-73.

[33] 傅伟明. 从福耀公司发展看原始创新[J]. 企业管理, 2017(4): 52-55.

[34] 余晓岚. 世界级工程建设中的技术创新管理[J]. 企业管理, 2017(8): 18-20.

[35] 徐军委, 张才明. 企业转型不等于转行[J]. 企业管理, 2017(8): 37-38.

[36] 罗珉, 李亮宇. 互联网时代的商业模式创新: 价值创造视角[J]. 中国工业经济, 2015(1): 97-109.

[37] 王昌林. 企业技术创新动态能力三要素[J]. 企业管理, 2017(5): 121-123.

[38] 宋保华, 陈劲, 于飞. 成熟企业创新与创业融合之道[J]. 企业管理, 2016(12): 16-18.

[39] 刘婷, 郑航. 生态哲学孕育小米竹林[J]. 企业管理, 2016(12): 21-23.

[40] 刘程. 如何成为"独角兽"企业？[J]. 企业管理, 2017(6): 38-39.

[41] 王世坤. 走近"大发明家"高志国[J]. 企业管理, 2016(3): 39-40.

[42] 金星, 叶杨青. 宋志平谈"混合"[J]. 企业管理, 2014(9): 16-22.

[43] 马超. 企业诚信体系建设探讨[J]. 企业管理, 2011(7): 98-99.

[44] 刘露, 郭省钰. 诺基亚到底怎么了？[J]. 企业管理, 2014(11): 28-30.

[45] 周凯歌. 赢在改变[M]. 北京: 中国财政经济出版社, 2014.

[46] 施炜. "破界时代"传统企业如何进行战略转型[J]. 企业家信息, 2017(5): 8-10.

[47] 张铭慎. 透过硅谷重新认识创新创业生态——"硅谷调研行"有感[J]. 中国经贸导刊, 2017(1): 36-38.

[48] 国研中心企业所课题组. 渐进式创新优于突破式创新[J]. 中国经济报告, 2017(5): 23-25.

[49] 国研中心企业所课题组. 创新企业快速成长的"秘诀"[J]. 中国经济报告, 2017(4): 41-42.

[50] 张成龙. 人工智能商业逻辑初探[J]. 企业家信息, 2017(2): 16-29.

[51] 赵俊. 超级独角兽养成密码[J]. 南方企业家, 2017(1): 110-117.

[52] 李亚婷. 雷军继续革命[J]. 企业家信息, 2017(2): 30-35.
[53] 张小军, 熊玥伽. 褚橙: 营销落地[J]. 企业家信息, 2017(2): 62-63.
[54] 寇尚伟, 杜芸. IP营销: 人格价值的回归[J]. 销售与市场(管理版), 2016(9): 64-66.
[55] 李世华. 推进"一带一路"背景下中外企业文化融合[J]. 企业文明, 2016(12): 21-23.
[56] 杨剑侠. 互联网时代企业管理的八大特征[J]. 企业家信息, 2017(4): 39-42.
[57] 李嘉文. 创业公司怎么保护自己的知识产权? [J]. 企业家信息, 2017(4): 93-95.
[58] 何雄. 以技术创新驱动转型发展[J]. 求是, 2015(4): 64.
[59] 万钢. 迈向世界科技强国建设新征程[J]. 求是, 2016(13): 3-5.
[60] 石平. 创新是引领发展的第一动力[J]. 求是, 2015(9): 57-58.
[61] 涂扬举. 智慧企业建设引领水电企业创新发展[J]. 企业文明, 2017(1): 31-32.
[62] 芮明杰, 张群. 生态系统中舵手型企业的创新促进机制研究——以丰田汽车为案例[J]. 经济与管理研究, 2015(5): 117-125.
[63] 金帆. 价值生态系统: 云经济时代的价值创造机制[J]. 中国工业经济, 2014(4): 97-109.
[64] 吴先明, 苏志文. 将跨国并购作为技术追赶的杠杆: 动态能力视角[J]. 管理世界, 2014(4): 152-170.
[65] 许正. 企业转型六项修炼[M]. 北京: 机械工业出版社, 2014.
[66] 颜廷君, 顾建光. 中国经济与管理·2015[M]. 上海: 上海人民出版社, 2015.
[67] 颜廷君, 顾建光. 中国经济与管理·2016[M]. 上海: 上海人民出版社, 2016.
[68] 李子彬. 中国中小企业2016蓝皮书[M]. 北京: 中国发展出版社, 2016.
[69] 张泽一. 工业现代化中的企业自主创新研究[M]. 北京: 知识产权出版社, 2012.